위진현학사【상】

魏晉玄學史(上)

위진현학사【상】 魏晉玄學史 (上)

許抗生, 李中華, 陳戰國, 那薇 저 ▌ 김백희 역

세창출판사

위진현학사【상】魏晉玄學史(上)

1판 1쇄 인쇄 2013년 8월 5일
1판 1쇄 발행 2013년 8월 16일

저 자 | 許抗生, 李中華, 陳戰國, 那薇
역 자 | 김백희
발행인 | 이방원
발행처 | 세창출판사
신고번호 | 제300-1990-63호
주소 | 서울 서대문구 경기대로 88 냉천빌딩 4층
전화 | (02) 723-8660 팩스 | (02) 720-4579
http://www.sechangpub.co.kr
e-mail: sc1992@empal.com

ISBN 978-89-8411-424-1 94150
978-89-8411-423-4 (세트)

이 책은 한국연구재단의 지원으로 세창출판사가 출판, 유통합니다.

잘못된 책은 구입하신 서점에서 바꾸어 드립니다.
책값은 뒤표지에 있습니다.

이 도서의 국립중앙도서관 출판시도서목록(CIP)은 서지정보유통지원시스템 홈페이지(http://seoji.nl.go.kr)와 국가자료공동목록시스템(http://www.nl.go.kr/kolisnet)에서 이용하실 수 있습니다.(CIP제어번호: CIP2013013607)

역자의 말

중국사상의 전통 속에서 볼 때, 위진현학(魏晉玄學)은 매우 중요한 사상적 전환의 지점에 있다. 현학은 내용상이나 형식상으로 모두 이전의 양한(兩漢)시기와 후대의 수당(隋唐)시기에 비하여 현저한 차이가 있다. 위진시대의 전통적 사상계 동향을 보면 후한 말까지 명맥을 유지하던 경학의 전통과 달리 노장의 학문을 중심으로 인생과 우주의 본원에 대한 새로운 담론을 펼친다. 당시 사람들은 이런 새로운 사조를 청담(淸談)·청언(淸言)이라고 부르거나, 또는 "그윽하고 고원한 이야기(玄遠之談)", 허담(虛談)·현론(玄論) 등으로 지칭하였다. 그 특징은 상대와 치열한 담론을 하거나 자신의 논변을 제시하여, 상대에게 논쟁의 승리를 취하는 것을 장점으로 삼았다. 이런 사조의 논변에 참여할 수 있는 지식인들에 대하여 당시 사람들은 명사(名士)·명승(名勝)·명통(名通)·명달(明達) 등으로 칭송하여 불렀다. 그런데 이들이 말하는 내용은 선진(先秦) 시기의 노장사상으로 해석한 주역에 관한 것이 주류를 이루었다. 이런 사상적 조류를 타고 현학이 등장한다.

학계에서는 일반적으로 현학의 성격을 신도가로 분류하는 경향이 있으며, 이에 대한 반론도 있다. 양한 시기의 사상을 지양한다는 점에서 보면, 자연과 인간이 교감하는 유기적 관계를 중심 논제로 삼는 천인교감(天人交感) 또는 천인상응(天人相應)의 이론과 음양오행설이 쇠퇴하면서 『노자』·『장자』·『주역』을 새롭게 발견하고 해석하는 현학의 형이상학이 새롭게 등장한다. 그리고 경학의 전통에서 볼 때, 번쇄하고 자질구레한 장구훈고학(章句訓詁學)이 쇠퇴하면서 간결하고 명료한 사변을 중시하는 득의망언(得意忘言)의 새로운 학풍이 나타나게 된 것이다.

현학은 도가와 유가의 요소가 융합된 하나의 새로운 사조이다. 이것을 신도가 또는 신유가로 규정하는 것은 현학의 다채로운 성격을 포괄적으로 표현하지 못한다. 현학의 사상적·철학적 관심은 우주자연의 질서와 인간사회 문명의 질서 사이를 통합하는 것이며, 양자 사이의 관계를 원만하게 정초하여 새로운 시대에 맞는 통합적 세계관과 문명관을 구축하는 것이다. 현학은 이런 작업을 위해 유가 사상의 전통을 재해석하고 도가 사상의 유산을 재발견하고자 하였다. 전통적으로 유가 사상의 특징은 우주자연을 윤리적으로 해석하는 자연의 "인간동형설(anthropomorphism)"이며, 도가 사상의 특성은 인간 사회의 차별적 질서를 평등한 생명의 자연 질서 속으로 통합하여 조망하려는 인간의 "자연동형설(physio-morphism)"이다.

유가는 우주의 본성을 원형이정 또는 인의예지라는 가치의 속성으로 파악하여 인간 사회의 문명질서와 도덕질서를 합리화하였다. 즉 인간이 중심이 되어 자연의 질서를 인간적으로 해석하고, 이상적 공동체를 구상하는 제도적 구상을 우선시한다. 도가는 인간이 인위적으로 구축한 모든 가치 질서는 본래의 우주자연이 지닌 가치중립적 질서·본성에 위배되는 것으로 보면서 인간의 인위적 가치질서를 자연적 본성에 맞출 것을 구상하였다.

현학의 사상적·철학적 관심은 유가와 도가의 상충성에 있는 것이 아니라 상보적(相補的) 가능성에 있다. 그리하여 유가와 도가라는 두 가지 전통적 사유의 상보성을 기초로 현학의 사변적 사유체계가 형성된다. 이렇게 형성된 현학의 사유체계는 격동하며 흐르는 위진남북조 시대사의 전개와 더불어 역사·문화·철학·예술 등 모든 분야에서 찬란한 꽃을 피우고 또 처연하게 시들다가 수당시대의 새로운 전개를 위한 씨앗이 된다.

『위진현학사』는 바로 중국의 위진 시대의 현학사상을 심도 있게 연구한 전문 연구서이다. 이 책은 탕이지에(湯一介) 교수가 중심이 되어 엮은 『위진남북조문화사상사』 총서의 한 분야에 해당하는 책이다. 이 총서의 일환으로 대표적인 4명의 전공 학자들이 공동으로 내용 구성과 체제에 대하여 논의하고 확정한 다음에 주 전공별로 연구 분야를 나누어 집필하였다. 집필에 참여한 4명의 연구자는 리쫑화(李中華), 첸쩐궈(陳戰國), 나웨이(那薇) 그리고 수캉썽(許抗生) 등 네 명이다. 이들은 탕이지에(湯一介) 교수의 부친이며 위진남북조 사상사 연구 분야의 석학인 탕용통(湯用彤) 선생의 가르침을 받은 학자들이다. 이 책의 책임편집은 수캉썽(許抗生) 선생이 맡았다. 이 책은 모두 9장으로 이루어졌는데, 4인의 집필자가 나누어 집필하였지만, 책에 담긴 기본내용은 집필자 전체가 모여서 충분히 토론한 후에 확정한 것이다. 그리고 위진 시대의 현학을 둘러싼 매우 방대한 학술정보를 다루고 있지만, 일정한 통일성과 적절한 분석 및 내용의 안배가 이루어지고 있다. 이 책은 위진 현학에서 주요 주제가 되는 것을 망라하여 다루고 있으며, 주요 인물에 대한 분석도 매우 탁월하다. 그리고 원전의 치밀한 연구·분석을 바탕으로 논지의 설득력을 극대화하고 있다. 방대한 양의 원전을 적절하게 인용하면서 무리 없이 논의를 전개하는 것은 저자들의 깊은 학문적 역량을 짐작할 수 있게 한다. 그러므로 이 책의 한글 번역 출간은 한국의 위진현학 연구에 중요한 자료가 될 것이다.

역자는 이 책을 번역하면서 대표저자인 수캉썽 선생께 연락하여 한국어 번역 출간 계획을 설명하였는데, 선생은 흔쾌하게 동의하고 기꺼이 한국어판 서문을 새로이 작성하여 보내 주었다. 그리고 2012년 4월 13일~19일 사이에 중국 우한(武漢)의 화쫑사범대학(華中師範大學)에서 제2회 〈전진교와 노장학 국제학술대회〉가 개최되었을 때 역자도 발표자의 한 사람으로 참여하였는데, 이곳에서 수캉썽 교수를 만나 다시 한 번 이 책의 번역과 선생의 학문 여정에 관한 이야기를 나누게 되었다. 흥미로운 점은 역자가 1998년에 장따니엔(張岱年) 선생의 『중국철학대강 —중국철학문제사(中國哲學大綱 一中國哲學問題史)』를 우리말로 번역한 인연이 있었는데, 수캉쉥 교수가 북경대학에서 수학하던 시절에 장따니엔 교수의 밑에서 배운 학생이었다는 점이다.

어쨌든 이런저런 인연(因緣)으로 역자는 이 책의 한글 번역 출간을 하게 되었다. 이 자리에서 우선 이런 명저를 집필한 저자들께 깊은 감사를 드린다. 그리고 명저번역 시리즈로 번역할 수 있는 기회를 준 한국연구재단에도 감사를 드린다. 또한 번역결과물 심사에서 친절하고 자상하게 오류를 지적하여 보다 원만한 번역이 될 수 있게 도움을 주신 익명의 심사위원님들께도 깊은 감사를 드린다.

청계산 운중동에서

2013.6.

김백희

한국어판 서문

위진현학(서기 220년에서 420년에 이름)은 중국 역사상 학술사상이 발전하는 과정에서 중요한 단계이다. 그것은 위로 선진(先秦)·양한(兩漢) 이래의 유학과 도가 학설을 계승하고, 아래로는 양진(兩晉) 및 남북조(南北朝)·수(隋)·당(唐) 시대의 중국 불교와 도교 사상을 열어 주었고, 이어서 송명이학(宋明理學)의 발전에 영향을 미친다. 위진현학은 위진 시기에 출현한 시대사조인데, 그 사상적 특징은 유가와 도가 두 학파의 사상을 융합한 것으로서, 유가의 인예(人禮) 교화사상을 도가의 본체론 기초 위에 수립하여 유가와 도가의 통일("合儒道爲一")을 실현한 것이다. 철학적 기초의 입장에서 말하자면, 그것은 도가에 속하기 때문에 위진현학도 위진신도가(魏晉新道家)라고 지칭할 수 있다. 그러나 이렇게 중요한 시대사조에 대하여 지난 세월의 학술계가 크게 중시하지 않았고 많은 연구를 시도하지도 않았던 점은 유감스러운 일이다.

과거 1930-1940년대 우리의 스승이신 탕용통(湯用彤) 선생은 중국불교를 연구하는 동시에 위진현학에 대해서도 정밀한 분석을 시도하였는데, 당시에 그는 각종 학술지에 적지 않은 논문을 발표하였고, 훗날 그 글을 모아서 『위진현학논고(魏晉玄學論考)』를 출판하였다. 탕용통 선생님의 본래 계획은 『위진현학』이라는 저서를 집필하는 것이었지만, 당시 여건의 제약 때문에 완성을 보지 못하였다. 탕용통 선생님의 숙원을 실현하기 위하여 나와 나의 동학들인 첸쩐궈(陳戰國), 리쫑화(李中華), 나웨이(那薇)는 『위진현학사』라는 책을 공동으로 집필하게 되었는데, 비교적 체계적이고 전면적으로 탕용통 선생님의 숙원과 사상을 고려하여 위진현학의 전모를 밝혀 드러내고자 노력하였다. 그리고 여기서 위진현학 사조의 형성 원인과 그 사상 연원, 위진현학의 기본적 사상 특징, 위진현학 발전의 과정(정시현학 · 죽림현학 · 서진현학과 동진현학), 위진현학과 불교의 융합, 도교에 대한 위진현학의 영향 그리고 위진현학과 당시 문학예술의 관계 등등의 문제를 비교적 심도 있게 논의하고자 시도하였다. 그러나 위진현학 사상은 매우 심오하며 관련된 문제도 아주 광범위한데다가 우리의 학술적 수준의 한계로 인하여 탕용통 선생님의 숙원을 진정으로 실현하였는지는 의문이다. 탕용통 선생님이 위진현학의 사상을 연구 발전시킨 업적에 비추어 볼 때, 우리들의 마음속에는 부족하게 여기는 점이 매우 많다. 그러나 우리는 어쨌든 『위진현학사』를 출간하여 우리들의 염원을 이루게 되었다. 이 책 속에 부당한 부분이나 잘못된 곳이 있다면 독자들께서 비판을 해 주길 바란다.

이번에 한국의 학자 김백희(金白熙) 박사의 학술적 호의를 입어서 우리들의 졸저인 『위진현학사』를 중국어에서 한국어로 번역하여 출간하게 되었는데, 우리들은 이 일이 매우 힘든 작업임을 알고 있기 때문에, 이 자리에서 깊은 감사를 표한다. 동시에 한국의 학자들과 많은 독자들이 우리의 졸저에 대하여 비판과 가르침을 주시길 간절히 바란다. 마지막으로 다시 한 번 김백희 박사께 고마운 뜻을 표한다.

2010년 5월 8일

수캉솅(許抗生)

일러두기

『위진현학사』는 탕이지에(湯一介) 교수가 중심이 되어 엮은 『위진남북조문화사상사』 총서의 한 분야 책이다. 이 분야의 책은 리쫑화(李中華), 첸쩐궈(陳戰國), 나웨이(那薇) 그리고 수캉솅(許抗生) 네 분의 학자가 참가했다. 본 책의 책임편집은 수캉솅 선생이 맡았다. 이 책은 모두 9장으로 이루어졌는데, 구체적으로 제1장과 제2장은 나웨이 선생이 집필하고, 제3장과 제5장, 제6장, 제9장은 첸쩐궈 선생이 집필하였으며, 제4장의 「곽상(郭象) 철학」과 제3장의 「상수(向秀) 철학」은 리쫑화 선생이 집필하였고, 제7장과 제8장 두 장과 제4장의 「배외(裴頠)와 구양건(歐陽建) 철학」 및 「서론」 부분은 수캉솅 선생이 집필하였다. 이 책의 모든 내용에 담긴 기본사상은 집필자 전체가 모여서 토론한 후에 확정한 것이다. 우리들의 수준에 한계가 있으므로 결점과 착오가 있다면 국내외 학자들의 지도 편달을 간절히 바라는 바이다.

1989.3.

저자

차 례

제2장 정시현학正始玄學

제3장 죽림현학竹林玄學

【하권 차례】

서장 序章

위진(魏晉)시대 사상계에는 노장의 학문을 숭상하는 한 줄기의 사조(思潮)가 출현하였다. 당시 사람들은 이 한 줄기 사조를 "청담(淸談)"·"청언(淸言)"이라고 부르거나, 또는 "그윽하고 고원한 이야기(玄遠之談)"·"허담(虛談)"·"현론(玄論)" 등등으로 지칭하였다. 또는 노장의 학문(예를 들면 노자의 학문·장자의 학문 등)으로 불렀다. 그 특징은 담론에 장점이 있었고 논변(論辯)으로써 승리를 취하였으므로 이런 사조의 논변에 참여할 수 있는 사인(士人)들에 대하여 당시 사람들은 "명사(名士)"·"명승(名勝)"·"명통(名通)"·"명달(明達)" 등으로 칭송하여 불렀다. 그런데 이들이 말하는 내용은 선진(先秦) 시기의 『노자(老子)』·『장자(莊子)』와 『주역(周易)』(노장사상으로 해석한 것)이라는 세 가지 서적이 중심을 이루었으므로 후세의 사람들은 또한 이 하나의 사조를 삼현의 학문[三玄之學]이라고 지칭하였다.[1] 또는 간략하게 지칭하여 현학(玄學)이라고 하였다. 무엇 때문에 또한 이런 사조를 현학이라고 지칭하는 것인가? "현(玄)"이라는 개념은 『노자』라는 책에서 유래(由來)하고 있다. 『노자』에서 말했다.

> "도는 말로 표현할 수 있으면 진정한 도가 아니고, 이름은 말로 표현할 수 있으면 진정한 이름이 아니다. 무(無)는 이 세계의 시작을 가리키고, 유(有)는 모든 만물의 근원을 가리킨다. 언제나 무를 가지고는 세계의 오묘한 영역을 나타내려 하고, 언제나 유를 가지고는 구체적으로 보이는 영역을 나타내려 한다. 이 둘은 같이 나와 있지만 이름을 달리하는데, 같이 있다는 그것을 현묘하다고 한다. 현묘하고도 현묘하구나. 이것이 바로 온갖 것들이 들락거리는 문이로다."[2]

---

1 저자 주 "삼현(三玄)"이라는 명칭은 『안씨가훈(顔氏家訓)』「면학(勉學)」편에 가장 먼저 출현한다. 그 글 중에서 "남조의 양나라 시절에 현학의 기풍이 다시 널리 퍼지게 되었는데, 『장자』와 『노자』와 『주역』을 한꺼번에 일러서 '삼현'이라고 하였다(洎于梁世慈風復闡, 莊老周易, 總謂三玄)"라고 하였다.

2 『老子』 1장. "道可道非常道, 名可名非常名. 無名天地之始, 有名萬物之母. 故常無欲以觀其妙, 常有欲以觀其徼. 此兩者同出而異名, 同謂之玄. 玄之又玄, 衆妙之

여기서 "현(玄)"은 도를 형용한 것이다. 왕필은 "현은 어두운 것이다",[3] "현은 깊은 것을 말한다",[4] "'현묘하다고 한다(謂之玄)'라고 말한 것은 어떻게 표현할 수 없어서 그렇게 부른 것이다."[5]라고 해석하였다. 이것이 말하는 바는 바로 "현"이 깊고 넓어서 개념화할 수 없다는 의미를 가리킨다. 바꾸어 말하자면, 현은 심오하여 헤아릴 수 없다는 의미를 갖는다. 그렇다면 현학이란 바로 일종의 심오한 이론을 연구하는 학문을 가리킨다고 할 수 있다. 당시의 청담가(淸談家)들 입장에서 보면, 『노자』와 『장자』와 『주역』의 세 가지 책들은 모두 심오한 학문을 연구하는 것이었다. "현묘하고도 현묘한" 세계본원으로서의 "도"를 연구하는 『노자』와 『장자』는 자연스레 현학의 계열에 속하게 된다. 그리고 『주역』이라는 유가의 경전도 심오한 저작의 일부로서, 현학가의 입장에서 보면 『노자』와 『장자』의 사상과 일치하는 것으로 여기게 되고, 나아가 『노자』와 『장자』의 사상을 가지고 『주역』을 해석하게 되었는데, 이 때문에 『주역』도 "삼현"의 하나가 되었다.

현학이라고 말할 때 그 심원함은 도대체 어디에 있는 것인가? 그 사상의 실질은 또한 무엇인가? 이것은 현학을 연구할 때 반드시 대답해야 할 문제이다. 일반적으로 말해서 현학은 일종의 본성학(本性學), 즉 자연세계(우주자연, 온갖 사물)와 인류사회(사람)의 본성을 연구하는 하나의 학문이다. 그 근본 사상은 자연의 본성에 순응하는 것을 주장한다. 그것은 자연주의를 숭상한 선진도가(先秦道家) 사상의 계승과 발전이다. 그러므로 일부 학자들은 현학을 일러 신도가(新道家)라고 부르는데, 이것도 일리가 있는 말이다.

현학은 본성학으로서 우주와 인류의 본성을 탐구하는 것인데, 그것은

門."

3 王弼, 『老子注』 1장. "玄者, 冥也."

4 王弼, 『老子指略』. "玄, 謂之深也."

5 王弼, 『老子注』 1장. "而言謂之玄者, 取於不可得而謂之然也."

바로 한대(漢代)의 이론적 사유에 대한 일차적 승화(昇華)이다. 양한(兩漢)시대의 철학은 비교적 감성 경험을 중시하면서 경험론의 경향(예를 들어 왕충 같은 사람)을 지니고 있다. 위진 시대의 현학은 감성 경험에 머무는 현상을 더 이상 보이지 않는다. 그리고 위진현학은 사물의 탐구에 깊이 들어가고 더 나아가 전체 우주의 내재적 본성을 깊이 탐구하면서 이성주의적 분위기를 지니게 된다. 그러므로 현학의 발생은 확실히 한나라 시대 경험론 철학의 일차 극복이다. 현학은 기본적으로 이런 두 가지 큰 문제에 대하여 대답하고자 하는 것인데, 바로 우주의 본성과 인간 본성의 문제 그리고 양자 사이의 관계에 관한 문제에 답변하고자 한다. 그러므로 이런 의미로 보더라도 현학은 한나라 시기 이후 "자연과 인간의 관계[天人之際]"를 연구하고 논의하는 새로운 학설이라고 말할 수 있다.

우주(자연세계의 온갖 사물)의 본성에서 말하자면, 현학은 일종의 새로운 우주본체학(宇宙本體學)을 제시한 것이다. 한(漢)나라 시기의 우주론 학설이 주로 논의한 것은 우주의 생성, 우주의 변화과정, 그리고 우주의 구조 문제이다. 현재의 시각에서 볼 때 이런 문제들은 천체물리학의 구체적 분과학문에 속하는 것들이다. 그러나 위진현학이 탐구한 것은 우주 존재의 근거이며, 우주의 온갖 존재들이 보이는 현상을 관통하고, 그 본성과 본체[6]를 직접 탐구하는 것이다. 그리고 이에 따라서 본말(本末)과 유무(有無)의 문제에 관한 논의를 중심철학으로 삼는 학설을 세시하였다. 예를 들어 하안(何晏)[7]과 왕필(王弼) 같은 사람은 온갖 다양한 모습

---

6 저자주 현학에서 논의하는 본체(本體)는 우주 만물의 존재 근거인데, 우주의 개별적인 온갖 사물은 현상이고, 그 존재의 근거는 바로 "무(無)"이며, 또한 이것이 바로 우주의 개별적인 온갖 사물의 본성이다.

7 역주 하안은 자(字)가 평숙(平叔)이다. 남양(南陽) 완(宛)땅(지금의 河南省 南陽縣 지역)의 사람이다. 한나라 헌제(憲帝) 시기 초평(初平)·흥평(興平)연간(190-196)에 태어나 위(魏)나라 제왕(齊王) 조방(曹芳)의 시기 정시(正始) 10년 (249)에 조상(曹爽)의 사건에 연좌되어 삼족이 화를 입었는데, 나이가 대략 56세 가량으로 추측된다. 하안은 왕필과 더불어 정시 연간의 명사로 불렸다. 『삼국지』「조상전(曹爽傳)」에 붙어 있는 「하안전」과 「배송지의 주」의 기록에 근거해 보면, 하

으로 가지가지 존재하는 우주의 개별적인 온갖 사물 현상은 "말단[末: 말]"이며, 우주의 본체는 "무(無)"인데, 우주의 개별적인 온갖 사물은 우주의 본체인 "무"의 외적 표현이라고 보았다. 이것이 바로 하안과 왕필이 제시한 것으로서 이른바 유(有)는 말단이고 무(無)가 근본이 된다는 본체학이다. 이것은 노자 이래로 전통 도가(道家)가 주장해 왔던 무 속에서 유가 생겨난다(無中生有)는 우주생성론을 극복하고 일종의 새로운 우주본체론 학설을 제시한 것이다. 또 다른 현학의 일파로서 상수(向秀)와 곽상(郭象) 같은 사람은 우주의 개별적인 온갖 사물이 각각 모두 독

안의 가계는 그 처지가 예사롭지 않았다고 할 만하다. 그의 할아버지는 하진(何進, ?-189)이며, 하진은 한대 영제(靈帝) 하황후(何皇后)의 이복 오빠이며 한대 소제(少帝)의 외삼촌이다. 하안의 아버지 이름은 함(咸)이며, 그의 어머니는 윤씨(尹氏)이다. 조조(曹操)가 사공(司空)을 맡고 있을 때(196-208) 윤씨를 바쳐서 부인으로 삼고 동시에 하안을 수양아들로 들였다. 이 때문에 하안은 어려서부터 조조의 집안에서 길러졌으니, 조조의 양자라고 말할 수 있다. 성장한 뒤에 조조와 두(杜)부인의 사이에서 난 딸 금향(金鄕)공주와 결혼했다. 그래서 조조의 사위가 되었고, 결국 부마도위(駙馬都尉)가 되고 관내후(關內侯)에 봉해졌다. 하안은 어려서부터 용모가 매우 뛰어나고 지혜도 타고난 총명함이 있어서 삼현(三玄; 주역, 노자, 장자)을 아주 좋아하여 저술이 매우 많았다. 여러 가지 역사문헌의 기록에 근거해서 보면 『논어집해(論語集解)』·『효경주(孝經注)』·『노자도덕론(老子道德論)』·『위진시의(魏晉謚議)』·『악현(樂懸)』·『관족론(官族論)』·『하안집(何晏集)』 등의 저술이 있다. 정시 1년(240) 그는 조상(128-190)과 뜻을 같이하여 친위(親魏) 반사마씨(反司馬氏) 정권을 수립하여 직위가 산기시랑(散騎侍郎)을 거쳐 시중(侍中)에 이르고 또 더욱 올라 이부상서(吏部尙書)가 되었는데, 그가 관리 선발의 책임을 맡은 것이 11년에 이르니, 무릇 그와 오랜 교유가 두터운 사람들이 많이 발탁되었다. 당시에 왕필은 하안의 눈에 들어 인정을 받아 선발되어 대랑(臺郎)이 되었다. 하안은 명성이 높았고 또 청담을 잘하였으므로 "당시의 권세와 천하 선비와의 담론으로 많은 이들의 숭상을 받아서" 일대 담론의 으뜸으로 받들어졌다. 단지 정치계의 새로운 귀족이 되었을 뿐 아니라 학술계의 영수가 되었다. 그는 일찍이 왕필과 함께 『노자』의 핵심논지에 대하여 담론을 하였고, 서로 "성인에게 희로애락의 감정이 있는가(聖人有無喜怒哀樂)"의 문제로 논변을 주고받았다. 왕필은 그가 주관하는 논변 석상에서 큰 예기(銳氣)와 재주를 뽐내어 한때 이름이 세상에 널리 알려지게 되었다. 비록 그는 왕필보다 30여 세쯤 연장자였으며 지위나 명성이 높았지만, 왕필의 재능을 알아주고 인정하며 깊이 아꼈다.

립적으로 존재하는 것["獨化(독화)"]이기 때문에 무(無)를 본체로 삼을 필요가 결코 없으며, 각각의 독립적인 사물들[有: 유]은 모두 자기의 주어진 본성에 따라 결정된다고 보았다. 이 때문에 각각의 사물들은 모두 "스스로 그 본성에 만족하고(自足其性)", 질서 정연한 우주는 바로 그것을 화해시킬 수 있는 존재이다. 이로써 볼 수 있듯이 상수와 곽상의 현학도 실제로 우주의 개별적인 온갖 사물이 지닌 본성을 강론하는 학문이라는 것이다.

인간의 본성으로 말하자면, 현학은 사람의 자연적 본성 문제를 제기하였는데, 사람의 본성이 자연적이며 태어나면서부터 지니고 있는 생래적(生來的)인 것이라고 보았다. 이런 이유로 사람의 활동과 인류 사회의 생활은 모두 사람이 지닌 자연성을 위배할 수 없는 것이며 마땅히 사람이 지닌 자연성에 순응해야 한다는 것이다. 사람이 지닌 자연적 본성의 입장에서 말하자면 현학의 각 학파가 견지하는 사상은 모두 상통한다. 그러나 어떻게 자연적 본성에 순응하느냐의 문제에서 보면 각 학파의 설명 방법이 또한 아주 큰 차이를 지닌다. 하안과 왕필의 현학 입장에서 보면, 인류 사회의 명분이나 신분제도는 바로 사람이 지닌 자연적 본성에 순응하는 데 요구되는 표출 현상이다. 예컨대, 왕필은 "저절로 타고나는 바탕은 각각 그 분수가 정해져 있어서 짧다고 해서 부족하지 않고, 길다고 하여 남지도 않으니, 덜고 더함을 어디에나 붙이겠는가?"[8]라고 하였다. 여기서 말하고 있는 것은 사람의 신분 등급제도란 자연적으로 정해진 바탕이며 또한 사람이 지닌 자연성이 표출된 현상이라는 것이다. 그리고 죽림칠현(竹林七賢)의 현학가인 혜강(嵇康)은 이런 시각에 대하여 동의하지 않는데, 그는 명교(名敎)란 사람의 본성을 위배하고 질곡에 빠뜨리는 것으로서 사람의 본성은 사람의 마음이 지닌 자연성에 순응하는 데 있다고 보았다. 이런 이유로 그는 "명교를 넘어서 자연에 내

8 『周易』 損卦 注. "自然之質, 各定其分, 短者不爲不足, 長者不爲有餘, 損益將何加焉."

어 맡기고(越名敎而任自然)" 또 "명리를 넘어서 마음에 맡기는(越名任心)" 사상을 제기하였으며, 사람의 의지에 맡기고 따를 것을 주장하고 명교와 예제(禮制)로써 사람의 자연적 기호(嗜好)를 억압하는 것은 주장하지 않아서, 강렬하게 유가를 반대하는 사상적 경향을 지닌다. 상수(向秀)와 곽상(郭象) 등과 같은 부류의 현학가들은 명교가 바로 자연이라고 여겼으며 "유가와 도가를 합하여 하나로 삼았는데(合儒道爲一)", 양자는 합쳐져서 하나가 되는 것이므로 천지자연 속에서 노니는 것(마음의 자연성에 맡기는 것)과 인간 세상에서 살아가는 것(명교에 따라 사는 것)을 합일시키는 사상을 제기하였다.

현학의 발생을 사상적 원인의 입장에서 보면, 그것은 한(漢)나라 시대 유학의 점진적 쇠퇴와 나날이 증가하는 한나라 시대 도가의 자연주의적 사상 발흥이 저절로 변화를 거치면서 생겨난 산물이다. 유학의 쇠퇴[9]와 도가의 흥기는 동한(東漢) 이래 학술 사상계가 발전하는 하나의 큰 추세이다. 동한 말년에 유학이 쇠퇴하여 무너진 뒤에 도가(道家)가 유학의 지위를 대신하여 흥기하였는데 이것은 이미 사상이 발전하는 과정의 필연적 결과였다. 그리고 현학은 바로 이런 유형의 사상이 변화하여 발전하는 조류 속에서 발생한 것이다. 사회적 원인의 측면에서 보자면, 현학의 출현은 위진시대 경제와 정치의 모든 형세가 발전하는 중에 나타난 산물이다. 위진시기는 사회가 분열과 전란 상황에 처해 있던 시대로서 문벌(門閥)의 사족(士族)이 할거하여 군림하고 통치계급 내부에서도 서로 죽이고 정벌하면서, 민족의 모순과 계급의 모순이 아주 첨예하게 대립하고, 사회는 온통 들끓어서 안정되지 못하여 백성의 생활도 안정을 찾지 못하였으니, 사인(士人: 넓은 의미의 지식인)들은 아침에 저녁을 보장할 수 없을 정도로 상황이 급박한 상태에 처해 있었다. 유가의 명교는

9 저자 주 한대(漢代) 유학이 바야흐로 한창 홍성하던 시기는 동한(東漢)의 장제(章帝)가 소집한 백호관(白虎觀) 유학대회 즈음이다. 그 후에 유학은 경직되어 생기를 잃은 교조(教條)가 되었고, 점점 더 생명력을 잃어가게 된다.

이미 나라 전체의 사회생활을 유지시킬 수 없게 되었고, 사대부(士大夫)들은 어지러이 일어나 새로운 "나라를 편안하게 다스리는(治國安邦)" 방책을 모색하고(예컨대, 하안과 왕필 등), 또 지식인들 자신이 "천명을 깨닫고 생사·이해관계를 초월하여 마음의 평안을 얻는 것(安身立命)"을 탐구하였다(예컨대, 완적과 혜강 등). 이와 같이 그들은 청정(淸淨) 무위(無爲)를 주장한 『노자』 속에서 "임금이 나라를 다스리는 방법(君人南面之術)"을 찾고, 또한 제물(齊物)과 소요(逍遙)를 주장한 『장자』 속에서 자기 자신의 몸을 평안하게 하는 경지를 찾았다. 이것이 바로 선진(先秦)과 양한(兩漢) 이래의 도가사상이 어찌하여 위진시대에 홍성할 수 있었는가에 대한 진정으로 핵심을 찌르는 사회적 근원이다.

현학의 사조가 빌전하는 과정은 대체로 아래와 같은 몇 가지 발전단계로 말할 수 있다.

현학은 동한 말엽과 위나라 초기의 청담(淸談) 사상에서 싹이 돋았다. 위나라 조방(曹芳)의 정시(正始) 연간(240-249)에 하후현(夏候玄)·하안(何晏)·왕필을 대표로 하는 현학의 귀무(貴無) 사상이 정식으로 발생하였는데, 사람들은 일반적으로 그것을 "정시지음(正始之音)"이라고 한다. 이런 일파의 현학은 대체로 노자의 학문을 주로 삼았는데, 그들은 무(無)를 근본으로 삼고 유(有)를 말단으로 여기는 우주본체론 학설을 제기하였다. 이런 유형의 학설은 무를 근본으로 삼는 것을 주장하면서 "무"를 세계의 근본이며 본체라고 여겼기 때문에 일반적으로 또한 이런 학설을 일컬어 현학귀무론(玄學貴無論)이라고 한다.

정시(正始) 연간 이후 위나라 왕조 말년에 혜강과 완적(阮籍)을 대표로 하는 죽림현학(竹林玄學)이 나온다. 완적과 혜강 등과 같은 사람들은 모두 노자와 장자의 학문을 숭상하여 도가의 자연주의 사상을 고양시키면서 허위(虛僞)뿐인 유교의 명교를 비난하였다. 혜강은 "명리를 넘어서 마음에 맡기는(越名任心)" 사상을 제기하여 유가의 명교가 사람의 마음을 자유롭지 못하게 구속한다고 반대하면서, 사람의 마음이 지닌 자연성에 순응해야 한다고 주장하였다. 완적은 예교(禮敎)에 구속되지 않고 자유분방하게 말이나 행동에 거리낌이 없는 풍모를 지녔다. 자유분방하게 말이나 행동에 거리낌이 없는 완적의 풍모는 또한 시대의 흐름에 따라 변하여 서진(西晉)의 원강(元康) 연간(291-300)에 등장한 방탕하게 자유분방한 시대의 풍모가 된다. 원강 연간 이래의 이런 이른바 방달파(放達派) 인물들은 방탕하게 자유분방한 형식만을 헛되이 추구하면서 사상은 결핍되었다. 그들은 죽림현학의 풍모를 배우고자 흠모하였으나 죽림현학의 뜻을 이해하지 못하였는데, 그들은 오직 "관(冠)을 벗어 어지러이 민머리로 다니기도 하고, 윗옷을 벗어 어깨를 드러내 놓고 웅크리고 걸터앉아 있기도 하며, 여러 사람이 모인 자리에서 발을 씻기도 하고, 사람 앞에서 소변을 보기도 하고, 손님을 세워놓고 혼자 식사를 하기도 하고, 술 권하는 놀이를 하면서 어버이에게까지 이르게 하기도 하는 것"[10]만 알았다. 그들이 말하는 "방(放)"이란 오직 바르지 않은 것에서 방종하게 구는 것일 뿐이다. 그러므로 동진의 대규(戴逵)[11]는 "방(放)[12]이라는 것은 달(達)[13]과 유사하여 도를 어지럽히는 근거이다. 그러나 죽림현학의 방달(放達)함은 병폐가 있어서 빈축을 사는 것이 있었다. 원강 시기 현학의 방달함은 덕이 없어서 의관까지도 훼절하였으니, 살피지 않을 수 있겠는가?"[14]라고 논평하여 말하였다.

---

10 『抱朴子』「刺驕」. "或亂項科頭, 或裸袒蹲夷, 或濯足于稠衆, 或溲便于人前, 或停客而獨食, 或行酒而止所親."

11 역주 대규(戴逵: 326-396)는 자는 안도(安道)이고 동진(東晉) 초군(譙郡)의 거사(居士)이며 예술가이다. 『진서(晉書)』「대규전」에 의하면, 어릴 때부터 재능을 나타내어 박학했으며, 거문고와 북 연주에 뛰어날 뿐 아니라 말과 글이 훌륭했고 불상을 조각하기도 하였다. 「방달위비도론(放達爲非道論)」을 지어서 당시의 사회에 풍미하던 지식인 집단의 방달한 행위를 비판하였다. 죽림칠현을 그린 「칠현도(七賢圖)」는 매우 뛰어난 작품으로 칭송받았다. 저서로 『대규집(戴逵集)』 9권이 있었다고 하나 산일되어 전하지 않는다.

12 역주 방(放)은 구속하고 있던 상태를 풀어 놓는 것이다.

13 역주 달(達)은 제멋대로 방자히 구는 것이다.

14 『晉書』「戴逵傳」. "放者似達, 所以亂道. 然竹林之爲放, 有疾而爲顰者也; 元康之

당시에 성행하였던 현허한 무[虛無]를 숭상한 현학과 원강 시기 방달한 시절의 풍속을 콕 찍어 겨냥하여, 배외(裴頠)[15]와 곽상 같은 사람들은 현학 숭유론(崇有論)의 기치를 높이면서 하안과 왕필의 현학 귀무론(貴無論) 그리고 당시의 이른바 방달한 풍모를 비판하였다. 배외는 유가의 예교를 옹호하는 입장에서 『숭유론(崇有論)』 한 편을 저술하여 현학 귀무론(貴無論)과 방달파의 사상을 비판하였다. 곽상은 유가와 도가를 조화시키는 입장에서 출발하여 명교가 곧 자연이라는 주장을 제기하였고, 철학적으로도 하안과 왕필의 귀무론을 비판하면서 자기의 숭유론 사상을 견지하였다. 그리하여 곽상은 현학의 철학이론 발전에서 정점에 도달하였다. 나아가 동진 이래로 시대를 내려오면서 현학은 이론적으로도 귀무와 숭유라는 큰 두 학파의 사상을 다시 넘어서지 못했다.

동진(東晋) 시대 장담(張湛)[16]의 『열자(列子)』 주석에 나타난 현학사상은 단지 하안과 왕필의 현학 그리고 죽림의 노장학문과 곽상의 현학 등 세 가지 사상을 종합하여 섞어놓은 것일 뿐이지, 결코 더 많은 새로운 창의적 견해가 없다.

爲放, 無德而折巾者也. 可不察乎?"

15 역주 배외(裴頠)의 자는 일민(逸民)으로, 「숭유론(崇有論)」을 지어서 그 당시 청담(淸談)의 무리를 배척하였다. 이 책의 4장 2절 「배외의 "숭유론" 사상」에서 그의 사상을 집중적으로 논의하고 있다.

16 역주 장담(張湛)은 동진(東晋)의 학자로 양생가(養生家)이다. 자는 처도(處度)이며 고평(高平) 사람이다. 『양생요집(養生要集)』 『열자주(列子注)』 『충허지덕진경주(沖虛至德眞經注)』 등을 찬했다. 이 책의 6장 2절 「장담의 사상」에서 그의 사상을 집중적으로 논의하고 있다. 그리고 장담의 "湛"자에 대한 한글 발음은 "담"과 "잠" 두 가지가 있다. 그래서 "張湛"의 표기를 "장잠"이라고 표기하는 사람들도 있다. 그러나 본 번역에서는 "장담"이라는 표기를 사용하였다. 그 이유는 전통적으로 한국학 분야에서 "張湛"의 표기는 "장담"으로 써왔기 때문이다. 그리고 비록 조선시대 중기의 무반(武班) 관료이기는 하지만 같은 한자를 사용하고 있는 인물에 대하여, 『한국민족문화대백과사전』(한국학중앙연구원, 구 한국정신문화연구원, 1991년 간행)의 "장담(張湛)" 항목에서는 "장담"으로 표기하였다. 또한 조선후기 실학자 담헌(湛軒) 홍대용(洪大容)의 호에 쓰인 "湛"자도 "담"으로 표기하고 있다.

위진현학은 중국철학사 내지 중화문화의 발전 역사에서 하나의 중요한 단계이다. 그것은 위로는 한나라 시대의 유학과 도가사상을 계승하였고(확실하게 말하자면, 그것은 한대 경학과 황로학을 개조한 것이다), 아래로는 동진과 남북조(南北朝) 그리고 수(隋)와 당(唐) 전체에 이르는 중국의 불교 학문에서 더 나아가 송명(宋明)의 이학(理學) 수립까지 길을 열어 주었으며(예컨대, 현학이 제기한 유무 · 본말 · 체용의 철학적 본체론 사상은 불교 학문과 송명시대 이학에 영향을 끼친다), 동시에 그것은 위진남북조시대 전체의 문학예술 내지 문인 학자들의 생활습속 등에 이르기 까지 모두 매우 깊은 영향을 미쳤다. 당시에 시(詩) · 부(賦) · 문장(文章)이라면, 언필칭 노장(老莊)으로서, 그 시대 문학계 인사들의 생활 모습이 되었다. 이 유형의 풍격은 심지어 이후의 모든 중화지식계에 영향을 미쳤다. 요컨대, 위진현학은 중화문화 발전의 역사에서 중요한 지위를 점유하고 있다.

제1장

위진현학의 발생과 사상의 연원

제1절

현학의 발생

위진시기는 중국의 역사에서 사상계가 비교적 활기를 띤 시기이다. 명가(名家)·법가(法家)·도가(道家)·유가(儒家)·묵가(墨家)·병가(兵家)·종횡가(縱橫家)가 서로 이어서 홍기하여,[1] 한대(漢代) 경학(經學)이 천하의 학문을 통일했던 음울한 분위기를 깨뜨리고 백가(百家)의 학문이 다시 부흥하는 국면을 이루게 되었다. 동한(東漢) 말년에 황건적(黃巾賊)이 크게 일어난 뒤에 오랜 기간 사회가 혼란했던 것이 위진 시기에 제자백가가 홍기한 중요 원인이다. 삼국이 나란히 서서 대립하여 제후가 지역을 나누어 기반을 다지고 군웅이 서로 다투던 때는 전국을 통일하는 비교적 안정된 지고무상(至高無上)의 정권이 발생할 수 없었기 때문에 사상계도 천하를 통일한 중앙정권을 옹호하는 지배이념의 현학이 발생할 수 없었다. 이런 정황은 사상계에서 양한(兩漢)시대 유가(儒家) 정신의 족쇄로 채워진 속박을 필사적으로 벗어나게 만들어서 사상이 비교적 자유로웠다. 『삼국지(三國志)』「위서(魏書): 왕숙전(王肅傳)」에서 "초평 1년(190)에서 건안 말년(219)에 이르기까지 천하는 분열하여 흩어

1 저자 주 위진 시기 제자백가 학문의 대략적 상황은 許抗生,「論魏晉時期的諸子百家學」,『中國哲學史研究』, 1982年, 第3期를 참고하라.

지고 사람은 구차하게 살아가며, 기강은 이미 쇠퇴하고, 유학의 도는 더욱 심각하였다."[2]고 지적하였다. 천하가 분열하여 흩어지자 본래의 사상적 통치도 이미 효용성을 상실하게 되었고, 사람들의 머릿속에 있는 존비(尊卑)의 관념이 흔들리게 되면서 충효(忠孝)와 인의(仁義)를 독실하게 지키던 원래의 사인(士人)들은 관직의 벼슬이 높아질수록 모욕적인 이름을 얻고 행위마다 비웃음을 사게 되었지만, 어떤 경우에는 불인(不仁)과 불효(不孝)를 저지르는 편벽된 선비라도 단지 나라를 다스리고 군사를 부리는 재능만 있다면 바로 관료로 등용되어 최고의 관료가 될 수 있었다. 본래 유가의 경전에 널리 통달한 선비가 관료로 선발되는 것이지만, 이제는 닭이나 개를 훔치는 등 도둑질을 일삼는 소인이라도 단지 능력만 있다면 관료가 될 수 있게 되었다. 지나간 과거의 관념은 무너져 버렸고, 사람들의 믿음에는 위기가 생겨났다. 그래서 제자백가의 학문이 기회를 타고 흥기하게 된 것이다. 사람들은 배회하고 탐색하며 사색하였다. 학술계의 백가쟁명(百家爭鳴)이 사람들의 사유를 깨우치고 있는데, 어떤 사상이라야 각 학파의 사상을 통일할 수 있을까? 도가를 독실하게 신봉한 왕필은 도를 근본으로 삼는[以道爲本] 입장을 가지고 제자백가를 통합하는 사상을 제시하였다. 그는 선진(先秦) 이래의 각 학파의 학설을 총괄하여 법가 · 명가 · 유가 · 묵가 · 잡가(雜家)의 치우친 곳을 지적하면서, 다음과 같이 말하였다. "법가는 가지런히 같게 함을 숭상하여 형벌로써 그것을 단속하였다. 명가는 참됨의 확정을 숭상하여 말[言]로써 그것을 바로잡았다. 유가는 완전한 사랑을 숭상하여 명예로써 그것을 진전시켰다. 묵가는 검소함과 절약을 숭상하여 욕망의 교정으로써 그것을 세웠다. 잡가는 여러 가지 좋은 점을 숭상하여 장점을 모두 합함으로써 그것을 실행하였다. 무릇 형벌로써 대상을 단속하면 교묘한 거짓이 반드시 생겨난다. 이름으로써 대상을 확정하면 이치에 맞는 관용

2 『三國志』「魏書: 王肅傳」. "從初平之元, 至建安之末, 天下分崩, 人懷苟且, 紀綱旣衰, 儒道尤甚." 주(注)는 『魏略』을 인용함.

이 반드시 상실된다. 명예로써 대상을 추켜세우면 오히려 다툼이 반드시 일어난다. 욕망의 교정으로써 대상을 세우면 어그러짐이 반드시 생긴다. 여러 가지 좋은 점을 가지고 대상에 실행하면 뒤죽박죽의 혼란이 반드시 일어난다. 이것은 모두 그 말단인 자식을 쓰고 그 근본인 어미를 버리는 것이다."[3] 그는 사람들이 각자 한쪽만 치우치게 고집하고 근본[母]을 잡지 못하기 때문에 사상의 혼란이 생긴다고 보았다. "그러므로 어지럽고 복잡한 논의가 있게 되는 것이며, 여러 가지 취향에 따르는 논쟁이 여기에서 비롯되는 것이다."[4] 왕필의 입장에서 보면, 오직 "도(道)"라는 이 근본(혹은 "母"라고 칭함.)이 있어야만 비로소 각 학파의 사상을 아울러 납득시킬 수 있는 것으로서, "무릇 길은 비록 다르지만 반드시 돌아가는 곳은 같다. 생각이 비록 여러 가지로 다르지만 반드시 그 이르는 곳은 같다."[5] 그리고 "사물마다 핵심기준이 되는 것이 있으니, 길이 비록 다르지만 귀결되는 곳은 같고, 생각이 비록 여러 가지로 다양하지만 하나에 이른다. 도에는 항상성이 있고, 이치에는 크게 이르는 것이 있다."[6] 백가의 학파를 통합하는 것에 대한 왕필 같은 현학가의 시각은 당시의 시대적 요구에 부합하였기 때문에 생명력을 드러내면서 한 시대를 풍미하는 학술 사조가 되는 것이다. 이런 이유로 우리는 현학이 위진 시대 필요(必要)의 산물이라고 말할 수 있다.

---

3 王弼, 『老子指略』. "法者尙乎齊同, 而刑已檢之. 名者尙乎定眞, 而言已正之. 儒者尙乎全愛, 而譽以進之. 墨者尙乎儉吝, 而矯以立之. 雜者尙乎衆美, 而總以行之. 夫刑以檢物, 巧僞必生; 名以定物, 理恕必失; 譽以進物, 爭尙必起; 矯以立物, 乖違必作; 雜以行物, 穢亂必興. 斯皆用其子而棄其母."

4 王弼, 『老子指略』. "故使有紛紜憒錯之論, 殊趣辯析之爭, 蓋由斯矣."

5 王弼, 『老子指略』. "夫途雖殊, 必同其歸; 慮雖百, 必均其致."

6 王弼, 『老子道德經』 47장의 주. "事有宗而物有主, 途雖殊而同歸也, 慮雖百而其致一也. 道有大常, 理有大致."

제2절

현학의 사상 연원

한 시대의 사조(思潮)가 발생하는 것은 해당 시대의 사회적 조건이 있어야 하는 것 이외에[1] 또한 사상의 역사적 발전 조건과 분리될 수 없다. 위진현학의 발생도 한나라 시대와 위나라 초기의 모든 사상이 변화 발전하여 생겨난 산물이다. 이 때문에 우리는 위진현학이 발생하게 된 사상의 연원을 탐구해야만 한다.

1 현학은 "허정虛靜을 근본으로 삼는 것"을 숭상한 도가사상이 한대漢代에 변화 발전한 산물

도가의 사상은 서한(西漢)에서 위진시기에 이르기까지 융성했다가 쇠퇴하고, 또 지극히 융성하게 되는 우여곡절의 발전과정을 지나왔다. 서한 초기의 황로도가사상은 통치사상이 되었으며 한때는 아주 성행하였

1 저자주 현학이 발생하고 발전하게 된 사회·경제·정치적 조건에 관하여 보자면, 현학이 발전하는 단계별로 이런 조건들이 일치하지 않기 때문에 우리는 여기에서 통일적으로 설명을 하지 않고, 각 장 속에서 나누어 설명하고자 한다.

는데, 두태후(竇太后)[2]가 황로의 학술을 높이 받든 지 장장 45년에 이른다. "두태후는 황제와 노자의 말을 좋아해서 황제[景帝]와 태자[武帝] 그리고 모든 두씨(竇氏)들도 어쩔 수 없이 황제와 노자의 글을 읽고 그 학술을 높일 수밖에 없었다."[3] 한나라 경제 시절에 유가와 도가는 통치이념으로서의 지위를 놓고 격렬하게 경쟁하였다. 한 무제 시대에 이런 경쟁은 "황로(黃老)와 형명(刑名)과 같은 모든 학파의 언설은 몰아내고",[4] "오직 유가의 학술만 존숭한다."[5]는 정책으로 종결되었다. 황로의 학술과 무위(無爲)의 정치는 비록 통치이념의 지위를 잃었지만, 도가사상은 오히려 정통사상에 대항하는 이단으로서 한대 전 시기에 걸쳐 스며들었다. 도가의 자연무위 원칙과 추상적인 사변의 풍격은 한대 철학에 깊은 영향을 끼친다. 사마담(司馬談)[6]은 한 무제 시기에 도가사상을 숭상했던

---

2 역주 두태후(竇太后) 전한(前漢)의 제5대 황제인 효문제(孝文帝: B.C. 180-B.C. 157)의 부인이며, 6대 황제인 경제(景帝: B.C. 157-B.C. 141)의 어머니이다. 노장사상을 매우 숭상하였다.

3 『史記』「外戚世家」. "竇太后好黃帝老子言, 帝(景帝)及太子(武帝)諸竇不得不讀黃帝老子, 尊其述."

역주 『사기(史記)』 본문에는 "(景帝)" "(武帝)"라는 말은 없으며, 이 두 표현은 원저인 『위진현학사』의 저자가 이해를 돕기 위해 첨가한 것이다. 이후로도 본문 중에 한문 저작을 인용하면서 괄호를 사용하는 것은 모두 저자의 견해를 반영한 표시이다.

4 『漢書』「儒林傳」. "黜黃老刑名百家之言."

5 "獨尊儒術."

6 역주 사마담(司馬談)은 전한(前漢) 사람으로서 하양(夏陽: 지금의 陝西省 韓城) 출신으로 출생 연도는 알려져 있지 않다. 아버지는 사마희(司馬喜)이고, 『사기(史記)』의 저자 사마천(司馬遷)의 아버지이다. 당도(唐都)에게서 천문학을, 양하(楊何)에게서 『역(易)』을, 황자(黃子: 黃生)에게서 도가(道家)의 이론을 배웠고, 건원(建元: B.C. 140-135)에서 원봉(元封: B.C. 110-108) 연간에 걸쳐 관리 생활을 하였다. 천문과 역법(曆法)을 주관하고, 황실의 전적(典籍)을 관장하였으나, 백성을 다스리지는 않았다. 무제(武帝) 때 한나라 황실의 봉선(封禪) 의식을 거행하였는데, 당시 그는 주남(周南: 지금의 河南省 洛陽)에 있었기 때문에 참여할 수가 없었다. 이로 인해 화가 치밀어 번민하던 끝에 죽었다. 그는 『국어(國語)』, 『세본(世本)』, 『전국책(全國策)』, 『초한춘추(楚漢春秋)』 등의 서적을 근거로 사적을 편찬하였고, 죽기 전에 아들 사마천에게 자신이 편찬하던 역사(歷史)를 완성해

전형적인 대표 인물이었다. 그는 도가 이외의 다른 학파들은 모두 부족한 면이 있으나, 오직 도가는 "음양의 큰 순리에서 기인하고, 유가와 묵가의 좋은 점을 따고, 명가와 법가의 핵심을 잡아서"[7] 진선진미(盡善盡美)하다고 여겼다. 회남왕 유안(劉安)[8]이 빈객들을 초빙하여 편찬한 『회남자(淮南子)』는 노자의 사상에 가까운데, 고유(高誘)[9]는 이 책이 "뜻은 노자에 가깝고 담백하게 무위를 따르며 허정(虛靜)을 지키고 따른다."[10]고 하였다.

이후의 엄군평(嚴君平)[11]은 "허정이 만물의 근본"이라는 사상을 제기

달라고 유언하였다. 아들 사마천이 그 뜻을 이어 완성한 것이 바로 『사기(史記)』이다. 유가(儒家)·묵가(墨家)·명가(名家)·음양가(陰陽家)·법가(法家)·황로학(黃老學) 등 제가(諸家)에 두루 능하였고, 특히 황로학을 좋아하였다. 그가 육가(六家)의 학문 요지를 논한 『논육가요지(論六家要旨)』는 그의 사상을 드러낸 명문이다. 사상적으로 황로도가 계열의 학풍을 지니고 있다.

7 『史記』「太史公自序」. "因陰陽之大順, 采儒墨之善, 撮名法之要."

8 역주 유안(劉安: B.C. 179?-122)은 전한(前漢) 패군(沛郡) 풍현(豊縣) 사람이다. 한(漢)나라 고조(高祖)의 손자로서 아버지의 뒤를 이어 회남왕(淮南王)이 되어 수춘(壽春: 安徽省 壽縣)에 도읍하였다. 문장에 뛰어나 무제(武帝)의 명을 받들어 「이소전(離騷傳)」을 지었다. 문학애호가로 많은 문사와 방사(方士)를 식객으로 모아, 『홍렬(鴻烈)』, 즉 『회남자(淮南子)』를 지었다. 『회남자』는 황로도가 계열의 저작이며 사상적으로 노장(老莊)을 중심으로 여러 학파의 사상을 통합하려 하였다. B.C. 122년 무제(武帝) 때 반역을 기도하였다가 발각되어 자살하였다.

9 역주 고유(高誘)는 후한시대 탁군(涿郡: 현재 河北涿縣) 사람이다. 205년 사공연(司空掾)에 임용되었고 동군(東郡) 복양(濮陽)지역으로 부임했으며 후에 하동(河東) 태수로 자리를 옮겼다. 저서로 『맹자장구(孟子章句)』(현재 없어짐) 『효경주』(현재 없어짐) 『전국책주』(현재 잔편이 남아 있음) 및 『회남자주』(현재 허신(許愼)의 주와 뒤섞여 있음) 『여씨춘추주』 등이 있다.

10 "旨近老子, 淡泊無爲, 蹈虛守靜."

역주 이 인용 문장은 高誘 『淮南子注』의 「敍」에 있는 글이다.

11 역주 엄군평의 본명은 엄준(嚴遵: 대략 B.C. 73-A.D. 17년)이다. 서한 촉군성도(蜀郡成都: 현재 사천성 성도) 사람으로 자는 군평(君平)이다. 원래의 성은 장(莊)이고 이름이 주(周)였으나, 한 명제(明帝)를 피휘(避諱)하였기 때문에 『한서』에서 성을 엄(嚴)으로 개칭하였고, 후손들도 그것을 이어 받았다. 노장에 깊은 조예가 있었으며 성도의 저자거리에서 점쟁이 생활을 했는데, 비록 천한 일이지만 사람들에게 도움이 된다고 여겼다. 점을 쳐서 나오는 시초와 거북에 의거하여

하여 위진현학의 시작을 열었다.

(1) "무無"는 "도덕道德"에서 "만물萬物"로 변화하는 과정의 근거이다

엄군평의 『도덕지귀(道德指歸)』는 서한 말기에 책으로 저술되었으며, 그 내용의 넓고 심오함은 줄곧 역대 학자들의 칭송을 받았다. 『노자』에 대해 주석을 한 한대의 저작은 지금까지 남아 있는 것이 얼마 되지 않는다. 우리는 『노자지귀(老子指歸)』를 서한 시기 노자에 관한 학문 사조의 대표작이라고 볼 수 있다. 『노자지귀』에 대한 연구는 우리가 한대 노자의 학문에 대해 이해하는 데 도움을 줄 뿐만 아니라, 위진현학의 발생에 관한 사상의 연원을 깊이 있게 탐구하는 데 유리한 점이 있다.

세간에 유행하고 있는 학설 중에 한대 우주관을 발생론으로 개괄하고 위진시대의 철학을 본체론으로 개괄하는 것이 있다. 그러나 실제로 꼭 그런 것은 아닌데, 엄군평의 『노자지귀』가 바로 그 하나의 예외 사례이다. 이 책에서 우주발생의 변화과정을 탐구할 때 강조한 것은 천지만물의 자연과 사회의 발생·발전·생존·변화의 근거이다.

이해를 말하는데, 각기 사람이 처한 상황에 따라 인도하여 따르는 사람이 많았다. 날마다 점을 쳤는데, 먹고사는데 지장이 없을 정도만 되면 문을 닫고 『노자』를 가르쳤다. 학문이 넓어서 두루 통하지 않는 것이 없었고, 노장에 의거하면서 10만여 언에 달하는 저술을 남겼다. 양웅이 일찍이 그에게 배웠고, 조정에 들어간 뒤에도 그의 덕을 칭송했다. 학문은 노장을 귀착점으로 삼았으나 유가의 학설인 충효의 덕목을 폐기하지 않았으며, 점치는 일로 생계를 꾸렸으니 『주역』에도 조예가 깊었다(『漢書』「王貢兩龔鮑傳」, 『華陽國志』「蜀都士女」) 저서인 『老子指歸』의 다른 이름은 『道德眞經指歸』, 『道德指歸論』, 『道德指歸』로 13권이나 현존하는 것은 7권이다. 한나라 성제(成帝: B.C. 32-37년)에 쓰인 것으로, 통행본으로는 명(明)나라 正統道藏本과 만력(萬曆) 연간에 간행한 秘冊彙函本, 숭정(崇禎) 연간에 虞山毛氏 汲古閣에서 간행한 津逮秘書本, 청(淸)나라 가경(嘉慶) 10년(1805년) 虞山張氏 照曠閣에서 간행한 學津討原本, 1922년 大關唐氏가 成都에서 간행한 怡蘭堂叢書本, 1936년 商務印書館에서 간행한 叢書集成初編本 등이 있다. 『老子指歸』는 『노자』에 대한 의소(義疏)로 육조(六朝) 시대부터 당나라까지 11권, 13권, 14권의 세 가지 판본이 있었으나, 현존하는 것은 13권본의 後 7권(『德經』 부분)이다.

엄군평은 책 속에서 도덕(道德)—신명(神明)—화(和: 어떤 때는 太和라고 지칭함)—천지(天地)—음양(陰陽)—오행(五行)—만물(萬物)의 우주 발전 과정을 반복적으로 상세하게 밝혀서 설명하고 있다. 이런 과정은 삼 단계로 나뉘어질 수 있다. 첫째 단계는 도덕 신명에서 화(和)에 이르는 것으로서, 추상적 정신의 자체 발전이다. 엄군평은 『노자』의 "도는 일(一)을 생성하고, 일(一)은 이(二)를 생성하며, 이(二)는 삼(三)을 생성하며, 삼(三)은 만물을 생성한다."[12]는 구절을 주석하면서 다음과 같이 지적하고 있다. "그러므로 텅 빈 것 가운데 텅 빈 것[虛之虛]이 텅 빈 것[虛]을 생성하고, 없는 것 가운데 없는 것[無之無]이 없는 것[無]을 생성하니, 없는 것[無]이 형체를 지닌 것[有形者]을 생성한다.[13] 따라서 모든 형체를 지닌 개별자들은 물류(物類)[14]에 속한다. 개별자들에는 근본[宗]이 있고, 무리에는 시조[祖]가 있다. 우주자연은 개별자들의 외연[大]이며, 사람은

12 『老子』 42장. "道生一, 一生二, 二生三, 三生萬物."

13 역주 『老子指歸』 王德有 點校 (北京: 中華書局, 1994)에는 이 부분이 "故虛之虛者生虛者, 無之無者生無者, 無者生有形者."로 되어 있다. 그러나 四庫全書本 『道德指歸』 권2, 道生一篇에는 "故虛之虛者生虛虛者, 無之無者生無無者, 無者生有形者"로 되어 있다. 명대(明代)의 秘冊彙函本 『道德眞經指歸』에도 四庫全書本과 같다. 왕떠요우(王德有)의 입장은 앞에서 "有虛者"와 "有無者"라는 구절이 있으므로 그것에 준하여 각각 虛자와 無자 하나를 衍文으로 보아 생략한 것이다. 이 인용문 앞에 있는 구절은 다음과 같다. "有虛之虛者開導稟受, 無然然者而然不能然也, 有虛者陶冶變化, 始生生者而生不能生也, 有無之無者而神明不能改, 造存存者而存不能存也, 有無者纖微玄妙, 動成成者而成不能成也."("텅 빈 것 가운데 텅 빈 것[虛之虛者]이 있어서 열고 이끌어주어 부여받는 것이 있으니, 그러함이 없는 그러함[無然然]이라야 그렇게 할 수 없는 것[不能然]을 그렇게 한다. 텅 빈 것[虛者]이 있어서 변화를 일으키니, 처음 생성을 생성시키는 것[始生生者]이라야 '스스로' 생성할 수 없는 것[不能生]을 생성시킨다. 없는 것 가운데 없는 것[無之無者]이 있으니, 신명이 바꿀 수 없고, 존재를 지어내는 존재[造存存者]라야 스스로 존재할 수 없는 것[不能存]을 존재하게 한다. 없는 것(無者)이 있어서 감각으로 포착되지 않게 은미하고 미묘하니, 생성을 일으키는 생성자[動成成者]라야 (스스로) 생성할 수 없는 것[不能成]을 생성한다"). 이 책의 저자들도 왕떠요우(王德有)의 이 견해를 따라 해설하고 있다.

14 역주 물류(物類)는 우주자연 속에 있는 온갖 개별자들의 무리를 의미한다.

그 속에 포함[次之]된다. 우주자연과 사람이 생성될 때에 형체는 기에 의거하고, 기는 화(和)에 의거하고, 화는 신명(神明)에 의거하고, 신명은 도덕에 의거하고, 도덕은 자연에 의거하니, 온갖 사물이 이 때문에 존재한다."[15] 이른바 "텅 빈 것 가운데 텅 빈 것[虛之虛]"은 도(道)를 가리키고, 허(虛)는 일(一)을 가리키며, 없는 것 가운데 없는 것[無之無]은 이(二)를 가리키고, 없는 것[無]은 삼(三)을 가리킨다. 화(和)는 삼이고, 신명(神明)은 이이며, 도덕(道德)은 일이며, 자연(自然)은 도이다. 자연 · 도덕 · 신명 · 화는 허무(虛無)이지만 단지 허무의 정도가 다를 뿐이다. 먼저 그가 어떻게 도덕에 대해 논의를 전개하는지 보자. 그는 "도덕의 변화는 변하고 움직이는 것이 텅 비고 그윽하여, 사사로움 없이 넓고 아득하면서 말이 없고, 걸림이 없이 흘러서 형체가 없으며, 깊고 넓어서 미묘하여 아득하고, 태초의 하늘과 땅이 아직 나누어지지 않은 상태라 조짐이 없어서, 보아도 보이지 않고 들어도 들리지 않는다."[16]고 하였다. 이 말 속에서 보자면 도덕(道德)에는 두 가지 성질이 있다. 첫째, 형체와 이름이 없고 들어도 들을 수 없어서 감각기관으로 감지할 수 없는 것인데, 이는 어떤 물질적 규정으로 추상화할 수 없는 것으로서 도덕이 바로 무(無)라는 것이다. 둘째, 도덕은 말없이 변화하고 발전하는 것이지 절대로 고요히 멈추어 있는 것이 아니라는 점이다. 엄군평은 이런 문제에 대하여 한 차례 설명에 그친 것이 아니다. 즉 "도덕의 변화는 변하고 움직이는 것이 텅 비고 그윽하며"[17] "도덕이 변화하는 것에서 가장 으뜸이 되는 것을 빚어낸다."[18]라고 하였다. 이런 운동은 물질적 성질이 없는 정신의 변화

15 『老子指歸』 卷8, 第1. 「道生一篇」. "虛之虛者生虛虛者, 無之無者生無無者, 無者生有形者. 故諸有形之徒皆屬於物類, 物有所宗, 類有所祖. 天地物之大者, 人次之矣. 夫天人之生也, 形因於氣, 氣因於和, 和因於神明, 神明因於道德, 道德因於自然, 萬物以存."

16 『老子指歸』 卷9, 第1. "道德之化, 變動虛玄. 蕩蕩默默, 泛泛無形, 潢漭慌忽, 渾沌無端. 視之不見, 聽之不聞."

17 『老子指歸』 卷9, 第1. "道德之化, 變動虛玄."

이다. 신명(神明)과 화(和)는 역시 시간과 공간을 초월하고 있는 정신이며, 이것은 같은 성질을 지니고 있지만 화는 이미 자기 독립적인 성질을 지니고 있다. 화는 발전의 과정 속에서 점점 물질성을 나타내게 되는 것인데, 이에 따라서 우주 발전의 제2단계로 진입하게 되는 것으로서 바로 화로부터 천지의 단계로 나아가는 것이다. 그는 다음과 같이 말했다. "천지자연이 아직 시작되지 않아서, 음양이 싹을 틔우지 않았고, 춥고 더움이 아직 조짐을 보이지 않으며, 밝고 어두움이 모양을 드러내지 않고 있었는데, 어떤 기가 있어 세 가지로 서게 되었으니, 하나는 혼탁하고 하나는 청명하여 청명한 기는 위로 올라가고 혼탁한 기는 아래로 내려가는데, 화(和)가 그 중앙에 있게 되었다. 세 가지는 함께 일어나 움직여서 천지자연이 이루어지고, 음양이 교대로 움직여서 만물이 생성되는 것이다."[19] 처음 시작될 때의 화(和)는 천지자연이 처음 열리고, 음양이 아직 싹을 틔우지 않았고, 춥고 더움이 아직 조짐을 보이지 않았을 때의 허무(虛無)이다. 엄군평은 "어떤 기가 있어 세 가지로 서게 되었을 때[有物參立]"의 단계를 설정하여, 맑은 기가 위로 올라가 움직여서 하늘을 이루고, 혼탁한 기가 아래로 내려가 움직여서 땅을 이루었다고 보고, 맑은 기와 혼탁한 기가 두루 섞여 나누어지지 않은 혼합의 상태를 중앙에 두어 "화(和)의 기가 중앙에 있다[和在中央]."고 하였다. 화는 맑은 기와 혼탁한 기가 혼합되어 있는 상태이며 또한 일종의 물질성을 지니고 있다. "어떤 기가 있어 세 가지로 서게 되었을 때[有物參立]"의 상태에서 볼 수 있는 것은 무(無)로부터 유(有)에 이르는 변환점이다. 화는 이미 추상적 정신인데 또한 물질적 요소를 지니고 있다. 도덕이 신명과 화의 단계를 지나서 만물에 이르는 변화 과정을 우주발생론으로 본다면, 이런 유형의 우주발생론은 원기(元氣)와 기(氣)가 만물을 생성한다는 우주발생론

18 『老子指歸』 卷9, 第19. "道德變化, 陶冶元首."

19 『老子指歸』 卷13, 第8. "天地未始, 陰陽未萌, 寒暑未兆, 明晦未形, 有物參立, 一濁一淸, 淸上濁下, 和在中央. 三者俱起, 天地以成, 陰陽以交而萬物以生."

과 구별된다. 도덕과 신명과 화는 객관적 정신 자체의 변화 발전이며, 도덕에서 만물에 이르는 변화는 정신이 물질로 변화하는 과정이다.

도덕은 공허한 추상이며 일종의 잠재상태로서, 그것은 이런 상태에 영원히 머물러 정지하고 있는 것이 아니고 반드시 표출되어 나타나는데, 다른 사물 존재와 상호관계를 맺는 속에 있게 된다. 엄군평은 도덕이 언제나 만물과 분리되어 있는 공허한 추상이라고 보는 것을 반대하여, 도덕이 현상을 통하여 표출되어 나오고 현상을 반영하여 나타나는 것으로 보았다. 우주 발전의 제3단계는 물질세계의 변화와 발전이다. 그는 다음과 같이 말하였다. "무릇 천지자연의 도는 한 번 음이 되고 한 번 양이 되며, 나뉘어 사계절이 되고, 분리하여 오행이 되며, 운행하여 만물이 되고, 정기는 세 가지 빛이 되는데, 양기는 덕(德)을 주로 하고, 음기는 형(刑)을 주로 하며, 모든 무리를 감싸서 실어주고 모든 방위를 펼쳐 준다."[20] 그는 또 말하였다. "도덕의 변화와 천지자연의 이치는 한 번 음이 되고 한 번 양이 되며, 나뉘어 사계절이 되고, 분리하여 오행이 되는 것이다."[21] 임군평의 입장에서 보면 천지자연은 화(和)의 단계에서 발생하여 나오고, 천지자연은 서로 상호작용하여 음양의 두 기를 생성하고, 음양의 두 기가 융성하고 쇠퇴하는 것은 사계절의 나뉨을 결정한다. 동시에 음양의 두 기는 나뉘어 오행이 되며, 음양과 오행이 다양한 온갖 사물을 이루게 되는 것이다. 이른바 덕(德)과 형(刑)은 형법과 녁상 있는 정치 사회의 현상을 가리키는 것이 아니고 생성과 소멸 등의 자연 변화를 의미하는 것이다.

도덕으로부터 만물로 변화 발전하는 과정 중에서 도덕은 처음부터 끝까지 철저하게 관통된다. 신명과 화는 비록 무이지만, 그것들은 단지 과도기적인 성질일 뿐이다. 엄군평의 입장에서 볼 때, 만물은 형체가 없고

20 『老子指歸』 卷13, 第8. "夫天地之道, 一陰一陽, 分爲四時, 離爲五行, 流爲萬物, 精爲三光. 陽氣主刑, 覆載群類, 含吐異方."

21 『老子指歸』 卷8, 第10. "道德之化, 天地之數, 一陰一陽, 分爲四時, 離爲五行."

이름도 없는 도덕과 형체가 있고 이름도 있는 천지자연이 상호 짝을 이루어 합일하면서 생성되는 것이다. 도덕은 만물의 신묘함[神]이며, 만물은 그것에 의존하여 생성하는 것이지만, 도덕은 단지 신묘함이 있으나 형체가 없는 것으로서 텅 빈 무와 같이 희미하게 아득한 것이다. 천지자연은 도덕에 의거하여 기를 생성하고, 기는 도덕에 의거하여 응취되어 형체를 지닌 사물이 된다. 그는 말하였다. "신묘한 도는 넓고 넓게 변화하고, 천지자연은 말없이 따라서 거리낌 없이 변화해가지 않음이 없으며, 말없이 따르지 않음이 없으니 신묘한 기가 서로 전해져 감응하여 운행함이 지극하게 된다."[22] 신명의 도덕과 천지자연의 기는 서로 접응하여 운행을 하고, 서로 의지하여 가기 때문에 만물이 생성할 수 있는 것이다.

엄군평은 비록 도덕에서 만물에 이르는 것은 "생성[生]"으로 보지만, 이런 유형의 생성은 앞의 형상이 뒤의 형상을 생성하는 것이 아니라 추상적 정신이 물질세계로 체현되는 과정이라고 여긴 것이므로, 그는 사람들의 귀와 눈이 듣고 볼 수 있는 사물은 단지 현상일 뿐이며 이런 현상은 반드시 어떤 종류의 존재에 의거해야만 비로소 진실한 존재가 될 수 있다고 보았는데, 이것이 바로 도덕이다. 도덕이 만물을 통해 체현되는 과정에서 "생성"이라는 명사를 사용하여 설명하고 있는 것이다. 도덕은 어떻게 체현되어 나오는가? 그는 다음과 같이 말하였다. "도덕·신명·청탁·태화는 두루 하나로 뒤섞여 몸[體]을 이루니, 온갖 사물이 이것으로써 형체를 갖는다. 형체가 의탁하는 것은 무성히 번성하여 그를 표현할 글자를 볼 수 없어서, 그저 부르길 생(生)이라 한다. 생이라는 것은 음이 아니고 양도 아니며, 헤아릴 수도 없고 잴 수도 없다. 깊고 은미하여 일컬을 수 없고, 그윽하고 미묘하여 이름붙일 수도 없다. 밝게 빛나서 황홀하고 형체와 소리가 없다. 모양도 없고 모습도 없으며, 움직임

22 『老子指歸』 卷12, 第4. "神道蕩蕩而化, 天地默默而告, 蕩而無所不化, 默而無所不告; 神氣相傳, 感動相極."

과 고요함이 일정한 방향이 없다. 텅 비고 고요한 들[虛寂之野]에서 노닐며, 존재하지 않는 마을[無有之鄕]에 머문다. 그것을 얻는 자는 존재하고, 그것을 잃는 자는 죽어 없어진다."[23] 생성[生]은 아주 쉽게 설명할 수 있는 것은 아니며, 그것은 무성하게 번성하는 만물이 의존하여 생존하는 근거로서 잠시 빌린 용어이다. 도덕은 음기도 아니고 양기도 아니며, 형체도 없고 이름도 없으며, 모양과 꼴을 지니고 있지 않기 때문에 움직임과 고요히 정지함에 일정한 틀이 없고 이리 저리 두루 운행함에 끝이 없다. 그것을 얻으면 만물이 바로 생존하는 것이며, 그것을 잃으면 만물은 바로 소멸되어 죽어가는 것이다. 도덕이 존재하는 것[有]이라고 말하면, 그것은 오히려 형체가 없고 이름도 없는 것으로서 사람들이 감각으로 알 수 없는 것이다. 도덕을 무(無)라고 말하면, 그것은 오히려 그것을 얻는 자는 존재하고, 그것을 잃는 자는 죽어 없어지는 힘을 지닌다. 이 때문에 그것은 "존재하지 않는 마을[無有之鄕]"에 있다고 설명하는 것이다. 엄군평이 말하는 생성은 오직 추상적인 의미만 있고, 구체적인 의미는 없다.

엄군평은 구체적으로 도덕에서 만물로 변화 발전하는 과정 속에 있는 무(無)의 작용을 분석하여 말하고 있다. "일(一)은 텅 비어 있으므로 이(二)를 생성할 수 있다."[24] "이(二)는 없는 것 가운데 없는 것[無之無]이므로 삼(三)을 생성할 수 있다."[25] "삼(三)은 없는 것[無]이므로 온갖 사물을 생성할 수 있다."[26] 즉 "도는 일을 생성하고, 일은 이를 생성하며, 이는 삼을 생성하며, 삼은 만물을 생성한다."는 생성의 과정은 무(無)의 전개

23 『老子指歸』 卷9, 第8. "道德神明淸濁太和, 渾沌而爲體, 萬物以形. 形之所託, 英英榮榮, 不睹其字, 號之曰生. 生之爲物, 不陰不陽, 不可揆度, 不可測量. 深微不足以爲稱, 玄妙不足以爲名, 光耀恍惚, 無有形聲. 無狀無象, 動靜無方, 游於虛寂之野, 處於無有之鄕, 得之者存, 失之者亡."

24 『老子指歸』 卷8, 第3. "一以虛, 故能生二."

25 『老子指歸』 卷8, 第3. "二以無之無, 故能生三."

26 『老子指歸』 卷8, 第3. "三以無, 故能生萬物."

와 체현인 것이다.

도덕에서 만물에 이르는 과정은 의지와 목적이 있는 운동이 아니다. 그는 다음과 같이 말하였다. "도덕이 온갖 사물을 생성하는 것이 아니라, 온갖 사물은 스스로 생성하는 것이다. 천지자연은 모든 무리를 버리지 않으니 모든 무리들이 스스로 의탁한다. 자연의 사물들은 우두머리가 되고자 하지 않아도 만물 스스로 우두머리가 된다."[27] "도덕은 지혜와 교묘함을 쓰지 않으므로 천지자연의 음양조화를 일으켜 만물을 비롯되게 할 수 있으니 천지자연은 속임수를 부릴 수 없다. 천지자연은 지혜와 교묘함을 쓰지 않으므로 변화를 일으켜 모든 무리를 죽이고 살려도 만물은 도망갈 수 없다. … 그러므로 허무 · 무위 · 무지 · 무욕은 도덕의 마음이며 천지자연의 뜻이다."[28] 천지자연의 음양과 만물의 모든 개체 무리들은 자연스레 생성하는 것이지, 도덕이 억지로 만물에 대하여 상이한 힘을 가하는 것이 아니며 그저 만물의 자연적 생성과정에 따라서 일체를 주재하는 작용일 뿐이다.

엄군평은 어떤 때는 도덕이 만물의 근본이 된다고 강조하고, 어떤 때는 또한 도덕이 만물을 생성하지 않는다고 하였다. 이른바 만물을 생성한다는 것은 도덕이 만물의 근본이 된다는 것을 강조한 것이다. 그리고 이른바 만물을 생성하지 않는다는 것은 도덕과 만물의 관계가 바로 앞의 형상과 뒤의 형상 관계가 아님을 강조한 것이다. 생성[生]과 생성하지 않음[不生] 사이의 통일은 도덕의 무(無)가 지닌 특수한 성질이다.

27 『老子指歸』 卷11, 第15. "道德不生萬物而萬物自生焉, 天地不含群類而群自托焉, 自然之物不求爲王而物自王焉."

28 『老子指歸』 卷8, 第12. "道德不爲智巧, 故能陶冶天地造化陰陽而天地不能欺也; 天地不爲智巧, 故能含吐變化殺生群類而萬物不能逃也. … 故虛無無爲無知無欲者, 道德之心而天地之意也."

(2) 무無는 천지 만물의 본성이다

엄군평은 무(無)가 전체 우주 변화 발전의 근거임을 강조하고, 동시에 그는 무(無)가 자연사회의 본성임을 논술하고 있다. 『노자지귀』 9권 제18의 본문 속에서 그는 천지 · 음양 · 일월(日月) · 별 · 사계절 · 오행 · 초목 · 금속과 돌 · 색 · 소리 · 맛 · 산과 구릉 · 바람과 비 · 물고기와 새 · 사람과 짐승 등 자연계의 서로 다른 모든 종류들은 무에 의거하기 때문에 비로소 자기의 특수한 모습을 지니고 있다고 보았다. 온갖 사물들은 각각 다른 모습을 지니며 이루 다 헤아릴 수 없이 존재하고, 음양의 두 기는 작용이 끝이 없으므로 해와 달이 사방을 널리 비추게 하면서 그 위력이 무궁한 것임에도 또 남김없이 모든 것을 망라하여 포괄할 수 없지만, 오직 형체가 없고 이름도 없는 도덕이라야 비로소 다할 수 있는 것이다. 사물이 발전하는 매 순간의 자세한 모습에서 볼 때, 머리를 숙였다 쳐드는 순간과 숨을 한 번 쉬는 짧은 사이에도 사람들의 사유활동과 윤리규범이 현재의 양상을 지니고 있는 것은 먼저 이런 대상 자체가 도덕을 포함하고 도덕을 체현하고 있는 것이다. 이 때문에 추상적인 도덕은 형체를 지닌 천지자연의 근본 또는 신명이며, 천지자연은 단지 도덕의 체현과 외적 변화 또는 모습인 것이다.

만물의 본성이 되는 무(無)는 객관적 자연이 의거하여 따르는 것이다. 엄군평은 천지자연을 예로 들면서 설명하고 있다. 하늘은 무심(無心)하고 무의(無意)하며 무위(無爲)하고 일삼는 것이 없는[無事] 도덕을 근본으로 하는데, 이 때문에 "음양의 기가 스스로 일어나, 변화는 스스로 바르게 되므로 굳세고 튼튼한 운동이 그 높은 경지에 이르며, 맑고 크게 통하며, 밝게 바름과 조화를 이루고, 순수하고 참되게 무성하지만, 사물과 더불어 뒤섞이지 않는다."[29] 땅은 무지(無知)하고 무욕(無欲)하며 무위(無爲)하고 무사(無事)한 도덕을 근거로 하는데, 이 때문에 "산과 냇물이

---

29 『老子指歸』 卷7, 第10. "陰陽自起, 變化自正, 故能剛健運動以致其高, 淸明大通, 皓白和正, 純粹眞茂, 不與物揉."

스스로 일어나, 굳세고 부드러움이 스스로 바르게 되므로 유약함을 믿고 따르며, 곧고 반듯하게 바름과 조화를 이루고, 광대하여 끝이 없고, 깊고 두텁고 청정하여, 만물이 바탕으로 삼아 생성하되 이루고 실어주지 않음이 없다."[30] 그는 만물의 본성이 되는 도덕이 결코 만물에 억지로 부여되는 것이 아니고 만물과 배척되는 것도 아니며, 객관적 사물이 반드시 따르는 법칙이라는 점을 반복적으로 강조하였다. 도덕은 엄군평의 철학체계 속에서 가장 높은 범주이며 개념이다. 그리고 도덕은 자연이 의지하는 객관적 세계의 본래 모습이고 객관적 세계의 고유 법칙이다. 도덕은 물론 어느 정도 지고무상의 존재이지만, 그것은 만물을 초월할 수 있는 것은 아니며 반드시 "자연에 따라야 한다[因於自然]." 레닌(Vladimir Lenin, 1870-1924)은 헤겔(Georg Wilhelm Friedrich Hegel, 1770-1831)의 철학을 평가할 때에 다음과 같이 지적하였다. "추상적 개념이 형성되고 운용되는 것은 세계의 객관적 관계에 대한 법칙성의 의견·신념·의식을 포함한다."[31] 헤겔의 범주는 내용을 벗어나지 않는데, 이는 사물의 법칙과 보편적 본질의 산물이다. 이런 점에 대해서 레닌은 충분히 긍정하였다. 엄군평의 사변 수준은 당연히 헤겔의 수준을 따라가지 못하지만, 도덕이 자연에 따른다는 이 부분에 있어서는 헤겔과 비슷한 점이 있으며, 이 때문에 마땅히 이 점을 인정해야만 한다.

엄군평의 철학은 사변성이 비교적 강한 철학인데, 이것은 자연철학이 크게 발전한 한대(漢代)에서 가의(賈誼: B.C. 200-168)[32] 이후를 계승하고

---

30 『老子指歸』 卷7, 第10. "山川自起, 剛柔自正, 故能信順柔弱, 直方和正, 廣大無疆, 深厚淸靜, 萬物資生, 無不成載."

31 Lenin, 『哲學筆記』, 1974, 189쪽.

32 역주 가의(賈誼: B.C. 200-168)는 전한(前漢) 낙양인(洛陽人)으로 한(漢) 문제(文帝: B.C. 179-157 재위) 때의 유명한 유학자이며 정치가이다. 일찍이 장사왕(長沙王)의 태부(太傅) 및 양왕(梁王)의 태부(太傅)가 된 일이 있기 때문에 가태부(賈太傅) 혹은 가장사(賈長沙)라 하기도 한다. 저서로 『신서(新書)』 10권이 남아있다. 그의 전기는 『사기(史記)』 권84 및 『한서(漢書)』 권48 「가의전(賈誼傳)」에 보인다.

있는 유일한 모습이다. 엄군평은 비록 도덕이 자연에 근본을 둔다고 강조하였지만, 그는 최종적으로 유심주의로 기울게 되었는데, 그 원인은 그의 도덕이 겨우 본질에 대한 인식일 뿐이라는 것에 있다. 그는 이런 주관적인 것이 만물의 배후에 가득 차 있는 만물의 근본이라고 본 것이다. 그는 인식론의 문제와 본체론적 인식을 뒤섞어 한 번에 이야기함으로써 개념을 본질로 여기는 유심주의로 나아가게 된다. 그의 저작 속에는 종종 도덕과 자연을 동등한 것으로 보는 곳이 있는데, 그는 다음과 같이 말하고 있다. "천지자연의 도는 생성과 소멸의 이치인데, 물러감과 나아감이나, 빼앗고 주는 것이나, 무위(無爲)로 하는 것이니, 이는 저절로 그런 것일 뿐이다."[33] "도덕의 가르침은 저절로 그러한 것이다."[34] 엄군평도 역시 감성적 존재를 우연적이고 임시적인 것으로 보았으며, 본질에 대한 인식을 필연적이고 영원한 것으로 보았는데, 논리적으로 보아 만물보다 앞서 있는 것이 만물을 생성하는 것이 되며, 만물이 생성·소멸의 변화를 하는 근거가 된다는 것이다. 만일 우리가 그의 유심주의를 던져버리고 의식하지 않는다면 사물이 자연적 본성에 따라 생성·소멸의 변화를 지속하고, 신의 지배를 받지 않으며, 사람들의 의지에 따라 좌우되지도 않음을 볼 수 있으니, 우리들 면전에 나타나는 것은 어떤 의지의 주재를 받는 자연세계가 아닌 것이다.

(3) "청정淸靜을 근본으로 삼고, 허무虛無를 불변 법칙으로 삼는" 사상의 제시

『노자』 속에 있는 도덕(道德)은 두 개의 개념을 하나로 묶어 사용한 것인데, 한대 초기의 철학가이면서 정치가인 가의(賈誼: B.C. 200-168)가 비교적 일찍 도와 덕을 하나로 이어서 보고 한 편의 글을 지어 「도덕설

33 『老子指歸』 卷12, 第13. "天地之道, 生殺之理, 無去無就, 無奪無與, 無爲爲之, 自然而已."

34 『老子指歸』 卷12, 第7. "道德之敎, 自然是也."

(道德說)」이라고 하였다. 그 글 중에 도덕을 구체적 사물의 근본으로 보았으며, 구체적 사물을 떠날 수 없는 본체로 보았다. 사마담(司馬談)의 「논육가요지(論六家要旨)」는 도덕가(道德家)를 도가(道家)로 불렀다. 그는 도가의 주된 논지가 객관적 법칙에 순응하는 것이라고 보았으며, "성인의 가르침은 없어지지 않으며, 시대가 변하여도 지켜진다."[35]고 주장하였다. 사마담과 가의는 만물의 본질과 법칙이라는 시각에서 도덕을 설명하였으나, "유는 무에서 생성한다[有生於無]."는 명제에 대해서 깊은 이해가 없었다. 엄군평은 도덕을 만물의 근본으로 여기는 입장을 흡수하였으며, 동시에 "유는 무에서 생성한다."는 명제에 비상한 주의를 기울였다. 그리고 노자에 대한 해석이 유심주의 일변도로 나아가도록 더욱 새로이 견인하였다. 엄군평의 입장에서 도와 덕은 종종 서로 대체되는데, 무에서 유로 변화 발전하는 과정을 설명할 때 자주 도덕(道德)이라는 용어를 사용하고 있다. 무가 만물의 근거 · 본질 · 법칙이라는 것을 설명할 때 늘 도로써 총괄하였다. 도덕은 추상적 개념의 의미를 다분히 지니고 있으며, 도는 객관적 법칙과 본질의 의미를 다분히 지닌다. 그는 개념을 본질로 보는 까닭에 도덕과 도를 역시 동일한 것이라고 간주한다.

엄군평은 유(有)와 무(無) 그리고 허(虛)와 실(實) 및 도덕과 만물을 분리할 수 없는 것으로 여겼으며, 그는 어렴풋하게 아스라이 형체가 없는 도덕이 존재하지 않는 곳이 없으며 통하지 않는 곳이 없어서 만물의 운동 · 변화에 두루 관통하며 만물과 떨어질 수 없는 밀접한 관계가 있다고 보았다. 도가 앞에 있다면 만물이 도와 떨어져 멀리 갈 수 없고, 도가 뒤에 있다면 만물이 앞을 영도할 수 없는 것이다. 만물의 정지 · 운동 · 전진 · 후퇴는 소리도 없고 형체도 없는 도덕을 따라서 하는 것이다. 이 때문에 만물의 근거가 되는 도덕은 천지자연의 밖에 있는 것이 아니며, 독립된 실체가 아니다. 만물의 생성 · 소멸 · 변화는 도의 관할을 벗어날

35 『史記』「太史公自序」. "聖人不朽, 時變是守."

수 없으며, 형체가 없는 도와 만물이 일체로 통하는 것이다. 엄군평은 사물과 동일한 것의 측면에서 도가 사물의 기초와 근본이라고 간주하였다.

도덕과 만물이 혼연히 일체임을 설명하기 위하여 엄군평은 도덕과 사물을 형체와 그림자로 여기고 또 도덕과 사물을 성(聲)과 음(音)으로 설명하였다. 또한 물[水]에는 일정한 모양이 없다는 점을 예로 들어서 도덕이 만물을 통해서만 비로소 체현될 수 있다고 설명하였다. 그는 한 걸음 더 나아가 "유와 무는 서로 포함하며 텅 빔과 알참은 서로 포함한다."[36]는 사상을 제시하였다. 이미 유에 집착하는 것을 반대하고 무에 집착하는 것도 반대한 것이다. 그는 유에 집착하는 것은 단지 유한하고 상대적이며 모든 개별자들을 포괄할 수 없다고 보았다. 만약 무에 집착한다면 무와 유를 분리하는 위험이 있다. 이 때문에 그는 유도 아니고 무도 아니라야 비로소 절대적이고 무한하다고 여겼다. 그는 "신명의 이치는 저절로 그러한 도이고, 무는 무를 생성할 수 없고 유는 유를 생성할 수 없으니, 유도 아니고 무도 아닌 것이라야 무와 유를 생성한다."[37] 이것은 허무(虛無)를 독립적인 실재로 본다면 그 허무가 또 다른 허무를 생성할 수 없다는 것을 말한다. 그리고 무를 벗어나서는 구체적인 유도 또 다른 유를 생성할 수 없다는 말이다. 오직 형체도 없고 이름도 없는 도와 형체가 있고 이름도 있는 만물이 "신묘한 기를 서로 감응해야[神氣相感]" 비로소 만물이 생존할 수 있는 것이다. 이 때문에 도덕은 텅 비어 있으면서 속이 차 있고, 무이면서 유인 것이라고 말한다. 만일 도덕이 유(有)라면 형체도 없고 이름도 없다는 전제와 서로 모순된다. 만일 도덕이 무(無)라면 또한 만물의 으뜸과 만물의 중심이라는 핵심 의미와 서로 모순된다. 엄군평은 힘을 다해 유와 무를 하나로 통일시켜서, 그것이 심오하게 서로 통하는 데 한계가 없도록 하였다.

---

36 『老子指歸』 卷9, 第16. "有無相包, 虛實相含."

37 『老子指歸』 卷11, 第4. "神明之數, 自然之道, 無不生無, 有不生有, 不無不有乃生無有."

엄군평은 『노자지귀(老子指歸)』 속에서 이미 위진현학의 명제에 어느 정도 접근한 내용을 제시하였다. 그는 "형체가 없는 것[無形]에서 형체가 생기니 일마다 이치에 맞지 않음이 없고, 무궁(無窮)함에서 다함이 있으며 무유(無有)에서 궁극이 있는 것이니 잘 닦고 다듬어 그 근본인 어미로 돌아갈 수 있으며, 이미 돌아가고 또 돌아가는 것이 천지자연의 근본이 된다."[38]고 하였다. 엄군평은 무형 · 무유 · 무궁을 어미[母]와 근본[本]으로 보았으며, 더 나아가 근본[本]이 온갖 개별적 존재들의 논리적 시초이면서 동시에 논리적 귀결점이라고 보았다. 엄군평은 형체도 없고 이름도 없는 도덕이 만물의 근본적 지위를 갖는다는 것에서 그치지 않았다. 그는 다음과 같이 말했다. "하고자 함이 없으므로 지니지 않음이 없고, 하지 않음이 없으므로 주재하지 않음이 없다. 만물이 다양하게 얽혀 있듯이 세상이 시끄럽고 떠들썩하여도 몸이 관여하는 바가 없으므로 근본이 될 수 있는 것이니, 왕도만 그런 것이 아니라 만물이 그런 것이다."[39] 이 말 속에서 무욕(無欲) · 무위(無爲)의 도(道)가 천지자연을 잘 관리하고 온갖 개별자를 포괄한다고 강조하고 있다. 여기서 말하는 본(本)은 단지 국가와 백성을 다스리는 근본일 뿐 아니라 우주만물의 근본이다. 이런 사상은 "무를 근본으로 삼는[以無爲本]" 사상에 근접하고 있는 것이다.

엄군평은 "맑고 고요함을 근본으로 삼고, 텅 비어 있는 무를 불변의 도로 삼는다."[40]는 명제를 제시하여 청정(淸靜)과 허무(虛無)를 함께 나란히 논의하고, 이것을 도덕이 지닌 성질로 보았다. 그는 이른바 청정(淸靜)은 결코 정지해서 움직이지 않는 것이 아니고, 변화와 운동의 항상성을 의미한다. 그는 텅 비어 고요함의 상태가 "마음의 뜻으로 이를

38 『老子指歸』 卷9, 第18. "形於無形, 事無不理. 窮於無窮, 極於無有, 以能雕琢, 復反其母, 旣復又反, 爲天下本."

39 『老子指歸』 卷7, 第12. "不欲也, 故無所不有; 不爲也, 故無所不宰; 萬物紛紜, 身無所與, 故能爲之本非獨王道, 萬事然矣."

40 『老子指歸』 卷9, 第5. "淸靜爲本, 虛無爲常".

수 없고, 사려(思慮) 작용으로 그렇게 할 수 있는 것이 아니다."[41]라고 지적하였다. 이 말은 텅 비어 고요함의 상태는 마음의 뜻과 사려 작용으로 좌우할 수 있는 것이 아니고, 객관적이며 절대적인 것이라는 점을 말하는 것이다. 그가 보는 입장에서 말하자면, 만물의 운동은 서로 상대적이며 조건이 있어서, 텅 비어 고요함의 상태에 있는 도(道)라야 비로소 절대적이라는 것이다.

엄군평은 도덕이 천지자연을 포괄하는 무한한 것이며, 만물은 유한한 것이라고 생각했다. 그는 다음과 같이 말했다. "천지자연은 개별적 종류가 있으나 도덕은 형체가 없으며, 개별적 종류로서의 무리들은 한정된 수가 있지만 형체가 없는 것은 다함이 없다."[42] "형체가 없는 것(無形)에서 형체가 생기니 일마다 이치에 맞지 않음이 없고, 무궁(無窮)함에서 다함이 있으며 무유(無有)에서 궁극이 있는 것이다."[43] "그윽한 덕은 심오하여 측량할 수 없고, 심원하여 그 다함을 할 수 없으며, 만물이 돌아가 귀결하는 것으로서 그것을 이길 수 있는 것은 없다."[44] 여기에서 하는 말은 형체를 갖는 사물에는 일정한 규정성이 있기 때문에 유한한 것이며 한정된 수가 있지만, 형체가 없는 것에는 규정성이 없으므로 "만물이 돌아가 귀결하고[與物反矣]" "만물이 돌아가 귀결할 수 있는 직무[反物之務]"를 지녀야만 비로소 무궁한 존재가 된다. 규정성을 지니는 것은 무궁한 도를 설명할 수 없으며, 천지자연은 도덕의 성질을 극진히 다 발휘할 수 없고, 법도는 도덕의 형상을 다 설명할 수 없으며, 도량은 도덕의 크고 작은 모습을 측량할 수 없고, 만물은 도덕을 총괄할 수 없는 것이다. 도덕은 형체도 없고 이름도 없기 때문에 음양을 싸안고, 만물을 관

41 『老子指歸』 卷9, 第5. "非心意之所能致, 非思慮之所能然也".

42 『老子指歸』 卷9, 第16. "天地有類而道德無形, 有類之徒莫不有數, 無形之物無有窮極."

43 『老子指歸』 卷9, 第18. "形於無形, 事無不理, 窮於無窮, 極於無有."

44 『老子指歸』 卷11, 第15. "玄德, 深矣, 不可量測; 遠矣, 不可窮極; 與物反矣, 莫有能克."

리하며, 유지보전하지 않음이 없다. 엄군평의 입장에서 성인이 "뜻을 두는 것[意存之物]"은 무한한 내용을 갖추고 있는 것이다.

엄군평은 이론적 사유 측면에서 하나의 착오를 범하고 있는데, 그가 말하는 무한하고 절대적인 것은 객관적 존재도 아니고 물질 자체도 아니며 우리가 감각으로 도달할 수 없는 "무(無)"이다. 여기서 말하는 "무"는 엄군평이 현실 속에서 추상해 낸 개념이며, 아울러 이런 추상적 개념의 무한한 외연(外延)으로 만물을 포괄하고 있는 것이다. 그는 객관적 존재인 사물을 유한하고 상대적이라고 보고 있으며, 성인이 "뜻을 두는 것[意存之物]"은 무한한 것이라고 보고 있다.

『노자』 자체는 "유는 무에서 생성한다[有生於無]."는 발생론을 포함하고 있으며, 천지자연의 만물과 자연 사회가 하나[一]인 도에 의존해서 맑음[淸]과 편안함[寧]과 신령함[靈]과 가득참[盈]과 생성[生]과 곧음[貞]에 이른다는 사상을 포함한다. 한대 우주발생론은 확실히 통치이념으로서의 지위를 지니고 있는데, 『회남자』와 양웅(揚雄)[45]과 왕충(王充)[46]과 장형

45 역주 양웅(揚雄: B.C. 53-A.D. 18)은 전한 시대 학자이며 문장가이다. 자가 자운(子雲)이며 사천성(四川省) 성도(成都) 출생이다. 청년시절에 동향의 선배인 사마상여(司馬相如)의 작품을 통하여 배운 문장력을 인정받아, 성제(成帝) 때 궁정문인의 한 사람이 되었다. 성제의 여행을 수행하며 쓴 「감천부(甘泉賦)」·「하동부(河東賦)」·「우렵부(羽獵賦)」·「장양부(長楊賦)」 등은 문채(文彩)와 풍자가 살아 있는 명문이다. 시대에 적응하지 못한 자신의 불우한 원인을 묘사한 「해조(解嘲)」·「해난(解難)」 등의 작품은 자신의 불우한 처지를 그린 작품이다. 뛰어난 학자로서 각 지방의 언어를 집성한 『방언(方言)』과 『주역』에 기본을 둔 철학서 『태현경(太玄經)』을 지었다. 그리고 『논어(論語)』의 문체를 모방한 잠언집으로서 『법언(法言)』을 저술하였다. 왕망(王莽)이 정권을 찬탈한 뒤 새 정권을 찬미하는 문장을 썼고, 대부(大夫)라는 직책에 취임하여 죽는 해까지 머물렀다. 이처럼 왕망의 신(新)나라에 협조하였기 때문에 지조가 없는 사람으로 송학(宋學) 이후에는 비난의 대상이 되기도 하였다.

46 역주 왕충(王充: 27-100?)은 후한의 학자이다. 자는 중임(仲任)이며, 회계(會稽) 땅의 상우(上虞) 지역 출신이다. 관료로서는 평생 불우하여 지방의 한 속리로 머물렀으나, 낙양(洛陽)에 유학하여 저명한 역사가 반고(班固)의 부친 반표(班彪)에게 수학하였다. 가난하여 늘 책방에서 책을 훔쳐 읽고 기억했다고 한다. 그

(張衡)[47]은 모두 우주의 발생과 변화발전의 과정 및 우주의 구조에 대하여 자세히 밝히고 있다. 그러나 한나라 시대에 만물이 의존하는 근거를 탐구하는 사상이 있다는 것을 배척할 수 없다. 오직 유물주의 사상이라야만 노자의 유심주의를 개조하여 자기의 체계를 풍부하게 할 수 있다는 것은 상상할 수 없는 일이다. 사상 발전의 역사에서 볼 때, 유심주의자는 특별히 노자의 사상을 발굴하는 데 주의를 기울여 유심주의를 지속적으로 이어가도록 하고 있음을 알 수 있다. 만약 한대의 유심주의 사상가들이 노자의 사상을 고려하지 않아서 노자의 학문이 한대의 시기에 단편적으로 발전하였다고 한다면, 이것은 정황과 이치와 사실 면에서 모두 실제와 부합하지 않는 것이다.

한나라 시대에 노자에 관한 해석과 주해를 붙인 주석가들은 60여 명 정도가 있는데, 천지자연 만물의 근거를 탐구하는 학설의 경우에 마땅히 그와 같은 사람이 적지 않았지만, 단지 지금까지 전해지는 것이 많지 않을 뿐이다.

는 자연과 사회에 대해 어느 정도 유물론적 사상을 갖고 있었다. 그의 사상은 천인감응설이나 공양학을 반대하였으며, 유교적 사상에 반하는 자연주의 입장을 표명하여 위진(魏晉) 사조의 선구적 역할을 하였다. 주요 저서에 전통적 유교 정치와 학문을 비판한 『논형(論衡)』(85편)이 있다. 그 밖에 『양생서(養生書)』, 『정무서(政務書)』 등을 서술하였다고 하나 현존하지 않는다. 후에 다시 관직에 나가 장제(章帝)의 부름을 받았으나 병으로 이루지 못하였다.

47 역주 장형(張衡: 78-139)은 후한의 저명한 정치가이면서 동시에 인문학자이며 과학자이다. 자가 평자(平子)이며, 하남성(河南省) 남양(南陽)에서 출생하였다. 부문(賦文)에 능하여 후한 중기의 태평성대를 풍자한 「이경부(二京賦)」, 「귀전부(歸田賦)」 등이 있다. 또한 천문(天文)·역학(曆學)의 조예가 깊어서 안제(安帝)의 부름을 받아 대사령(大史令)이 되고, 일종의 천구의(天球儀)인 혼천의(渾天儀)를 비롯하여 지진계(地震計)라 할 수 있는 후풍지동의(候風地動儀)를 만들었다. 만년에 하간왕(河間王)의 재상(宰相)으로서 호족(豪族)들의 발호를 견제하는 데 큰 공을 세웠다.

(4) 『노자』와 『주역』을 융합함

엄군평은 늘 『주역』을 가지고 『노자』를 해석한다. 예컨대 그는 『노자』 39장의 "하늘은 하나를 얻어서 맑아진다[天得一以淸]."라는 구절을 해석하면서 다음과 같이 말하였다. "하늘[천지자연]의 본성은 하나[一]를 얻어서 맑아지는 것이지 하늘이 하는 것이 맑은 것은 아니니, 하늘은 무심하고 의도하는 것이 없으며 무위하고 일삼는 바가 없어서 그 본성에 순응한다. 그윽하고 그윽하게 말없이 작용하며 포용하고 모범이 되지 않음이 없으니, 이 때문에 음양의 기가 스스로 일어나, 변화는 스스로 바르게 되므로 굳세고 튼튼한 운동이 그 높은 경지에 이르며, 맑고 크게 통하며, 밝게 바름과 조화를 이루고, 순수하고 참되게 무성하지만, 사물과 더불어 뒤섞이지 않는다. 확연히 드러나는 대역(大易)은 천지자연에 밝게 빛나고 만물이 바탕으로 삼아 시작되며, 물이 끓어올라 구름이 되어 비로 내리게 하니 각 사물이 두루 운행하고, 으뜸이 되는 성명(性命)이 그윽하고 그윽하게 아득히 퍼져 극진히 되돌아오지 않음이 없다."[48] 이 한 단락의 이야기 속에 이미 노자의 사상[49]이 들어 있으며, 또한 『주역』의 사상[50]이 포함되어 있는데, 이 두 가지 사상이 하나로 융합되어 있는 것이다. 점치는 일을 생업으로 삼았던 엄군평은 『주역』에 대해 높이 통달한 깨우침을 지니고 있었고, 『노자지귀』 속에서도 『주역』을 인용한 곳이 적지 않다. 여기에서 일일이 다 열거하지 않는다. 엄군평은 『주역』을 가지고 『노자』에 들어가고 있는데, 이것은 정시(正始) 연간 시대에 『노자』를 통해 『주역』으로 들어가는 태도에 대하여 영향을 미쳤다.

---

48 『老子指歸』 권7. "天之性得一之淸, 而天之所爲非淸也, 無心無意, 無爲無事, 以順其性; 玄玄默默, 無容無式, 以保其命, 是以陰陽自起, 變化自正, 故能剛健運動以致其高, 淸明大通, 皓白和正, 純粹眞茂, 不與物糅, 確然大易, 乾乾光耀, 萬物資始, 雲蒸雨施, 品部流形, 元首性命, 玄玄蒼蒼, 無不盡覆."

49 "無心無意, 無爲無事", "天得一以淸" 등.

50 "確然大易, 乾乾光耀, 萬物資始." 등.

이후에 양웅(揚雄)이 엄군평을 사승(師承)하여, 엄군평의 사상을 발전적으로 드러내었다.

양웅은 자가 자운(子雲)이며, 촉군(蜀郡)의 성도(成都: 현재 사천성 성도) 사람이고, 한나라 선제(宣帝)의 감로(甘露) 1년(B.C. 53)에 태어나서 왕망(王莽)[51]의 천풍(天風) 5년(18)에 죽었다.

---

51 역주 왕망(王莽 B.C. 45-A.D. 23)은 전한의 관료이면서, 전한을 멸망시키고 신(新)나라를 세워 스스로 황제가 되었다가 후한의 광무제(光武帝)에게 패하여 자신의 부하에게 살해당했던 정치가이다. 자는 거군(巨君)으로 전한시대 산동(山東)에서 출생했다. 한(漢)나라 원제(元帝)의 왕후인 왕(王)씨 서모의 동생인 왕만(王曼)의 둘째 아들이다. 왕망은 불우하게 자랐으나 유학을 배우고, 어른을 잘 섬겨서 큰아버지 왕봉(王鳳)의 인정을 받았다. B.C. 33년 황문랑(黃門郞)이 되고, B.C. 16년에는 봉읍(封邑) 1,500호를 영유하는 신야후(新野侯)가 되었다. 그 뒤 왕씨 일족의 대표로서 지위를 굳히고, B.C. 8년 38세로 재상이라 할 수 있는 대사마(大司馬)가 되었다. 다음의 애제(哀帝) 때에 신흥 외척의 압박을 피하여 한때 정계에서 물러났으나, 애제가 1년 만에 아들 없이 죽자 태황태후 왕씨와 쿠데타에 성공하여 대사마에 복귀하였다. 9세의 평제(平帝)를 옹립하여 자기의 딸을 왕후로 삼았으며, 스스로 안한공(安漢公)·재형(宰衡)이라는 칭호를 붙여 평제의 보정자(輔政者)가 되었다. 그는 여러 가지 모략을 펴서 전한 왕조를 무너뜨리고 신나라를 세워서 황제가 되었다. 황제가 된 왕망은 유교를 중시하였고 주(周) 나라 시대의 정책을 폈다. 주나라 시대의 정전법(井田法)을 모방하여 토지개혁을 단행하였는데, 이것은 지방호족의 대토지소유를 제한하고 자영농민의 빈민화를 막으려는 것이었다. 또 가난한 농민에게 싼 이자의 자금을 융자하여 주는 사대제도(賖貸制度)를 두기도 하였고 노비 매매를 금지시켰다. 이것도 사상적으로는 유교 경전인 『주례(周禮)』에서 볼 수 있는 고전적인 것이나, 화폐제도 개혁과 평준(平準)·균수(均輸) 등 여러 상공업 통제 정책과 함께 당시에 필요한 정책이었다. 왕망의 이러한 정책은 후세에서 높이 평가되기도 하였다. 그러나 개혁정책은 결과적으로 전한 말기의 여러 모순과 사회문제를 해결하지 못한 채 모두 실패하였다. 강력한 중앙집권적 지배체제를 구상한 그의 정책은 오히려 농민들에게 고통을 주었고, 각지에 있는 호족들과의 이해(利害)가 상반되어 강력한 반발을 불러 일으켰다. 그는 대외정책도 실패하여 흉노(匈奴)와 서역(西域) 여러 나라가 이반(離反)하였고, 동쪽에서는 고구려(高句麗)와 충돌하였다. 이와 같이 내외정세가 악화된 속에서 18년 '적미(赤眉)의 난'이 일어났고, 각지의 농민·호족이 연달아 반란을 일으켰다. 22년에는 전한의 황족인 남양(南陽)의 호족 유수(劉秀)가 반란을 일으켰고, 23년에 하남성 곤양(昆陽) 지역에서 왕망의 군대를 크게 무찔렀다. 이 와중에 왕망은 장안(長安)의 미앙궁(未央宮)에서 부하인 두오(杜

양웅의 『태현(太玄)』도 『주역』과 『노자』를 융합하였다. 그는 경전 중에서 『주역』보다 큰 것이 없다고 보았기 때문에 『태현』을 지었다. 그는 『노자』 속에서 "현(玄)"이라는 술어를 찾아내고, "현"을 중심으로 삼아서 『주역』의 구조를 참조하고, 포괄하지 않는 것이 없는 세계의 도식을 구조화하였다. 양웅은 노자의 도덕과 공자의 인의를 흡수하여 자기의 사상을 풍부하게 하였다. 그는 다음과 같이 말했다. "노자가 도덕(道德)을 말한 것에는 내가 취할 것이 있지만, 인의를 내쳐 버리고 예학을 끊어 소멸시킨 것은 내가 취할 것이 없다."[52] 노자의 도덕은 "지극한 이치의 궁극[至理之極]"이며 "무위의 근본[無爲之本]"인데, 양웅은 이런 점에 찬동하였지만, 노자가 인의를 끊어 버리는 것에는 반대하는 입장을 지녔고, 인의는 바로 유가가 제창한 것이다. 양웅은 이미 유가와 도가를 융합하는 사상을 지니고 있는 것이다. 이것은 위진현학에 대해서 일정한 영향을 주지 않을 수 없었다.

양웅이 지은 『태현』은 우주 속에서 하늘과 땅과 사람이 어떤 원칙으로 배열되어 있는지를 탐구하고, 만물이 어떤 원칙을 근거로 삼아 생성 소멸의 변화를 지속하는가 하는 문제를 탐구하였다. 그가 말하는 "현"은 우주의 구조이며, 만물이 생성 소멸의 변화를 지속하는 근거이다. "현이란 모든 사물을 그윽하게 펼치고도 그 형체를 드러내지 않는다. 아마도 허무(虛無)에 의지하여 생겨난 것일 게다. 신명을 바로잡아 펼쳐서 본받을 바[摹]를 정하고, 예와 지금을 같게 함으로써 모든 사물을 펼치고 음양을 다잡아 조치하여 기를 움직인다."[53] 여기서 말하는 "현"은 암암리에 만물에 베풀어지는 것이지만 그 자체는 형체도 없고 이름도 없는 것

昊)에게 살해당하였고, 신나라는 건국한 지 15년 만에 멸망하였다. 그 뒤에 전한 왕조의 혈통을 이은 유수(후한의 광무제)에 의해 후한이 건국된다.

52 『法言』「問道」. "老子之言道德, 吾有取焉耳. 及捶(搥)提仁義, 絶滅禮學, 吾無取焉耳."

53 『太玄攡』. "玄者, 幽攡萬類而不見其形者也, 資陶虛無而生乎, 規斕神明而定摹, 通同古今以開類, 攡措陰陽而發氣."

이며, 음양을 펼쳐서 늘어놓아 기를 움직여 드러나게 한다. 양웅은 "현"이 형체도 없고 이름도 없는 것과 신비하여 헤아릴 수 없는 것이라는 성질을 지니고 있다는 점에 대해서 주의 깊게 설명하고 있다. 그는 다음과 같이 말했다. "무릇 현은 정해진 방위와 자리가 없으며 한계도 없고, 그 넓고 두터움을 깊이 간직하면서 그 뿌리를 가리고 있으며, 그 공(功)을 물리치면서 그렇게 되는 까닭을 알 수 없는 것이다."[54] 이런 양상을 지닌 것은 실제로 사람들의 감각기관으로 포착할 수 없는 일종의 신비한 절대적인 것이다. 그러나 그것은 없는 곳이 없다. "위로는 하늘에 걸리고 아래로는 연못에 잠기며, 자세하기는 잡초에 이르고 넓기는 일체의 범위를 포괄한다. 현의 도는 어두운 가운데 처해 있으면서 그 형체를 드러내지 않고 깎아 누르기나 기득 채워주고, 생존할 만한 것은 생존시키고 죽어야 할 것은 죽게 하며, 은미한 것은 은미하게 하고 문채 날 만한 것은 문채 나게 하고, 시작할 것은 시작시키고 끝맺을 것은 끝을 맺게 한다. 현의 도를 가까이하면 현이 역시 그를 가까이하고, 현의 도를 멀리하면 현이 역시 그를 멀리한다. 비유컨대 하늘은 푸르고 푸르게 동쪽 남쪽 서쪽 북쪽에 어디에나 있어서, 위로 올려다보면 없는 곳이 없지만, 아래로 굽어보면 보이지 않는다. 하늘이 어찌 사람을 떠난 것이겠는가? 사람이 스스로 떠난 것이다."[55] 여기서 말하고 있는 것은 "현"이 우주 속에 보편적으로 존재하는 것이며, 온갖 다양한 사물이 모두 "현"의 작용을 떠날 수 없다는 것이다. "현"은 만물이 생성 · 소멸의 변화를 지속하는 근거이다. 양웅의 이런 사상은 엄군평의 사상에 대한 계승과 발전이며, 같은 모습으로 위진현학에도 역시 계발 작용을 하였다.

동한시대의 도가는 점차 도교의 방향으로 변화하였는데, 조씨(曹氏)

54『太玄攡』. "夫玄, 晦其位而冥其畛, 深其阜而眇其根, 攘其功而幽其所以然者也."

55『太玄攡』. "其上也縣天, 下也淪淵, 纖也入薉, 廣也包畛. 其道游冥而挹盈, 存存而亡亡, 微微而章章, 始始而終終. 近玄者玄亦近之, 遠玄者玄亦遠之. 譬若天蒼蒼然在于東面南面西面北面, 仰而無不在焉, 及其俛則不見也. 天豈去人哉, 人自去也."

의 위나라 시대 통치계급은 도교를 억제하는 정책을 채택하였고 또한 도가의 발전을 촉진하면서 도교의 지위는 깎아내려서 억제하였다. 이런 방향의 발전 모습을 탐구하는 것은 위진현학이 발생하는 사상적 연원에 대하여 도움이 된다.

서한 말년의 도교는 아주 크게 발전하였는데, 한나라 말기의 농민들이 크게 봉기하여 "푸른 하늘[한나라 황실]은 이미 죽었으며, 누른 하늘[황건 일당의 정권]이 마땅히 서야 한다[蒼天已死, 黃天當立]."는 기치를 세워 동한의 왕조를 전복시켰다. 혼자만 있는 것이 아니라 짝이 있었는데, 황건(黃巾) 무리의 봉기와 장노(張魯)[56]의 오두미도(五斗米道)는 모두 황로(黃老)사상을 높이 받들었다. 그리고 장각(張角)[57]은 "스스로 대현량사라고 자칭하고, 황로의 도를 받들어 섬겼다. … 장각은 제자 8명을 사방으

---

56 역주 장노(張魯)는 자(字)가 공기(公祺)이며 장릉(張陵)의 손자이다. 장릉이 만든 오두미도(五斗米道)를 참된 교단적 체제로 만든 조직자이다. 그는 교도에게 『노자(老子)』를 읽게 하고, 환자에게는 조용한 방에서 자기의 과실을 반성·참회하게 한 다음, 그의 성명과 과실 내용을 3통 쓰게 하여 천(天)·지(地)·수(水)의 3관(官)에게 바치게 하였다. 또 좨주(祭酒)·간령(姦令) 등의 교도 계급이나 의사(義舍)라는 무료숙사 등의 사회시설을 만들었다. 그 때문에 교도가 많아지고 한중(漢中)지방에 종교왕국과 같은 것을 만들어 교세를 떨쳤으나, 215년 위(魏)나라 조조에게 멸망하였다. 그 아들 성(盛)은 장시성[江西省]의 용호산(龍虎山)에 옮겨가 융성하였는데, 그 법계는 장왕사(張王師)라 하여 현재까지 계속되고 있다.

57 역주 장각(張角: ?-184)은 하북성(河北省) 거록(鉅鹿) 땅에서 출생하였으며, 태평경(太平經)을 지은 우길(于吉)을 계승하였고, 후한(後漢) 말기 도교(道教)의 원류가 된 태평도(太平道)의 창시자이다. 후한은 순제(順帝) 때부터 한나라의 정치가 문란해지고 천재지변이 계속 일어나 사회가 어지러웠다. 그러한 상황 속에서 장각은 주술을 행하고 부적이나 영수(靈水)를 마시게 하여 병을 고친다고 하면서 민심을 모아 태평도를 일으켰다. 이어 대현량사(大賢良師)라 자칭하고 제자를 각지에 파견하여 수십만에 달하는 농민군을 모아서 184년 후한의 왕조 전복을 목표로 반란을 일으켰다. 반란군은 새 왕조의 출현을 표방하는 황색 두건을 매고 있었으므로 '황건(黃巾)'이라 불렀고, 장각은 천공장군(天公將軍)이라 불렀으며, 두 동생과 함께 농민을 규합하였다. 그러나 그 해 병사하고, 반란군도 황보숭(皇甫嵩)의 군대에 패함으로써 진압되었다. 역사에서 이를 "황건적의 난"이라고도 한다.

로 보내 천하를 선도하고 교화하였으나, 점차 변하고 서로 속여 뜻이 희미해졌다. 10여 년간 따르는 무리가 수십만 명이었고, 각 군(郡)과 국(國)을 연결하였는데, 청주(青州) · 서주(徐州) · 유주(幽州) · 기주(冀州) · 형주(荊州) · 양주(揚州) · 곤주(袞州) · 예주(豫州) 8개 주로부터 모두 호응을 받았다."[58] 장노는 "법을 닦는 것이 대체로 장각과 같았고, 깨끗한 방을 만들어 병자로 하여금 그 속에서 잘못을 생각하게 하고, 또 사람을 간령(奸令) 좨주(祭酒)로 삼아 『노자』 오천 언을 주로 삼아 모두 익히게 하였다."[59] 조식(曹植)[60]은 『변도론(辯道論)』 속에서 다음과 같이 지적하였다. "무릇 검은 빛과 누른빛은 눈을 즐겁게 하는 근거이며, 쟁쟁대는 종소리는 귀를 즐겁게 하는 근거이며, 아리따운 여자는 조상을 잇는 근거이며, 잘 차린 음식은 입을 즐겁게 하는 조건이다. 어찌 꼭 맛없는 맛

58 『後漢書』「皇甫嵩傳」. "自稱大賢良師, 奉事黃老道 … 角因遣弟子八人使於四方, 以善道教化天下, 轉相誑惑. 十餘年閒, 衆徒數十萬, 連結郡國, 自青徐幽冀荊揚兗豫八州之人, 莫不畢應."

59 『後漢書』「劉焉傳」 注에 인용된 『典略』. "修法略與角同, 加施淨實, 使病處其中思過, 又使人爲奸令祭酒, 主以老子五千文, 使都習."

60 역주 조식(曹植: 192-232)은 위의 무제(武帝) 조조(曹操)의 아들이며, 문제(文帝) 조비(曹丕)의 아우이다. 자는 자건(子建)이며 시호는 사(思)이다. 안휘성(安徽省)에서 출생하였다. 마지막 봉지(封地)가 진(陳)이라서 진사왕(陳思王)이라고도 불린다. 조식은 아버지 조조와 형 조비와 함께 삼조(三曹)라 불리며, 건안(建安) 연간의 문학에서 중요한 위치를 차지한다. 그의 재주를 시기한 형 조비, 즉 위 문제에게 미움을 받았다. 그가 황제의 잔치 자리에서 일곱 걸음 이내에 지은 칠보시(七步詩)는 매우 유명하다. 그 내용은 다음과 같다. "콩을 삶기 위하여 콩대를 태우니, 콩이 가마 속에서 소리 없이 운다. 원래 한 뿌리에서 태어났거늘 괴롭히기가 왜 이리 심한가(煮豆燃豆萁, 豆在釜中泣, 本是同根生, 相煎何太急.)" 자신은 콩이며 형 조비는 콩대라고 비유하여 형제간의 불화를 읊은 것이다. 공융(孔融) · 진림(陳琳) 등 "건안칠자(建安七子)"들과 교유하면서 문학의 중심 역할을 하였다. 그의 오언시는 서정적 시풍을 담아서 문체를 이룩하였는데, 이는 중국의 문학사에서 후세에 끼친 영향이 크다. 위진 시대를 지나 당나라의 두보(杜甫) 이전까지 그는 시인의 모범이었다. 주요 작품에는 「증백마왕표칠수(贈白馬王彪七首)」, 「기부시(棄婦詩)」, 「칠애시(七哀詩)」 등이 있다. 그는 부(賦) · 송(頌) · 명(銘) · 표(表) 등의 장르에도 뛰어났는데, 「낙신부(洛神賦)」, 「유사부(幽思賦)」 등의 작품이 유명하다. 문집으로 『조자건집(曹子建集)』(10권)이 남아 있다.

을 달게 여기며, 소리 없는 소리를 들으며, 색채가 없는 색을 보겠는가?"[61] 『변도론』이 변증(辨證)하고자 하는 도는 도교인데, 글 속에서 볼 때 도교가 노자의 무성(無聲)·무미(無味)·무색(無色)의 이론을 받아들이는 것임을 알 수 있다. 농민 봉기군과 이른바 "사교(邪敎)"가 모두 황제(黃帝)와 노자를 농민의 이익을 위해 개조된 화신으로 만들고자 시도함을 알 수 있다. 농민군이 받드는 것은 교주가 되는 황제와 노자이며, 도교는 노자가 제창한 장생구시(長生久視, 불로장생)[62]와 볼 수 없는 것을 보는 것, 들을 수 없는 것을 듣는 것, 만질 수 없는 것을 감촉하는 것과 같은 신비적 요소에 덧칠하여 그것을 종교화하였다.

동한의 진보사상가들은 신학적 목적론에 대하여 비판하였고, 어떤 경우는 많게 또는 어떤 때는 적게 명교(名敎)의 강상(綱常) 규범에 대한 이론적 기초를 흔들었는데, 농민 봉기군이 무기로 사용한 그 비판은 명교의 강상 규범에 대해 치명적인 타격을 주었다. 심사숙고할 가치가 있는 것은 그들이 모두 『노자』 오천 언을 바꾸어서 이용한 것인데, 이것은 바로 지주계급 통치자와 지식인 계층이 온갖 방법을 생각해 내서 진보사상가와 농민군이 사용한 사상의 자료를 이용하도록 만든 것이지만 단지 겉만 바뀌고 내용은 그대로인 모양이었으며, 유가의 학설과 어긋나는 황로(黃老)의 뜻을 개조하여 명교의 강상 규범 근거로 삼은 것이다. 이런 것은 일석이조(一石二鳥)의 효과를 보였는데, 하나는 명교의 강상 규범이 맞은 위기를 구제하고, 도가가 본래 지니고 있는 정치적 통치술의 핵심을 회복한 것이다. 둘째는 그 사람의 도를 가지고 그 사람에게 펼쳐서 다스리는 목적을 이룬 것인데, 사상적으로는 농민의 무장을 해

---

61 『藝文類聚』 卷78. 靈異部 上仙道. "若夫玄黃所以娛目, 鏗鏘所以樂耳, 媛妃所以紹先, 芻豢所以悅口也. 何必甘無味之味, 聽無聲之樂, 觀無彩之色乎?"

62 역주 장생구시(長生久視)는 도교의 양생술이 추구하는 불로장생(不老長生)과 같은 뜻이다. 장생구활(長生久活)이라고도 하며, 영원히 생명을 유지하는 것이다.

제시킨 것이다. 조식은 관방(官方)의 도가와 재야(在野)의 도가를 구별하는 것, 즉 "변도(辯道)의 비결"을 자각하였다. 그는 신선(神仙) 방사(方士)가 "위(魏)나라에 모여 있는데, 참으로 이 사람들의 무리를 두려워해야 하는 것은 교활한 속임수로 무리를 속이고, 요사하고 사악함으로 백성들을 미혹시키는 것이다. … 평범한 사람들이 속는 것을 돌아보면, 허망한 말을 받아들이고 현혹시키는 말을 믿게 하는 것이니, 그들을 신하의 예로써 대하지 않고 생산 재물을 기울여 허망한 요구에 제공하며, 왕의 벼슬을 흩어 나누어 주면서 그들을 영화롭게 하고, 맑고 한가로운 관사를 지어 주어 살게 하여, 여러 해가 지났지만 끝내 하나의 효험도 없었다. 그 방사의 몸을 죽이고 그 무리를 멸하여도 어지러이 천하 사람들의 웃음거리가 되고도 남았다."[63]고 하였다. 이 글 속에서 알 수 있는 것은 조씨의 위나라 통치자가 재야의 도교에 대해 진압한 원인이 바로 군중을 선동하며 속이고 백성을 기만하는데 영향을 미쳤기 때문이라는 사실이다.

통치계급은 봉건적 사상의 무기고 속에서 한 바탕 쓸 만한 것을 찾아내었는데, 사서(史書)에는 조비(曹丕)[64]가 "성장하면서 오경(五經)·사부

63 『藝文類聚』 卷78. 靈異部 上仙道. "所以集之魏國者, 誠恐此人之徒, 接姦詭以欺衆, 行妖惡以惑民 … 顧爲匹夫所罔, 納虛妄之辭, 信眩惑之說, 隆禮以招弗臣, 傾産以供虛求, 散王爵以榮之, 淸閑館以居之, 經年累稔, 終無一驗. 雖復誅其身, 滅其族, 紛然足爲天下笑矣."

64 역주 조비(曹丕: 187-226)의 자(字)는 자환(子桓)이며 시호(諡號)는 문제(文帝)이다. 삼국시대 위(魏) 나라의 초대 황제이다. 조조(曹操)의 셋째 아들로 태어났지만, 유씨(劉氏)가 낳은 조앙(曹昻)과 조삭(曹鑠)이 모두 일찍 죽고, 그의 어머니인 변씨(卞氏)가 황후(皇后)가 되어 조조의 적장자(嫡長子)가 되었다. 그의 아버지 조조가 관도대전의 승리로 원소(袁紹)를 물리친 뒤 위공(魏公)이 되었고, 216년에는 위왕(魏王)으로 봉해지자 조비가 후계자가 되고, 조조가 죽은 뒤에 후한(後漢)의 헌제(獻帝)에게서 양위를 받는 형식으로 황제가 되었다. 황제가 된 뒤에 나름대로 후한(後漢) 말기부터 계속된 사회 혼란을 극복하고 왕조의 기반을 공고히 하기 위해 내정 개혁에 힘썼다. 진군(陳群)의 건의를 받아들여 새로운 관리 선발제도인 9품관인법(九品官人法)을 시행했고, 환관(宦官)을 일정 이상의 관위(官位)에 오르지 못하게 금지하는 등 환관(宦官)과 외척(外戚)의 발호를 막기

(四部)・사기(史記)・한서(漢書)・제자백가의 말을 두루 익혀서 열람하지 않은 것이 없었다."[65]고 하였으니, 조비가 "문장과 학문을 좋아했으며[好文學]", "박학다식하였다[博聞强識]."라는 논거로 간단하게 볼 수 없는 일이고, 마땅히 현실정치의 필요성에 의한 것으로 보아야 한다. 조비는 "뜻이 고매하고 도를 품고 있었다[邁志存道]."는 것으로 이름이 났으며, 황로도가의 사상에 아주 큰 흥미를 표출하였다. 그는 "늘 한나라 문제(文帝)의 군주 됨됨이를 칭송하였는데, 너그럽고 어질며, 우아하고 신중하며, 덕으로써 백성을 교화시켜서 성현의 풍모가 있었다."[66]고 하였다. 당시의 문장과 학문이 뛰어났던 여러 유학자들은 한나라의 문제가 비록 현명하였지만, 국가의 존엄한 정치체제에 통달하고 총명예지를 갖춘 것으로 말하자면 가의(賈誼)만 못하다고 여겼다. 조비는 「태종론(太宗論)」을 지어서, 한나라 문제가 가슴 속에 광활한 배포를 품고 있어서 남월(南越)의 왕 위타(尉陀)[67]가 황제를 칭하였을 때 은덕을 베풀어서 그

위한 정책을 실시하였다. 또한 사회 질서를 유지하기 위해 사사로운 형벌과 보복을 금지하는 등 사회 혼란을 극복하고 안정시키기 위한 여러 긍정적인 정책을 시행하였다. 그리고 조비는 동생인 조식(曹植)과 함께 문인(文人)으로서도 이름이 높아 건안 문학의 핵심인물 역할을 하였다. 그는 정책적으로 문학을 장려하였으며, 스스로도 시(詩)와 부(賦)를 잘 지었다. 그가 쓴 시부(詩賦)는 100여 편이 전해지는데, 「연행가(燕歌行)」는 후대의 칠언시(七言詩) 창작에 큰 영향을 끼쳤다. 그리고 『전론(典論)』을 지었는데, 여기에 수록된 글들은 중국문학사에서 가장 오랜 문학이론 비평으로 높은 가치를 지닌다. 그의 글은 현재 『위문제집(魏文帝集)』으로 묶여 남아 있다.

65 『魏志』「文帝紀」의 주에 인용된 『典論』. "及長而備歷五經四部史漢諸子百家之言, 靡不畢覽."

66 『魏志』「文帝紀」의 주에 인용된 『魏書』. "常嘉漢文帝之爲君, 寬仁玄默, 務欲以德化民, 有聖賢之風."

67 역주 남월(南越)은 중국 광동성(廣東省)과 광서성(廣西省) 사이에 있던 나라인데 미개한 나라여서 맨상투에 갓을 쓰지 않았다 한다. 『사기(史記)』 권113 「남월열전(南越列傳)」 위타는 남월(南越)의 왕으로, 그 나라 습속에 따라 상투 머리를 하고 두 다리를 뻗고 앉아서 한(漢) 나라 사신 육가(陸賈)를 접견하기도 했다고 한다.

를 위무하였고, 오왕(吳王) 비(濞)[68]가 신하를 칭하여 입조의 예를 하지 않음에도 궤장(几杖)을 내려 준 것은 지나친 과오라고 지적하였다. 이런 유형의 드넓은 배포는 순(舜)임금에 비견할 수 있는 것이다. 위(魏) 문제 조비는 한나라 문제를 본보기로 삼아서 은덕으로 오나라의 손권(孫權)[69]을 감화시키고자 하여 호언장담하였다. 3년 안에 손권이 만약 귀순하지 않는다면 다시 「태종론」을 천하에 반포하여 정벌의 뜻이 없음을 명확하게 밝히고자 하였다. 한 나라 문제와 가의의 우열(優劣)에 관하여 조비와 당시의 학문이 높은 유학자들이 진행한 논쟁은 실제로 유위(有爲)의 정치와 무위(無爲)의 정치 사이의 논쟁이다. 한 나라 문제는 청정무위(淸靜無爲)를 실천하면서 정치를 수행하였는데, "문제의 시기에는 천하가 끓는 물과 타는 불같은 혼란이 제거되어, 백성들은 즐거이 생업에 종사하였으며, 이 때문에 하고자 하는 바에 따라도 혼란스러워지지 않아 백성들이 마침내 평안한 삶을 누렸다."[70] 가의가 활동하던 시기에는 생산력이 점차 회복되어서 경제가 번영을 구가하기 시작하였기 때문에 그는 지속적인 무위의 정치를 시행하는 것에 대하여 찬성하지 않았으며, "군신의 질서를 세우고, 상하의 등급을 정하고, 아비와 자식 사이에 예를 갖추게 하고, 육친 사이에는 기강이 있는"[71] 차별적 신분질서를 주장

68 역주 유비(劉濞: B.C. 216-154)는 한 고조 유방의 형인 유중(劉仲)의 아들로 오왕이며, 서한 초기에 발생한 "오초칠국(吳楚七國)의 반란"의 주모자이다. 경제(景帝) 때에 반역을 일으켰다가 패하여 죽자 나라가 없어졌다. 『사기』 권106 「오왕비열전(吳王濞列傳)」이 있다. 참고로 후한 말기 이후 삼국시대 『삼국지(三國志)』의 촉(蜀)나라 황제 유비(劉備)와는 다른 사람이다.

69 역주 손권(孫權: 182-252)은 자가 중모(仲謀)이고 시호(謚號)는 대황제(大皇帝)이다. 손견(孫堅)의 둘째 아들로 삼국시대 오나라의 초대 황제이다. 주유(周瑜) 등의 보좌를 받아 강남(江南)의 경영에 힘썼다. 위(魏)・오(吳)・촉(蜀) 3국의 영토가 거의 확정된 후 오나라는 강소(江蘇)・안휘(安徽)의 남부, 절강(浙江)・강서(江西)・호북(湖北)・호남(湖南)・복건(福建), 그리고 광동(廣東) 방면까지를 지배하게 되었다.

70 『史記』「律書」. "文帝時, 會天下新去湯火, 人民樂業, 因其欲然, 能不擾亂, 故百姓遂安."

하였다. 그리고 이런 질서는 "하늘이 하는 것이 아니라 사람이 무너뜨리는 것이다. 사람이 세워야 하는 것은 수립하지 않을 수 없는 것이니, 바로 세우지 않으면 쓰러지고 수선하지 않으면 무너지는 것이다."[72] 조비는 가의가 주장한 유위의 정치에 대하여 크게 흥미를 갖지 않았으나, 한 나라 문제의 무위정치에 대해서는 아주 지대한 열정을 표출하였고, 그가 제위에 오른 해에 세금을 낮추는 조칙을 반포하면서 다음과 같이 말했다. "관진(關津)은 이곳저곳 떠돌아다니면서 장사하는 사람이 통행할 수 있게 하는 것이며, 연못과 동산은 재앙과 흉년을 막기 위한 것이니, 무거운 세금을 금하도록 하는 법을 세우는 것만 백성을 편리하게 하는 조건이 아니다. 연못을 통제하는 금지법을 제거하고, 관진을 통과하는 자에게 매기는 세금을 가볍게 하여, 모두 10분의 1의 세법을 회복하라."[73] 황초(黃初) 5년(224)에는 형벌을 가볍게 하라는 조칙을 반포하면서 다음과 같이 말했다. "이제 일거리는 많고 백성은 적은데, 상하(上下)가 서로 형법 조문에 해를 입어서 백성이 그 손과 발을 둘 곳이 없다. 옛날 태산에서 통곡한 사람은 가혹한 정치가 사나운 호랑이보다 극심하였기 때문이었다. 나는 유학자의 기풍을 갖추고 성인이 남긴 가르침을 마음 깊이 따르는 바이니, 어찌 눈으로만 그 말을 완미할 것이며, 어찌 행실에서 그 경계를 위배하겠는가? 형벌을 가벼이 하는 것을 널리 논의하여 백성에게 혜택을 주도록 하라."[74] 조비가 시행한 세금을 가벼이 하는 조칙과 형벌을 가벼이 하는 조칙과 군사를 쉬게 하는 조칙은 한 나라

---

71 『漢書』「賈誼傳」. "立君臣, 等上下, 使父子有禮, 六親有紀."

72 『漢書』「賈誼傳」. "非天之所爲, 人之所毁也. 人之所設, 不爲不立, 不植則僵, 不修則毁."

73 『魏志』「文帝紀」의 주에 인용된 『魏書』. "關津所以通商旅, 池苑所以御災荒, 設禁重稅, 非所以便民. 其除池御之禁, 輕關津之稅, 皆復什一."

74 『魏志』「文帝紀」의 주에 인용된 『魏書』. "今事多而民少, 上下相弊以文法, 百姓無所措其手足. 昔太山之哭者, 以爲苛政甚於猛虎. 吾備儒者之風, 服聖人之遺教, 豈可以目玩其辭, 行違其誡者哉? 廣議輕刑, 以惠百姓."

초기의 황로도가의 무위정치와 유가의 인의(仁義) 박애(博愛)를 융합한 것임을 볼 수 있다. 조비는 한편으로는 "예악의 기풍이 문란해지자 선왕(조비를 가리킴)께서 그것을 진작시키고, 인의가 인멸되는 위기에 처하자 선왕께서 그것을 그게 발양시켰다."[75]는 유가의 풍모를 지니고 있었다. 또 한편으로는 "위나라 문제는 사물(事物)의 이치(理致)에 걸림이 없이 숙달(熟達)함을 사모하여 천하가 절개를 지키는 것을 천하게 여겼다."[76] 라고 하는 도가의 기개를 지니고 있었으므로, 조비는 무위의 정치와 인의예교를 함께 숭상하여 위 문제(文帝) 시대에 이미 양자의 병행이 서로 어긋나지 않았다고 말할 수 있다. 이것은 이론상으로 유가와 도가의 통합이 적절한 정치적 분위기를 제공한 것으로 총괄할 수 있다. 정시현학(正始玄學)의 발생은 바로 형세가 필연적으로 이끌어 간 정황이 있다.

2 현학은 한漢과 위魏의 교체기에 유가와 도가를 종합한 사상이 발전한 산물

유가의 사상은 한 나라 시대에 이미 독존적 지위를 누리고 있었다. 그러나 경학은 전수(傳授)와 이해의 과정 속에서 점차 극복할 수 없는 두 가지 큰 병폐를 노출하고 있었다. 첫째는 번쇄함이다. "하나의 경전에 관한 논설이 백만여 언(言)에 이르렀으며",[77] "다섯 글자의 문장에 관한 논설이 2-3만 언에 이르렀다."[78] 너저분하고 자질구레한 경학은 문인 학사들이 업신여기거나 아주 더럽게 생각하여 돌아보지 않고 버려서 점차

---

75 『魏志』「文帝紀」의 주에 인용된 조식(曹植)의 말. "禮樂廢馳, 大行(指曹丕)張之, 仁義陸沈, 大行揚之."

76 『晉書』「傅玄傳」. "魏文慕通達, 而天下踐守節."

77 『漢書』「儒林傳」. "一經之說, 至百萬餘言"

78 『漢書』「藝文志」. "說五字之文, 至於二三萬言."

생명력을 잃었다. 둘째는 경학의 말이나 하는 짓이 허황한 것이다. 참위(讖緯) 미신(迷信)을 가지고 유가 경전에 억지로 끌어다 붙여서 유학을 종교화시켰다. 천인감응(天人感應)의 신학적 목적론과 참위 미신이 왕충 등의 유물주의 사상가에게 비판을 받고, 또 한나라 말기 농민 봉기의 맹렬한 충격 속을 지나면서 이미 경학은 백성을 통치하는 사상적 무기가 될 수 없었다.

조씨의 위(魏)나라 정권 통치시기에 유학은 한 번 좌절하고는 다시 분발하지 못하였다. 정시(正始) 연간에 사회적으로 유가 경전과 예의에 정통한 사람이 아주 적었다. 역사서에는 황초 5년(224)에서 정시 연간에 이르는 동안을 다음과 같이 기록하고 있다. "태학(太學)을 높이 세운 지 20여 년에 성취를 이룬 자가 적었으니, 대체로 박사를 경솔하게 뽑아 모든 유생들이 역할을 회피하였으나, 높은 문벌의 자제들은 그 무리가 아닌 것을 부끄럽게 여겼으므로 제대로 배우는 자가 없었다. 비록 그 이름은 있었지만 그 이름에 걸 맞는 사람은 없었고, 비록 교육은 가설하였으나 그 성과가 없었다."[79] 서울 지역의 태학생은 만 명이 넘었지만, "마땅히 글과 논의를 할 수 있는 자들은 대략 몇 사람뿐이었다. 또 이때에 조당(朝堂)의 공경(公卿) 이하 400여 명의 사람들 중에 붓을 잡고 글을 쓸 수 있는 자가 열 명도 되지 않았고, 대다수가 모두 서로 배불리 먹고 나서 물러갈 뿐이었다."[80] 경학은 처참하게 무너졌으나 유가가 주장하는 삼강오륜(三綱五倫)은 봉건통치를 유지하는 데 또한 매우 필요한 것이었다. 이 때문에 어떻든 유학을 변혁하고 제창하는 것은 사람들이 논의하는 중심이 되었다.

---

79 『三國志』「魏書 劉馥傳」附屬 劉馥의 아들「劉靖傳」. "崇立太學二十餘年, 而寡有成者, 蓋由博士進輕, 諸生避役, 高門子弟恥非其倫, 故無學者. 雖有其名而無其人, 雖設其教而無其功."

80 『三國志』「魏書 王肅傳」주에 인용된『魏略』. "應書與議者略無幾人. 又是時朝堂公卿以下四百餘人, 其能操筆者未有十人, 多皆相從飽食而退."

조씨의 위나라 정권 통치 초기에는 밝은 법의 통치를 강조하였고, 또한 점차 유학을 중요시하여 적절하게 이후의 장기적 통치와 오랜 안정을 위한 여론 준비로 삼았다. 조조(曹操)[81]는 건안(建安) 8년(203)에 조칙을 내려 다음과 같이 말했다. "전쟁으로 인하여 사람이 많이 죽은 이래로 15년이라. 뒤에 태어난 사람들은 인의와 예양(禮讓)의 기풍을 보지 못하였으니, 내가 이를 심히 마음 아프게 여기는 바이다. 군(郡)과 국(國)에 영을 내려 문장과 학문을 닦게 하고, 500호가 되는 현(縣)에 교관(敎官)을 두어 그 고을의 준수한 인물을 뽑아 학문을 가르치면 아마도 선왕의 도가 없어지지 않으리니, 천하에 유익함이 있을 것이다."[82] 이 조칙 속에서 볼 수 있는 것은 실제적 효과와 이익을 시급하게 여기는 조조도 역시 어쩔 수 없이 중국을 통일한 뒤에 필요한 태평성세의 정치와 덕행의 숭상을 우려하고 있다는 것이다. 조비는 처음 위나라 제위에 올라서 중국을 통일하는 정벌의 행보를 가속화 하였다. 그는 공자의 인의도덕 학설에 대하여 조조보다 훨씬 더 중시하였는데, 그는 공자를 "대성(大聖)의 자질을 지니고 있으며, 제왕의 그릇을 품고 있고",[83] "요(堯)·

81 역주 조조(曹操: 155-220)의 자는 맹덕(孟德), 묘호(廟號)는 태조(太祖), 시호는 무황제(武皇帝)이다. 지금의 안휘성(安徽省) 박주(亳州)에 해당하는 패국(沛國) 초현(譙縣) 출신으로서 환관 조등(曹騰)의 양자가 된 조숭(曹嵩)의 아들이다. 황건적(黃巾賊)의 난을 평정하는 데 공을 세우면서 두각을 나타내었고, 동탁(董卓)이 죽자 후한의 마지막 황제 헌제(獻帝)를 옹립하고 권력을 장악하였다. 200년 군벌의 최대 세력이었던 관동군의 맹주 원소(袁紹)를 관도(官渡)의 대전에서 격파하였다. 화북(華北)을 거의 평정하고 나서 남하를 꾀하였으나 208년 손권(孫權)·유비(劉備)의 연합군과 적벽(赤壁)의 대전에서 싸워 대패하였고, 이후에도 그 세력이 강남(江南)에는 미치지 못하였다. 같은 해 승상(丞相), 213년 위공(魏公), 216년 위왕(魏王)의 자리에 올랐다. 그는 정치적 실권은 장악하였지만 스스로 제위에 오르지는 않았고, 220년 정월 낙양洛陽)에서 사망하였다. 아들 조비(曹丕)가 뒤를 잇고 후한의 헌제에게 양위를 받아 위나라 황제가 된 뒤 태조 무황제(太祖 武皇帝)로 추존되었다.

82 『三國志』「魏書 武帝紀」. "喪亂已來, 十有五年, 後生者不見仁義禮讓之風, 吾甚傷之. 其領郡國各修文學, 縣滿五百戶置校官, 選其鄕之俊造而敎學之, 庶幾先王之道不廢, 有以益于天下."

순(舜)·우(禹)·탕(湯)·문왕(文王)에 이르는 5대의 예악을 상고하여, 왕자(王者)의 덕을 닦았다."[84]고 칭송하였다. 그리고 산동(山東)의 노군(魯郡)에 있는 공자의 묘를 수선하도록 하고, 공자의 묘 밖에 학교를 세워서 유생을 배양하였다. 위나라 문제(文帝)는 유가의 명교(名敎)와 강상(綱常)을 높이 받들고, 조야한 풍속의 천인감응설과 같은 신학적 목적론과 참위설 같은 미신에 대하여 아주 옳지 않게 여겼는데, 문제가 제위에 오를 때 방사(方士)들이 어지러이 일어나 도참(圖讖)을 거짓으로 꾸며대고 여러 신하들은 천인감응의 상서로운 표시를 누차에 걸쳐 상주(上奏)하여, "황룡(黃龍)이 여러 번 나타나고, 봉황(鳳凰)이 이에 맞추어 날아오르며, 기린(麒麟)이 모두 이르고, 백호(白虎)가 인(仁)을 본받는 일이 있으며",[85] "하늘에서 감로(甘露)가 내리고 땅에서는 예천(醴泉)이 솟고, 기이한 짐승과 신묘한 물건 같은 여러 가지 상서로운 징조가 함께 나왔다."[86] 고 하였고, 이것은 "제왕이 천명을 받아 역성(易姓)의 천하를 여는 신표"[87]라고 하여 문제에게 아첨하였다. 문제는 모두 배척하면서 "무릇 허망한 이야기와 그릇된 칭찬은 비루하고 격이 낮은 것으로 부당한 것."[88] 이라고 하고, 여러 신하들에게 "이런 논의들을 그치라[止息此議]."고 하였다. 조비는 이미 신학적 목적론으로 명교와 강상의 규범을 논증하는 것이 불가능한 것임을 인식하고 있었으며, 새로운 사상을 긴급하게 채용하여 강상 명교의 규범을 논증해야 한다고 여겼다. 경초(景初: 238-239) 연간에 위나라 명제(明帝)[89]는 일찍이 우려하면서 다음과 같이 말했

83 『三國志』「魏書 文帝紀」. "資大聖之才, 懷帝王之器."

84 『三國志』「魏書 文帝紀」. "考五代之禮, 修素王之事."

85 『三國志』「魏書 文帝紀」 注. "黃龍數見, 鳳凰仍翔, 麒麟皆臻, 白虎效仁."

86 『三國志』「魏書 文帝紀」 注. "甘露醴泉, 奇獸神物, 衆瑞幷出."

87 『三國志』「魏書 文帝紀」 注. "帝王受命易姓之符."

88 『三國志』「魏書 文帝紀」 注. "夫虛談謬稱, 鄙薄所弗當也."

89 역주 명제(明帝)는 위나라 2대 황제이다. 이름은 조예(曹叡: 205-239)이며, 자(字)는 원중(元仲)으로 문제(文帝) 조비(曹丕)의 장남이다. 생모(生母)는 원소(袁紹)의 아들 원희(袁熙)의 처였던 문소황후(文昭皇后) 견씨(甄氏)이다. 삼국시대

다. "유학이 이미 쇠퇴하였으니 풍속의 교화를 어찌 흥성케 하리오? 바야흐로 이제 연로한 학자와 이름난 유학자가 모두 다 나이가 높으니, 가르치고 훈육하는 도를 누가 계승할 것인가?"[90] 강상(綱常) 명교(名教)의 규범에 관한 학설은 봉건통치자에게 잠시라도 떨어질 수 없는 것이므로 새로운 이론을 선택하여 유가의 명교에 맞는 통치를 논증하는 것은 반드시 실행해야 할 일로 대두되고 있었던 것이다. 양한 시기 경학이 정시 현학으로 변화 발전하는 것은 이런 선택의 결과였다.

한(漢)나라와 위(魏)나라가 교체하는 사이에 경학은 점차 현학의 방향으로 변화 발전하였다. 이런 변화는 갑자기 이루어지는 비약이 아니고, 양적인 변화로부터 질적인 변화에 이르는 전체 과정을 거치는 것이다. 이런 과정 속에 형주학파[91]는 매우 주의를 기울일 가치가 있는 문제이다. 유표(劉

위(魏) 나라의 제2대 황제로 조진(曹眞), 장합(張郃), 사마의(司馬懿) 등을 중용하여 오(吳), 촉(蜀)의 잇따른 침공을 물리치고, 요동(遼東)을 정벌하였다. 재위 기간은 226-239년이다. 226년에 즉위하고 명제(明帝)가 되었다. 황제 즉위 초기에는 정치를 잘하였지만, 만년에는 사치향락에 빠지고 토목공사를 크게 일으켜 궁전을 지었다. 그리고 모황후를 죽이고 곽씨를 대신 세우는 등 실책(失策)을 많이 저질렀다. 재위 13년 36세에 그가 죽자 양자로 삼았던 제왕 조방(曹芳)을 보좌하던 자들의 내분으로 사마의(司馬懿) 가문인 사마씨가 실권을 쥐게 되었다.

90 『三國志』「魏書 高堂隆傳」. "儒學旣廢, 則風化曷由興哉, 方今宿生巨儒, 並各年高, 教訓之道, 孰爲其繼?"

91 역주 형주학파(荊州學派)는 후한 말기 형수 지방에서 형성된 일종의 경학(經學) 연구 집단을 말한다. 대략 한나라 헌제 초평(初平) 1년에서 건안 3년(190-208)의 18년간 유표는 형주자사로서 양양(襄陽) 땅에 주재하게 되었다. 당시에 중원은 큰 혼란 중이었는데 형수일대는 평안한 상대를 유지할 수 있었다. 『후한서』「유표전」에 의하면, 형주가 관할하는 지역은 남쪽으로 오령(五領)과 접하고 북쪽으로는 한천(漢川: 지금의 湖南省 · 湖北省 일대)에 근거하여, 땅이 사방으로 수천 리에 이르렀다. 유표는 학문이 깊고 넓어 사리에 밝았으며, 사람들에게 신망이 있었다. 이 때문에 관서(關西) · 연주(兗州) · 예주(豫州)의 학사들이 앞다투어 몸을 의탁해 왔다. 중원의 인사들은 모두 형주를 도움받을 수 있는 곳으로 보게 되어, 도망와서 유입된 수가 10만여 가구나 될 정도였다. 왕필의 조부 왕개와 증조부 왕찬도 이때 앞서 유표에게 귀의한 인물이다. 유표는 학교를 세우고, 널리 유학의 학술을 추구하여 귀의해 오는 천하의 학자들을 영도했으며, 경학에 대하여 거듭 새롭게 연구하고 정리와 개정을 하였다. 특히 나이가 많고 덕망이

表)[92]는 형주의 관리로 재임할 때에 일찍이 "학관(學官)을 열어서 널리 유학자를 초빙하고, 기모개(綦母闓)[93]와 송충(宋忠)[94] 등에게 『오경장구』를 짓게 하였는데, 이것을 일러 후정(後定)이라고 한다."[95] 당시에는 중원(中原) 지역이 크게 어지러웠으나, 오직 형주만이 정국이 안정되어 백성들이 풍족하고 편안하였다. 이 때문에 책과 기물을 싸들고 먼 길을 달려오는 학자가 300여 명이나 있었다. 송충은 『태현(太玄)』에 대하여 깊은 연구를 진행하였고 아울러 『태현』에 주석을 내었으나 애석하게도 이미 없어졌다. 역사서에는 왕숙(王肅)[96]이 "송충을 따라서 『태현』을 읽고, 나

높은 대유학자인 기모개(綦母闓)·송충(宋忠, 대략 170-210년경) 등에게 『오경장구(五經章句)』를 찬술하도록 하여, "후정(後定)"이라 칭했다. 형주학파의 학문은 대체로 금고문경학을 통합한 정현(127-200)과 위진 시대의 『역』·『노자』·『장자』 등을 숭상하는 현학이론 사이의 가교 역할을 한다.

92 역주 유표(劉表: 142-208)는 동한(東漢) 산양(山陽) 사람으로 자는 경승(景升)이다. 품행이 뛰어나 팔고(八顧)의 한 사람으로 꼽혔다. 헌제(獻帝) 초평(初平) 원년(元年)에 형주자사(荊州刺史)로 있으면서 현재의 호남(湖南)·호북(湖北) 지방을 할거하였다. 그가 죽은 뒤 아들 유종(劉琮)은 조조(曹操)에게 투항하였다. 『삼국지(三國志)』와 『후한서(後漢書)』에 전(傳)이 있다.

93 역주 기모개(綦母闓)는 후한 말기의 경학자이다. 『만성통보(萬姓統譜)』에 의하면, 한천(漢川) 사람이며 『오경장구(五經章句)』를 지었다고 하였다. 형주자사인 유표(劉表)의 지원을 받았던 형주학파의 일원이며, 같은 경학자인 송충(宋忠)과 교유하면서 저술에 참여하였다.

94 역주 송충(宋忠)의 자는 중자(仲子)이며 송충(宋衷)이라고도 한다. 유표의 휘하에서 오업종사(五業從事)의 관직을 지냈으며, 형주학파의 실제적 영도인물이다. 『경전석문(經典釋文)』의 저술목록에 그의 『주역주(周易注)』 9권이 올라 있는데, 『칠지(七志)』에는 10권이라 했다. 그의 『주역주』는 거의 다 유실되었고, 이정조(李鼎祚)의 『주역집해(周易集解)』에 수집 인용된 것을 미루어 볼 때, 그의 풍격은 의리(義理)를 중시하면서 상수(象數)를 함께 병용하였다.

95 『三國志』「魏書 劉表傳」 주에 인용된 『英雄紀』. "開立學官, 博求儒士, 使綦母闓宋忠等撰定五經章句, 謂之後定."

96 역주 왕숙(王肅: 195-256)은 삼국시대 위(魏) 나라의 경학자이며 정치가이다. 자는 자옹(子雍)이며, 산동성 동해(東海) 출신이다. 아버지는 왕낭(王朗)이며, 사마소(司馬昭)의 장인이자 진 무제 사마염(司馬炎)의 외조부이다. 부친인 왕랑에게 금문학(今文學)을 배웠으나 고문학자(古文學者) 가규(賈逵)·마융(馬融)의 현실주의적 해석을 계승하여, 정현(鄭玄)의 예학 학설에 반대하였다. 많은 경서를

아가 『태현해(太玄解)』를 지었다."[97]고 기록하였다. 그러나 『태현』에 대한 왕숙의 해석도 이미 없어졌다. 탕용통(湯用彤)[98] 선생은 형주학파 중에 가장 영향력 있는 사람은 송충이라고 추정할 수 있으며, 아울러 왕숙은 형주학파의 중요인물 중에 하나라고 지적하였다.[99] 송충의 자료는 남아 있는 것이 거의 없는데, 이 때문에 형주학파의 정황을 밝히는 작업 중에서 부득불 왕숙에 대한 연구에 주의를 기울여야 한다. 엄군평과 양웅 그리고 송충과 왕숙은 각각 사승(師承) 관계에 있으며, 여기서 위진 현학의 발생에 이르는 사상의 맥락을 모색할 수 있다. 왕숙이 완전한 형태로 남기고 있는 유일한 저작은 바로 『공자가어(孔子家語)』이므로 우리는 여기에서 『공자가어』의 사상을 중요하게 분석한다.

『공자가어』는 한(漢)나라와 위(魏)나라가 교체하는 사이의 사조를 연구하는 데 중요한 하나의 저작이며, 이에 대한 연구를 깊이 있게 진행하면 유가와 도가의 통합에 이르는 우리의 인식이 정시(正始) 연간의 학문 특징뿐만 아니라 한위(漢魏) 교체기에 이미 선구적 목소리가 있다는 사실에 이르게 된다.

주석하면서 참위설(讖緯說)의 색채를 제거하고 실용적인 해석을 시도하였다. 그의 학설은 위나라의 관학(官學)으로 인정받았다. 그 밖의 저서로 『공자가어(孔子家語)』가 유명하다. 이 책은 공안국(孔安國)의 이름을 빌려 『좌전(左傳)』 『국어(國語)』 『맹자(孟子)』 『순자(荀子)』 『대대례(大戴禮)』 『예기(禮記)』 『사기(史記)』 『설원(說苑)』 『안자(晏子)』 『열자(列子)』 『한비자(韓非子)』 『여람(呂覽)』 등에서 공자에 관한 기록을 모아 수록한 위서(僞書)이다. 공자에 관한 일화(逸話)와 말씀을 담고 있어서 많이 읽히는 책이나.

97 『三國志』「魏書 王肅傳」. "從宋忠讀太玄而更爲之解."

98 역주 탕용통(湯用彤: 1893-1964)은 자가 석여(錫予)로, 호북성(湖北省) 출신이다. 청화(青華)대학교를 졸업한 후 미국에 유학하여 산스크리트어와 팔리어·서양 근대철학을 배웠다. 귀국 후 동남(東南)대학와 남개(南開)대학·중앙(中央)대학·북경(北京)대학 교수를 지냈고, 북경대학 부총장을 역임하였다. 중국 불교사를 주로 연구하였다. 저서로는 중국불교의 초기 역사를 기술한 『한위양진남북조불교사(漢魏兩晉南北朝佛敎史)』와 『수당불교사고(隋唐佛敎史稿)』, 『인도철학사략(印度哲學史略)』 등이 있다.

99 湯用彤, 「王弼之周易論語信義」, 『魏晉玄學論考』.

왕숙(王肅)은 동해(東海)의 담(郯: 지금의 郯城縣) 지역 사람이며, 동한 헌제(獻帝) 흥평(興平) 2년(195)에 태어나 고귀향공(高貴鄉公) 조모(曹髦)[100] 시기인 감로(甘露) 1년(257)에 죽었으니, 향년 62세였다. 그는 한나라와 위나라가 교체하는 시기의 저명한 유학의 대학자였다. 그가 주석한 『상서(尙書)』·『시경(詩經)』·『논어』·『삼례(三禮)』·『춘추좌씨전(春秋左氏傳)』과 그의 아버지 왕랑(王郞)과 함께 찬정한 『역전(易傳)』 주석은 모두 당시 관학(官學)의 교과서가 되었다. 그는 또한 『주역(周易)』·『춘추례(春秋例)』·『모시(毛詩)』·『예기(禮記)』·『춘추삼전(春秋三傳)』·『국어(國語)』·『이아(爾雅)』 등의 서적에 대하여 주석을 하였다. 그는 필생의 정력을 기울여 유가 경전에 두루 주석을 내었다고 말할 수 있다.

역사적으로 일찍이 어떤 이는 『공자가어』가 왕숙의 위작이라는 것을 제기하였다. 『사고전서총목제요(四庫全書總目提要)』에는 "이 책은 왕숙으로부터 처음 전해지는 것이며, 『한서』「예문지」를 상고해 보면 『공자가어』 27권이 있다고 하였고, 안사고(顔師古)[101]의 주석에 말하길 지금의

---

100 역주 조모(曹髦: 241-260)는 위나라 제4대 황제이다. 동해왕(東海王) 조림(曹霖)의 아들로 태어났다. 254년 제3대 황제 조방(曹芳)이 폐위되자 황제에 즉위하였다. 자는 언사(彦士)이다. 어려서는 총명하고 재능이 뛰어나 많은 기대를 받았지만, 사마사(司馬師)에 이어 사마소(司馬昭)가 정권을 장악하였으므로 황제로서 정치적 통치를 하지 못하였다. 사마씨의 횡포가 심해지자 제갈량(諸葛亮)의 일족인 사공(司空) 제갈탄(諸葛誕)이 요충지인 수춘(壽春)에서 반란을 일으키고, 오(吳)나라의 권신 손침(孫綝)이 이를 지원하는 등 국내외로 혼란이 있었다. 이런 때에 황제 조모는 「잠룡시(潛龍詩)」를 쓰며 사마씨의 권력을 비판하였다. 260년 이 소식을 들은 사마소가 가충(賈充)을 보내 시해하려 하자, 조모는 반격하기 위해 군대를 일으켜 사마소를 공격하였다. 그러나 조모는 결국 가충에게 생포당하여 죽임을 당하였다. 가충도 역시 사마소에게 누명을 쓰고 죽는다.

101 역주 안사고(顔師古: 581-645)는 당나라 시대의 저명한 학자이다. 자가 사고(師古)이며 이름 주(籀)이다. 섬서성(陝西省) 만년현(萬年縣)에서 출생하였다. 『안씨가훈(顔氏家訓)』의 저자인 안지추(顔之推)의 손자이다. 유학적 전통이 강한 집안에 태어나 고전의 학습에 힘썼고 특히 문장에 뛰어났다. 당나라 고조(高祖)·태종(太宗)의 2대를 섬겨, 중서사인(中書舍人)·중서시랑(中書侍郎)·비서감(秘書監)을 역임하였고, 정치에도 능통하여 조령(詔令)의 기초를 맡았다. 유교의 경

『가어』가 아니라고 하였다. … 왕백(王柏)[102]의 『가어고(家語考)』에서 '44편의 『가어』는 왕숙이 『좌전』·『국어』·『맹자』·『순자』·『이대기(二戴記)』에서 스스로 취하여 이리 저리 쪼개어 엮어서 만든 것이라고 하였다.'"[103]

동한 후기에 정현(鄭玄)[104]은 유학의 대학자로 불렸는데, 그는 고문 경전과 금문 경전을 융회하고자 시도하였고, 장구(章句) 형식의 학문을 좋아했다. "크게 통달한 사람[通人]"[105]은 그의 너저분하고 자질구레한 학풍을 만족스럽게 여기지 않았다. 그의 학술 사상은 왕숙에 이르렀을 때 이미 50여 년이 흐른 뒤였다. 왕숙은 정현의 학설이 "의리가 불안하여",[106]

전인 오경(五經)의 교정에 종사하여 정본(定本)을 만들었으며, 『대당의례(大唐儀禮)』의 수찬에 참여하였다. 후에 오경의 주석서(註釋書)인 『오경정의(五經正義)』의 편찬에도 참여하였고, 『한서(漢書)』에 주석을 달면서 전대(前代)의 여러 주석을 집대성하였다. 『한서』의 주석은 그의 문자학(文字學)·역사학의 정화(精華)이며 오늘날도 『한서』 해석의 중요한 근거가 된다.

102 역주 왕백(王柏: 1197-1274)은 자는 회지(會之)이며 시호는 문헌(文憲)이다. 저서에 『독역기(讀易記)』 등이 있다.

103 『四庫全書總目提要』. "此本自肅始傳也, 考漢書藝文志有孔子家語二十七卷, 顔師古注云: 非今所有家語 … 王柏家語考曰: 四十四篇之家語乃王肅自取左傳國語荀孟二戴記割裂織成之."

104 역주 정현(鄭玄)은 후한 말기의 저명한 경학자이다. 자는 강성(康成)이고, 북해(北海) 고밀(高密) 사람이다. 어려서 집이 가난하였으나 학문에 전념하여 관리가 되기를 즐겨 않고 많은 스승을 섬겼다. 당시에 유명한 경학가인 마융(馬融)에게서 수학하였다. 『후한서(後漢書)』「정현전(鄭玄傳)」에 의하면 정현은 여러 경전을 두루 주석하여 백여 만 글자에 이르렀으며, 그 경전 주석은 금문(今文)과 고문(古文)의 장점을 취한 특징이 있어 당시에 이미 천하에 이름을 떨쳤으며, 후세에도 숭상되어 그의 학문을 정학(鄭學)이라고 부르게 되었다고 하였다. 정현의 『주역』 주석은 비씨(費氏)의 고문 『주역』을 기본으로 삼아서 금문도 함께 취하였기 때문에 역학발전에 큰 공헌을 하였다. 그의 역학에는 호괘(互卦)나 소식(消息) 등의 방법 이외에도 오행생성설(五行生成說)과 효진설(爻辰說)을 포함하고 있다.

105 역주 통인(通人)은 학식이 깊고 넓어서 두루 통달한 사람이다. 전한 시대 왕충(王充)은 『논형(論衡)』「초기(超奇)」에서 "고금의 일을 널리 살펴서 아는 자를 통인이라 한다(博覽古今者爲通人)."고 하였다.

106 『孔子家語』 序. "義理不安."

유가의 학설과 어긋난다고 여겼다. 왕숙이 유가의 경전과 예의의 종지에 대하여 주석을 내고 해석한 것은 "그 바른 의미를 명확히 밝힌 것이다."[107] 그는 『논어』에 대한 주석을 내면서 하안(何晏)을 "바른 의미를 설명한"[108] 사람이라고 평가하였다. 『공자가어』의 두드러진 특징은 도가 사상을 가지고 유가의 사상을 보충하고 논증한 것이며, 분명하게 유가와 도가를 통합하는 경향을 지니고 있다. 이것이 아마도 왕숙이 학술적으로 정현을 압도하는 원인일 것이다.

『공자가어』 속에 있는 공자의 말은 결코 순수하게 꾸며낸 조작이 결코 아니고, 대다수는 고대의 전적에 보이는 것들이다. 사정이 이와 같더라도 그것을 공자의 말을 모아서 편찬한 것이라고 할 수는 없다. 그 가운데 많은 말들은 근본적으로 공자의 말이 아니고, 여러 경전에 대하여 두루 주석을 낸 왕숙에게는 진위(眞僞)를 가릴 능력이 있었지만 왕숙은 한꺼번에 모두 다 공자의 실제 사실을 말한 것이라고 하였는데, 또한 자기의 사상과 부합하는 것이 있다고 여긴 것이다. 왕숙이 『공자가어』를 중시한 것은 자료의 발견에 있는 것이 아니라, 공자의 사상이 의리에 부합한다고 생각했다는 점에 있음을 알 수 있다. 왕숙은 자료의 선택에서 분명한 경향성을 지닌다. 그 두드러진 표현은 아래의 몇 가지 특징에 있다.

(1) 『공자가어』는 공자가 노자를 스승으로 섬겼다고 애써 연루시킨다

고대 전적 중에는 일찍이 공자가 노자를 찾아가 가르침을 받았다는 것에 관한 기록이 있다. 『사기』 「한비노자열전」에 공자가 노자에게 예에 관해서 물었다는 기록이 있다. 『여씨춘추(呂氏春秋)』 「당염편(當染篇)」에서 "공자는 노담(노자)에게 배웠다."[109]고 하였다. 『예기』 「증자문(曾子

107 『孔子家語』 序. "申明其義."

108 何晏, 『論語集解』 「敍」를 보라.

109 『呂氏春秋』 「當染篇」. "孔子學於老聃."

問)」에서 공자 스스로 "노담에게 들었다."[110]고 말하였고, 『장자(莊子)』 외편 「지북유(知北游)」에는 공자가 노자에게 무엇이 도인가 하는 것을 청하여 가르침을 받았다고 기록하고 있다. 『장자』 외편 「천운(天運)」에는 공자가 51세에 도를 듣지 못하여 남방의 패국(沛國)에 이르러 노자에게 가르침을 청했다고 기록하였다. 공자가 노자에게 가르침을 청한 사실이 분명하게 있었던 것을 알 수 있지만, 이런 기록들은 모두 비교적 간단하다. 공자가 노자에게 어느 정도의 예절과 의식에 관한 사상을 배웠다는 것에 대해서 위진 시대의 사람들은 그다지 잘 알지 못했다. 위진 시대의 유가들이 알고 있던 노자는 예(禮)를 끊고 학문을 버린 노자였는데, 『문장서록(文章敍錄)』에는 "유학의 입장에서 논하자면 노자는 성인이 아니고, 예를 끊고 학문을 버렸으니, 하안의 설명이 성인과 같다."[111]라고 하였다. 그리고 『공자가어』는 노자가 유가의 스승이었음을 애써 연루시키고자 하였다.

『공자가어』에는 공자가 주(周)나라를 돌아볼 때에 노자에게 찾아가 스승으로 삼는 정황을 상세하게 묘사하여 서술하고 있다.

> "공자가 남궁경숙에게 말했다. '내가 들으니 노담은 옛일을 널리 알고 현재의 일도 잘 알며, 예악의 근원에 통달하였고, 도덕의 귀추에 대해서도 밝게 알고 있다고 하니 바로 나의 스승이구나. 이제 찾아가 뵈야겠다.' … 경숙이 함께 주나라에 이르자, 공자가 노담에게 예(禮)를 묻고, 장홍(萇弘)[112]에게 악(樂)을 물었다. 교사(郊社)[113]를 지나면서 명당(明堂)[114]의 제도를 자세히 살피고, 종묘와 조정의 법도를 살펴보았다. 그리고 탄

110 『禮記』「曾子問」. "問諸老聃."
111 『世說新語』「文學篇」注. "自儒者論, 老子非聖人, 絶禮棄學, 晏說與聖人同."
112 역주 주(周)나라 경왕(敬王) 시기의 대부(大夫).
113 역주 천자가 하늘에 제사를 지내는 곳.
114 역주 천자의 궁궐.

식하여 말했다. '내가 이제 주공의 성스러움과 주나라가 천하의 왕 노릇을 하는 까닭을 알았도다.' 주나라를 떠날 즈음에 노자가 전송하면서 말했다. '내가 듣기로는 부유하고 귀한 사람은 남을 보내는 데 재물을 주고, 어진 사람은 남을 보내는 데 말씀을 준다고 한다. 나는 부유하고 귀한 사람이 아니고 어진 사람이라는 이름이나 빌어서 사는 처지이므로 몇 마디 말로써 그대를 전송하려 한다. 무릇 오늘날 선비들은 총명하고 아주 자세히 살피는 척하지만 자기 죽을 곳을 피할 줄 모르니, 이는 남을 책망하고 비난하기를 좋아하기 때문이다. 널리 지식을 구하고 말도 잘하면서 그 자신의 몸을 위태롭게 하나니, 이는 남의 단점을 잘 드러내기만 하기 때문이다.' 공자가 말했다. '가르침을 공경하는 마음으로 받들겠다.' 주나라에서 노나라로 돌아와서 도가 더욱 널리 퍼지고 높아졌으니, 먼 지역에서부터 배우고자 찾아오는 자들이 3,000명이 넘었다."[115]

『공자가어』는 구체적 모습을 기술하면서 유가의 공자가 도가의 노자를 스승으로 삼았다는 점을 설명하고 있다. 역사적인 공자는 서주(西周)의 정치제도와 경제제도를 매우 흠모하는 정이 있어서, 오랫동안 주공(周公)을 꿈에서 보지 못함을 유감스럽게 여겼다. 『공자가어』는 주공과 노자를 이어서 함께 놓고자 애쓰고 있다. 『공자가어』의 입장에서 보면 공자는 비록 예악의 의식과 윤리 도덕의 표준을 숙달하는 데 전력을 기울였지만, 그는 또한 노자에게 가르침을 구하였다. 왜냐하면 노자의 "도를 좋아하는 태도[好道]"는 도(道)로써 예악의 근원과 도덕의 귀추를 통

115 『孔子家語』「觀周」 11장. "孔子謂南宮敬叔曰: '吾聞老聃博古知今, 通禮樂之原, 明道德之歸, 則吾師也, 今將往.' … 敬叔與俱至周, 問禮於老聃, 訪樂於萇弘. 歷郊社之所, 考明堂之則, 察廟朝之度. 於是喟然曰: '吾乃今知周公之聖與周之所以王也.' 及去周, 老子送之曰: '吾聞富貴者送人以財, 仁者送人以言, 吾雖不能富貴而竊仁者之號, 請送子以言乎! 凡當今之士聰明深察而近於死者, 好譏議人者也. 博辯閎達而危其身, 好發人之惡者也.' 孔子曰: '敬奉教!' 自周反魯, 道彌尊矣, 遠方弟子之進蓋三千焉."

달할 수 있기 때문에 노자는 공자에 비하여 한 수 위라고 본 것이다. 노자가 공자를 일깨워서 주공이 성인이 되는 까닭과 주나라가 천하의 왕 노릇을 할 수 있는 이치를 인식시켰다고 하는 것이다. 노자는 옛일에 널리 통달할 뿐만 아니라 현재의 일을 잘 알고 있었는데, 노자는 공자를 위하여 고금(古今)의 일들에 두루 널리 알고 있으므로 노자는 공자의 실패를 아우르는 교훈을 준 것으로서, 노자는 공자가 사방으로 분주히 돌아다니면서도 번번이 퇴짜를 맞는 것이 총명하면서 자세히 살피는 태도와 남의 잘못을 해박한 논변과 유창한 말로 비난하는 것에 있다고 여겼으며, 또 남의 숨겨진 단점을 잘 드러내는 데 원인이 있다고 본 것이다. 『공자가어』는 유가가 제창하는 군신(君臣)과 부자(父子) 등의 강상 윤리를 노자를 스승으로 삼아서 배운 것이라고 본다. 『공자가어』는 또한 공자의 학술사상이 광범위하게 전파되어 3,000여 명에 이르는 제자를 얻는 성대한 명예를 얻었는데, 이는 공자가 주나라에서 노나라로 돌아와서 "도가 더욱 널리 퍼지고 높아졌다[道彌尊矣]."는 것, 즉 노자를 스승으로 삼은 결과라는 것을 말하고 있다.

공자는 일찍이 당시에 도가 행해지지 않자 노자를 찾아 가르침을 청하면서 말하길, "심하도다! 도가 오늘날 시행되기 어렵다. 내가 오늘날 도를 시행해 보려고 여러 나라 임금들에게 유세를 하여 구하였으나 내 말을 받아들여 주지 않았다. 도를 오늘날 시행하기가 어렵도다."[116]라고 하였다. 노자가 이 말에 대답하였다. "무릇 유세(遊說)하는 자가 논변에서 실수를 하면 듣는 사람이 그 말에서 어지러움을 느끼는 것이니, 이와 같은 두 가지를 알게 되면 도는 잊을 수가 없는 것이다."[117] 『공자가어』가 노자의 지위를 현격하게 높이고 있음을 분명하고 뚜렷이 볼 수 있으

116 『孔子家語』「觀周」 11장. "甚矣, 道之於今難行也. 吾比執道而今委質以求當世之君而弗受也. 道於今難行也."

117 『孔子家語』「觀周」 11장. "夫說者流於辯, 聽者亂於辭, 如此二者則道不可以忘也."

며, 또한 노자와 공자가 같은 도를 따르고 받들며 믿었던 동지(同志)요 도반(道伴)이라고 묘사하고 있는 것이다.

(2) 『공자가어』는 서주西周가 도가의 원칙을 따라서 백성을 다스리고 나라를 다스렸다고 본다

"공자가 주나라를 둘러볼 때, 주나라 태조인 후직(后稷)의 묘당에 들어가자, 묘당의 오른쪽 계단 앞에 금으로 만들어 놓은 사람 형상이 있었는데, 그 형상의 입이 세 군데 꿰매어져 있었고 그 등에는 다음과 같은 글귀가 새겨져 있었다. '… 방자하고 난폭한 사람은 바른 죽음을 맞지 못하고, 이기기를 좋아하는 사람은 자기와 필적할 만한 자를 만나게 되고, 도둑놈은 주인을 미워하며, 백성은 그 윗사람을 원망하며, 군자는 천하에서 최고의 자리에 오르지 못함을 알기에 자신을 낮춘다. 여러 사람들보다 앞설 수 없음을 알기에 남보다 뒤에 선다. 온순하고 삼가는 덕은 남들이 이를 사모하게 하고, 부드러움을 잡고 아래에 처하여 남들이 나를 넘어서지 못한다. 남들이 모두 저쪽으로 가더라도 나는 홀로 여기에서 옳은 것을 지키며, 남들이 모두 이리저리 미혹되더라도 나는 홀로 움직이지 않을 것이다. 속으로 나의 지혜를 간직하고 남에게 재주를 보이지 않으며, 내가 비록 존귀하더라도 남들이 나를 해치지 못할 것이다. 누가 이런 일을 할 수 있는가? 강과 바다가 비록 왼쪽으로 흐른다고 해도 모든 냇물의 어른이 되는 것은 그 낮은 데 있기 때문이다. 천도는 사사로이 친애함이 없으면서 사람보다 낮은 곳에 있는 것이니, 경계할지어다.'"[118]

---

118 『孔子家語』「觀周」11장. "孔子觀周, 遂入太祖后稷之廟, 廟堂右階之前有金人焉, 參緘其口而銘其背曰: '… 强梁者不得其死, 好勝者必遇其敵, 盜憎主人, 民怨其上, 君子知天下之不可上也, 故下之. 知衆人之不可先也, 故後之. 溫恭愼德, 使人慕之, 執雌持下, 人莫踰之; 人皆趨彼, 我獨守此; 人皆或之, 我獨不徙; 內藏我智, 不示人技; 我雖尊高, 人弗我害; 誰能於此? 江海雖左, 長於百川, 以其卑也; 天道無親而能下人, 戒之哉!'"

여기서 말하고 있는 것은 전적으로 노자의 사상이지 서주 시대의 사상이 아니다. 마치 서주시기에 사람들이 이미 도가의 원칙에 따라 천하를 다스린 것처럼 보인다. 그러나 이것은 왕숙이 명백하게 꾸며낸 이야기이다.

『공자가어』 중에는 공자의 일부 사상이 "노자에게서 들어서[聞諸老子]" 이루어진 것이라고 말하고 있다. 자하(子夏)[119]는 『주역』의 이치가 인류 · 만물 · 조수(鳥獸) · 곤충을 생육시키는 것이며, 다양한 종류의 개별자들이 원기(元氣)를 받아서 이루어지는 것인데, 일반인들은 이런 도리를 이해하지 못하고 오직 성인만이 "그 근본 원칙을 안다."[120]고 하였다. 공자가 이 말을 듣고 나서 "그렇다. 내가 옛날에 노담[노자]에게 들으니, 너의 말과 같도다."[121]라고 하였다. 이것은 실제로 한대의 "기(氣)" 유행(流行) 이론으로 우주만물의 발생과 발전을 설명하는 것이다. 그러나 『공자가어』는 공자가 이런 유형의 이론에 찬동하였다고 강력하게 말하고 있으며, 더 나아가 노자로부터 전수받아 얻은 것이라고 강조하고 있는 것이다. 계강자(季康子)[122]가 일찍이 공자에게 무엇을 오제(五帝)라 부르는지 물었을 때, 공자는 "옛날에 내가 노담에게 들었는데, 그가 말하길, '하늘에 오행인 수 · 화 · 금 · 목 · 토가 있으며, 나누어질 때 변화 생육하여 만물이 이루어지며, 그 신(神)을 오제라고 한다.'고 하였다."[123] 사실

---

119 역주 자하(子夏: B.C. 507-B.C. 420?)는 공자의 제자이다. 본래의 성명은 복상(卜商)이다. 공자의 우수한 제자를 부르는 공문10철(孔門十哲)이 한 사람이다.

120 『孔子家語』「執轡」 25장. "能原其本."

121 『孔子家語』「執轡」 25장. "然, 吾昔聞老聃亦如汝之言也."

122 역주 계강자(季康子)는 춘추시대 노(魯)나라의 대부이면서 정치적 실권자였다. 그가 정치를 자문할 때 공자가 한 대답이 『논어』에 다음과 같이 실려 있다. "정치란 올바름(正)이니, 그대가 올바름으로써 솔선수범한다면 감히 누가 부정(不正)을 행할 수 있겠는가?"(『論語』「안연(顔淵)」 17장. "季康子問政於孔子. 孔子對曰 : 政者, 正也. 子帥以正, 孰敢不正?")

123 『孔子家語』「五帝」 제24. "昔, 丘也聞諸老聃曰: 天有五行, 水火金木土, 分時化育以成萬物, 其神謂之五帝."

노자는 "오행(五行)"을 말하지 않았고, 역시 "오제(五帝)"를 말하지도 않았다.

(3) 『공자가어』 속의 "도道"는 이미 도가의 철학사상을 모함하고 있다

『논어』 중에 공자가 전문적인 술어로 사용하는 "도"는 44회 나오는데,[124] 공자의 "도"는 어떤 때는 도덕을 의미하고, 어떤 때는 학술을 의미하며, 어떤 때는 방법을 의미한다. 일반적으로 말해서 도는 우주의 법칙과 만물의 본원이라는 의미를 포함하지 않는다. 공자의 제자 자공(子貢)[125]은 일찍이 말하길, "선생님의 문장[126]은 얻어 들을 수 있지만, 선생님이 성(性)과 천과 천도(天道)를 말씀하신 것은 얻어 들을 수 없었다."[127] 고 하였다.

『공자가어』 속에 있는 공자는 천도의 문제를 중시하였다. "노나라 애공(哀公)이 말했다. '군자는 어찌하여 천도를 귀하게 여기는 것인가?' 공자가 대답하여 말했다. '그 천도가 그침이 없는 것을 귀하게 여기는 것인데, 해와 달이 동쪽에서 서쪽으로 서로 좇아서 운행함에 그침이 없는 것과 같으니, 이것이 천도이다. 운행을 멈추지 않고 오래 갈 수 있는 것이 바로 천도이다. 아무 것도 하지 않아도 개별 사물이 이루어지는 것이 바로 천도이다. 이미 이루어져 있어 그것을 밝히는 것이 바로 천도이다.'"[128] 여기에서 말하는 "천도"는 이미 법칙의 의미를 그 속에 포함하고

---

124 저자 주 楊伯峻, 『論語譯注』의 통계에서 인용.

125 역자 주 자공(子貢: B.C. 520?-B.C. 456?)은 공자의 제자이다. 성은 단목(端木)이며, 이름은 사(賜)이다. 공문십철의 한 사람으로 재아(宰我)와 더불어 언어에 뛰어났다.

126 역주 여기에서 문장(文章)은 문명의 모든 문물(文物)과 제도(制度)를 통칭하는 것이다.

127 『論語』「公冶章」 5-12장. "夫子之文章, 可得而聞也, 夫子之言性與天道, 不可得而聞也."

128 『孔子家語』「大婚解」 제5. "公曰: '君子何貴乎天道也?' 孔子曰: '貴其不已也,

있다. "천도"는 만물 운동의 영원한 법칙이며, 일체의 개별자에 두루 통하는 것인데, "천도"가 만물에 대하여 아무런 행위를 하지 않아도 만물을 이루게 할 수 있다. 이렇게 영원하고 절대적이며 아무런 행위를 하지 않아도 되지 않는 것이 없는 "도"는 이미 공자의 도가 아니며, 노자의 도에 마침 적합한 것이다.

『공자가어』 속의 공자는 물을 비유로 들어 도(道)와 덕(德)과 이(理)를 설명하고 있다. 공자가 동쪽으로 흐르는 물을 보고 있는데, "자공이 물었다. '군자가 큰물을 보면 반드시 자세히 관찰하는 것은 무슨 까닭입니까?' 공자가 대답했다. '쉬지 않고 흐르며 또 모든 생물을 두루 길러주면서도 아무것도 억지로 하지 않기 때문이다. 무릇 물은 덕과 같다.[129] 그 흐름은 낮은 곳으로 흐르며 반드시 그 이치를 따르니, 이것은 의리인 것 같다. 물은 넓고 넓게 퍼져서 굽히고 다함이 있는 때가 없으니, 이것은 도인 것 같다.'"[130] 왕숙의 주석에서 강조한 "사물이 물을 얻어야만 살 수 있는데도 물을 함께 더불어 살지 않고 또 그 덕을 자랑하지 않는다는 것"은 『노자』 제 38 장의 "가장 훌륭한 덕은 덕이라고 하지 않는다. 그러므로 덕이 있다."[131]는 구절에서 연원하는 것이다. 『공자가어』는 물을 가지고 법칙과 선화(善化)[132] 그리고 지향성과 용감함과 사찰(伺察)[133] 등의 사회활동을 설명하고 있다. 이 때문에 물은 이미 물 자체가 소유한

如日月東西相從而不已也, 是天道也; 不閉而能久, 是天道也; 無爲而物成, 是天道也; 已成而明之, 是天道也.'"

129 저자 주 모든 생물을 두루 길러 준다는 것은 사물이 물을 얻어야만 살 수 있는데도 물은 함께 더불어 살지 않고 또 그 덕을 자랑하지 않는다는 것이다.

130 『孔子家語』「三恕」 제9. "子貢問曰: '君子所見大水必觀焉, 何也?' 孔子曰: '以其不息且遍與諸生而不爲也, 夫水似乎德(注:遍與諸生者, 物得水而後生, 水不與生而又不德也); 其流也, 則卑下倨拘, 必修其理, 似義; 浩浩乎無屈盡之期, 此似道.'"

131 『老子』 38장. "上德不德, 是以有德."

132 역주 선화(善化)는 깨우치고 이끌어서 착하게 되도록 만드는 것을 의미한다.

133 역주 사찰(伺察)은 남의 행동을 몰래 엿보아 살피는 것을 의미한다.

자연적 속성을 벗어나서 자연사회의 일체 사물을 두루 관통하는 보편적 의미를 지니게 된다. 이런 유형의 물과 『논어』 속에 나오는 자연적인 물은 같은 모습이 아니다. 『공자가어』 속의 물은 노자의 물에 아주 가까이 다가서 있는데, 노자는 "가장 훌륭한 덕은 물과 같다. 물은 만물을 이롭게 하지만 다투지는 않고, 주로 사람들이 싫어하는 곳에 처한다. 그러므로 도에 가깝다."[134]고 하였다. 『공자가어』 속의 물은 도에 가깝고, 덕에 가깝고, 이치에 가깝다는 의미가 있다.

공자는 "예(禮)"를 매우 중시하였는데, 『논어』에는 "예"라는 글자는 74차례 나오며, 주로 예의(禮儀)와 예제(禮制)와 예법(禮法) 등의 의미를 가리킨다. 『공자가어』 속의 「문례(問禮)」·「논례(論禮)」·「예운(禮運)」·「곡례자공문(曲禮子貢問)」·「곡례자하문(曲禮子夏問)」·「곡례공서적문(曲禮公西赤問)」 등의 편장은 "예"의 문제를 전문적으로 상세하게 밝히고 있으며, 공자가 원래부터 지니고 있던 뜻을 유지하는 것 이외에 이미 "예"의 철학적 이론화의 추세로 나아가고 있다. 『공자가어』 속의 공자는 "예는 두루 미쳐서 이르지 않는 곳이 없는 것"[135]이며, "예라는 것은 이치이다."[136]라고 하였다. 만약 "예"를 "이치[理]"로 해석한다면, 유가의 범위를 벗어나지 않는 것이며, 그렇다면 "예"의 오지(五至)·삼무(三無)·삼무사(三無私)라는 성질은 바로 도가사상으로 유가의 예에 억지로 덧붙인 것이 된다. 오지(五至)란 무엇인가? 바로 지(志)·시(詩)·예(禮)·악(樂)·애(哀)에 이르는 것을 말한다. 어떻게 하면 오지에 도달할 수 있는가? "눈을 밝히고 보아도 볼 수 없고, 귀를 기울여도 들을 수 없으며, 뜻의 기운이 천지에 가득 차며, 바른 행실이 온 세상에 가득 차는 것, 이것을 오지라고 한다."[137] 삼무사(三無私)란 무엇인가? "하늘은 사사로이 덮어

134 『老子』 8장. "上善若水, 水善利萬物而不爭, 處衆人之所惡, 故幾于道."
135 『孔子家語』「論禮」 제27. "禮, 周流無不遍也."
136 『孔子家語』「論禮」 제27. "禮者, 理也."
137 『孔子家語』「論禮」 제27. "明目而視之不可得而見, 傾耳而聽之不可得而聞, 志

주는 것이 없고, 땅은 사사로이 실어 주는 것이 없으며, 해와 달은 사사로이 비추는 것이 없는 것이다."[138] 이 때문에, 근본적으로 "예"는 사사로움이 없고 무위(無爲)하며, 보아도 보이지 않고 들어도 들을 수 없는 것이라고 말할 수 있는데, 이것은 바로 노자의 "도" 또는 "무(無)"와 아주 비슷하며, 우주 본원이라는 색채를 지니고 있다. 삼무(三無)란 무엇인가? 공자가 말했다. "소리 없는 음악과 주체가 없는 예와 상복이 없는 상례, 이것을 삼무라고 한다."[139] "무"로써 예(禮)·악(樂)·상(喪)의 근본으로 삼는 것은 명확하게 노자의 사상을 공자의 몸 위에 덧대어 경색시키고 있는 것이다.

요컨대, 유가의 대학자인 왕숙은 유가학설을 옹호하며 구제하고자 하는 입장에 서 있으며, 노사의 도가사상으로 유가의 학설을 보충하고 실증하려 하였고, 한위(漢魏) 교체기에 유학이 도가의 학설에 가까이 접근하고 전향하는 모습을 반영하고 있다. 정시(正始) 연간의 현학가는 유가와 도가의 관계를 전도시켜서, 도가의 사상을 근본으로 놓고 유가의 사상을 말단으로 삼았다. 유가와 도가의 관계를 보는 근본과 말단 그리고 중심과 종속의 구도를 역전시킨 것은 학술 기풍의 근본적 변화 발전을 나타내는 것이다. 정시현학이 유가와 도가의 통합을 표현하는 경향은 개별적이고 우연적인 현상이 아니며, 여기에는 역사적 필연성이 있다. 왕숙의 사상은 일정한 정도에서 이런 과정의 필연성을 반영하고 있는 것이다.

氣塞于天地, 行之充於四海, 此之謂五至矣."

138 『孔子家語』「論禮」 제27. "天無私覆, 地無私載, 日月無私照."

139 『孔子家語』「論禮」 제27. "無聲之樂, 無體之禮, 無服之喪, 此之謂三無."

3 현학은 한과 위의 교체기에 청담淸談 사상이 발전한 산물

위에서는 한(漢)과 위(魏)의 시대에 유가와 도가의 두 학파가 발전하는 정황을 분석하였다. 그 분석 속에서 볼 수 있었던 것은 위진현학이 지니고 있는 유가와 도가의 통합이라는 성질은 사유발전의 필연적 추세라는 점이다. 이것은 위진현학의 내용을 가지고 그것의 발생 원인을 분석한 것이다. 형식적으로 본다면, 위진의 현학가들은 담론과 변론을 매우 중시하였으며, 그들은 자주 논변과 반박을 반복적으로 하였으며, 서로 따지기를 쉬지 않고 하였는데, 이런 유형의 형식은 동한(東漢) 말기에 인물을 평가하는 청의(淸議)[140]로 소급되어 올라 갈 수 있다.

---

140 역주 청의(淸議)는 '맑고 깨끗한 의론(議論)'의 뜻을 지니지만, 역사적으로는 중국 후한 말기에 재야의 학자들이 정치적으로 자신의 견해를 밝히는 일련의 정치비평 여론(輿論)을 의미한다. 후한의 광무제(光武帝)가 유학을 주창한 뒤 명제(明帝) 때는 유학이 국교(國教)의 지위를 지니게 되었다. 그리고 관리의 추천·임명에는 정치 또는 행정의 실무에 관한 재능보다는 "도덕적 교양, 즉 유학적 소양"을 더 중시하였다. 중국의 역사에서 관리의 선발제도가 엄격한 시험을 통하여 뽑는 과거제도(科擧制度)로 정착하는 것은 수당(隋唐) 시대이다. 한 나라 시대에는 과거제도가 없었다. 그러므로 관리로 선발되기 위하여 당시의 유자(儒者)들은 명절(名節)을 중시하고, 청렴(淸廉)·구상(久喪)·양작(讓爵)·피빙(避聘)·보구(報仇)·보은(報恩) 같은 행동을 중시하였다. 그러나 엄밀한 의미에서 명절에 관한 객관적인 기준이 없었기 때문에 관직임명은 지식인 및 관료사회의 평판(評判)과 지명도에 좌우되었다. 이와 같은 상황하에서 당시 수도였던 낙양(洛陽)에는 3만여 명의 태학생(太學生)이 있었으며, 지방에는 명사(名士)를 중심으로 수많은 학사(學士)들이 학파를 이루어 광범한 유학자 지식층이 형성되었다. 당시 국학(國學)의 지위에 있었던 경학(經學)은 지나친 고증(考證)과 훈고(訓詁)에 빠져 새로운 지식을 추구하는 태학생들의 학문적 욕구를 채워주지 못하였다. 더욱이 외척과 환관에 의한 국정의 혼란은 태학생에게 실질적인 정치·사회적인 문제에 관심을 갖게 하였다. 따라서 이들은 재야에서 정치를 비평(批評)하여 청의(淸議)를 조성하게 되었다. 그 비평의 대상은 당시 권력을 장악하고 부정부패의 정치를 자행하던 외척과 환관이었다. 또한 사족(士族) 출신의 대신들도 청의를 배경으로 조정에서 외척, 환관과 충돌하였다. 특히 당시 태학생들의 존경을 받던 태위(太尉) 진번(陳蕃)과 사예교위(司隸校尉) 이응(李膺)은 청의를 이끌고 환관을

동한 말년에 환제(桓帝)와 영제(靈帝)가 멍청하고 어리석어서 정치는 부패하고 국가의 실권은 환관과 외척의 수중으로 떨어져 버렸기 때문에, 바르고 강직한 관료들은 조정(朝廷)에서 공경(公卿)의 벼슬을 바르게 포상하고 또 질책해야 한다는 논의를 불러일으켰다. 역사서에 다음과 같이 기록되어 있다. "보잘 것 없는 사내가 분연히 맞서고, 벼슬한 적이 없는 선비가 빗나간 의론(議論)을 내어서, 드디어 명성을 드날리게 되고, 서로 품평하여 상대를 멸시하며, 나아가 공경(公卿)의 벼슬에 있는 사람에 대해서도 품격을 따지고, 정사(政事)를 맡아 보는 일까지 재단하였으니, 스스로만 옳다고 여겨서 남의 말을 듣지 않는 풍조가 여기에서 횡행하게 된 것이다."[141] 이응(李膺)[142]과 진번(陳蕃)[143] 등의 명사(名士)들은 서로 깊이 사귀면서도 시로 잘난 척 자랑을 하면서, 태학생(太學生)을 이끌며 정국(政局)의 인물에 대해 바르게 포상하고 또 질책해야 한다는 의론을 제기하였는데, 이것은 정권의 금기(禁忌)를 범한 꼴이 되어서 조정(朝廷)이 3차 당고(黨錮)의 화(禍)[144]를 일으키게 되었으며, 이로부터 선비들은 감히 국가의 일에 대하여 의론을 내지 않았다. 이 시기에 곽태

탄핵하였다. 이 과정에서 "당고(黨錮)의 화(禍)"가 발생하였던 것이다.

141 『後漢書』「黨錮列傳序」. "匹夫抗憤, 處士橫議, 遂乃激揚名聲, 互相題拂, 品覈公卿, 裁量執政, 婞直之風, 於斯行矣."

142 역주 이응(李膺)은 후한의 학자이며 정치가이다. 자는 원례(元禮)이며 후한(後漢) 때의 양성(襄城) 사람이다. 벼슬은 환제(桓帝) 때 사례교위(司隷校尉)를 지냈다. 그 당시 조정은 나날이 혼란하여 기강이 없었다. 나름대로 바른 정치를 추구하며 실행하다가 당화(黨禍)에 걸려 영제(靈帝) 때 환관(宦官)에게 죽임을 당하였다.

143 역주 진번(陳蕃)은 후한의 학자이며 정치가이다. 자는 중거(仲擧)이며 후한 평흥(平興) 사람으로 환제(桓帝) 때 태위(太尉)가 되었다. 후에 대장군(大將軍) 보무(竇武)와 중상시(中常侍) 조절(曹節), 왕보(王甫) 등을 죽이려고 모의하다가 누설되어 죽임을 당했다. 그의 전기는 『후한서(後漢書)』 권96에 있다.

144 역주 당고(黨錮)의 화(禍)는 중국 후한(後漢: 25-220) 말년에 사대부(士大夫)와 호족(豪族)이 환관의 독재 권력에 반대하다가 종신금고(終身禁錮)에 처해진 사건으로, 여러 차례 벌어져서 한나라 정치의 쇠퇴를 상징하는 징후의 하나이다.

(郭泰)[145]는 중시할 만한 가치가 있는 인물인데, 그는 청류(淸流)[146]의 영수(領袖)로서 담론을 즐겼고, 심지어는 저녁부터 아침에 이르도록 담론을 할 수 있었다. 그는 명예를 구하되 관직을 구하지 않았으며, 몇 차례 관직을 주겠다고 하는 관부(官府)의 부름에 나아가지 않고 거절하였기 때문에 다행스럽게 당고의 화를 면할 수 있었다. 그는 비록 인물에 대한 평가를 즐겨 논의했지만, 일부러 놀라게 하는 말을 하여 사람을 놀래고 두렵게 하는 일은 결코 하지 않았다. 이런 점이 바로 담론의 기풍을 조정의 정사 비평에서 인물을 평가하는 청의(淸議)로 변화시키게 된 것이다. 이런 유형의 청의는 동한 시기에 징벽찰거법(徵辟察擧法)[147]으로 관

---

145 역주 곽태(郭泰: 128-169)는 후한의 학자이며 정치가이다. 자는 임종(林宗)이며 산서성(山西省) 태원(太原) 출신이다. 당시에 학문과 덕으로 많은 숭앙을 받았다. 굴백언(屈伯彦)에게서 사사하여 유가의 전적(典籍)에 통달하였고, 당시 두각을 나타내던 이응(李膺)과 깊이 교제하며 명성을 떨쳤다. 후에 향리에 은거하여 수천(數千)의 제자를 가르쳤다. 외척과 환관이 전횡(專橫)하는 세상에서 절조를 굽히지 않았고 언행이 신중하여 당고(黨錮)의 화를 면하였다.

146 역주 청류(淸流)는 '명분(名分)과 절의(節義)를 지키는 깨끗한 사람들'이라는 뜻으로, 여기서는 후한 말기에 등장하는 일군(一群)의 명사(名士) 들을 가리킨다.

147 역주 징벽찰거법(徵辟察擧法)은 관리 선발제도이다. 본래 징벽법(徵辟法)은 임금이 초야(草野)에 있는 사람을 예(禮)를 갖추어 불러서 벼슬을 시키는 것이며, 찰거법(察擧法)은 인재(人才)의 어짊과 능력을 살펴서 우수한 인재를 천거하여 벼슬을 주는 것이다. 이런 제도는 각 시기와 나라별로 조금 상이하게 시행되었지만, 대체로 기본 형식은 유사하다. 지배체제를 유지하는 행정 조직의 인적 자원인 관료를 선발하는 제도는 매우 중요한 일이다. 고대 사회에서 국가의 통일적 지배체제 확립에 가장 걸림이 되는 것은 지역과 가문을 배경으로 하는 세습귀족계층이다. 그러나 찰거제도나 징벽법은 이런 세습귀족의 세력을 부정하고 인재를 선발하는 제도이므로 국가의 중앙집권적 통치를 공고히 하는 인적(人的) 기반이 된다. 찰거제도를 처음 설립한 서한(西漢)은 중국 역사상 안정된 통일 왕조를 지속시킨 첫 번째 왕조였다. 한 문제(文帝)는 재위 2년(B.C. 178)과 15년(B.C. 165) 조칙을 내려서 조정과 지방의 각 관원이 현량(賢良) 방정(方正)하고 직언(直言)과 극간(極諫)을 할 수 있는 인재를 천거하라고 칙령을 내렸으며, 천거된 자에게는 "책문(策問)"의 방식으로 시험을 실시하였다. 책문이란 당시의 정치 경제 문화 군사 등 각 방면의 정세에 대한 문제를 출제하여 응시자가 서면으로 대답하는 것이다. 이런 책문과 대책(對策)의 형식은 지속적으로 전승되어 청

리를 선발하던 제도와 아주 잘 어울렸다. 고을의 평판과 의론이 어질고 유능한 인재를 선발하여 임용하는 근거가 되는 것으로서, 일단 아름다운 칭찬과 명예를 획득하면 벼슬에 나아갈 수 있고, 물러나서는 저명인사의 자리를 잃지 않을 수 있으니, 인물의 품평은 당시의 정치생활 속에서 중대한 일이었다. 당시에 인물을 품평하는 것은 주로 사람의 품격과 도덕과 능력과 풍류를 가지고 평가를 진행하였는데, 예를 들자면 "왕을 보좌할 재목이다[王佐才].", "보통 사람보다 매우 뛰어난 사람이다[異士].", "온 천하에 영향을 끼칠 선비다[四海內士].", "삼대의 선비이다[三代士].", "잘 다스려지는 세상에서 능력을 발휘하는 신하이다[治世之能臣].", "어지러운 세상에서 두드러지는 간교한 영웅이다[亂世之奸雄]." 등의 품평이 있었다.

동한 말기의 청의는 위진시대에 한편으로는 노자와 장자의 담론을 중심으로 하는 현학으로 발전하였고, 또 한편으로는 구품중정제(九品中正制)[148]라는 제도 속에서 보존되어 세속화되었다. 조희(曹羲)[149]는 일찍이

나라까지 시행되는 과거시험의 주요 형식이 된다. 그러나 찰거제도는 시험자체보다는 천거(薦擧)가 결정적인 관건이 되는 것이므로 천거권을 쥔 각급 관료와 귀족에게 청탁·뇌물공여·인척비리 등이 개입하는 폐단이 생기게 되었다. 이런 폐단은 후한 말기에 이르면 더욱 심해져서 개혁의 소리가 높았다. 그리고 문벌 세족에게 유리한 구품중정제(九品中正制)를 시행했던 위진남북조는 중국 고대 역사상 가장 긴 분열의 시대였다. 이후에 당(唐)나라 시기에 과거제도라는 평등한 시험 제도가 공식적으로 정착된다. 과거제도를 시행하였던 당나라는 이를 통해 선발된 인재의 힘에 의거하여 통일된 번영 왕조를 영위하게 된다. 과거제도는 통일된 왕조를 통치하는 황제의 권력이 세습 귀족의 한계를 넘어서 사회 중하층의 사류(士類)들에게까지 영향을 미치면서 사회적 통합의 인적 기반을 마련하게 되는 것이다.

148 역주 구품중정제(九品中正制)는 위진남북조(魏晉南北朝) 시대의 관리 등용 제도이다. "구품관인법"이라고도 한다. 한(漢)나라 때의 찰거법과 징벽법, 즉 향거이선법(鄕擧里選法)을 대신한 것이다. 삼국 정립(鼎立) 시기에 위나라 조비(曹丕)가 황제가 되었을 때, 내부의 정치적 갈등을 안정시키고 지배계층의 기득권을 유지하기 위해 당시 이부상서 진군(陳群)의 건의를 받아들여 구품중정제라는 관리 선발 방법을 처음 실시하였다. 지방의 각 주(州)·군(郡)·현(縣)에 장관과

다음과 같이 말했다. "청의는 현달하지 못한 사람을 평가하는 것이 아니며, 시비(是非)는 상벌이 밝지 못한 것을 비난하는 것이 아니므로 평가를 내리는 것은 실제의 사실에서 멀어질 수 없으며, 상벌은 중심을 잃어서는 안 되는 것이다. 만약 청의에 위배되고 시비에 어긋난다면 비록 요임금이라도 하루를 다스릴 수 없는 것이다. 평가를 세심하게 살피고 상벌을 분명하게 하기 때문에 중원의 주인이 만세동안 편안할 수 있는 것이다."[150] 조희는 조상(曹爽)의 친 아우이며, 정시연간 전후로 『지공론(至公論)』을 지은 것으로 보인다. 인물을 평가하는 청의는 당시에 일정한 시장이 형성되어 있었다는 것을 알 수 있다. 진(晉)의 시기에 이르러 인물을 평가하는 것은 종종 노장의 도를 가지고 표준으로 삼았는데, 담론이 가면 갈수록 깊어지고 정치적 색채는 날이 갈수록 희미해졌다. 어떤 "이치에 널리 통달하고 덕이 있다."[151]라든가, "통달하여 영특한 재주가 있다."[152]라든가, "맑고 진실하며 욕심이 적다."[153]라든가, "아직 정제

는 별도로 중정관(中正官)을 설치하여, 그 중정관이 지방의 인사를 덕행과 재능에 따라 1품부터 9품까지 아홉 등급으로 분류·판정하여 중앙의 이부(吏部)로 천거하였다. 중정관은 명망과 재능에 따라 9품의 품급을 조정할 수 있었다. 위나라를 이은 진(晉) 무제(武帝) 사마염(司馬炎)은 삼국의 통일을 이룩한 뒤에 구품중정제를 전면적으로 실시하였다. 이 제도는 본질적으로 권신(權臣)들의 기득권을 유지시키는 역할을 하여, 국가 기구는 완전히 권문세족(權門勢族)들에 의해 독점된다. 이런 상황은 이후 남북조의 각 왕조에 그대로 계승되어 약 300년간 지속된다. 그리고 당(唐)나라의 과거제도가 정착되면서 비로소 평등하면서 합리적인 인재선발 방법으로 대체되는 것이다. 중국의 과거제도에 관한 연구는 金靜, 『科擧制度與中國文化』, 上海人民出版社, 1990. 참조.

149 역주 조희(曹羲: ?-249)는 조상의 아우로서, 그가 어린 임금 조방을 돌보고 있는 사이, 중령군의 높은 벼슬로써 권세를 같이했으나, 형이 놀기에만 정신을 쓰는 것을 한탄하고 충고하였다. 나중 사마의에게 권세를 빼앗기고 삼형제가 함께 처형을 당하였다.

150 『藝文類聚』 권22, 「至公論」 人部六公平. "淸議非臧否不顯, 是非非賞罰不明, 故臧否不可以遠實, 賞罰不可以失中. 若乃背淸議違是非, 雖堯不能一日以治. 審臧否詳賞罰, 故中主可以萬世安."

151 『世說新語』「品藻」 9. "通簡有德."

152 『世說新語』「品藻」 9. "達有儁才."

하지 않은 금과 다듬지 않은 박옥(璞玉)처럼 꾸밈이 없는 아름다움을 지녀서 사람들이 모두 그 보배로움을 흠모하면서도 그 그릇의 이름을 알지 못한다."[154]라든가 하는 등등의 평가들이 있다. 현묘하고 심원한 담론과 인물을 평가하는 것은 서로 보충하면서 서로 논의를 풍부하게 이끌어 나아간다. 『세설신어』[155]의 기록에 의하면, 청담(淸談)의 기풍은 크게 두 가지 유형의 내용이 있다. 하나는 인물의 평가에 관한 것으로서, 예를 들면 「식감(識鑑)」·「품조(品藻)」·「상예(賞譽)」·「덕행(德行)」 등의 편이 있다. 또 다른 하나의 유형은 심원하고 현묘함이 깊은 담론에 관한 것으로서, 「언어(言語)」·「문학(文學)」·「임탄(任誕)」 등의 편이 있다. 이것은 동한의 청의(淸議)가 발전하여 위진시대에 두 가지 갈래로 전개되는 것인데, 그 근원으로 소급해 올라가면 심원하고 현묘함이 깊은 담론이 인물을 평가하는 청의에서 발전하여 나온다는 것을 알 수 있다.

조조(曹操) 시대에는 "형명과 법술의 통치[名法之治]"를 실행하여, 실속은 없이 겉만 화려(華麗)함을 금지하고, 이해(理解)나 주의(主義) 따위를 함께 하는 사람끼리 뭉친 패거리를 제재하여 예측하지 못한 재앙을 방지하였으므로 사람들이 구체적 인물에 대한 품평을 진행하는 것이 예전처럼 규모와 기세가 크지 못했다. 이후에 조비의 구품중정제는 개인들이 향당(鄕黨) 인물 평가를 가지고 관리(官吏)의 품제(品題) 등급을 정하였으므로 지방 호족(豪族)이 인물을 평가하는 권세는 축소되었다. 이에 따라서 조씨의 위나라 시기 청담(淸談)은 구체적 인물의 평가로부터 점

153 『世說新語』「賞譽」 8. "淸貞寡欲."

154 『世說新語』「賞罰」 8. "如璞玉渾金, 人皆欽其寶, 莫知名其器."

155 역주 『세설신어(世說新語)』는 중국 남조(南朝) 송(宋)나라의 유의경(劉義慶: 403-444)이 편집한 책으로서 후한(後漢) 말부터 동진(東晉)까지의 명사들의 일화집이다. 약 200년 동안 실존했던 제왕과 고관 귀족을 비롯하여 문인학자·도사·승려·부녀자 등 700여 명에 달하는 다양한 인물 군상들의 언행과 일화 1130조를, 「덕행(德行)」편부터 「구극(仇隙)」편까지 36편에 주제별로 수록해 놓았다. 내용이 자세하고 방대하여 당시의 문학예술과 역사문화 그리고 학술사상 등을 연구하는 데 필수적인 자료다.

차 관리를 뽑는 인재의 표준 문제에 대한 토론으로 변화 발전하였다. 이것은 바로 명리학(名理學)[156]이 한때 성행했던 원인이 된다. 조씨의 위나라 시기 사람인 유소(劉卲)[157]의 『인물지(人物志)』는 명리학의 대표적 저작이다. 유소는 명리학가인데, 그는 또한 본말(本末)과 체용(體用)과 유무(有無)에 대해 탐구하였던 현학가는 아니었다. 그러나 『인물지』를 통하여 볼 수 있듯이 그는 이미 유무(有無)와 재성(才性)과 명실(名實) 등의 문제에 대해 언급하고 있었으며, 나아가 자주 도가의 정신에 대해 겉에 나타나지 아니한 참 모습을 꿰뚫어 보았다는 점이다. 이 때문에 위진현학의 사상적 연원을 탐구할 때, 『인물지』가 과거사상과 미래사상을 잇는 학문의 징검다리 역할을 하는 점을 소홀히 할 수 없는 것이다.

『인물지』는 사람들의 형상(形狀)・면모(面貌)를 나누어 뜻이 넓고 굳셈[弘毅], 사물의 이치를 깨달아 아는 힘이 있음[文理], 마음이 곧고 정도를 굳게 지킴[貞固], 씩씩하고 겁이 없으며 기운참[勇敢], 작고 정교한 것에 두루 통달함[通微] 등의 유형으로 분류하였다. 그는 이렇게 서로 다른 유형의 인물이 각각 금・목・수・화・토 중에 하나를 부여 받았기 때문이며, 이런 유형은 모두 "한 측면에 치우친 재질[偏至之材]"이라고 보았다. 성인은 "한 측면에 치우친 재질"과 다르며, "중용의 재질[中庸之質]"을 지니고 있다. "중용의 재질"은 "그런 치우친 재질을 지닌 부류와 달라

156 역주 명리학(名理學)은 위진 시대의 청담가들이 대상의 이름과 이치의 시비(是非) 동이(同異)를 분석하는 것을 의미한다. 현학(玄學)의 발흥은 당시에 이와 같이 인물을 감별하고 사리를 똑똑히 가리는 것을 특징으로 하는 명리학(名理學)의 영향을 받았다.

157 역주 유소(劉卲, 189-244) 삼국시대 위나라의 학자이며 정치가이다. 어려서부터 학문을 좋아하여 경학(經學)과 문학, 형명(刑名), 산술(術數) 등을 깊이 연구하였고, 일찍 출중한 재주로 명성을 얻어서 위(魏) 조조 정권의 두터운 신임을 받았다. 특히 인물 품평에 조예가 깊었다. 그가 지은 『인물지(人物志)』는 사람의 재질과 성품을 감식(鑑識)하는 내용이다. 『인물지』는 본래 당시 위나라의 인물 등용을 위한 지침서로 저술되었다. 이 책은 사람의 재성(才性)을 파악해서 적재적소에 임무를 부여하는 방법을 연구한 책이며, 인재의 선발에 중요한 기준으로 작용하였다.

서 오상을 이미 갖추었고, 이를 담백한 맛으로 감싸 안는다."[158] 맑은 것이 담백함이니, "중용의 재질"은 용감하면서 겁낼 수 있고, 어질면서 결단력이 있으며, 위엄이 있으되 사납지 않고, 엄격하지만 분노하지 않으며, 질박하면서 꾸밈이 없는 품격이다. 오직 자기 자신이 평안하고 담백하여 꾸민 맛이 없어야만 비로소 이런 유형의 반듯하고 알맞은 품격을 지닐 수 있다. 그는 "중용의 재질"을 "중화(中和)의 재질"이라고도 지칭하였는데, "무릇 사람의 재질은 중화를 가장 귀하게 여기는데, 중화의 재질은 평범하고 담백하여 아무런 꾸민 맛이 없다. 그러므로 중화는 다섯 가지 재질들을 조화롭게 이루어 주고, 변화하는 사태에 대하여 알맞게 대응할 수 있게 한다."[159] 유소의 입장에서 볼 때, 만약 어떤 하나의 맛을 지닌다면 여러 가지 맛을 조화롭게 이룰 수 없는 것이므로, 오직 물과 같이 특정한 맛이 없어야만 비로소 여러 가지 못을 조화롭게 화합시킬 수 있는 것이며 때에 맞게 변화할 수 있다는 것이다. 유소의 입장에 의거해서 볼 때, 군주와 신하의 구별은 군주는 완전한 재질이며, 신하는 치우친 재질을 지닌다. 군주는 덕을 주로 삼는 사람이며, "군주의 덕목이라는 것은 총명하며 평이하고 담백하여 여러 가지 재능이 있는 사람들을 등용하는 것이지, 스스로 자잘한 임무를 맡아서 처리하는 것이 아니다."[160] 최고의 통치자가 지닌 본성은 평이하고 담백하여 특정한 맛이 없으니, 그는 눈으로는 보려고 하지 않고 귀로는 들으려 하지 않으며 오직 그의 책무는 바로 어질고 유능한 사람을 뽑아서 일을 맡기고 자신은 특별한 일을 하지 않으면서 통치하는 것이다. 치우친 재능을 지닌 사람은 오직 어떤 한 가지 종류의 재능만 지니고 있는데, "무릇 치우친 재질을 가지고 있는 사람은 모두 한 가지 맛의 빼어남만 지닌 사람이다.

158 『人物志』「九徵」第一. "異於此類, 五常旣備, 包以澹味."

159 『人物志』「九徵」第一. "凡人之質量, 中和最貴矣, 中和之質, 必平淡無味, 故能調成五材, 變化應節."

160 『人物志』「流業」第三. "主德者, 聰明平淡, 達衆材, 而不以事自任者也."

그러므로 한 가지 직책의 일만 감당하는 데에는 우수하지만 한 나라를 다스리는 데에는 부족하다. 어째서 그런가? 무릇 한 가지 직책의 임무는 한 가지 맛으로 다섯 가지 맛과 협력하는 것이지만, 한 나라를 다스리는 정치는 담백한 맛으로 다섯 가지 맛을 조화롭게 하는 것이다."[161] 여기에서 유소는 평이하고 담백하여 맛이 없는 것과 무형과 무명과 무위를 완전한 것으로 보아서 이것을 중용의 지극한 덕이라고 하였고, 유형과 유명과 유위를 치우친 것으로 보아서 이것을 신하의 임무라고 하였으니, 전자는 주체가 되고 후자는 쓰임이 되는 것이다. 유소가 구별하고 있는 "중용의 지극한 덕"과 "다섯 가지 재질의 덕", "모든 재질에 통달한 사람"과 "치우친 재질을 지닌 사람", "덕을 주체로 삼는 사람"과 "신하의 임무" 등은 정치적으로 군주가 사람을 파악하여 임무를 맡기고 여러 신하들을 부릴 수 있는 "군주의 통치술"을 제시하고 있는 것이다. 중용의 덕은 본래 유가에서 나왔으며, 무형과 무위는 도가의 사상인데, 유소는 무형과 무명의 도가 사상을 가지고 유가의 "중용의 덕"을 해석하고 있는 것으로서 여기에는 도가를 원용하여 유가로 들어가는 색채가 있다. 왕필(王弼)은 이 원칙을 한 걸음 더 확장하여 무형과 무명과 무위를 본체로 삼고, 유형과 유명과 유위를 말단의 쓰임으로 삼았다. 본체는 자연과 사회의 총체적 원칙이며 유형 · 유명으로서의 만물은 본체의 작용과 결과이며, 성인은 천지와 더불어 그 덕을 합일함으로써 "중화의 도가 바탕을 갖추고 다섯 가지 재질은 무명이 된다."[162]는 경지로 나아갈 수 있다.

유소는 『인물지』 속에서 재(才)와 성(性)의 문제를 논의하였다. 재(才)라는 것은 재능을 의미하며 성(性)이라는 것은 도덕 품행을 의미한다. 황건의 무리가 크게 봉기한 이래, 동한의 정권은 이름만 남아있고 실제로는 멸망의 지경에 이르렀는데, 어떤 기준에 따라 관리를 선발해야만

161 『人物志』「才能」第五. "凡偏材之人, 皆一味之美, 故長於辦一官, 而短於爲一國. 何者? 夫一官之任, 以一味協五味, 一國之政以, 無味和五味."

162 王弼, 『論語釋疑』. "中和備質, 五材無名."

효과적으로 국가의 통치를 유지할 수 있는가 하는 문제가 당시에 절박하게 해결해야만 할 문제였다. 환관가문의 출신인 조조(曹操)는 선비가문의 사람들에게 동료로 대우받지 못하였는데, 조조는 지방에 땅을 나누어 차지하여 세력을 형성하고 있는 자들을 쓸어버리고 중국의 패권을 홀로 장악하여 "오직 재능이 있는 사람을 선발한다(唯才是擧)."[163]는 방침을 제시하였다. 그의 재임 15년 동안 전국에 지시를 내려 재능이 있는 사람을 구하라고 하였는데, 그 지시 속에서 다음과 같이 말했다. "능력이 없는 사람과 전쟁에 나아가 싸우지 않는 군사가 봉록을 상으로 받으며 나라를 일으키는 공을 세웠다는 말을 듣지 못했다. 그러므로 훌륭한 군주는 공이 없는 신하에게 관직을 주지 않으며 전쟁에 나아가지 않는 군사에게 상을 주지 않는다."[164] "덕을 실천하는 선비가 반드시 진취적인 것은 아니며, 진취적인 선비가 반드시 덕을 실천할 수 있는 것도 아니다."[165] "어떤 경우에는 장수의 직분을 감당할 수 있지만 오욕의 누명을 쓰고 남에게 비웃음을 사는 행동을 하며, 어떤 경우에는 어질지 못하고 효도도 하지 못하지만 나라를 다스리고 군사를 부리는 재주를 갖고 있으니, 각각 아는 사람을 천거하여 누락됨이 없게 하라."[166] 명백하게 조조는 "오직 재능이 있는 사람을 선발한다."는 원칙을 주장했으며, 덕행을 별로 중시하지 않았다. 사람을 쓸 때 오직 재능을 볼 것이냐, 아니면 오직 덕을 보고 쓸 것이냐 하는 것은 조조의 시대에 일찍이 논쟁거리였다. 조조가 오직 재능이 있는 사람을 선발한다는 정책을 처음 추진했을 때에 승상부의 동편 속관으로 임명되어 올라온 하기(何夔)[167]기 조조

163 역주 이 말은 『삼국지(三國志)』「위서(魏書): 무제기(武帝紀)」에 나오는 "구현령(求賢令)"의 일부이다.

164 『三國志』「魏書: 武帝紀」. "未聞無能之人, 不鬥之士, 並受祿賞而可以立功興國者也, 故明君不官無功之臣, 不賞不戰之士."

165 『三國志』「魏書: 武帝紀」. "夫有行之士, 未必能進取, 進取之士, 未必能有行也."

166 『三國志』「魏書: 武帝紀」. "或堪爲將守, 負汙辱之名, 見笑之行; 或不仁不孝, 而有治國用兵之術, 其各擧所知, 勿有所遺."

에게 다음과 같이 말했다. "군사를 일으킨 이래로 문물제도를 처음 제정할 때에 사람을 등용하는 것이 자세하게 근본을 살피지 못하였는데, 이 때문에 각기 그 다양한 무리들을 이끌어 와서 때때로 도덕을 망각하였습니다. 제가 듣기로는 어진 사람을 벼슬에 임명하면 백성이 덕을 신중히 살피게 되고 용렬한 사람을 뽑아 봉록을 주게 되면 백성이 공을 다투게 된다고 합니다. 이제부터 뽑아 쓰는 사람은 반드시 먼저 그 고을에서 잘 살펴서 장유의 순서를 가지고 서로 순서를 넘어서지 못하게 하고 충직한 사람을 드러내어 상을 주고 공적인 실적이 있는 사람은 밝혀서 보상을 하게 되면 어진 사람과 못난 사람의 구별이 여기에서 분명해질 것입니다."[168] 하기의 이런 건의는 조조가 재능 있는 사람을 중용하고 덕이 있는 사람은 중용하지 않는 편향성을 바로 잡아서 한나라 말기에 지방 고을에서 인물을 품평하던 유풍을 회복하려는 의도가 있었으며, "평안하게 다스려지는 세상은 덕행을 숭상한다."는 필요성을 본보기로 제시한 것인데, 조조도 역시 옳다고 여겼다.

유소의 『인물지』는 이론적으로 재능과 도덕품행의 관계에 대하여 탐구한 것이다. 유소는 재능이 성정(性情)에서 나온다고 보았다. 그는 "무릇 인물의 근본은 성정으로부터 나온다."[169]라고 말했다. 사람들의 서로 다른 성정은 음양오행의 서로 다른 성질을 받아서 도출되는 것이다. 그

---

167 역주 하기(何夔)는 삼국시대 위나라 조조의 휘하에 있던 인물이다. 자는 숙룡(叔龍)이다. 후한 말기 증조부 하희(何熙) 시절에 환관들에게 몰려난 하(何)씨 가문의 일족이다. 진군(陳郡) 양하(陽夏) 사람이다. 증조부 하희는 후한 안제(安帝) 시기에 거기장군(車騎將軍)에 올랐다. 하기가 어렸을 때 아버지를 잃고 어머니와 형과 살았는데, 효우(孝友)로 이름이 높았으며, 집안이 환관들에게 배척당한 후에 조조를 섬겼다. 신장이 8척(尺) 삼촌(三寸)이며 얼굴은 근엄하였다고 한다.

168 『三國志』「魏書 何夔傳」"自軍興以來, 制度草創, 用人未詳其本, 是以各引其類, 時忘道德. 夔聞以賢制爵, 則民愼德; 以庸制祿, 則民興功. 以爲自今所用, 必先核之鄕閭, 使長幼順叙, 無相踰越, 顯忠直之賞, 明公實之報, 則賢不肖之分, 居然別矣."

169 『人物志』「九徵」第一. "盖人物之本, 出乎情性."

는 음기는 부드럽고 양기는 굳세며 목기(木氣)는 인(仁)이며 화기(火氣)는 예(禮)이며 토기(土氣)는 신(信)이며 금기(金氣)는 용(勇)이며 수기(水氣)는 지(智)라고 보았는데, 이것은 태어나면서부터 갖추고 있는 것이고 또한 선천적인 도덕이라고 하였다. 이런 유형의 내재적 본성은 재능에서 표현되는 것인데, 바로 겸비한 재능(兼材)의 사람과 치우친 재능(偏材)의 사람 그리고 성인(聖人)의 세 가지가 있다. 이른바 치우친 재능이라는 것은 어떤 종류의 기예에 충분히 숙달한 사람을 가리킨다. 이런 종류의 사람은 재능을 으뜸으로 삼고 다른 사람의 부림을 받는 기술자로서 관리의 선발 대상 범위 속에 포함되지 않는다. 유소가 중요하게 논의한 것은 성인과 재능을 겸비한 사람이다. 재능을 겸비한 사람이라는 말이 의미하는 것은 인의예지신을 지니고 있는 일종의 도덕적인 사람이다. 성인은 중용을 지켜서 평이하고 담백하므로 인의예지신을 하나 속에 유기적으로 융합한다. 유소는 "성정은 근본이고 재능은 쓰임이다[性情爲本, 才能爲用]."라고 주장하였다. 이것은 원준(袁准)[170]이 주장한 "성은 그 바탕을 말하고 재는 그 쓰임을 말한다."[171]는 것과 일치한다. 재능과 도덕품행에 대한 유소의 탐구는 최종적으로 무형(無形) 무명(無名)의 근본으로 귀결된다. 그는 "중용이라는 것은 성인의 으뜸이다."[172]라고 말했다. 유병(劉昺)은 주에서 말하기를 "대인(大仁)은 친애할 수 없는 것이고 대의(大義)는 보답할 수 없는 것이며 덕망이 있다고 지칭할 수 없으니 성인이라고 이름을 기탁한 것일 뿐이다."[173]라고 하였다. 바꾸어 말하면 역시 성인은 지칭할 만한 덕이 없으니 그 재능은 인의예시신의

---

170 역주 원준(袁准)은 위(魏)와 진(晉) 시기에 활동한 학자이며, 재성(才性)에 관한 논의에 참여하여 「재성론(才性論)」을 지었다. 『예문유취(藝文類聚)』에 그 내용이 기록되어 있다.

171 『藝文類聚』 卷二十一. "性言其質, 才名其用明"

172 『人物志』 「九徵」 第一. "中庸也者, 聖人之目也."

173 『人物志』 「九徵」 第一. 劉昺 注 "大仁不可親, 大義不可報, 無德而稱, 寄名于聖人也."

덕을 온전히 갖추고 있으며 모든 관직을 총괄할 수 있는 재능을 지니고 있다는 것이다. 덕이 있는 사람만이 재능을 겸비할 수 있는 것이다. "여러 가지 부분을 갖추고 있으나 그 재질이 미미한 것을 덕이라 한다."[174] 라는 구절에 대해 유병은 주에서 말하기를 "인을 베풀어서 사물을 아끼고 의를 세워서 인을 이롭게 하고 도를 잃어서 덕을 이루는 것이다."[175] 라고 하였다. 다시 말하자면 재능을 겸비한 것은 어떤 경우에는 인에 집착하고 어떤 경우에는 의에 집착하는 것이다. 그러므로 덕을 온전하게 할 수는 없다. 이것으로 알 수 있는 것은 유소가 노자의 "도를 잃은 뒤에야 덕이 있고 덕을 잃은 뒤에야 인이 있으며 인을 잃은 뒤에야 의가 있다."[176]는 말을 가지고 성인과 재능을 겸비한 사람을 구별한 것이다.

유소는 성인이 도의 체현자라고 보았다. 그는 다음과 같이 말했다. "이 여덟 가지를 겸비한 뒤에라야 천하의 이치에 통달할 수 있는 것이며, 천하의 이치에 통달하게 되면 다른 사람들과 소통할 수 있는 것이다."[177] "모든 재질에 통달한 사람은 이미 이 여덟 가지 재질을 겸비하고 있으므로 도로써 행하는 것이다."[178] "비록 여러 가지 이치들을 명확하게 포괄하지만 그것을 가지고 남보다 자신을 높이지 않으며, 총명예지를 갖춘 자질이 넉넉하지만 남보다 자신을 앞세우지 않고, 좋은 말을 해주되 이치가 충분하게 전달되면 바로 그친다."[179] 여러 신하들을 부리는 "모든 재질에 통달한 사람"은 반드시 천하의 이치에 통달해서 도로써 행하고 자기 자신을 사졸들보다 앞세우지 않으며 총명예지를 밖으로 표출

174 『人物志』「九徵」第一. "具體而微, 謂之德."

175 『人物志』「九徵」第一. 劉昺 注 "施仁以親物, 立義以利仁, 失道而成德."

176 『道德經』38. "失道而後德, 失德而後仁, 失仁而後義."

177 『人物志』「材理」第四. "兼此八者, 然後乃能通於天下之理, 通於天下之理, 則能通人矣."

178 『人物志』「材理」第四. "通材之人, 旣兼此八材, 行之以道."

179 『人物志』「材理」第四. "雖明包衆理, 不以尙人, 聰叡資給, 不以先人, 善言出己, 理足則止."

하여 드러내지 않는다. 『인물지』는 최종적으로 "도는 두루 통달하지 않음이 없다."[180]라고 하며 또 "도라고 하는 것은 변화에 통달함을 회복"[181]하는 것으로 귀결을 짓는다. 성인은 "도를 체현하면서도 한 가지 덕에 머무름이 없고, 재능을 겸비한 사람은 도를 잃어서 한 가지 덕에 집착하는 것이다."[182]

『인물지』는 이미 현학에 근접하고 있으며, 일단 현명하고 능력 있는 사람을 관직에 임용한다는 주제의 범위를 넘어서고 있다. 그리고 한 걸음 더 나아가 천지, 만물, 자연과 사회의 정신적 본체를 탐구하면서 현학의 방향으로 나아가고 있다. 왕필의 입장에서 보면 현명하고 능력 있는 사람을 관직에 임용하는 것은 도의 작용 중에 하나이다. "성인은 무를 체득하니 바로 하늘의 덕이다[聖人體無, 則天之德]." 이 때문에 "능력 있는 사람에게 일을 맡기되 함부로 간섭하지 않으면 총명한 사람은 자기 능력을 다하고 지혜로운 힘이 있는 사람은 그 재주를 다 발휘하여 억지로 하지 않아도 이루어지고 억지로 행하지 않아도 이르게 된다. 큰 군주가 마땅히 해야 할 것은 이와 같을 뿐이다."[183] 만약에 유소가 이런 유한한 범위에서 법칙성과 필연성을 찾는다면 왕필의 입장에서 볼 때 도의 한 측면만 보는 것이다. 왕필은 포괄하지 않는 것이 없는 하늘과 인간의 관계로 필연성과 법칙성을 탐구하였고 도의 전체성을 탐구하였다. 유소는 치우친 것을 가지고 완전한 것을 탐구하였지만, 왕필은 완전함을 가지고 치우침을 소통하고자 하였다. 명리를 탐구하는 학문은 이미 현학의 논리적 노선을 통하여 개척되었는데, 왕필은 본말과 체용을 중심으로 삼는 현학을 수립하였으니 바로 이러한 형세는 필연적인 것이었다.

---

180 『人物志』「八觀」第九. "道無不通也"

181 『人物志』「八觀」第九. "道也者回復變通"

182 『人物志』「八觀」第九. "體道而無德, 兼材失道而執着於德."

183 『周易』臨卦 注. "委物以能而不犯焉, 則聰明者竭其視聽, 知力者盡其謀能, 不爲而成, 不行而至矣! 大君之宜, 如此而已."

어떤 하나의 새로운 사조가 발생하는 것은 갑자기 돌출되어 나오는 비약이 아니고 반드시 지나간 과거의 사상적 자료의 도움을 받아서 나오는 것이며, 어떤 경우는 길게 또 어떤 경우는 짧게 그 발전 과정을 거친다. 도움을 받는 사상적 자료는 단일한 것이 아니고 다양한 방면의 요소들로부터 조직되어 이루어지는 것이다. 위진현학은 유가와 도가를 통합하는 것으로 그 시초의 단계를 삼았다. 한대 유학은 그 번쇄함과 조야(粗野)하고 속됨 때문에 점점 쇠퇴하게 되었는데, 왕숙의 『공자가어』는 도가의 사상을 가지고 유가의 사상을 논증하고자 시도하여 명확하게 유가와 도가를 통합하려는 색채를 지닌다. 위진현학은 이러한 사상의 성과를 계승하고 유가와 도가의 관계를 전도시켜서 도가의 사상을 근본으로 놓고 유가의 사상은 말단으로 놓는 새로운 체계를 수립하여 학술사조의 근본적인 변화 발전을 완성하였다.

서한의 엄군평이 지은 『노자지귀』는 『노자』에 함축된 우주본체론 사상을 발휘한 것인데 자연과 사회의 생존 변화가 의존하는 원칙을 탐구하고자 노력했다. 그래서 "허정(虛靜)을 근본으로 삼는다[虛靜爲本]."는 명제를 제기하고, 한대의 원기 발생론과 상이한 철학체계를 수립하였다. 위진현학의 본체론은 고대의 본체론이 새로운 추세로 지속되고 발전된 것이며 아울러 자연과 명교의 관계를 해석하는 것으로 위진시대의 특징을 갖게 되었다. 위진현학이 따르고 받들었던 도가사상도 역시 동한의 진보사상가와 농민봉기군[184]이 발휘했던 도가사상에 대한 일차의 정화(淨化) 운동이었다.

형식상으로 보면 위진시대 청담논변의 기풍은 한나라 말기 청담에서 근원을 하였는데, 한나라 말기 청담은 조정에서 행하는 인물의 포폄(褒貶)에 대한 비평을 주요 내용으로 한다. 조씨의 위나라 초기 청담도 역시 추상적인 관리 선발의 기준에 대한 토론을 종지로 삼았는데, 명리학

184 저자 주 주로 황로도 즉 태평도의 도교 추종의 무리들을 의미한다.

(名理學)은 성인이 중용평담(中庸平淡)하다는 결론을 최종적으로 얻어냈다. 일단 현명하고 능력 있는 사람을 관리로 임명하는 정치 영역을 넘어서고, 더 나아가 그 담론은 자연과 사회의 총체적인 원칙인 도를 관통하고 있는데, 이것이 바로 무를 본체로 삼는 현학을 발생시킨 것이다.

제2장

정시현학 正始玄學

제1절

정시현학 발생의 시대배경

1 조씨 위魏나라 시대 중앙정권과 호족문벌지주계급의 모순이 통치계급의 주요모순

경제적으로 중앙정권과 호족문벌지주계급의 모순은 주로 둔전제(屯田制)[1]와 오벽보루(塢壁堡壘)[2] 경제 사이의 모순으로 표현된다. 조조는

---

1 역주 둔전제(屯田制)는 군량의 확보나 또는 직접적인 재원의 확보를 목적으로 하여 국가주도하에 경작자를 집단적으로 투입하여 관유지나 새로 확보한 변방의 영토 등을 경작하는 토지제도이다. 유형으로 보면 크게 군둔(軍屯)과 민둔(民屯)으로 나뉜다. 군둔은 병사가 경작에 종사하는 것인데, 중국의 대표적 둔전제는 후한시대 군둔(軍屯)이다. 변경지대의 병사가 군량을 자급하기 위하여 경작하였는데, 이것은 스스로 경작하면서 스스로 국방에 임하는 방식이었다. 민둔(民屯)은 징모(徵募)된 일반주민이 경작에 종사하는 것을 말하며, 내지(內地)에 주로 설치된다. 그 대표적인 것으로는 196년에 위(魏)나라의 조조(曹操)가 하남성(河南省)의 허(許) 지방에서 시작하여 그 후 각 주에 확대시킨 제도이다. 위나라의 둔전은 사마씨가 정권을 장악한 진(晉)나라의 점전법(占田法)·과전법(課田法)으로 대체되지만, 중국의 토지제도 역사에서 매우 중요한 형태이다.

2 역주 오벽보루(塢壁堡壘)는 후한 시대에 전략적으로 중요한 지역에 쌓은 성벽(城壁)과 보루(堡壘)를 말한다. 일종의 군대 주둔지의 방어 시설이며, 일반 주거 기능을 갖춘 성벽으로 볼 수 있다. 여기에 병사들이 거주하면서 둔전(屯田)을 할 수도 있었다. 오벽은 크게 담장 누각(樓閣), 성보(城堡), 누로(樓櫓), 보루(堡壘)

비록 큰 문벌이었으나 결코 명문가는 아니어서 그의 조부는 명사들로부터 적대시당하는 환관이었고, 이 때문에 문벌세족으로부터 "쓸모없고 더러운 환관 놈", "구걸해서 연명하는 거지같은 놈"으로 멸시를 받았다. 자기세력 집단의 이익을 위해서는 물론이고 또한 전체 통치계급의 이익을 위해서 조조는 반드시 큰 문벌귀족을 억제하는 정책을 실행해야만 했다. 이를 위해서 경제적으로 둔전제를 실행하였다. 『삼국지(三國志)』「위서(魏書): 무제기(武帝紀)」에는 조조의 명령을 다음과 같이 기록하고 있다. "나라와 가문을 다스리는 사람은 백성이 적은 것을 걱정하지 않고 재물이 고르게 분배되지 않는 것을 걱정하며 가난함을 걱정하지 않고 평안하지 않음을 근심하는 것이니, 원소(袁紹)[3]가 영지를 다스릴 때에 호족이 제멋대로 활동하게 하고 친척이 멋대로 겸병하여 아래의 백성들이 가난하고 쇠약해졌는데도 누대에 걸쳐 조세를 거두니 가문의 재산을 다 바치고도 그 명령에 응할 수가 없었다. 심배(審配)[4]의 종족은 세금을 내지 못하는 죄인을 숨겨주고 도망자가 되는 지경에 이르렀다. 그리하고도 백성이 친애하며 따르기를 바라고 군사가 강성하기를 바라지만 어

등 네 가지 형태로 구분된다. 오벽은 지방 호족(豪族)의 근거지 역할을 하며, 일종의 가부장적 거대 집단을 형성함으로써 중앙정부의 통제를 거의 받지 않았다.

3 역주 원소(袁紹: ?-202)는 후한의 관료・정치가이면서 군벌(軍閥)이다. 자는 본초(本初)이고, 예주(豫州) 여남군(汝南郡) 여양현(汝陽縣) 사람이다. 명문가 출신으로 젊어서는 청류(淸流)의 사상가로 명성이 있었다. 후한의 영제(靈帝)가 죽자 대장군 하진(何進)의 명을 받아, 조조(曹操)와 함께 강력한 군대를 조직하여 소유하였다. 당시의 타락한 환관세력인 십상시(十常侍)를 소탕하였다. 그러나 동탁(董卓)의 등장으로 정권을 잡는 데 실패하고 수도에서 쫓겨났다. 4대에 걸쳐 삼공(三公)의 지위에 오른 명문거족이며 관료 출신으로서 명성과 실력을 바탕으로 군벌 세력을 형성하였다. 후에 관도(官渡) 전투에서 조조에게 패하여 점점 기력을 잃고 결국 병사(病死)하였다.

4 역주 심배(審配)는 원소(袁紹) 막하의 모사(謨事)이다. 유명한 관도(官渡)의 전투에서는 조조의 진(陣)을 괴롭혔다. 그러나 이 싸움에서 원소가 크게 패한 뒤로는 원소의 셋째 아들 원상(袁尙)을 도왔지만, 기주성(冀州城)이 함락되자 결국 붙잡혀 포로가 되었고, 비굴하게 굴복하지 않고 당당하게 북쪽을 향해 앉아 칼을 받고 죽었다.

찌 가능하겠는가?"[5] 이른바 "죄인"이 의미하는 것은 황건의 무리가 발흥할 시기의 정치적 혼란기에 살았던 농민이다. 원소와 심배 등은 가난하고 괴로움을 당하는 사람과 자신을 돌볼 수 없는 농민들을 협박하여 자기의 장원에서 자기의 비호를 받는 음호(蔭戶)[6]로 삼았다. 이것은 바로 각자가 경영하는 장원경제를 강화시키고 정부가 운용하는 군사경제의 실질적 힘을 약화시켰다. 이에 대해서 조조는 일찍이 명확한 인식을 갖고 있었으며, 조조가 관중(關中) 지역으로 군대를 진출시킬 때에 고향을 등지고 떠나온 수많은 농민들이 꼬리를 물고 따랐다. 관중의 군벌은 이 기회를 이용하여 부곡(部曲)이라는 군사조직을 소집하여 구성했다. 위기(衛覬)[7]가 순욱(荀彧)[8]에게 보낸 글에서 다음과 같이 말했다. "관중은 비옥한 땅인데 갑자기 전란의 황폐함을 만나서 백성들이 형주로 흘러 들어간 자가 십만여 가구가 된다. 본래의 고향 땅이 편안히 안정되었다는 소식을 들으면 모두 돌아갈 생각을 할 것이다. 그러나 돌아온 사람이 스스로 생업을 유지할 것이 없으면 여러 장수들이 각기 다투어 그들을 모아 부곡을 만든다. 군과 현이 가난하고 쇠약해져서 더불어 부곡과 경쟁할 수 없으면 군벌은 더욱 강해진다. 하루아침에 변동이 생기면 반드시 후환이 있게 된다. 무릇 소금은 국가의 큰 보배인데 전란이 발생한

5 『三國志』「魏書」「武帝紀」. "有國有家者, 不患寡而患不均, 不患貧而患不安, 袁氏之治也, 使豪彊擅恣, 親戚兼并, 下民貧弱, 代出租賦, 衒鬻家財, 不足應命, 審配宗族, 至乃藏匿罪人, 爲逋逃主. 欲望百姓親附, 甲兵彊盛, 豈可得邪?"

6 역주 음호(蔭戶)는 관료·귀족·지주·지방 세력가의 지배를 받는 호구(戶口)를 말한다.

7 역주 위기(衛覬)는 삼국시대 위(魏)나라 관리이다. 하동(河東) 안읍(安邑) 사람이며, 자는 백유(伯儒)이다. 학문과 재주가 뛰어나서 조조(曹操)가 불러 사공연속(司空掾屬)의 벼슬을 주었다. 후에 승승장구하여 위 문제(文帝) 시기에 상서(尙書)에 오르고, 명제(明帝) 때에는 문향후(閺鄕侯)에 봉해졌다.

8 역주 순욱(荀彧)은 후한 말기 조조의 책사(策士)이다. 자는 문약(文若)이다. 조부 순숙(荀淑)은 순자(荀子)의 11세손으로 명성이 높았으며 부친 순곤(荀緄)과 숙부 순상(荀爽)도 모두 명망이 높은 명문가 출신이다. 처음에는 원소에게 의탁하였으나, 결국 원소를 버리고 조조의 휘하에 들어갔다.

이래로 모두 흩어져 버렸으니 마땅히 옛 모습대로 두고 사자(使者)를 두어 매매를 감독하고 그 당직자로 하여금 시장의 얼룩소의 수를 늘리도록 하라. 만약에 백성이 돌아오면 그 소를 공급해주라. 부지런히 곡식을 경작하여 관중의 생산물을 증식시켜라. 먼 백성들이 그 소식을 들으면 반드시 밤낮을 다투어 돌아올 것이니, 사예교위(司隷校尉)를 시켜서 관중에 머물러 다스리게 하여 주재하는 관리로 삼으면 여러 군벌장수들이 날로 약해지고 관내의 백성들은 날로 융성하게 되는 것이며, 이것이 근본을 강하게 하고 적을 약하게 하는 이로움이다. 순욱 그대는 이것을 태조에게 고하라. 태조가 그 말을 좇아서 비로소 알자복야(謁者僕射)를 보내어 소금관서를 감독하게 하고 사예교위는 많은 농민들을 다스리게 하면 관중이 복종할 것이다."[9] 위기가 말하는 사예교위는 군사의 일을 맡는 관리이니, 둔전제가 군사의 편제를 이용하여 농민을 토지에 묶어 두고 국가를 위해 경작하게 하는 토지제도였음을 알 수 있다. 당시에 누구의 경제력이 강성한가 하는 것은 바로 누가 많은 노동력을 쟁취할 수 있는가 하는 것이다. 조조는 한나라 무제(武帝) 이래로 내려온 소금과 철의 전매정책을 회복하였고, 전매제도를 통해 획득한 이윤으로 얼룩소를 구매하는 데 사용하여 많은 백성들에게 생산의 도구로 쓸 수 있도록 제공하였다. 이 때문에 조조는 경제적인 우위를 점유하게 되었고 효과적으로 제후들을 제어해서 "제후는 날로 약해지고 관부의 백성들은 날로 융성한다."는 목적을 실현하였다. 둔전제는 한나라 말기 청담이 지녀 온 병폐를 예방하고 치유할 수 있었다. "일이란 모두 호구수로 그 경작지

9 『三國志』「魏書」「衛覬傳」. "關中膏腴之地, 頃遭荒亂, 人民流入荊州者十萬餘家, 聞本土安寧, 皆企望思歸. 而歸者無以自業, 諸將各競招懷, 以爲部曲. 郡縣貧弱, 不能與爭, 兵家遂彊. 一旦變動, 必有後憂. 夫鹽國之大寶也, 自亂來放散, 宜如舊置使者監賣, 以其直益市犁牛. 若有歸民, 以供給之. 勤耕積粟, 以豐殖關中. 遠民聞之, 必日夜競還, 又使司隷校尉留治關中以爲之主, 則諸將日削, 官民日盛, 此彊本弱敵之利也, 彧以白太祖. 太祖從之, 始遣謁者僕射監鹽官, 司隷校尉治宏農, 關中服從."

간척의 많고 적음과 도적의 발흥을 통솔하는 것이다. 백성 중에 도망가거나 배반하는 자는 통계를 내어 관리한다. 이와 같이 시행하면 무능한 관리는 이름을 내어도 아무 이익이 없고, 유능한 사람은 이름이 없어도 손해를 끼치지 않는 것이다. 법이 한 번 시행되면 비록 부서를 맡은 감독이 없더라도 간사하고 요망한 자들을 없앨 수 있는 것이다."[10] 둔전제는 백성을 통제하는 효과를 지닐 뿐만 아니라 또한 관리가 무리를 이루어서 독립왕국을 표방하는 병폐를 막을 수 있다. 왜냐하면 본래의 관리가 업무에 몰두하여 일하는 것이 없고 청담을 논하는 자리에 나아가고자 열망하였지만, 이제는 관리가 주로 둔전을 경영하여 이끄는 능력을 살펴보기 때문이다. 이런 것이 바로 관리가 각자 그 맡은 직분을 다하여 명실상부하게 한 것이다. 이것은 중앙집권의 역량을 더욱 강화시켰다. 둔전제는 조조가 시행한 형명법가(刑名法家)적 통치의 경제적 기초이다. 조조는 둔전제를 실행하여 "몇 해 만에 쌓아 놓은 곡식이 창고에 가득했다."[11] "무황제[조조]는 둔전이라는 관제를 특별히 개시하여 오로지 농상(農桑)을 생업으로 삼게 하였는데, 건안 연간 중에 천하의 창고가 가득 차고 백성이 만족하였다."[12] 둔전제를 처음 실시할 때에 첫 해는 곡식 백만 곡을 얻었고, 이후 대규모로 백성을 모집하여 주와 군에 둔전을 널리 경영하였는데 매년 곡물 수천만 곡을 거두어 들였다. 이것이 바로 조조가 군웅들의 세력을 분쇄하고 북방을 통일할 때에 비교적 충실한 경제적 역량을 갖추게 된 바탕이다.

둔전제와 병존했던 경제적 양식은 강성한 호족의 오벽보루의 경제이다. 대다수의 강성한 호족(豪族)은 국가기구의 관료가 변화하여 발전한

---

10 『三國志』「魏書」「劉廙別傳」. "事者, 皆以戶口率其墾田之多少, 及盜賊發興. 民之亡叛者, 爲得負之計. 如此行之, 則無能之吏, 修名無益; 有能之人, 無名無損. 法之一行, 雖無部司之監, 姦譽妄毀可得而盡"

11 『晉書』「食貨志」. "數年之中, 所在積粟, 倉廩皆滿"

12 『三國志』「魏書」「司馬芝傳」. "武皇帝特開屯田之官, 專以農桑爲業, 建安中天下倉廩充實, 百姓殷足."

것이며 어떤 경우는 상인이 변화 발전한 것도 있었다. 그들이 건립한 오벽보루의 경제는 아주 강력한 가부장제도의 색채가 있다. 가문 종족(宗族)의 일원에게 부서를 정해 배치하여 무장을 시켰는데, 어떤 경우는 종족을 모아서 서로 보호하게 하기도 하고 어떤 경우는 종족을 들어 피난처로 삼기도 했다. 가난하고 곤고(困苦)한 농민은 노역에 복무하는 것을 회피하기 위하여, 그리고 어떤 다른 종족에게 강제로 끌려가 소속되는 것을 두려워해서 뛰어난 귀족의 문벌사람들에게 몸을 의탁하기를 좋아했다. 중장통(仲長統)[13]은 『창언(昌言)』 속에서 한대의 강성한 호족지주의 장원 규모를 묘사한 적이 있다. 이에 따르면 강성한 호족의 집은 수백 동의 가옥에서 거주하였고 대량의 비옥한 토지를 점유하였으며 천명이 넘는 노비가 있었고 비호를 받는 농민은 만 명이 넘었으며 수레와 배가 사방을 두루 운행하였고 상업이 번영하였으며 모이고 흩어지는 상품이 도성에 가득 찼고 값비싼 재물과 보석이 커다란 방에 다 넣을 수 없었고 말과 소와 돼지와 양 등의 가축이 산야에 넘쳐났다. 오벽보루의 경제는 자급자족하는 자연 경제이다.

가난하고 곤고한 농민은 지위가 높은 세족들에게 의탁하였는데, 이들을 노객(奴客)·동객(僮客)이라고 지칭하였다. 호족은 심지어 군사편제로 그들을 조직하여 필요할 때에 전투에 참가시켰다. 이 때문에 그들은 부곡(部曲)과 가병(家兵)이라고 불리게 된다. 호족문벌에 의탁한 농민은 국가의 세금과 병역의무를 담당하지 않았다. 호족문벌 세족은 자기의

---

13 역주 중장통(仲長統: 179-220)은 후한 시대의 저명한 학자이다. 자는 공리(公理)이며 고평(高平: 山東省) 출생이다. 어려서부터 학문을 좋아하고 문사(文辭)에 능하였으며, 직언(直言)을 잘하여 당시 사람들이 광생(狂生)이라 할 만큼 비판정신이 투철하였다. 저서로 『창언(昌言)』 34편이 있었다고 하나 전하지 않고, 『후한서(後漢書)』에 「이란(理亂)」·「손익(損益)」·「법계(法誡)」 3편이 남아 있을 뿐이다. 그 밖에 몇 개의 일문(逸文)이 여러 저서에 인용되어 있는데, 왕충(王充)·왕부(王符) 등과 마찬가지로 전통적인 유교사상을 바탕으로 당시의 사상과 사회를 비판한 것으로 전해진다.

오벽보루에 의존하여 한 지역을 장악했다. 원소에게 부속된 보루에는 2만 호(戶)의 가구와 2천 명의 가병이 있었다. 조조는 한 지역의 제후로써 비록 천자를 끼고 여러 제후에게 명령을 내리는 우위(優位)를 점유하고 있었지만 이와 같은 우위는 매우 제한적인 것이었다. 강성한 호족지주의 오벽보루 경제에 대하여 조조와 위나라 정부는 어찌할 수가 없었다. 조조는 세족(世族)에 대하여 이미 한편으로는 억제하면서 한편으로는 교유하는 정책을 취했다.

조조는 천하의 질서가 무너져서 군웅이 함께 일어날 즈음 사람들의 마음이 불안하여 안절부절하고 각자 자신만을 위하는 마음을 지니며 상하가 서로 질시하고 의심할 때에는 설령 성실하고 진지한 마음으로 그들을 대하더라도 여전히 신임을 얻을 수 없으며, 만일 자신을 따르지 않는 사람을 배제하는 방법을 계속 쓴다면 사람들은 모두 스스로 위기감을 느끼게 될 것이라고 보았다. 유비(劉備)가 조조에게 투신하여 의탁했을 때 어떤 사람이 조조에게 "유비는 영웅의 재질이 있고 또한 인심을 거두어들이는 데 장점이 있으니 훗날 큰일을 성취할 것이므로 일찍 그를 죽여 버리는 것이 좋습니다."라고 권했다. 조조가 대답하기를 "이제 바야흐로 영웅들을 거두어들이는 때에 한 사람을 죽여서 천하의 민심을 잃는 것은 옳지 않다."[14]고 하였다. 조조는 잔인하고 교활하였으나 명문세족들을 포용하는 데는 조금도 빈틈이 없었다. 전주(田疇)[15]는 일찍이 자기의 종족을 통솔할 때 수백 명이 따랐는데 이들을 서무산(徐無山)으로 데리고 가서 장원을 세우고 종족들을 끌어 모아 살게 했는데 몇 년 만에 오천이 넘는 가구가 모였다. 그래서 "서로 죽이고 해치며 도둑질하고 송사를 벌이는 것에 관한 법을 제정하여 이 법을 거듭 어긴 자는 사형에

14 "方今雖英雄時也, 殺一人而失天下之心, 不可."

15 역주 전주(田疇: 169-214)는 후한의 호족이며 명사(名士)이다. 어려서 독서를 좋아했고 칼을 잘 다루었다. 후에 조조에게 의탁하였다. 자는 자태(子泰)이며 유주 우북평(右北平) 무종(無終) 지역 사람이다.

처하고 그 다음은 합당한 죄를 받게 하였는데 이 법이 이십여 조가 되었다. 또 혼인하는 예법을 정하고 학교를 세워 수업을 받게 하였다."[16] 그리하여 서무산은 군대가 있고 법령도 있으며 예의도 있으며 학교도 있는 독립왕국이 되었다. 전주가 조조에게 몸을 의탁한 뒤에 조조는 그가 서무산에서 이루어 놓은 일을 찬양하였다. "전주는 종족의 사람들을 이끌고 무종산(無終山)으로 피난을 가서 북쪽으로는 노룡(盧龍) 지역의 세력을 막고 남쪽으로 적을 막는 요지를 지키고 스스로 청정하고 검소하여 몸소 밭을 간 뒤에 먹어서 백성들이 감화를 받아 따르며 모두 함께 받들어 모셨다."[17] 심지어 전주가 독립왕국을 세운 행위를 조조는 "때와 이치를 헤아려서 진퇴가 의(義)에 합당한" 행동거지라고 칭송하였다. 이전(李典)[18]도 하나의 호족문벌 세족이었는데 그는 조조에게 의탁할 때에 자기의 오벽보루를 버리지 않았으며 자기의 부곡과 종족 만 삼천 호를 위군(魏郡)지역 즉 업(鄴) 땅으로 이주시킬 것을 간청하여 조조의 실질적인 세력을 충실하게 하였다. 이전은 다음과 같이 말했다. "제가 둔하고 겁이 많고 공은 보잘 것 없으나 벼슬을 받은 총애가 너무 두터워서 성심을 다해 종족을 이끌고 있는 힘을 다하겠습니다. 더욱이 제가 정벌을 쉬지 않고 해서 마땅히 교외의 땅을 알차게 하여 사방을 제어하겠습니다."[19] 이전은 태조의 칭찬을 받고 아울러 관작도 더 높아지고, 두 차례 상으로 삼백호의 채읍(采邑)[20]을 하사받게 되었으니 오히려 그의 장

---

16 『三國志』「魏書」「田疇傳」. "相殺傷犯盜諍訟之法, 法重者至死, 其次抵罪, 二十餘條. 又制爲婚姻嫁娶之禮, 興學學校講授之業."

17 『三國志』「魏書」「田疇傳」. "疇率宗人避難於無終山, 北拒盧龍, 南守要害, 淸靜隱約, 耕而後食, 人民化從, 咸共資奉."

18 역주 이전(李典)은 위나라 장수이다. 자는 만성(曼成)이이며, 산양(山陽) 출신으로 후한 말에 조조에게 의탁하였다.

19 『魏志』「李典傳」. "典駑怯功微, 而爵寵過厚, 誠宜擧宗陳力; 加以征伐未息, 宜實郊遂之內, 以制四方."

20 역주 채읍(采邑)은 식읍(食邑)의 일종으로서 제후의 봉토를 말하거나 관료의 직할 토지(土地)를 말한다.

원 경제는 확대된 것이다. 호족들이 둔전과 오벽을 스스로 지키고 성벽을 쌓아 서로 보전하는 작태(作態)에 대하여 조조는 확실하게 제어할 역량이 없었으며, 호족은 조조의 단속이나 제한을 받지 않았고 더욱이 조조에게 세금을 납부하지도 않았다. 조조는 그들에 대하여 오직 자연스러운 상태로 맡겨두는 정책을 취하면서 그들이 스스로 귀순해 들어와 복종하는 것을 얻어냈다.

조조의 개인적인 희망으로 말하자면 그는 한 대의 위대한 통일 봉건제국의 웅혼한 마음과 장엄한 뜻을 회복하고자 하였지만 애석하게도 장엄한 뜻을 펼치지 못하고 세상을 떠났다. 조예(曹睿)와 조방(曹芳)[21]의 시대에 이르러서 둔전제는 호족문벌 세족의 세력이 점차 강성해지는 것을 따라 무너지게 된다. 조상(曹爽)[22]과 하안(何晏)은 조씨의 위나라 정치집단의 중심인물인데 본래 세족에 속하지는 않았으나 조씨의 위나라 정권이 부패되는 것을 따라 그들도 점점 새로운 귀족으로 변질되어 갔다. 조상이 권력을 전단할 때에 하안 등과 낙양(洛陽), 야왕(野王) 두 곳에 있는 전농부(典農部)의 뽕나무 밭 수백 경을 나누어 가져서 자기의 산업기반으로 삼았다. 전농부의 뽕나무 밭은 본래 국가의 소유로 귀속된 둔전이다. 위나라 말기에 둔전의 호구(戶口)를 상으로 내려주는 사건이 발생하였는데, "위나라 조정은 공경(公卿) 이하의 벼슬아치들에게도 조우객호(租牛客戶)의 수를 각각 차등 있게 내려 주었으니 이로부터 소인도 요역이 없어져서 모두 즐거워하고 권세 있는 가문으로 활동하는 것

---

21 역주 조방(曹芳: 231-274)은 위의 제3대 황제이다. 자는 난경(蘭卿)이다. 조예가 얻어다 기른 양자이다. 사마의 일파에 의하여 여덟 살에 황제가 되었는데, 명제에게 고명(顧命)을 받은 사마의 일파의 농간 속에 허수아비 노릇만 하였다. 그 후에 사마의의 둘째 아들 사마소(司馬昭: 진 무제)에 의하여 강제로 폐위되고 제왕(齊王)으로 봉해졌으며 뒤에 병으로 죽었다.

22 역주 조상(曹爽: ?-249)은 위나라의 권신(權臣)이며, 자는 소백(昭伯)이며, 대장군 조진(曹眞)의 아들이다. 위나라 명제인 조예가 죽으면서 3대 황제 조방의 후견인으로서 군사권을 장악하였다. 최대의 정적인 사마의 집단과 대치하다가 사마의에게 패하여 실권하고 죽었다.

이 백여 가가 되었다."[23] 조우객호는 본래 정부의 밭가는 소를 이용하고 세금을 내는 둔전호(屯田戶)인데, 이때에 정부가 공경 이하의 관리들에게 상으로 내려 주었다. 이러한 둔전호는 바로 소규모 가문의 부곡(部曲)·전객(田客)으로 변하였으니, 원래의 둔전호는 요역을 바치지 않고 소규모의 가문에 상으로 내려진 뒤에도 여전히 이러한 권력을 유지하였다. 이 때문에 이미 농민은 요역을 피하고자 도망하여 분분히 소규모 가문으로 투신하였다. 소규모 가문이 부곡·전객을 보유하는 것이 점점 합법적으로 인식되었다. 조씨의 위나라 정부에서 일하는 대다수 공경 이하의 관리들은 원래 결코 호족문벌 세족이 아니었지만 위나라 말기에 점점 100호의 음호(蔭戶)를 보유한 소귀족이 되었다.

경제적으로 중앙정권과 호족문벌 세족인 지주계급 사이의 모순은 둔전제와 지주장원제의 모순으로 표현된다. 정치적으로 이런 모순은 구품중정제(九品中正制)의 관리 선발제도에 반영되었는데, 중앙정권은 이미 관리의 선발 권리를 농단해서 그 실행결과는 오히려 호족문벌 대족이 정치적 대권(大權)을 잡게 하고 조씨 위나라 정부와 모든 면에서 모순되는 방향으로 나아가게 되었다.

이러한 중앙정부와 호족문벌 세족의 대치국면은 조씨의 위나라 시기 정치·경제의 영역에서 통치계급의 지위를 점유하였고, 이 때문에 절박하게 철학적으로 논증이 필요하게 되었다. 호족문벌 세족은 각자 정사(政事)를 시행하고 통일된 체계를 이루어서 중앙정권이 조금도 개입할 틈이 없었고, 조씨의 위나라 중앙정권은 이미 충분한 정치경제적 실력으로 전국통일을 실현할 수가 없었기 때문에 당연히 위로 귀순하거나 복종하라고 말할 수 없었다. 호족문벌들의 복종을 바라는 사치스러운 희망은 도리어 현실을 승인하는 것만 못하다. 호족문벌 세족은 중앙정권에 대하여 직접 대항하지는 않았지만 여전히 자신들의 독립성을 유지

23 『晉書』「王恂傳」. "魏氏給公卿以下租牛客戶數各有差, 自後小人憚役, 多樂爲之, 貴勢之門, 動有百數."

하고 있었다. 정시현학의 두드러진 하나의 특징은 『노자』의 "만물의 저절로 그러함에 내어맡긴다."[24]는 것을 거듭 되풀이하는 것이며, 아울러 이 원칙과 "형명(刑名)을 세워서 사물대상을 검속하지 않는다."는 무위정치를 하나로 연계시켰으니, 이것이 바로 조씨 위나라 정권과 호족문벌 세족의 대치국면이 철학적으로 체현된 것이다.

어떤 시대의 철학사상과 이론적 사유는 형식적으로 얼마나 심원하고 심오함에 관계없이 모두 당시의 정치경제적 조건을 벗어날 수 없다. 서한 시대에는 황제가 지고무상(至高無上)하여 하나로 통일된 중앙정권이 위엄이 있고 당당하였다. 이 때문에 동중서(董仲舒)[25]가 제창한 인격화되고 신비화된 최고의 하늘로서 지상의 황권을 논증하는 것이 생겨났다. 정시연간에는 중앙정권은 모양은 비슷하게 존재하였지만 실질적인 내용이 없고 호족문벌의 종족은 강성했는데, 이와 같은 유와 무의 모순은 반드시 당대 사람들의 이론적 사유 속에 복잡하게 반영된다.

2 정시현학은 조씨의 위나라 정권 통치 전기의 경험과 교훈의 총결산

위진현학은 당시 현실 정치의 요구에 적응하여 발생한 것이며, 현학은 표면적으로 볼 때에 비현실적이어서 실질이 없고 아득하여 분명하지 않으며 사회현실을 벗어난 것처럼 보인다. 이 때문에 어떤 사람들은 위

---

24 "任萬物之自然."

25 역주 동중서(董仲舒: B.C. 170?-B.C. 120?)는 전한 무제(武帝) 시기의 저명한 학자이며 관리이다. 『춘추공양전(春秋公羊傳)』을 익혔으며, 이미 경제(景帝) 시기에 박사(博士)가 되었다. 무제가 즉위하여 크게 인재를 구하므로 현량대책(賢良對策)을 올려 인정을 받았다. 독존유술(獨尊儒術)의 기치를 내세우며 유학을 국가의 지배 이념으로 정착시켰다. 철학적으로는 천인감응설의 이론을 체계화시켰다. 저서에 『동자문집(董子文集)』, 『춘추번로(春秋繁露)』 등이 있다.

진현학이 실속 없이 겉만 화려하고 황당하며 공리공담만 오로지 숭상하고 실제의 일에는 전혀 간여하지 않는다고 보았으며, 정치에 간섭하지 않는 소극적인 피세(避世)의 철학이라고 하였다. 사실은 그렇지가 않은데, 위진현학은 바로 현실 사회의 산물인 것이다.

조씨의 위나라 정권 중·후기의 정치는 무르고 해이하여 무위(無爲)의 정치를 이야기하는 것이 이미 기풍(氣風)을 이루고 있었다. 하후현(夏侯玄)[26]은 정시연간에 사마선왕(司馬宣王)[27]이 질문한 시의적절(時宜

---

26 역주 하후현(夏侯玄: 209-254)은 위진 시기 관료이며 저명한 명사이다. 자는 태초(太初)이다. 가평 6년(254년), 사마의의 아들 대장군 사마사(司馬師)가 정권을 독단하고 황제를 능멸하자 그를 토벌하고자 황제인 조방(曹芳)과 함께 군사를 일으키려 하였으나 오히려 기밀이 누설되어 사마사 일파에게 살해되었다. 위진시대 명사들 중에 배휘(裴徽: 약 209-250년경)·부하(傅嘏: 209-255)·하안(何晏: 193?-249)·종회(鍾會: 225-264)·왕광(王廣: 207?-251)·이풍(李豐: 204?-254)·하후현(夏侯玄) 및 왕필 등과 같은 사람들이 있었으며 이들은 신·구문화 교체기의 핵심에 처해 있어서 자유로운 사상과 정감을 잘 드러내는 분위기를 호흡할 수 있었으며, 또한 많은 방황과 혼미를 겪고 있었다. 이런 정황 속에서 현학의 담론이 싹트고 숙성하는 것이다.

27 역주 사마선왕(司馬宣王)은 사마의(司馬懿: 179-251)를 말한다. 자는 중달(仲達)이며, 하내군(河內郡) 온현(溫縣) 효경리(孝敬里) 출신이다. 경조윤(京兆尹)을 지낸 사마방(司馬防)의 둘째아들로 태어났다. 중국 삼국시대에 위(魏) 나라의 조조(曹操), 조비(曹丕), 조예(曹叡), 조방(曹芳) 등 4대를 보필하며 공을 세워 무양후(舞陽侯)에 봉해졌다. 손자인 사마염(司馬炎, 236-290)이 서진(西晉)을 세운 뒤에는 선제(宣帝)로 추존(追尊)되었고, 묘호(廟號)를 고조(高祖)라 하였다. 후한(後漢) 안제(安帝) 때 정서장군(征西將軍)을 지낸 사마균(司馬鈞)의 후손으로 대대로 고관(高官)을 배출한 명문가에서 태어났다. 어려서부터 "유학(儒學)의 가르침을 늘 깊이 간직하고 따랐다(服膺儒教)"고 전해진다. 형인 사마랑(司馬朗)을 포함해 가문의 8형제가 모두 총명해 이른바 "사마팔달(司馬八達)"이라고 불렸으며, 그 가운데에서도 사마의(司馬懿)는 가장 뛰어나다는 평가를 받았다. 208년(建安 13년) 후한의 승상이 된 조조는 사마의를 휘하의 관료로 삼아서 문학연(文學掾)·황문시랑(黃門侍郎) 등의 벼슬을 지냈다. 조조가 위왕(魏王)으로 봉해진 뒤에는 태자중서자(太子中庶子)가 되어 조비를 보좌했다. 당시 사마의의 건의로 "둔전제(屯田制)"가 실시되었는데, 이는 위(魏)의 국방을 강화하고, 농업생산력을 안정시키는 데 크게 기여하였다. 220년 조조의 아들 조비가 왕위에 오르자 중용되었고, 224년에 상서(尙書)로 임명되었다. 226년 조비가 죽자, 조진(曹眞)·

適切)한 일에 대하여 대답할 때 다음과 같이 말했다. "벼슬아치를 부리는 주인은 한결같고 마음을 오로지 기울여야 하는데, 마음이 한결같으면 관리의 임용이 안정되고 상하의 백성들이 평안해지며 마음을 오로지 기울이면 백성의 생업이 잘 닦아지고 일이 번거롭지 않게 되는데, 무릇 하는 일과 생업이 간결하게 잘 닦이면 상하의 백성들이 서로 평안하여 다스려지지 않는 것이 없다." "하는 일이 간결하지 않으면 백성이 어디에서 안정을 찾겠는가?"[28] 유소는 『인물지』「서문」에서 말했다. "성인은 총명한 지혜가 지극하기 때문에 사람을 알아서 잘 임용하는데, 사람을 알아서 잘 임용하면 두 손을 모으고 앉아 다스릴 수 있는 것이다. 그러므로 총명한 지혜를 써서 사람을 구하고 관리를 뽑아 일을 맡겨두어서 안일을 얻는다."[29] 유소는 무위의 정치를 구체적인 통치방법으로 말하고 있다. 철학적인 논증은 없다. 제왕(齊王) 조방(曹芳)이 임금 자리에 오를 때에 아직 어린아이였는데 어떻게 무위의 정치를 실행하는 것이 당

진군(陳群)·조휴(曹休) 등과 함께 보정대신(輔政大臣)으로 명제(明帝) 조예(曹叡)를 보좌하였다. 231년 조진이 죽은 뒤에는 대장군(大將軍)의 지위를 이어받아 제갈량(諸葛亮, 181-234)이 이끄는 촉군(蜀軍)의 공격을 물리치는 공을 세웠다. 238년에는 요동(遼東)의 공손연(公孫淵)이 반란을 일으키자 관구검(毌丘儉), 호준(胡遵) 등과 함께 이를 정벌하여 요동(遼東) 지역을 위(魏)에 병합하였다. 239년 명제(明帝)가 임종할 때 조진의 아들인 조상(曹爽)과 함께 애제(哀帝) 조방의 보좌를 부탁받았다. 조상과 사마의는 두 가문을 대표하면서 서로 대립하였다. 사마의는 249년 조상이 애제(哀帝)와 함께 고평릉(高平陵)을 방문한 틈을 타서 군사정변을 일으켜 정권을 장악하고 조상을 살해하였다. 이로부터 조씨의 황권은 실질적인 힘을 상실하였다. 그 뒤 사마의는 안평군공(安平郡公)에 봉해졌으나, 251년에 병으로 죽었다. 그의 아들 사마사와 사마소가 권력을 계승하고, 그의 손자 사마염이 황제자리를 빼앗아 위(魏)나라를 멸망시키고 진(晉)나라를 세운다.

28 『三國志』「魏書」「夏侯玄傳」. "司牧之主, 欲一而專, 一則官任定而上下安, 專則職業脩而事不煩, 夫事簡業脩上下相安而不治者未之有也." "事之不簡, 則民何得而靜?"

29 『人物志』「序」. "聖人明智之極, 故知人善任, 知人善任則垂拱而治, 故勞聰明於求人, 獲安逸於任使."

장 처리해야 될 급한 일이겠는가? 왕필이 설계하여 구상한 것으로서 신하관료가 자기의 능력을 각각 발휘하여 군주의 천하경륜과 백성을 다스리는 통치방법을 실현하는 것은, 비록 공허한 설계지만 오히려 현실정치에 대한 회답이 된다.

동한의 관리 선발기준은 경전을 밝히고 행실을 닦는 것인데, 지식인들이 관리의 자리에 오르려면 경(經)과 전(傳)을 읽고 연구하는 것뿐만 아니라 또한 인의효제로써 종족이 사는 마을에서 칭송받아야 한다. 그런데 이런 방법은 비록 지식인들에게 도덕수양을 강하게 키우도록 격려할 수 있지만 지식인들이 명예를 파는 악습을 조장하도록 한다. 그리고 이것은 "수재를 뽑아 놓으니 글을 모르고, 효도와 청렴을 지닌 자를 살펴 뽑아 놓으니 부모와 별거하고 있구나. 가난하지만 깨끗하게 사는 자가 탁하기가 진흙 같고, 학식이 높은 자와 훌륭한 장수는 겁이 많기가 닭과 같구나."[30]라는 민요에서 관리의 아둔하고 무능함, 도덕적인 부패, 명실상부하지 않은 실정을 드러내고 있다. 어떻게 명교(名敎)[31] 강상(綱

30 『抱朴子』 外篇 「審擧」. "擧秀才不知書, 察孝廉父別居. 寒素淸白濁如泥, 高第良將怯如雞."

31 역주 "명교(名敎)"는 좁게는 인의예지(仁義禮智)와 삼강(三綱)·오륜(五倫)을 중심으로 하는 유교(儒敎)의 가르침을 말하며, 넓게는 유교적 사상을 기초로 형성된 유교적 지배체제와 유교적 지배이념 전체를 의미한다. 그러므로 명교는 한 시기, 한 사람에 의해 만들어진 것이 아니라 오랫동안 축적되어 내려온 유학적 전통의 사회적 정화(精華)이다. 이미 춘추시대에 명교에 관한 언급이 보인다. "명교는 천하에 통하는 것이다.(名敎通于天下": 『管子』 「輕重」). 명교는 한고조(漢高祖) 유방(劉邦) 이래로 유교를 정통의 지배이념으로 채택한 한(漢)나라 시기부터 전면적으로 사회통합의 이데올로기 역할을 수행한다. 국가의 기초를 튼튼히 하고 사회를 안정시키기 위한 제도적 장치로 의례(儀禮)의 필요성을 주장한 숙손통(叔孫通) 유경(劉敬)에 의해서 한나라는 유교적 제도가 정초된다. 이것이 한나라 명교의 명시적 제도화의 시작이라 할 수 있다. 『사기』 「유경숙손통열전(劉敬叔孫通列傳)」에 의하면, 숙손통 유경은 통일된 제국을 장기적으로 보전하기 위해서 유교적 의례가 필요함을 고조 유방에게 역설하였다. 그리고 스스로 새로운 의례를 만들기 위해 공자의 유풍(遺風)이 아직 많이 남아 있는 전국시대 노(魯) 나라 지역 등을 순례하며 자료를 수집하고, 여러 학자들과 협의하여 의례

常)의 위기를 구할 것인가 하는 것이 당시에 절박하게 해결해야만 할 문제였다. 그리고 정시 현학가들은 이런 문제를 진지하게 사색하였다.

위나라 명제(明帝) 시대는 천하가 다사다난(多事多難)한 시대였는데, 그는 여러 신하들의 충심어린 경계(警戒)를 듣지 않고 궁전을 크게 지었다. 당시의 국가 재력은 극도로 궁핍하였는데 심지어 "백성의 무덤 위에 난 소나무와 잣나무를 베어다 쓰고 비수(碑獸)와 석주(石柱)를 훼절하여"[32] 궁전을 건축하였다. 여러 신하들이 분분히 나아가 명제에게 요임금·순임금의 절약과 검소(儉素)를 다시 일으키며, 한 무제의 사치스러운 공사를 버리고, 온 힘을 집중하여 오나라와 촉나라를 소멸시키고 중국을 통일하라고 간언하였다. 여러 신하들의 간언을 대하고서 명제는 어쩔 수 없이 "두 오랑캐를 이직 소멸시키지 못하고 궁전을 지으니 직간

를 제정하였다. 숙손통의 『한의(漢儀)』 이후, 『춘추번로(春秋繁露)』를 지은 동중서(董仲舒)에 의해 유교적 이념은 더욱 공고하게 한나라의 명교 이념으로 자리잡는다. 후한(後漢) 시기 장제(章帝: 76-89) 때, 조포(曹褒)는 황명을 받들어 숙손통(叔孫通)의 『한의(漢儀)』 12편과 『오경(五經)』·도참(圖讖)의 서적 등을 참고하여 관례(冠禮)·혼례(婚禮)·길례(吉禮)·흉례(凶禮)의 절차를 정리하였다. 이로부터 천자(天子)에서 서인(庶人)에 이르기까지 모든 사람들은 관혼상제(冠婚喪祭)의 의례에 따라 의식을 치러야 했다. 이것은 바로 명교가 온 사회를 지배하는 형식적 구조의 완성이라 할 수 있다. 이후 유교적 이념이 형식화된 명교의 의례는 더욱 발전하여 백성의 일상생활 행동거지(行動擧止) 전체를 규제하는 상황에 이르게 된다. 후에 명교의 의례로써 사회통합을 이루고 국가·사회의 질서를 유지하고자 했던 본래의 뜻이 왜곡되었다. 한나라 말기에 이르면 명교의 본질적 속성은 사라지고 오직 형식적 속박의 틀만 남아서, 일부 지식인들을 중심으로 유교적 이념을 내세운 명교의 의례에 대한 회의(懷疑)를 품게 된다. 이후 명교의 형식적 틀을 전면적으로 붕괴시키는 계기는 위나라 조비(曹丕)의 찬탈에 의한 한나라의 멸망 그리고 조씨의 위나라를 찬탈하는 진(晉)나라 사마염(司馬炎) 등의 역성혁명에 의해 마련되었다. 이런 불충(不忠)·불의(不義)한 사건은 백성들에게 유교적 명교의 허위성에 대한 근본적 회의를 갖게 하였다. 이런 시대적 분위기 속에서 명교의 형식적이고 가식(假飾)에 찬 속박을 벗어나 자유로운 삶을 구가하려는 사상적 움직임이 등장한다. 이것이 현학이며, 특히 죽림칠현(竹林七賢)의 현학 운동이다.

32 『三國志』「魏書」「曹爽傳」注에 인용된 「世語」 楊偉上疏. "斬伐生民墓上松栢, 毁壞碑獸石柱."

(直諫)하는 자가 이름을 세우는 때가 되었구나."[33]라고 말하였다. 그러니 궁전을 짓는 사업을 일으키는 것은 명제조차도 사리에 비추어 볼 때 용납할 수 없는 일임을 인정한 것으로 볼 수 있다. 조방(曹芳)은 즉위 후에 바로 조칙을 내려 "궁전을 짓는 모든 노역은 나의 조칙을 보내서 그만두게 하라."[34]라고 하였다. 조방의 시대에는 천하에 큰 일이 없어서 궁전을 짓는 노역을 멈추게 하는 내용이 조칙에 포괄되고 있음을 알 수 있다.

어떤 사람들은 정시현학이 문벌사족들의 음란하고 방종한 삶과 호화롭고 사치스러운 생활태도를 입증하는 것이라고 보았으나, 정시연간에는 근본적으로 이런 유형의 사상이 유행할 만한 객관적 조건이 존재하지 않았다. 진(晉)나라는 사치와 낭비가 심했다고 세간에 소문이 돌았으나, 사마의(司馬懿)는 조씨의 위나라 시대에도 사치스러운 풍조를 반대한 적이 있는데, 그는 조예(曹叡)시대에 두 차례나 궁전을 크게 짓는 일을 중단하라고 상소를 올렸다. "처음에 위 명제[조예]는 궁전 짓는 것을 좋아하여 문물제도가 지나치게 번쇄해서 백성들이 고통을 당했다. 선제(宣帝: 사마의)가 요동으로부터 돌아오면서 노역을 담당하는 사람이 만여 명이 넘었고 아름답게 장식한 물건이 천여 개에 이르렀다. 이에 모두 그것을 없애버리고 씀씀이를 절약하고 농업에 힘쓰면 천하 사람들이 즐겁게 의지할 것이라고 상주하였다."[35] 사마의는 청룡(靑龍) 4년(236)에 돌아와서 상소를 하면서 다음과 같이 말했다. "황하의 북쪽 백성들이 곤궁하고 안팎으로 노역에 시달리고 있으니 나라의 형세가 결코 중흥할 수 없습니다. 마땅히 임시로 안의 일은 접어두고 시급한 일을 구제해야 합니다."[36]

---

33 『三國志』「魏書」「辛毗傳」. "二虜未滅而治宮室, 直諫者立名之時也."

34 『三國志』「魏書」「三少帝紀」. "諸所興作宮室之役, 皆以遺詔罷之."

35 『晉書』「高祖宣帝紀」. "初, 魏明帝好脩宮室, 制度靡麗, 百姓苦之. 帝自遼東還, 役者猶萬餘人, 雕玩之物, 動以千計. 至是皆奏罷之, 節用務農, 天下欣賴焉."

36 『晉書』「高祖宣帝紀」. "自河以北百姓困窮, 外內有役, 勢不並興, 宜假絶內務, 以救時急."

위나라 명제가 밖으로는 정벌 사업을 추진하고 안으로는 궁전 짓는 데 열중해서 슬퍼하고 원망하는 과부와 홀아비가 많은 상황을 보면서, 지주계급의 지식인들은 "청정에 힘쓰고"[37] 백성의 힘을 덜어주는 정책을 제시하였다. 역사서에서는 제왕(齊王) 조방(曹芳)시대가 특별한 전란이 없는 시대였다고 지칭하고 있는데, 이런 시대도 바로 정시현학의 발생시대였다.

한나라와 위나라가 교체하는 시기에 농민들은 깃발을 높이 들고 봉기하여 천하가 크게 혼란했다. 이때에 백성을 다스리는 것에 관하여 두 가지 유형의 의견이 있었다. 하나는 천하가 크게 혼란스러울 때는 백성의 삶이 완전히 붕괴되어 형벌로는 악을 징벌할 수 없으니 마땅히 형벌을 가중하여 "육형을 부활하여 시행해야 한다."[38]는 것이다. 다른 하나는 백성이 죽음을 두려워하지 않을 때에는 마땅히 "형벌을 투명하게 하고 정치를 간소하게 해야 한다"[39]는 것이다. 조조가 집정할 때에는 법가의 통치술을 숭상하여 조씨의 위나라 시대의 법률은 갈수록 번잡하고 가혹해지는 추세였는데, 명제가 그 법률을 개정하기 전에 일상적으로 적용되던 법률의 조례가 모두 26,272조이고, 773만여 언에 달했다. 『삼국지』「위서」에는 여러 곳에 이런 기록이 있다. 예컨대, "나라를 군사로 다스리는 데는 일이 많아서 법을 쓸 때 매우 신중해야 한다."[40] "법으로 금하는 것이 준엄하고 빈틈이 없다."[41] "가혹한 법이 오히려 존재한다."[42]는 등이다. 조씨의 위나라 통치자는 법률을 집행하는 과정에서 엄격한 형벌과 준엄한 법의 폐단을 점점 인식하게 되었다. 명제 조비(曹丕)는 일찍이 형벌을 낮추는 조칙에서 다음과 같이 말했다. "이제 일은 많고 백성은

37『三國志』「魏書」「蔣濟傳」. "務在清靜."
38『晉書』「刑法志」. "宜復行肉刑."
39『晉書』「刑法志」. "刑淸政簡."
40『三國志』「魏書」「高堂隆傳」. "軍國多事, 用法深重."
41『三國志』「魏書」「楊阜傳」. "法禁峻密."
42『三國志』「魏書」「明帝紀」. "苛法猶存."

적으며 상하가 서로 법조문으로 폐해를 당하여 백성이 손발을 둘 곳이 없다."[43] 명제 조예는 비록 법가의 통치술을 일으키고, 실속 없이 겉만 화려한 것을 금하였지만 엄격한 형벌, 준엄한 법이 백성을 다스리는 데 이롭지 않다는 것을 깨달아서 청룡 4년(236년)에 조칙을 내려서 다음과 같이 지적하였다. "법령이 너무 많이 늘어나면 범법자는 더욱 많아지고, 형벌이 많아질수록 간악한 자를 멈출 수가 없다."[44] 정시현학이 제시한 무위의 정치는 바로 형명(刑名)으로 대상을 검속하는 사상을 수립하지 않는 것으로서 현실정치와 긴밀하게 연계되어 있다.

43 『三國志』「魏書」「文帝紀」. "今事多而民少, 上下相弊以文法, 百姓無所措其手足."

44 『三國志』「魏書」「明帝紀」. "法令滋章, 犯者彌多, 刑罰愈衆, 而姦不可止."

제2절

정시현학개론

정시는 위나라 제왕 조방(曹芳)의 연호이며, 240년에서 시작하여 249년에 끝난다. 정시현학(正始玄學)은 또한 "정시지음(正始之音)"이라고도 칭하는데, 이것은 위진현학 발전의 제1단계이다. 현학은 한나라 시대의 경학과 비교해서 말하자면 현저한 특징이 있다. 당시의 정시현학가들은 도가사상을 기초로 하여 우주의 근본법칙을 탐구하였고, 자연무위의 원칙으로 국가와 백성을 다스리는 방법과 인생의 처세(處世) 철학을 이끌어 내었다. 그리고 『노자』·『장자』·『주역』이라는 이른바 "삼현(三玄)"을 현학 청담의 내용으로 삼았다. 더욱이 『주역』과 『노자』의 사상을 청담의 논의 주제로 삼아 서로 치열하게 논쟁하였다. 하안·왕필은 정시현학의 대표적 인물이다. 역사서에는 왕필이 "어려서부터 통찰력과 지혜가 있었고 나이 십여 세에 노자를 좋아하고 변론에 능통했다."[1]고 하였고, 하안은 "재질과 논변이 귀족들 사이에서 뛰어났다."[2]고 칭송하였다. 이와 같은 말은 왕필과 하안이 노자의 학문[老學]과 역학(易學)을 즐

1 『三國志』「魏書」「鍾會傳」注에 인용된 何劭「王弼傳」. "幼而察慧, 年十餘, 好老氏, 通辯能言."

2 『三國志』「魏書」「傅嘏傳」注에 인용된「傅子」. "以材辯顯于貴戚之間."

겨 이야기한 사람이라는 것이다. 『노자』와 『주역』에 대하여 담론하는 이런 유형의 기풍은 분명하게 한대의 경학과 다르다. 동시에 정시연간의 인물 감별(鑑別)도 이미 한대(漢代)에 효성스럽고 품행이 방정한 사람을 천거하는 도덕기준에 구애받지 않았고, 『주역』과 『노자』를 즐겨 이야기하는 것으로 인물을 평가하는 기준으로 삼았다. "정시연간 중에 왕필과 하안은 장자와 노자의 심원한 이야기를 좋아했는데 세상이 모두 그것을 귀하게 여겼다."[3] 이와 같은 말이 바로 명확한 예증이다. 이런 모든 것들이 한대와 다른 점이다.

정시연간에 『노자』와 『주역』을 연구한 현학의 명사들은 왕필과 하안뿐만 아니라 하후현(夏侯玄), 종회(鍾會),[4] 순융(荀融)[5] 등의 사람들이 있었다.

하후현은 정시지음 중에 일정한 지위를 지니고 있다. 원굉(袁宏)[6]은

---

3 『世說新語』「文學篇」注에 인용된「晉陽秋」. "正始中, 王弼何晏好莊老玄勝之談, 而世遂貴焉"

4 역주 종회(鍾會: 225-264)는 위진 시대의 관료이다. 명사로도 이름이 높았다. 자가 사계(士季)이며 영천(潁川) 장사(長社: 지금의 河南省 長葛縣 지역) 사람이다. 위나라 문제(文帝) 황초(黃初) 6년(225)에 태어났으며, 왕필에 비해 1살 많았다. 명문세가의 출신으로서 그의 아버지 종요(鍾繇)는 태부(太傅) 벼슬을 지냈고, 그의 형 종육(鍾毓)은 거기장군(車騎將軍)을 지냈다. 종회는 사도(司徒)벼슬을 지내고 관내후의 작위를 받았다. 위나라 진류왕(陳留王) 경원(景元) 5년(264)에 모반의 음모에 연루되어 사마씨에게 피살되었는데, 이때 나이 40이었다. 당시에 그는 군공(軍功)이 세상에 혁혁하였을 뿐만 아니라 논변의 재능과 학식교양도 다른 사람에게 뒤지지 않았다. 『삼국지』「종회전」에 그를 "어려서부터 영민하고 지혜가 숙성했으며", "장성해서는 재주와 기예가 뛰어나고 박학했고", "명리를 정밀하게 탐구하여 밤과 낮을 이어 독서하였으니 이로부터 명성을 얻었다"(少敏慧夙成. 及壯有才數技藝而博學. 精練名理, 以夜續晝, 由是獲聲譽.)라고 하였다. 『수서(隋書)』「경적지(經籍志)」의 저술목록에 의하면 『주역진신론(周易盡神論)』·『역무호체론(易無互體論)』 및 『노자도덕론주(老子道德論注)』 등의 저술이 있다.

5 역주 순융(荀融: 226년 경-?)은 위진 시대의 명사이다. 자는 백아(伯雅)이다.

6 역주 원굉(袁宏: 328-376)은 자가 언백(彦伯)이며 동진 양하(陽夏: 지금의 河南 太康) 사람이다. 어려서 부친을 잃고 집안이 어려웠지만 각고의 노력으로 학문

"하후현, 하안, 왕필을 정시연간의 명사"[7]로 보았으며, 『명사전(名士傳)』에는 하후현의 사적을 기록하였고 시중정위(侍中廷尉) 종육(鍾毓)[8]은 하후현이 "명사로서 절개가 높고 굴종하지 않았다."[9]라고 하였다. 하후현은 일찍이 산기(散騎)·황문시랑(黃門侍郞)의 벼슬을 역임하였고 위나라 명제 때에 총애를 잃었는데, 정시연간 중에 조상(曹爽)의 정권을 보좌하였다. 하후현은 조상의 고종사촌이었기 때문에 진나라에서 산기상시(散騎常侍)와 중호군(中護軍)으로 승진하였다. 하후현은 도가와 유가를 통합한 인물이며, 그는 향리(鄕里)의 인물 논의에 기초한 선발 방법에 찬성하였으며, 유가의 도덕에 비추어서 관리 선발의 표준을 삼을 것을 주장하였다. 그는 다음과 같이 말했다. "무릇 효행은 가문에서 드러나니 어찌 관리로 있으면서 충성스럽고 신의를 지키지 않을 수 있겠는가? 인(仁)과 서(恕)는 구족(九族)에서 칭찬받는 것이니 어찌 정치를 하면서 통달하지 않을 수 있겠는가? 의로움과 과단성은 마을에서 실천하는 것이니 어찌 일을 맡아서 감당하지 못함이 있겠는가?"[10] 이것은 동한의 "국가와 내 몸이 하나로 통하는 것이며", "효자의 가문에서 충신을 구하는" 관리 선발의 표준과 일맥상통한다. 하후현은 무리를 짓고 교유하는 것을 아주 좋아했으며, 당시의 실속 없이 겉만 화려한 명사들의 부류들 중에 일찍이 "사총(四聰)", "팔달(八達)", "삼예(三預)"[11]라는 이름이 있었는

에 힘써 어린 나이에 문명을 떨쳤다. 환온(桓溫) 등의 관료가 되었다가 후에 동진군 태수로 임용되어 49세에 임소에서 죽었다. 저서로 『후한기(後漢記)』, 『삼국명신찬(三國名臣贊)』 등이 전한다.

7 『世說新語』「文學篇」注. "以夏侯太初, 夏平叔王輔嗣爲正始名士"

8 역주 종육(鍾毓: ?-263) 자가 치숙(稚叔)이며 영천(潁川) 장사(長社) 사람이다. 조씨 위나라 태부 종요(鍾繇)의 아들이며 종회(鍾會)의 형으로 그 자신도 조씨 위나라의 중신이다.

9 『世說新語』「方正」注에 인용된 「世語」. "名士節高不可屈"

10 『三國志』「魏書」「夏侯玄傳」. "夫孝行著于家門, 豈不忠恪于在官乎? 仁恕稱于九族, 豈不達于爲政乎? 義繼行于鄕黨, 豈不堪于事任乎?"

11 역주 "사총(四聰)", "팔달(八達)", "삼예(三預)"는 당시의 명사들 중에서 논변이나 행동의 특성이 비슷한 무리들을 묶어서 부르는 풍습에 따라 생긴 용어이다.

데 하후현은 사총의 무리에 드는 한 사람이었다. 하후현은 사마씨의 통치에 반대하였기 때문에 사마씨에게 죽임을 당했다. 설사 이와 같더라도 진나라 사람이 지은 역사서에는 하후현에 대해서도 찬미하는 말이 많다. 『삼국지』「위서」에는 그에 대하여 "하후현은 규범적이고 도량이 넓어 세상에서 그의 이름을 칭송했다."[12]라고 하였다. 다시 말하자면 하후현이 벼슬을 할 때에 비교적 유가의 도덕규범에 부합하였고 또한 포부와 도량이 있어서 하안 등과 같은 사람의 도덕품성과는 차이가 있었다.

하후현은 일찍이 『도덕론』을 지었는데, 『세설신어』에 다음과 같이 기록하였다. "위나라 태상 하후현과 보병교위 완적 등은 모두 『도덕론』을 지었다."[13] 장담(張湛)의 『열자주』에는 하후현의 말 한 단락이 인용되어 있다. "하후현이 말했다. 천지는 저절로 그러함으로써 운행하며, 성인은 저절로 그러함으로써 운용한다. 저절로 그러함[自然]이라는 것은 도이다. 도는 본래 이름을 붙일 수 없는 것[無名]이기 때문에 노자는 억지로 그렇게 이름을 붙인 것이라고 했다. 공자는 요임금을 칭송하여 '그 덕이 넓고 넓어 말로서 이름을 붙여 형용할 수 없다'고 하였고, 아래에 이어서 '높디높다 그의 공(功)을 이룬 것이여!'[14]라고 하였으니, 이는 그 공덕에 대하여 억지로 형용하는 이름을 붙인 것으로서 세상에 알려진 것을 가지고 칭송한 것일 뿐이다. 어찌 형용할 이름이 있는데도 이름을 붙일 수 없다고 하겠는가? 오직 무명(無名)이기 때문에 천하의 모든 이름을 가지고 두루 그것을 형용하는 이름을 붙일 수 있는 것이니, 어찌 그 이

12 『三國志』「魏書」「夏侯玄傳」. "玄以規格局度, 世稱其名."

13 『世說新語』「文學」第四. 注에 인용된「晉諸公贊」. "自魏太常夏侯玄步兵校尉阮籍等皆著道德論."

14 역주 이 부분은 『論語』「泰伯」편 19장의 내용을 언급한 것이다. "子曰 大哉, 堯之爲君也. 巍巍乎唯天爲大, 唯堯則之, 蕩蕩乎民無能名焉. 巍巍乎其有成功也. 煥乎其有文章(공자께서 말씀하셨다. "위대하시다. 요의 임금노릇 하심이여! 높고 크도다. 오직 저 하늘이 가장 크거늘, 오직 요임금만이 그와 같으셨으니, 그 공덕이 넓고 넓어 백성들이 무어라 형용하지 못하는구나)."

름에 국한되는 것이겠는가? 오직 이것은 비유할 수는 있지만 끝내 깨달을 수는 없는 것으로서, 태산이 우뚝 솟은 것을 보고 원기가 엉기어 뭉쳐 있는 것이라고 말하는 것과 같은 것이다."[15] 하후현의 이 단락의 말은 그가 지은 『도덕론』의 일부분일 가능성이 아주 높다. 여기에는 두 가지의 주의할 만한 점이 있다. 첫째, 도는 스스로 그러한 것이요, 스스로 그러한 것은 천지만물이 운행하며 움직이는 객관적 법칙이며 성인이 나라와 백성을 다스리는 객관적 법칙이다. 스스로 그러함을 강조하는 것은 바로 만물에 억지로 부여하는 이질적 힘을 배제하고자 하는 것이다. 둘째, 도는 이름을 붙일 수 없는 것이지만, 이름을 붙일 수 없음을 강조하는 것은 도가 절대적인 텅 빔이라는 말은 결코 아니고, 도는 구체적 속성이 없는 추상적 본체라는 말이다. 그 도가 이름을 붙일 수 없는 것이기 때문에 온갖 존재들을 아우를 수 있으며 통하지 않는 것이 없다. 이름을 붙일 수 없는 도는 이미 "유(有)"와 "무(無)"의 문제에 관련을 맺고 있으며, 초보적으로 현학가의 특징을 지니고 있는 것이다. 『문심조룡(文心雕龍)』은 하후현이 "현묘함에 근본을 둔 것[本玄]"도 바로 "자기 마음을 스승 삼아 남이 깨닫지 못한 것을 혼자 깨달을 만큼 그의 뛰어난 재능이 자세하고 치밀하였다[師心獨見, 鋒穎精密]."라는 것임을 지적하고 있다. 이른바 "현묘함에 근본을 둔 것"은 이미 그 구체적 내용을 살펴볼 수 없게 되었지만, 현묘함[玄]은 이미 『노자』의 고유 술어이며 또한 하후현의 지은 『도덕론』과 연관시켜 볼 때 "현묘함에 근본을 둔 것"이라는 말은 아마도 "무를 근본으로 삼는다."는 의미일 것이다.

종회는 『주역』과 『노자』에 대하여 역시 매우 큰 흥미를 지니고 있었는데, 이는 어려서부터 받는 가정교육과 관련이 있다. 종회의 아버지 종

15 『列子』「仲尼篇」注. "夏侯玄曰: 天地以自然運, 聖人以自然用. 自然者, 道也. 道本無名, 故老氏曰疆爲之名. 仲尼稱堯蕩蕩無能名焉, 下云巍巍成功, 則疆爲之名, 取世所知而稱耳. 豈有名而更當云無能名焉者耶? 夫唯無名, 故可得遍以天下之名名之, 然豈其名也哉? 惟此足喩而終莫悟, 是觀太山崇崛而謂元氣不浩芒者也."

요(鍾繇)[16]는 대리(大理) · 상국(相國) · 태부(太傅) 등의 벼슬을 역임하였는데, "『주역』과 『노자』의 뜻을 풀이하였다."[17] 종회의 어머니도 『주역』과 『노자』를 매우 좋아 하였는데, 『사기』에는 종회의 어머니에 대하여 "본디부터 서적을 사랑하여 많은 책을 섭렵하였으며, 특히 『주역』과 『노자』를 좋아하였고, 『주역』의 효사 중에 '우는 학이 음지에 있음',[18] '공로가 있으면서도 겸손한 군자',[19] '자리를 깔되 흰 띠를 사용함',[20] '집을 나가지 않음'[21] 등의 의미에 대하여 공자가 말한 대목을 읽을 때는 매번 종회에게 이 구절들을 반복해서 읽도록 하였다."[22]라고 기록하고 있다. 여기에서 종회가 어릴 때부터 『주역』과 『노자』의 영향을 크게 받았음을 알 수 있다. 『삼국지』 「위서」의 「종회전」에 "종회가 죽은 뒤에 그의 집에서 서적 20편을 얻었는데, 이름을 『도론(道論)』이라고 하였지만, 형명가(刑名家)의 내용으로 가득 차 있었으며 그 문장도 종회의 문체와 유사하였다."[23]라고 기록하고 있다. 형명가는 이름[名]과 실질[實]의 관계를

16 역주 종요(鍾繇)는 종회의 아버지이며, 자는 원상(元常)으로 위나라 정권에 들어가서 여러 가지 높은 관직을 역임하였다.

17 『世說新語』 「言語」 注 두 곳에 인용된 「魏志」. "爲周易, 老子訓."

18 역주 『周易』 中孚卦. "九二, 鳴鶴在陰, 其子和之. 我有好爵, 吾與爾靡之"(구이는 우는 학이 음지에 있는데 그 새끼가 화답하도다. 내가 좋은 벼슬을 두어 내 그대와 함께 이에 매어 있노라). "象曰, 其子和之, 中心願也"(상전에 말하였다. "새끼가 화답함은 마음속에 원해서이다").

19 역주 『周易』 謙卦. "九三, 勞謙, 君子有終, 吉"(구삼은 공로가 있으면서도 겸손함이니, 군자가 끝마침을 두어야 하니 길하다). "象曰, 勞謙君子, 萬民服也"(상전에 말하였다. "'노겸군자'는 모든 백성이 복종한다").

20 역주 『周易』 大過卦. "初六, 藉用白茅, 无咎"(초육은 자리를 깔되 흰 띠를 사용함이니, 허물이 없다). "象曰, 藉用白茅, 柔在下也"(상전에 말하였다. "'자용백모'는 부드러움이 아래에 있기 때문이다").

21 역주 『周易』 節卦. "初九, 不出戶庭, 无咎"(초구는 집을 나가지 않으면 허물이 없으리라). "象曰, 不出戶庭, 知通塞也"(상전에 말하였다. "집을 나가지 않으나, 통함과 막힘을 알아야 한다").

22 『三國志』 「魏書」 「鍾會傳」. "雅好書籍, 涉歷衆書, 特好易老子, 每讀易孔子說鳴鶴在陰, 勞謙君子, 藉用白茅, 不出戶庭之義, 每使會反覆讀之."

23 『三國志』 「魏書」 「鍾會傳」. "及會死後, 於會家得書二十篇, 名曰道論, 而實刑名

연구하는 학문으로서 명리학(名理學)이라고도 부른다. 명리학은 점차 도가로 전향하게 되는데, 이것은 도가의 이론을 취하여 논의를 전개하면서 이름을 지니고 있는 것은 유한하고 개별적인 것이며, 이름을 붙일 수 없는 것이라야 비로소 무한하고 보편적인 것이라고 하였다. 명리학은 처음에 관직을 편성하고 직분을 안배하는 정치학이었지만, 후대에 와서는 보편적인 무명(無名)을 연구하고 토론하는 도가철학으로 전향하였다. 역사서에는 종회가 "명리에 정밀하게 통달하였다."[24]고 기록하고 있는데, 이것은 바로 이름과 실질의 관계를 고찰할 때 논리를 중시하여 정확하고 타당한 맥락이 있었음을 말하는 것이다. 그러나 또한 그의 문장은 "형명학의 내용으로 가득 차 있었으나 이름을 『도론』이라고 하였다."[25]라고 말하였으므로, 종회의 사상이 명리학에서 도가로 전향되는 과정을 반영하는 것임을 알 수 있다. 이러한 과정은 바로 조(曹)씨의 위나라 초기 명리학에서부터 정시(正始) 연간의 현학으로 상황이 바뀌는 것이다.

종회는 "오히려 역에는 호체가 없다."[26]고 하였고, 『칠록(七錄)』에 『주역호체론(周易互體論)』 3권이 있었다고 기록하고 있지만, 이 책은 이미 유실되었다. 호체의 방법은 『주역』을 해석하는 일종의 방법이다. 무릇 한 괘(卦)의 효(爻)에서 2효와 4효 그리고 3효와 5효의 두 체(體)가 서로 교응하여 한 괘를 이루는데, 이 때문에 하나의 괘는 네 가지 괘를 포함하고 있는 것이다.[27] 이런 종류의 방법은 상수학의 방법으로서 자질구레하

家也, 其文似會."

24 "精練名理."

25 "實刑名學而名曰道論."

26 "尙論易无互體."

27 역주 호체(互體)는 한 괘의 육효(六爻) 속에서 3효・4효・5효로 만들 수 있는 하나의 삼획괘를 약상(約象)이라 하는 데 대해, 2효・3효・4효로 만들 수 있는 삼획괘를 호체라고 한다. 또는 약상까지 포함하여 모두 호체라고 한다. "호체설은 경방(京房: 기원전 77-기원전 37)에 이루어진다. 그는 한 괘의 내・외 두 체로 된 6효의 괘를 제2효에서 4효까지 서로 별도의 하나의 괘체(卦體)를 만들고, 3효

고 번거롭다. 현학가는 간결함으로써 번잡함을 다스리는 것[以簡御繁]을 중시하며, 의미를 얻고 나서 상(象)을 버리는 것[得意忘象]으로써 『주역』을 주해하는 주요 방법으로 삼는다. 여기서 말하는 호체의 방법은 점점 폐기하게 되는 것이다. 왕필은 『주역』에 대하여 주해를 하면서 호체의 방법에 반대하였다. 그는 "호체가 부족하면 드디어 괘변(卦變)에까지 미치고, 그 괘변이 부족하면 또 오행에까지 미루어 나아간다. 한 번 그 본원을 잃으면 교묘함이 더욱 넓고 심해져서 멋대로 꾸며서 혹시 맞는 게 있더라도 뜻을 취할 것이 없으니, 대체로 상은 간직하되 뜻을 잊었기 때문이다."[28]라고 하였다. 호체・괘변・오행 등의 방법이 지닌 병폐는 종주(宗主)와 본원을 잡을 수 없다는 점에 있는 것이며, 이런 방법은 상은 간직하되 뜻을 잊게 만드는 원인이 된다. 종회는 『주역』에는 호체가 없다는 것을 논하면서 한나라 시대의 상수학 방법을 버리고 새로운 국면의 세계를 개척하고자 시도하였다. 하소(何邵)는 "왕필과 종회는 사이가 좋았으며, 종회는 깊은 사색으로 일가를 이룬 사람이었으나, 번번이 왕필의 높은 성취에 굴복하였다."[29]라고 기록하였다. 왕필과 종회는 나이가 서로 비슷하여 매우 친밀하게 왕래하면서 교류하였는데, 두 사람의 사상도 공통점이 매우 많았다. 역사서에는 종회가 『주역』과 「노자」에 관한 4부의 저작이 있다고 기록하였다. 『수서』「경적지」에는 『주역진신

에서 5효까지의 세 개의 효로써 서로 별도로 또 하나의 한 괘체를 만든다. 예컨대 중부(中孚)괘의 경우 2효에서 4효까지의 세 개의 효는 서로 진(震)괘가 되며, 3효에서 5효까지의 세 개의 효는 서로 간(艮)괘를 이룬다. 거기에다 그 괘의 본래 내체(초효에서 3효까지)는 태(兌)괘이며, 외체(4효에서 상효까지)는 손(巽)괘이다. 그래서 바로 4개의 체가 된다. 이미 4체가 있으니 4개의 상을 얻을 수 있어서 천인감응설에 끌어다 붙이기가 쉬어진다." 林麗眞, 『王弼』 臺灣; 東大圖書公司, 1987, 87쪽.

28 『周易略例』「明象」. "互體不足, 遂及卦變, 變又不足, 推致五行, 一失其原, 巧愈彌甚. 縱復或値, 而義无所取. 蓋存象忘意之由也."

29 『三國志』「魏書」「鍾會傳」注. "弼與鍾會善, 會論議以校練爲家, 然每服弼之高致."

론(周易盡神論)』 1권이 있다고 기록하였으며, 『칠록』에는 『주역무호체론(周易無互體論)』 3권이 있다고 기록하였고, 『석문서록(釋文序錄)』에는 『노자도덕경주(老子道德經注)』 2권이 있다고 기록하였으며, 본래의 열전(列傳)인 『삼국지』「종회전」에서는 『도론』 20편이 있었다고 기록하였다.

순융(荀融)도 정시 연간의 명사(名士)였다. 그는 『주역』과 『노자』를 좋아하였다. 역사서에는 순융에 대하여 "자는 백아(伯雅)이며 왕필과 종회와 함께 유명하였으며, 낙양령이 되어 대장군의 일에 참여하였고, 왕필과 종회와 함께 『주역』과 『노자』의 뜻에 대해 논의하여 후세에 전하였다."라고 기록하였다.[30] 순융이 "왕필과 종회와 함께 『노자』의 뜻에 대해 논의했다."는 이 일은 이미 자세히 고찰할 수 없다. 그는 일찍이 왕필의 대연의(大衍義)에 대하여 논박하였으나, 그 원문이 이미 유실되어서 오직 왕필이 순융을 논박하는 말 속에서 그 대강의 의미를 추론할 수 있다. 왕필은 "총명함은 지극히 그윽하고 미세한 것을 찾아낼 수 있으나 자연의 성을 버릴 수는 없다. 안회의 국량은 공자가 기대한 바가 있었으나, 그를 만남에 즐거움이 없을 수 없고 그를 잃음에 슬픔이 없을 수 없었다."[31]라고 하였다. 이것은 성인이 희노애락(喜怒哀樂)의 자연스러운 감정을 끊을 수 없다는 점을 말한 것이며, 이어서 안회를 잘 이해하고 있던 공자가 그를 보고서 즐거워하지 않을 수 없었으며 그를 잃고는 슬퍼하지 않을 수 없었던 것이므로 성인은 만물에 순응하면서 희노애락의 감정을 지니고 있으되 만물에 이끌리어 휘둘리지 않는다는 점을 말한 것이다. 왕필은 본성을 가지고 감정을 다스리는 것[以性統情]을 주장하였지만, 순융은 성인은 마땅히 감정이 없어야 함[聖人應無情]을 주장하였다. 순융이 보는 시각은 한나라와 위나라 교체시기에 한때 유행한 것으

30 『三國志』「魏書」「荀彧傳」 주에 인용된 「荀氏家傳」. "字伯雅, 與王弼鍾會俱知名, 爲洛陽令, 參大將軍事, 與弼會論易老義, 傳於世."

31 『三國志』「魏書」「鍾會傳」 注. "明足以尋極幽微, 而不能去自然之性. 顔子之量, 孔父之所預在, 然遇之不能無樂, 喪之不能無哀."

로서 하안과 종회도 모두 이런 견해를 견지하였다. 성인은 하늘의 도[天道]를 본받는데, 하늘은 저절로 그러한 하늘[自然之天]이며 희노애락의 감정이 없기 때문에 성인도 감정이 있을 수 없는 것이다. 그러나 왕필은 사변적인 길을 따라 한 걸음 더 나아가, 하늘은 이미 의지를 갖지 않는 자연천(自然天) 정도가 아니라 바로 추상적 본체로서의 하늘이다. 이 때문에 왕필은 근본을 가지고 말단을 다스리며[擧本統末] 본성을 가지고 감정을 다스린다[以性統情]는 결론을 추론해 내는 것이다.

배휘(裴徽)[32]도 정시 연간의 문풍(文風)에서 소홀히 할 수 없는 인물이다. 배휘는 『주역』과 『노자』에 대하여 담론을 잘하였다. 역사서에는 "기주 지방의 배휘는 재능이 맑고 총명하여 깊고 그윽한 이치를 풀이할 수 있었고, 늘 『주역』·『노자』·『장자』의 도를 논의했는데, 엄구(嚴瞿)의 무리보다 주해가 정밀하지 않음이 없었다."[33] 배휘는 기주자사(冀州刺史)를 지냈으며, 일찍이 부하·순찬·왕필·하안·관로 등과 모두 접촉하였고, 또한 각각의 학자들 사상을 소통시키고 자기와 같은 것은 추구

32 역주 배휘(裴徽)는 자가 문계[文季, 또는 문수(文秀)라고도 함]이고 세상에서는 배기주(裴冀州)라고 불렀다. 하동(河東) 문희(聞喜)지방(지금 山西省 文喜縣 지역)사람이다. 생졸년대는 자세히 알려지지 않았고 대략 부하(傅嘏, 209-255)와 같은 시기거나 비교적 일찍 죽어서 나이는 40-50여 세였다. 그의 출신 집안은 명망 높은 귀족이었다. 그의 아버지 배무(裴茂)는 현령(縣令)·군수(郡守)·상서(尙書)를 두루 지내고 열후(列侯)에 봉해졌다. 그의 형 배잠(裴潛)은 하남윤(河南尹)·상서령(尙書令)을 지냈다. 배휘도 지위가 이부랑(吏部郞)·기주자사(冀州刺史)에 이르렀다. 『삼국지』「배잠전주(裴潛傳注)」에 배휘가 실제로 박학다식과 다재다능하여 논쟁을 원만하게 잘 수습하는 토론석상의 높은 선배라고 하였다. 하소의 「왕필전」에는 "배휘가 이부랑의 벼슬을 할 때 왕필은 아직 약관의 나이에 이르지 않았는데, 배휘가 한 번 보고서 기특하게 여겼다"라고 했다. 배휘가 왕필을 만난 것은 호적수를 만난 것 같아서, 공자와 노자의 도에 대하여 담론을 하게 된다. 왕필이 "성인체무이언유(聖人體無而言有: 성인은 무를 체득하고 유를 언급했다)"라는 뛰어난 대화를 나누게 되는 것은 바로 배휘와의 담론을 통해 나오는 것이다.

33 『三國志』「魏書」「管輅傳」注에 인용된 「輅別傳」. "冀州裴使君才理淸明, 能釋玄虛, 每論易及老莊之道, 未嘗不注精於嚴瞿之徒也."

하고 다른 것은 남겨 두는 것에 장점이 있었다. 부하와 순찬이 논쟁을 하다가 서로 양보하지 않는 데까지 이르자, 배휘가 "두 사람의 취지에 피차의 각 견해가 통하는 바가 있음을 해석하여, 두 사람 모두 만족스럽게 얻는 바가 있어서 피차 마음이 후련해지도록 하였다."[34] 배휘가 재능과 학문에서 비교적 부하와 순찬에 비하여 약간 높았음을 알 수 있다. 그는 일찍이 『주역』과 『노자』에 대하여 하안과 담론을 하였고, 관로(管輅)[35]와 함께 『주역』의 9가지 문제에 대하여 담론을 제기하였는데, 이를 보면 그가 『주역』에 대하여 비교적 중요하게 생각하였음을 알 수 있다. 배휘는 이부랑(吏部郎) 벼슬을 편안한 마음으로 역임하면서 일찍이 왕필에게 "유"와 "무"의 문제에 대하여 질문하였다. 그는 "무릇 무(無)란 만물이 의지하는 바이나. 그러나 성인은 말씀하지 않았는데도 노자는 이것을 풀어내기를 그침이 없었으니 어찌된 일인가?"[36]라고 물었다. 배휘의 질문 속에서 두 가지 문제점을 볼 수 있다. 첫째, 그는 "무"가 만물이 의지하는 바라고 한 것이며, 이어서 "무"가 유(有)의 근본이라고 본 것이다. 둘째, 그는 여전히 유가와 도가 두 학파의 사상에 충실하였음에도, 성인은 "무"를 강론하지 않았지만 노자는 "무"에 대하여 강론을 했다고 보았으니, 두 가지 입장의 사이에는 모순이 있는 듯하다는 것이다. 이

34 『世說新語』「文學」第四. "釋二家之義, 通彼我之懷, 常使兩情皆得, 彼此俱暢."

35 역주 관로(管輅: 208-256)는 삼국시대의 유명한 점술가이다. 자는 공명(公明)이다. 위(魏)나라 평해인(平海人)으로 어려서부터 천문(天文)을 잘 보았다. 특별히 『주역』에 조예가 깊었고, 앙관(仰觀), 풍각(風角), 점(占), 상(相)에 모두 정통하였다. 점술가로 명성을 날려서 많은 사람들에게 점을 쳐주었는데 점을 치는 효험이 모두 맞았다고 한다. 관로는 하안(何晏)이 장차 죽을 것임을 점쳤는데, 과연 십여 일 만에 피살되어 점괘가 어긋나지 않았다. 그는 점술가로서 『역』을 시일점산(時日占算)과 화복예측의 방술로 간주하여 한역의 장구(章句) 훈고(訓詁)와 다르고, 의리(義理)로 주역을 해석하는 위진 의리역 경향과도 달랐다. 이 때문에 그는 당시의 현학파 역학에 반대하였다. 『삼국지(三國志)』「위서(魏書): 방기전(方技傳)」에 그의 전(傳)이 있다.

36 『三國志』「魏書」「鍾會傳」注. "夫無者誠萬物之所資也, 然聖人莫肯致言, 而老子申之無已者何?"

때문에 배휘는 왕필과 같은 사람들이 지닌 유가와 도가의 종합 입장에 대하여 이해하지 못한 바를 느껴서 이런 질문을 던진 것이다.

유무(有無) 문제에 대한 토론 이외에도 재성(才性)의 문제가 정시 연간에 문사(文士)들의 열띤 담론의 논제였는데, 이 논쟁은 조씨의 위나라 초기부터 줄곧 동진(東晋)에 이르기까지 여전히 그 여파를 남기고 있다.

유여림(劉汝霖)의 『동진학술편년(東晋學術編年)』에서는 "재성의 네 가지 근본(才性四本)"[37]을 가평(嘉平) 5년(253) 즉 정시 연간 뒤의 5년으로 기록하고 있다. 그 이유는 『삼국지』「위서: 부하전」에서 "부하는 늘 재성의 같고 다름에 대하여 논의하였고, 종회가 그것을 모아서 논의하였다."[38] 라고 기록한 것을 가평 연간의 말년에 제갈각(諸葛恪)[39]이 신성(新城)을 도모했던 사건 뒤에 놓은 것이 강조할 만한 가치가 있다는 것이다. 이 1년은 마땅히 종회가 「사본론(四本論)」을 완성한 시간이지, 재성에 관한 논쟁이 시작되는 때가 아니다. 다시 『문심조룡』을 살펴보자. "위나라가 처음 왕패의 기업을 일으킬 때 명가와 법가의 학술로 국가를 통치하였는데, 부하와 왕찬이 명리(名理)의 이론에 대하여 깊이 있게 연구하였다. 정시 연간에 이르기까지는 전대의 전통을 지키고자 하였으나

---

37 역주 "사본론(四本論)"은 재성동이(才性同異)를 논의한 글이다. 사본(四本)이 가리키는 것은 재성동(才性同), 재성이(才性異), 재성합(才性合), 재성리(才性離)이다. 劉義慶, 『世說新語全譯』 柳士鎮・劉開驊 譯註, (貴州人民出版社, 1996) 143쪽. "종회가 『사본론』을 비로소 완성하고 혜강(嵇康)에게 한 번 보이고 싶은 마음이 들었다. 그래서 품속에 이 책을 넣고 마음을 이미 정했으나 혜강의 질문이 두려워 품고서 감히 나서지 못하다가, 문밖으로 멀리 던져놓고는 급히 달아나 버렸다." 「문학(文學)」편 참고.

38 "嘏常論才性同異, 宗會集而論之."

39 역주 제갈각(諸葛恪: 203-254)은 삼국시대 오(吳)나라의 권신(權臣)이다. 제갈근(諸葛瑾)의 장자이며, 제갈량(諸葛亮)의 조카이다. 자는 원손(元遜)이다. 태부(太傅)로서 오나라 제2대 황제 폐제 손량(孫亮, 243-260)의 섭정을 하면서 권력을 전횡하다가 살해되었다. 신성(新城)을 도모했던 사건이란 제갈각이 합비(合肥)의 신성을 포위했다가 사마사(司馬師)의 계책에 의해서 패퇴했던 사건을 말한다.

하안의 문인들이 비로소 현학의 이론을 융성시켰다. 그래서 노자와 장자의 학설이 득세하였고 공자의 학설과 다투게 되었다. 부하의 「재성동론(才性同論)」, 왕찬의 「거벌론(去伐論)」, 혜강의 「성무애락론(聲無哀樂論)」, 하후현의 「본현론(本玄論)」, 왕필의 「易略例」 상 · 하, 하안의 「도덕론(道德論)」은 모두 자기 자신을 스승삼아 독창적인 견해를 밝혀서 논변이 날카롭고 정밀하였으므로 사람이 지은 글 중에서 뛰어난 재능을 발휘한 것이다."[40] 유협(劉勰)[41]은 부하의 "재성(才性)"과 왕찬의 "거벌(去伐)"을 명리학에 포함시키고, 하안과 왕필 그리고 하후현과 혜강을 정시연간의 현학파로 보고 있다. 재성동(才性同) · 재성이(才性異) · 재성합(才性合) · 재성리(才性離)의 논쟁은 조씨의 위나라 초기부터 이미 발단이 있었음을 알 수 있으며, 가평 6년(254) 종회의 「사본론(四本論)」이 당연히 재성에 관한 논쟁의 총결이라고 말해야 한다. "재성사본(才性四本)"에 관하여 역사서에는 비교적 간단하게 기록하고 있다. "종회는 재성(재질과 본성)의 같고 다름에 관해 논의하여 그것을 후세에 전했다. 사본이라는 것은 재질과 본성이 서로 같고, 서로 다르며, 서로 결합되어 있고, 서로 분리되어 있다는 것을 말한다. 상서(尙書) 부하는 재질과 본성이 서로 같다는 논지를 가졌고, 중서령(中書令) 이풍은 재질과 본성이 서로 다르다는 논지를 지녔으며, 시랑(侍郎) 종회는 재질과 본성이 서로 결합되어 있다는 논지를 취했고, 둔기교위(屯騎校尉) 왕광[42]은 재질과 본성이

40 『文心雕龍』「論說篇」"魏之初霸, 術兼名法, 傅嘏王粲校練名理; 迄至正始務欲守文, 何晏之徒始盛玄論, 於是聃周當路, 與尼父爭塗矣. 詳觀蘭石之才性, 仲宣之去伐, 叔夜之辨聲, 太初之本玄, 輔嗣之兩例, 平叔之二論, 並師心獨見, 鋒穎精密, 蓋人論之英也." 역주 仲宣之去伐의 '去伐'은 본래 '去代'로 되어 있으나 '去伐'로 바로잡는다. 太初之本玄의 '本玄'은 본래 '本元'으로 되어 있으나 '本玄'으로 바로잡는다. 楊明照, 『文心雕龍校注拾遺』上海: 上海古籍出版社, 1982. 참조.

41 역주 유협(劉勰)은 중국 남북조시대 양(梁)나라의 문학평론가로서 중국 고대 최고의 문학이론서인 『문심조룡(文心雕龍)』의 저자이다.

42 역주 왕광(王廣)은 사마씨의 진나라 관료이며, 현학 담론에 참여했던 명사이다. 왕릉(王陵)의 아들이며, 재질과 본성이 분리되어 있다는 재성론의 입장을 견

서로 분리되어 있다는 논지를 지녔으나, 그 글이 많아서 여기에 기록하지 않는다."[43] "재성사본"의 내용은 이미 살펴볼 수 없게 되었으나, 그 근원은 찾아 볼 수 있는데, 부하 · 종회 · 왕광 · 이풍은 인물을 평가하는 것과 인재를 뽑는 기준에 대한 시각과 당파에 소속됨 그리고 그들의 도덕 품성의 우열에 대한 입장에서 그들이 재성을 보는 구체적 견해를 포함하고 있다. 아래에서 우리는 각 사람에 따라 재질과 본성이 서로 같고, 서로 다르며, 서로 결합되어 있고, 서로 분리되어 있다는 입장을 분석한다.

부하(傅嘏)[44]는 재질과 본성이 서로 같다고 주장하였다. 정시 1년(240)에 그는 황문시랑이 되었다가 하안에게 죄를 지어서 관직을 그만두게

지하였다.

43 『世說新語』「文學」注에 인용된「魏書」. "會論才性同異傳于世. 四本者, 言才性同, 才性異, 才性合, 才性離也, 尙書傅嘏論同, 中書令李豊論異, 侍郎鍾會論合, 屯騎校尉王廣論離, 文多不載."

44 역주 부하(傅嘏)는 자가 난석(蘭石)이고, 또 다른 자는 소선(昭先)이다. 북지(北地) 니양(泥陽)땅(지금의 陝甘 일대) 사람이다. 한 헌제(憲帝) 건안(建安) 14년(209)에 태어나 위나라 고귀향공(高貴鄕公) 정원(正元) 2년에 죽었으니 나이 47세였다. 부하의 할아버지 부예(傅睿)는 대군태수(代郡太守)였고, 부하의 아버지 부충(傅充)은 황문시랑(黃門侍郎)이었고, 부하의 백부 부손(傅巽)은 시중상서(侍中尙書)였다. 비록 큰 집안으로서의 명문가는 아니었으나 그의 아버지와 할아버지의 벼슬이 미미한 것이 아니라 5품 이상이었다. 부하 본인은 정시년간에 상서랑(尙書郎)에 제수되었고, 황문시랑(黃門侍郎)으로 벼슬을 옮겨서 정치적 입장이 조상, 하안과 부합하지 않아 한때 관직을 잃기도 했다. 태부(太傅)인 사마의(司馬懿)가 종사중랑(從事中郎)으로 삼았으므로 조상과 하안 등이 죽임을 당하자 하남윤(河南尹)에 천거되고 상서에 제수되었다. 가평(嘉平) 말년에 관내후(關內侯)의 작위를 받았다. 고귀향공 때에 무향정후(武鄕亭侯)로 작위를 옮겨 받고, 상서복야(尙書僕射)를 지냈으며, 양향후(陽鄕侯)에 봉해졌다. 죽어서는 태상(太常)으로 추증되고, 시호를 원후(元侯)라 했다. 그는 명리파(名理派)의 주요인물로 명리파의 생활은 비교적 근엄했으며 일을 처리하는 데도 규칙이 있었으며, 논변을 이야기할 때도 비교적 실제에 부합했다. 그러므로 『삼국지』「부하전」 주에 인용된 『부자(傅子)』의 글에서 부하에 대해 사리에 밝게 통달하여 바른 것을 좋아하고, 이치에 밝아 요체를 알고, 재성을 즐겨 논하고, 근본을 캐물어 정미함에 이르렀으니, 이런 경지는 미칠 수 있는 자가 드물다고 하였다.

되었으나, 조상이 죽고 난 뒤에 사마씨에게 공을 세워서 양향후(陽鄕侯)에 봉해졌으며 600호의 식읍을 더 늘리게 되어서 이전에 받은 식읍을 합하여 모두 1,200호에 이르렀다.

부하가 재질과 본성을 보는 시각은 명확하게 한나라 시대의 유풍을 지니고 있다. 그는 다음과 같이 지적하였다. "옛날 선왕께서 인재를 뽑으실 때 반드시 고을에서 하는 그의 행실에 근본을 두고, 학교에서 도를 가르치고 나서, 행실이 바르게 갖추어진 자를 현(賢)이라 하고, 도를 잘 닦은 자를 능(能)이라고 불렀다. 시골의 고을에서 임금에게 현능한 사람을 추천하여 올릴 때 임금이 삼가 공손히 받았으니, 행실이 바르게 갖추어진 자를 뽑아서 외직을 주어 우두머리로 삼고, 도를 잘 닦은 자를 가려서 내직의 벼슬을 주어 다스리게 하였는데, 이것이 옛 선왕이 인재를 거두어 쓰는 도리이다. 바로 이제 온 나라의 백성 중에 수도 서울의 백성에만 아낌이 미치고 육향 고을[45]의 인재는 등용하지 않고, 인재를 뽑는 직무를 이부(吏部)에만 오로지 맡겼다. 구품중정법으로 선발된 자의 자질을 살펴보면 실제의 재질을 갖추었다고 보기 어렵고, 공로가 적은 자에게 맡기면 덕행을 펼 수가 없으니, 이와 같이 한다면 관리의 고과를 평가하는 전최(殿最)[46]로도 인재를 다 선발할 수 없는 것이다."[47] 부하는

---

45 역주 육향(六鄕)은 본래 중국 주내의 행정(行政) 구획을 말하는 것이다. 왕성(王城)으로부터 50-100리 이내의 땅으로서 대사도(大司徒)의 소관(所管)인데, 오가(五家)가 1비(比), 오비가 1여(閭), 사려(四閭)가 1족(族), 오족(五族)은 1당(黨), 오당이 1수(州), 오주(五洲)가 1향(鄕)으로 모두 75,000가(家)를 이룬다. 여기서는 지방의 고을 인재를 선발하라는 의미로 한(漢)나라 때의 향거이선법(鄕擧里選法)을 말한다.

46 역주 전최(殿最)란 관찰사(觀察使) 같이 중앙에서 파견한 관리가 각 고을 수령(守令)의 실적을 조사하여 중앙에 보고하던 일이다. 성적(成績)을 고사(考査)할 때 상(上)을 최(最), 하(下)를 전(殿)이라 하여, 매년 6월 15일과 12월 15일 두 차례에 걸쳐 시행하였다. 이는 관리의 고과에 대한 포폄(褒貶)의 활동이다.

47 『三國志』「魏書」「傅嘏傳」. "昔先王之擇才, 必本行於州閭, 講道於庠序, 行具而謂之賢, 道脩則謂之能. 鄕老獻賢能于王, 王拜受之, 擧其賢者, 出使長之, 科其能者, 入使治之, 此先王收才之義也. 方今九州之民, 爰及京城, 未有六鄕之擧, 其選

고을 사람들의 의견을 모아 반영해서 관리 선발의 근거로 삼는 것을 찬성하였는데, 고을 사람들의 의견을 반영하는 주요 내용은 첫째, 유가의 경전을 학습한 수준을 보는 것으로서 바로 학교에서 도를 강론한 것을 말한다. 둘째, 효제(孝悌)와 우의(友誼) 그리고 예법으로 고을에서 칭송되는 여부를 보는 것으로서 행실이 잘 갖추어진 자의 모습[賢]을 말한다. 경전에 밝고 행실을 잘 닦은 현능(賢能)한 사람은 바로 관직을 수여할 수 있는 사람이며, 이런 사람이 바로 재질을 갖추고 있는 사람이다. 바꾸어 말하면 수신제가(修身齊家)의 도덕을 갖추고 있으면서 동시에 치국평천하(治國平天下)의 재능도 구비하고 있는 사람으로서 재질과 본성이 동일한 사람이다. 이것은 동한 말년의 찰거법(察擧法)과 징벽법(徵辟法)의 유풍(遺風)인데, 부하는 부개자[48]의 후손으로 명문세족으로서 누대에 걸쳐 관직을 역임한 가문이었기 때문에 그는 고을 사람들의 의견을 모아 관리 선발에 반영하는 것을 자연스럽게 여겼다. 이와 같은 부하의 논의는 재질과 본성을 같다고 보는 입장의 주해(註解)라고 볼 수 있다.

부하는 재질과 본성을 근본과 말단[本末]의 관계로 보았는데, 일찍이 왕찬은 부하와 하후현(夏候玄)에 대하여 말하길, "당신들은 세간의 공명(功名) 방면에서 분명히 나보다 뛰어나지만, 당신들의 식견과 지혜는 나보다 조금 못하다."고 하였다. 이에 부하는 "공명이 뛰어나다는 것은 식견인데, 천하에 누가 근본이 부족하면서 말단이 넉넉하겠는가?"[49]라고 하였다. 부하는 공명이 말단이며 식견이 근본이라고 생각했으며, 공명이라는 말단은 식견이라는 근본에서 체현되는 것이며, 공명과 식견은 통일적인 것이라고 보았다. 공명은 재질이 나타나 펼쳐진 결과이며, 식

才之職, 專任吏部. 案品狀則實才未必當, 任薄伐則德行未爲敘, 如此則殿最之課, 未盡人才."

48 역주 부개자(傅介子)는 전한 시대의 유명한 장수로 장건(張騫)과 함께 외민족 정복의 공로가 크다.

49『三國志』「魏書: 荀彧傳」注. "能勝功名者識也, 天下孰有本不足而末有餘者邪?"

견과 지혜는 오상(五常)[50]의 하나로서 사람의 덕성에 속하는 것이므로 부하가 재질과 본성을 근본과 말단의 관계로 본 것은 재질과 본성이 같다는 입장에 대한 일종의 해석이다.

부하가 인물을 평가할 때는 종종 재질과 본성이 같다는 입장을 표준으로 놓았는데, 하후현의 덕행은 과거 한때 사류(士類)들에게서 칭송을 받았으나 부하는 오히려 그가 덕행과 재질을 함께 잃었다고 보고서, "뜻이 그 국량보다 커서 헛된 명성에 부합하고 실제의 재질이 없었다."[51]라고 말하였다. 바꾸어 말하면 그는 하후현이 명성을 널리 얻는 것을 잘하고 붕당을 잘 맺은 것은 인정하였지만 근본적으로 그의 덕행은 부정했는데, 이는 그의 재능이 견고한 기초를 갖추지 못했기 때문이다.

부하는 재능을 발휘하여 만년에 벼슬길이 순조로웠는데, 재질과 본성의 네 가지 입장인 재성동(才性同)·재성이(才性異)·재성합(才性合)·재성리(才性離)의 논쟁에 참여한 사람들 중에서 오직 부하만 천수(天壽)를 다하고 죽었다. 기록을 보면 그는 재능을 매우 중시하였는데, 당시에 산기상시(散騎常侍) 유소(劉邵)가 고과법(考課法)을 만들어 제시했을 때 부하는 이에 대하여 비판적 입장을 제기하였다. 그는 "무릇 황제의 제도는 포용함이 두터우며, 성인의 도는 그윽하고 심오하므로 진실로 참된 재능이 아니면 도는 실행할 수 있는 것이 아니며, 그 도를 신묘하게 밝히는 것은 사람에게 달린 것이다."[52]라고 하였다. 바꾸어 말하자면 재능 있는 관리를 임용해야만 비로소 포용함이 두텁고 그윽하고 심오한 치국(治國)의 도를 널리 시행할 수 있는 것이다. 사람의 우열(優劣)을 가리는 것은 성인의 도를 신묘하게 밝힐 수 있는지의 여부와 관련이 있다. 부하의

50 오상(五常)은 인의예지신(仁義禮智信) 다섯 가지 덕성을 말하며, 여기서 식견과 지혜는 지(智)에 속하는 것으로 보았다.

51 『三國志』「魏書: 傅嘏傳」. "志大其量, 能合虛聲而無實才."

52 『三國志』「魏書: 傅嘏傳」. "蓋聞帝制宏深, 聖道奧遠, 苟非其才, 則道不虛行, 神而明之, 存乎其人."

덕행은 기록에 의거해 보면 도에 부합한다고 칭송할 만한 어떤 면도 결코 지니지 못했는데, 그가 재질과 본성의 같음을 주장한 목적은 사람들이 재질을 본성으로 보아서, 자기 자신의 덕성과 재질을 겸비하고 재질과 본성을 동일하게 드러내게 하고자 의도한 것이다.

종회(鍾會)는 재질과 본성의 결합을 주장했다. 종회는 아주 재능이 뛰어난 사람인데, "그 눈동자를 보면 사람의 재질과 본성을 알 수 있었던"[53] 장제(蔣濟)[54]가 5세 시기의 종회를 보고 감별하여 "아주 뛰어난 사람이다."[55]라고 하였다. 종회는 일찍이 중서령(中書令) 우송(虞松)[56]이 표문을 다듬을 때 도와주었는데, 사마사(司馬師)[57]의 높은 평가를 받았으며, 사마사는 종회를 "임금을 보좌할 재목"[58]이라고 칭찬하였다. 『세설신어』는 그에 대하여 이렇게 평가하였다. "종회는 뛰어난 가문의 자제

53『三國志』「魏書: 鍾會傳」. "觀其眸子足以知人."

54 역주 장제(蔣濟: ?-249)는 위나라의 관료이며 저명한 명사이다. 자는 자통(子通)이다.

55『三國志』「魏書: 鍾會傳」. "非常人也."

56 역주 우송(虞松)는 위진 시대의 관료이다. 사마씨의 정권에 참여하여 부하(傅嘏) 등과 함께 계책을 많이 내어 사마사가 신임하던 막료 중의 하나였다.

57 역주 사마사(司馬師: 208-255)는 위진 시대 저명한 장군이며 정치가이다. 자는 자원(子元)이다. 위나라 시기 정치적 실권자인 사마의(司馬懿)의 장남이며, 사마소(司馬昭)의 형이다. 약관의 나이 때부터 같은 세대 인물이자 처남인 하후현(夏侯玄)과 더불어 이름을 날렸다. 249년, 아버지 사마의가 당시 권력을 잡고 있던 대장군 조상(曹爽)을 제거할 때 함께 출병하여 조상과 그 일족을 제거하였다. 이것이 고평릉의 반란이다. 이로 말미암아 조씨 왕조는 몰락의 길을 걷게 되었다. 251년에 사마의가 죽자, 사마사는 당시 황제인 조방(曹芳)에게 대장군 벼슬을 제수받아서 아버지 사마의보다 더 많은 권세를 누렸고, 그의 권력은 황제를 꼭두각시로 만들었다. 이에 황제 조방이 이풍(李豊), 장집(張緝), 하후현 등과 사마사를 제거하려 하였지만, 사마사는 조방을 제왕으로 강등, 폐위시키고 고귀향공 조모(曹髦)를 데려와 새 황제로 삼았다. 255년에 관구검(毋丘儉)이 문흠(文欽) 등과 더불어, 황제 폐위에 대한 죄를 묻고자 군사를 일으키자 사마사는 직접 출병하였다가 진중에서 사망하였다. 묘호는 진(晉) 태조(太祖), 시호는 문황제(文皇帝)로 추증되었다.

58『世說新語』. "王佐材."

로서 재질로써 총애를 귀하게 받았고, 화려한 성장을 한 채 수레를 몰고 다니면 빈객들이 구름처럼 따랐다."[59] 종회는 그의 재능으로 인하여 사마씨 집단의 중용을 크게 받았는데, 관구검(毌丘儉)[60]이 반란을 일으키자 사마사가 동쪽으로 정벌을 나설 때, 종회는 봉행하면서 "비밀스런 군사의 일들을 모두 맡았으며",[61] 사마사가 죽은 뒤에 사마소가 육군(六軍)을 모두 통솔할 때엔 종회가 "군막에서 꾀를 내었는데",[62] 관구검의 반란을 진압하는 중에 "종회가 꾀를 많이 내어 직접 모시니 나날이 융성하여서, 당시 사람들이 장량(張良)[63]과 같은 사람이라."[64]고 하였다. 그 후에 또

---

59 『世說新語』「簡傲」注에 인용된「文士傳」. "會名公子, 以才能貴幸, 乘肥衣輕, 賓從如雲."

60 역주 관구검(毌丘儉: ?-255)은 위진 시대의 유명한 장군이다. 자는 중공(仲恭)이다. 사마의의 지시에 따라 요동지역을 평정하고, 고구려를 침공하여 한때 고구려의 국기(國基)를 위태롭게 하였다. 동천왕은 보병과 기병 2만을 이끌고 비류수강에서 맞붙었다. 이 전투에서 고구려군이 크게 승리하여 위나라의 6천의 군사를 사상케 하였다. 여세를 몰아 동천왕은 진격했지만 관구검의 결사 항전에 1만 8천의 병사를 잃고 패퇴하였다. 이로 인해 동천왕은 겨우 1천의 병사를 이끌고 환도성으로 들어오게 된다. 이후 관구검은 환도성을 점령하고 동천왕은 남옥저로 달아난다. 이를 안 관구검은 현도태수(玄菟太守) 왕기(王頎)를 시켜 추격케 하였다. 신하 밀우가 결사대를 이끌고 항전하는 사이 동천왕은 남쪽 낙랑 지역까지 후퇴하였다. 추격병의 추격이 이어지자 유유(紐由)가 거짓 항복을 하는 척하다 위나라 군의 장수를 죽였다. 유유도 그 자리에서 죽는다. 이 일로 인해 위나라 군은 혼란을 일으키고 이를 틈타 동천왕이 기습하여 승리를 거둔다. 관구검은 동북쪽 숙신의 남쪽 경계에 이르러 자신의 공적을 돌에 새겼다. 또한 다시 환도성을 약탈한 뒤 불내성(견디지 못하는 성)이라는 글자를 새기고 돌아간다. 관구검에 관한 기록은『위지(魏志)』의「고구려조(高句麗條)」와「관구검조」및『삼국사기』등에 전하는데, 1906년 길림성(吉林省) 집안현(輯安縣)에서 발견된 관구검기공비(毌丘儉紀功碑)에도 나타나 있다. 후에 사마씨의 전횡에 반대하면서 반기(叛旗)를 들었으나 평정되어 죽었다.

61 『三國志』「魏書: 鍾會傳」. "典知密事."

62 『三國志』「魏書: 鍾會傳」. "謀謨帳幄."

63 역주 장량(張良: ?-B.C. 186)은 자는 자방(子房)이며 시호는 문성공(文成公)이다. 한나라 명문 출신으로, B.C. 218년 박랑사(博浪沙: 河南省 博浪縣)에서 시황제(始皇帝)를 습격했으나 실패하고 하비(下邳: 江蘇省 下邳縣)에 은신하고 있을 때 황석공(黃石公)으로부터『태공병법서(太公兵法書)』를 물려받았다고 한다. 진

중랑(中郎)으로써 대장군 부중에서 실내의 일을 주관하여 "충복으로서의 중요한 소임"을 다하였다.

종회는 비록 공훈이 탁월하여 재능이 세상을 뒤덮었지만 그의 덕행은 오히려 더러운 오명의 혐의가 있다. 종회는 명성을 널리 취하여 얻었지만 늘 유명 인사들에게 아첨하려고 애를 썼다. 그러므로 비록 정권에 중용되었으나 오히려 명사들에게는 동료의 무리로 받아들여지지 못했다. 혜강은 당시에 아주 이름이 난 명망가였고 유명 인사들 중에 큰 영향을 지녀서 사람들은 그의 사람됨을 "바위처럼 튼튼히 홀로 우뚝 솟은 소나무 같다."[65]고 하여 그의 꺾이지 않는 기개를 찬양하였다. 혜강은 아첨하여 영합하고 권세에 빌붙어서 살랑대는 종회의 품행을 좋게 보지 않아서 그들과 짝이 되어 결탁하지 않았다. 한 번은 종회가 혜강을 방문하였는데, 혜강은 "다리를 펴고 걸터앉아서 쇠를 두드리고 있으니, 종회가 도착하여 예를 표하지 못했다."[66] "혜강이 몽치를 들어 계속해서 치는데 옆에 아무도 없는 듯이 하였고, 시간이 한참을 지나도 종회의 무리들과 한 마디 말을 하지 않았다."[67] 종회는 혜강이 자신을 좋게 보지 않는다는 것을 잘 알았으며, 「사본론」을 완성한 뒤에 특별히 혜강에게 한 번 보여주고 싶은 생각이 들었지만, "품속에 원고를 넣고 나서, 이미 자기 생각이 정해졌는데도 혜강의 질문이 두려워 품속에서 감히 꺼내지 못하고, 혜강의 집 대문 밖에다 멀리 던져놓고 바로 돌아서 급히 도망쳤다."[68] 여

승(陳勝)·오광(吳廣)의 난이 일어났을 때 유방의 진영에 속하였으며, 후일 항우(項羽)와 유방이 만난 '홍문의 회(會)'에서는 유방의 위기를 구하였다. 선견지명이 있는 책사(策士)로서 한나라의 서울을 진(秦)나라의 고지(故地)인 관중(關中)으로 정하고자 한 유경(劉敬)의 주장을 지지하였다. 소하(蕭何)와 함께 책략에 뛰어나 한나라 창업에 힘썼다. 그 공으로 유후(留侯)에 책봉되었다.

64 『三國志』「魏書: 鍾會傳」. "會謀居多, 親待日隆, 時人謂之子房."

65 "巖巖若孤松之獨立."

66 『世說新語』「簡傲」注에 인용된 「文士傳」. "方箕踞而鍛, 會至不爲之禮"

67 『世說新語』「簡傲」. "康揚槌不輟, 旁若無人, 移時不交一言."

68 『世說新語』「文學」. "置懷中, 既定, 畏其難, 懷不敢出, 於戶外遙擲, 便回急走."

기에서 종회가 혜강에게 아첨하여 잘 보이고 싶어 하는 절박한 마음을 볼 수 있다. 혜강은 그를 쌀쌀맞게 대하였기 때문에 종회는 원한을 품게 되었고, 기회를 틈타서 혜강을 모해하였다. "혜강 등의 사람들이 죽임을 당한 것은 모두 종회의 음모이다."[69] 종회는 혜강의 죄상을 미리 정하여 두고, "위로는 천자에게 신하답게 모시지 않았고, 아래로는 왕후를 섬기지 않았으며, 시국과 세상을 경시하고 깔보았고, 세상의 일에 쓰이지 못하였으니, 이제 세상에 보탬이 없고 풍속에 해로움만 있다."[70]고 하였다. 여기에서 종회가 개인적인 일로 보복을 일삼는 소인임을 알 수 있다. 종회와 하후현의 관계도 이런 점을 설명해 준다. 종회가 나이 어릴 적에 일찍이 하후현과 친분을 맺으려 생각했으나 하후현은 그와 서로 교분을 나누고 싶어 하지 않았는데, 하후현이 옥에 갇힌 뒤에 하후현을 업신여기자, 하후현이 얼굴색을 엄하게 하면서 말하길, "종회 당신이 어찌 이럴 수 있는가?"[71]라고 하였다. 종회는 또한 자주 다른 사람의 필적을 모방하여 남을 속였는데, 남의 일을 조금도 가만두고 보지 못하였으며, 계속해서 사마씨 형제에게 중용되었을 때도 그의 품행은 전혀 나아지지 않았고, 촉나라를 정벌할 때에 사마소(司馬昭)[72]는 이미 그에 대하여 의심하는 마음을 갖고 경계하였다. 사마소는 말했다. "촉나라를 취하

69 『三國志』「魏書: 鍾會傳」. "嵇康等見誅, 皆會謀也."

70 『世說新語』「雅量」注에 인용된「晉陽秋」. "上不臣天子, 下不事王侯, 輕時傲世, 不爲物用, 無益于今, 有敗于俗."

71 『世說新語』「方正」注에 인용된「世語」. "鍾君, 何得如是?"

72 역주 사마소(司馬昭: 211-265)는 위(魏)나라 대신 사마의(司馬懿)의 둘째 아들로 태어났다. 형인 사마사(司馬師)가 죽은 뒤 정권을 장악했다. 이에 위협을 느낀 당시의 황제 조모(曹髦)는 사병 300명을 동원하여 사마소(司馬昭)를 제거할 계략을 펼쳤다. 하지만 이를 눈치챈 사마소는 이 계략을 무마시키고 이를 빌미로 그를 폐위시켰다. 그 후 조환(曹奐)을 황제로 옹립함으로써 사실상 모든 전권을 갖게 되었고 이를 토대로 자신 스스로를 진왕(晋王)에 봉하였다. 후에 형에게 입양시킨 아들 사마유(司馬攸)를 자신의 후계자로 지명하려고 했으나 가충(賈充)의 반대로 사마염(司馬炎)을 후계자로 지명하게 되었다. 묘호는 세종(世宗), 시호는 경황제(景皇帝)이다.

는 것은 아주 쉬운 일이지만 여러 사람들이 모두 불가하다고 하는데 오직 종회만이 내 뜻과 같도다. 촉나라를 멸망시킨 뒤에 중국 나라 안의 모든 장수와 병졸들이 저마다 고향으로 돌아갈 생각을 하지만, 촉나라 유민들은 오히려 속으로 떨면서 두려워하니 만일 배반하려는 마음이 있으면 어찌할 수가 없구나."[73] 사마소는 중국의 장수와 병졸들이 고향 땅으로 돌아가고자 하지만 촉나라 백성들이 배반할까 불안하고 두려운데, 종회야말로 모반을 일으킬 역량이 없으니 그에게 병권을 주어 촉나라를 정벌케 하면 일이 잘 될 것임을 분석하고 있는 것이다. 이 기록에 의거해 보면 종회는 재능은 있지만 덕이 없었고, 그가 재질과 본성의 합일을 주장한 것은 사마씨 집단에게 잘 보이고자 아첨하는 것(앞선 사람들이 많이 논술하였음) 이외에, 또 하나의 원인은 자기의 명성을 높이고자 도모한 것이다. 종회는 범인의 영역을 뛰어 넘고 속세를 벗어난 무리가 아니었으며 세상의 평론에 구애받았는데, 그는 여러 번 당시의 명사들과 교유하면서 선비들의 높은 평가를 얻고자 하였다. 공적을 세웠기 때문에 태복(太僕)에 오르게 되었는데도 그는 고사하고 그 자리에 나아가지 않았으며, 제갈탄(諸葛誕)[74]의 반란을 정벌한 공이 있어서 진후(陳候)의 작위에 나아갈 수 있었지만 누차 사양하여 받지 않았는데, 여기에서 종회

---

73 『晉書』「文帝紀」. "取蜀如指掌, 而衆人皆言不可, 唯會與吾意同, 滅蜀之後, 中國將士, 人自思歸, 蜀之遺黎, 猶懷震恐, 縱有異志, 無能爲也."

74 역주 제갈탄(諸葛誕: ?-258)은 하후현, 등양 등과 어울리며 명성을 날렸는데 사총팔달(四聰八達: 네 명의 총명한 인물과 여덟 명의 달인) 중 한 명으로 불렸다. 위 명제 시대에는 신임을 받지 못해 면직되기도 했으나 그 후 사마의에 의해 등용되었다. 오나라의 침략을 물리친 공로로 고평후에 봉해졌고 정동대장군에 임명되었다. 257년에 사공(司空)에 임명되어 낙양으로 소환되었으나 자신이 사마씨 일족에게 주살당한 하후현 등과 친밀한 관계였고 관구검이 토벌된 것처럼 자신도 사마씨 일족에게 주살당할지 모른다는 생각에 반란을 일으키게 된다. 그러나 사마소에 의해 제갈탄은 수춘성에서 농성하다가 패배하고, 제갈탄의 삼족은 몰살당한다. 제갈탄이 죽은 뒤 그의 부하 수백 명이 항복하지 않은 죄로 죽음을 당했는데 그들은 모두 "제갈탄 공을 위해 죽는다면 여한이 없다"라고 할 정도로 그의 덕망은 높았다고 한다.

가 명성과 위세 있는 명망을 매우 중시했음을 볼 수 있다. 그는 재능은 뛰어났으나 덕이 적었으며, 재질과 본성의 합일을 주장하여 사람들이 재질로서 본성을 바라보게 이끌었으며, 재질이 크고 공적이 높은 면을 가지고 품행의 추한 결함의 측면을 감추고자 하였다.

이풍(李豊)[75]은 부하와 종회와는 정반대의 인물인데, 그는 고상한 도덕으로써 세간에 칭송되었지만 이풍 자신은 재능과 덕행이 통일되지 못했다. 이풍은 위위(衛尉) 벼슬을 한 이의(李義)의 아들이며, 젊은 시절에 업하(鄴下) 땅의 선비들에게 "청백(淸白)"하다고 평가되었으며, 뒷날 허창(許昌)에 이르렀을 때 "명성이 날로 융성해졌고",[76] 그는 "인물의 됨됨이를 잘 식별하여 나라 안 사람들의 관심이 쏠리지 않음이 없었다."[77] 역사서에는 이풍이 "명실과 행실을 갈고 닦아 세상의 명예를 추구했고, … 이풍은 결국 한때 명예를 좇아서 서울의 선비들에게 많은 유세를 하였다."[78]고 하였다. 이풍은 당시에 명망이 아주 높았는데, 심지어 오(吳)와 월(越) 땅에까지 명성이 전해졌다. 위나라 명제(明帝)는 일찍이 오나라에서 항복한 사람을 조정에서 불러 묻기를 "강동 지역[79]에서 나라 안의 명사들 중에 누가 이름이 났느냐?"하니, 오나라에서 항복한 사람이 대답하여 말하길 "이안국이라는 사람의 소문이 났습니다."[80]하였다. 안

75 역주 이풍(李豊)은 위(魏)의 충신이다. 자는 안국(安國)이다. 이엄(李嚴)의 아들로 아버지가 제갈량(諸葛亮)에게 죄를 지어 쫓겨난 후 위 나라에 등용되어 장사로 임명되고 군량을 비축하는 임무를 담당했다. 중서령(中書令) 벼슬에 있었는데, 사마의(司馬懿)의 아들 사마사(司馬師)가 황제를 업신여기고 반역을 꾀하려는 것에 반대하고, 위 명제(明帝)의 밀조(密詔)를 받아 사마씨 일파를 제거하고자 시도하였으나 실패하였다. 결국 뜻을 함께하던 하후현(夏侯玄)·장즙(張緝) 등의 인물과 함께 죽음을 당하였다.

76 『三國志』「魏書: 夏侯玄傳」. "聲稱日隆."

77 『三國志』「魏書: 夏侯玄傳」注에 인용된「魏略」. "識別人物, 海內翕然, 莫不注意."

78 『三國志』「魏書: 杜恕傳」注. "豊砥礪名行以要世譽, … 豊竟馳名一時, 京師之士多爲之遊說."

79 역주 오나라를 말함.

국(安國)은 이풍의 자(字)이다. 역사서에는 이풍이 위(魏)나라와 진(晉)나라 조정에서 앞뒤로 벼슬을 살았다고 기록하고 있는데, 오히려 가계에는 마음을 쓰지 않고 겨우 녹봉에만 의지하여 생계를 유지했으며, 권세에 기대고 강한 힘에 의지하여 권리를 빼앗는 짓을 하지 않았다고 하였다. 그의 아들은 공주에게 장가를 들었는데, 그는 아들에게 부마의 권세를 이용하여 돈과 재물을 수탈하지 말 것을 경계하였고, 매번 황제가 하사하는 돈과 비단을 친족들에게 고르게 나누어 주었으며 결코 개인적으로 집안에 감추어두지 않았다. 이풍이 죽은 뒤에 그의 집을 조사하여 샅샅이 뒤졌지만 집안에 남겨서 쌓아 둔 것이 없었는데, 여기서 그가 관리로서 청렴했음을 볼 수 있다. 이풍은 비록 사마씨에게 신임을 받아 중용되었으나, 오히려 절개 없이 아첨하여 굽실대지 않았으므로 당시 사마씨와 조씨 집단이 첨예하게 갈등하고 대립하는 상황에서 재앙을 피하고 몸을 보존할 수 있었다. 이때 그는 질병이 들었다고 핑계를 대었으나 속마음은 조씨 정권을 두둔하고 있어서 하후현이 황제를 보좌하면서 사마씨의 권력 찬탈 행위를 저지하고자 은밀히 도모하였다. 죽음 직전에 그는 의기를 바르게 하고 말을 엄(嚴)하게 하여 사마씨를 다음과 같이 논박하였다. "경의 아비[81]는 간악한 마음을 품고 사직을 무너뜨리고자 하는데, 애석하게도 내 힘이 부족하여 짐승의 무리를 없애는 데 도울 수가 없도다."[82] 이풍은 덕이 넉넉하고 재질은 부족하였는데, 역사서에는 그를 "명성이 그 실제의 재질을 넘어서서 써먹을 재질이 적었으며",[83] "정권의 요직에 있는 사람은 이풍의 명성이 그 실제의 재질을 넘어선다고 여겼다."[84]라고 평가하였다. 여기서 말하는 실제의 재질[實]의 의미는 실

---

80 『三國志』「魏書: 夏侯玄傳」注에 인용된「魏略」. "江東聞中國名士爲誰?", "聞有李安國者也."

81 역주 사마의를 말함.

82 『三國志』「魏書: 夏侯玄傳」注에 인용된「魏氏春秋」. "卿父子懷奸, 將傾社稷, 惜吾力劣, 不能相禽滅耳."

83 『三國志』「魏書: 夏侯玄傳」. "名過其實, 能用少也."

제의 재능인데, 이풍은 비록 명성이 있었지만 백성을 다스리고 붕당을 엮어서 일이 잘 되도록 이리저리 힘을 써서 변통해 주는 일에는 결함이 있었다. 부하는 그를 평가하여 "거짓을 꾸미고 의심이 많았으며, 작은 실수에 괴로워하고 권세와 이익에는 어두웠다."[85]고 하였다. 부하는 이풍과 같은 고을 출신이며, 부하 자신은 재능이 특별히 뛰어난 인물로서 이풍을 높게 보지 않았다. 부하의 비평은 단지 이풍이 아무것도 아닌 일에 지나치게 신중하고 헛된 명성만 추구할 뿐이며, 일의 성취와 권력의 측면에서 비교적 작은 발전의 노력은 있었으나 이풍 자신의 재능과 덕행은 서로 어긋난다는 것이다. 이풍은 재질과 본성의 문제에서 본성을 더 중시하였으며, 이부상서인 노육(盧毓)[86]이 관리 선발을 주관할 때 명성을 좇는 행실을 중시하자, 그는 위나라 명제(明帝)에게 "관리를 선발하는 것에서 명성을 취할 수는 없는 것이며, 명성은 땅에다 떡의 모양을 그린 것과 같아서 먹을 수가 없는 것입니다."[87]라고 하여 옳지 않다고 보았다. 그는 "명성으로는 재주가 뛰어나고 비범한 사람을 모실 수 없고, 그저 평범한 선비만 얻을 뿐이라"[88]고 보았으며, 관리를 선발할 때는 "먼저 본성을 좇는 행실을 들고 난 뒤에 재질을 말해야 한다."[89]고 하였

84『三國志』「魏書: 杜恕傳」注. "當路者或以豊名過其實."

85『三國志』「魏書: 傅嘏傳」. "飾僞而多疑, 矜小失而昧于權利."

86 역주 노육(盧毓: 183-257)은 삼국시대 위나라의 정치가이다. 자는 자가(子家)이다. 유주(幽州)의 탁군(涿郡) 탁현(涿縣) 출신이다. 위나라 문제(文帝) 때에 황문시랑이 되었다가 양군태수와 초군태수(楚郡太守) 등을 역임했다. 청룡(靑龍) 2년(234), 시중(侍中)이 되었다. 인재의 발탁과 등용에 대하여 문제(文帝)와 명제(明帝)가 깊은 자문을 구했다. 황제의 측근인 조상(曹爽)의 세력과 달리 사마씨에 협력하였는데, 사마의가 정변(고평릉의 변)을 일으키고 조상 일파를 축출하고 노육을 사예교위로 임명하여 조상 일당의 처리를 맡겼다. 255년 사마사가 관구검・문흠의 반란을 진압하러 가면서 노육을 남겨 후방의 일을 맡기고 시중의 지위를 부여할 만큼 사마씨의 신임을 받았다.

87『三國志』「魏書: 盧毓傳」. "選擧莫取有名, 名如畵地作餠, 不可啖也."

88『三國志』「魏書: 盧毓傳」. "明不足以致異人而可以得常士."

89『三國志』「魏書: 盧毓傳」. "選擧性行而後言才."

다. 이풍은 이 일을 가지고 노육에게 가르침을 청했는데, 노육은 "재질은 선을 이루는 조건이다. 그러므로 큰 재질은 큰 선(善)을 이루고, 작은 재질은 작은 선을 이룬다. 이제 재질이 있는데도 선을 이룰 수 없다는 것은 재질이 다 갖추어지지 않은 것이다."[90]라고 하였다. 노육의 뜻은 인재를 추천하는 것이 선한 일을 하도록 하며 나쁜 일은 하지 못하게 하는 것이고, 재능이 큰 사람은 좋은 일은 많이 하고 재능이 작은 사람은 좋은 일을 적게 한다는 것이다. 그리고 재능이 있는데도 오히려 좋은 일을 하지 못하는 것은 단지 그가 재능은 있으나 본성이 없는 것이라고 말할 수 있다는 말이다. 이풍은 이 말을 심각하게 받아들였다. 그가 지닌 재질과 본성의 다름이라는 입장에는 재질이 있으나 제대로 다 갖추어지지 않은 것이라는 의미가 있는데, 다시 말하자면 그는 실제의 생활 중에서 볼 수 있는 많은 것이 재질은 있으나 선한 일을 제대로 하지 못하는 사람들이라는 것이다.

왕광(王廣)은 재질과 본성의 분리를 주장하였다. 왕광은 왕릉(王凌)의 아들이다. 왕릉이 오나라를 토벌할 때 공을 세워서 정동장군에 봉해졌고, 또 남향후(南鄉侯)의 작위를 받았으며 식읍이 12,500호에 이르렀으나, 초왕 표(彪)를 옹립하려 했다는 음모에 연루되어 사마씨에게 삼족이 모조리 죽음을 당하였고, 이 때 왕광도 함께 죽었다. 왕광은 학식과 품행으로 선비들에게 칭송을 받았는데, 『세설신어』에서는 왕광을 "지조와 국량 그리고 재주와 학문이 있었고, 명성이 그 당시의 세상에 중후하였다."[91]고 하였다. "왕광은 지조가 있었고, 학문과 덕행을 숭상하였다."[92] 왕광은 명사였으며, 조정에서는 거의 어떤 관직도 맡지 않았지만 오히려 평판이 좋았다. 장제(蔣濟)는 왕릉이 "문무를 넉넉하게 갖추고 있어

---

90 『三國志』「魏書: 盧毓傳」. "才所以爲善也, 故大才成大善, 小才成小善, 今稱之有才而不能爲善, 是才不器也."

91 『世說新語』「賢媛」注에 인용된 「魏氏春秋」. "有風量才學, 名重當世."

92 『三國志』「魏書」「王凌傳」. "廣有志, 尙學行."

서 현재 어깨를 겨눌 사람이 없으며, 왕광 등은 의지력이 아버지보다 뛰어남이 있다."[93]라고 칭송하였다. 왕광 본인의 벼슬살이 행로와 덕행 사이는 서로 분리되어 있다. 왕광이 조상과 사마의에 대해 평가한 것을 보면 재질과 본성 두 가지가 서로 통일되지 않음을 볼 수 있다. 그는 다음과 같이 말했다. "무릇 큰일을 거행할 때는 반드시 인정(人情)에 근본을 두어야 한다. 이제 조상은 교만하고 사치스러움으로써 백성을 잃었고, 하안은 공허하여 다스리지 못했으며, 정밀(丁謐)[94] · 필궤(畢軌)[95] · 환범(桓範)[96] · 등양(鄧颺)[97]은 비록 오래전부터 지니고 있던 희망이 있었으나 모두 세상에서 오로지 경쟁만 하였다. … 그러므로 비록 권세가 온 나라

---

93 『三國志』「魏書」「王凌傳」注에 인용된「魏氏春秋」. "文武俱贍, 當今無雙, 廣等志力有美于父耳." **역주** "贍"자는 원문에 "擅"자로 되어 있는데, "贍"으로 바로잡는다. 참고 陳壽, 『三國志』裴松之 注 北京: 中華書局, 1997, 761쪽.

94 **역주** 정밀(丁謐: ?-249)은 위나라 관료이다. 자는 언정(彦靖)이다. 패국(沛國) 출신이다. 동한 말기 전군교위(典軍校尉) 정비(丁斐)의 아들이다. 위나라 정권의 실세인 대장군 조상(曹爽)의 붕당이었다. 태화 연간 위나라 명제시기 도지낭중(度支郎中)이 되고, 경초 3년(239) 명제가 죽고서 조상이 보정(輔政) 대신의 한 사람이 되자 그는 산기시랑 · 상서가 되었다. 정시 10년(249) 사마의 세력이 조상 일파를 제거하는 고평릉(高平陵) 사건이 발생하자 조상과 함께 죽임을 당했다.

95 **역주** 필궤(畢軌: ?-249)는 위나라 관료이다. 자는 소선(昭先)이다. 연주(兗州) 출신이다. 환관집안 출신으로 아버지 필자례(畢子禮)는 동한의 전군교위를 지냈다. 조상의 붕당으로 황조연간 소예(曹叡)가 대지로 책봉되자 그는 文學에 임명되었고, 조예가 즉위한 뒤 황문시랑에 임명되었다. 조상이 정권을 장악했을 때 여러 고위 관직을 역임하였는데, 그는 지위가 높아질수록 교만하고 방종하였다. 후에 고평릉의 사건으로 사마의 일파에게 죽임을 당하였다.

96 **역주** 환범(桓範: ?-249)은 위나라 관료이다. 자는 원칙(元則)이다. 패국 출신이다. 조상의 붕당으로서 고평릉의 사건으로 사마의 일당에게 처형당하였다. 환범은 명문출신이었으며 학식이 높고 지혜가 많았다. 『황람(皇覽)』 등 많은 서적 편찬에 관여하였다.

97 **역주** 등양(鄧颺: ?-249)은 위나라 관료이다. 자는 현무(玄茂)이다. 남양(南陽)의 신야(新野) 사람이다. 동한 태부 등우(鄧禹)의 후손이다. 하후현, 제갈탄, 전주(田疇) 등과 더불어 "사총(四聰)"으로 명성이 높았다. 조상의 붕당이다. 위나라 명제 때 상서랑에 임용되고 여러 관직을 역임하고서, 고평릉의 사건 이후 사마씨 일파에게 삼족이 죽임을 당했다.

안을 기울이고 명성이 천하에 떨쳤으나, 같은 날 죽임을 당하여, 명사들이 절반이나 줄었는데도 백성들은 이것을 평안하게 여기고 슬퍼하는 사람이 없었으니, 이는 바로 백성을 잃었기 때문이다. 이제 사마의는 비록 감정을 측량하기 어렵지만, 일에 있어서는 백성을 거스르지 않고 현능한 자를 뽑아 써서 자기보다 나은 사람을 널리 배치하였으며, 전대 왕조의 정치 법령을 손질하여 정돈하고, 뭇 백성들의 마음이 요구하는 것에 맞게 하였다. 조상이 악행을 저지르게 된 원인은 반드시 고쳐야 하는데, 밤낮으로 나태함을 씻어버리고, 백성의 구휼을 제일 첫째 일로 삼으며, 부자와 형제가 함께 긴요한 군사의 일을 장악하면 쉽게 망하지 않는 것이다."[98] 왕광이 말한 이 인용 문단의 목적은 조상과 사마의의 우열을 비교하여 자신의 아버지인 왕릉이 현재의 임금을 폐하고 새 임금은 세우고자 하는 일을 막고자 경계하고 권한 것이다. 이 문단의 이야기는 재질과 본성을 보는 왕광의 시각을 반영하고 있는데, 조상 집단의 명성이 천하를 진동시키고 재능이 뛰어나다 하더라도 오히려 "교만하고 사치스러움으로써 백성을 잃었으니" 여기서 그의 덕행에 잘못된 결함이 있음을 볼 수 있다. 사마의는 현능한 사람을 뽑아서 관직에 임용하고 정치의 법령을 엄정하게 시행하였으며, 백성의 구휼을 첫째 일로 삼고 아울러 긴요한 군사의 일을 장악하였다. 사마의가 비록 재능이 있었으나 그의 감정을 "측량하기 어려웠는데", 이는 바로 그의 속마음이 임금에 대해 충성심을 지니고 있었는지 헤아리기 어렵다는 것이다. 조상과 사마의에 대한 왕광의 평가 중에서 재질과 본성의 불일치를 볼 수 있다.

98 『三國志』「魏書: 王凌傳」注에 인용된 「魏氏春秋」. "凡舉大事, 應本人情, 今曹爽以驕奢失民, 何平叔虛而不治, 丁畢桓鄧雖並爲宿望, 皆專競於世 … 故雖勢傾四海, 聲振天下, 同日斬戮, 名士減半, 而百姓安之, 莫或之哀, 失民故也. 今懿情雖難量, 事未有逆而擢用賢能, 廣樹勝已, 脩先朝之政令, 副衆心之所求. 爽之所以爲惡者, 彼莫不畢改, 夙夜匪懈, 以恤民爲先, 父子兄弟並握兵要, 未易亡也."

위진시대의 재질과 본성은 입으로만 또는 지면상의 추상적 논쟁으로만 이루어진 것이 결코 아니며, 이는 그들의 정치적 태도, 당파의 소속, 재질과 본성의 우열 등이 긴밀하게 상관관계를 이루고 있는 실제의 시각인 것이다.

제3절

하안何晏의 현학사상

1 하안의 생애와 저작

하안(何晏)은 자가 평숙(平叔)이며, 남양의 완(宛: 지금의 하남성 남양 지역) 땅 사람으로 태어난 해는 자세한 기록이 없지만, 역사서를 근거로 유추하여 알 수는 있다. 그는 한나라 대장군 하진(何進)의 손자이며, 그의 아버지는 일찍 사망하였는데, 조조(曹操)가 사공(司空) 벼슬을 할 때 하안의 어머니를 아내로 맞아 들였다. 「하안별전」에는 다음과 같이 기록하였다. “하안이 어렸을 때 위나라 궁전에서 자랐는데, 7-8세에 지혜로운 마음이 크게 각성하여, 어리석은 사람이나 지혜가 있는 사람이나 모두 그를 귀하게 공경하며 대우하였다.”[1] 여기서 조조가 하안의 어머니를 아내로 맞아들일 때 하안은 7세보다 어린 때로서 혹은 3-4세 또는 5-6세 정도였음을 알 수 있다. 조조는 건안 원년(196)에 사공의 벼슬을 역임하고 있었는데, 이를 근거로 하안이 대략 초평 원년(190) 즈음에 태

1 『太平御覽』 卷三八五. 「何晏別傳」. “晏時小養魏宮, 七八歲便慧心天悟, 衆無愚智, 莫不貴異之.”

어났음을 미루어 알 수 있다. 역사서에도 이런 기록이 있다. 하안은 "태자를 본떠서 복식을 해 입었기 때문에 문제 조비(曹丕)가 그를 특히 싫어했다."[2] "무제 조조는 하안이 총명하고 지혜로워서 아들로 삼고자 하였고, 매번 별관에 데리고 가서 여러 아들과 함께 서로 장유(長幼)의 순서를 두게 하였다."[3] 여기에서 하안의 나이가 조조의 여러 아들과 장유의 순서를 매길 정도가 되었으며 아울러 태자인 조비와 크게 차이가 나지 않았음을 볼 수 있다. 조비는 중평 4년(187)에 태어났고, 조식(曹植)은 조비보다 두 살이 어리므로 이것으로써 하안의 생년을 추측하는 간접적 증거로 삼을 수 있다.

하안은 위나라 명제(明帝) 시대에는 기회를 얻지 못하여 마음속에 품은 뜻을 이루어 펴지 못했다. 명제는 일찍이 실속 없이 겉만 화려하게 꾸민다는 죄를 씌워서 하안 · 등양(鄧颺) · 이승(李勝)[4] · 정밀(丁謐) · 필궤(畢軌) 등을 억눌러 물리쳤다. 조상이 정권을 잡았던 정시(正始) 연간에 하안은 심복(心腹)으로 신임을 받아서 많은 신용을 얻었기 때문에 이부상서를 맡아서 관리 선발의 주된 역할을 수행하였다. 정시 10년(249)에 음모에 걸려서 반란을 도모했다는 죄를 받고 사마의에게 죽임을 당하였다.

하안의 주요 저작인 『논어집해(論語集解)』는 지금까지 전해지고 있다. 『삼국지』「위서」에 일찍이 하안이 지은 『도덕론(道德論)』을 기록하고 있지만, 이 책은 이미 유실되었다. 장담(張湛)의 『열자주(列子注)』에 인용된

---

2 『三國志』「魏書」「曹爽傳」注에 인용된「魏略」. "服飾擬于太子, 故文帝特憎之."

3 『太平御覽』卷三八에 인용된「何晏別傳」. "武帝因晏聰慧, 欲以爲子, 每扶將游觀令與諸子長幼相次."

4 역주 이승(李勝: ?-249)은 위진 시대 관료이다. 자는 공소(公昭)이다. 형주(荊州) 남양(南陽) 사람이다. 부친 이휴(李休)는 오두미도인 장노(張魯)의 부하였다. 장노가 조조에게 투항한 뒤에 조조를 따라서 동한과 위나라에서 벼슬살이를 했다. 아버지를 따라서 이승도 위나라의 관료 생활을 하였다. 후에 대장군 조상의 붕당이 되었다. 그러나 고평릉의 사건으로 사마의 일파가 조상 세력을 축출하자 조상과 함께 붙잡혀 살해당했다.

『무명론(無名論)』과 『도론(道論)』의 두 문단이 『도덕론』의 일부일 가능성이 있다.

하안은 『주역』을 매우 중시하였다. "하안은 어려서 남달리 특별한 재주가 있었으며, 『주역』과 『노자』를 즐겨 이야기하였다."[5] 배휘는 일찍이 "나는 자주 하안과 함께 노자와 장자 그리고 주역에 대하여 논의하였는데, 늘 그의 말이 이치에 미묘하게 맞는 것을 알았기 때문에 그를 이길 수가 없었다."[6] 관로(管輅)도 일찍이 하안과 『주역』에 대하여 담론하였다. 이정조(李鼎祚)[7]의 『주역집해(周易集解)』에는 『주역』에 대한 32명의 해석을 수집하고 있는데, 그 중에 사괘(師卦)와 비괘(比卦)에 대한 하안의 해석과 관련된 것도 있다. 요진종(姚振宗)[8]이 보충한 『삼국(三國)』「예문지(藝文志)」의 저술 목록에 의거하면, 하안에게는 『주역설(周易說)』 1권이 있다. 그리고 『청사고(淸史稿)』「예문지」는 『주역해(周易解)』를 기록하고 있으나 이미 유실되었다. 『책부원구(冊府元龜)』의 기록에 의거하면, 하안은 『주역사기(周易私記)』와 『주역강설(周易講說)』을 지었지만 모두

5 『世說新語』「文學」注에 인용된 「魏氏春秋」. "晏少有異才, 善談易老."

6 『三國志』「魏書」「管輅傳」注에 인용된 「輅別傳」. "吾數與平叔共說老莊及易, 常覺其辭妙于理, 不能折之."

7 역주 이정조(李鼎祚)는 당(唐)나라 때의 학자이다. 사천성(四川省) 자주(資州) 출신이다. 『역(易)』에 관한 과거의 여러 해석을 모은 『주역집해(周易集解)』의 저자로서만 알려져 있다. 이 책에는 자하(子夏) 이하, 한(漢)나라 때의 경방(京房)·마융(馬融)·정현(鄭玄), 삼국시대 위(魏)나라의 하안(何晏)·왕숙(王肅)·왕필(王弼), 동진(東晉)의 간보(干寶)로부터 당나라의 공영달(孔穎達)에 이르는 35가(家)의 해석을 모았다. 위·진(晉) 이후의 노장(老莊)사상에 근거한 왕필 등의 역 해석이 성행하여 한대역학(漢代易學)의 전통이 단절되었기 때문에, 역의 연구 역사상 이 책이 지니는 가치는 매우 높다.

8 역주 요진종(姚振宗: 1842-1906)은 청(淸)나라 시대의 저명한 학자이다. 자는 해사(海槎)이다. 문헌 고증을 바탕으로 하는 목록학(目錄學)에 조예가 깊었다. 저술로는 『한서예문지습보(漢書藝文志拾補)』 6권, 『한서예문지조리(漢書藝文志條理)』 8권, 『후한예문지(後漢藝文志)』 4권, 『삼국예문지(三國藝文志)』 4권, 『수서경적지고증(隋書經籍志考證)』 52권, 『칠략별록일문(七略別錄佚文)』 1권, 『칠략일문(七略佚文)』 1권 등이 있다.

유실되었다. 여기서 하안이 일찍이 『주역』에 관한 전문적 저술을 썼다는 것을 볼 수 있다.

『칠록(七錄)』에는 하안이 『효경주(孝經注)』 1권을 저술했다고 기록하였으나 이미 유실되었다. 『구당서(舊唐書)』 「경적지(經籍志)」 상편에 하안이 『위명제시의(魏明帝諡議)』 2권을 지었다고 기록하였으나 이미 유실되었다. 『북당서초(北堂書鈔)』에서 발췌하여 기록한 명제의 『시의』는 그중의 일부분일 가능성이 있다. 『수서(隋書)』 「경적지」에는 하안이 『관로전(管輅傳)』 14권, 『악현(樂懸)』 1권을 지었다고 기록하였으나 이 글들은 모두 유실되었다. 현재까지 남아서 전하는 하안의 저작은 겨우 그의 저작의 작은 부분일 뿐임을 알 수 있다. 이 때문에 우리가 오늘날 하안을 연구하는 것은 오직 죽통(竹筒)의 작은 구멍을 통해서 표범을 보듯이 일부분만 보는 것이라고 말할 수 있다. 『전삼국문(全三國文)』[9]은 하안이 남긴 대부분의 저작을 수집하고 있어서 참고할 만한 부분이 많다.

2 하안의 "새로운 것과 옛것을 혼합한新舊雜之" 경학사상

유가 경전에 대한 하안의 주석은 한나라 사람의 경전 해석과 위진 시대 사람의 경전 해석이라는 두 가지 특징을 다 갖추고 있다. 이제 『논어집해』를 예로 들면서 이 문제를 설명한다. 하안은 『논어집해』 서문에서 다음과 같이 말했다.

"안창후 장우(張禹)[10]는 본래 노(魯)나라 판본의 『논어』를 전수받고, 아

9 역주 『전삼국문(全三國文)』은 청나라 때 엄가균(嚴可均)이 편집한 『전상고삼대진한삼국륙조문(全上古三代秦漢三國六朝文)』의 1집이다. 모두 15집으로 이루어진 이 전집은 당나라 이전 시기의 역사·문학·종교·언어 등을 연구하는데 필수 자료이다.

울러 제(齊)나라 판본의 『논어』도 겸하여 강론하면서 그 중에 좋은 것을 좇았는데, 『장후론(張候論)』이라고 부르며 세상 사람들이 이것을 귀중하게 여겼다. 포함(包咸)과 주씨(周氏)의 『논어장구』도 출현하였다. 『고본논어(古本論語)』는 오직 공안국(孔安國)[11]이 풀이와 해설을 달았으나 세상에 전하지 않았고, 순제(順帝) 시기에 남군 태수 마융(馬融)[12]도 풀이와 해설을 달았다. 한나라 말기 대사농 정현(鄭玄)[13]은 노나라 판본의 『논어』 편(篇)과 장(章)을 가지고 제나라 판본의 『논어』와 『고본논어』를 살펴서 주해를 붙였다. 최근에는 사공 진군(陳群)[14]과 태상

10 역주 장우(張禹)는 한(漢)나라 성제(成帝) 때의 승상(丞相)으로 자(字)는 자문(子文)이며 안창후(安昌侯)에 봉해졌다. 외척 왕씨(王氏)가 정권을 장악하자 관직에서 물러났지만, 황제에게 국가의 큰일을 자문하였다. 그러나 자신의 부귀를 보존하기 위해 왕씨의 전횡(專橫)은 직언(直言)하지 못하였다. 『제론(齊論)』, 『노론(魯論)』을 종합하고 정리하여 제·노 양론을 교합(校合)한 『장후론(張侯論)』을 지었다.

11 역주 공안국(孔安國)은 전한의 무제(武帝) 시기 학자이다. 자는 자국(子國)이다. 공자의 고향인 산동성(山東省) 곡부(曲阜 출신이다. 『상서(尙書)』 고문학의 시조이며 공자의 11대손이다. 박사(博士)·간대부(諫大夫)를 지내고, 임회(臨淮) 태수에 이르렀다. 『시(詩)』는 신공(申公)에게서 배우고, 『상서』는 복생(伏生)에게서 받았다. 노(魯)나라의 공왕(共王)이 공자의 옛 집을 헐었을 때 과두문자(蝌蚪文字)로 된 『고문상서(古文尙書)』, 『예기(禮記)』, 『논어(論語)』, 『효경(孝經)』이 나왔을 때 당시 아무도 이 글을 읽지 못한 것을 금문(今文)과 대조하여 고증하고 해독하여 주석을 붙였다. 이것이 이른바 고문(古文) 경학의 효시가 된다.

12 역주 마융(馬融: 79-166)은 후한의 학자이며, 관료이다. 자는 계장(季長)이며 섬서성(陝西省) 무릉(茂陵) 출생이다. 안제(安帝) 및 환제(桓帝)에 사관(仕官)하여 태수가 되었다. 수경(數經)에 통달하여 노식(盧植), 정현(鄭玄) 등을 가르쳤다. 『춘추삼전이동설(春秋三傳異同說)』을 짓고, 『효경』, 『논어』, 『시경』, 『주역』, 『삼례』, 『상서』, 『열녀전』, 『노자』, 『회남자』, 『이소(離騷)』를 주석했다. 문집 21편이 있었으나 지금은 그 단편(斷片)만이 남아 있다.

13 역주 정현(鄭玄: 127-200)은 후한의 학자이다. 자는 강성(康成)이며, 마융의 제자이다. 북해 고밀(北海 高密) 출신이다. 고문 경학을 주로 삼아 금문 경학을 아울러서 금고문 논쟁을 일소하고자 하였다. 『춘추』 3전에 대하여 공양전 입장을 가장 중요시하였다. 정현은 『주역』·『상서』·『모시』·『주례』·『의례』·『예기』·『논어』·『효경』 등 유가의 경전에 대한 주해를 정력적으로 집필하여 한대 경학의 이론적 종합을 이루고자 하였다.

왕숙(王肅)[15] 그리고 주생렬(周生烈)[16]이 모두 『논어의설』을 지었다. 앞선 세대에서 전수된 것들은 비록 스승의 학설에 서로 같지 않은 것이 있더라도 풀이와 해설을 달지 않았다. 전대와 현재의 중간시기에 들어 풀이와 해설을 붙이게 되면서, 오늘날에 이르러 다수의 주해가 있게 된 것이다. 견해가 다른 것에서 서로 얻고 잃는 것이 있다. 이제 모든 학자들의 장점을 모아서 그 성명을 기록하고 마음에 들지 않는 것은 많이 고치고 바꾸어서 이름을 『논어집해』라고 한다."[17]

---

14 역주 진군(陳群: ?-236)은 후한 말기와 위나라 시기의 학자이며 관료이다. 자는 장문(長文)이다. 영천(潁川) 허창(許昌) 출신이다. 조부는 진실(陳實)이며, 부친은 진기(陳紀)이고, 숙부는 진담(陳諶)인데 이들 모두 학문으로 이름이 높았다. 후한의 헌제(獻帝)에게 황제의 자리를 조조한테 넘길 것을 강요하는 등 조조의 심복 노릇을 하였다.

15 역주 왕숙(王肅: 195-256)은 후한의 학자이다. 자는 자옹(子雍)이다. 동해(東海: 山東省) 출생으로 왕낭(王朗)의 아들이다. 시사(時事)와 제도에 대한 의견을 건의하여 정치활동을 하고, 산기상시(散騎常侍)의 벼슬에 승진하였다. 그의 딸은 사마문왕(司馬文王: 사마소)에게 시집을 가서 진(晉)나라 무제(武帝)를 낳았다. 아버지에게 금문학(今文學)을 배웠으나 고문학자(古文學者) 가규(賈逵)・마융(馬融)의 해석을 이어, 정현(鄭玄)의 참위설(讖緯說)을 혼합한 해석을 반박하였다. 많은 경서를 주석하여 신비적인 색채를 실용적인 해석으로 대체하고, 정현의 예학(禮學) 체계에 반대하여 『성증론(聖證論)』을 지었다. 그의 학설은 모두 위나라의 관학(官學)으로서 공인받았다. 그 밖의 저서로 『공자가어(孔子家語)』, 『고문상서공굉국전(古文尙書孔宏國傳)』 등이 있다.

16 역주 주생렬(周生烈: 220년 전후)은 위진 시대의 학자이다. 생애가 자세히 알려지지 않았다. 돈황(敦煌) 사람으로 대략 위 문제(文帝) 황초(黃初) 원년 전후에 태어나 위나라 초기에 시중(侍中)의 벼슬을 지냈다. 하안의 『논어집해』에 그가 지은 「의례(義例)」를 인용하고 있고, 『수당경적지(隋唐經籍志)』에 의하면 『주생자요론(周生子要論)』 1권을 지었다고 하는데 전하지 않는다.

17 『論語集解』 序. "安昌侯張禹, 本受魯論, 兼講齊說, 善者從之, 號曰張侯論, 爲世所貴, 苞氏周氏章句出焉, 古論唯博士孔安國爲之訓解, 而世不傳, 至順帝之時, 南郡太守馬融亦爲之訓說, 漢末大司農鄭玄就魯論篇章考之齊古以爲之注, 近故司空陳羣, 太常王肅, 博士周生烈, 皆爲之義說, 前世傳受, 師說雖有異同, 不爲之訓解, 中間爲之訓解, 至于今多矣, 所見不同, 互有得失, 今集諸家之善說, 記其姓名, 有不安者, 頗爲改易, 名曰論語集解."

하안의 『논어집해』는 여러 가지 학설을 아울러 수집하였으며, 아래에 자기의 뜻을 붙인 것이 특징이다. 하안의 『논어집해』에는 포함(包咸)·주씨(周氏)·공안국(孔安國)·마융(馬融)·정현·진군(陳群)·주생렬(周生烈)·왕숙·하안 등 아홉 명의 학자들 주석이 수집되어 있다. 하안은 "비록 스승의 학설에 서로 같지 않은 것이 있더라도, … 견해가 다른 것에서 서로 얻고 잃는 것이 있다."고 생각했는데, 이것은 한나라 왕조 시기에 풍미했던 한 집안에 대대(代代)로 내려오는 법식(法式)과 스승을 삼아 본받아 배우는 도리의 엄숙한 습속에 비추어 볼 때 마침 선명한 대비를 이룬다.

한나라 이래로 『논어』의 종류에는 『노논어(魯論語)』·『제논어(齊論語)』·『고논어(古論語)』의 구분이 있다. 이런 종류의 구분에 비추어 보면, 『노논어』와 『제논어』는 마땅히 금문(今文)의 『논어』이다. 『논어』를 주석하는 방법은 장구(章句)·훈고(訓詁)·의설(義說) 등이 있다. 위진시대의 경전 주석 방식에서 장구와 훈고는 구식 방법이고, 『노자』와 『주역』의 이치를 가지고 유가 경전에 이론을 억지로 끌어다 붙이는 것이 신식 방법이었다. 포함은 동한 광무제(光武帝) 시기의 사람이며 건무(建武) 연간에 일찍이 태자에게 『논어』를 가르쳤으며 장구의 형식을 중요하게 여겼다. 주씨는 어떤 사람인지 자세히 밝혀지지 않았다. 포함과 주씨는 금문의 『논어』를 강론하였다. 고문의 『논어』는 한나라 경제(景帝) 시기에 노공왕(魯共王) 유여(劉餘)[18]가 공자의 집 벽(壁) 속에서 발견한 것이다. 『논어집해』에는 "『고본논어(古本論語)』는 오직 공안국(孔安國)이 풀이와 해설을 달았으나 세상에 전하지 않았다."고 말하였다. 하안의 『논어집

18 역주 유여(劉餘)는 한 경제(景帝)의 아들이며, 시호는 공(恭)이다. 처음에는 회양왕(淮陽王)으로 봉해졌다가 나중에 노왕(魯王)에 봉해졌다. 평소에 궁실, 정원, 구마(狗馬)를 좋아했고 만년에는 음악도 좋아했다. 말을 더듬어 논변은 싫어했다. 『한서(漢書)』「예문지(藝文志)」의 기록에 의하면 한 무제 말년에 공자의 구택을 허물어 궁실을 넓히다가 벽속에서 『고문상서』·『예기』·『논어』·『효경』 등 수십 편의 고문경전을 찾아내었다. 이것이 고문경학의 기본 문헌이 된다.

해』에 수록된 아홉 명의 학자들 주석 속에서 공안국이 차지하는 비중이 가장 커서 430 조목에 이르는 많은 양이 있으며, 하안 자신의 주석은 겨우 100여 조목에 불과하다. 무엇 때문에 세상에 이미 전해지지 않는 공안국의 주석을 하안이 기어코 이렇게 상세하게 전해주고 있는 것인가? 이 점은 사람들의 의문을 불러일으켰다. 어떤 사람은 공안국의 주석이 하안의 위작이라고 의심하며, 어떤 사람은 왕숙의 손에서 나온 것이라고 의심하지만, 자료의 한계 때문에 단정짓기는 어렵다. 그러나 한 가닥 긍정할 수 있는 점은 하안이 이미 이와 같이 방대한 양의 공안국 주석을 인용하여 전해주고 있으므로 그가 반드시 공안국의 주석에 대하여 크게 흥미를 지니고 있다는 것이다. 공안국과 하안의 두 가지 주석을 비교해 보면 기본적인 사상이 일치하며, 이런 점 때문에 공안국의 주석은 하안의 사상을 연구하는 참고자료가 될 수 있다. 마융은 고문의 『논어』를 전수하였고, 정현은 고문의 『논어』와 금문의 『논어』를 아울러서 주석을 붙였으며, 왕숙 · 진군 · 주생렬은 조씨의 위나라 정권시기의 사람들로서 의리(義理)를 가지고 『논어』에 주석을 달았다. 『논어집해』의 서문에 의거해 보면 아홉 명의 학자들이 장구(章句) · 훈고(訓詁) · 의설(義說)의 방법을 사용하면서도 각각의 특징을 지니고 있지만, 이들의 주석을 수합하여 이용한 면에서 보면 각각의 학자들 특징은 결코 명확하게 드러나지 않는다. 여기에서 하안이 주석의 자료를 선택할 때 "그 중에 좋은 것을 가려서 이용하고, 좋지 않은 것을 가려서 고친다."[19]는 원칙을 견지하면서 『논어』의 해석을 융합하여 하나의 전체로 만들었음을 알 수 있다.

하안은 『논어』에 주석을 붙이는 중에 일찍이 공안국과 포함의 입을 빌려서 자신이 의리(義理)로써 책 전체의 사상을 꿰뚫고자 하는 뜻을 표

19 역주 이 말은 『論語』 「述而」 21장 "子曰 三人行, 必有我師焉. 擇其善者而從之, 其不善者而改之"(공자께서 말씀하셨다. "세 사람이 길을 감에 반드시 나의 스승이 있으니, 그 중에 선한 자를 가려서 따르고, 선하지 못한 자를 가려서 자신의 잘못을 고쳐야 한다").는 구절을 원용한 것이다.

시하였다.

"간(簡)은 크다는 뜻이다. 공자가 진(陳)나라에서 고향으로 돌아갈 생각을 한 것이다. 그러므로 '내 뜻을 좇는 무리의 제자들이 지닌 뜻은 크다.' 라고 말한 것은 제자들이 대도(大道)에 나아가서 과감히 학문을 깊이 연구하여 예악제도의 성취를 이루었으나 그것을 마름질하여 운용할 법을 모르니, 내가 마땅히 돌아가 그들을 잘 다듬고 마름질하여 완성시키고자 하노라 생각하고, 결국 돌아간 것이다."[20]

"그가 물러가서 여러 사람들과 도의(道義)에 대하여 논의하여 풀어내고, 큰 줄기를 잘 밝혀서 실천하는 것을 살펴보니, 그가 어리석지 않다는 것을 알겠다."[21]

"달(達)은 사물의 이치에 통달한 것이다."[22]

---

20 『論語集解』「公冶長」注. "簡, 大也, 孔子在陳思歸欲去, 故曰: 吾黨之小子狂者, 進取於大道, 妄作穿鑿, 以成文章, 不知所以裁制, 我當歸以裁制之耳, 遂歸."
역주 이 부분의 원전은 『論語』「公冶長」21장이다. "子在陳曰 歸與歸與, 吾黨之小子狂簡, 斐然成章, 不知所以裁之"(공자께서 진나라에 계시면서 말씀하셨다. "돌아가자! 돌아가자! 내 뜻을 따르는 무리의 제자들이 뜻은 크나 일에는 소략하여 찬란하게 문장을 이루었을 뿐이요. 그것을 마름질할 줄을 모르는구나").

21 『論語集解』「爲政」注. "察其退還與二三子說繹道義, 發明大體, 知其不愚."
역주 이 부분의 원전은 『論語』「爲政」9장이다. "子曰 吾與回言終日, 不違如愚, 退而省其私, 亦足以發, 回也不愚"(공자께서 말씀하셨다. "내가 안회와 더불어 온종일 이야기를 하였으나, 내 말을 어기지 않아 어리석은 사람인 듯하더니, 물러간 뒤에 그 사생활을 살펴봄에 충분히 밝혀서 실천하니, 안회는 어리석지 않구나!").

22 『論語集解』「雍也」注. "達謂通于物理." 역주 이 부분의 원전은 『論語』「雍也」6장이다. "賜也可使從政也與. 曰 賜也達, 於從政乎 何有."(자공은 정사에 종사하게 할 만합니까?" 하고 물으니, "자공은 사리에 통달했으니 정사에 종사하는 데 무슨 어려움이 있겠는가!" 하셨다.)

"사람이 도탑고 중후하지 않으면 이미 위엄이 없으며, 학문도 견고해질 수 없음을 말한 것이니, 그 의리(義理)를 알겠다."[23]

이상은 모두 공안국의 주석인데, 공안국이 도를 매우 강조하였음을 알 수 있다. 그는 광간(狂簡)의 의미를 대도(大道)에 나아가 과감히 학문을 깊이 연구하는 것으로 해석하고 있는데, 이런 해석은 결코 낮추어 배척하는 뜻이 없다. 그리고 학문을 하는 것은 "대도에 나아가고", "도의(道義)에 대하여 논의하여 풀어내고, 큰 줄기를 잘 밝혀서 실천하며", "사물의 이치에 통달하고", "그 의리(義理)를 아는 것." 이라고 했는데, 아마도 이것은 바로 하안이 말하는 "의설(義說)"일 것이다. 『논어집해』는 언어가 간결하고 의미는 분명하며, 근본적으로 한대 사람들의 번쇄한 경전 해석 방식을 고쳐서 바꿔 놓았다. 하안이 인용한 포함의 주석에서도 이 원칙을 분명하게 나타내어, "배우고 나서 그 의미를 깊이 생각하지 않으면 멍하니 얻는 것이 없다."[24]라고 주석을 붙이고 있다.

하안의 의설(義說)은 단순히 유가의 입장에서 공자의 미묘한 말과 심오한 도리를 해석한 것은 아니며, 『노자』와 『주역』의 의리설을 가지고 도의(道義)를 해석하고 큰 줄기를 잘 밝혀서, 현학의 특징을 갖추고 있다.

"도"에 대한 해석을 사례로 들어보자면, 양백준(楊伯峻)의 통계에 의

23 『論語集解』「學而」注. "言人不能敦重旣無威嚴, 學又不能堅固, 識其義理." 역주 이 부분의 원전은 『論語』「學而」 8장이다. "子曰 君子不重則不威, 學則不固"(공자께서 말씀하셨다. "군자 중후하지 않으면 위엄이 없으니, 학문도 견고하지 못하다).

24 『論語集解』「爲政」. "學而不尋思其義則罔然無所得." 역주 이 부분의 원전은 『論語』「爲政」 15장이다. 子曰 學而不思則罔 "思而不學則殆"(공자께서 말씀하셨다. "배우기만 하고 생각하지 않으면 얻음이 없고, 생각하기만 하고 배우지 않으면 위태롭다"). 저자의 원문에는 "學而不尋思其義理則罔然無所得."라고 하여 "理"자가 첨가되어 있으나, 韓格平 外, 『魏晉全書』 1, 長春: 吉林文史出版社, 2006. 457쪽의 판본을 참고하여 "理"자를 뺀다.

거할 때,[25] 『논어』 속에서 도(道)라는 글자는 60차례 나타나며 공자가 술어로 사용한 것은 44차례 나오는데, 그의 도는 어떤 때는 도덕을 의미하고 어떤 때는 학술을 의미하며 어떤 때는 방법을 의미하지만, 이런 모양의 도는 형이상학적 의미를 지니고 있지 않다. 도에 대한 하안의 해석은 어떤 곳에서 공자의 본래 의미를 간직하고 있다. 예를 들면, 하안은 "먼저 아버지와 형을 섬길 수 있어야만 그 후에 인의 도가 크게 성취될 수 있다."[26]고 하였다. 어떤 곳에서는 노자의 "무"를 가지고 도를 해석하고 있다. 예를 들면 그는 "도는 몸으로 느낄 수 없으므로 그것을 사유할 뿐이다."[27]라고 하였다. "체(體)"는 몸으로 감각을 느끼는 것을 의미하며, "지(志)"는 사유의식을 의미하는 것인데, 도는 감각기관으로 파악할 수 없고 단지 사유에 의지하여 이해하는 것이다. 하안은 여기에서 인식의 두 단계를 구분하였다. 즉 감성의 인식과 이성의 인식이다. 도는 사물의 배후에 감추어져 있는 것이며 현상과 서로 대립하는 본질인데, 하안의 도는 사유에 의지하여야만 비로소 사람들에게 인식될 수 있는 것으로서, 이런 도는 당연히 공자의 도가 아니라 노자가 말하는 도에 가깝다. 도는 형체도 없고 이름도 붙일 수 없어서 감각기관이 파악할 수 있는 방법이 없는 것이며 오직 사유에 의지해서 파악할 수 있다. 몸으로 느낄 수는 없고 사유할 수밖에 없는 하안의 도는 그가 도가의 사상으로 유가의 사상을 해석하는 하나의 사례이며, 도가를 원용하여 유가를 해석하는 것은 정시현학의 큰 특징이다.

---

25 역주 양백준(楊伯峻: 1909-1992)은 근대 중국의 저명한 언어학자이면서 고전학자이다. 본명은 양덕숭(楊德崇)이며, 호남성(湖南省) 장사(長沙) 출신이다. 1932년 북경대학 중문과를 졸업하고 중등 교사 및 북경대학 교수를 역임하였다. 저술로는 『열자집석(列子集釋)』, 上海龍門聯合書局, 1958. 『논어역주(論語譯注)』, 中華書局, 1958. 맹자역주(孟子譯注)』, 中華書局, 1960. 『춘추좌전주(春秋左傳注)』, 中華書局, 1981 등이 있다. 그 중에 『논어역주』는 영향이 매우 큰 것으로서 해외에까지 널리 읽히고 있다.

26 『論語集解』「學而第一」注. "先能事父母, 然後人道可大成."

27 『論語集解』「述而」注. "道不可體, 故志之而已."

하안의 "의설(義說)"은 이미 『노자』의 사상을 가지고 억지로 끌어다 붙이는 면이 있으며, 또한 『주역』「계사전」의 철학적 이치를 가지고 해석하는 면도 포함하고 있다. 예를 들면 다음과 같다.

> "좋은 도에는 종통(宗統)이 있으므로 길이 다르더라도 돌아가는 곳은 같으며, 이단을 따르면 같은 곳으로 돌아가지 못한다."[28]

> "선(善)에는 근원이 있고, 일에는 귀결이 있다. 그래서 천하에는 길이 다르더라도 돌아가는 곳은 같으며, 서로 다른 수많은 생각이 있어도 한 가지로 일치하는 것이다. 근원을 알게 되면 모든 선한 것을 다 거행할 수 있다. 그러므로 많이 배우지 않더라도 한 가지 이치로 알 수 있는 것이다."[29]

"길이 다르더라도 돌아가는 곳은 같으며[殊塗同歸]", "서로 다른 수많은 생각이 있어도 한 가지로 일치하는 것[百慮一致]"이라는 말은 『주역(周易)』「계사(繫辭)」[30]에서 나온 것이며, 앞에 인용한 한 문단은 『논어』

---

28 『論語集解』「爲政」注. "善道有統, 故殊途而同歸, 異端而不同歸也." 역주 이 부분의 원전은 『論語』「爲政」16장이다. "子曰 攻乎異端, 斯害也已."(공자께서 말씀하셨다. "이단을 전공하면 해가 될 뿐이다.")

29 『論語集解』「衛靈公」注. "善有元, 事有會, 天下殊塗而同歸, 百慮而一致, 知其元則衆善擧矣, 故不待多學一以知之." 역주 이 부분의 원전은 『論語』「衛靈公」2장이다. "子曰, 賜也, 女以予爲多學而識之者與? 對曰, 然, 非與? 曰 非也, 予一以貫之"(공자께서 말씀하시기를 "자공아 너는 내가 많이 배워서 아는 이라고 생각하느냐?" 하셨다. 자공이 대답하기를, "그렇습니다. 그렇지 않으신가요?" 하니, 공자께서 말씀하시길, "아니다. 나는 한 가지 이치로 만 가지 일을 꿰뚫고 있는 것이다."라고 하셨다). 그리고 『論語』「里仁」15장에도 비슷한 맥락의 말이 있다. "子曰 參乎, 吾道一以貫之. 曾子曰 唯"(공자께서 말씀하시기를 "증삼아! 우리 도는 한 가지 이치가 만 가지 일을 꿰뚫고 있다." 하시니, 증자께서 "예" 하고 대답하였다).

30 역주 이 부분의 원전은 『周易』「繫辭」下, 5장이다. "易曰 憧憧往來, 朋從爾思. 子曰 天下何思何慮. 天下同歸而殊塗, 一致而百慮, 天下何思何慮"(역에 이르

중에 "이단을 전공하면 해가 될 뿐이다."[31]라는 구절의 해석이다. 공자는 정확하지 않은 학술 연구에 종사하는 것은 재앙을 불러온다고 강조하였다. 뒤에 인용한 문단은 "우리 도는 한 가지 이치가 만 가지 일을 꿰뚫고 있다."[32]라는 구절의 주석이다. 공자는 충서(忠恕)의 도를 가지고 모든 학행(學行)을 관철하고 있는 것으로서, 여기에서 도덕의 원칙은 구체적인 충서의 도이다. 하안은 구체적인 도덕 원칙에 국한하지 않고, 문제를 세계관의 높이로 끌어올려서 자세히 논술하였다. 그의 입장에서 볼 때 세계에 존재하는 사물들의 갖가지 모습과 온갖 변화는 질서 없이 난잡하고 어지러운 것이 아니라, 모두 그 속에 관통하고 있는 종주(宗主)와 종통(宗統)의 역할을 하는 것이 있어서 온갖 일과 사물이 모두 종통과 근원으로 귀결할 수 있는 것이다. 하안은 복잡하게 뒤얽혀 있는 현상 속에서 일반적이고 보편적인 것을 탐색하였는데, 그것이 바로 "선(善)에는 근원이 있고, 일에는 귀결이 있다[善有元, 事有會]."는 것이다. 하안은 또한 한 걸음 더 나아가 일반원칙으로써 잡다한 현상을 관찰하도록 이끌고 있는데, 그것이 바로 "근원을 알게 되면 모든 선한 것을 다 거행할 수 있으며[知其元則衆善擧]", "많이 배우지 않더라도 한 가지 이치로 알 수 있는 것이다[不待多學一以知之]."는 것이다. 하안은 여기에서 이미 특수한 것에서 일반적인 것에 이르는 귀납법을 사용하고 있으며, 일반적인 것에서 특수한 것에 이르는 연역법도 사용하고 있다. 이것은 하안이 일정한 사유수준은 갖추고 있다는 것을 나타낸다. 하안의 입장에서 보면, 도를 파악하는 것은 그물의 벼리를 집어 올리면 그물의 작은 구멍이 저절로 열리는 것처럼 한 가지 이치로 온갖 구체적 상황을 알아

기를 "동동[자주 왕래함]하게 왕래하면 벗만이 네 생각을 따를 것이다." 하니, 공자께서 말씀하였다. "천하가 무엇을 생각하며 무엇을 생각하겠는가. 천하가 돌아감은 같으나 길은 다르며, 이치는 하나이나 생각은 백 가지이니, 천하가 무엇을 생각하고 무엇을 생각하겠는가").

31 『論語』「爲政」. "子曰 攻乎異端, 斯害也已."

32 『論語』「里仁」. "吾道一以貫之."

내는 것이다. 이와 같이 개별적인 것에서 일반적인 것에 이르고, 일반적인 것에서 개별적인 것에 이르는 하안의 인식 방법은 논리에 중점을 두고 분석에 치중하며 의리를 강조하는 것이다. 이것은 이미 『논어』의 본래 의미와 달라진 것이다.

하안의 『논어집해』는 기본적으로 유가의 경전을 해석한 저작이며, 도가사상을 가지고 해석한 조목은 많지 않다. 『삼국지』「위서: 종회전」 주(注)에서 말하길, 왕필이 억지로 끌어다 붙인 글은 하안만큼 되지 않는데, "자연스레 빼어난 곳이 하안보다 많았다."[33]고 하였다. 여기서 왕필과 비교해 볼 때, 하안은 옛것이 많고 새로운 것이 적었음을 볼 수 있다. 새로운 것이 비록 적었지만 오히려 경학이 현학의 방향으로 전환하는 데 도움이 되었으며, 새로운 학술 기풍을 개창하는 데 도움이 된 것이므로 소홀하게 볼 수 없다. 한대의 경학이 현학의 방향으로 전환되는 것은 양적인 변화에서 질적인 변화로 점점 진화하는 과정이지, 갑자기 다가온 비약이 아니다.

3 하안의 현학철학사상

양한(兩漢)의 철학자들은 우주의 구조와 천지의 생성 그리고 원기의 자연변화[元氣演化]에 대한 탐구를 자신의 소임으로 삼았다. 그들은 정확하게 말하자면 자연과학자의 색채를 지니고 있다. 그들의 철학사상은 종종 자연과학의 문제에 대한 탐구에서 드러난다. 위진현학은 철학이라고 말할 수 있으며, 그 현학은 더 이상 우주가 어떻게 형성되었는가 하는 구체적 문제에 국한되지 않았고, 만물의 생성 · 변화 · 발전의 근거에

33 『三國志』「魏書: 鍾會傳」注. "自然有所拔得多晏也."

주의를 집중하였다. 현상의 영역에 다시 국한되지 않았으며 본질과 법칙과 같은 추상적인 문제에 주의를 집중한 것이다. 유(有)와 무(無) 그리고 본(本)과 말(末)은 위진현학의 기본 논의주제였다. 그리고 하안은 이런 사상의 개창자 중 한 사람이었다.

하안은 "무를 근본으로 여기는 입장"을 처음 주장한 인물 중의 하나이다. 『진서(晉書)』「왕연전(王衍傳)」은 다음과 같이 기록하였다. "위나라 정시연간 중에 하안과 왕필이 『노자』·『장자』를 조술(祖述)하여 논의를 세웠으니, 천지만물이 모두 무위(無爲)를 근본으로 삼는다. 무(無)라는 것은 온갖 사물을 열어서 존재의 본질을 성취하게 하니 어디를 가도 없는 곳이 없다. 음양이 그것에 의지하여 사물을 변화 생성하고, 온갖 사물은 그것에 의지하여 형체를 이룬다. 현능한 사람은 그것에 의지하여 덕을 이루고, 못난 사람은 그것에 의지하여 몸의 잘못을 면한다. 그러므로 무의 쓰임은 뚜렷한 벼슬이 없어도 귀한 것이다."[34] 이 문단의 말은 하안과 왕필의 철학 명제 —무를 근본으로 삼는다— 라는 것을 개괄하고 있다. "무"는 자연과 사회의 생존 조건이며, 어떤 현상의 발생과 모든 상황의 성공·실패가 모두 무에 의존하는 것이다. 음양은 무에 의존해서 만물을 생성하는 것이며, 만물은 무에 의존해서 형체를 이루게 되는 것이고, 현능(賢能)한 사람은 무에 의존해서 덕행을 수양하는 것이며, 품행이 못난 사람은 무에 의존해서 재앙을 면하는 것이다. "시(恃: 도를 믿는다)"라는 글자 속에는 의지하고 의거한다는 의미가 있는데, 하안과 왕필이 "시(恃)"라는 글자를 사용하는 것은 그들이 무에서 유가 생성한다는 문제에 크게 주의를 기울이지 않고 오히려 음양·만물·어짊·못남의 근거에 논의의 중점을 두고 있다는 사실을 의미한다. "음양은 무에 의존해서 만물을 생성하는 것이며, 만물은 무에 의존해서 형체를 이루

34 『三國志』「晉書: 王衍傳」. "魏正始中, 何晏王弼等祖述, 『老』『莊』立論, 天地萬物皆以無爲爲本. 無也者, 開物成務, 無往而不存者也. 陰陽恃以化生, 萬物恃以成形, 賢者恃以成德, 不肖恃以免身. 故無之爲用, 無爵而貴矣."

게 되는 것[陰陽恃以化生, 萬物恃以成形]"이라는 말은 음양이 어떻게 만물을 변화 생성하는지 그리고 만물은 어떻게 형성되는지 하는 문제는 더 이상 논의하지 않고, 음양이 무엇을 의지하여 만물을 생성하고 만물은 무엇을 의지하여 형체를 이루는지 하는 문제를 강조하고 있는 것이다. 이런 것은 바로 무에서 유가 생성된다는 생성론을 변화시켜서 무를 의지하여 변화가 이루어진다는 본체론의 문제로 바꾼 것이다. 하안의 입장에서 보면 유와 무는 떨어질 수 없으며 서로 의존해 있는 것이다. "유"를 떠나면 "무"는 인식될 수가 없고, "무"를 떠나면 "유"는 공허하면서 실질이 없는 것이 된다.

하안은 천지·만물·자연·사회 등 이름을 붙일 수 있는 모든 것은 다 구체적인 것으로 보았으며, 그는 이런 것들을 "유(有)" 또는 "사(事)"라고 지칭하였다. 동시에 그는 "유"의 존재를 결코 부정하지 않았으며, 그가 부정한 것은 단지 "유"의 독립적 존재성이다. 그는 다음과 같이 말했다. "유(有)가 형체를 지닌 유가 되는 것은 무(無)에 의지하여 생성한 것이고, 일[事]이 실제의 일로 되는 이유는 무로 말미암아 이루어지는 것이다."[35] 무를 떠나면 온갖 개별자들[萬有]은 생존의 근거가 없게 되는 것이며, 실제의 일들[事情]은 성공의 기초가 없게 되는 것이다. 무의 작용은 무한한 것이지만, 무 자체는 하나의 구체적 물건이 아니다. 하안은 "벼슬이 없어도 귀한 것[無爵而貴]"이라는 말로 무를 비유하였다. 하안은 "유"의 시간적 앞이 어떤 상태였는지에 대하여 더 이상 탐구하지 않았다. 그는 말했다. "천지가 생겨난 이래로 모두 구체적 존재성이 있지만 오히려 도라고 부르는 것은 구체적 존재성이 없기 때문에 이것으로써 생성 변화를 반복할 수 있는 것이다."[36] 그는 천지자연의 만물이 생성된 이래부터는 바로 "구체적 존재성이 있는 것[有所有]"의 영역이라고 하였

---

35 『列子』「天瑞」注에 인용된「道論」. "有之爲有, 恃無以生, 事而爲事, 由無以成."
36 『列子』「仲尼」注에 인용된「無名論」. "自天地已來皆有所有矣, 然猶謂之道者, 以其能復用無所有也."

으며, “도”의 작용을 강조한 것은 “구체적 존재성이 있는 것”의 배후에서 작용하는 것이 “구체적 존재성이 없는 것[無所有]”임을 강조하기 위해서이다. “복(復: 생성변화의 반복)”이라는 말을 사용한 것은 “구체적 존재성이 있는 것”과 “구체적 존재성이 없는 것”이 전후의 상관관계가 아니라 두 가지의 다른 차원을 지닌 관계임을 설명하기 위한 것이다. 여기에서 하안이 말한 “구체적 존재성이 없는 것”은 사물의 본질에 대한 추측이며, 그가 말하는 “구체적 존재성이 있는 것”은 현상에 대한 개괄이다. 사물은 확실히 현상과 본질의 두 측면을 지니고 있으며, 현상을 인식하고 “유”를 인식하는 것은 단지 겨우 사물의 표면에 대한 직접적 인식일 뿐이다. 그리고 사람들의 인식은 직접적인 표면의 것에 머무는 것이 아니라 당연히 현상을 투과하여 배후에 감추어져 있는 본질을 인식해야 한다. 하안은 더 이상 현상에 대한 인식에 만족하지 못하고 현상의 배후에 감추어진 본질을 인식하고자 노력하였다. 이런 점에서 말하자면, 마땅히 하안의 태도는 중국철학의 발전상에서 크게 진일보한 것이라고 말해야 한다.

그렇지만 만물의 근거가 되는 “무”는 도대체 어떤 것인가? 하안의 “무”는 형체도 없고 이름을 붙일 수도 없는 것으로서, “그것을 말로 표현하려 해도 표현할 말이 없으며, 그것에 이름을 붙이려 해도 부를 이름이 없고, 그것을 바라보아도 보이는 형체가 없으며, 그것을 들어도 들리는 소리가 없는 것이다.”[37] 하안은 “무”를 “도”라고 지칭하였다. 그는 “무릇 도란 오직 구체적 존재성이 없는 것이다.”[38]라고 하였다. 무와 유, 구체적 존재성이 있는 것과 구체적 존재성이 없는 것, 형체가 없는 것과 형체가 있는 것, 소리가 없는 것과 소리가 있는 것은 대립적인 것이고, 무는 추상적인 것이며, 유는 구체적인 것이다. 하안은 추상적인 무라고 하

37 『列子』「天瑞」注에 인용된「道論」. “夫道之而無語, 名之而無名, 視之而無形, 聽之而無聲.”

38 『列子』「仲尼」注에 인용된「無名論」. “夫道者, 有無所有者也.”

는 이 개념이라야 비로소 온갖 사물의 근본이 된다고 생각했다. 실제로 그의 무는 본질과 법칙에 대한 인식이며, 그는 추상화된 본질 개념을 객관세계 자체의 본질로 오인(誤認)하였고, 이로 인해서 하안은 객관적 유심주의로 빠지게 된다.

하안은 "무"를 전체성[全]·우주의 거대한 전체성이라고 보았다.

하안은 형체가 있고 이름이 있는 것은 구체적인 것이고, 이것과 저것은 서로 배척(排斥)하며, 흰 것은 검은 것을 설명할 수 없고, 모난 것은 둥근 것을 설명할 수 없다고 보았다. 이 때문에 "구체적 존재성이 있는 것"들 사이에서는 서로 근거가 되고 서로 기초가 될 수 없다고 보았다. 오직 형체가 없고 이름도 없는 도(道)라야 비로소 구체적인 것을 설명할 수 있고 "구체적 존재성이 있는 것"의 근거가 된다고 보았다. 그는 말했다. "그것을 말로 표현하려 해도 표현할 말이 없으며, 그것에 이름을 붙이려 해도 부를 이름이 없고, 그것을 바라보아도 보이는 형체가 없으며, 그것을 들어도 들리는 소리가 없는 것이니, 도는 완전한 것이다."[39] "이름이 없는 것은 이름이 있는 것을 말할 수 있고, 명예가 없는 것은 명예가 있는 것을 말할 수 있다."[40] 형체·이름·소리·색깔 등 구체적 속성을 버리고 획득한 것으로서 어떤 물질적 규정성도 없는 "무"라야 비로소 완선하고 결함이 없으며, 이 때문에 "무"는 전체성이라고 말하는 것이다. 여기에서 하안은 개념의 내포와 외연 사이의 반비례관계 즉 개념의 내포가 적을수록 외연이 커진다는 것을 추측하고 있는 것이다. "물질"과 같은 이런 개념을 획득할 때는 반드시 특수한 물질 속성과 물질 형태 그리고 물질 구조를 버려야 한다. 하안은 이에 대하여 인식을 하고 있었는데, 그의 무(無)도 사물의 특수한 속성을 버리고서 최대의 외연을 획득

---

39 『列子』「天瑞」注에 인용된「道論」. "道之而無語, 名之而無名, 視之而無形, 聽之而無聲, 則道之全焉."

40 『列子』「仲尼」注에 인용된「無名論」. "無名者, 可以言有名焉, 無譽者, 可以言有譽矣."『列子』「仲尼」.

한 것이며, 이래야만 온갖 개별 존재들을 망라하여 포괄할 수 있는 것이다. 그러나 그의 추상성은 지나쳤는데, 그는 추상에서 사물의 현상을 빠뜨렸을 뿐 아니라 또한 세계의 가장 근본적 속성 —객관적 실재성— 도 버려서, 획득한 것이 객관적 실재를 반영할 수 없는 공허한 추상이 되었다. 당연히 이런 추상은 온갖 개별적 존재들을 망라하여 포괄할 수 없는 것이고, 하안이 "무"로서 "유"를 완전하게 한다는 것은 그의 사유 수준을 반영한 것이며, 동시에 그의 철학적 유심주의 본질을 드러낸 것이다.

마지막으로 하안은 유와 무의 관계 위에 이른바 "같음과 다름[同異]" 그리고 "멂과 가까움[遠近]"의 문제를 논의하였다.

"도"는 형체가 없고 이름도 없는 것이니, 우리들은 어떤 능력으로 그 존재를 인식할 수 있을까? 여기에서 하안은 "가까이 있는 것은 서로 다르고, 멀리 있는 것은 서로 같다."는 분류의 인식방법을 사용하고 있다.

> "같은 종류는 멀리 떨어져 있어도 서로 감응하지 않음이 없고,[41] 다른 종류는 가까이 있어도 서로 어긋나지 않음이 없다. 비유하자면, 음(陰) 속에 있는 양(陽)과 양(陽) 속에 있는 음(陰)은 각각 상대 사물의 종류를 가지고 스스로 서로를 구하는 것이므로 여름날은 양(陽)이지만 저녁나절에는 멀어져서 겨울날과 같이 함께 음(陰)이 되고, 겨울날은 음(陰)이지만 아침나절에는 멀어져서 여름날과 같이 함께 양이 된다. 그러므로 모두 가까이 있는 것은 서로 다르고, 멀리 있는 것은 서로 같다. 이렇게 다름과 같음을 살펴본 다음에 무명(無名)에 대한 논의를 알 수 있는 것이다. 무릇 이런 인식에 이르게 되는 까닭은 무엇인가? 도(道)라는 것은 오직 구체적 존재성이 없는 것이기 때문이다."[42]

---

41 저자 주 이 구절의 말은 원래 "同類無遠而相應"으로 되어 있었는데, 위아래의 문의(文意)를 보아서 마땅히 "不相應"이어야 하므로, 이제 아래 구절에 의거하여 "不"자를 보충한다.

42 『列子』「仲尼」注에 인용된「無名論」. "同類無遠而不相應, 異類無近而不相違.

하안의 생각은 아침 나절과 저녁 나절 그리고 여름과 겨울이 대립적인 것이므로 여름과 아침 나절이 양이 되며, 겨울과 저녁 나절이 음이 된다는 점을 말하고 있는 것이다. 여름날의 저녁 나절은 양속의 음이며 겨울의 음과 같은 것이므로 비록 서로 아주 멀리 떨어져 있어도 오히려 서로 호응하는 것이다. 하루 중의 아침 나절과 저녁 나절은 비록 서로 아주 가까이 있지만 음과 양이 서로 이질적인 것이기 때문에 서로 어그러져 배척하는 것이다. 하안은 사물에 대해서 귀납적 방법을 적용하는 것을 매우 강조하였다. 그는 『논어집해』 속에서 이 점을 지적하여 말했다. "방위로써 같은 종류의 무리를 모으고, 같은 뜻으로써 서로 구하기 때문에 반드시 이웃이 있는 것이니, 이 때문에 외롭지 않은 것이다."[43] "사물의 무리들은 서로 부르는 것이니, 세상의 무수한 사물이 서로 생성하는 것이다."[44] 세계의 사물은 천차만별로 다르고 각양각색으로 자기의 특수성을 지니고 있지만, 특수성 속에는 공통적이면서 일반적인 것을 포함하고 있으며, 이 때문에 종류에 따라 구별할 수 있는 것이다. 그러나 하안의 분류 목적은 진정으로 구체적 사물에 대하여 귀납적 분류를 시도하는 것은 결코 아니었으며, 그는 단지 이런 종류의 분류 방법으로 "유"의 배후에 있는 "무"의 존재를 인식하고자 시도한 것이다. 그는 "구체적 존재성이 있는 것"은 모두 구체적인 것이며, 감각으로 포착할 수 있으며, 한 가지 종류로 귀결될 수 있다고 생각했다. "구체적 존재성이 있는 것"의 배후에 숨어 있는 "구체적 존재성이 없는 것"은 추상적이며, 감각으로 포착할 수 없기 때문에 한 가지 종류로 귀결되는 것이 다르다. 어떤 하나의 "구체적 존재성이 있는 것"의 배후에는 모두 "구체적

譬如陰中之陽, 陽中之陰, 各以物類自相求從, 夏日爲陽, 而夕夜遠與冬日共爲陰, 冬日爲陰, 而朝晝遠與夏日同爲陽; 皆異于近而同于遠也. 詳此異同, 而後無名之論可知矣. 凡所以至于此者, 何哉, 夫道者惟無所有者也."

43 『論語集解』「里仁」. "方以類聚, 同志相求, 故必有鄰, 是以不孤."

44 『論語集解』「爲政」. "物類相召, 世數相生."

존재성이 없는 것"이 숨어 있는 것이며, 나아가 "구체적 존재성이 없는 것"을 의지하여 존재하는 것이다. 비록 "구체적 존재성이 있는 것"은 각양각색으로 끊임없이 변화하지만, "구체적 존재성이 있는 것"의 근거는 모두 "구체적 존재성이 없는 것"이므로 "구체적 존재성이 있는 것"이 하나로 통합될 수 있다. 하안은 음양(陰陽) 사이의 같음과 다름을 분류하는 것으로써 "구체적 존재성이 있는 것 속에서 당연히 구체적 존재성이 없는 것과 서로 어울리면서도 구체적 존재성이 있는 것과는 다른 것"[45]을 논증하였다. 바꾸어 말하면, '형체가 있으면서 이름이 있는 것[有形有名]' 속의 '형체 없고 이름 없는 것[無形無名]'은 "구체적 존재성이 없는 것[無所有]"과 서로 어울리지만 '형체가 있으면서 이름이 있는 것'과는 서로 다르다는 말이다. 그러므로 이름이 있고 명예가 있는 구체적 사물을 볼 때는 마땅히 이름이 있고 명예가 있는 것과 서로 위배되는 다른 종류 — 이름이 없고 명예가 없는 것— 을 주의해야하며, '이름이 없고 명예가 없는 것[無名無譽]'과 "구체적 존재성이 없는 것"의 존재가 같은 종류로 서로 상응하는 관계임을 소홀히 여기지 말아야 한다. 이 때문에 하안은 "이름이 있는 것의 영역[有名之域]에 있으면서 그 이름이 없는 상[無名之象]을 갖지 않으며, 양(陽)이 먼 곳의 몸체로 있으면서 그 스스로 음이 먼 곳의 종류로 있음을 망각한다."[46]고 하는 견해를 비판하는 것이다. 만일 이름이 있는 것의 영역에 있으면서 '이름이 있는 것의 영역 속에 있는 이름이 없는 상(象)'이 "구체적 존재성이 없는 것"과 상응하는 것임을 소홀히 여긴다면, 이는 마치 음(陰)의 체(體) 속에 있으면서도 자신의 몸속에 있는 음의 종류가 먼 곳에 있는 음의 종류와 상응함을 망각하는 것과 같다. 하안은 이런 방법을 가지고 '형체가 있고 이름이 있는 것'의 배후에 감추어져 있는 '형체가 없고 이름이 없는 것'을 드러내 보여주고 있

45 『列子』「仲尼」注에 인용된「無名論」. "有所有之中, 當與無所有相從而與夫有所有不同."

46 "處有名之域而沒其無名之象, 由以在陽之遠體, 而忘其自有陰之遠類也."

다. 그는 형체가 있고 이름이 있는 것과 형체가 없고 이름이 없는 것의 분류에 구별을 더하여서, 형체가 있고 이름이 있는 사물은 사람들이 볼 수 있고 만질 수 있는 구체적 사물의 종류라고 보았다. 이런 사물 종류와 상이한 것은 바로 형체가 없고 이름이 없는 다른 종류의 것이다. 형체를 지니고 있는 사물의 배후에는 형체가 없고 이름이 없는 것이 있으며, 소리를 갖고 있는 사물의 배후에는 소리가 없는 것이 있는 것이므로 형체와 이름과 소리와 색깔을 버려두고 얻을 수 있는 것은 보편적 추상이다. 하안의 같음과 다름[同異]의 분류 방법은 "무(無)를 근본으로 삼는다[以無爲本]."것을 인식하는 방법이다.

우리는 위진현학이 근본과 말단[本末] 그리고 본체와 작용[體用]의 관계를 둘러싸고 전개된 것이라고 말하고 있는데, 이를 바꾸어 말하자면 우리는 이미 본질과 현상의 구별 그리고 그 관계에 주의를 기울이고 있는 것이며, 이것은 한대에 오직 경험을 중시하던 철학과 비교하여 사유수준에서 크게 진일보한 것이다. 객관세계 속에서는 현상과 본질이 통일되어 분리할 수 없는 것이고, 본질은 현상 속에 있는 것이며, 현상이 본질적인 것이므로, 만약 우리가 본질을 파악하고자 하면 바로 현상의 방해를 버려두어야 하는데, 이것이 사유영역에서 절대적으로 필요한 것이다. 이 때문에 근본과 말단 그리고 본체와 작용의 관계를 탐구하고자 하면 어쩔 수 없이 추상성과 구체성 그리고 일반적인 것과 개별적인 것 즉 형체가 있는 것과 형체가 없는 것의 관계에 관련 된다. 하안은 "유"와 "무"에 대한 해석에서 이미 근본과 말단의 문제에 영향을 미쳤으며, 그의 해석은 후대 사람들의 사상을 계발시켜 주었고 사람들의 사유 수준을 한 걸음 더 나아가게 하였다. 이 점은 마땅히 긍정해야만 한다.

4 하안의 정치사상

하안은 정치적으로 조씨의 위나라 정권을 적극적으로 옹호하였다. 정시연간에 그는 매우 중용을 받았다. 이 시기에 조씨 집단과 사마씨 집단의 모순은 이미 가장 긴장되고 극렬하게 고조된 단계까지 발전하였는데, 사마의(司馬懿)는 장작더미에 몸을 눕히고 쓸개를 맛보는 정도의 각오[臥薪嘗膽]로 역량을 축적하여 조씨의 위나라 정권을 찬탈하고자 기회를 엿보고 있었다. 제왕 조방(曹芳)은 세상의 일을 밝게 알지 못하여 조씨의 위나라 정권은 쇠락의 단계에 처해 있었다. 정부 안에서 실권을 장악하고 있던 사람은 조상(曹爽)이었으며, 역사의 기록에는 조상에 대하여 나쁜 말이 많을 뿐이고 찬양하는 말을 거의 한 구절도 없는데, 이것은 진(晉) 왕조의 역사가들이 헐뜯어 배척한 것이라고 짐작된다. 그러나 그는 결국 조씨 정권의 중요한 인물이었고, 조씨의 위나라 통치를 옹호하였는데, 이것은 그의 생명이 걸린 일이었다. 정시 10년에 사마의는 정변을 일으켰는데, 제일 먼저 제거할 목표가 조상이었으니, 조상이 사마의가 정권을 찬탈할 때 주요 장애가 되는 인물이었음을 알 수 있다. 하안은 조상 집단의 무리에 속해서 사마씨의 정권 찬탈 의도에 일찍부터 경각심을 가지고 있었다. 『삼국지』「위서」「조상전」에 다음과 같이 기록하였다. "처음에 조상은 사마의의 나이와 덕행이 모두 높아서 늘 아버지로 섬겼으며 감히 제 마음대로 결단하여 행동하지 않았다. 하안 등의 인물들이 추천 임용되어 모두 함께 조상을 높이 추대하여 받들면서, 조상에게 권력은 중요하므로 남에게 맡겨서는 옳지 않다고 말하였다. 이에 하안·등양·정밀은 상서가 되었는데, 하안은 관리 선발을 맡았으며, 필궤는 사예교위가 되고, 이승은 하남윤이 되었기 때문에, 모든 일의 처리를 사마의에게는 거의 복명(復命)하지 않았다."[47] 조상이 사마의에 대해서 "늘 아버지로 섬긴 것[恒父事之]"에서부터 "모든 일의 처리가 사마의에게는 거의 복명(復命)하지 않았다."는 지경에 이르기까지 태도의 변화는 주로 하안 등의 인물들이 조상에게 권력을 중시하라고 권하고 최고의 권력이 남의 손아귀에 떨어짐을 경계시킨 것 때문이다. 이렇게 한 목적은 당연히 사마의의 역량을 깎아 내려서 약화시키기 위함이다. 여기에서 하안이 조씨의 위나라 통치를 옹호한 입장을 매우 분명하게 알 수 있다.

하안의 정치사상은 「경복전부(景福殿賦)」와 『논어집해』 속에 집중적으로 반영되어 있다. 경복전은 태화(太和) 1년(232) 9월에 위나라 명제가 동쪽으로 순수(巡狩) 하면서 허창(許昌: 지금의 하남성 허창 지역)에 이르러 여름의 더위를 피하기 위해 세운 것이며,[48] 하안이 전각이 완성된 뒤에 황제의 조서(詔書)에 부응하여 지은 부(賦)이다. 『논어집해』는 정시 연간에 위나라 제왕(齊王) 조방(曹芳)에게 올린 글이다. 「경복전부」와 『논어집해』 속에서 볼 수 있듯이 위나라 명제(明帝) 조예(曹叡: 226-239) 시대부터 정시(正始: 240-249) 연간의 사이 동안 하안의 정치사상이 기본적으로 일치한다.

하안은 일찍이 "주공의 옛 경계(警戒)를 생각하고, 고요의 모범적 계책을 받들어 본받으라."[49]고 반복적으로 타일러 주의시키고 있다. "옛 경계[昔戒]"와 "모범적 계책[典謨]"은 유가 경전인 『서경』의 「무일(無逸)」과 「고요모(皐陶謨)」 두 편에서 취한 내용이다. 이른바 "주공의 옛 경계"

47 『三國志』「魏書」「曹爽傳」. "初爽以宣王年德並高, 恒父事之, 不敢專行. 及晏等進用, 咸共推戴, 說爽以權重, 不宜委之於人, 乃以晏颺謐爲尚書, 晏典選擧, 軌司隸校尉, 勝河南尹, 諸事希復由宣王."

48 역주 이 구절은 하안의 『경복전부(景福殿賦)』 말미에 인용되어 나오는 부분이다. "농사의 어려움을 알지 못하고, 낮은 백성들의 수고로움을 듣지 못하였으며, 오직 마음껏 즐기는 일만을 추구하도다."

49 역주 『景福殿賦』. "想周公之昔戒, 慕咎繇之典謨." 『史記』와 『書經』에 의하면, 고요(咎繇)는 옛 순 임금 시절의 명신(名臣)이며, 대현(大賢)으로 전해지는 인물이다. 고요(皐陶)라고도 한다. 순 임금의 신하로 사사(士師: 현재의 법무장관)가 되어 나라의 기강을 뚜렷이 세웠으니 자는 정견(庭堅)이다.

는 바로 주공이 성왕(成王)에게 권한 가르침의 조목이다. 구체적으로 말하자면 "농사짓기의 어려움을 모르고, 소인의 수고로움을 묻지 아니하며, 주색이나 오락 따위에 정신이 빠져서 마음껏 즐기는 것"[50]을 하지 말아야 한다는 말이며, 아침 일찍 일어나서 밤늦게 자도록 정사(政事)를 바쁘게 돌보느라 밥 먹을 겨를이 없을 정도에 이르러야 한다는 것이다. 그리고 세금을 걷은 것으로 놀러 다니면서 사냥이나 하고 희롱거리로 풍류나 즐기는 일 등은 하지 말아야 된다는 것이다. 이른바 "고요(咎繇)의 모범적 계책[咎繇之典謨]"이 가리키는 것은 순 임금의 신하인 고요가 요 임금의 국가 경영 방침을 아우르며 완결한 것으로서, 자신을 수양하는 것, 다른 사람의 됨됨이를 알아보는 것, 백성을 평안하게 하는 것, 욕심을 버리는 것, 몸과 마음을 삼가 하여 정사를 보는 것, 오직 현명한 사람을 관리로 임명하는 것, 인륜의 상도(常道)를 질서 정연하게 정돈하는 것 등등을 모두 포괄한다. 이런 두 가지 점은 역시 하안 정치사상의 핵심이다.

(1) 유가의 인의 도덕을 지키는 것

『진서(晉書)』는 배외(裴頠)가 『숭유론(崇有論)』을 지어서 속 감정을 드러내고 있는 것을 기록하였다. "나[배외]는 시절의 풍속이 방탕하고 유가의 학술을 존중하지 않는 것을 매우 걱정하노라. 하안과 완적이 본래 세상에 이름이 높이 난 명사였으나 입담만 높아서 마음이 들뜨고 허황(虛荒)하여 예법을 따르지 않고, 하는 일 없이 봉록만 받아먹으며 정권의 총애만 탐하고, 관직에 부여된 임무는 돌보지 않았다."[51] 배외의 이런 비평은 권위를 지니고 있는 것이기는 하지만, 대단히 공정한 평가는 결코 아니다. 하안이 남기고 있는 저작의 글에 의거해 보면, 하안은 유가의

50 『書經』「周書」<無逸>. " 不知稼穡之艱難, 不問小人之勞, 惟耽樂之從."

51 『晉書』「裴頠傳」. "頠深患時俗放蕩, 不尊儒術, 何晏阮籍素有高名於世, 口談浮虛, 不遵禮法, 尸祿耽寵, 仕不事事."

학술을 높이 받들고 예의를 준수할 것을 주장하였으며, 유가의 인의(仁義) 도덕을 적극적으로 옹호하였다.

하안은 "먼저 부모와 형을 섬길 수 있어야만, 그런 뒤에 인의 도가 크게 성취된다."[52]라고 하였다. 하안의 주석은 공자가 말한 "효도와 우애는 그 인을 이루는 근본이로다."[53]라고 한 것의 원래 의미와 완전히 부합한다. 왕필은 이 문단의 말에 대하여 주석을 하면서 "자연스럽게 친애하는 것이 효이며, 아끼는 것을 미루어 사물에 미치게 하는 것이 인이다"[54]라고 핵심을 지적하였다. 바꾸어 말하자면, 효도와 우애는 부자와 형제의 범위에만 국한되어서는 아니 되며, 효도와 우애는 반드시 자연을 근본으로 삼아야만 비로소 작용을 발휘하는 것이므로 인의가 가리키는 것은 자애(慈愛)를 모든 사물까지 미치도록 널리 베푸는 것이다. 왕필은 이미 효제(孝悌)와 인의(仁義)의 도덕적 속성과 사회적 속성을 버리고, 그것을 개인적 차원이 아닌 보편적 사랑 그리고 편애가 없는 지극한 아름다움이라는 본체 개념으로 만들었다. 두 사람을 비교해 보면, 왕필은 도가의 이론을 가지고 유가의 삼강오륜 윤리를 논증하고 인의 도덕을 현학화한 것인데, 이것이 현학자의 정치사상이다. 하안은 기본적으로 유가의 입장에 자리하면서 유가의 삼강오륜 윤리를 옹호한다. 『논어집해』 속에 이런 종류의 사례가 아주 많다. 예를 들면 아래와 같다.

> "효도하고 우애가 있는 사람은 반드시 공손(恭遜)하고 온순(溫純)하다는 것을 말한 것이다."[55]

> "상을 당한 사람은 슬프고 비통한 것이므로 그 사람 옆에서 배부르게 먹

52 『論語集解』「學而」注. "先能事父兄, 然後仁道可大成."
53 『論語』「學而」. "孝弟也者, 其爲仁之本與."
54 『論語釋疑』. "自然親愛爲孝, 推愛及物爲仁也."
55 『論語集解』「學而」注. "言孝弟之人必恭順."

는 것은 측은해하는 마음이 없는 것이다. 그날 하루 중에 슬프게 울다가 노래를 하는 것은 예법을 지키는 모습을 업신여기는 것이다."[56]

"언행을 신중히 하지만 예로써 알맞게 조절하지 않으면 남들이 늘 두려워함을 말한 것이다."[57]

"예는 가난한 사람과 부유한 사람에게 마땅한 것이 있는 것인데, 안연이 가난한데도 제자들이 후하게 장사를 지내고자 하므로 듣지 않은 것이다."[58]

"어진 사람은 남을 사랑하는 것이므로 세 사람의 행동은 달랐지만 똑같이 어질다고 칭송한 것이니, 그들이 함께 난세를 걱정하고 백성의 안녕을 구했기 때문이다."[59]

효제와 인의 그리고 예절에 대한 하안의 해석은 공자가 숭상했던 도덕 신조 즉 효제는 공손하고 온순해야 하며, 어진 사람은 남을 사랑하는 것이 필요하며, 애통해 하는 것은 진심이 있어야만 하며, 언행을 신중히 함은 예법에 맞아야만 하며, 장례는 상황에 맞게 해야만 한다는 것 등의 신조와 부합한다.

하안은 군자란 언제 어디서나 유가의 삼강오륜 윤리를 가지고 자기 자신을 추구해야만 하며, 자기의 덕성을 수양해야만 하고, 자기의 정욕에 멋대로 내맡기지 말아야 한다고 생각했다. 그는 다음과 같이 말했다.

---

56 『論語集解』「述而」注. "喪者哀戚, 飽食於其側, 是無惻隱之心也. 一日之中, 或哭或歌, 是褻於禮容."

57 『論語集解』「泰伯」注. "言愼而不以禮節之, 則常畏懼."

58 『論語集解』「先進」注. "禮, 貧富有宜, 顔淵貧而門人欲厚葬之故不聽."

59 『論語集解』「微子」注. "仁者愛人, 三人行異而同稱仁, 以其俱在憂亂寧民."

"아주 추운 겨울에 나무들이 모두 죽은 뒤에야 비로소 소나무와 잣나무가 시들어 상하지 않는 것을 알 수 있으니 평소의 시절에는 모든 나무들도 또한 죽지 않는 것이 있다. 그러므로 반드시 시절이 추워진 뒤에라야 그것을 구별할 수 있다. 비유컨대 평범한 사람은 잘 다스려지는 세상에 살 때에는 능히 스스로 수양하고 가지런한 것이 군자와 같지만, 혼탁한 세상이 된 뒤에라야 군자의 바름이 구차하지 않음을 아는 것이다."[60] "군자는 자신을 책망하고 소인은 남을 책망한다."[61] 여기에서 하안이 숭상하고 우러러보는 군자는 혼탁하고 어지러운 세상에 살면서도 여전히 마음을 바르게 하고 몸을 수양하며 자신을 책망하면서 구차하지 않은 것이니, 소인과 혼동하지 않음을 볼 수 있다. 하안은 이렇게 방탕하면서 어디에도 매이지 않는 장자의 생활태도를 불만스럽게 여겼다. 『진서』「왕탄지전(王坦之傳)」은 다음과 같이 말했다. "순자는 장자가 하늘에 가려져서 사람을 알지 못했다라고 평가하였고, 양웅도 또한 '장자는 방탕하여 법도를 지키지 않았다.'라고 하였으며, 하안은 '장자가 몸을 길러 현허(玄虛)함에 내어맡기고 세상의 변화를 돌보지 않았다.'라고 말하였다. 이 세 명의 현인들의 말은 심원함이 합당한 바가 있구나!"[62] 왕탄지[63]는 당시의 방탕하고 예법을 따르지 않는 기풍에 대하여 반감을 느꼈으며 아울러 하안을 친구로 여겨 자신을 알아주는 벗으로 삼았다. 이 때문에 몸을 보양하고 고상한 담론과 활발한 논의에만 깊이 빠져 정사에는 관

60 『論語集解』「子罕」注. "大寒之歲, 衆木皆死, 然後知松柏不彫傷, 平歲則衆木亦有不死者, 故須歲寒而後別之. 喩凡人處治世亦能自脩整與君子同, 在濁世然後知君子之正不苟容."

61 『論語集解』「衛靈公」注. "君子責己, 小人責人."

62 『三國志』「晉書: 王坦之傳」. "荀卿稱莊子蔽於天而不知人, 揚雄亦曰莊周放蕩而不法, 何晏云鬻莊軀放玄虛而不周乎時變, 三賢之言, 遠有當乎."

63 역주 왕탄지(王坦之: 330-375)는 자가 문도(文度)이며 본래 태원(太原) 진양(晉陽) 출신이다. 동진의 대족(大族) 가문 출신으로 관로(官路)가 순탄하였다. 대사마(大司馬) 환온(桓溫)의 참군(參軍)에 임명되었고 사후에 상서(尙書)로 추증되었다. 글씨를 잘 써서 『순화각첩(淳化閣帖)』 3권이 남아 있다.

심을 두지 않는 행위에 대하여 하안이 불만스럽게 여겼다는 것을 알 수 있다.

하안은 군자가 국가를 다스리는 관건이 자기의 몸과 마음을 수양하는 것이라고 생각했다. 정시 8년(247)에 하안이 제왕 조방에게 올린 상소문에는 『대학』의 정심 · 수신 · 제가 · 치국 · 평천하의 원칙을 국가를 다스리는 강령으로 삼았다.

> "국가를 잘 다스리는 사람은 반드시 먼저 자신의 몸을 다스리고, 자신의 몸을 다스리는 사람은 평소에 익힌 것을 신중하게 행한다. 평소에 익힌 것이 바르면 그 몸이 바르게 되고 그 몸이 바르면 명령을 내리지 않아도 시행하고, 평소에 익힌 것이 바르지 않으면 그 몸이 바르지 않으며 그 몸이 바르지 않으면 비록 명령을 내리더라도 따르지 않는다. 그러므로 군주가 된 사람은 더불어 놀 때 반드시 바른 사람을 가려서 어울리고 관람할 때는 반드시 바른 모습을 살펴서 보고, 음란한 음악을 물리쳐서 듣지 않고 아첨하는 사람을 멀리하고 가까이 두지 않는 것이니, 그런 뒤에라야 사악한 마음의 생기지 않고 바른 도가 넓어질 수 있는 것이다."[64]

이른바 "음란한 음악을 물리쳐서 듣지 않고 아첨하는 사람을 멀리하고 가까이 두지 않는 것[放鄭聲而弗聽, 遠佞人而弗近]"은 『논어』 속의 공자 가르침을 흡수한 것[65]인데, 여기에서 하안이 유가의 표준을 가지고 황제를 권면하고 경계하고 있음을 알 수 있다.

조씨의 위나라 시대에는 예의를 이해하고 있는 사람이 아주 적었다.

---

64 『三國志』「魏書: 三少帝紀」. "善爲國者, 必先治其身, 治其身者, 愼其所習. 所習正則其身正, 其身正則不令而行, 所習不正則其身不正, 其身不正則雖令不從. 是故爲人君者, 所與游必擇正人, 所觀覽必察正象, 放鄭聲而弗聽, 遠佞人而弗近, 然後邪心不生而正道可弘也."

65 역주 『논어』「위령공」 15-11. "顔淵問爲邦. 子曰, '行夏之時, 乘殷之輅, 服周之冕, 樂則韶舞. 放鄭聲, 遠佞人. 鄭聲淫, 佞人殆.'"

정시 연간에는 만 명이 넘는 수도(首都)의 관리들 중에 제천(祭天) 의례를 이해하고 있는 사람이 몇 명 없었으니, 하물며 지방의 관리들이야 어떻겠는가? 여기에서 유학의 쇠퇴 정도를 볼 수 있지만 하안은 예외였다. 진(晉)나라 시대에는 매년 중하(仲夏)에 궁궐 문과 사원의 문에 갈대, 메밀, 복숭아, 가시나무를 진열하고 닭을 희생으로 잡아 신에게 제사하는 의식을 거행하여 재앙을 소멸하는 효용(效用)을 얻고자 했다. 이런 예의는 한(漢)나라 시대에 처음 시작되었고, 위나라에 이르러 점점 체계가 잘 갖추어졌다고 하며, 하안은 위나라 명제(明帝)의 조서에 부응하여 닭과 소를 희생으로 잡아서 제사의식을 거행하도록 건의하였다. 이 때문에 닭을 희생으로 잡아 신에게 제사하는 것도 하안의 건의를 받아들인 것이라고 한다.

「경복전부」에서 하안은 일찍이 "방탕하게 흐른 번잡한 예를 끊고 처음의 소박함으로 백성의 정서를 되돌리는 것"[66]을 이야기한 바가 있는데, 어떤 사람은 이 구절의 말이 노자 사상에서 말하는바 예의를 멸시하여 내버리는 것 그리고 개인적인 이익이나 욕망이 없는 것과 일맥상통한다고 생각했다. 이것은 논의할 만한 가치가 있다. 일반백성은 마땅히 사적인 이익이나 욕망을 줄여야만 하는데 이것은 단지 유가의 통치기술일 뿐만 아니라 유가가 높이 여기는 것이다. "방탕하게 흐른 번잡한 예"라는 것은 오직 이렇게 번잡하고 번쇄한 것을 끊어버리고 또 끊임없이 변화하는 예의 형식을 강조한 것이다. 『서경』에서는 "예가 번쇄하면 혼란해진다."[67]는 구절로 번잡한 예에 대해 유가가 배척하는 대도를 취하고 있음을 설명한다.

하안은 유가의 입장에서 유가의 예의 형식과 도덕관념을 옹호하고 강화하였으며, 저작 속에서 그는 예를 "충직과 믿음이 점점 없어져서 어지러워지는 시작"[68]으로 보는 도가의 정서를 전혀 드러내지 않았다.

---

66 『文選』 卷十一 「景福殿賦」. "絶流遁之繁禮, 反民情于太素."
67 『書經』 「說命」 中. "禮煩卽亂."

(2) 조씨 위나라 황제가 정사를 근면하게 보고 안일함을 탐하는 것을 반대하며 하는 일이 없이 빈둥대는 태도를 경계하다

하안은 위나라 명제에게 "성명(性命)이 평안한 것을 걱정하고 민(岷)과 월(越)의 지역이 고요하지 않은 것을 깊이 생각하며 정벌 나가서 몸이 편안하지 않음을 각성할 것"[69]을 권면하여 경계하였다. "농사짓는 사람이 밭 갈고 김매는 것을 보고 농사의 간난신고를 분명히 알며, 그 해의 풍족함과 부족함을 생각하고 무사안일의 한탄스러움을 생각하며, 뭇 사물의 상태를 느껴서 깊이 생각하고 높은 곳에 있을 때에는 위태로움을 생각하며, 하늘의 덕이 바뀌지 않은 것을 생각하고 세속 물정의 알기 어려움을 두려워하며, 기구의 좋고 나쁜 상태를 살피고 세속의 교화가 참된지 거짓된지를 살피며, 고귀하고 비천함의 소재를 살피고 형벌이 공정하고 편파됨을 잘 알아라."[70] 제왕 조방에게는 "문서를 골고루 잘 살피고 정사를 상의하여 도모하며 경전의 의미를 강론하는 것이 만세의 모범이 된다."[71]라고 권면하여 경계하였다. 하안은 조씨 위나라의 황제가 생각하지 못한 정무를 위해서 두루 포괄하고 자세한 것까지 치밀하게 살폈는데, 만약에 황제가 이 방면으로 노력을 한다면 당연히 빈둥거리며 아무 일도 하지 않고 놀 수는 없다고 한 것이다.

하안은 「경복전부」 속에서 이와 같은 뜻으로 다음과 같이 말했다.

> 그러므로 천지사방의 세계가 있으니 구주에 백성이 화락하고, 집안에 겸손하고 양보하는 기풍이 깃들고 사람들이 천하태평의 시를 읊으며 한가롭게 유유자적 지내지 않음이 없다. 그러므로 나누는 이야기는 담백하

68 역주 『노자』 38장이다.

69 『文選』 卷十一 「景福殿賦」. "慮性命之所平, 惟岷越之不靜, 寤征行之未寧."

70 『文選』 卷十一 「景福殿賦」. "覩農人之耘耔, 亮稼穡之艱難, 惟饗年之豐寡, 思無逸之所歎, 感物衆而思深, 因居高而慮危, 惟天德之不易, 懼世俗之難知, 觀器械之良窳, 察俗化之誠僞, 瞻貴賤之所在, 悟政刑之夷陂."

71 『三國志』 「魏書」 「三少帝紀」. "兼省文書, 詢謀政事, 講論經義, 爲萬世法."

여 깊이 고민할 것이 없고 역대의 천자들이 수행해 온 바를 보고 공적을 논하건대 오늘날의 지극한 다스림은 없구나.[72]

이것은 군주가 무위(無爲)를 지키라는 주장이 결코 아니다. "이야기는 담백하여 깊이 고민할 것이 없다[淡泊而無所思]."는 것은 확실히 노장사상이다. 그러나 만약에 "이야기는 담백하여 깊이 고민할 것이 없다"와 "역대의 천자들이 수행해 온 바를 보고 공적을 논하건대 오늘날의 지극한 다스림은 없다"는 것을 관련시키면, "오늘날의 지극한 다스림[今日之至治]"이라는 이런 종류의 안정된 정국을 얻을 수 있는 것이니 제후 왕들을 제한하는 정책을 채택하여 실행한 것임을 알 수 있다. 조씨의 위나라가 나라를 세운 뒤에 한대 초기 칠웅(七雄)의 반란[73]에서 교훈을 얻어서 제후 왕들을 견제했던 한나라 왕조의 정책을 계승하고 또 더 나아간 것이다. 제후왕의 나라는 단지 늙은 병사 백여 명만 주둔하여 지키고, 조정에는 주변국과 통교하는 조빙(朝聘)의 의식을 없애며, 이웃나라와 회동(會同)하는 제도를 없애고, 제후가 교외로 나아가 사냥하는 것은 삼십 리를 넘지 못하며, 더 나아가 수도 경기 지역을 지키고 제후왕의 나라를 감독하는 관리를 배치하여 행동을 감시하여, 모든 제후 왕들이 마치 감옥에 갇힌 것과 같아서 "벼슬이 없는 선비로써 할 수 있는 것이 없다고

72 『文選』 卷十一 「景福殿賦」 "是以六合元亨, 九有雍熙, 家懷克讓之風, 人詠康哉之詩, 莫不優游以自得, 故淡泊而無所思, 歷列辟而論功, 無今日之至治."

73 역주 칠웅(七雄)의 반란은 B.C. 154년 전한(前漢)시대에 이성(異姓) 제후국인 일곱 제후들이 일으킨 반란을 말한다. 진(秦)나라 분열 이후의 혼란을 정리하고 새로운 한(漢)나라를 수립한 고조(高祖) 유방(劉邦)은 공신(功臣)들에 대한 포상 문제와 진나라의 급격한 군현제 시행의 실패 그리고 항우(項羽)의 시대착오적 봉건제 회귀 등의 여러 요인을 감안하여, 군현제(郡縣制)와 봉건제(封建制)를 절충한 군국제(郡國制)를 실시하였다. 따라서 군국제도 하에서 초왕 한신(韓信)·회남왕 영포(英布)·양왕 팽월(彭越) 등의 이성(異姓)의 제후 7인이 제후로 봉해졌다. 한나라 초기 황제의 권력이 안정을 찾자 위협세력으로 인식되어 여(呂) 태후 등의 계략을 받아 한 고조 유방에 의해 어쩔 수 없이 반란(反亂)의 누명을 쓰고 제거된다.

생각하였다[思爲布衣而不能得].” 이런 제도는 당연히 모든 제후 왕들이 독립 왕국으로 나아갈 생각을 하거나 중앙 정권과 서로 대등한 지위로 맞설 수 있는 조건을 없애도록 하였다. 하안의 이 말은 유명무실한 이러한 분봉제도를 칭송한 것인데, 그 목적은 중앙집권을 강화하는데 있으며, 이 때문에 그를 군주 무위론자로 볼 수 없다는 증거가 된다.

하안의 무위정치와 노자의 무위정치는 같지 않다. 노자는 생산의 발전, 사람들의 사사로운 욕망, 법률제도, 인의도덕, 문화지식을 총괄하여 일체 정신과 물질문명이 모두 다 혼란과 쟁탈을 조성하는 원인이라고 보았다. 이 때문에 성인의 도와 지혜를 끊어버리고 교묘한 재주와 도덕적 의리를 끊어버려야 한다고 본 것이다. 노자의 “무위의 정치”는 현실정치의 실효성을 버리는 총강령(總綱領)이다. 하안은 노자의 “무위”를 결코 높이 숭상하지 않았으며, 그가 숭상한 것은 우임금과 순임금의 “무위”이다. 순임금 무위정치의 주요 내용은 현능한 사람을 받아들여 쓰는 것이지만 군주가 아무 일도 하지 않는 것은 아니다. 하안은 『논어집해』에서 순임금의 무위정치가 “그 합당한 사람을 얻어서 관직을 맡긴다.”[74]는 것을 명시적으로 밝혔다. 그는 『논어』의 “정치를 덕으로써 하는 것을 비유컨대 북극성이 제자리에 있게 되면 모든 별들이 그를 향하여 운행하는 것과 같은 것이다.”[75]라는 구절에 대한 호씨의 주석을 인용하여 다음과 같이 말했다. “덕이란 무위인데, 북극성이 움직이지 않더라도 모든 별들이 그를 향하여 운행하는 것과 같다.”[76] 여기에서 하안은 유가의 입장에서 무위의 정치를 해석하는 것이지, 도가의 입장에 서 있는 것이 아님을 알 수 있다.

하안의 저작 중에 『논어집해』에서 무위의 정치를 제시한 것 이외에도 「경복전부」에서 하안은 또 한 차례 “선왕의 성실함과 독실함을 흠모하

74 『論語集解』. “任官得其人”

75 『論語』「爲政」. “爲政以德, 譬如北辰居其所而衆星拱之.”

76 『論語集解』「爲政」注. “德者無爲, 猶北辰之不移而衆星拱之.”

고 요임금을 계승한 순임금의 무위정치를 기쁘게 따른다."[77]고 제시했는데, 하안이 여기에서 말하고 있는 "요임금을 계승한 순임금의 무위정치"가 가리키는 것은 현능한 사람을 받아들이고 간쟁과 언로를 넓혀서 개방하고 아첨하는 신하를 배척하여 멀리한다는 것이다.

위에서 서술한 것을 종합하자면, 하안의 정치사상은 유가의 범위를 벗어난 것이 없다. 그가 말한 "현능한 사람은 그것에 의지하여 덕을 이루고, 못난 사람은 그것에 의지하여 몸의 잘못을 면한다."[78]라는 것은 현능한 사람이 "무"를 근거로 삼아야 자신의 덕성을 수양할 수 있고, 못난 사람이 "무"를 근거로 삼아야 비로소 재앙을 면할 수 있다고 말한 것이다. 만약에 이것이 하안의 "무로써 근본을 삼는다."는 것을 사회생활 속에 관철시키는 것을 말한다면 개인의 도덕 수양과 재난을 피하는 처세의 방법에 국한되는 것이다. 더구나 이 구절의 말은 후세 사람들이 하안과 왕필 두 사람의 사상에 대해 개괄하는 것이다.

도가의 전통에서 보면 노자는 인도(人道)를 부정하고 천도(天道)를 강론했으며 하안은 이미 천도와 인도의 관계를 담론하기 시작했다. 그러나 그의 "무를 근본으로 삼는다."는 것은 단지 원칙일 뿐이고, 그의 나라와 백성을 다스리는 구체적인 대책들 속에까지 관통되는 것은 결코 아니다. 그가 해결하는 주요 문제는 유가의 강상명교(綱常名敎)와 인의도덕이 반드시 필요한 것은 아니며, 그는 도가의 이론을 가지고 강상명교와 인의도덕의 필요성을 논증한 것도 아니므로 하안의 천도와 인도의 관계는 기본적으로 유가와 도가를 절충한 것이라고 말할 수 있다. 바로 왕필(王弼)까지 이르러야 비로소 "무를 근본으로 삼는다."는 명제를 가지고 자연과 사회의 모든 영역에 관철시켜서 천도와 인도의 관계가 하늘과 사람의 일체로 되게 하였다. 왕필은 도가의 자연이론으로 명교의 필요성을 논증하였으며, 인의도덕과 강상윤리와 법률조문과 상하의 신

77 『文選』 卷十一 「景福殿賦」. "欽先王之允塞, 悅重華之無爲."

78 『三國志』 「晉書: 王衍傳」. "賢者恃以成德, 不肖恃以免身."

분질서와 근검절약 등의 유가 · 법가 · 명가 · 묵가가 주장하는 정치원칙이 모두 다 도의 체현과 작용이라고 보았다. 그는 도가를 근본으로 삼고 유가 · 법가 · 명가 · 묵가를 말단으로 삼는 국가 통치의 방침을 확립해서 정치사상과 윤리적 관점을 철학이론화하고 체계화하였다.

(3) 세상일에 방관하며 재앙을 피하려는 정서

하안이 벼슬자리에 있을 때에는 벼슬이 높은 산처럼 중후했고 그 권세는 천둥벼락이 치는 것처럼 굳세었지만 오히려 사방 도처에서 위험의 화근이 도사리고 있었다. 이런 점에 대하여 많은 사람들이 "하안은 금향공주에게 장가를 들었으니 바로 하안과 동복 여동생이다. 공주가 현명해서 그 어머니인 패왕태비(沛王太妃)에게 말하기를 '하안의 악행이 날로 심해지니 장차 어찌 몸을 보존하겠습니까?'라고 하였다."[79]는 것처럼 느꼈다. 관로(管輅)는 일찍이 하안에게 경고하여 "지위가 높은 사람은 추락하게 되고 경솔하고 거드름을 피우는 자는 쇠망하니 재앙이 가득차게 되는 운수와 융성하고 쇠퇴하는 시기를 미리 생각하지 않을 수 없는 것이다."[80]라고 했다. 이렇게 험악한 정치적 형세 아래에서 하안도 어쩔 수 없이 근심걱정과 두려움을 갖지 않을 수 없었다. 『세설신어』에 일찍이 하안이 오언시를 지어서 자기의 뜻을 이야기한 내용을 기록하고 있다. "기러기가 나란히 날개 짓하며 노니는구나! 떼로 날며 맑은 하늘에서 놀다가도 늘 큰 그물에 걸릴까 두렵나니, 근심과 재앙은 하루아침에 함께 오는구나! 어찌 다섯 호수에 모여 앉아 노는 것만 같으랴. 물을 따라 부평초 열매를 쪼며 흘러가고 마음을 텅 비우며 편안히 살리니 무엇이 두려워 놀랄 것이 있는가?"[81] 『명사전』에 하안이 이 시를 지은 역

79 『三國志』「魏書: 何晏傳」注에 인용된「魏末傳」. "晏婦金鄕公主, 卽晏同母妹. 公主賢, 謂其母沛王太妃曰: '晏爲惡日甚, 將何保身?'"

80 『三國志』「魏書: 管輅傳」. "位峻者顚, 輕豪者亡, 不可不思害盈之數, 盛衰之期."

81 『世說新語』「規箴」注에 인용된「名士傳」. "鴻鵠比翼游, 群飛戱太淸, 常畏大網

사적 배경과 계기를 묘사하여 다음과 같이 기록하고 있다. "조상이 정사를 맡아 일을 볼 때에 지식이 있는 사람들은 위기가 올 것을 걱정하였으니, 하안은 중요한 인물로 이름이 있었고 위나라 정권과 인척관계였다. 그 부인이 비록 근심 걱정하였지만 다시 물러나지 않았다."[82] 식견이 있는 선비들은 이미 하안을 위협하는 정국의 형세가 이르고 있다는 것을 느꼈지만 하안은 호랑이 등에 타서 내리기 어려운 격이라서 "시정의 저자에서 말을 듣고 두려워서 시를 지은 것"[83]이다. 『초학기(初學紀)』「평부(萍部)」에 하안의 제목이 없는 또 다른 한 수의 시를 기록하고 있는데, 그 내용은 이 한수의 시와 대동소이하다. "바람에 날리는 마른 쑥은 뿌리가 잘려서, 이리저리 바람을 타고 굴러다니네. 넓고 멀어 아득한 세상의 길을, 한가로이 노닐며 두루 다니리. 원컨대 부평초가 되어서, 푸른 못에 몸을 맞기고자 하노라. 우선 오늘을 즐기리니, 뒷날은 내 알바 아니로세."[84] 이 한 수의 시도 자기 몸을 마음대로 하지 못하는 상황과 물결치는 대로 물위를 떠돌아다니며 어찌할 수 없는 심리상태를 반영하고 있으며, 정치투쟁 속에서 자기의 몸을 빼어 벗어나고 싶은 희망의 정서를 반영하고 있다. 하안은 정치활동을 간절히 바랬는데 이것은 하안 정치사상의 일면이다. 이 두 수의 시는 하안 사상의 또 다른 측면, 즉 궁궐 내의 복잡하고 정교한 암투와 서로 의심하며 속이는 정치투쟁에 대한 염증을 반영하고 있다. 이런 정서는 어떤 때는 상객(上客) 자리에 앉고 또 어떤 때는 계단 아래에 죄수(罪囚)가 되는 격동하는 시대의 지식인이 몸으로 절실하게 느끼는 김징이다.

羅, 憂禍一旦幷, 豈若集五湖, 從流唼浮萍, 水寧曠中懷, 何爲忧惕驚."

82 『世說新語』「規箴」注에 인용된 「名士傳」. "曹爽輔政, 識者慮有危機, 晏有重名, 與魏姻戚, 內雖懷憂而無復退也."

83 『世說新語』「規箴」注에 인용된 「名士傳」. "因駱言, 懼而賦詩."

84 『初學記』「萍部」. "轉蓬去其根, 流飄從風移. 茫茫四海涂, 悠悠焉可彌. 愿爲浮萍草, 托身寄淸池. 且以樂今日, 其後非所知."

(4) 성인은 감정이 없다는 인성론

하안의 인성론에 관해서 남아 있는 자료는 매우 적다. 『삼국지』「위서: 종회전(鍾會傳)」 주에 다음과 같이 말했다. "하안은 성인이 희노애락의 감정이 없다고 생각하였으니 그 논의가 매우 정밀해서 종회와 같은 무리가 그를 따랐다. 그러나 왕필과는 달랐다."[85] 성인이 희노애락의 감정이 없다는 것에 관한 하안의 정밀한 논술에 대하여 우리는 이미 자세히 살펴볼 자료가 없지만 하안과 왕필의 인성론이 서로 다른 점을 가지고 하안의 인성론을 추론해 볼 수 있다. 왕필이 보는 본성과 감정은 근본과 말단 그리고 본체와 작용의 관계이며, 본성과 감정은 일체이니 본성은 본질이 되고 감정은 본성의 표현과 작용이다. 왕필의 본성과 감정의 관계는 바로 대연지수(大衍之數)의 의미에서 말하는 1과 49의 관계와 같은 것이다. 왕필은 공자가 안연을 만나서 즐겁지 않을 수 없고 안연이 죽었을 때에 슬프지 않을 수 없는 감정을 가지고 성인이 감정을 지닌다는 것을 논증하였다. 본성과 감정은 본체와 말단, 본체와 작용의 관계이며, 본체가 작용을 떠나지 않고 작용은 본체에 의존하는 것이니 본체와 작용은 분리될 수 없는 것이다. 하안은 "성인은 본성이 있지만 희노애락의 감정은 없다."[86]고 보았으며, "본성이란 사람이 태어나면서 받는 것이요, 천도라는 것은 크게 형통하고 날마다 새로워지는 도로서 심원하고 은미하므로 들을 수 없는 것이다."[87]라고 여겼다. 하안이 말하는 본성과 천도는 모두 들을 수 없고 볼 수 없는 것이기 때문에 그가 말하는 본성은 이른바 희노애락의 감정이 없다. 하안의 입장에서 보자면 본성은 태어나면서 갖추고 있는 것이며 감정은 사물 대상에 감응하여 나오는 것

---

85 『三國志』「魏書」「鍾會傳」 注. "何晏以爲聖人無喜怒哀樂, 其論甚精, 鍾會等述之. 弼與不同."

86 『論語集解』「公冶長」. "聖人有性而無喜怒哀樂之情"

87 『論語集解』「公冶長」. "性者, 人之所受以生也, 天道者, 元亨日新之道, 深微, 故不可得而聞也."

이다. 왕필은 하안을 논박하여 "이제 그 얽매임이 없음을 가지고 바로 사물에 응하지 않는다고 하니 이는 잘못됨이 많다."[88]라고 하였다. 하안이 내심으로 생각하는 성인은 만물과 서로 감응하거나 접촉하는 것이 없으며 일체의 세속적인 일들을 멀리하여 온갖 일들을 끊어버린다는 것을 알 수 있다. 하안의 본성과 감정은 절충적 경향을 지닌 것 같다.

하안은 안연과 같은 현인은 자기의 기쁘고 슬픈 감정을 도에 부합시킬 수 있다고 보았다. "일반적인 사람은 감정에 내어 맡겨서 기쁘고 성내는 것이 이치를 어기지만 안회는 도에 맡겨서 성냄이 분수를 넘지 않는다. 천이라는 것은 감정을 옮긴다는 것이다. 성냄이 이치에 합당하니 감정을 옮겨서 바꾸지 않는 것이다."[89] 안연은 어느 때 어느 곳에서 도 도를 준칙으로 삼아서 비록 기쁘고 성내는 감정이 있더라도 기쁘고 성내는 감정을 도에 부합하게 해서 감정을 멋대로 방종하게 놓아버리지 않았다. 하안은 성인이 감정이 없고 현인은 감정이 있다고 보았다.

하안의 성인은 감정이 없다는 설은 기본적으로 양한 시대의 "천도자연"이론에 의거하고 있다. 그는 "천지의 덕은 무위자연이다."[90]라고 하여 천지자연은 의지가 없고 감정도 없으므로 성인이 이러한 하늘을 본받기 때문에 당연히 기쁘고 성내는 감정이 없는 것이다. 포함이 "하늘이 나에게 덕을 부여해주었으니 환퇴가 나를 어찌하겠느냐?"[91]라는 구절에 주석을 할 때에 "나에게 성인의 본성을 수어서 덕이 천지자연에 부합하는 것이다."[92]라고 지적하였으니, "성인의 덕"과 "천지의 덕"은 일치하는 것이다. 하안이 말하는 천지의 덕은 형체도 없고 이름도 없는 천도와는 구별되는 것인데, 그는 덕이 형체도 있고 이름도 있어서 말할 수 있는

88 『三國志』「魏書: 鍾會傳」. "今以其無累, 便謂不復應物, 失之多矣."

89 『論語集解』「雍也」. "凡人任情, 喜怒違理, 顔回任道, 怒不過分, 遷者, 移也. 怒當其理, 不移易也."

90 『論語集解』. "天地之德無爲自然."

91 『論語』「述而」. "天生德于予, 桓魋其如予何."

92 『論語集解』「述而」. "授我以聖性, 德合天地."

것이며 "덕은 형체를 이루고 있으므로 근거로 삼을 수가 있는 것"[93]이며 "덕은 추측할 수 없는 것이므로 반드시 말이 있다."[94]라고 하였다. 이 때문에 하안이 말하는 천지의 덕은 한 대에서 말하는 천도와 서로 비슷하기 때문에 천지자연은 희노애락의 감정이 없다는 것에서 자연스럽게 성인도 감정이 없다는 이론이 나오게 되는 것이다.

하안의 성인은 감정이 없다는 설은 사람의 마음을 감동시켜 움직이게 하는 바가 있다. 부하(傅嘏)는 하안을 평가하여 말하길 "말은 심원하고 감정은 가까우며",[95] "밖으로는 고요했으나 안으로는 날카롭고 정교하였다."[96]라고 하였다. 여기에서 하안이 늘 오묘하고 심원한 도를 담론하여 거의 세상과 다툼이 없는 활달한 기풍과 태도를 보여주었으나 실제로는 오히려 깊은 맛이 없고 아주 얕아서 냉혹하고 잔인하였음을 알 수 있다. 이것이 바로 하안이 지닌 이중의 성격이다. 이미 세속적인 일들에 대하여 간절한 열망을 가지면서 또한 세속을 끊어버리는 오묘하고 심원한 경지에 기탁하기를 바랐다. 전자는 하안이 확실하게 존재하는 부귀영화를 누릴 수 있게 하는 것이며, 후자는 두려워하고 근심하는 영혼을 편안하게 위로해주는 것이다. 하안이 이상으로 삼은 경지는 현실 세계 속에 있는 것이 아니며 현실을 멀리 떠난 또 다른 경지의 세계이다. 그의 시 구절은 이와 같은 정서를 반영하고 있다. "바람에 날리는 마른 쑥은 뿌리가 잘려서, 이리저리 바람을 타고 굴러다니네",[97] "어찌 다섯 호수에 모여 앉아 노는 것만 같으랴. 물을 따라 부평초 열매를 쪼며 흘러가네."[98] 그의 본래 뜻은 뿌리 없는 부평초가 되어서 자유롭게 물위를 떠다니면서 뿌리 깊게 박힌 자유롭지 못한 속박을 원하지 않는다는 것

---

93 『論語集解』「述而」. "德有成形, 故可據."
94 『論語集解』「獻問」. "德不可以憶中, 必有言."
95 『三國志』「魏書: 傅嘏傳」. "言遠而情近."
96 『三國志』「魏書: 傅嘏傳」. "外靜而內銛巧."
97 『前三國詩』「失題」. "轉蓬去其根, 流飄從風移."
98 『前三國詩』「擬古」. "豈若集五湖, 從流唼浮萍."

이다. 그는 또한 오호에 모여 앉은 기러기처럼 살고는 싶었고, 푸른 하늘을 날며 노니는 뭇 기러기 떼와 뒤섞이고 싶어 하지는 않았다. 이러한 이상적인 경지는 당연히 성인이 감정이 없다는 학설의 사회적 기초로 보아야 한다. 세속에 있는 평범한 사람들은 생활 속에 문득 지위는 높은 산처럼 중후하고 권세는 천둥벼락이 치는 것처럼 굳세게 되어 기뻐하면서도 또한 문득 하루아침에 재앙이 오는 것을 근심하면서 아울러 슬퍼하고 성낸다. 그러나 하안은 희노애락의 감정을 세속의 일 속에 기탁하면서도, 오묘하고 심원한 순수한 경지를 동경하여 심리적인 해탈을 얻었다.

제4절

왕필王弼의 현학사상

1 왕필의 생애와 저술

왕필은 자(字)가 보사(輔嗣)이며, 산양(山陽) 고평(高平: 지금의 山東省 金鄕縣) 사람으로서 위(魏)나라 황초(黃初) 7년(서기 226년)에 태어나 위나라 정시(正始) 10년(서기 249년)에 죽었으니, 조(曹)씨 정권의 위나라 시기에 저명한 현학 이론가이며, 죽을 때는 겨우 24세였다. 진(晉)나라 시기의 하소(何邵: ?-301)는 『왕필전(王弼傳)』을 지으면서 "왕필은 어려서 총명하고 지혜로워 나이 10여 세에 노자를 좋아하여 논변에 두루 통하고 언변에 능했다."[1]고 하였다. 정시 연간에 조상(曹爽: 128-190)이 정권을 잡았는데, 황문시랑(黃門侍郎)의 자리가 자주 비게 되자, 하안(何晏: 193년경-249)이 당시에 이부상서(吏部尙書)로 재직 중이라서 왕필을 선발하여 등용하고자 하였으나, 하안이 조상의 부하인 정밀(丁謐: ?-249)과 세력을 다투는 사이에 조상이 고읍(高邑)에 사는 왕려(王黎: ?-248)를 황

1 『삼국지(三國志)』「위서(魏書)」<종회전(鍾會傳)> 주(注)에서 인용함. "弼幼而察惠, 年十餘, 好老氏, 通辯能言."

문시랑에 추천하고 왕필은 대랑(臺郞)의 벼슬자리에 임명했다. 왕필은 타고난 재능이 탁월하였고 명리(名理)를 즐겨 이야기하였으며 명예가 높아지는 것을 힘쓰지 않았으나, 소관업무의 일을 하는 데에는 "평소에 잘하는 바가 없었으며 더욱이 그런 일에는 뜻을 두지 않았다."[2] 왕려가 죽은 뒤에 조상은 왕침(王沈)[3]으로 하여금 왕려의 자리를 대체하자, 왕필은 그대로 대랑의 벼슬자리에 눌러 앉아 있기에 형편이 좋지 않게 되었다. 그래서 왕필은 필생의 정력을 쏟아 저서를 내어 학설을 세우고, 자기의 현학사상을 천명하게 된다. 그는 논변을 잘하였는데, 일찍이 유도(劉陶)[4] · 종회(鍾會: 225-264)[5] · 순융(荀融: ?-274)[6] · 하안 등과 같은 인

2 위의 책. "雅非所長, 益不留意."

3 역주 왕침(王沈)의 자는 처도(處道), 시호는 군공(郡公)이다. 왕유(王柔: 후한의 흉노중랑장)의 손자이며 왕기수(王機守)의 아들이다. 독서를 좋아하고 문장이 뛰어났으며 순의, 완적 등과 『위서』를 편찬했다.

4 역주 유도는 자가 계야(季野)이며, 회남(淮南) 성덕(成悳)지방(지금의 江南일대) 사람이다. 양주(揚州)의 명사로서 관직은 평원태수(平原太守)에 이르렀다. 생졸년대는 자세히 알려지지 않았다. 후한 광무제(光武帝)의 아들인 부륙왕(阜陸王) 유연(劉延)의 후예이며, 명제(明帝) 때의 중신 유엽(劉曄, ?-234)의 어린 자식이었다. 유도는 실제로 멋대로 임기응변을 구사하는 사람이었다. 그는 기회를 틈타 교묘하게 이익을 취하는 사람으로서, 일정한 견해가 없이 이래도 좋고 저래도 좋다는 식으로 궤변을 부려 승리를 취했다고 볼 수 있다. 그의 기풍은 현리를 정밀하게 살피는 왕필과 당연히 길을 달리하였으므로 서로 함께 일을 도모할 수 없었다. 그러므로 하소의 「왕필전」에 "회남사람 유도는 자유자재로 논변을 잘하여 당시에 추앙을 받았으나, 왕필과 더불어 이야기할 때는 늘 왕필에게 굴복되었다. 왕필의 타고난 재능이 뛰어나서 마땅히 얻은 것은 빼앗을 수 없는 것이었다(淮南人劉陶善論縱橫, 爲當時所推. 每與弼語, 常屈弼. 弼天才卓出, 當其所得, 莫能奪也)."고 했다.

5 역주 종회는 자가 사계(士季)이며 영천(潁川) 장사(長社: 지금의 河南省 長葛縣 지역)사람이다. 위나라 문제(文帝) 황초(黃初) 6년(225)에 태어났으니, 왕필에 비해 1살 많았다. 명문세가의 출신으로서 그의 아버지 종요(鍾繇)는 태부 벼슬을 지냈고, 그의 형 종육(鍾毓)은 거기장군(車騎將軍)을 지냈다. 종회는 사도(司徒) 벼슬을 지내고 관내후의 작위를 받았으니 만호(萬戶)의 고을이었다. 위나라 진류왕(陳留王) 경원(景元) 5년(264)에 모반의 음모에 연루되어 피살되니, 이 때 나이 40이었다. 당시에 그는 군공(軍功)이 세상에 혁혁하였을 뿐만 아니라 논변의 재능과 학식교양도 다른 사람에게 뒤지지 않았다. 하소의 「왕필전」에는 "왕필

물들과 겨루면서 이따금 논변을 다투며 승리하여 패하지 않았다. 그러나 그는 늘 자기의 뛰어남을 믿고 남을 업신여기었으므로 당시 사군자(士君子)들의 미움을 받았다. 정시 10년(249)에 사마(司馬)씨는 실질적으로 정권을 장악하였다. 같은 해 가을 왕필은 병을 얻어서 죽는다. 사마사(司馬師)는 왕필이 죽었다는 소식을 듣고 며칠을 한탄하였다고 하니, 사상계에서 왕필이 지닌 높은 지위를 알 수 있다.

왕필의 아버지 왕업(王業)은 지위가 알자복야(謁者僕射)에 이르렀고, 왕필의 할아버지 왕개(王凱)는 왕찬(王粲: 177-217)[7]의 족형(族兄)으로서 전쟁의 혼란 중에 형주(荊州)로 피난을 왔다. 유표(劉表: 142-208)[8]는 자

과 종회는 사이가 좋았으며, 종회는 깊은 사색으로 일가를 이룬 사람이었으나, 번번이 왕필의 높은 성취에 굴복하였다(弼與鍾會善, 會論議以校練爲家, 然每服弼之高致).”라고 하였다.

6 역주 순융(荀融)은 정시 연간의 현학 명사이다. 자는 백아(伯雅)이다. 하소의 「왕필전」에서 다음과 같이 말했다. “왕필의 사람됨은 가볍고 세상물정을 알지 못하여, 처음에는 왕려, 순융(荀融, 226년경)과 사이가 좋았으나, 왕려가 황문시랑의 벼슬자리를 빼앗자 왕려를 미워하게 되고, 순융과도 끝내 사이가 좋지 않았다(弼爲人淺而不識物情, 初與王黎荀融善, 黎奪其黃門郎, 於是恨黎, 與融亦不終).”

7 역주 왕찬(王粲: 177-217)은 후한 말기의 학자이며 관료이다. 자는 중선(仲宣)이며 산양 고평(山陽高平:江蘇省 盱眙縣) 출신으로 귀족의 집안에서 태어났다. 190년 헌제(獻帝)가 동탁(董卓)의 강요에 못 이겨 장안(長安)으로 천도하였을 때 배종했고, 거기서 당대 제1의 학자 채옹(蔡邕)의 눈에 들었다. 17세 때에 사도(司徒)의 임명을 사양하였다. 얼마 후 동탁이 암살되어 장안이 혼란에 빠지자 형주(荊州: 湖北省)로 몸을 피해 유표(劉表)를 의지하였다. 208년 유표가 죽자 그의 아들 유종(劉琮)을 설득하여 조조에게 귀순시키고 자신도 승상연(丞相椽)이 되어 관문후(關門侯)의 작위를 받았다. 후에 조조가 위왕이 되자 시중(侍中)으로서 제도개혁에 진력하는 한편, 조씨 일족을 중심으로 하는 문학집단 안에서 문인으로서도 활약하였다. 건안 7자(建安七子)의 한 사람이자 그 대표적 시인으로 가장 표현력이 풍부하고 유려하면서도 애수에 찬 시를 남겼는데, 「종군시(從軍詩)」 5수, 「칠애시(七哀詩)」 3수가 유명하다.

8 역주 유표(劉表, 142-208)는 후한 말 삼국시대에 형주(荊州)에 기반을 둔 군웅(群雄)의 하나이며, 뛰어난 학식을 지닌 학자이기도 하다. 자(字)는 경승(景升)이다. 산양군(山陽郡) 고평현(高平縣) 사람이다. 전한의 경제(景帝)의 4번째 아들이던 노공왕(魯恭王) 유여(劉余)의 자손이다. 형주지역의 학자인 왕창(王暢)에게서 사사(師事)하였다. 유표는 한대 구가역(九家易)의 한 사람이다.

기의 딸을 왕개에게 출가시켰으니, 왕필은 바로 유표의 외증손(外曾孫)이 된다.

유표는 당시에 8명의 걸출한 인재로 인정받던 사람 중의 하나로서, 유학을 중시하고 학관(學官)을 세우며 널리 유학자들을 구하여 『오경장구(五經章句)』를 편찬하였다. 왕찬은 학식이 깊어서 대학자인 채옹(蔡邕: 133-192)[9]의 중시를 받았다. 채옹은 장서 수만 권을 소유하고 있었는데 만년에 몇 수레에 이르는 책을 실어서 왕찬에게 주었고, 왕찬이 죽은 뒤에 이 책들은 모두 왕업의 소유로 돌아갔다. 이로써 미루어 보면, 왕씨 가문은 누대에 걸친 가업을 지닌 유학 가문이며 왕필이 이런 유학의 훈도(薰陶)를 받았음을 알 수 있다. 이러한 배경은 왕필이 유학과 도가를 아우르는 현학을 창시하는 데 일정한 영향을 주게 된다.

『수서(隨書)』「경적지(經籍志)」에 왕필이 일찍이 『노자도덕경』 2권의 주석서가 있다는 기록이 있으며, 『구당서(舊唐書)』「경적지」에 왕필이 『현언신기도덕(玄言新紀道德)』 2권을 지었다는 기록이 있으며, 『신당서(新唐書)』「예문지(藝文志)」에는 왕필이 『신기현언도덕(新紀玄言道德)』 2권을 지었다고 기록하고 있으며 또한 『현언신기도덕(玄言新紀道德)』 2권은 왕숙(王肅; 195-256)이 지었다고 보고 있다. 『수서』「경적지」, 『구당서』「경적지」, 『송사(宋史)』「예문지」에는 모두 왕숙이 『노자』를 주석했다는 기록이 없다. 유여림(劉汝霖)의 『한진학술편년(漢晉學術編年)』에서는 왕숙의 저작에 대한 통계를 내고 있는데, 모두 32편으로서 그 속에는 단지 『신당서』「예문지」에 기록된 『현언신기도덕』 2권만 있고, 그 밖에 노자(老子)를 주석한 저작에 관한 것은 보이지 않는다. 『위서(魏書)』「왕숙전」에는 왕숙이 『상서(尙書)』·『시경(詩經)』·『논어(論語)』·『삼례(三

---

9 **역주** 채옹의 자(字)는 백개(伯喈)이며, 진류(陳留) 어현(圉縣: 지금의 河南省 杞縣 남쪽) 사람이다. 젊어서부터 박학했으며 태부(太傅) 호광(胡廣)에게서 학문을 배웠다. 육경(六經)의 연구 이외에도 사장(辭章)·수술(數術)·천문(天文)에 조예가 있었다.

禮)』·『춘추좌씨전(春秋左氏傳)』을 주석하였으며 또한 그의 아버지인 왕랑(王朗)이 지은 『역전(易傳)』 등을 찬정(撰定)하였다는 기록이 있을 뿐 『노자』를 주석한 저작은 보이지 않는 것으로 보아, 왕숙이 『노자주』를 지은 적이 없다는 것이 확실해 보인다.

유여림은 왕필의 『노자도덕경주』가 대체로 정시 4년(243) 즉 왕필이 17세 되는 때에 지었다고 본다[劉汝霖, 『한진학술편년(漢晉學術編年)』을 보라]. 유여림은 『삼국지』「위서: 종회전」의 주[10]에 인용된 「왕필전」에 근거하여 대략 추산한 것이다. 왕필은 20세가 되기 전에 배휘(裴徽)를 찾아가 만나는데, 당시에 배휘는 이부랑(吏部郞)이었으며 약관이 되기 전이었으니 역시 20세 이전이었다. 또한 『삼국지』「위서: 관로전(管輅傳)」의 주 속에 있는 「관로별전(管輅別傳)」에 근거를 두고 있는데, 관로(管輅: 208-255)가 36세 때에 일찍이 기주자사(冀州刺史)로 있던 배휘를 찾아뵈었고, 관로는 감로(甘露) 1년(256)에 죽었으니 당시 나이는 48세였다. 그렇다면 관로가 36세 되는 때는 정시 5년(244)이니, 이때는 배휘가 기주자사로 부임하고 있었으므로 배휘가 이부랑의 벼슬을 하기 이전이다. 배휘와 왕필의 대화를 자세히 읽어보면 왕필이 이미 『노자』에 대하여 주석했음을 알 수 있다. 이 때문에 유여림은 왕필이 『노자도덕경주』를 지은 것은 마땅히 정시 5년 이전이어야 한다고 보는 것이다. 구체적으로 어느 해 1년인지는 살필 수 없지만 유여림은 정시 4년으로 기록하고 있다.

조열지(晁說之: 1059-1129)[11]는 일찍이 『노자도덕경주』의 발문을 썼는데,[12] 그는 여기에서 "왕필은 본래 『노자』에 깊은 조예가 있었으니, 『주

10 역주 『삼국지』의 유명한 주석(註釋)으로서 배송지(裴松之)의 주(注)가 있는데, 이 주 속의 <종회전>에 인용된 하소(何劭, ?-301)의 「왕필전(王弼傳)」을 말한다.

11 역주 조열지(晁說之: 1059-1129)는 자가 이도(以道)이며, 호는 경우(景迂)이다. 서화에 능하였고, 육경(六經)에 통달하였는데 역(易)에 더욱 뛰어났다. 저서로는 『유언(儒言)』, 『조씨객어(晁氏客語』가 있다.

역』은 말단으로서 그에게 『주역』은 대부분 『노자』의 종지에서 빌려 온 것이다. 『노자』는 『주역』에 바탕을 둔 것이 없으며, 그 밖의 나머지 흔적이 부족한 부분들은 미루어 판단하여 알 수 있다."[13]고 하였다. 사서(史書)의 기록에 근거하면, 조열지는 『역전』에 정통하였고 여러 가지 서적을 널리 읽었다고 하였으니, 그의 평가는 매우 합당하다. 왕필이 『노자』를 가지고 『역(易)』을 해석했다는 것은 역대 학자들이 공인하는 것이다. 더욱이 이런 학설이 정확하다면, 당연히 『노자』의 주석에서 발휘된 사상을 가지고 『역경(易經)』을 해석한 것이지, 『노자』의 사상을 가지고 『역경』을 해석한 것은 아니다.

조열지와 웅극(熊克)[14] 두 사람의 발문에 따르면, 『노자도덕경주』 속에 착오된 글자가 매우 많았음을 알 수 있다. 조열지는 "그 문자는 어긋나고 잘못된 곳이 많아서 읽을 수 없는 것이 자못 있어서 사람들이 애석하게 여겼다."고 하였다. 웅극도 역시 "그 글자가 어그러지고 잘못된 것은 앞 사람들이 이미 바로잡을 수 없었는데, 내가 어찌 감히 함부로 바꿀 수 있겠는가?"라고 하였다. 『노자도덕경주』는 송(宋)대에 이미 좋은 판본을 찾아보기 어려웠음을 알 수 있다. 근세의 사람인 타오홍칭(陶鴻

---

12 역주 왕필의 『노자도덕경주』는 위진(魏晉) 시대 이래 바로 『노자』의 표준 주해로 여겨졌으나, 유포되어 전승된 지 이미 오래 되었기 때문에 문자의 착오가 매우 많아서 송나라 조열지(晁說之)의 정리를 거쳐 비로소 현재 통행본의 모양을 갖추게 되었다. 그리고 근세의 도교 도사인 도홍경(陶鴻慶)의 『독제자찰기(讀諸子札記)』 속에 『독노자찰기(讀老子札記)』가 있는데, 여기에 붙어 있는 「왕필주감오(王弼注勘誤)」가 참고할 만한 가치가 있다.

13 晁說之, 『老子道德經注』「跋」. "弼本深於老子, 而易則末矣. 其於易多假諸老子之旨, 而老子無資於易者, 其有餘不足之迹, 斷可見也."

14 역주 웅극(熊克: 약 1111-1189)은 송 휘종(徽宗) 정화(政和) 초에서 효종(孝宗) 순희(淳熙) 말 무렵까지 살았다. 소흥(紹興) 연간에 진사에 급제하였다. 효종이 그의 문재를 높이 사서 삼관의 직무(昭文館, 史館, 集賢兼翰林院學士)를 맡기려 했지만 스스로 사양하여 문사원(文思院)에 취임했다. 순희(淳熙) 12년(1185) 참언(讒言)으로 조정에서 외직으로 나갈 것을 명하자 부임하지 않고 사관(祠官)을 청하고 귀향하여 저술에 전념하였다. 저술로는 『사륙류품(四六類稟)』 30권, 『문헌통고(文獻通考)』 『중흥소기(中興小紀)』 등이 있다.

慶)은 『노자주』에 대하여 교감을 하였는데, 그의 『독제자찰기(讀諸子札記)』에 『독노자찰기(讀老子札記)』가 실려 있는데, 여기에 부록으로 「왕필주감오(王弼注勘誤)」가 있다. 1980년에 중화서국(中華書局)에서 출판한 로우유리에(樓宇烈)의 『왕필집교석(王弼集校釋)』[15]이 있는바, 이 책은 『노자도덕경주』에 대하여 진일보한 교감 작업을 하였으며, 말과 뜻이 간결 명료하게 주석을 한 것으로서 왕필사상을 연구하는 데 좋은 자료이다.

『노자지략(老子指略)』에 관해서, 역사 서적에 기록된 가장 이른 것은 마땅히 하소가 지은 「왕필전」이다. 여기에서는 "왕필은 『노자』에 주석을 하였고, 『지략』을 지었는데, 매우 조리와 체계가 있다."[16]고 하였다. 양(梁)나라 때 유협(劉勰)[17]이 지은 『문심조룡(文心雕龍)』에는 "왕필의 두 가지 약례"[18]라는 말이 있다. 왕승건(王僧虔: 426- 485)[19]이 자식을 경계하는 글 속에서 제시한 내용 속에는 "너는 『노자』라는 책을 다섯 척 가량이나 늘어놓고서도 왕필이 무엇을 말하고 있는지, 하안이 무엇을 설명하고 있는지, 마융(馬融: 79-166)과 정현(鄭玄: 127-200)이 무엇이 다른지,

---

15 역주 이 책은 현재 樓宇烈, 『王弼集校釋』, 北京: 中華書局, 1987년 판본과 臺灣; 華正書局, 1991년 판본으로 간행되어 유통되고 있다.

16 陳壽, 『三國志』「魏書」 <鍾會傳)> 注. "弼注老子, 爲之指略, 致有理統."

17 역주 유협(劉勰: 465-521). 중국 육조시대의 양의 문예평론가이다. 불전(佛典)을 비롯하여 각종 서적을 열독하여 많은 교양을 쌓았는데, 그의 심오한 학문적 소양은 주요 저서인 『문심조룡(文心雕龍)』에 잘 나타나 있다. 소명태자(昭明太子)의 신임이 두터웠으며, 태자의 『문선(文選)』 편찬에는 그의 창작이론이 많은 영향을 미쳤다. 만년에는 출가하여 난징[南京] 교외의 정림사(定林寺)에서 승려생활로 보냈다.

18 劉勰, 『文心雕龍』「論說篇」. "輔嗣之兩例."

19 역주 왕승건(王僧虔: 426-485). 남제(南齊) 시기 낭야(瑯琊) 임기(臨沂: 지금의 山東省 費縣 동쪽) 사람이다. 관직은 태자사인에서 상서령에 올랐고 개부의동삼사에 이르렀다. 20세 무렵부터 예서를 잘 썼고 송의 문제는 왕희지보다 더 잘 쓴다고 했다. 또한 음악, 점성술에도 능통했다. 서론(書論)의 저술인 『논서(論書)』가 장언원의 『법서요록(法書要錄)』에 전해온다. 필적은 『순화각첩(淳化閣帖)』과 『유백총첩(劉伯寵帖)』, 『사헌첩(謝憲帖)』, 『만세통첩진첩(万歲通天進帖)』 및 『태자사인첩』 등이 있다.

지례(指例)가 무엇을 밝히고 있는지를 모르고 있구나."[20]라고 하였다. 어떤 사람은 여기서 말하고 있는 "지례(指例)가 무엇을 밝히고 있는지[指例何所明]"라는 구절의 '지례(指例)'가 왕필의 『노자지략(老子指略)』을 말한다고 보지만, 우리는 합당하다고 보지 않는다. 『수서』「경적지」 속에는 『노자지략례(老子指略例)』와 비슷한 서명으로서 엄준(嚴遵)[21]의 『노자지귀(老子指歸)』 11권과 관구망(毌丘望)의 『노자지취(老子志趣)』 3권이 있다. 위진(魏晉) 시기에는 『노자』에 주석을 다는 것이 풍조(風潮)를 이루었다. 『노자』의 종지(宗旨)를 간결하게 설명하면서 자기의 뜻을 드러내는 것을 일컬어 지략(指略)이라고 하는 것이니, '지략'이라는 말은 이미

---

20 蕭子顯, 『南齊書』「王僧虔傳」. "汝開老子權頭五尺許, 未知輔嗣何所道, 平叔何所說, 馬鄭何所異, 指例何所明."

21 역주 엄준(대략 B.C. 73-A.D. 17년)은 서한 촉군 성도(蜀郡 成都: 현재 四川 成都) 사람으로 자는 군평(君平)이다. 원래의 성은 장(莊)이고 이름이 주(周)였으나, 한(漢) 명제(明帝)를 피휘하였기 때문에 『漢書』에서 성을 엄(嚴)으로 개칭하였고, 후손들도 그것을 이어받았다. 노장(老莊)에 깊은 조예가 있었으며 성도의 저자거리에서 점쟁이 생활을 했는데, 비록 천한 일이지만 사람들에게 도움이 된다고 여겼다. 점을 쳐서 나오는 시초와 거북에 의거하여 이해(利害)를 말하는데, 각기 사람이 처한 상황에 따라 인도하여 따르는 사람이 많았다. 날마다 점을 쳤는데, 먹고사는 데 지장이 없을 정도만 되면 문을 닫고 『노자』를 가르쳤다. 학문이 넓어서 두루 통하지 않는 것이 없었고, 노장에 의거하면서 10만여 글자에 달하는 저술을 남겼다. 양웅이 일찍이 그에게 배웠고, 조정에 들어간 뒤에도 그의 덕을 칭송했다. 학문은 노장을 귀착점으로 삼았으나 유가의 학설인 충효의 덕목을 폐기하지 않았으며, 점치는 일로 생계를 꾸렸으니 『주역』에도 조예가 깊었다(『漢書』「王貢兩龔鮑傳」, 『華陽國志』「蜀都士女」). 저서인 『노자지귀(老子指歸)』의 다른 이름은 『道德眞經指歸』, 『道德指歸論』, 『道德指歸』로 13권이나 현존하는 것은 7권이다. 漢나라 成帝 연간(B.C. 32-7년)에 쓰여진 것으로, 통행본으로는 明나라 정통도장본(正統道藏本)과 만력(萬曆) 연간에 간행한 비책휘함본(秘冊彙函本), 숭정(崇禎) 연간에 우산모씨급고각(虞山毛氏 汲古閣)에서 간행한 津逮秘書本, 淸나라 嘉慶 10년(1805년) 虞山張氏 照曠閣에서 간행한 學津討原本, 1922년 大關唐氏가 成都에서 간행한 怡蘭堂叢書本, 1936년 商務印書館에서 간행한 叢書集成初編本 등이 있다. 『老子指歸』는 『노자』에 대한 義疏로 六朝 시대부터 당나라까지 11권, 13권, 14권의 세 가지 판본이 있었으나, 현존하는 것은 13권본의 後 7권(『德經』 부분)이다.

일종의 문체인 것이다. 그러므로 "지례하소명(指例何所明)"이라는 말이 반드시 왕필의 『노자지략례(老子指略例)』를 가리키는 것은 아니며, 만일 참으로 이것을 가리키는 것이라면 어찌 "왕필이 무엇을 말하고 있는지[輔嗣何所道]"라는 말과 중복되지 않을 수 있겠는가?

『수서』「경적지」에는 왕필의 『노자지략』이라는 책은 기록이 없지만, 그렇다고 이 책이 당시에 이미 유실되었다고 말할 수도 없는 것이며, 뒤에 『당서(唐書)』와 『송사(宋史)』에서 이 원인을 기록한 것 이외에도 이 문장이 왕필과 하안이 저술한 『노자잡론(老子雜論)』 속에 포함되었거나 또는 『왕필집(王弼集)』 5권 속에 포함되었다고 추정할 수 있다. '집(集)'이란 한(漢)나라 말기 건안(建安) 시기 이후에 일어난 일종의 문체이다. 진(晉) 시대의 지우(摯虞)[22]는 "수고로이 열람하는 사람이 피로하므로, 이에 아주 중요한 것만 가려 뽑되 번잡하고 어지러운 것은 깎아 내니 시(詩)와 부(賦)로부터 각기 조리가 있어, 합하여 단언컨대 이것을 유별(流別)이라 한다."[23]라고 하였다. 후에는 한 사람의 문장을 한데 모아 편집하여 별집(別集)이라 하였다. 왕필의 『노자지략(老子指略)』은 각 편의 분량이 길지 않으므로 아마도 『집(集)』 속에 수록하거나 『노자잡론(老子雜論)』 속에 수록하기가 쉬웠을 것이다.

양(梁) 나라 시기의 유협(劉勰)은 왕필의 "양례(兩例)"와 부하(傅嘏)의 "재성(才性)", 왕찬(王粲)의 "거대(去代)", 혜강(嵇康)의 "변성(辨聲)", 하후현(夏侯玄)의 "본무(本無)", 하안의 "도덕이론(道德二論)"이 모두 "자기 생

22 역주 지우(摯虞)는 자가 중치(仲治)이며 서진(西晉) 경조(京兆) 장안(長安: 지금의 陝西西安) 사람이다. 생몰년은 자세하지 않지만 대략 진 회제(懷帝) 영가(永嘉) 말년에 죽었다. 총명하고 학문을 좋아하여 무제 태시연간에 현량(賢良)으로 뽑혀 태사사인(太子舍人), 상서랑(尙書郞), 비서감(秘書監), 위위경(衛尉卿), 태상경(太常卿) 등을 역임했다. 직언으로 간하던 진대의 명신이다. 주요 저작으로 『삼보결록주(三輔決錄注)』, 「문장유별론(文章流別論)」 등이 있는데 유협의 『문심조룡(文心雕龍)』에 인용된 것만 겨우 남아 있다.

23 長孫無忌·魏徵, 『隨書』「經籍志」. "苦覽者之勞倦, 于是采擿孔翠, 芟翦繁蕪, 自詩賦下, 各爲條貫, 合而絶之, 謂爲流別."

각을 옳다고 여겨서 남의 의견을 받아들이지 않았으나, 날카롭고 뛰어나며 정밀하여 모두다 사람들 중의 영재이다."[24]라고 하였다. 이로써 보면 왕필의 『노자지략』이 남조(南朝) 시기에 아주 큰 영향을 끼쳤다는 것을 알 수 있다. 남조 이후에 등장한 수(隨)나라 시기에는 이 책을 보지 못했을 리가 없었겠지만, 『노자지략』은 단편적 문장의 형식으로 세상에 흘러 전해진 바가 없다.

『신당서』「예문지」에는 왕필이 찬술한 『노자지략례』 2권을 기재하고 있으며, 『구당서』에는 작자를 밝히지 않은 책 이름이 있다. 『송사』「예문지」에는 왕필이 『도덕약귀(道德略歸)』 1권을 지었으며, 정초(鄭樵: 1103-1162)[25]가 편찬한 『통지(通志)』「예문략(藝文略)」에는 왕필이 『노자지략례』 2권을 지었다고 기록하고 있다. 송(宋)나라 시기 이후의 역사서에는 더 이상 기록이 보이지 않는 것으로 보아 이 저작은 이미 유실(流失)되었을 것이다. 『송사』「예문지」에는 『왕필집(王弼集)』에 대한 기록이 전혀 없다. 이로써 보면 『왕필집』은 송나라 이전에 이미 유실되었음

24 劉勰, 『文心雕龍』「論說篇」. "師心獨見, 鋒穎精密, 蓋人倫之精也."

25 역주 정초(鄭樵)는 남송 시기의 저명한 역사학자이다. 자(字)는 어중(漁仲)이며, 복건성(福建省)의 보전현(莆田縣) 출신으로 세상 사람들은 흔히 그를 협제선생(夾漈先生)으로 불렀다. 그가 1161년(紹興 31)에 완성하여 편찬한 역사서로 『통지(通志)』가 있다. 이 책은 중국의 상고(上古) 시대부터 송(宋) 이전까지의 역사를 기전체(紀傳體)로 엮어낸 통사(通史)로서, 거의 『사기(史記)』의 체재를 따라서, 「본기(本紀)」·「세가(世家)」·「연보(年譜)」·「열전(列傳)」과 20편의 「략(略)」으로 구성되어 있다. 그 중 "기전(紀傳)"은 수(隋)나라에서 끝나며, "예(禮)·악(樂)·형(刑)·정(政)" 등의 「략(略)」은 대체로 당(唐)나라까지 기록하고 있다. "예문(藝文)"·"교수(校讐)"의 2편의 「략」은 북송(北宋)에서 완결된다. 「기」·「전」과 「연보」는 구사(舊史)에서 발췌하여 기록했다. 20편의 「략」은 이 사서(史書)의 핵심이다. 이 가운데 예(藝)·직관(職官)·선거·형법·식화(食貨)의 5편의 「략」은 과거의 문물·제도에 대한 서술과 사론이다. 나머지 15편의 「략」(氏族·六書·七音·天文·地理·都邑·謚·器腹·樂·藝文·校·圖譜·金石·災祥·昆蟲草木)에는 사가(史家)로서의 고유한 논지를 많이 기록하고 있다. 이 중에 "씨족·6서·7음·도읍·곤충초목" 등 5편의 「략」은 이전의 사서에 없는 내용들이다. 정초는 『통지』 이외에 『이아주(爾雅注)』 3권과 『협제유고(夾漈遺稿)』 등을 남겼다.

을 알 수 있다.

왕유성(王維誠)이 고증한 『운급칠첨(雲級七籤)』에 기록된 “『노군지귀약례』에서 말했다[老君指歸略例曰].” 이하의 문단 1,350글자는 왕필이 지은 『노자지략(老子指略)』의 일부분이며, 『도장(道藏)』 속에 있는 『노자미지례략(老子微旨例略)』 1권의 2,552글자도 『노자지략』의 일문(逸文)이다. 비록 저자를 밝힌 『노자지략』은 유실되었지만, 송(宋)나라 때 장군방(張君房)이 편집한 『운급칠첨』과 명(明)나라 때 간행된 『도장』본 속에 그 내용이 보존되어 있다. 왕유성의 고증은 증거가 확실하며, 더욱이 『노자지략』과 『노자주』를 서로 대조하고 교감해보면 처음부터 말미까지 모두 27조에 이르는 것이 반박할 여지가 없이 일치한다.[26]

『주역』에 대해서 주석한 왕필의 저작은 『수서』 「경적지」에 “위나라 상서랑 왕필은 64괘에 대하여 주석한 글 6권이 있고, 한강백은 「계사(繫辭)」 이하를 주석한 글 3권이 있으며, 왕필은 또한 『주역약례』를 찬술하였다.”[27]고 기록되어 있다. 『신당서』·『구당서』·『송사』의 기록과 이 문장은 서로 일치한다. 『구당서』 「경적지」는 왕필이 『주역대연론(周易大演論)』 1권을 찬술하였다고 기록하고 있으며, 『신당서』 「예문지」는 왕필이 『주역대연론(周易大衍論)』 3권을 찬술하였다고 기록하고 있다. 『주역대연론(周易大衍論)』의 원문은 이미 유실되었으나, 한강백의 「계사 상(繫辭上)」의 주석 속에 인용된 왕필의 대연론(大衍論)은 그 『주역대연론(周易大衍論)』의 일부분일 가능성이 있다. 『중흥서목(中興書目)』[28]에는 다음과 같이 기록되어 있다. “왕필은 『역변(易辯)』 1권이 있다. 혹자는 말하길 진(晉) 나라에서 그것을 얻어 왕희지(王羲之)가 조칙을 받아 기록

26 저자주 王維誠, 「魏王弼撰 <老子指略> 逸文之發現」, 『國學季刊』 第7卷 第3期, 北京大學, 1948. 참고.

27 長孫無忌·魏徵, 『隨書』 「經籍志」. “魏尙書郎王弼注六十四卦六卷, 韓康伯注繫辭以下三卷, 王弼又撰易略例一卷.”

28 역주 남송(南宋) 시기 1178년에 관찬으로 편찬한 서지(書誌) 목록으로서 수록한 서적이 4만 4천 486권에 이르는 『중흥관각서목(中興館閣書目)』이다.

하여 귀중한 문서를 보관하는 곳에 넣어두었는데 그것을 「계사주(繫辭注)」라고 말한다. 왕필은 말하기를 천지의 수를 연역하는 데 의지하는 수는 50이라고 했다."[29] 아마도 여기서 말하는 『역변』은 『주역』의 의문점에 대하여 풀이한 것으로서 그 체제와 형식은 『논어석의(論語釋義)』와 비슷하고, 「계사 상」의 "크게 풀어내는 수는 50이며, 그 중에 사용하는 수는 49이다."[30]라는 구절에 대한 주석이 가장 두드러진다. "대연지수(大衍之數)"라는 이 구절에 대한 해석은 여러 가지 학설이 분분한데, 『옥해(玉海)』[31]에 모아서 수록한 것만 20여 명의 학자가 넘는다.

왕필이 『주역』을 주석하는 방법에 대해서도 사서(史書)는 분석을 하고 있다. 한(漢)나라 때의 장구(章句) 형식의 학문에서 왕필이 『노자』를 가지고 『주역』을 해석하는 방식에 이르기까지 변화는 갑작스럽게 도달한 것이 아니라 점진적인 변화의 과정을 거쳐 왔다. 역대로 『주역』을 연구하는 학자들은 왕필이 전승한 것은 비직(費直: 약 기원전 50-10년경)의

---

29 『中興書目』. "弼有易辯一卷, 或言晉得之王義之承詔錄藏秘府繫辭注, 王弼曰, 演天地之數所賴者五十也."

30 韓康伯, 『周易繫辭傳注』 9章. "大衍之數五十, 其用四十有九."

31 역주 중국(中國) 남송(南宋) 말기의 학자인 왕응린(王應麟; 1223-1296)이 엮은 일종의 백과사전이다. 고대로부터 송나라에 이르는 다양한 서적에서 수많은 사실을 분류하여 정리했다. 송(宋)대 문물제도에 관한 내용은 사료적 가치가 매우 높다. 특히 송내의 실록(實錄)뿐만 아니라 현재 전하지 않는 서적을 많이 인용하여 자료적 가치도 높다. 내용의 구성은 천문(天文), 율력(律曆), 지리(地理), 제학(帝學), 성문(聖文), 예문(藝文), 조령(詔令), 예의(禮儀), 거복(車服), 기용(器用), 교사(郊祀), 음악(音樂), 학교(學校), 선거(選擧), 관제(官制), 병제(兵制), 조공(租貢), 궁실(宮室), 식화(食貨), 병첩(兵捷), 상서(祥瑞)의 21문으로 되어 있는데, 이는 본래 과거시험용 참고서로서 편집한 것이다. 왕응린은 자는 백후(伯厚), 호는 심녕거사(沈寧居士)이다. 1241년(淳祐 1)에 진사가 되었다. 관직은 예부상서겸급사중(禮部尙書兼給事中)을 역임하였다. 매우 박학다식하여 경사백가(經史百家)・천문지리 등에 조예가 깊었다. 특히 장고제도(掌故制度)에 익숙하고 고증에 능했다. 저서로는 『곤학기문(困學紀聞)』・『옥해(玉海)』・『시고(詩考)』・『시지리고(詩地理考)』・『한예문지고증(漢藝文志考證)』・『옥당유고(玉堂類稿)』・『심녕집(深寧集)』 등이 있다. 그 가운데서 『옥해』는 200권에 이르는 방대한 저술로서 남송 시기에 가장 뛰어난 "유서(類書: 백과사전)"로 꼽힌다.

『역』이라고 본다. 『수서』「경적지」에는 다음과 같이 말한다. “후한(後漢)의 진원(陳元)과 정중(鄭衆)[32]은 모두 비직의 학문을 전승한 것이다. 마융(馬融)도 비직의 학문을 정현(鄭玄)에게 전수하였고, 정현은 『주역주』를 지었으며, 순상(荀爽)도 『역전』을 지었다. 위(魏)나라 때의 왕숙(王肅)과 왕필은 모두 『주역주』를 지었는데 이로부터 비직의 학문이 크게 홍성하였다.”[33] 비직의 『역』이 지닌 특징은 「장구(章句)」를 강론하지 않고 「전(傳)」으로써 『경(經)』을 풀이하는 것인데, 이것은 한(漢)대 고문경학의 전통을 발휘한 것이다. 고문경학은 경전을 해석할 때 지루하게 널리 늘어놓아 핵심줄거리를 볼 수 없는 것을 반대한다. 마융은 『주역』을 주석할 때 특이한 학설이 자못 있으며, 마융은 『주역』을 정현에게 전승하였고, 정현은 진일보하여 적은 것으로 많은 것을 통어하는 원칙을 가지고 탐색하였으니, 정현은 「단전(彖傳)」과 「상전(象傳)」을 『경』의 본문과 서로 연결시켰다. 왕필은 정현의 이전해경(以傳解經: 『역전』을 가지고 『역경』 원문을 해석하는 것) 방법을 계승하고 더욱 발전시켰다. 정현은 「문언(文言)」을 단독으로 배열하여 하나의 「전(傳)」으로 삼았으나, 왕필은 『문언』을 『역경』의 건(乾)괘, 곤(坤)괘 두 괘 뒤에 나누어 붙였다. 정

32 역주 정중(鄭衆)은 후한 시대 환관이다. 자는 중사(仲師)이며, 동한시대에 하남(河南) 개봉인(開封人)으로 경학가인 정흥(鄭興)의 아들이다. 제4대 황제 화제(和帝: 劉肇 재위 88-105)가 모신으로 선택한 환관이다. 화제가 정중을 선택한 이유는 환관이기에 비밀리에 모의를 할 수 있고, 정중 자신이 뛰어난 인물이며 눈썰미도 있었고, 두뇌가 명석해 행동력도 있다고 알려져 있다. 92년 두헌을 궁정 내에 불러들여 대장군의 인수(印綬)를 되찾고 실권을 빼앗은 뒤, 영지에 보내 자살을 명했다. 이로 인해 두씨일족을 정권에서 배제하고 실권을 되돌리게 되었다. 정중은 공적이 커서 단향후(鄲鄉侯)에 봉해지고, 대장추(大長秋)의 직책을 받았다. 그 후에도 정중을 신임해 화제의 정치는 측근정치의 색을 띠었고 이것이 후한에서 환관의 횡포의 효시가 되었다. 정중은 확실히 정권에 가세하게 되어, 이 이후 어린황제가 계속해서 등장하면서 외척세력과 환관세력 간의 격렬한 다툼이 계속되게 되었다. 이렇듯 많은 상황으로 인해 “후한은 화제의 시대부터 쇠퇴의 길을 걷게 되었다.”라고 평해지고 있다.

33 長孫無忌・魏徵, 『隋書』「經籍志」. “後漢陳元鄭衆, 皆傳費氏之學. 馬融又爲其傳以授鄭玄, 玄作易注, 荀爽又作易傳. 魏代王肅王弼幷爲之注, 自是費氏大興.”

현은「단전」과「상전」을 한 괘의 경문 뒤에 각각 붙여 놓으면서도 각 효사(爻辭) 아래에는 나누어 붙이지 않았다. 그러나 왕필은「단전」과「상전」을 나누어 각 괘의 효(爻) 아래에 붙여놓았다.「전」앞에 제목을 붙인 건전제일(乾傳第一), 태전제이(泰傳第二), 서합제삼(噬嗑第三), 함전제사(咸傳第四), 쾌전제오(夬傳第五), 투전제육(鬪傳第六)도 역시 왕필이 처음 시도한 것이다. 정현의 주(注)에는 건전(乾傳)이나 태전(泰傳) 등의 글자가 없으니, 왕필이「역전(易傳)」으로써『역경(易經)』을 해석한 마음 속 깊은 뜻을 볼 수 있다. 그는『주역약례(周易略例)』첫 구절에서 "무릇 단(彖)이란 무엇인가? 한 괘의 몸체를 통틀어 논하며, 그것이 말미암는 주(主)를 밝힌 것이다."[34]라고 하였다. 여기에서 명확하게 지적하는 것은「단사(彖辭)」란 한 괘의 종지(宗旨)를 통틀어 논한다는 것이다. 이로써 알 수 있는 것은 비직에서 마융과 정현을 거쳐 왕필에 이르기까지 이전해경(以傳解經)의 사상이 일맥상통한다는 것이다.

『옥해(玉海)』에서는 "왕필의 역은 마융과 정현에서 나왔고, 마융과 정현은 또한 비직의 고문역(高文易)에서 나온 것이며,"[35] "옛『역』이 처음에 비직에서 변하였고, 왕필에서 크게 어지러워졌다."[36]고 하였다.

이전해경(以傳解經)은 단지 왕필이『주역』을 해석하는 방법의 하나였다. 왕필은 새로운 학문을 수립했으며 결코 옛것의 틀에 얽매여 머물지 않았고, 상수(象數)에 관해서도 관심을 보이기도 했지만 결국에는 상수를 버렸으며, 직접 본체(本體)를 탐구하였다. 육징(陸澄)은 "왕필의『주역』주석은 본래 정통을 배운 것인데, 오늘날 큰 유학자들은 정현(鄭玄)의 주석을 폐기할 수 없다고 하여, 상구(商瞿)의 난(亂) 이후로부터 비록 서로 다른 학가(學家)들이 있었으나 다 같이 상수를 정통으로 여기다가, 수년 뒤에야 비로소 왕필의 학설이 있게 되었다."[37]라고 하였다. 이런

34 王弼,『周易略例』. "夫彖者何也, 統論一卦之體, 明其所由之主者也."

35 王應麟,『玉海』. "輔嗣之易出於馬鄭, 馬鄭又出現於費氏古文易."

36 王應麟,『玉海』. "古之始變於費氏, 大亂於王弼."

평가는 왕필의 『주역』 주석과 이전 시대 사람의 주석 사이에 있는 계승 관계를 지적하고 있으며, 또한 왕필이 옛 학설을 깨뜨리고 새로운 학설을 수립한 것을 지적하고 있다. 조열지(兆說之)는 이런 일련의 발전과정을 알맞게 평가하였다. "비직의 역학 전승은 늦게야 융성하게 되었는데, 후한(後漢)의 진원(陳元)·정중(鄭衆)·마융(馬融)·정현(鄭玄)·순상(荀爽) 그리고 위(魏)나라 때의 왕숙(王肅)·왕필이 모두 그것을 계승한 사람들이다. 왕숙 이상의 사람들은 함부로 그들이 전승한 것을 믿을 수 없으나, 오직 왕필만이 옛 학설을 깨뜨리고 새로운 학설을 수립하여 스승의 법을 버리고 노장의 허무론(虛無論)을 물리쳐서 인사(人事)에 전념하였다."[38] 이른바 "옛 학설(舊)"은 괘변(卦變)·호체(互體) 등 상수역의 방법을 가리키며, "새로운 학설(新)"은 "『노자』의 사상으로써 『주역』을 해석하는 것[以老解易]"을 의미한다.

왕필의 『주역주』에 대해서는 좋은 평가와 낮은 평가가 다양하게 존재한다. 『수서』「경적지」에는 진(晉)의 양주자사(揚州刺史) 고과(顧誇)의 『주역난왕보사(周易難王輔嗣)』 1권이 있다고 기록되어 있다. 『책부원구(冊府元龜)』[39]에는 고과가 왕필 주역주의 의미에 대해 힐문(詰問)하는

37 王應麟, 『玉海』. "王弼注易, 元學所宗, 今若弘儒, 鄭注不可廢, 自商瞿之亂, 雖有異家之學, 同以象數爲宗, 數年後乃有王弼之說."

38 王應麟, 『玉海』 권35, 「漢易傳」. "費氏之傳, 晩而益盛, 東都陳元鄭衆馬融鄭玄荀爽, 魏王肅王弼皆其人也. 自肅而上, 莫敢恃其所傳, 唯弼厭舊喜新, 擯棄師法, 攘老莊虛無之論, 專於人事."

39 역주 『책부원구(冊府元龜)』는 북송(北宋)의 왕흠약(王欽若)·양억(楊億) 등이 칙령을 받들어 편찬한 유서(類書)로서 일종의 백과사전이다. 1005년(景德 2)에 편집에 착수하여 1013년에 완성한 책으로서 분량은 1,000권, 목록 10권에 이른다. 『태평광기(太平廣記)』·『태평어람(太平御覽)』·『문원영화(文苑英華)』와 함께 송대(宋代)의 4대 편찬서 가운데 하나이다. "책부원구"라는 이름의 뜻은 이 책이 많은 서책 가운데 정치의 요령(要領)을 뽑아 편집되었음을 의미한다. 내용은 역대 군신(君臣)의 정치에 관한 사적을 제왕(帝王)·윤위(閏位)부터 총록(總錄)·외신(外臣)에 이르기까지 31부(部) 1,115문(門)으로 분류하여 열거하고 있다. 오늘날 당(唐)·오대(五代)의 역사와 문화를 연구할 때 가치 있는 자료이다.

내용 40조가 기록되어 있다. 경구(京口)의 민강지(閔康之)도 왕필을 언급하면서 고과를 힐난하였다. 정시(正始) 연간에 강동(江東) 지역은 왕필의 『주역주』가 성행하였다. 진(晉)나라 시기에는 정현의 역학이 숭앙을 받았는데, 손성(孫盛)[40]은 일찍이 왕필의 학설이 심오한 듯 아름답기는 하지만 뜬구름 잡는 소리에 불과하다고 헐뜯어 비난하였다. 남북조 시기 원가(元嘉: 424-453) 연간에 이르러 왕필의 역학은 정현의 역학과 함께 나란히 성행하였으나, 고연년(顧延年)이 좨주(祭酒)로 있을 때 정현의 학문을 폐출하였고, 제(齊)나라 시기에는 왕필의 학문이 크게 융성하였다. 『사고전서총목(四庫全書總目)』「주역정의발(周易正義跋)」 속에서는 "왕검(王儉)·고연년 이후에는 이것이 발양하면 저것을 억누르고 하여 서로 힐난하기를 쉬지 않았으나, 공영달(孔穎達) 등이 조칙을 받아서 소를 짓자 비로소 왕필의 『주역주』가 숭앙을 받아서 다른 여러 가지 학설들이 모두 폐기되었다."[41]라고 하였다. 다시 말하자면, 당(唐) 나라 시기에는 왕필의 『주역주』가 오로지 독보적으로 존숭되는 지위를 얻게 되는 것이다.

왕필은 『노자』와 『주역』에 대한 주석 이외에 『논어』에 대해서도 주석을 했다.

『수서』「경적지」에는 왕필이 『논어석의(論語釋疑)』 3권을 저술했다고 기록하고 있다. 『신당서』와 『구당서』에는 왕필이 『논어석의』 2권을 지

40 역주 손성(孫盛)은 자가 안국(安國)이며 산시성[山西省] 타이위안[太原] 출신이다. 10세 때 영천(潁川)의 태수였던 아버지가 살해되어 강남으로 피신하였다. 성장한 뒤 저장성[浙江省] 후이지[會稽]의 청담계(淸談界)에서 이름이 알려져 좌저작랑(佐著作郎)을 시초로 관료가 되어 비서감까지 승진하였다. 72세에 세상을 떠났으나 노후에도 학문을 버리지 않고, 『위씨춘추(魏氏春秋)』, 『진양추(晉陽秋)』 외에 시부(詩賦)와 논문 수십 편을 저술하였다. 그 중에서도 진나라의 역사 『진양추(晉陽秋)』 31권은 당시 양사(良史)라 불렸으나 모두 산일되어 전하는 것이 없다.

41 『四庫全書總目』「周易正義跋」. "王儉顧延年之后, 此揚彼抑, 互詰不休, 至穎達等奉詔作疏, 始專崇王注而衆說皆廢."

었다고 기록하고 있다. 당(唐)나라 이후에는 기록이 보이지 않는다. 유가와 도가를 종합한 것이 왕필 학설의 특징이다. 『논어석의』는 황간(皇侃)의 『논어의소(論語義疏)』[42]와 형병(邢昺)[43]의 『논어정의(論語正義)』[44]에 부분적으로 보이고 있다. 『논어석의』의 대부분은 이미 흩어져 유실되었다. 황간이 인용한 왕필의 주석은 당시에 국가적으로 인정된 『논어』의 주해가 아니었다. 그리고 『논어의소』는 하안 · 정충(鄭沖) · 손옹(孫邕) · 조희(曹羲) · 순의(荀顗) 등 5명의 주석인 『집해(集解)』를 대상으로 소(疏)를 붙이면서 9명의 주석을 수집하였는데, 황간은 하안의 『논어집해』에다 소(疏)를 붙일 때 다시 대량의 『논어』에 대한 현학가의 주석을 수집하였다. 이것은 황간 자신이 지은 소를 논증한 것으로서, 이로 인해 종종 황간의 소(疏) 뒤에 "왕필이 말했다[王弼曰]." 등의 글자의 모습이 있다. 현존하는 『논어석의』는 여전히 왕필의 사상을 연구하는 중요한 재료가 된다.

2 왕필의 "거본통말擧本統末"의 현학체계

왕필이 수립한 철학체계는 "근본[無]을 들어서[擧本: 無] 말단[有]을 통어한다[統末: 有]."는 것이 특징이다. 이런 종류의 철학은 사람들이 수만 가지의 현상에 현혹되지 않게 하며, 현상을 버려두고, 수만 가지의 사물과 모든 운동의 배후에 있는 통일성 · 보편성 · 필연성을 탐색하게 한다.

---

42 저자 주 『지부족재(知不足齋)』 총서를 보라.

43 역주 형병(邢昺: 932-1010)은 북송 경학가로 자는 숙명(叔明)이며 조주제음(曹州濟陰: 현재 曹縣西北) 사람이다. 벼슬이 예부상서에 이르렀다. 그가 찬한 『논어정의(論語正義)』 『이아의소(爾雅義疏)』 『효경정의(孝經正義)』 등이 모두 『십삼경주소』에 수록되었다.

44 저자 주 『사부비요(四部備要)』를 보라.

그러나 그는 개념을 세계의 본질이라고 잘못 보기 때문에 궁극적으로는 유심주의에 빠지게 된다.[45]

(1) "무를 근본으로 보는 것[以無爲本]"과 "유를 말단으로 보는 것[以有爲末]"

왕필은 『노자』와 『주역』을 주석하면서 자신의 철학관과 정치적 견해를 밝혀서 드러내고 있다. 『노자』와 『주역』은 한(漢)대에서 매우 중요시되던 것이다. 『노자』를 주석한 사람이 56명에 이른다. 『주역』을 연구한 사람으로는 양향(楊向)・정관(丁寬)・전왕손(田王孫)・시구(施仇)・맹희(孟喜)・양구하(梁丘賀)・비직(費直)・경방(京房)・고상(高相)・진원(陳元)・정중(鄭衆)・마융(馬融)・정현(鄭玄)・순상(荀爽) 등이 있다. 한(漢)대에서 『노자』와 『주역』을 주석하는 것은 주로 우주발생론의 시각에서 논지를 전개한다. 『회남자(淮南子)』라는 저작과 사마천(司馬遷)・양웅(揚雄)・장형(張衡)[46] 등의 학자들은 『노자』의 "유는 무에서 생긴다[有生於無]."는 구절에 대해서 기본적으로 유물주의적 해석을 한다. 그들이 말하는 "무(無)"는 일반적으로 음양(陰陽)이 나누어지지 않은 원기(元氣)이며, 가장 근본이 되는 것이며, 가장 원초적인 물질이며, 모양도 없고 이름도 없으므로 무(無)라고 지칭하는 것이다. 그들은 보편적으로 천지

---

45 역주 수만 가지의 사물과 모든 운동의 배후에 있는 통일성・보편성・필연성을 "무(無)"로써 표현하지만, 그것은 물질성이나 정신성의 개념으로 나누어 이해할 수 있는 성질을 벗어나 있는 것이다. 단지 물질성이나 정신성이 구분되지 않는 상태로서의 "무(無)"를 유심론이나 유물론으로 파악할 수 없는 것으로 본다. 유물론과 유심론은 근본적으로 세계의 구성 본질을 물질적인 것과 비물질적인 것으로 나누어 논의하는 형이상학적 존재론의 영역에서 다루는 것이다. 왕필의 "무"는 서양적 사유의 맥락에서 보이는 고정불변의 본질을 갖는 배타적이고 독립적인 실체가 아니므로 유물론과 유심론의 범주로 묶을 수 없다.

46 역주 장형(張衡: 78-139)은 후한 시대의 문학자이면서 과학자이다. 자는 평자(平子)이며, 하남(河南)의 남양(南陽)사람이다. 『오경(五經)』에 통달하였으며, 천문지리(天文地理) 및 음양(陰陽) 역법(曆法) 산학(算學)에 정통하였다. 태사령(太史令) 벼슬에 있으면서 천상(天象)의 관측을 관장하였다.

만물이 생성되기 이전에 모양도 없고 이름도 없는 원기가 우주에 가득 차 있는 단계가 존재하며, 원기가 분화하여 음양의 두 기(氣)가 되고, 음양의 두 기로부터 천지만물이 구성된다고 여긴다. 『회남자』는 이런 것을 우주의 시작단계로 묘사하여 서술하고 있다. “하늘이 화기(和氣)를 품고 있으면서도 내려 보내지 않고, 땅이 기운(氣)을 품고 있으면서도 드날리지 않아서, 허무하고 막막하며 쓸쓸한 듯 유원하여, 있는 듯 없는 듯하면서도 기운이 이루어져 가이 없이 크게 통함을 말하는 것이다.”[47] 장형은 우주의 시작 단계를 형용하면서 “현(玄)”이라고 하였는데, 그는 “현(玄)이란 모양이 없는 종류로서 저절로 그러한 것의 뿌리이며, 태시(太始)에서 비롯되는데, 그것과 더불어 앞선 것이 없으며”,[48] “현이란 도와 덕을 포함하며, 건곤을 감싸안으며, 원기를 품에 안고, 무원(無原)을 부여받는 것”[49]이라 하였다. 『주역』을 해석하는 많은 학자들도 이런 경향을 보이고 있다. 경방(京房)은 “하나[一]를 사용하지 않는 것은 하늘이 기를 낳을 때 허(虛)를 가지고 실(實)을 가져오는 것이므로 49를 사용한다.”[50]라고 하였다.[51] 이러한 사상은 지속적으로 진(晉)에 이르러서도 유행하였는데, 기첨(紀瞻)과 고영(顧榮)이 낙양으로 부임하러 가는 도중에 논쟁을 벌인 태극음양의 문제를 볼 수 있다.[52] 이런 우주발생에 관한 학설은 허무(虛無)의 원기와 유형유명(有形有名: 모양과 이름이 있는)의 온갖 사물이 우주발전의 상이한 단계이며, 허무(虛無)와 실유(實有)는 상이한 시간과 공간의 범위에 있는 물질상태로 본다. 이런 우주발생에 관한 학

---

47 劉安, 『淮南子』「俶眞訓」. “天含和而未降, 地懷氣而未揚, 虛無寂寞, 蕭條霄霏, 無有彷佛, 氣遂而大通冥冥者也.”

48 『太平御覽』 卷1, 張衡 『玄圖』. “玄者, 無形之類, 自然之根, 作於太始, 莫之與先.”

49 『太平御覽』 卷1, 張衡 『玄圖』. “玄者, 包含道德, 拘掩乾坤, 囊橐元氣, 稟受無原.”

50 孔穎達, 『周易正義』「繫辭 上」 <孔穎達疏>. “其一不用者, 天之生氣, 將欲以虛來實, 高用四十九焉.”

51 저자 주 湯用彤, 「王弼周易大衍義略釋」, 『魏晉玄學論稿』를 참고하라.

52 房玄齡 외, 『晉書』「顧榮紀瞻傳」을 보라.

설은 또한 현상영역을 고찰하는 문제에 국한되지만, 철학은 어떤 사물을 발생시키는 것에 관한 서술이 아니라 그 속의 어떤 것이 진정한 사물인가 하는 문제에 대하여 논술하는 것이다.[53] 레닌은 일찍이 다음과 같이 지적하였다. "한편으로는 물질에 대한 인식에서 실체에 대한 인식[개념]으로 깊이 들어가면서 현상의 원인을 탐구해야만 한다. 다른 한편으로는 원인을 진정으로 인식해야 하는데, 이것이 바로 현상의 외재성(外在性)으로부터 실체로 심화해 가도록 하는 것이다."[54] 레닌이 여기서 말하는 "원인의 인식"과 "실체에 대한 인식"은 하나의 일이며, 바로 본질을 인식하는 것이다. 인류의 인식 역사는 사람들이 현상을 인식하는 것에서 끊임없이 본질을 인식하는 방향으로 발전하며, 저급한 본질 인식에서 고급단계의 본질을 인식하는 방향으로 발전해 가고 있음을 보여준다. 왕필의 철학은 현상에 대한 인식에 만족하지 않고, 어떤 사물에 대한 발생적 인식에도 만족하지 않으며, 만물의 참됨, 만물의 근본, 만물의 본성을 탐구하고자 한다. 이른바 "하늘과 사람의 새로운 의미[天人新義]"에서의 새로움이란 아마도 여기에 있을 것이다!

왕필은 만물의 존재를 간단하게 부정하는 것이 결코 아니며, 그는 모양과 이름이 있으며 쉴 새 없이 어지러이 변화하는 현실존재의 사물은 "유(有)"이고, "무(無)"가 만물의 생성과 소멸의 변화를 결정하는 공동의 근거라고 여긴다. 시간적으로 "무"는 "유"의 앞에 존재하는 것은 아니며, 공간적으로 "무"는 "유"의 밖에 존재하는 것도 아니다. "무"는 "유"의 속에 관통하고 있으며, "유"를 통해서 종주(宗主)·본체(本體)·도(道)·리(理)의 작용을 표출하는 것이다.

왕필은 "본무(本無)"와 "말유(末有)"는 일체이며, "말유"를 떠나서 "본무"가 독립적으로 존재할 수 없다고 보았으며, "무릇 무는 무로 밝힐 수 없으니 반드시 유에 따라서 밝힌다. 그러므로 항상 사물의 궁극에서라

53 F. Hegel,『論理學』下卷, 商務印書館, 1981, 253쪽.

54 N. Lennin,『哲學筆記』1974年版, 167쪽.

야 그것이 말미암는 본원[宗]을 밝히는 것이다."[55] 즉 "무"는 독립적으로 존재할 수 없으며, "무"는 오직 온갖 존재들[萬有]에 따르고 의존해서만 자신을 드러낼 수 있는 것이니, 이 때문에 만물을 총괄하는 시각에서 만물이 의거하는 근원을 명확히 할 수 있다. 왕필은 "대상(大象)"과 "사상(四象)" 그리고 "대음(大音)"과 "오음(五音)"의 관계에 대한 자세한 언급에서도 이런 점을 설명하고 있다. "사상(四象)이 나타나지 않으면 대상(大象)이 펼쳐질 수 없고 오음(五音)이 소리가 나지 않으면 대음(大音)이 이를 수 없다. 사상이 모양을 지니며 드러나되 사물이 종주로 삼는 바가 없으면 대상이 펼쳐지게 된다. 오음이 소리가 나되 마음이 따라서 가는 바가 없으면 대음이 이르게 된다."[56] 금목수화(金木水火)의 사상(四象)이 없거나 궁상각치우(宮商角徵羽)의 오음(五音)이 없으면 대상과 대음은 근원[宗主]의 성질을 드러낼 수 없다. 대상과 대음은 사상과 오음을 통해서 드러나지만, 어느 하나의 상(象)이나 어느 하나의 음(音)을 근원으로 삼아서 치우치지 않는 것이니, 이런 대상과 대음이 바로 두루 통하여 막힘이 없는 것이다. 여기에서 말하는 대상과 대음은 사상과 오음의 본질이며, 이로써 "본무(本無)"는 "말유(末有)"를 떠나서는 존재할 수 없다는 사상을 설명하는 것이다. 왕필은 현상의 비유를 가지고 "도(道)"와 만물이 일체라는 사상을 설명하고 있다. "빛과 조화를 이루어도 그 몸을 더럽히지 않고, 티끌과 함께해도 그 참됨이 변하지 않는 것이니",[57] "도"는 빛과 서로 함께 어울리지만 결코 자신이 얽매이거나 더럽혀지지 않으며, 티끌과 함께 섞여 살지만 자기의 참된 본성을 변질시키지 않는다.

왕필은 『주역주』에서 "유무(有無)"일체와 "본말(本末)"일체의 사상을

55 韓康伯, 『繫辭 上』 주에 인용된 왕필의 『大衍義』. "夫無不可以無明, 必因於有, 故常於有物之極, 而必明其所由之宗也."

56 王弼, 『老子指略』. "四象不形, 則大象無以暢; 五音不聲, 則大音無以至. 四象形而物無所主, 則大象暢矣; 五音聲而心無所適焉, 則大音至矣."

57 王弼, 『老子道德經』 4장 주. "和光而不汚其體, 同塵而不渝其眞."

한걸음 더 나아가 밝히고 있다. 그는 상수(象數)를 버리고 복서(卜筮)의 서책을 변화시켜서 의리(義理)의 서책으로 삼는다. 그는 『노자도덕경주』에서 밝혀 드러낸 "무불통(無不通: 통하지 않음이 없음)"하며 "무불유(無不有: 말미암지 않음이 없음)"한 도(道)를 64괘와 384효 속에 관철시키고 있는데, 이 때문에 그는 "형(亨)"에 대해서 새로운 해석을 제시하고 있다. 『역경』 속에는 원형(元亨)이 11조, 형(亨)이 38조, 소형(小亨)이 2조가 있는데, 왕필 이전의 주석가들은 "형(亨)"을 향(享)으로 해석하였다. 예를 들면, "곤(坤)은 원(元)하고 형(亨)하며, 암말의 곧음(貞)이 이로우니"[58]라는 구절을 해석할 때, 점을 처서 곤괘를 얻음은 대향(大享)의 제사를 거행함에 암말을 타고 멀리가거나 출정(出征)을 하는 것이 이롭다고 하였다. 왕필은 "형(亨)"을 형통(亨通)으로 해석하였는데, 왕필은 암말은 또한 아래의 땅에서 다니며 부드럽고 순종하여 지극함에 이른다고 하였고, 여기에서 "도(道)"가 두루 통하여 막힘이 없다는 성질을 끌어내어 이것으로서 『주역』의 뜻에 갖다 붙이고 있다. "대유(大有)는 크게 형통하다."[59]라는 구절을 해석할 때, "크게 통하지 아니하고, 무엇으로 말미암아 크게 가질 수 있겠는가? 크게 가지게 되면 반드시 크게 형통하게 된다."[60]라고 하였으며, 대유(大有)의 뜻은 바로 온갖 사물을 싸안아 받아들여서 포용하지 않음이 없는 것이라고 말하였다. 예를 들면, 도가 그 모든 만물 속에 관통하지 않는다면 어떻게 그것을 "대유(大有)"라고 하겠는가? "형(亨)"에 대한 왕필의 해석은 "도(道)"가 온갖 사물 속을 관통하는 종주(宗主: 근원)이며 통솔자[統領]임을 강조하는 데 있다.

왕필은 도(道)가 64괘 속에 관통하며, 64괘 속에서 체현되어 나온다고 하였지만, 그의 주석 속에서 「예(豫)」·「대축(大畜)」·「대과(大過)」·「진(震)」·「중부(中孚)」 등 아주 일부의 괘에는 "도(道)"라는 말을 사용하지

---

58 『周易』「坤卦」. "坤元亨, 利牝馬之貞."

59 『周易』「大有卦」. "大有元亨."

60 王弼, 『周易注』「大有卦; 卦辭」의 注. "不大通, 何由得大有乎? 大有則必元亨矣."

않고 있다. 이른바 "건도(乾道)", "수도(需道)", "태도(泰道)", "상림지도(相臨之道; 서로 임하는 도)", "관지위도(觀之爲道)", "치박지도(治剝之道; 박을 다스리는 도)", "유망지도(有妄之道)", "무망지도(无妄之道)", "함지위도(咸之爲道)", "항지위도(恒之爲道)", "손지위도(損之爲道)", "익지도(益之道)", "정도(井道)", "혁지위도(革之爲道)", "정도(鼎道)", "기제지도(旣濟之道)"는 모두 다 도가 관통하고 체현되어 나오는 경우이다. 왕필이 도를 교묘하게 64괘 속에 관통시키고 있는 것은 본체로서의 도가 만물 밖에 있는 별도의 상태로서 독립적으로 존재하는 것이 아니라는 점을 설명하기 위해서이다. 왕필은 도를 "천지의 변화를 범위로 하였으나 지나치지 않고, 만물을 두루 이루되 빠뜨리지 않고, 밤낮의 도를 통하였으나 고정된 몸체가 없는"[61] 세계의 본원과 운동법칙으로 보았다.

왕필은 64괘를 일관된 도(道)의 64가지 시위(時位: 알맞은 때와 지위)라고 보아서 "괘로써 때를 나타낸다."[62]라고 하며, "괘는 때다."[63]라고 하였다. 그리고 도가 건괘를 관통하는 것은 바로 건의 때이며, 곤괘를 관통하는 것은 바로 곤의 때라고 하였다. 각각의 괘는 모두 서로 다른 각도와 서로 다른 방면과 서로 다른 때에 본체로서의 도를 체현해낸다. 사물은 수많은 무리이며, 도는 하나이다. 천지자연의 사물은 가지가지 모양과 색깔을 지니며, 수없이 많은 운행 변화를 겪으며, 사회생활은 복잡하게 얽혀 돌아가는데, 만물의 생존변화는 똑같이 필연적인 상황[勢]으로 결정되는 것이지 결코 망령되게 이루어지는 것은 없다. 그러므로 만물의 운동 변화를 보면 마땅히 그 속에 포함된 소이연(所以然)의 이치를 볼 수 있다. 왕필은 「건괘: 문언」 상구(上九)의 주석에서 다음과 같이 말했다. "무릇 사물의 움직임을 알면 그 소이연의 이치를 모두 알 수 있다.

61 王弼, 『周易略例』 <明爻通變>. "範圍天地之化而不變, 曲成萬物而不遺, 通乎晝夜之道而無體."

62 王弼, 『周易略例』 <明爻通變>. "卦以存時."

63 王弼, 『周易略例』 <明卦適變通爻>. "卦者, 時也."

용(龍)의 덕은 망령되지 않은 것이니, 숨어서 쓰지 말라는 것은 어째서 인가? 반드시 아래에 곤궁하게 처하기 때문이다. 드러나 밭에 있음은 통하는 때에 따르기 때문이다. 효(爻)로써 사람을 삼고 자리로써 때를 삼아 망령되이 멋대로 움직이지 않으면 때를 다 알 수 있다."[64] 용을 가지고 비유를 한 것이니, 용의 움직임이 어떤 때는 숨고 어떤 때는 모습을 드러내는 것은 일정한 상황[勢]을 따라서 그 속을 관통하는 것이다. 왕필은 "시(時)"를 소이연의 이치가 체현된 것으로 보았다. 사람들은 제멋대로 망령되이 행동해서는 안 되고, 반드시 알맞은 때에 의거해서 행동을 해야만 하는데, 때에 부합하는 것은 바로 그게 길(吉)하며 크게 이로운 것이고, 때에 부합하지 않는 것은 크게 흉(凶)하며 크게 해로운 것이다. 「수괘(隨卦)」에 대한 주석에서 왕필은 바로 이 문제를 설명하고 있다. 왕필 이전의 주석가들도 "수(隨)"를 수행(隨行)으로 해석하였으니, 예를 들면 정현(鄭玄)은 덕이 있는 사람을 수행하는 것으로 보았으며, 초공(焦贛)은 항우(項羽)와 유방(劉邦)을 예로 들어서 관대함을 품고 있으면 사방의 선비들이 구름처럼 모여들어 따른다고 설명하고 있다. 왕필은 "수(隨)"를 때에 따른다는 것으로 해석하고 있는데, "수(隨)가 되어서 크게 형통하지 못함은 때를 거스르는 것이 되고",[65] "때를 얻으면 천하가 그를 따르게 된다. 따름[隨]이 시행되는 것은 오직 때에 달려 있으니, 때가 달라 따르지 않게 되는 것은 막힌 도이다. 그러므로 때를 따르는 뜻이 크도다."[66]라고 하였다. 좁은 의미로 말하자면, "시(時: 때)"가 의미하는 것은 계설과 절기이며, 계절과 절기는 사람의 의지로 움직이는 것이 아니므로 이것으로부터 법칙과 소이연의 이치라는 의미가 이끌어져 나오는

64 王弼, 『周易注』「乾卦; 文言傳」九五爻의 注. "夫識物之動, 則其所以然之理皆可知也, 龍之爲德, 不爲妄者也. 潛而勿用何乎? 必窮處於下也; 見而在田, 必以時之通舍也. 以爻爲人, 以位爲時, 人不妄動, 則時皆可知也."

65 王弼, 『周易注』「隨卦; 彖辭」注. "爲隨而不大通, 逆於時也."

66 王弼, 『周易注』「隨卦; 彖辭」注. "得時則天下隨之矣. 隨之所施, 唯在於時也, 時異而不隨, 否之道也, 故隨時之義大矣哉!"

것이다. 왕필은 때를 따른다는 의미를 정치에 사용하면서 무위이치(無爲而治)의 결론을 도출하는데, "사람들이 모두 기쁘게 따르니 무위(無爲)할 수 있어서 마음을 수고롭게 하지 않으므로 군자는 이를 본받아 '어두워지면 들어가서 편안히 쉰다.'"[67]라고 하였다.

알맞은 때를 강조하기 위해서 왕필은 "정(貞)"을 "정(正)"으로 해석한다. 『주역』 속에서 "정(貞)"자는 여러 차례 나오는데, 통계에 의하면 110곳에 이른다. 왕필 이전의 주석가들은 정(貞)을 정복(貞卜: 점을 쳐서 알아보다)이라는 의미의 정(貞)으로 해석한다. 왕필은 새롭게 특이한 견해를 제시했는데, 그는 필연적인 도를 따르는 사물이 바로 곧고 바른 자리에 거처하는 것이라고 보았다. 그는 "천지가 장차 닫히고 평평한 길이 장차 기울어지려 하는 상황에 처하고, 때가 장차 크게 변하며 세상이 크게 바뀌려 하는"[68] 험악한 환경 속에 있을 때에도 곧고 바른 자리를 잃지 않고 거처하며, 움직일 때에 그 상응함을 잃지 않는 것이 바로 죄와 허물을 면할 수 있는 것이라 하였다. 곧고 바른 자리와 상반되는 것은 기려(羈旅: 타관살이를 함)의 위치인데, 그는 「여괘(旅卦)」를 해석하면서 사람[物: 사람을 포함하는 어떤 개별적 대상]이 종주(宗主: 근원)을 잃고 나뉘어 흩어져 거처하면서 통합되어 정연함이 없는 상태로 보았으니, 나뉘어 흩어져 거처하는 사물이나 사람은 자기의 분수에 맞는 위치를 회복해서 자기에게 맞는 이치에 부합하게 움직여야 한다고 하였다. 왕필은 또한 알맞은 때[時位]를 중시하는 사상은 현실 정치 속에 관철시킨다. 그는 "자리를 바르게 하는 것은 존귀하고 비천함의 순서를 밝히는 것이다."[69] "그러므로 존귀하고 비천함이 정해진 때를 당해서는 그 자리를 범할 수 없다."[70]라고 하였다.

---

67 王弼, 『周易注』 「隨卦; 象辭」 注. "物皆說隨, 可以無爲, 不勞明鑑, 故君子向晦入宴息也."

68 王弼, 『周易注』 泰卦 九三의 注. "天地之將閉, 平路之將陂, 時將大變, 世將大革."

69 王弼, 『周易注』 「鼎卦; 象辭」의 注. "正位者, 明尊卑之序也."

도(道)는 『주역』 속에 관통하고 있는 통일적 종통(宗統)을 총체적으로 설명하는 것이며, 덕(德)은 각 괘의 여섯 가지 효(爻)의 시각에서 통일적인 도가 없는 곳이 없음을 설명하는 것이다. 그는 「건괘(乾卦)」의 구오(九五)[71]효의 주석에서 "무릇 지위는 덕으로써 흥성하며, 덕은 지위로써 펼쳐진다."[72]고 지적하였으며, 덕(德)과 위(位)는 서로 보완하며 서로 이루어주는 것으로서, 사물이 어떤 때와 자리에 거처하는 것은 바로 어떤 종류의 성질을 지니고 있는 것이며, 어떤 모양의 성질과 덕행을 지니는 것은 바로 어떤 종류의 위치에 거처하는 것이라고 하였다. 왕필은 「곤괘(坤卦)」 육오(六五) 효 하나를 주석하면서, 이 한 효의 때(時)는 바로 덕이 도에서 획득되는 것임을 지적하고 있다. 그는 "곤(坤)은 신하의 도이니, 그의 아름다움은 아래에서 다하는 것이다. 강건한 몸은 아니지만 사물의 실정을 다 파악할 수 있는 것은 이치에 통달했기 때문이며, 유순(柔順)한 덕으로 성대한 자리[73]에 처할 수 있는 것은 저 사물의 결과 이치에 맡기기 때문이다."[74] 좁은 의미로 말하자면 곤도(坤道: 곤괘의 도)는 신하의 도(道)가 된다. 넓은 의미로 말하자면 곤괘의 도는 본체가 강건한 성질을 지니지 않으며, 모양도 없고 이름도 없으면서 온갖 개별적 존재들[萬有]에 두루 관통하며, 모든 무리의 변화를 극진히 발휘하며, 이치와 서로 통하는 것이다. 육오(六五)는 음효(陰爻)로서 유순(柔順)한 덕을 지니고 있는데, 유순한 덕은 곤괘의 도로 하여금 두루 통하여 막힘이 없게 한다. 왕필의 이러한 해석은 『노자도덕경』 38장의 주석과 일치한다. "어떻게 덕을 얻는가? 도로써 말미암는 것이다. 어떻게 덕을 다 발휘하

70 王弼, 『周易略例』 <明卦適變通爻>. "故當其列貴賤之時, 其位不可犯也."

71 역주 원문에서는 상구(上九)의 주석이라고 하였으나, 왕필의 『周易注』에 의거하여 구오(九五)로 바로잡는다.

72 王弼, 『周易注』 乾卦 九五의 注. "夫位以德興, 德以位敍."

73 역주 여기에서 성대한 자리는 육오(六五)의 효 자리를 말한다.

74 王弼, 『周易注』 坤卦 六五의 注. "坤爲臣道, 美盡於下, 夫體無剛健, 而能極物之情, 通理者也, 以柔順之德, 處於盛位, 任夫文理者也."

는가? 무(無)를 써서 다 발휘하는 것이다."[75]

"유(有)"와 "무(無)"가 두 가지 종류의 서로 다른 물질의 발전 단계에 있는 것이 아님을 설명하기 위해서 왕필은 『노자』의 "유생어무(有生於無: 유는 무에서 생성한다)"라는 명제에 대하여 새로운 해석을 한다. 그는 "천지자연의 모든 만물은 유(有)에서 생성하고, 유는 무(無)에서 생성한다."[76]의 의미는 "세상의 모든 만물은 모두 유(有)로써 생성하며, 유의 시작은 무(無)를 근본으로 삼는다."[77]는 뜻이라고 본다. 그의 입장에서 볼 때, 세상의 구체적인 사물은 모두 구체적인 사물로부터 생성되어 나오는 것이며, 모두 앞서 있는 형체가 뒤에 오는 형체를 생성하는 것이며, 이것이 바로 "세상의 모든 만물은 모두 유(有)로써 생성한다."[78]는 말이라고 보았다. 이런 점에서 왕필은 상식을 위배하고 있는 것이 결코 아니다. 그의 유심주의는 정밀하고 치밀해서, 그가 간단하게 유(有)가 무(無)로부터 생성한다고 단언하는 것이 아니다. 그는 "이무위본(以無爲本: 무를 근본으로 삼는다)"으로써 "유생어무(有生於無)"를 해석한다. 그는 "유(有)"가 "유(有)"를 생성할 때는 반드시 일정한 원칙에 의거해야만 하는데, 이 원칙이 바로 "무(無)"라고 여겼다. 그리고 그가 주장하는 "무"는 물질성을 갖는 원기(元氣)가 아니며, "무"는 다만 논리적으로 만물의 앞에서 "유(有)"가 "유(有)"를 생성하는 기초를 결정하는 것이라고 하였다. 이것이 바로 뚜렷한 왕필의 유심주의 허구성이다.

"도는 일(一)을 생성하고, 일은 이(二)를 생성하고, 이는 삼(三)을 생성하고, 삼은 만물을 생성한다."[79]는 구절의 주(注)는 왕필이 우주발생론이 부딪치는 또 다른 어려운 문제를 극복한 것이다. 이 구절의 말에 대해서

75 王弼, 『老子注』 4장의 注. "何以得德? 由乎道也, 何以盡德, 以無爲用."
76 王弼, 『老子注』 40장의 注. "天下萬物生於有, 有生於無."
77 王弼, 『老子注』 40장의 注. "天下之物, 皆以有爲生, 有之所始, 以無爲本."
78 王弼, 『老子注』 40장의 注. "天下之物, 皆以有爲生."
79 王弼, 『老子注』 42장의 注. "道生一, 一生二, 二生三, 三生萬物."

그는 "온갖 사물과 온갖 모양을 지닌 것들은 일(一)로 돌아간다. 무엇으로 말미암아 일(一)에 이르는가? 무(無)로 말미암는 것이다."[80]라고 해석하였다. 여기에서 "도(道)"와 "일(一)"은 한 가지인데, 이런 해석은 우선 "도생일(道生一)" 번거로운 문제를 회피하는 것이며, 다음으로는"생(生)"을 "귀(歸)"로 보는 것이다 그는 온갖 사물과 온갖 모양을 지닌 것들이 혼란하여 질서가 없는 것이 아니며, 이것들은 통일성을 갖고 존재하는 것이고, 무(無)가 바로 통일성의 기초라고 여겼다. 왕필은 여기서 명확하게 "도가 만물을 생성한다[道生萬物]."는 것을 만물이 "무(無)"에 의거하면서 통일의 과정으로 돌아간다는 뜻으로 해석하였다. 이 구절에 대한 왕필의 해석은 만물이 "무"에 의거하여 생성하며 최후로는 또한 "무"로써 돌아갈 곳을 삼는다는 점을 설명하고 있다. 이 때문에 왕필의 철학을 "무"에서 "무"로 가는 원(圓)의 사유로 보는 것이다.

왕필은 우주 안에 존재하는 모든 사물은 다 저절로 그렇게 생성되며 소멸해 가는데, "그 근원을 막지 않으면 사물이 저절로 생성한다."[81]고 보았다. 만물이 저절로 생성하는 것은 근거가 있고 본원(本源)이 있는 것인데, 이 근거와 본원이 바로 "도(道)"와 "무(無)"이다. "유생어무(有生於無)"에 대한 해석에서 왕필은 사물이 생성하는 근거와 공(功)이 이루어지는 원인을 분명하게 말하고 있다. "무릇 사물이 생성하는 원인과 공이 이루어지는 원인은 반드시 무형으로부터 생하며 무명으로부터 비롯된다."[82] 생성의 근거와 앞서 있는 형체가 뒤에 오는 형체를 생성하는 것이 서로 다르다는 것을 설명하기 위해서, 왕필은 앞서 있는 형체가 뒤에 오는 형체를 생성하는 것을 '구체적 일[事]을 가리키고 구체적 모양[形]에 나아가 말하는 것[指事造形]'이며 유위(有爲)의 행위라고 설명하면서, "도(道)"는 무위(無爲)하며, "도"는 구체적 사물을 생성하여 낼 수 없

80 王弼, 『老子注』 42장의 注. "萬物萬形, 其歸一也. 何由致一? 由于無也."
81 王弼, 『老子注』 10장의 注. "不塞其原, 則物自生."
82 王弼, 『老子指略』. "夫物之所以生, 功之所以成, 必生乎無形, 由乎無名."

는 것이라고 설명하였다. 만일 "도"가 어머니가 자식을 낳는 것처럼 만물을 생성하는 것이라면, 이는 바로 "도"의 본성에 위배되는 것이다. 왕필도 일찍이 "도"와 만물의 관계를 어머니와 자식의 관계로 비유하였다. "어미를 지켜서 그 자식을 보존하고, 근본을 높여 그 말단을 든다."[83] 여기에서의 어머니와 자식의 관계는 '앞서 있는 형체가 뒤에 오는 형체를 생성하는 것'이 아니라 본말(本末: 근본과 말단)의 관계이며, 어머니가 자식을 잉태하여 기르는 관계를 형상한 것임을 말하는 것이다. "형체를 지니는 유명(有名)의 때는 그것을 자라게 하고 길러주고 형체를 드러나게 하고 완성시켜 주니 그 어미가 되는 것이다."[84] 이 말은 바로 만물이 도에 의거해서 생성하는 것이며, 만물의 생성 이후에 반드시 도에 의거해야만 생장(生長)하고 발육(發育)될 수 있다는 것을 설명하는 것이다.[85]

왕필은 "무를 근본으로 삼는다[以無爲本]."는 명제를 가지고 "유는 무에서 생성한다[有生於無]."는 명제를 해석하여 그 명제의 내용에 변화된 부분을 가미했지만, 여전히 『노자』의 "유는 무에서 생성한다."는 명제의 의미를 유지하고 있다. "도가 무형(無形)과 무명(無名)으로 만물을 시작시켜 이루어주지만, 만물은 그것에 의하여 시작하여 이루어지되 그렇게 되는 까닭을 모른다는 말이다."[86] "만물은 모두 도로부터 말미암아 생겨

83 王弼, 『老子注』 38장의 注. "守母以存其子 崇本以擧其末."

84 王弼, 『老子注』 1장의 注. "及其有形有名之時, 則長之育之亭之毒之, 爲其母也."

85 역주 이 구절은 다음과 같은 맥락에서 언급된 것이다. "무릇 유는 모두 무에서 시작한다. 그러므로 아직 형체가 드러나지 않은 무명의 때가 만물의 시작이 되는 것이다. 형체를 지니는 유명의 때는 그것을 자라게 하고 길러주고 형체를 드러나게 하고 완성시켜 주니 그 어미가 되는 것이다. 도가 무형무명으로써 만물을 처음으로 완성시켜 줌을 말하는 것이다. 시작되고 완성되지만 그렇게 되는 까닭을 알지 못하니 현묘하고 또 현묘한 것이다. … 첫 부분에서는 시작이라고 말하고 끝에서는 어미라고 말했다. 현(玄)이라는 것은 어둡고 고요히 텅비어 있는 것이며 시작은 어미가 나오는 곳이다(凡有皆始於無. 故未形無名之時, 則爲萬物之始; 及其有形有名之時, 則長之育之亭之毒之, 爲其母也. 言道以宇形無名始成萬物. 以始以成, 而不知其所以, 玄之又玄也. … 在首, 則謂之始; 在終, 則謂之母. 玄者, 冥也, 默然無有也, 始母之所出也)." 王弼, 『老子注』 1장의 注.

나지만, 이미 생겨나서는 그렇게 되는 까닭을 모른다."[87] 여기서 말하는 "그렇게 되는 까닭을 모른다."라는 것은 두 가지 의미를 지닌다. 첫째는 여기서 말하는 생성(生)이 앞의 모양이 뒤의 모양을 생성한다는 것이 아니고 어미가 자식을 낳는다는 의미도 아니라, "무(無)"가 마땅히 "유(有)"를 생성한다는 일종의 논리적 근거를 말하는 것이다. 둘째는 유심주의 영역에 놓인 왕필의 미혹(迷惑) 부분을 나타내는 것인데, 이미 만물이 "도"를 근거로 삼아서 생성 소멸의 변화를 하고, "도"는 또한 볼 수 없고 만질 수도 없는 무형(無形) 무명(無名)의 어떤 것이라면 그것은 오직 현묘하고 또 현묘한 문제이며 그렇게 되는 까닭을 알 수 없는 문제가 된다. 왕필이 "무를 근본으로 삼는다[以無爲本]."는 명제를 가지고 "유는 무에서 생성한다[有生於無]."는 명제를 해석한 것은 그의 학설이 앞 시대의 사람들과 다른 특징을 나타내는 것인데, 그가 에둘러 말하면서 "유는 무에서 생성한다."는 명제를 인정하는 것은 그의 학설이 여전히 유심주의적 우주발생론의 흔적을 유지하고 있다는 것을 분명하게 보여준다.

이상의 분석을 통해 볼 수 있는 것은 왕필의 본체론에서는 시간과 공간상으로 유무(有無)와 본말(本末)이 분리될 수 없는 특징을 갖는다는 것이다. 왕필은 이미 온갖 사물 현상 속에 본질이 존재하고 있으며 본질과 현상은 분리될 수 없다고 추정하고 있고, 본질은 현상 속에 있으며 본질이 현상을 결정하고 본질은 현상을 통해서 드러난다는 것 등을 짐작하고 있다. 이것은 왕필이 사변적인 방면에서 지닌 주요 성취이다. 그러나 이러한 합리적 요소들은 유심주의 형식 속에 포함되는 것이다.

"유무(有無)"가 비록 분리될 수 없는 것이지만, "유와 무" 양자는 결코 나란히 동일시되는 것은 아니고, 본말(本末)과 체용(體用)의 구별이 있다. "무"가 본(本)과 체(體)가 되고, "유"는 말(末)과 용(用)이 되는 것이

---

86 王弼, 『老子注』 1장의 注. "言道以無形無名始成萬物, 萬物以始以成而不知其所以然."

87 王弼, 『老子注』 34장의 注."萬物皆由道而生, 旣生而不知其所由."

다. “유가 처음 시작되는 것은 무를 근본으로 삼는 것”[88]이며, “만물이 비록 귀하지만 무(無)를 쓰임[用]으로 삼는 것이니, 무를 버리고 형체[體]를 이룰 수 없는 것이다.”[89] 그리고 나아가 만물 자체는 독립적인 존재가 될 수 없으며 “무”가 만물의 본체이며 만물은 “무”에 의거해야만 비로소 작용을 발휘할 수 있다고 말한다. 그는 하늘이 깨끗하고 투명한 것과 땅이 편안하고 고요한 것과 신명이 영험한 것과 계곡이 충만한 것과 사물이 생성되는 것과 제후와 임금이 바르게 되는 것은 “각각 그 하나[一]로써 이 깨끗하고 편안하고 영험하고 충만하고 생성하고 바르게 되는 것이다.”[90] 이미 이루어진 사물에 집착하면 결과를 이루는 근원[母]을 버리게 되는 것이므로 “갈라지고 흔들리고 없어지고 말라 버리고 소멸되고 쓰러지게 된다.”[91] 왕필은 생성 소멸의 변화를 하는 자연계의 만물이 “무”를 의지하는 것뿐 아니라 또한 사회의 상하 신분질서와 형법 조문과 윤리 도덕 등 나라와 백성을 다스리는 모든 방법·책략도 “무”에 의존해야만 비로소 효과적인 결과를 얻을 수 있고 작용을 바르게 발휘할 수 있다고 보아서, “자연은 이것이 아니면 사물을 생성하지 못하고, 다스림은 이것이 아니면 결과를 이룰 수 없다.”[92]고 하였다. 현재 존재하는 온갖 사물과 현상은 무(無)에 의존해야만 비로소 본성(本性)과 참된 정수[眞精]를 획득할 수 있으며, “사물이 그윽하고 깊은 곳으로 돌아가면 참된 정수의 극치를 얻고 만물이 타고난 본성이 정해진다.”[93] “만물이 비록 함께 움직이지만, 결국은 텅 비어 고요한 곳으로 돌아가는 것이니, 이것이 바로 사물의 지극함이다.”[94] “그윽하고 깊은 곳[窈冥]”과 “텅 비어 고요한 곳

88 王弼, 『老子注』 40장의 注. “有之所始, 以無爲本.”
89 王弼, 『老子注』 38장의 注. “萬物雖貴, 以無爲用, 不能捨無以爲體也.”
90 王弼, 『老子注』 39장의 注. “各以其一, 致此淸, 寧, 靈, 盈, 生, 貞.”
91 王弼, 『老子注』 39장의 注. “故皆裂, 發, 歇, 竭, 滅, 蹶也.”
92 王弼, 『老子指略』. “天不以此, 則物不生; 治不以此, 則功不成.”
93 王弼, 『老子注』 21장의 注. “物反窈冥, 則眞精之極得, 萬物之性定.”
94 王弼, 『老子注』 16장의 注. “萬物雖幷動作, 卒復歸於虛靜, 是物之極篤也.”

[虛靜]"이 바로 "참된 정수의 극치[眞精之極]"와 "만물이 타고난 본성[萬物之性]"과 "사물의 지극함[物之極篤]"이니, 텅 비어 고요한 본체를 벗어나면 사물이 생성되지 않고 결과도 이루어지지 않는 것이다. 왕필이 말하는 본체이면서 텅 비어 고요한 "무(無)"는 어떠한 물질적 속성과 내용을 갖지 않는 것이며, "형체도 없고 이름도 없으며" 또한 "모양도 없고 소리도 없고",[95] "치우치지도 않고 드러나지도 않으며, 밝고 어두운 모습이나 따뜻하고 서늘한 모양도 없다."[96] "무"는 감성적 존재로 있는 것이 아니고, 순수한 사상의 창조물이다. 이 때문에 이런 것은 우리의 감각기관에 감각되지 않는다. "들으려 해도 들을 수 없고, 보려고 해도 드러나지 않고, 몸으로 느끼고자 해도 알 수 없고, 맛을 보려 해도 맛을 볼 수 없다."[97] "더 이상 나의 귀와 눈과 몸으로는 이름을 알지 못하므로 따져 물을 수도 없고, 두루 섞여서 하나가 된다."[98] "무"는 결코 감성적 존재 대상이 아니고 순수한 추상(抽象)이다. 왕필은 이 순수한 추상이 제1성질의 존재이며, 현존하는 세계는 제2성질의 존재로 보았는데, 이것이 바로 왕필의 객관유심주의적 실제 특징이다.

왕필은 뜻을 얻고 상을 잊는 방법으로 『주역』을 해석하였으며, 뜻을 얻고 상을 잊는 것은 바로 사물의 상을 버리고 본질을 장악하는 추상적 방법이다. 왕필은 『주역약례』「명상」편에서 다음과 같이 지적하였다. "본뜻이 건장함에 있다면 어찌 반드시 말[馬]일 필요가 있겠는가? 종류가 유순함에 있다면 어찌 반드시 소[牛]일 필요가 있겠는가? 효가 진실로 유순함에 부합한다면 어찌 반드시 곤이 소[牛]가 될 필요가 있겠는가? 본뜻이 진실로 건장함에 부응한다면 어찌 반드시 건이 말[馬]이 될 필요가

95 王弼, 『老子注』 14장의 注. "無狀無象, 無聲無響."

96 王弼, 『老子注』 16장의 注. "不偏不彰, 無 昧之狀, 溫涼之象."

97 王弼, 『老子指略』. "聽之不可得而聞, 視之不可得而彰, 體之不可得而知, 味之不可得而嘗."

98 王弼, 『老子注』 14장의 注. "更以我耳, 目, 體不知爲名, 故不可致詰混而爲一也."

있겠는가?"[99] 이 말의 의미는 말[馬]과 소[牛]와 같은 구체적 사물을 빌려서 말하는 것이 지극히 건장한 질서와 조화롭고 유순한 덕성을 표시하는 것을 뜻한다. 이왕 이렇게 이미 뜻을 파악했으면 어찌 말과 소와 같은 사물에 집착할 필요가 있겠는가? 왕필 이전의 수많은 주석가들은 건을 하늘로 해석하였으며, 『역경』의 가장 이른 주석인 「단전」과 「상전」도 모두 이와 같이 해석한 것이다. 예를 들면, 「건괘: 단전」에서는 "건원의 양기는 크도다! 만물이 그것에 의하여 시작되니 바로 하늘의 도를 포괄한다."[100]는 구절을 "건은 크게 형통한다."라고 해석하였다. 『주역』「상전」은 수괘(需卦, ䷄)를 하늘 위에 구름이 있는 것으로 해석하였고, 송괘(訟卦, ䷅)를 하늘과 물이 어긋나게 운행하는 것으로 해석하였다. 왕필이 보는 건괘는 이미 구름이 운행하고 비가 내리는 장소와 공간, 즉 하늘이 아니다. 이른바 "지극히 건장함[至健]"이 의미하는 것은 만물의 생존변화가 사람의 의지에 의거하지 않고 운행하는 법칙을 따른다는 것이다. "하늘이라는 것은 형체의 이름이며, 건(乾)이라는 것은 형체를 쓰는 것이다. 무릇 형체라는 것은 사물에 관계되어 있는 것이다. 하늘의 형체가 있으면서 어그러짐이 없이 길이 보존하고 우두머리가 되어 통솔하는 자는 어찌 지극히 건장한 것이 아니겠는가?"[101] 한대의 백서 『주역』은 "용구(用九)"를 "회구(回九)"로 해석하였는데 회(回)는 통한다는 의미이다. 이른바 "형체를 쓰는 것[用形者]"은 아마도 두루 형통한다는 의미로 사용한 것이다. 왕필은 하늘이 형체를 지닌 것이며 형체를 지닌 것은 모두 형체를 지닌 것의 속박을 받는다고 하였는데, 그렇기 때문에 하늘은

---

99 『周易略例』「明象」. "義苟在健, 何必馬乎? 類苟在順, 何必牛乎? 爻苟合順, 何必坤乃爲牛? 義苟應健, 何必乾乃爲馬?"

100 『易經』「乾卦: 彖傳」. "大哉乾元, 萬物資始, 乃統天."

101 『易經』「乾卦: 象傳」注. "天也者, 形之名也. 乾也者, 用形者也. 夫形也者, 物之累也. 有天之形, 而能永保無兮, 爲物之首, 統之者豈非至健者哉." 『易經』「乾卦: 象傳」注. "天也者, 形之名也. 乾也者, 用形者也. 夫形也者, 物之累也. 有天之形, 而能永保無兮, 爲物之首, 統之者豈非至健者哉."

유한한 것이지만 지극히 건장한 건도(乾道)가 만물에 두루 통하여 건도 자체는 완전히 갖추어진 것이며 무한하고 털끝만한 결함도 없는 것이다. 하늘은 구체적인 것이며 건도는 구체적인 사물의 상을 버린 추상이다. 왕필은 형체가 없는 건도가 형체를 지닌 하늘에 비하여 더욱 근본이 된다고 하였다. 지극히 건장한 건도는 두루 통하지 않는 바가 없어서 정사에 운용이 되면 강직한 사람을 임용하는 것으로 표현되고, 아첨하며 겉모양만 공손히 하며 마음은 잔인하고 악독한 사람을 멀리하여 천하를 크게 다스리려는 목적에 이르는 것이다. 또 지극한 건도를 자연에 운용한다면 건도는 천체운행과 사계절이 서로 바뀌는 자연의 법칙으로 나타난다. 「건괘: 문언전」 제4절의 주석에서 왕필은 다음과 같이 지적하여 말했다. "이 한 장은 모두 천기를 말하여 밝힌 것이다. 구는 강하고 곧은 사물이니 오직 건체라야 이를 쓸 수 있다. 순수한 굳셈으로써 하늘을 보면 하늘의 법칙을 알 수 있다."[102] 하늘의 법칙은 하늘의 운행 규칙이니 건도의 시각에서 관찰할 수 있는 것이다. 총괄하여 말하자면 건도는 만물의 시작과 끝에 두루 관통할 수 있으며 모든 종류의 현상에 내재하는 본성이다.

왕필 이전의 주석가들은 일반적으로 곤괘를 땅으로 해석하였는데, 형주학파의 송충(宋衷)은 『주역』의 건괘의 「상전」을 주석할 때 다음과 같이 말했다. "땅에는 상하 아홉 등급의 차이가 있으므로 형세를 가지고 그 본성을 말한 것이다."[103] 이 말의 의미는 상하고저(上下高低)의 아홉 등급의 차이가 땅의 성질이라고 말하는 것인데, 그는 곤괘가 포함하고 있는 유순함의 뜻을 해석하지 않았다.

왕필은 "곤"에 대하여 다음과 같이 해석하였다. "땅이라는 것은 형체

102 『易經』「乾卦: 文言傳」. "此一章全說天氣以明之也. 九剛直之物, 唯乾體能用之. 用純剛以觀天, 天則可見矣."

103 『周易集解』. "地有上下九等之差, 故以形勢言其性也." 『周易集解』. "地有上下九等之差, 故以形勢言其性也."

의 이름이며, 곤이라는 것은 땅을 쓰는 것이다."[104] "용"은 두루 형통한다는 의미이며, 땅에는 아홉 등급의 차이가 있으며 이것은 유순하지 않는 것 사이에 지극히 유순한 형세가 그 속을 관통하고 있는 것이므로 지극히 유순한 형세가 바로 곤도이다. 왕필 이전에 있었던 주석가들은 건곤과 만물의 관계를 형체를 갖지 않는 것이 형체를 갖는 것을 생성하는 관계로 보았다. 예를 들면 우번(虞翻)은 건이 일종의 유동하면서 형체가 없는 것으로 보았으며, 곤은 이렇게 유동하는 것으로 만물을 응고시켜 생성하는 것으로 보았다. 순상(荀爽)은 온갖 사물이 곤으로부터 생성하며 이것은 바로 만물이 땅에서 형체를 이루는 것과 같다고 보았다. 과거의 주석가들은 유순함과 신하와 소인과 음기를 서로 연관시켜서 양을 높이고 음을 누르는 경향을 지니고 있었으나 왕필은 부드러움을 주인으로 삼고 굳셈을 손님으로 여겼다. 그는 다음과 같이 지적하였다. "텅 비고 유약한 것은 두루 통하지 않는 곳이 없고, 무는 다할 수가 없고 지극히 부드러운 것은 꺾을 수가 없다.",[105] "유약한 것은 어디에나 통하므로 막히거나 다할 수 없는 것이다."[106] 이 말은 온갖 존재들을 관통하는 종주는 반드시 텅 비어 없는 듯하고 유순한 특징을 지니고 있다는 설명인데, 이것은 이미 노자가 말한 "유약함이 굳셈을 이긴다[柔弱勝剛强]."는 정치책략에 국한되지 않는 것이다. 그는 지극히 유약하고 순종적인 것으로 음괘와 음효를 해석하였는데, 「곤괘: 육이효」의 효사인 "곧고 반듯하고 커서 익히지 않아도 이롭지 않음이 없다."[107]라는 것에 대하여 새로운 해석을 내놓았다. 왕필과 동시대의 순상은 "곧고 반듯하고 큰 것[直方大]"이 사방으로 양이 베풀어진 것으로 보고 "익히지 않아도 이롭지 않음이 없다는 것[無不習]"을 해석하여 양(陽)이 밝게 드러나고 그것을

104 『周易集解』 「坤卦: 彖傳」 注. "地也者, 形之名也. 坤也者, 用地也者."
105 『老子道德經』 43章 注. "虛無柔弱, 無所不通. 無有不可窮, 至柔不可折."
106 『老子道德經』 40章 注. "柔弱同通, 不可窮極."
107 『易經』 「坤卦: 六二」. "直方大, 不習無不利."

따라 화합하여 감히 먼저 익히지 않는 것이라고 하였다. 왕필은 "곧고 반듯하고 큰 것"을 해석하여 땅의 본체가 움직이지 아니하고 그 덕은 지극히 고요하다고 하였다.

이와 같은 허정(虛靜)의 도는 주석을 통하여 나타난다. 그는 "익히지 않는 것"을 해석하여 무가 되고 자연이 된다고 하였다. 그는 다음과 같이 말했다. "중에 거처하고 정을 얻어서 땅의 재질을 다하였다. 그 스스로 그러함에 내어맡겨도 만물이 스스로 생성한다. 손질하고 경영함을 빌리지 않아도 공이 저절로 이루어지므로 익히지 않는 것이다."[108] 이 말은 땅의 본질은 도이며 도가 만물이 스스로 그러함에 맡기어 따르되 의식적으로 만물을 창조하는 것은 아니며, 만물이 저절로 생성소멸의 변화를 한다는 것이다. 이것은 그가 『노자주』 속에서 천명하여 드러낸 천지는 저절로 그러함에 내어맡긴다[天地任自然]는 것과 인위적으로 하는 것이 없다[無爲無造]는 사상과 일치한다.

왕필은 처음부터 끝까지 텅 비어 없는 듯하며 유약한 괘효사를 고르게 모두 적용하여 무를 근본으로 삼는다는 사상을 천명하였다. 예를 들면 중부괘(中孚卦, ䷼)에 대하여 왕필 이전의 주석가인 왕숙(王肅)은 중부괘의 상이 밖으로는 알차지만 안으로는 텅 비어 있어서 마치 중간이 텅 비어 있는 나무로 만든 배와 같다고 하였다. 왕필의 주석도 겉은 알차지만 속은 텅 빈 나무로 만든 배의 모양으로 하였으며 동시에 또한 그 가운데가 텅 비어 있는 의미를 특별하게 서술하였다. 그는 중부괘가 만물 속에 존재하는 극진하고 성실함, 지극히 고요함, 유순함 등의 본성을 널리 가리킨다고 하였다. 그는 중부괘에 대하여 다음과 같이 말했다. "유약함이 안에 있고 굳셈이 중을 얻으니 각기 제자리를 잡았다. 굳셈이 중을 얻으면 곧고 바르게 된다. 부드러움이 안에 있으면 고요하고 유순해진다. 기뻐하면서 공손하면 어그러진 싸움이 일어나지 않는다. 이와 같

108 『周易』「坤卦: 六二爻」注. "居中得正, 極于地質. 任其自然, 而物自生. 不假修營, 而功自成, 故不習焉."

으면 사물이나 사람들에게 교묘한 다툼이 없어진다. 극진하고 성실한 행실이 드러나고 독실한 신뢰가 그 가운데에서 발현된다."[109] 지극히 부드럽고 지극히 고요하며 지극히 유순한 도가 만물 속에 관통하면 만물이 곧고 바른 지위에 거처하게 되어 그들의 운행변화가 바른 도에 부합하게 된다. 이 때문에 교묘한 다툼이 없으며 어그러져 싸우는 일이 없게 된다. 도는 만물 속에 보편적으로 존재하는 것이니 사물이 아무리 비천하고 작더라도 상관없이 모두 도의 밖에 독립적으로 존재할 수는 없다. "물고기는 동물 중에 물속에 숨어 있는 것이다. 돼지는 짐승 중에 미천한 것이다. 다투어 경쟁하는 도가 일어나지 않고 마음속으로 믿는 덕이 돈독하게 드러나면 비록 미천하고 숨어 있는 사물이라도 믿음이 다 영향을 주게 된다."[110] 마음속으로 믿는 덕이 가리키는 것은 만물 속에 있는 것으로서 돈독하고 성실하여 사치함이 없고 텅 비어 없는 듯 지극히 고요한 본성이다. 그는 또한 비괘(比卦)의 초육 속에 있는 믿음을 질그릇 속에 감추고 있는 모양에서 중간에 텅 비어 있는 특징을 이용하여 그의 "귀무(貴無)"사상을 드러내고 있다. 그는 "미덥고 성실함이 질박한 그릇에 가득하니 사물이 끝내 다가와서 다 고갈됨이 없다."[111] 오직 그 자체로 텅 비어 있는 질박한 그릇이라야 비로소 만물을 무한하게 받아들일 수 있는 것이다. "솥의 의미는 가운데를 비워서 사물을 기다리는 것이다."[112]

솥 중간에 텅 비어 있는 것은, 이 텅 빈 것으로 만물을 포용하고 빠뜨리는 것이 없을 수 있는 것이다. 왕필의 주석에는 분명하게 견강부회하

109『周易』「中孚卦: 象傳」注. "柔在內而剛得中, 各當其所也. 剛得中, 則直而正. 柔在內, 則靜而順. 說而以巽, 則乖爭不作. 如此, 則物無巧競. 敦實之行著, 而篤信發乎其中矣."

110『周易』「中孚卦: 象傳」注. "魚者, 蟲之隱者也. 豚者, 獸之微賤者也. 爭競之道不興, 中信之德淳著, 則雖微隱之物, 信皆及之."

111『周易』「鼎卦: 九二」注. "著信立誠, 盈溢乎質素之器, 則物終來, 無衰竭也."

112『周易』「鼎卦: 九二」注. "鼎之爲義, 虛中以待物者也."

는 곳이 있지만, 그가 "무를 근본으로 삼는다."는 것을 강조하기 위하여 몹시 고심한 것을 볼 수 있다. 과거의 주석가들은 정치의 시각에서 이 문제를 해석하였는데, 예를 들면 정현(鄭玄)은 천자가 자기의 것을 줄여서 제후에게 나누어 주고 군주는 아랫사람에게 더해주는 것을 덕으로 여겼으니 이 때문에 그것을 익(益)이라고 한다고 하였다. 왕필은 유약하고 지극히 유순한 도가 만물의 스스로 그러함에 순종한다고 부회한 것으로 위의 것을 덜어내고 아래 것을 보탠다는 것을 해석하였다. 그는 익괘(益卦) 육이 효의 "왕이 상제에게 제사지내면 길할 것이다."[113]라는 말을 해석할 때에 다음과 같이 말했다. "상제는 사물을 생성시키는 주인이며 이익을 일으키는 종주이다."[114] "제(帝)"는 도의 대명사이니, 익은 무엇 때문에 "사물을 생성시키는 주인이며 이익을 일으키는 종주"의 도를 체현할 수 있는가? 왕필은 다음과 같이 생각했다. "부드러움으로써 가운데에 거처하여 그 자리를 얻었고 안에 거처하면서 중용을 실천하며 자신을 비워서 익에 거처했다. 익은 밖으로부터 와서 부르지 않아도 스스로 이르고 먼저 앞서 하지 않는다."[115] 충(沖)에는 텅 빔이라는 의미가 있고 글자 상으로는 육이의 효가 음효로써 하괘의 중간 자리에 거처하는 것을 말하는 것이니 이 때문에 도체가 지극히 유약하고 지극히 텅 빔이라는 의미를 끌어내는 것이며, 만물의 밖에 독립하여 존재하는 실체가 아니며 의식적으로 만물을 창조하는 것이 아니므로 도는 먼저 앞서 하지 않는다고 말한 것이다. 왕필은 동인괘(同人卦)에 대한 주석에서도 이 문제를 설명하였다. 그는 동인(同人)이라는 말의 의미는 도와 만물이 같이 일체가 된다고 보았으며 도는 만물의 처음부터 끝까지 두루 관통하며 온갖 만물을 포괄하여 넓히는 것이니 만물이 도에서 통일되는 것

113 「益卦: 六二」. "王用享于帝, 吉."

114 『周易』「益卦: 六二」注. "帝者, 生物之注, 興益之宗."

115 『周易』「益卦: 六二」注. "以柔居中, 而得其位, 處內履中, 居益以沖. 益自外來, 不召自至, 不先不爲."

이다. 이 때문에 도는 유약하고 지극히 유순한 성질을 지니게 된다. 그는 "굳셈을 잡아서 강직함만 쓰면 무리가 따르지 않고",[116] "몸체가 부드러우면서 가운데에 거처하면 무리가 함께 한다."라고 말했다.[117] 만약 도가 만물 밖에 독립해서 굳세고 강직한 본성을 드러내는 것이라면 단지 만물이 분열하여 모든 사물은 도에 따를 수가 없게 되는 것이다. 왕필은 무를 근본으로 삼는다는 사상을 가지고 유약함이 굳셈을 이긴다는 것에 대한 새로운 해석을 내렸다. 유약함과 지극히 유순함은 노자가 숭상하는 것이며 중의 자리에 거처한다는 것은 유가가 숭상하는 중용의 덕이므로 도가가 비록 유약함을 체득하였지만 종종 음모의 술수로 흘러서 중의 자리에 거처할 수 없게 되고, 유가는 중의 자리에 늘 거처할 수 있지만 종종 굳셈을 잡아서 강직함을 쓰게 된다. 왕필은 유약함을 체득하고 중의 자리에 거처할 것을 강조하였는데 여기에서 그가 유가와 도가를 융합하려고 애썼다는 것을 알 수 있다.

왕필이 주석한 『주역』 속에는 음괘와 음효가 과거와는 완전히 다르게 바뀌었는데 이 부분에 대하여 평가를 할 만하다. 이뿐만 아니라 왕필은 심지어 음효와 서로 가까운 효에 대해서도 새로운 해석을 내렸다. 예를 들면 대유괘(大有卦)에서 정현은 대유가 대신(大臣)이 성인의 밝은 덕을 지니고 있어서 임금을 대신하여 정치를 하는 것과 같다고 하였는데, 이것은 마치 주공이 섭정을 하면서 명당(明堂)[118]에서 제후의 조례를 받은 것과 같다. 순상은 여름날에 만물이 함께 생장하는 것이 대유의 상이라고 하였다. 왕필은 대유가 온갖 존재들을 포괄하며 일체를 포용하고 받아들이지 않음이 없으며 사물의 생명을 아름답게 하는 것이라고 하였는데, 이것은 본체의 도가 지니고 있는 것이라고 하였다. 대유(大有, ☲) 상구의 효는 "비록 상구의 몸 자체는 유순하지 않지만 굳셈으로써 부드러

116 『周易』「同人卦: 九五」注. "執剛用直, 衆所未從."

117 『周易』「同人卦: 九五」. "體柔居中, 衆之所與."

118 역주 고대의 제왕이 의식 등의 행사를 거행하던 곳.

움을 탔으니 유순하고자 하는 뜻을 지닌다."[119] 상구는 양효이지만 굳셈으로써 육오의 부드러움을 타는 것이니 바로 만물에 대하여 유순함의 뜻을 지니고 있는 것이다. 왕필은 『주역』에서 숭상하는 유순한 덕과 『노자주』에서 천명한 텅 비어 없는 듯하며 유약함이 두루 통하지 않음이 없다는 사상을 일맥상통하게 하였다.

(2) 상을 얻으면 말을 잊는다는 것과 뜻을 얻으면 상을 잊는다는 것

왕필은 『주역』을 해석하는 과정 속에서 언(言) · 상(象) · 의(意)라는 세 가지 주요 개념을 잡아내었는데 『주역』의 언(言)은 괘사와 효사를 의미하고, 『주역』의 상(象)은 팔괘의 상, 육십사괘의 개별적인 상 및 음(--)효, 양(—)효의 두 개의 상을 의미하고, 『주역』의 의(意)는 그 속에 함축된 의미를 가리킨다. 왕필이 언과 상과 의의 세 가지 관계를 밝힌 것은 당시에 번쇄한 철학에 대하여 반대했던 현실적인 의의를 지니고 있다. 한대 사람들이 『주역』을 해석한 것은 번쇄하고 지리하게 상수에 집착하여 고수한 것인데 왕필은 이에 대하여 불만스럽게 여겼다. 그는 『주역약례』「명상」편에서 다음과 같이 말했다. "글을 살피고 괘를 따져서 말[馬]만 있고 건괘가 없으면 거짓된 말이 걷잡을 수 없이 자라나서 바로잡기가 어렵다. 호체론(互體論)은 부족하여 결국 괘변(卦變)에까지 미치고 괘변으로도 부족하여 오행까지 유추하게 되었다. 한 번 그 근원을 잃으니 교묘함이 더욱 심하게 되었다. 우연히 맞는 게 있다고 하여도 올바른 뜻은 취할 만한 것이 없다. 아마도 상만 간직하고 의를 잊었기 때문이다."[120] 한대 역학자들은 종종 괘사와 효사를 대표하는 사물이 고정 불변하는 것으로 보았지만 왕필은 건괘를 말[馬]로 보고 그 속에 관통하고

119 『周易』「大有卦: 上九」. "雖不能體柔, 而以剛乘柔, 思順之義也."

120 『周易略例』「明象」. "案文責卦, 有馬無乾, 則僞說滋漫, 難可紀矣, 互體不足, 遂及卦變. 變又不足, 推致五行, 一失其原, 巧愈彌甚. 從復或値, 而義無所取. 盖存象忘意之由也."

있는 지극히 건장한 도를 탐구하지 않는다면 거짓된 학설이 걷잡을 수 없이 자라나는 폐단에 이를 것이라고 하였다. 호체, 괘변, 오행은 『주역』을 해석하는 방법이다. 왕응린(王應麟)의 『정씨주역(鄭氏周易)』「서」에 의거하여 말하자면 정현은 비직(費直)의 역학을 배워서 『주역주』 9권이 있는데 호체의 방법을 가지고 『주역』을 해석하였다. 이른바 호체는 이효와 사효, 그리고 삼효와 오효가 서로 교체하여 한 괘를 각각 이루는 것이니 이와 같은 하나의 괘는 네 개의 괘를 포함한다. 왕필의 시대에는 호체의 방법에 찬성하지 않는 사람들이 적지 않았는데 종회도 그 중의 한 사람이었다. 종회는 나이가 왕필과 비슷하였고 또한 왕필과 사이가 좋았고 호체의 방법으로 『주역』을 해석하는 것에 찬성하지 않는 점이 아마도 그들의 사상적으로 상통하는 점일 것이다. 괘변은 상괘와 하괘 또는 각 효의 위치를 가지고 변화를 시켜서 하나의 새로운 괘를 만드는 것으로서 괘사, 효사에 뜻을 해석한다. 오행은 금 · 목 · 수 · 화 · 토를 가지고 괘상을 대표하며 오행의 상생, 상극 작용으로써 괘사와 효사의 의미를 설명하는 것이다. 왕필은 호체와 괘변과 오행의 방법을 가지고 『주역』을 해석하는 것이 교묘함이 더욱 심해지는 병폐를 낳는다고 보았는데, 그 원인은 『주역』의 본원과 강령을 잃은 것에 있다고 하였으니 간혹 우연히 겨냥해서 말한 것 속에서 근본적인 의미를 획득할 수 있는 것은 아니다. 왕필은 한대 사람들이 『주역』을 해석하는 이런 방법에 불만을 가졌으며 상수에 구애받아 빠지지 말 것을 주장하였지만, 왕필이 완전하게 상수를 버리고 돌아보지 않았다고 말할 수는 없는데 왕필은 『주역』을 해석할 때에 역대로 내려오는 괘를 세우고 상을 취하는 방법에서도 흡수한 요소가 있다. 예를 들면 정괘(井卦)의 주석 속에서 왕필은 "나무 위에 물이 있는 것이 정괘의 상이다."[121]라고 지적하였다. 또 몽괘(蒙卦)는 "산 아래 흘러나온 물이 아직 갈 곳을 모르는 것이 몽괘의 상이

121 『周易』「井卦」注. "木上有水井之象."

다."[122] 등으로 말했다. 괘상은 상이 가리키는 사물을 포괄하는 것 외에 또한 팔괘가 서로 거듭 드러나는 위치관계를 포괄한다. 예를 들면 상하의 위치, 내외의 위치 그리고 평렬(平列)의 위치 등을 말하는 것인데, 왕필은 이에 대해서도 흡수한 요소가 있다. 예컨대 그는 비괘(比卦) 육삼효에 대하여 주석할 때에 "사효는 밖으로 (구오 효와) 친하다."[123] 등으로 말했다. "효상"은 음양 이효가 그리고 있는 대상 사물을 가리키는 것이니 왕필은 어떤 때에는 양효를 가지고 군주, 남자, 강건한 덕을 대표하는 것으로 보았고 음효를 가지고 신민, 여자, 유순한 덕으로 보았다. 수는 일반적으로 육십사괘의 음양의 수와 각 효가 거처하는 위치의 순서 즉 효의 위치를 가리키는 것이다. 음양의 수에 대하여 왕필이 전혀 생각하지 않을 수는 없었다. 굳셈과 부드러움이 서로 응하고, 굳셈과 부드러움이 서로 이기고, 굳셈과 부드러움이 합당한 위치를 갖는 것과 합당하지 않은 위치를 갖는 것, 굳셈과 부드러움이 알맞은 자리에 거처하고, 굳셈과 부드러움이 높은 자리에 거처하고, 부드러움이 굳셈을 따르고, 굳셈이 부드러움을 타는 것 등등의 위치관계에 대하여 종종 왕필은 각 효의 출발점으로 해석하였다. 마땅히 왕필이 상수에 대하여 관심을 갖고 공부한 것은 상수를 통해서 한 것이지만 상수에 집착한 것은 아니며 이것을 가지고 그가 말하는 무를 근본으로 삼는다는 사상을 선명하게 드러낸 것이다.

왕필이 논술한 언, 상, 의 세 가지 사이의 관계는 단지 『주역』의 범위 안에 국한되는 것이 아니고 보편적인 인식론의 의미를 지니고 있다. 넓은 의미로 말하자면 상은 형체가 있고 모양이 있는 구체적 사물을 의미한다.

즉 "밝고 어두운 모습과 따뜻하고 서늘한 형상",[124] "상이 있어서 모양

122『周易』「蒙卦」注. "山下出泉, 未知所適蒙之象."
123『周易』「比卦」注. "四自外比."
124『老子道德經』16章 注. "曒昧之狀, 溫涼之象."

을 드러냄", "사상(四象)이 드러남"[125] 등이다. 이른바 의가 가리키는 것은 만물 속을 관통하는 본(本), 체(體), 통(統), 정(宗), 도(道), 리(理)이다. 이른바 언이 가리키는 것은 명호(名號)와 칭위(稱謂)이다. 왕필이 언과 상, 상과 의, 언과 의의 관계를 밝히는 것을 통해서 사람들이 세계를 인식할 수 있는지의 여부와 언어가 현상과 본체를 드러낼 수 있는지의 여부 문제를 해결한 것이다.

언과 상의 관계

언과 상을 연구하는 것은 언어가 사물을 표현해 낼 수 있는지의 여부 문제, 즉 명과 실의 관계이다. "명(名)이라는 것은 객관적 대상을 규정하는 것이다. 칭(稱)이라는 것은 대상을 따라 말하는 것이다. 명은 객관적 대상에서 나오고 칭은 나의 주관에서 나온다. … 명호는 객관적 형상에서 나오고 칭위는 주관적 관계에서 나온다. 명호는 헛되이 생기는 것이 아니고 칭위는 헛되이 나오는 것이 아니다."[126] "객관적 대상"이 가리키는 것은 형체가 있고 모양이 있는 구체적 사물이며 언과 상 두 가지 사이에서 상이 작용을 결정하는 것이다. 명호는 형체와 모양을 지니고 있는 구체적 사물로부터 결정된다. "모든 명은 형체에서 생기지만 형체는 명에서 생기는 것이 아니다."[127] "언은 상에서 생긴다."[128]는 것은 명호가 객관적인 내용을 지니고 있으니 이것은 언과 상의 관계에서 첫 번째 의미라고 말할 수 있다. 칭위가 가리키는 것은 명호의 언어형식이며 지역에 따라 차이가 있고 칭위에도 구별이 있는 것이므로 이 때문에 "칭이

125 『老子指略』. "象而形.", "四象形."

126 『老子指略』. "名也者, 定彼者也; 稱也者, 從謂者也. 名生乎彼, 稱出乎我. … 名號生乎形狀, 稱謂出乎涉求. 名號不虛生, 稱謂不虛出."

127 『老子指略』. "凡名生於形, 未有形生於名者也."

128 『周易略例』「明象」. "言生於象."

라는 것은 객관적 대상을 좇아 부르는 것이다."라고 말하였다. "칭은 나의 주관에서 나온다[稱出乎我]."라는 것은 칭위에 주관적인 형식이 있는 것이며 이것은 명과 실의 관계에서 두 번째 의미라고 말할 수 있다.

왕필의 상이 가리키는 것은 따뜻하고 서늘한 형상과 밝고 어두운 모습과 궁상(宮商)의 소리 등의 구체적 사물이며, 감각으로 느낄 수 있어서 눈으로 보면 분명히 보이고 몸으로 느껴 알 수 있고 맛으로 느낄 수 있고 소리로 들을 수 있는 것이다. 언어는 사물의 모양을 표현해내고 설명할 수 있다. 언과 상 그리고 명과 실의 사이에는 통일성이 존재하며 "이 명이 있으면 반드시 이 형이 있다."[129] 이 때문에 언어를 통하여 사물의 모양을 파악하고 인식하는 것이다. "상을 표현하는 데는 언어만한 것이 없고", "언이를 살펴서 상을 보고", "상은 언어로써 드러낸다."[130] 여기에 이르러 잠시 멈추고 보자면 언과 상의 관계는 결코 상식에 위배되는 것이 아니다. 그러나 왕필은 여기에서 결코 멈추지 않고 언어에 명호와 칭위의 구별이 있으며 명호와 칭위에는 객관적 내용과 주관적 형식의 구별이 있다고 하였는데, 그는 언어의 주관적 형식을 지나치게 강조하였기 때문에 결국은 언과 상의 통일성을 부정하고 언과 상이라는 두 가지의 관계를 분할하게 되었다.

"언어를 간직하고 있는 자는 상을 얻은 자가 아니다."[131] 상을 얻으면 반드시 언을 잊어야만 하는데, "상을 얻는 것은 언을 잊는 데 있으며", "언을 잊는 자는 바로 상을 얻는 자이다."[132] 이것은 객관적 대상에 대한 개념의 반영을 부정한 것이다.

129『老子指略』. "有此名必有此形."
130『老子指略』. "盡象莫若言.", "尋言以觀象.", "象以言著."
131『老子指略』. "存言者, 非得象者也."
132『老子指略』. "得象在忘言.", "忘言者, 乃得象者也."

의와 상의 관계

왕필의 의와 상의 관계는 근본과 말단 그리고 유와 무의 관계이다. 말단은 근본인 무에 의거해서 존재하고 의와 상이라는 두 가지 사이에서 의가 근본이 되고 상이 말단이 되는 것인데 의는 상을 결정하는 제1성질의 것이며 이것이 바로 "상은 의에서 생긴다[象生於意]."라는 의미이다. 근본과 말단은 분리될 수 없는 것이며 의와 상도 분리될 수 없는 것이다. "무릇 상은 뜻을 표현하는 것이다."[133] 의가 상 속에 있고 상 속에 의가 있다. 이 때문에 의를 인식하고 파악하려면 반드시 사물의 상을 통해야만 하며, "의(意)를 표현하는 데에는 상(象)만한 것이 없고", "상을 살펴서 의를 보는 것이며", "의는 상으로써 다하고", "상을 세워서 의를 보는 것"이다.[134] 상은 유라고도 하고 무라고도 할 수 있는 것이 아니며 의를 보고 의를 다 표현할 때에 반드시 거쳐야 하는 길이다. 사물의 상을 통하여 의를 파악하고 인식할 수 있다. 왕필은 의가 구체적인 사물의 상에서 나오는 것이고 구체적인 사물의 상이 의존하는 근거이고 구체적인 사물의 상과 일체가 되는 것인데, 현실 세계의 다양한 변화는 모두 본체가 외부로 표현된다고 하였다. 이 때문에 뜻을 다 표현하고 도를 얻으며 근본을 알고자 하면 눈으로 볼 수 있는 구체적인 사물의 상을 통하여야만 하는 것이다. 왕필이 여기에서 증명하고자 했던 것, 즉 의는 이미 아무 말 없이 전제 속에 포함되어 있다. 이 때문에 세계의 가지성은 여기에서 왕필이 증거를 자세히 설명할 필요가 없는 것이다. 의와 상의 관계는 물고기와 토끼 그리고 통발과 올가미의 관계와 같으니 통발과 올가미를 버리고 물고기와 토끼를 잡으려고 시도하는 것은 불가능하다. 이 때문에 의를 인식할 때에는 반드시 상으로부터 도움을 받아야 한다. 그러나 사냥의 목적은 물고기와 토끼이지 통발과 올가미는 아니므로 만

133 『周易略例』「明象」. "夫象者, 出意者也."

134 『周易略例』「明象」. "盡意莫若象", "尋象以觀意", "意以象盡", "立象以觀意."

약 한사코 통발과 올가미에 집착하면 목적에 도달할 수 없는 것이다. 본질을 인식할 때에도 이와 같으니 만약에 현상에 집착한다면 본질에 대한 인식에 도달할 수 없다. 마땅히 현상의 방해를 버려야만 비로소 본질을 획득할 수 있는 것이다. "의를 얻는 것은 상을 잊는 데 있으며", "상을 잊는 자는 바로 의를 얻은 자이다."[135]

사람들은 본질을 인식하는 과정에서 종종 잠시 동안 사물의 확고하지 않고 우연적이며 개별적인 표면 현상을 버리고, 확고하며 필연적이고 일반적인 것을 획득하는데 이것이 지양(止揚)의 과정이다. 왕필의 "상을 잊는다는 것"은 지양이 아니라 방치하는 것이다. 그의 상은 형체와 모양이 있는 구체적 사물이므로 이 때문에 그는 단지 인식상에서 사물의 표면현상을 버릴 뿐만 아니라 형체와 모양을 지니고 있는 객관적 사물 자체도 완전히 버리는 것이며, 도달하는 것은 단지 "고요히 본체가 없어서 상이 될 수 없는"[136] 텅 빈 추상이다. 왕필은 이와 같은 텅 빈 추상이 객관적인 것이며 눈으로 볼 수 있는 형체를 지니고 있는 사물의 본체라고 하였다. 실제로 왕필은 "상을 잊는다는 것"을 통해서는 세계 고유의 본질에 대한 인식을 얻을 수 없었다. 왕필이 힘써 노력하여 얻은 의는 단지 그가 사물 속의 관념을 응고시킨 본질이다.

언과 의의 관계

왕필은 언어와 명호가 눈으로 볼 수 있는 사물을 표현해 낼 수 있으며, 본체 즉 무는 언을 초월하고 상을 끊어서 이미 무엇으로도 말로 표현할 수 없는 상태에 이른 절대이다. "이름을 붙여도 합당하지 않고 그것을 지칭하여도 다 표현할 수 없으며",[137] "명호는 그 본질을 크게 잃고

135 『周易略例』「明象」. "得意在忘象", "忘象者, 乃得意者也."

136 『論語釋疑』. "寂然無體, 不可爲象."

137 『老子指略』. "名之不能當, 稱之不能旣."

칭위는 그 궁극을 다 표현하지 못한다."[138] 어떠한 명호도 다 적절하게 그것을 형용할 수 없으며 어떠한 칭위도 다 그것을 궁극적으로 표현해 낼 수 없는 것이니, 만약 "도"라는 하나의 명칭을 부여한다면 이는 그것에 일종의 규정을 내리는 것이기 때문에 그것도 역시 절대적이고 무한한 것은 아니며 또한 만물을 두루 관통하는 본체가 될 수 없다. "말하는 자는 그 항상됨을 잃고 이름을 붙이는 자는 그 참됨을 벗어난다."[139] 언어는 이렇게 무한하고 절대적인 본체를 완전히 표현해 낼 수 없는데 이것이 바로 "언어는 뜻을 다 드러낼 수 없다[言不盡意]."는 의미이다.

왕필은 변통할 줄 모른 채 언어에 집착하는 것이 이미 한대 경전 주석의 폐단이라고 하였다. "후세에 교훈이 될 말을 내어서 가르침을 세운 것은 본성을 두루 통하게 함이었지만 폐단이 본성의 인멸에 이르렀고, 뜻을 붙여 말씀을 전한 것은 사설(邪說)을 바로잡고자 함이었지만 추세는 번쇄함에 이르렀다."[140] 만약 계속하여 쉬지 않고 백성을 교화시켜서 백성들이 자기의 선한 본성을 분명하게 알 수 있도록 바란다면 최종적으로는 오히려 근본적 본성이 막혀버릴 것이며, 뜻을 붙여 말씀을 전한 것의 목적이 사설을 고쳐서 바로잡고자 함이었지만 그 결과는 오히려 경전의 주석을 갈수록 번쇄하게 만들었을 뿐이다.

"고요히 본체가 없어서 상이 될 수 없는[寂然無體, 不可爲象]" 도는 현묘하고 또 현묘한 것이며 일반적인 인식방법으로 파악할 수가 없고 오직 성인이라야 비로소 체인할 수 있는 것이므로 "성인은 무를 체득하는 것이다[聖人體無]." 성인은 신명으로 기미를 알아서 신(神)과 도가 회통하는데 이러한 인식은 상관하지 않고 곁에서 보기만 하는 것이 아니며 성인은 몸과 도가 일체이므로 신은 저절로 도와 서로 회통한다고 말하는 것

---

138 『老子指略』. "名號則大失其旨, 稱謂則未盡其極."

139 『老子指略』. "言之者失其常, 名之者離其眞."

140 『論語釋疑』. "夫立言垂敎, 將以通性, 而弊至於湮, 寄旨傳辭, 將以正邪, 而勢至於繁."

이다. 성인은 도의 체현자이며 진리의 화신이다. "움직임의 조짐에 정확히 맞추는 것을 기미라고 한다."[141] "기미"는 움직임 이전에 있는 것이 아니며 움직임 이후에 있는 것도 아니고 움직이는 때와 딱 맞는 순간이다. "때를 따라서 두려워하면 그 알맞은 기미를 잃지 않는다."[142] 사물은 온갖 모양으로 다양하게 변화하여 항상 된 본체가 없으니 유약하고 유순한 도를 체현하고 있는 성인은 만물 변화의 도를 따를 수 있으므로 소리를 내면 메아리가 호응하고 형체가 있으면 그림자가 따르므로 "하늘의 도를 본받아 가는 곳마다 감화가 된다."[143] 성인은 어떤 일이 벌어지기 전에 그 사물 변화를 추측하는 것이 아니고 또한 어떤 일이 벌어진 뒤에 그 변화를 평가하여 논하는 것도 아니며, 바로 아주 작은 변화에 딱 맞게 하는 것으로서 성인도 먼저 한 발 앞서나가 뒤를 어긋나게 하지 않는 것이니, 이것이 바로 "인식이 도달한 것[知至]"이다. 이 때문에 성인은 미세한 것을 밝혀서 넓히고, 쌓여서 엉겨 있는 것을 통하게 하여, 사람의 신명을 왕성하게 한다. 동시에 성인은 기미보다 앞서 나가 아는 것이 아니고 미리 뒷날의 근심을 하지 않으며 지혜가 저절로 갖추어져서 후천적 학습이 필요 없으니, 세계가 인식될 수 있는 가능성이 "성인은 무를 체득한다."는 것을 통하여 실현되는 것이다. 왕필의 "성인은 무를 체득한다."는 말은 신비주의적 색채를 지니고 있다. 이것은 왕필의 "무를 근본으로 삼는다."는 유심주의가 초래한 것이다.

(3) "고요함은 움직임의 근본이며 변화의 항상성이다"

왕필은 만물의 운동을 간단하게 부정한 것은 아니다. 그는 만물이 운동변화하는데 운동변화의 형식이 다양하다고 생각해서 "계산에 정통한 자도 헤아릴 수 없고, 성인의 밝은 지혜로도 규범화할 수 없고, 법제로

141 『周易』「繫辭上」 韓康伯 注. "適動微之會, 則曰幾."

142 『周易』「乾卦: 九二」 注. "因時而惕, 不失其幾."

143 『論語釋疑』. "則天而行化."

가지런하게 할 수도 없으며, 도량형으로 통일시킬 수도 없는 것"에 이른 것이다.[144] 그러나 그는 사물의 운동변화가 현상이며 지극히 고요한 본체라야 진실한 것이라고 하였다. "고요함을 지키는 것이 사물의 참되고 바른 상태이다."[145] 왕필은 종종 텅 빔[虛]과 고요함[靜]을 서로 나란히 거론해서 "만물이 비록 함께 움직이지만 끝내는 다시 텅 비고 고요한 상태로 돌아가니 이것이 사물의 지극한 상태이다."[146]

"고요하게 무에 이르는 것이 근본이다."[147] 그는 만물의 본체가 텅 빈 무이면서 지극히 고요한 상태라고 하였다. 『주역』 「복괘(復卦)」의 주석에서 왕필은 이러한 사상을 밝히고 있다. 왕필은 다음과 같이 말했다. "복이란 근본으로 돌아가는 것을 말한다. 천지는 근본을 마음으로 삼는다. 무릇 움직임이 다하면 고요해지는데 그 고요함은 움직임에 상대되는 것이 아니다. 말을 다하면 침묵하게 되는데 그 침묵은 말과 상대되는 것이 아니다. 그렇기 때문에 천지가 비록 거대하여 만물을 풍요롭게 소유하여 우레와 바람이 운행하고 만물이 운행 변화하지만 고요히 무에 이르는 것이 바로 그 근본이 된다. 그러므로 움직임이 땅속에서 다하면 천지의 마음이 드러난다. 만약 유를 가지고 마음을 삼는다면 다른 종류가 함께 존재할 수 없다."[148] "반(反)"은 "복(復)"이라고 말하는데, 이것은 바로 만물을 텅 비고 고요한 근본으로 복귀하도록 하는 것이다. 왕필은 어떤 한 사물이 언제나 구체적이고 늘 일정한 형체에 속박되며 제약된다고 하였다. 만약에 "유를 가지고 근본으로 삼는다[以有爲本]."면 항상

144 『周易略例』 「明爻通變」. "巧歷不能定其算數, 聖明不能爲之典要, 法制所不能齊, 度量所不能均也."

145 『老子道德經』 16章 注. "守靜, 物之眞正也."

146 『老子道德經』 16章 注. "萬物雖幷動作, 卒復歸於虛靜, 是物之極篤也."

147 『周易』 「復卦」 注. "寂然至無是其本矣."

148 『周易』 「彖傳」 注. "復者, 反復之謂也. 天地以本爲心者也. 凡動息則靜, 靜非對動者也. 語息則默, 默非對語者也. 然則天地雖大, 富有萬物, 雷動風行, 運化萬變, 寂然至無是其本矣. 故動息地中, 內天地之心見也. 若其以有爲心, 則異類眉獲具存矣."

궁극에 다다를 수 없는 게 있고, 어떤 하나의 구체적 운동은 항상 유한하며, 이런 운동이 아니라 설령 저런 운동이라고 해도 운동을 두고 이야기하자면 몇 년이든 몇 세대이든 장구하게 끝까지 다다를 수는 없는 것이다. 이른바 "움직임이 다하면 고요해진다[動息則靜]."라는 것은 운동이 멈춘 뒤의 고요함을 말하는 것이 아니고, 오직 고요함이 있어야만 비로소 모든 운동을 포괄하여 통어할 수 있으며 그 고요함은 만물이 운동하는 귀결점이라고 말하는 것이다. 큰 바닷물이 갑자기 용솟음치며 솟구쳐 오르고 또 갑자기 거울같이 평온하게 되는 것과 같이 비록 온갖 다양한 모습으로 변화하지만 모두 다 큰 바닷물이 드러나는 것이다. 왕필은 또 텅 비고 고요함을 근본으로 삼아서 무위로 다스리는 정치사상을 도출해내고 있다. "그러므로 복이 되면 크게 고요해지는데 선왕은 천지를 본받아서 시행하는 사람이다. 움직임이 돌아가면 고요해지고 행동이 복귀하면 멈추게 되고 일이 돌아가면 아무 일 없게 된다."[149]

「함괘(咸卦)」에 대한 왕필의 주석에서도 이 문제를 설명하고 있는데 그는 "함(咸)"을 감응하는 것으로 해석하였으며, 이 괘가 감응하는 대상은 발가락 장딴지 · 다리 · 등 · 볼 등 신체의 각 부위를 말하는 것으로서 이것을 가지고 만물의 실정과 텅 빈 고요함의 본체가 서로 감응하는 것을 억지로 끌어다 붙이고자 한 것인데 확실히 받아들이기가 매우 어려운 바가 있다. 왕필은 교묘한 주석으로 자기의 사상을 표현하여 드러내고 있다. 여기서 발가락은 엄지발가락이며 왕필은 "엄지발가락에서 느낀다[咸其拇]."라는 구절을 다음과 같이 해석했다. "함괘의 처음에 처해서 감응의 처음이 되었으니 감응하는 것이 말단에 있으므로 뜻만 있을 뿐이다. 그 근본이 성실하여 고요함을 잃는 데까지 이르지는 않았다."[150] 초

149 『周易』「復卦」注. "故爲復, 則至於寂然大靜, 先王則天地而行者也. 動復則靜, 行復則止, 事復則無事也."

150 『周易』「咸卦: 初六」注. "處咸之初, 爲咸之始, 所咸在末, 故有志而已. 如其本實, 未至傷靜."

육은 감응의 처음 시작이며 말단인데, 만약 그것이 의거하는 본체가 실재하는 것으로서 감응의 처음 시작에 놓아두면 지극히 고요한 본체를 해치는 데까지는 이르지 않는다.

이와 반대로 만약 감응을 조급하게 하면 반드시 흉한 결과를 얻게 되는데 그는 "육이는 장딴지에서 느끼면 흉하다."[151]라는 구절을 해석할 때에 "장딴지는 조급하게 움직이는 것인데 조급하게 사물에 감응하는 것은 흉한 도이다."[152]라고 지적하였다. 그는 도가 지극히 고요하며 지극히 유순한 것이라고 하였는데 만약 유순한 도가 규정하는 위치에 거처하면 반드시 길하고 이로울 것이라고 하였다. 왕필은 갖은 고생을 하면서 사리에 어긋나는 말을 억지로 끌어다 붙여 자기에게 유리하도록 견강부회하여 텅 비고 고요한 도가 어디에나 있다는 것을 논증하였는데, 개별적인 운동이 정지 상태로부터 나오고 최종적으로는 정지 상태로 향해 가는 것이며 전체의 세계는 우주가 고요함에서 비롯되어 고요함으로 돌아가 그치는 것이라고 확대해 나아갔음을 알 수 있다.

왕필은 움직임과 고요함의 관계를 논술할 때에 변화[變]와 항상됨[常]의 관계를 강조하였다. 도는 지극히 고요하고 영원하며 불변적인 것인데 지극히 고요한 도는 복잡하고 뒤섞여 있는 수많은 사물들이 복귀하는 것 밖에 이보다 앞서 독립적으로 존재하는 일종의 상태가 아니며, "고요함은 움직임에 상대되는 것이 아니며", "침묵은 말에 상대되는 것이 아니다."[153] 정지는 운동과 상대적으로 성립하는 것이 아니며 침묵도 언어와 상대적으로 성립하는 것이 아니며 정지와 운동이 분리될 수 없고 고요함과 침묵이 운동과 언어의 근본이라는 것을 말하고 있다. 왕필은 종종 항(恒)과 상(常)으로써 도를 설명하였으며, 항과 상의 의미는 사물이 처음부터 끝까지 생성소멸의 변화를 지속하는 것이 모두 도를 위

151『周易』「咸卦」. "六二, 咸其腓, 凶."

152『周易』「咸卦」注. "腓體動躁者, 感物以躁凶之道也."

153『周易』「復卦」注. "靜非對動者也.", "默非對語者也."

배하지 않는다고 말하는 것이며, "돌아가고 화생하며 마치고 시작하는 것에는 그 항상 됨을 잃지 않기 때문에 '바꾸지 않는 것'이라고 한다."[154] 항상(恒常)의 또 다른 의미는 도가 예나 지금의 모든 사물들에 관통한다는 것으로 설명한다. "비록 옛날과 지금이 다르고 시대와 습속이 변하여 바뀌었으나 이것은 변하지 않았으니 이른바 '예부터 지금까지 그 이름이 떠나지 않았다.'라는 것이다. … 그러므로 옛날과 지금이 서로 통하고 끝과 시작이 같으니 옛것을 잡아서 지금을 다스릴 수 있고 지금의 것을 증거로 삼아 옛 시작을 알 수 있는 것이니 이것을 이른바 '상'이라고 한다."[155] 여기에서 말하는 "이것"이 가리키는 것은 도이며, 도는 예나 지금을 관통하여 같아서 바뀌지 않는다. 도는 영원하고 절대적인 것이며 사물의 운동은 단지 도의 자용과 표현이며 온갖 변화는 그 도의 종주를 떠나지 않아서 마땅히 고요함으로써 운동을 제어하고 항상성으로써 변화를 통어하는 것이다. 왕필은 구체적인 운동에 집착하면 "수 자체로는 구할 수 없는" 운동 앞에서 미혹되고 운동 속의 고요함과 변화 속의 항상성을 파악하면 모든 운동과 변화를 부릴 수 있다고 하였으니, 이는 바로 "일을 잡아서 만을 통어"[156]하고 "근본을 들어서 말단을 통괄"[157]할 수 있다는 것이다.

도를 항상성으로 설명하기 위해서 왕필은 『주역』의 「항괘(恒卦)」와 「정괘(井卦)」에 대하여 새로운 해석을 내놓았다. 일반적인 주석가들도 모두 "항(恒)"을 항구적인 것이라고 해석하였지만 그들의 해석은 종종 구체적인 사물에 국한되었다. 예를 들면 정현은 항은 오래 지속되는 것이니 장남이 장녀를 잇고 부부가 마음을 합하여 집안을 이루는 것과 같

154 『老子道德經』 25章 注. "返化終始, 不失其常, 故曰不改也."
155 『老子指略』. "雖古今不同, 時移俗易, 此不變也, 所謂 '自古及今, 其名不去'者也. … 故古今通, 終始同; 執古可以御今, 證今可以知古始, 此所謂'常'者也."
156 『老子指略』. "執一御萬."
157 『老子指略』. "擧本統末."

다고 말했다. 어떤 사람은 항을 천지가 영원하여 끝나면 다시 시작되는 것이라고 해석하였다. 왕필은 항이 천지 만물 속에 관통하는 도가 항구적인 것이라고 설명하고자 하였다. 그는 다음과 같이 말했다. "천지 만물의 실정은 오래 지속되는 곳에서 보인다."[158] 그리고 "도가 항상성을 얻으면 언제나 형통하여 허물이 없다." 항구적인 도는 사물을 각각 그 직분에 맞는 위치를 얻게 하는데 이와 반대가 되면 항상성이 없게 되며 "직분이 정해진 바가 없어서 항상성이 없는 것이다."[159] 「정괘」에 대한 해석에서는 각 주석가들이 한 가지씩 설을 취하고 있는데 『경전석문』에서 몇 가지 종류를 학설을 열거하고 있으니 『역』 「잡괘」는 정을 "통하는 것"이라고 설명하였고, 『역』 「단전」은 "양육하여 끊임없다."라고 훈을 달았으며, 『주서(周書)』는 "황제가 우물을 파는 것이다."라고 말하였으며, 『세본(世本)』은 "백성을 이끌어 이롭게 하는 것이 정이다."라고 말하였고, 『광아』는 "깊다"는 뜻으로 훈을 달았다. 또 "정"을 청결의 의미로 훈을 달아 놓은 것도 있다. 왕필은 정괘가 끊임없이 계속 사람들에게 물을 제공할 수 있다는 뜻을 빌려서 도가 영원하고 불변적인 것이라는 점을 설명하고 있다. 그는 다음과 같이 말했다. "정은 우물은 변하지 않는 것으로써 덕을 삼으며", "덕에는 항상성이 있고", "변화하지도 않는 것이니", "우물이란 변하지 않는 사물 존재로서 덕이 있는 곳에 거처한다."[160] 정괘의 도는 만물에 두루 통하는 근본의 도인데 만물은 도에 의거하여 생성하고 또 도로 복귀하여 무궁무진하게 지속되니, "뭇 백성들은 이것을 우러러 보아서 구제되며 샘물은 이것으로 말미암아 소통하게 된다. … 자기가 지닌 것을 함부로 하지 않고 자기만 이롭게 하지 않으니 사물 대상이 그에게로 복귀하여 가도 가도 끝이 없다."[161] 왕필은 이 하나의

158 『周易』「恒卦」注. "天地萬物之情, 見于所恒也.", "道得所恒, 則常通無咎也."

159 『周易』「恒卦」注. "分無所定, 無恒者也."

160 『周易』「井卦」注. "德有常也", "不渝變也", "井者, 不變之物, 居德之地."

161 『周易』「井卦」注. "群下仰之以濟, 淵泉由之以通者也. … 不擅其有, 不私其利,

주석 속에서 드러낸 사상과 『노자』의 "생성하되 소유하지 않고, 작위하되 의지하지 않으며, 기르되 주재하지 않는다."[162]는 사상과 일치하고 있다.

여기에서 왕필의 입장으로 보면 절대적이고 영원한 도가 지극히 고요한 것, 한 번 이루어지면 다시는 바뀌지 않는 것으로서 온갖 사물은 운동하고 변화하는 것이며 지극히 고요한 도는 다양하게 변화하는 사물의 종주이다. 그러나 지극히 고요한 도가 어떻게 변화하는 사물의 종주가 될 수 있는가? 지극히 고요한 도가 어떻게 운동하고 변화하는 기능과 작용을 실현하는가? 이 문제에 대하여 왕필은 해석방법이 없었다.

왕필의 "도" 자체는 모순이 없으며 능동적이거나 적극적이지 않고 절대적으로 동일하며 피동적이고 소극적인 것이다. 따라서 만물에 대해 결정적 작용을 하는 왕필의 본체의 도는 소극적이고 피동적이라 하더라도 "사물의 스스로 그러함을 따르되 따로 세우거나 만드는 것이 없고", "사물의 본성에 따를 뿐이지 구별하거나 가르지 않으며", "천지는 스스로 그러함에 내어맡기고 억지로 하거나 짓지 않는다."[163] 도는 유약하고 유순하며 억지로 함이 없고 저절로 그러하다. 왕필은 모든 운동을 최후로 모두 다 지극히 고요한 본체 속에서 해소시킨다.

왕필은 운동과 고요함의 관계를 형이상학적으로 해결하였으나 그는 복잡한 변화의 현상에 미혹되어서는 안 된다고 하였으며 변화 운동 속의 안정성과 통일성을 탐구하고자 시도하였고, 이는 이론적 사유측면에서 합리적인 요소가 있다.

사물의 변화는 뒤섞이고 어지러이 법식이 없는 것이 아니며 필연성과 법칙성에 따라서 운동하는 것인데, 왕필은 그것을 "이치[理]"로 지칭하였

則物歸之往無窮矣."

162 『老子』 51章. "生而不有, 爲而不恃, 長而不宰."

163 『老子道德經』 27章 注. "因物自然, 不設不施.", "順物之性, 不別不析.", 5章 注. "天地任自然, 無爲無造."

다. "사물은 망령됨이 없으며 반드시 그 이치를 따른다. 거느림에는 종주가 있고 사물이 모임에는 우두머리가 있다. 그러므로 번잡하되 어지럽지 않고 많은 무리를 지어도 미혹됨이 없다."[164] 다양하게 변화하는 사물에는 통일적인 종주가 그 속을 관통하고 있으니 이 통일적인 종주가 온갖 사물을 질서정연하게 생존하며 운동할 수 있도록 하는 것이다. 왕필이 여기에서 논하고 있는 사물은 단지 자연현상을 포괄할 뿐만 아니라 사회현상도 포괄하고 있다. 왕필은 사물이 생성·소멸하는 변화의 이치가 사람들의 의지에 의존하여 바뀔 수 있는 것이 아니라고 보았으며, "하늘이 가르친 명령을 어찌 범할 수 있겠는가? 어찌 망녕되게 할 수 있겠는가?"[165] 하늘의 명령은 사람의 욕망과 감정으로 바꿀 수 있는 것이 아니니, 여기에서 말하는 "하늘이 가르친 명령"은 상제의 명령을 가리키는 것이 아니고 "도"와 "이치"를 가리키는 것이다. 우주 만물의 운동은 조리가 있고 질서가 있어서 만물이 각각 일정한 지위에 맞는 운동을 하게 되는데, 그 사물이 운동하는 현상을 포착하는 것은 그 전체 우주질서 속에 있는 지위와 작용을 파악할 수 있게 한다.

일반적으로 말하자면 왕필의 "이치"가 가리키는 것은 구체적 사물이 따르고 있는 법칙과 원칙이다. 그는 다음과 같이 말했다. "관(貫)은 통괄하는 것이다. 무릇 일에는 귀결이 있고 이치에는 융회가 있다. 무릇 그 귀결을 얻으면 일이 비록 아주 크더라도 하나의 이름으로써 들어서 처리할 수 있다. 그 융회를 총괄하면 이치가 비록 넓게 두루 많더라도 지극한 요약으로 다할 수 있는 것이다."[166]

여기에서 "일[事]"이 가리키는 것은 온갖 다양한 형태의 일과 사물이며

164 『周易略例』「明象」. "物無妄然, 必由其理. 統之有宗, 會之有元, 故繁而不亂, 衆而不或."

165 『周易』「無妄卦」注. "天之敎命, 何可犯乎? 何可妄乎?"

166 『論語釋疑』. "貫, 猶統也. 夫事有歸, 理有會. 夫得其歸, 事雖殷大, 可以一名擧; 總其會, 理雖博, 可以至約窮也."

그래서 그것을 아주 큰 것이라고 지칭하였다. "이치"가 가리키는 것은 특수한 법칙이며 그것을 넓게 두루 많음이라고 지칭하여 온갖 사물이 도에게로 통일되는 것이며, 그래서 온갖 이치도 도에게로 귀결할 수 있는 것이다. 이치는 도에서 얻는 것이며 도는 이치에 관통하는 것이며, 도는 요약이며 이치는 넓게 두루 많은 것이며, 도는 하나이고 이치는 많은 것이니, 지극한 이치는 온갖 이치를 총괄하는 것이니 지극한 이치가 바로 도이다. "돌아가는 것과 이르는 것을 들어서 지극한 이치를 밝힌다."[167] 돌아가는 것과 이르는 것은 온갖 이치가 귀결하여 모이는 곳을 의미한다. 왕필은 다양하게 변화하는 사물의 보편적 법칙이라는 사상을 파악하고자 했는데 확실히 이 점은 비교적 핵심 본질을 파악한 것이다.

(4) "유를 온전히 하고 싶으면 반드시 무로 돌아가야 한다"

왕필은 "어미를 버리고 자식을 쓰며 근본을 버리고 말단으로 나아가는 것"[168]이 사람들의 공통적인 결점이니 사물을 온전히 보존하기 위하여 사람들이 종종 구체적인 사물에 집착하는데 이런 것은 단지 사물을 온전히 보존할 수 없을 뿐만 아니라 도리어 사물을 손상시킨다. 마땅히 근본을 높이고 말단을 들며, 어미를 지켜서 자식을 보존해야 한다. 어미와 근본은 무엇인가? 왕필은 무라고 하였는데 그는 긍정적인 것에 대해서 철저히 부정해야만 비로소 진실하고 보편적이며 전체가 된다고 하였고, 오직 완전히 상반되는 것이라야 비로소 서로 관통한다고 하였다. 부정의 방법은 왕필이 "무를 근본으로 삼는다."는 것을 논증하는 방법의 한 가지이다. "모든 사물은 극에 달하면 되돌아가므로 쌓음이 극에 다르면 통하게 된다."[169] "어긋남이 극에 이르면 합해지고 지극히 다른 것은 통하게 되고 허황하고 괴이하지만 도는 장차 하나가 되는 것이다."[170]

---

167 『老子指略』. "擧夫歸致, 以明至理."
168 『老子道德經』 38章 注. "捨其母而用其子, 棄其本而適其末."
169 『周易』 「大畜卦」 注. "凡物則極反, 故畜極則通."

왕필은 만물의 차별을 부정했던 상대주의자인 장자와는 다르게 허황하고 괴이한 것이 존재하며 차별이 상대적인 것이라고 인정하였고 허황하고 괴이한 것 속에는 통일성이 존재하는데 이 통일성이야말로 절대적인 것이다. 만약에 형체와 모양이 있는 사물에 집착하는 것을 일의 입장에서 말하자면 만물에 관통하는 본체를 획득할 수 없으며, "형체가 있으면 구분이 있고 구분이 있는 것은 따뜻하지 않으면 서늘하고 뜨겁지 않으면 차갑다. 그러므로 상이 드러나는 것은 대상이 아니다."[171] "소리가 있으면 구분이 있고 구분이 있으면 궁음이 아니면 상음이 된다. 나뉘면 무리를 통솔할 수 없으므로 소리가 있는 것은 대음(大音)이 아니다."[172] 형체가 있고 모양이 있는 것은 언제나 구체적이고 유한하며 늘 따뜻함과 서늘함, 뜨거움과 차가움, 궁음과 상음의 차별이 있으니 이로 인해 그것의 본체가 될 수 없고 만물의 종주가 될 수 없다.

형체가 있고 구분이 있는 것은 아무리 크더라도 만물을 포괄하여 통괄하거나 온갖 개별자를 포괄하여 아우를 수 없으며 언제나 궁극에 다다를 수 없는 것이 있고, "명(名)은 나누어지게 되며 형체는 한정된다. 비록 끝까지 넓혀도 두루 미치지 못하는 것이 반드시 있다. 비록 아름답게 치장해도 반드시 걱정거리가 있게 된다."[173] "말할 수 있는 것이 풍성해도 천지를 관장하기에는 부족하고 형체가 있는 것이 끝까지 해보아도 만물을 담아두기에는 부족하다."[174] 여기서 관장한다는 말이 가리키는 것은 종주이며, 담아둔다는 말이 가리키는 것은 포괄하여 아우르는 것

170『周易』「睽卦」注. "至睽將合, 至殊將通, 恢詭譎怪, 道將爲一."

171『老子道德經』41章 注. "有形則有分, 有分者, 不溫則涼, 不炎則寒. 故象而形者, 非大象也."

172『老子道德經』41章 注. "有聲則有分, 有分則不宮而商矣. 分則不能統衆, 故有聲者非大音也."

173『老子道德經』38章 注. "名則有所分, 形則有所止. 雖極其大, 必有不周, 雖盛其美, 必有患憂."

174『老子指略』. "可道之盛, 未足以官天地, 有形之極, 未足以府萬物."

이니 형체와 이름이 있는 것은 아무리 크더라도 부분이며 치우친 것이니 오직 형체와 이름이 없는 것만이 어떤 물질적 속성과 내용적인 것이 없이 완전한 것이다. 그는 일찍이 이런 도리를 반복하여 설명하였는데 예를 들면 다음과 같다. "대상은 천하의 근원이다. 뜨겁지 않고 차갑지도 않으며 따뜻하지도 않고 서늘하지도 않으므로 만물을 포괄하여 통괄할 수 있으며 손상되는 것이 없다."[175] "항상 됨이 되는 것은 치우치지 않고 드러나지도 않으며, 밝고 어두운 모습과 따뜻하고 서늘한 모양이 없다. 그러므로 '상(常)을 아는 것을 명(名)이다.'라고 하였다. 오직 이 복귀만이 만물을 포괄하여 통괄하며 포용하지 않는 것이 없다."[176] "형체와 이름이 없는 것은 만물의 종주이다. 덥지도 않고 서늘하지도 않으며 궁음도 아니며 상음도 아니다. … 그러므로 개별 사물의 종주가 될 수 있고 천지를 관통하여 그것을 경유하지 않게 함이 없다."[177]

왕필의 목적은 온갖 존재들을 포괄하여 통괄하고 온갖 개별자들을 완전하게 성취시키며 온갖 개별자들을 극진히 발현시켜서 "궁극에서 사물을 보이는 것"[178]이다. 사물이 궁극에 이르면 반드시 되돌아오며 사물의 궁극은 바로 무이니 무라야만 비로소 무한하고 절대적인 것이다. "그러므로 비워서 쓰고 또다시 채우지 않아도 그 도의 무궁함이 이미 지극하다."[179] "비어있지만 오그라들지 않고, 움직이지만 다 고갈되지 않는다."[180] "그럴 듯하게 딱 맞는 곳이 없는 것 같아서 그 도를 쓰는 데에 다할 수 없는 것이다."[181] "유약은 다 같이 두루 통하니 막히거나

---

175 『老子道德經』 35章 注. "大象, 天象之母也. 不炎不寒, 不溫不凉, 故能包統萬物, 無所犯傷."

176 『老子道德經』 16章 注. "常之爲物, 不偏不彰, 無曒昧之狀, 溫凉之象, 故曰知常曰明也. 唯此復, 乃能包通萬物, 無所不容."

177 『老子指略』. "無形無名者, 萬物之宗也. 不溫不凉, 不宮不商 … 故能爲品物之宗主, 苞通天地, 靡使不經也."

178 『論語釋疑』. "示物于極."

179 『老子道德經』 4章 注. "故沖而用之又復不盈, 其爲無窮亦已極矣."

180 『老子道德經』 5章 注. "虛而不得窮屈, 動而不可竭盡."

다할 수 없는 것이다."[182] 만물의 공통 본질에 대한 인식을 획득하려면 반드시 잠시 사물의 구체적 형태와 특수한 구조를 버려야만 하는데 이것은 이론적 사유에서 볼 때 합리적 요소가 있다. 그러나 사물의 "궁극"은 당연히 유(有)이며, 객관적 실재이고 우리의 감촉으로 도달할 수 있는 물질이다. 왕필은 사물의 궁극이 유가 아니며 물질도 아니고 우리의 감각으로 도달할 수 없는 무라고 여겼다. 실제로 이와 같은 무는 이미 객관적 실재를 반영할 수 없으며 또한 만물의 궁극이 될 수도 없는 것이다.

유한한 것을 통하여 무한한 것에 접근하고, 특수한 것을 통하여 일반적인 것에 접근하고, 상대적인 것을 통하여 절대적인 것에 접근하는 것은 이론적 사유에서 사람들에게 새로운 길을 제시하였다. 그러나 왕필은 단지 사물의 유한성, 상대성, 특수성을 부정하였을 뿐 아니라 모든 특수한 사물과 구체적 사물까지도 부정하였다. 왕필의 이와 같은 사상은 실질적으로 마르크스와 엥겔스가 지적한 것과 같다. "여기에서 비판이 이와 같은 고도의 추상에 도달하여, 그들의 입장에서 볼 때, 오직 그 자체의 사상이 어떤 현실도 모두 서로 모순된다는 보편성을 창조하고 또 조화를 이루어야만 비로소 '어떤 것'이 되고 심지어 바로 '일체'가 된다는 입장에 이르게 된다."[183]

이 때문에 왕필의 도는 추상적 정신이며 "적막하고 쓸쓸한 듯 형체가 없는"[184] 추상개념이라고 말한다. 어떠한 추상적 개념은 단지 객관적 사물의 본질을 반영하는 것이지 바로 객관적 세계의 본질인 것은 결코 아니다. "사물의 궁극을 보여주는 것[示物之極]"은 단지 만물을 드러내어 표시하고 개괄하는 것에 국한되는 것이지 그 자체가 바로 만물의 궁극과 근본은 아니다. 왕필은 본질과 본질을 반영하는 관념을 혼합하여 한

---

181 『老子道德經』 35章 注. "若無所中然, 乃用之不可窮極也."

182 『老子道德經』 40章 注. "柔弱同通, 不可窮極."

183 『마르크스엥겔스 전집』, 『신성가족』 제2권, 21쪽.

184 『老子道德經』 25章 注. "寂寥無形體也."

가지로 이야기하였고, 본질을 반영한 관념을 객관화하고 절대화하여 독립된 본체로 삼았다. 그는 "가는 바를 따르지 않고 그 몸이 홀로 우뚝 서 있다."[185]라고 하였는데 이것으로 하여금 사물을 생성하고 공적을 이루며 일을 완수를 지탱하는 근거와 기초가 되게 하였다. 왕필의 "무를 근본으로 삼는다."는 것은 바로 추상개념을 만물의 본체로 삼은 것이다. 그는 다음과 같이 말했다. "있다고 말하려면 그 형상을 볼 수 없다. 없다고 말하려면 만물이 그것으로써 생성한다. 그러므로 '면면히 끝없이 이어진다.'"라고 한 것이다.[186] "없다고 말하려니 사물이 그것으로써 이루어진다. 있다고 말하려니 그 형체를 볼 수 없다. 그러므로 '모양이 없는 모양이며 구체적 모습이 없는 형상이다.'라고 한 것이다."[187] 도는 존재하는 것 같으면서도 존재하지 않는 것이며 없는 것 같으면서도 없는 게 아닌 것이니, 이런 연유로 무가 추상적 본체라고 하는 것이다.

왕필의 "유를 온전히 하고 싶으면 반드시 무로 돌아가야 한다."[188]는 부정의 방법은 그가 추측한 대립물의 전화와 사물이 궁극에 이르면 반드시 되돌아온다는 변증법적 규칙을 설명한 것이지만, 그는 부정의 방법을 절대화하였기 때문에 터무니없는 결론을 도출하게 되었다. 왕필의 형이상학적 부정의 방법은 그가 유심주의로 빠지게 되는 원인의 하나이다. 무로써 무위를 추구하고 인의를 버리는 것으로 인덕의 완전한 정착을 추구하며 성(聖)과 지(智)를 끊어버리는 것으로써 성현의 공적이 실존하는 상태를 추구하는 그의 정치 책략은 그의 부정의 방법이 정치영역에서 운용된 것이다.

---

185 『老子道德經』 25章 注. "不隨於所適, 其體獨立."

186 『老子道德經』 6章 注. "欲言存邪, 則不見其形, 欲言亡邪, 萬物以之生. 故綿綿若存也."

187 『老子道德經』 14章 注. "欲言無邪, 而物由以成. 欲言有邪, 而不見其形. 故曰 無狀之狀, 無物之象也."『老子道德經』 14章 注. "欲言無邪, 而物由以成. 欲言有邪, 而不見其形. 故曰 無狀之狀, 無物之象也."

188 『老子道德經』 40章 注. "將欲全有, 必反於無."

왕필의 부정의 방법은 노자사상에 대한 계승이며, 그는 이 방법을 발전시켜서 추상적 방법으로 삼았다.

(5) "근본을 높이고 말단을 살리는 것[崇本息末]"과 "근본을 들어서 말단을 통괄하는 것[擧本統末]"

"숭본식말(崇本息末)"은 왕필의 대단히 중요한 명제이며, 그의 저작 속에서 일찍이 다섯 차례나 "숭본식말"이라는 술어를 사용하였는데 『노자지략』에서 세 번 사용하고 『노자주』 57장과 58장에서 각각 한 번씩 사용하였다.

어떤 사람은 왕필의 "근본을 높여서 말단을 살린다."는 것에서 "살린다[息]."의 뜻을 구체적인 의미로 억제하고 소멸시켜 멈추게 한다는 것으로 이해하였는데, 이러한 "근본을 높여서 말단을 소멸시킨다."는 이해는 바로 무를 귀하게 여기고 유를 끊어버리는 의미가 있다. 그래서 왕필의 철학이 유와 무 그리고 근본과 말단이 서로 분리되는 특징이 있다고 여겼지만, 이러한 해석은 검토할 필요가 있다. "근본을 높여서 말단을 살린다."는 것은 일반적으로 말해서 본체에 대한 구체적 사물의 방해와 영향을 배제하여 본체를 파악하고 인식한다는 것을 의미한다. "숭본식말"은 책략과 방법을 논의하는 것에 중점을 둔다. 구체적으로 말하자면 두 가지의 의의가 있다. 첫째, 일종의 정치책략이다. 둘째, 본체를 파악하는 길과 방법을 인식하는 것이다.

왕필은 동한시대와 조씨의 위나라 통치시기의 경험과 교훈을 종합하면서 "숭본식말"이라는 정치책략을 제시하였는데, 여기서 말하는 "근본[本]"은 소박한 것을 품고 사사로운 욕심을 줄이는 무위정치이며 "말단[末]"이 의미하는 것은 교묘한 이익과 바르지 않은 일 등이다. 그는 다음과 같이 말했다. "오직 백성으로 하여금 애욕의 마음이 생기지 않도록 하고 그 사악함을 힘쓰지 않도록 하는 데 있는 것이다. 그러므로 소박함을 보고 성인의 지혜를 끊어버리며 사욕을 적게 하고 교묘한 이로움을 버리는 것이 모두 다 숭본식말이라는 말이다."[189] 이것은 오직 근본을 높이고 소박함과 욕심을 줄이는 것을 제창해야만 교묘한 이익과 바르지 않은 일들을 버릴 수 있다고 말하는 것이다. 이 문제에 대하여 본장의 정치사상 부분에서 다시 상세하게 밝혀 서술할 예정이므로 여기에서는 생략한다.

인식방법으로 사용된 "숭본식말"이 무엇을 의미하는지에 대하여, 왕필은 자연세계 속의 본체와 현상 즉 유와 무, 근본과 말단, 본체와 작용이 분리될 수 없는 것이며 무가 유의 본체 · 종주 · 참된 본성이고 유는 무의 현상 · 작용 · 체현이라고 여겼는데 이 때문에 "근본을 들어서 말단을 통괄한다."는 것을 가지고 왕필이 본체론을 개괄할 수 있다.

무는 형체와 이름이 없는 것인데 우리는 어떻게 해야 이 본체를 인식하고 파악할 수 있는가? 왕필은 오직 "근본을 높여서 말단을 살린다[崇本息末]."는 이런 방법을 통해서만 비로소 "근본을 들어서 말단을 통괄한다[擧本統末]."의 본체론을 파악할 수 있다고 하였다. 왕필은 다음과 같이 말했다.

> "성인은 말로써 주를 삼지 않으니 그 항상성을 어기지 않는다. 또한 이름으로써 항상성을 삼지 않으니 그 참됨을 떠나지 않는다. 또한 작위함으로써 일삼지 않으니 그 본성을 어그러뜨리지 않는다. 집착으로써 제어하지 않으므로 그 근원을 잃지 않는다. … 그 근본적인 핵심의미가 태초에 근원을 논하여 스스로 그러한 본성을 밝히는 것이며 그윽하고 어두움의 극치를 이끌어내어서 미혹과 속임수에 빠짐을 바로잡는 것이다. 자연의 이치에 따라서 작위하지 아니하고 덜어낼 뿐 베풀지 않으며 근본을 높임으로써 말단을 살리고 어미를 지킴으로써 자식을 보존하는 것이다."[190]

189 『老子指略』. "唯在使民愛欲不生, 不在攻其爲邪也. 故見素樸以絶聖智 寡私欲以棄巧利, 皆崇本以息末之謂也."

이 문단의 전반부 말(생략표시의 앞부분)은 "근본을 높여서 말단을 살린다."는 인식 방법을 강조한 것인데, "성인은 말로써 주를 삼지 않고", "이름으로써 항상성을 삼지 않으며", "작위함으로써 일삼지 않고", "집착으로써 제어하지 않는 것"으로서, 성인은 "주(主)"와 "상(常)"에 대한 언어·이름·작위함·집착의 방해를 배제하는데 바로 이것이 말단을 살리는 것임을 설명하고 있다. 이 때문에 성인은 "그 참됨을 떠나지 않고", "그 본성을 어그러뜨리지 않으며", "그 근원을 잃지 않는 것"인데, 이것이 바로 근본을 높이는 것[崇本]이다. 이 문단의 후반부 말은 "어미를 지키고 자식을 보존한다[守母以存子]."는 문제를 강조한 것이다. "어두움의 극치[幽冥之極]"와 "자연의 본성[自然之性]"이 고르게 가리키는 것은 도이다. 도가 만물의 본체상태가 되는 것은 자연상태이며 일단 만물 배후에 보거나 만질 수 없는 본체를 파악하면 자연사회의 온갖 다양한 일과 사물들이 바로 종주가 되는 근본이 있고 탐구할 수 있는 이치가 있게 되어서, 사람들이 미혹과 속임수에 빠지지 않을 수 있는 것이니, 이것이 어미를 지키는 것[守母]이다. 도는 만물의 종주와 본체이지만 결코 만물을 분할하고 만물에 간섭하지는 않으며 만물에 그대로 따르고 만물에 억지로 작위하지 않는 것이니, 바로 이것이 "자식을 보존하는 것[存子]"이다. 만일 근본을 버리고 말단을 좇으면 "그 참됨을 떠나고", "그 본성을 어그러뜨리고", "그 근원을 잃고", "항상성을 위배하는" 결과를 초래하게 된다. 본체에 대한 현상의 방해를 배제하고 본체의 위치를 수립해야만 비로소 만물이 그 종주를 얻어서 스스로 그러한 지위에서 편안하게 될 수 있는 것이다. 왕필은 『노자』 38장의 주석 속에서 다음과 같이 말했다. "무릇 무명(無名)을 쓰기 때문에 명(名)이 그로써 두터워진다. 무릇 무형

190 『老子指略』. "聖人不以言爲主, 則不違其常; 不以名爲常, 則不離其眞; 不以爲爲事, 則不敗其性; 不以執爲制, 則不失其原矣. … 故其大歸也, 論太始之原, 以明自然之性; 演幽冥之極, 以定惑罔之迷. 因而不爲, 損而不施; 崇本而息末, 守母以存子."

(無形)을 쓰기 때문에 형체가 그로써 이루어진다. 어미를 지켜서 그 자식을 보존하고 근본을 높여 그 말단을 든다."[191]

"근본을 높이고 말단을 드는 것"은 유와 무가 분리될 수 없는 본체의 세계를 강조하며 "어미를 지켜서 자식을 보존하는 것"과 "근본을 높여서 말단을 들어 올리는 것"이라는 두 개의 명제는 동어반복이다. 『노자지략』의 "근본을 높여서 말단을 살리는 것", "어미를 지켜서 자식을 보존하는 것"을 『노자』 38장의 주에 있는 "어미를 지켜서 그 자식을 보존하고, 근본을 높여서 말단을 들어 주는 것"과 서로 비교하면 왕필이 "근본을 높여서 말단을 살리는 것"의 방법을 가지고 "근본을 높이고 말단을 드는 것"의 본체세계를 파악하고자 시도했다고 말할 수 있다.

왕필은 "근본을 높여서 말단을 살리는 것"의 방법으로 『노자』를 주석하여 양한시대 우주발생론과 다른 우주본체론을 수립하였다. 『노자지략』 속에서 왕필은 다음과 같이 지적하였다. "『노자』의 글을 변론하여 따져 물으려는 자는 그 종지를 잃고, 이름으로 캐물으려는 자는 그 본뜻을 위배하게 된다."[192] "글은 비록 5천 언이지만 하나로 관통하고, 뜻은 비록 넓고 넉넉하지만, 그 많은 것들이 한 무리이다. 한 마디로 요약한 것을 풀어본다면, 그윽하게 숨겨진 것이라도 알아내지 못함이 없고, 모든 일마다 각각 개별적인 뜻에 따라 하면 비록 분별하더라도 더욱 미혹되게 된다."[193] 여기에서 말하는 말단이 의미하는 것은 『노자』 오천자의 말과 문자이며, 여기서 말하는 근본이 가리키는 것은 노자의 종지와 이치이다. 만약에 구체적인 단어와 구절을 고집하고, 반복적으로 따져 묻고 더듬어 규명하고 지적하여 탓하면 바로 『노자』의 종지를 잃어

---

191 『老子道德經』 38章 注. "用夫無名, 故名以篤焉, 用夫無形, 故形以成焉. 守母以存其子, 崇本以擧其末."

192 『老子指略』. "老子之文, 欲辯而詰者, 則失其旨也; 欲名而責者, 則違其義也."

193 『老子指略』. "文雖五千, 貫之者一; 義雖廣瞻, 衆則同類. 解其一言而蔽之, 則無幽而不識; 每事各爲意, 則雖辯而愈惑."

서 따져갈수록 미혹될 것이다. 일단 오천 자의 처음과 끝을 관통하는 도를 파악하면 광대하게 비추어보는 의미와 오천 자의 글이 큰 줄기를 얻어서 모든 도리를 갑자기 깨닫고 "그윽하게 숨겨진 것이라도 알아내지 못함이 없게 된다."

왕필 철학의 체계는 이와 같다. 그는 "상을 잊는 것[忘象]", "말단을 살리는 것[息末]", "다 덜어내야 궁극에 이른다는 것[損之至盡]"을 통하여 본체 즉 "뜻을 얻는 것[得意]", "근본을 높이는 것[崇本]", "그 궁극을 얻는 것[得其極]"을 획득한다. 일단 본체를 획득하면 바로 "상을 낳고[生象]", "말단을 들어 올려서[擧末]" 그 근본과 말단 · 본체와 작용이 분리될 수 없는 본체세계를 실현하는 것이다. "근본을 높여서 말단을 살린다는 것"은 인식론의 명제이며, "근본을 들어서 말단을 통괄한다는 것"은 본체론의 명제이다. 왕필의 철학체계는 "근본을 높여서 말단을 살리는 것"이라는 인식방법과 "근본을 들어서 말단을 통괄한다는 것"의 본체론이라는 두 부분으로 구성된다.

3 왕필 현학의 추상적 사유방법

위진시대의 저작과 논의는 논리의 문제를 매우 중시하였는데 "위나라가 처음 왕패의 업을 세울 때 학술은 명가와 법가를 겸하였으니 부하와 왕찬은 명리에 대하여 정밀하게 조사하고 연구하였다."[194] "명리(名理)"라는 말은 처음 나올 때에는 명(名)과 실(實)을 종합적으로 고찰하는 정치학설이었지만 뒤로 가면서 점차 변하여 논변의 기술을 중시하는 논리학설이 되었다. 명리는 어려운 문제의 논의를 중시하여 "자주 논변을 주

194 『文心雕龍』「論說篇」. "魏之初霸, 術兼名法, 傅嘏王粲校練名理."

고받았다."[195] 예를 들면 당시의 "재질과 본성 관계의 네 가지 형태[才性四本]", "언어가 뜻을 다 표현함[言盡意]", "음성에는 슬픔과 즐거움이 없다[聲無哀樂]." "세 가지 이치를 양생하는 것[養生三理]" 그리고 『노자』 『장자』 『주역』이라는 삼현(三玄)의 학문은 모두 반복적으로 논의되었다. 『세설신어』 속의 하소가 지은 『왕필전』에 왕필이 일찍이 "노자의 종지[老子旨]", "성인은 감정이 있다[聖人有情]."는 것 등을 가지고 하안과 함께 논변하였다는 기록이 있다. 『주역대연의』를 가지고 순융과 논변을 하였다. 종회와 유도(劉陶)하고도 논변을 지속하였다. 왕필의 논변 수준은 매우 높았는데 하안은 "청담의 논객이 자리에 가득할 때에" 왕필이 어려운 질문을 하자 "자리에 가득 앉은 사람이 곧 굴복한 것이라고 여겼는데", 이에 왕필이 "스스로 사문자답을 여러 번 하니 앉아 있던 모든 사람이 미치지 못했다."[196] 종회는 "논의가 정밀하고 자세하여 일가를 이루었지만 매번 왕필의 높은 경지에 굴복했다."[197] "유도는 논의를 잘하여 종횡무진하여 당시에 칭송을 받았으나 왕필과 매번 이야기할 때에는 왕필에게 굴복하였다."[198] 왕필은 논변에 두루 통하고 말을 잘하였으며 글을 지어도 "면밀함에 조리와 체계가 있었다."[199] 여기에서 왕필의 학설이 지닌 두드러진 특징은 조리가 있고 체계가 있으며 사유의 논리를 중시하였다는 것을 볼 수 있다. 이 때문에 그의 철학사상을 연구할 때는 반드시 그의 추상적 사변방법에 주의를 기울여야 한다.

형체와 이름이 없는 왕필의 "도"는 추상적인 사변의 방법을 통하여 도달할 수 있는 것이다. 그는 "덜어냄[損]"을 가지고 추상의 방법을 표현하였다. 『노자주』에서 그는 다음과 같이 지적하였다. "많아질수록

---

195 『宋書』「鄭鮮之傳」. "多其往復."

196 『世說新語』「文學」. "自爲客主數番, 皆一坐所不及."

197 何邵, 『王弼傳』. "論議以校練爲家, 然每服弼之高値."

198 何邵, 『王弼傳』. "劉陶善論縱橫, 爲當時所稱, 每與弼語, 嘗屈弼."

199 何邵, 『王弼傳』. "致有理統."

도에서 멀어지고 덜어내면 가까워진다. 모두 덜어내야 궁극에 이르고, 이에 그 궁극을 얻는다."[200] 사물을 규정하는 것이 많으면 많을수록 구체적이어서 본체를 더욱 멀리 떠나게 되니 오직 사물의 규정성을 줄이는 방향으로 나아가야만 온갖 존재를 포괄하여 통괄하는 본체를 얻을 수 있다. 『주역주』 속에서 그는 "손괘(損卦)"의 덜어냄을 일종의 추상으로 이해하였다. 이러한 해석은 이전의 옛 사람 중에는 없었다.

정현은 손괘를 주석할 때에 손괘가 하괘는 태(兌)이고 상괘는 간(艮)이며 태는 연못이고 간은 산이 된다는 것에 의거하여 덜어냄이라는 것을 땅위에 산이 있고 땅 아래에 연못이 있다고 해석하였는데, 연못은 스스로 덜어내어 산의 높음을 늘려주는 것이니 이것으로써 제후가 국가의 풍부한 재물을 덜어내서 천자에게 바치는 것을 설명하였다. 그러므로 손괘라고 말하였다. 또 다른 주석가는 방통(旁通)의 방법으로 태괘(泰卦: ䷊)의 초구효의 양효를 덜어내어 상구의 효를 늘려서 손괘(䷨)를 만든다. 왕필은 이전 사람들의 설명방법을 버렸는데 아래를 덜어서 위를 더해주는 것은 부족함을 보충하는 것이 아니며 굳셈을 덜어서 부드러움을 보태주는 것은 결코 군자의 도를 늘려주는 것이 아니라고 하였다. 천지·만물·자연·사회는 모두 "도"를 그 자신의 본성으로 삼는 것이니 크고 작은 차이는 자연의 합리적인 면이다. 그는 다음과 같이 말했다. "스스로 그러한 바탕 성질은 각기 분수가 정해져 있어서, 짧은 것은 부족한 것이 아니고, 긴 것은 남는 것이 있는 게 아니므로 덜고 보탬을 어디에 덧붙이겠는가?"[201] 만약에 구체적인 사물에서 덜어내거나 보태준다면 바로 유위가 되는 것이며, 이것은 바로 만물의 저절로 그러한 성질을 파괴하는 것이니 이 때문에 그는 손괘의 덜어냄을 가지고 사유논리의 추상방법으로 해석하였다.

---

200 『老子道德經』 42章 注. "愈多愈遠, 損則近之. 損之至盡, 乃得其極."

201 『周易』「損卦: 彖傳」 注. "自然之質, 各定其分, 短者不爲不足, 長者不爲有餘. 損益將何加焉."

추상의 과정 속에서 왕필은 규정성이 많은 개념일수록 포괄하고 통괄하는 사물은 적어지며 규정성이 적은 개념일수록 포괄하고 통괄하는 사물이 많아지는 것이니, "스스로 그러한 도는 또한 나무와 같다. 가지가 많이 벌수록 그 뿌리에서 멀어지고 가지가 적을수록 그 근본을 얻는다. 가지가 많이 벌면 그 뿌리에서 멀어지기 때문에 '미혹'이라고 하며, 가지가 적으면 그 근본을 얻기 때문에 '얻음'이라고 한다."[202] 그는 스스로 그러한 도는 바로 한 그루의 나무와 같아서 가지와 잎은 번성하여 무성하면 잔가지와 잎은 그 뿌리에서 더욱 멀어진다. 가지와 잎이 성글고 적어질수록 뿌리에서 조금 떨어져 뿌리와 더 가깝게 되니, 뿌리에서 가까이 떨어져 있는 것이 그 근본을 얻는 것이며 뿌리에 멀리 떨어진 것이 바로 근본을 떠나는 것이다. 동시에 왕필은 여기에서 결코 멈추지 않고 계속 추론을 진행해 나갔다. 만약 사물의 규정성이 줄어서 규정이 없는 상태에 이르게 되면 어찌 모든 것을 포괄하는 근본에 이르지 않을 수 있겠는가. 이 때문에 그는 손괘에 대하여 새로운 해석을 제시하였으니 "굳셈을 덜어내서 부드러움을 보태고", "아래를 덜어서 위를 보탠다."라고 하였는데 이것으로 부드러움이 위가 되고 유순함이 만물의 주재가 된다는 것을 볼 수 있다. 이른바 굳셈이 여기에서 의미하는 것은 형체와 이름에 제약되는 사물의 성질이다. 일단 사물의 규정성을 궁극의 상태까지 덜어내 가면 바로 온갖 개별자를 포괄하는 텅 빈 무와 같고 유순한 본체를 획득할 수 있다. 그는 다음과 같이 말했다.

"유로써 존귀한 자리에 거처하여 덜어냄의 도를 행하니 강과 바다가 낮은 곳에 거처하여도 모든 계곡의 물이 그곳으로 귀결된다."[203] 덜어냄의 도는 두루 통하지 않는 바가 없고 포괄하지 않는 것이 없으니 강과 바다가 낮은 곳에 거처하며 흘러도 모든 하천이 이곳으로 돌아와 모이

202 『老子道德經』 22章 注. "自然之道, 亦猶樹也. 轉多轉遠其根, 轉少轉得其本. 多則遠其眞, 故曰 惑也. 少則得其本, 故曰得也."

203 『周易』 「損卦: 六五」 注. "以柔居尊, 而爲損道, 江海處下, 百谷歸之."

는 것과 같다. 『주역』「손괘: 상구」 효의 주석에서 그는 이 사상을 한 걸음 더 나아가 설명하고 있다. 그는 다음과 같이 말했다. "위에 거처하여 부드러움을 타고 덜어냄의 궁극에 거처해서 저 굳센 덕을 숭상하니 사물 대상이 돌아와 의지한다."[204] 그는 어떤 규정성이 없는 "무"라야 비로소 만물의 귀의처가 된다고 강조하였다. 여기에서 왕필은 개념의 내포와 외연 관계를 추측함으로써 왕필의 추상적 사변 수준을 드러내고 있다. 그러나 왕필의 추상은 형이상학적인 것이지 과학적 추상은 아니기 때문에 진정으로 사물의 본질에 대한 정확한 인식을 획득할 수 없었다.

사물의 본질을 추상해 내는 것은 확실히 고도의 추상이 필요하다. 형식상으로 일반적 관념은 어떤 특수성과 개별성을 그 속에 포함하고 있지 않는데, 이런 점에 대하여 왕필은 인식하고 있었다. "나뉘는 것이 있으면 온전하지 못하다."[205] "나뉘는 것이 있으면 그 궁극을 잃는다."[206] 특수한 것은 만물을 포괄하여 통괄할 수 없는 것이고 만물의 본질이 될 수 없다. 궁극의 상태까지 도달하지 못한 추상은 만물의 근본이 될 수 없는 것인데, 왕필은 다음과 같이 말했다. "도(道)·현(玄)·심(深)·대(大)·미(微)·원(遠)이라는 말은 각각 그 의의를 지니고 있지만 그 지극함을 다 발휘하지 못한 것이다. 그러니 그 끝이 없는 것을 두루 에워싸는 것을 '세(細)'라고 이름지을 수 없다. 형체가 없는 것을 미묘하게 하는 것도 '대(大)'라고 이름지을 수 없다. 이 때문에 노자에서 '글자로 표현하여 도道라고 하고', '그것을 일컬어 현(玄)이라 한다.'고 하였으나 이름을 붙이지는 않은 것이다."[207] 도·현·심·대·미·원 등과 같은 이런 개념은 왕필의 입장에서 볼 때 모두 말로 표현할 수 있는 것이며 이 때문에

204 『周易』「損卦: 上九」注. "居上乘柔, 處損之極, 尙夫剛德, 爲物所歸."

205 『老子指略』. "有分則有不兼."

206 『老子道德經』25章 注. "有分則失其極矣."

207 『老子指略』. "道玄深大微遠之言, 各有其義, 未盡其極者也. 然彌綸無極, 不可名細; 微妙無形, 不可名大. 是以篇云字之曰道謂之曰玄而不名也."

모두 구체적이고 특수한 개념이고, 모두 구체적인 범위 안에서 사물과 현상을 설명할 때에 그 제한성이 있는 것이다. "대(大)"라는 개념은 작은 것을 포괄할 수 없고 "미(微)"라는 개념도 큰 사물을 반영할 수 없는 것이며 구체적인 개념은 모두 자연과 사회의 온갖 일과 사물의 본체를 다 담을 수 없는 것이다. 궁극적 상태까지 추상화된 개념은 반드시 형체도 없고 이름도 없는 것이다. 그리고 "도"의 본래 의미는 만물의 근거인데 일단 "도"를 이런 뜻으로 규정하면, "그것을 말로 하면 그 항상성을 잃고 그것을 이름붙이면 그 참됨을 떠나게 되고",[208] "무릇 사물에 칭(稱)과 명(名)이 있으면 궁극적인 것이 아니다."[209]

"도"는 명과 칭을 가지고 있는 가장 큰 개념이지만 명칭이 없는 큰 것만 못한데 이 때문에 단지 그것을 억지로 지칭하여 "도"라고 한 것이고, 그것을 말하여 "그윽하면서도 이름붙일 수 없다."라고 한 것이다. 왕필은 그의 추상이 궁극에 도달한 추상이라고 여겼으며, "텅 빈 무를 궁극까지 다하여 도의 항상성을 얻으면 이에 다함이 없는 궁극에 이르게 되는 것이다."[210] 이른바 "궁극"은 추상의 궁극적인 지점을 가리키는 것이며, "다함이 없는 궁극"이 가리키는 것은 이렇게 추상해서 얻은 본체로서 예와 지금의 모든 일과 사물 속을 관통하는 것이다. 여기에서 획득한 본체라는 관념은 가장 일반적인 관념이다.

변증법적인 추상화에서는 "감각자료로 보이는 것을 간단하게 한쪽에 제쳐두지 말아야 하는데 이로 인하여 자료의 실재성이 전혀 손상되지 않아서 추상적 사유를 진행할 수 있는 것이지만, 간단한 현상의 감각자료가 지양되고 개념 속에서 드러난 본질적인 것으로 귀결시키는 것만 못하다."[211] 추상적 사유는 구체적 사물에 대한 간단한 포기가 아니고

208 『老子指略』. "言之者失其常, 名之者離其眞."

209 『老子道德經』 25章 注. "凡物有稱有名, 則非其極也."

210 『老子道德經』 16章 注. "窮極虛無, 得道之常, 則乃至於不窮極也."

211 헤겔, 『논리학』 하권, 상무인서관, 1931, 252쪽.

"지양"인데 사물의 표면적 현상을 잠시 버려두고 사물의 본질을 유지하는 것이다. 구체적인 것 전체의 풍부한 내용은 일반적인 것 속에서 사라지는 것이 아니고 일반적인 것 속에서 보존되는 것이며, 감성의 구체성 속에서 드러나 현상적인 것이 되고 개념 속에서 바로 드러나 본질이 되는 것이기 때문이다. 왕필의 추상은 단지 궁음·상음과 밝고 어두운 모양과 따뜻하고 서늘한 형상 등의 표면적 현상의 추상을 버릴 뿐만 아니라, 그는 "온갖 존재들"을 말단으로 이해하고 그 속에 본질이 없는 현상으로 이해하기 때문에 감각자료인 "온갖 존재들"을 철저하게 버리게 된다. 이 때문에 그의 "무"는 사물전체의 풍부한 내용을 버리고 사물의 질적 규정성이라는 개념도 포기한다. 그의 "무"는 형식상으로나 내용상으로나 모두 공허한 것이며 구체적 사물을 떠난 순수한 추상이다. 이러한 추상은 과학적 추상이 아니며 본질에 대한 인식을 획득할 수 없다. 과학적 추상은 본질에 대한 인식을 획득할 수 있으나 본질의 인식도 만물이 근본이 될 수는 없는 것이다.

"무"는 단지 본질에 대한 왜곡된 반영이다.

우리는 본질이 현상의 기초라고 말하는 것이지 개념이 현상의 기초라고 말하는 것은 아니다. 우리는 현상 속에 본질이 있다고 말하는 것이지 사물 속에 개념이 있다고 말하지 않는다. 우리는 본질과 현상이 분리될 수 없다고 말하는 것이지 개념과 사물이 분리될 수 없다고 말하지 않는다. 우리는 현상이 본질적인 것이라고 말하는 것이지 사물이 개념으로부터 결정되는 것이라고 말하지 않는다. 이 때문에 왕필이 근본과 말단의 관계 속에서 추측해낸 본질과 현상의 합리적 요소는 그의 유심주의 체계 속으로 묻히게 된다. 그는 본질이 개념에 의해서만 드러난다는 점에서 출발하여 그릇되게 생각했는데, 그가 도달한 공허한 일반개념인 "무"는 바로 만물의 본질이고 만물의 참된 본성이며 만물의 종주이다. 왜냐하면 그는 가장 추상적인 것을 가장 진실하고 가장 객관적인 것으로 만들고, 가장 객관적이고 가장 진실한 온갖 사물을 가장 진실하지 않은 것으로 만들었기 때문이다. 마르크스와 엥겔스는 『신성가족』이라는 책 속에서 헤겔 인식론의 근원을 분석할 때에 다음과 같이 지적하였다. "만약에 우리가 현실의 사과나무 · 배나무 · 딸기 · 아몬드에서 '열매'라는 일반관념을 도출하고, 만약 우리가 다시 한 걸음 더 나아가 현실의 열매 속에서 '열매'라는 추상관념을 도출하는 것이 바로 우리 몸 밖에 존재하는 일종의 본질이고 또한 배나무 사과나무의 진정한 본질이라고 한다면 우리는 '열매'가 배나무 · 사과나무 · 아몬드 등등의 '실체'라고 선포하는 것이다(사변적인 이야기로 설명하는 것). 그러므로 우리는 배에 대하여 말할 때 배가 배로 되는 것을 결정하는 측면은 비본질적인 것이며, 사과에 대하여 말할 때 사과가 사과로 되는 것을 결정하는 측면은 비본질적인 것이라고 말한다. 그것들의 본질이 되는 것은 감촉할 수 있는 그것들의 실재적 존재가 결코 아니고 우리가 그것들 속에서 추상해내고 또 그 추상을 응고시킨 본질 즉 우리의 관념 속의 본질인 열매이다."[212] 헤겔의 "절대정신"은 사람들이 객관적 현실 속에서 "추상해내고 또 그 추상을 응고시켜내고" 온갖 사물의 본질인 "일반개념"을 만들어낸 것인데, 단지 헤겔이 상상하여 "우리들 몸 밖에 존재하는 일종의 본질"이라고 한 것이지 객관적 사물의 진정한 본질은 아니다. 왕필의 "도"는 열매보다 더 추상적이며 조금의 실재성도 없는 것인데, 그는 만물이 만물로 되도록 결정하는 것이 비본질적인 것이며 만물을 결정하는 것은 추상적 방법으로 획득한 개념인 도라고 하였다. 이 때문에 근본과 말단이 분리될 수 없다는 왕필의 사상은 실제로 일종의 유심주의사상과 동일한 점이 있다.

왕필의 철학은 근본과 말단이 분리될 수 없다는 점을 특징으로 하지만 그가 말한 근본과 말단의 관계는 객관적 사물이 본래 지니고 있는 본질과 현상의 관계가 결코 아니며, 그는 추상개념인 "무"를 만물의 근본

212 『마르크스엥겔스 전집』 제2권, 72쪽.

으로 삼은 것이므로 그의 근본과 말단의 관계는 실제로 추상개념과 온갖 사물의 관계이다. 객관적인 사물 속에서 본질과 현상은 분리될 수 없는 것이지만 사유의 영역 속에서 우리는 종종 객관적 사물이 구체적으로 생동하는 직관적 표상을 버려두고 현상 배후의 본질과 법칙을 드러낸다. 왕필의 철학은 확실히 밝고 어두운 모양과 따뜻하고 서늘한 형상과 궁음·상음 등의 표면적 현상을 버려두고 온갖 존재들의 근본을 드러내고자 시도하였다. 근본과 말단에 대한 어떠한 인식도 없는 것으로부터 그것들을 자각적으로 구별하는 데에 이르는 것인데 이것은 마땅히 철학적 진보라고 말해야 한다. 그러나 왕필의 무는 단지 "관념 속의 본질"이고 관념이며 상대적 독립성을 지니고 있지만, 사물이 본래 지니고 있는 본질은 절대적인 것이다. 왕필은 "관념 속의 본질"을 객관화·절대화·실체화하여 그것으로 하여금 만물과 분리될 수 없는 본질로 삼았다. 레닌은 다음과 같이 지적하였다. "변증법적 유물주의의 관점에서 볼 때에 철학적 유심주의는 인식상의 특징과 방면을 부분적이며 단편적이고 과도하게 발전(팽창과 확대)시켜서 물질을 이탈하고 자연을 이탈하며 신화화된 절대로 만들었다."[213] 왕필도 똑같이 본질과 법칙에 대한 인식을 과도하게 발전시켜서 온갖 사물을 이탈한 신화화된 절대로 만들었다.

헤겔은 노자의 사상을 평가할 때에 일찍이 다음과 같이 지적하였다. "절대적 원칙이며 모든 사물의 기원·최후·최고의 것인 '무'는, 그들이 세계의 존재를 부정하더라도, … 이러한 '무'는 사람들이 통상 말하는 무 또는 무물(無物)이 결코 아니며 여전히 일체의 관념과 대상을 멀리 떠난 것으로 인식되며 — 단순하고 자기 동일적이며 무규정적이고 추상적인 통일에 불과하다고 말할 수 있다. 이 때문에 이러한 '무'는 동시에 긍정적인 것이며, 이것은 바로 우리가 본질이라고 부르는 것이다."[214] 무는 결국 일종의 형체와 이름이 없는 물질 상태라고 말해야만 하며, 또 온갖

213 「변증법을 이야기 하다」, 『레닌선집』 2권, 715쪽.

214 헤겔, 『철학사강의』 제1권, 상무인서관, 1981, 131쪽.

사물이 의존하는 논리적 근거인데 이러한 두 종류의 관점은 『노자』에서 아주 명확하지는 않고 심지어 모호하고 혼돈스럽지만 중국역사상의 유물주의와 유심주의자는 모두 『노자』의 사상 자료를 기초로 하여 체계를 수립하고 견해를 밝히고 있다. 양한시대의 유물주의자는 전자와 자연과학을 서로 융합하여 명확한 유물주의의 우주론 학설로 발전시켰고, 왕필은 사변적 시각으로 그러한 발전을 "무를 근본으로 삼는" 유심주의 본체론으로 삼았다. 헤겔은 유심주의 철학자인데, 그가 이해한 노자는 가장 추상적이고 가장 무규정적인 개념을 가지고 세계의 기원과 사물의 본질로 삼은 유심주의 철학자였다. 헤겔의 시각에서 노자와 왕필은 서로 유사하다. 만일 헤겔이 제시한 노자의 사상은 『노자』라는 책속에서도 모호하다고 말한다면 왕필의 입장은 그 『노자』 안에서 분명하고 명확하다.

왕필은 일반적으로 "도"가 만물의 본질이라고 논술한 것 이외에 또한 "도는 낳고 덕은 기르니, 사물이 형체를 이루고 세가 그것을 형성한다."[215]는 구절에 대한 주석을 통하여 "도"가 온갖 사물을 결정하는 구체적 과정을 드러내어 밝혔다. 왕필이 말하는 "덕"이 가리키는 것은 사물이 갖추고 있는 특수한 성질인데 그는 반복적으로 "유순한 덕", "굳센 덕", "문명의 덕", "신실한 덕" 등의 명사를 사용하였다. "덕"은 독립하여 존재할 수 없으며 도에서 얻는 것이다. "덕은 얻는 것이다. 항상 얻어서 잃는 것이 없고 이로워서 해로움이 없으므로 덕으로 이름을 삼았다. 어떻게 덕을 얻는가? 도로 말미암아 얻는 것이다."[216] 그는 사물의 특수성이 반드시 만물 속에서 추상되어 나오는 것에 의존한다고 하였고, 또한 만물의 부여되어 만물의 본질이 되는 도라야 비로소 작용을 발휘할 수 있다고 하였다.

---

215 『老子』 51章. "道生之, 德畜之, 物形之, 勢成之."

216 『老子道德經』 38章 注. "德者, 得也. 常得而無喪, 利而無害, 故以德爲名焉. 何以得德, 由乎道也."

만물은 자기의 특성을 획득한 뒤에 반드시 일정한 형체에 의탁해야만 구체적인 사물이 될 수 있다. 만물의 형성과 발전은 주위 환경인 "세(勢)"의 제약을 받아야만 하는데 이것이 바로 왕필이 말한 "사물이 생겨난 뒤에 기르고 기른 뒤에 형체가 있고 형체를 갖춘 뒤에 이루어진다. 무엇으로 말미암아 생기는가? 도이다. 어떻게 기르는가? 덕이다. 무엇으로 인하여 형체를 이루는가? 사물이다. 무엇으로 하여금 이루게 되는가? 세이다."[217]라는 의미이다. 왕필은 여기에서 사유와 존재의 관계를 완전히 전도시키고 있다. 사유의 과정 속에서 우리는 제일 먼저 어떤 하나의 사물과 그 사물의 상호관계 속에서 사물의 현상을 파악하고, 다시 사물의 현상 속에서 사물의 특수한 본질을 추상해내고, 계속하여 또한 모든 사물의 특수성 속에서 사물의 공통 본질을 추상해내며, 마지막으로 개념을 가지고 이런 공통의 본질을 표시한다. 왕필은 이러한 과정을 전도시켰는데 그는 먼저 개념 즉 "도"를 본질로 삼았다. 두 번째로 공통 본질이 사물의 특수한 본질을 낳는다고 단언하였다. 세 번째로 사물의 특수한 본질이 사물로 하여금 형체를 얻게 한다고 했다. 네 번째로 형체를 얻은 사물이 그것과 주위 환경의 관계를 결정한다고 했다. 사유과정과 객관적 과정의 구별을 뒤섞은 것은 왕필이 유심주의로 빠져드는 길의 하나라고 말할 수 있다. 왕필은 일찍이 다음과 같이 말했다. "현(玄)은 사물의 지극함이다. 거짓된 꾸밈을 깨끗이 제거하여 사물을 지극하게 비추는 데에 이르러 능히 사물로 하여금 그 밝음을 가리지 못하게 하고 그 정신을 병들게 하지 않을 수 있겠는가? 그렇게 할 수 있다면 끝내 현과 더불어 한 가지가 될 것이다."[218] 거짓된 꾸밈을 제거하고 사물의 표면적 현상이 신명을 막지 못하게 하여 사물에 대한 본질인식을 획득

217『老子道德經』51章 注. "物生而後畜, 畜而後形, 形而後成. 何由而生? 道也. 何得而畜? 德也. 何因而形,? 物也. 何使而成? 勢也."

218『老子道德經』10章 注. "玄, 物之極也. 言能滌除邪飾至於極覽, 能不以物介其明, 疵其神乎, 則終與玄同也."

하는 것은 주관적인 것이며, 잠시 사물의 현상을 내버려두고 본질인식을 획득하는 추상과정이라고 말해야만 한다. 그리고 왕필은 이러한 인식과정을 성인이 사물의 지극함과 하나가 되는 객관적 과정을 실현하는 것이라고 여겼다.

왕필은 단지 만물로부터 본질이 추상되어 나오는 사유과정을 자세히 밝혔을 뿐만 아니라 또한 추상으로부터 구체성에 이르는 사유과정에도 관심을 가졌다. 그는 다음과 같이 말했다. "그러므로 통괄한 것으로부터 찾아 들어가면 사물이 아무리 다양하더라도 일(一)을 파악해서 통어할 수 있음을 안다. 그리고 근본으로부터 살펴 들어가면 의미가 비록 넓다 해도 하나의 이름을 가지고 드러낼 수 있음을 아는 것이다. 그러므로 북극성의 자리에서 우주의 변화운행을 관찰하면 천지의 움직임이 이상하지 않고, 변화의 중심에서 다가올 변화를 관찰하면 우주가 중심을 향해 모여들어도 많은 것이 아니다."[219]

종주와 본체의 시각으로 사물과 인식의 문제를 고찰해야 수많은 사물과 폭넓은 이치가 서로 난잡하게 뒤죽박죽이 되지 않으며, 통일성과 필연성이 그 속을 관철하게 된다. 그리하여 강령을 잡고 근본을 높이고 말단을 통어할 수 있는 것이다. 천지는 비록 광대하지만 북극성을 기준으로 천지의 유행을 관찰하면 그 광대한 것이 신기하게 생각되지 않는다. 우주가 비록 광대하지만 변화의 핵심을 가지고 장차 다가올 변화를 관찰하면 또한 우주 삼라만상이 많은 것을 부담스럽게 여길 것이 없다. "통괄[統]"·"근본[本]"이 가리키는 것은 만물의 종주이며 왕필이 추상적 방법으로 얻어낸 것이다. "통괄한 것으로부터 찾아들어가고 근본으로부터 살펴 들어가는 것"은 본질인식을 가지고 수많은 사물과 폭넓은 이치를 관찰하는 사유과정일 뿐이다. 그러나 왕필은 결코 사유영역에 국한

219 『周易略例』「明象」. "故自統而尋之, 物雖衆, 則知可以執一御也 由本以觀之. 義雖博, 則知可以一名擧也, 故處璇璣以觀大運, 則天地之動未足怪也. 據會要以觀方來, 則六合輻輳未足多也."

됨이 없이 사유의 경로와 객관적 과정을 혼합하여 한 가지로 이야기하였으며, 본질 인식을 수많은 현상을 심화시켜 연구해가는 사유과정으로 삼았는데 이것을 만물이 본질을 획득해서 나오고 본질에 의거하여 통일되는 실제의 과정이라고 보았다. 그래서 그는 논리영역 속의 일반과 개별·추상과 구체성의 관계를 "도"와 만물의 관계로 보아서 논리가 먼저 존재하는 오류를 초래하였다. 그는 다음과 같이 말했다. "사물이 그윽한 곳으로 돌아가면 참된 정수의 극치를 얻고 만물의 본성이 정해진다."[220] 인식의 시각에서 논하자면 "그윽한 곳[窈冥]"이 가리키는 것은 사물의 표면현상을 버려두고 본체의 인식을 얻는 추상적 과정의 종점이며, 또한 종주를 가지고 만물을 관찰하고 사유 속에서 구체성을 파악하기 쉽게 하는 과정의 출발점이다. 왕필은 추상으로부터 구체성에 이르는 사유과정을 만물이 참된 정수와 본성을 얻어서 생겨나는 과정으로 보았는데, 이것이 바로 이른바 "유는 무에서 생긴다."라는 것이다. 동시에 그는 또한 구체성으로부터 추상에 이르는 과정을 만물이 "도"에 의존하여 통일성을 얻는 과정 즉 "온갖 존재들"이 "무"로 귀결된다는 것으로 보았다. 왕필이 말한 "참된 정수의 극치[眞精之極]"는 사물 속에 존재하는 객관적 존재의 고유한 본질이 아니라 본질에 대한 주관적 인식이다. 만물은 본질에 대한 이런 인식 속에서 존재의 근거와 기초를 얻을 수 없으며 본질에 대한 이런 인식 속에서 통일된 기초를 얻을 수도 없다. 세계의 통일성은 그 물질성에 있는 것이지 물질성에 대한 인식에 있는 것이 아니다. 왕필은 이런 관계를 전도시켰는데, 그는 사람들이 만일 정신이 하나로 집중되고 마음이 텅 비고 정신이 고요해져서 사물의 방해를 받게 되지 않으면 자기의 본성을 지켜서 유지할 수 있는 것이라고 하였다. 사람의 본성과 만물의 본성이 통일적인 것이므로 만물은 "하나를 안고 정신을 맑게 하는[抱一淸神]" 과정 속에서 통일성을 얻는 것이다. 이것이 바로

220 『老子道德經』 21章 注. "物反窈冥, 則眞精之極得, 萬物之性定."

"하나를 안고 정신을 맑게 하여 늘 떠나지 않으면 만물이 스스로 손님으로 찾아올 것이다."[221]라는 의미이다. 엥겔스는 카를 뒤링(Karl Eugen Dühring: 1833-1921)[222] 사상의 본질을 분석할 때에 다음과 같이 지적하였다. "모든 사상의 본질은 다 사물을 종합하여 하나의 통일체로 보는 데에 있기 때문에 존재는 일단 사유되는 것이며 바로 사유되는 것이 통일적인 것이니 세계의 개념은 바로 분할될 수 없는 것이며, 또한 사유되는 존재이기 때문에 세계의 개념은 통일적인 것이다. 그러므로 현실적 존재와 현실적 세계는 역시 분할될 수 없는 통일체이다."[223] 현실세계가 통일되는 것은 세계의 개념이 통일적이기 때문이다. 이것은 뒤링의 논리이다. 만물의 통일성은 사람의 정신이 텅 비고 고요해서 하나로 집중되는 것 때문이니 이것이 왕필의 논리이며 뒤링과 왕필 둘 사이에는 유사성이 있다.

---

221 『老子道德經』 10章 注. "抱一淸神能常無離乎, 則萬物自賓也."

222 **역주** 카를 뒤링은 베를린 출생으로 베를린대학에서 법률을 공부하고 법관에 뜻을 두었으나, 1861년 실명(失明)한 후로는 철학 · 경제학 연구로 전환하였다. 1865년 베를린대학 강사가 되어 철학 · 경제학을 강의하였으나, 1877년 사회주의 사상 때문에 교직에서 추방되었다. 교단에서 떠나기까지 철학 · 경제학뿐만 아니라 물리학에 관해서도 많은 논문 · 저서를 발표, 유물론적인 실증주의의 입장에서 마르크스주의에의 대결자로서 사회민주주의 사상을 전개, 커다란 반향을 일으켰다. 특히 『역학의 일반원리의 비판적 역사』(1872)는 E.마흐의 역작 『발전에서 본 역학』의 선구로서 기념된다. 사회민주주의 사상을 담은 『국민경제 및 사회주의의 비판적 역사』(1871)는 F.엥겔스의 『반 뒤링론』으로 통렬한 비판을 받았다. 주요저서에 『영웅적 인생관에서의 생의 가치: *Der Wert des Lebens im Sinne einer heroischen Lebensauffassung*』(1865), 『철학의 비판사: *Kritische Geschichte der Philosophie*』(1869), 『국민 경제학과 사회 경제학 강의: *Kursus der National und Sozialökonomie*』(1873), 『철학강의: *Kursus der Philosophie*』(1875) 등이 있다. 만년에는 고고(孤高)하고 격렬한 성격과 반(反)유대주의적 성향 때문에 사상적으로 받아들여지지 않아 불우한 일생을 마쳤다.

223 『마르크스엥겔스선집』 제3권, 80쪽.

4 "본성으로 감정을 통괄한다"는 왕필의 인성론 학설

왕필의 인성론은 사람의 몸 위에 본체론이 체현된 것이다. 왕필은 "도"가 온갖 사물 속을 관통하며 이것은 온갖 사물의 공통 본성이라고 여겼고 수많은 사물현상을 "말단" 그리고 "작용"으로 보았다. 왕필은 사람의 몸에서 본성이 근본이고 감정은 말단이라고 여겼다. 근본과 말단 두 가지에서 근본이 말단을 결정하는데 이것이 바로 왕필이 말한 "감정을 본성답게 한다."는 사상이다. 그는 다음과 같이 말했다. "그 감정을 본성답게 하지 않으면 어찌 오래도록 그 바름이 실행되겠는가?", "고요함은 전일하고 움직임은 곧아서 크게 화합함을 잃지 않으니, 어찌 성명의 정을 바르게 하는 것이 아니겠는가?"[224] "크게 화합함[大和]"는 조화롭고 유순한 도를 의미하며 조화롭고 유순한 도의 통어하에 건괘 각 효의 대상이 되는 것은 고요할 때에 하나로 집중되어 동요하지 않고 움직일 때에 바르고 곧아서 편벽되고 삿되지 않는 것이니 이것이 바로 조화롭고 유순한 본성이 변화하고 움직여서 항상성이 없는 만물의 정(情)을 통어하는 것이다. 왕필은 만물의 종주와 본체가 지극히 고요하며 만물은 변화하고 움직여서 고정되지 않은 것이며, 고요함은 움직임의 근본이고 움직임은 고요함의 표현과 작용이라고 하였다. 이 때문에 왕필은 본성은 고요하며 움직이면 정이 되니 본성으로써 감정을 통괄하는 것이 바로 고요함으로써 움직임을 제어한다는 사상이다. 그는 다음과 같이 말했다. "뿌리로 돌아가면 고요해진다. 그러므로 '정(靜)'이라고 했다. 명(命)을 회복하면 '복명(復命)'이라고 한다. 명을 회복하면 성명(性命)의 항상성을 얻을 수 있으므로 '상(常)'이라고 한 것이다."[225] 만물이 지극히 고

224 『周易』「乾卦」注. "不性其情, 焉能久行其正?" "靜專動直, 不失大和, 豈非正性命之情者邪?"

225 『老子道德經』16章 注. "歸根則靜, 故曰'靜'. 靜則復命, 故曰'復命'也. 復命則得

요한 곳으로 회복하면 자신의 본성을 얻게 된다. 왕필은 늘 움직임을 지칭하여 "정위지동"으로 지칭하였다. 그는 다음과 같이 말했다. "변화란 무엇인가? 정위(情僞)[226]가 일으키는 것이다. 정위의 움직임은 수로 구할 수 있는 것이 아니다."[227] 정위는 지극히 참된 본성에 상대하여 말한 현상의 움직임이며, 지극히 참된 본성은 바로 지극히 고요한 것이다. 그러므로 본성으로 감정을 통괄하는 것은 바로 지극히 고요한 본성을 가지고 정위의 움직임을 통어하는 것이다.

왕필은 또 만물의 본체가 되는 "도"가 형체와 이름이 없고 성인의 본성은 천지만물의 도에서 얻는 것이라고 하였는데, 이 때문에 도는 마땅히 형체를 지니거나 이름을 붙일 수가 없으며 이른바 선악도 없어야 한다. 이러한 성인의 본성은 공정하게 중립을 유지하고 지나침도 없고 모자람도 없으며 완전히 다른 성격으로 꼭 알맞은 상태를 파악할 수 있는 것이다. 그는 다음과 같이 말했다.

> "온화한 사람은 엄격하지 않고 엄격한 사람은 온화하지 않다. 위엄이 있는 사람은 반드시 사납고 사납지 않은 사람은 위엄이 없다. 공손한 사람은 편하지 않고 편한 사람은 공손하지 않다. 이것이 반대가 되는 상명이다. 만약 온화하면서도 엄격할 수 있고 위엄이 있으면서도 사납지 않고 공손하면서도 편안할 수 있다면 이것은 이름 붙일 수 없는 이치의 온전함이다. 그러므로 지극한 조화를 이룬 요리는 다섯 가지 맛이 드러나지 않으며 크게 성취된 음악은 다섯 가지 소리가 구분되지 않으며 중화(中和)를 바탕으로 갖춘 것은 다섯 가지 재질이 이름이 없다."[228]

性命之常, 故曰'常'也."

226 역주 정위(情僞)란 정욕(情欲)·지혜·교사(巧詐) 등을 의미한다.

227 『周易略例』「明爻通變」. "變者何也, 情僞之所爲也. 夫情僞之動, 非數之所求也."

228 『論語釋疑』「皇疏」. "溫者不厲, 厲者不溫; 威者必猛, 不猛者不威; 恭者不安, 安者不恭; 此對反之常名也. 若夫溫而能厲, 威而不猛, 恭而能安, 斯不可名之理全矣.

온화와 엄격, 위엄과 사나움, 공손과 편안함은 완전히 상반되는 것인데, 만약 한쪽에 집착하여 사납지 않으면 위엄이 있고, 공손하지 않으면 편안하고, 온화하지 않으면 엄격하니 본성의 완전함을 얻을 수 없다. 오직 이름을 붙일 수 없는 이치를 사람의 본성으로 삼아야만 비로소 그러한 온화와 엄격, 위엄과 사나움, 공손과 편안함의 적절한 상태를 유지할 수 있다. 이것이 바로 "무를 근본으로 삼는다."는 것을 인성론 방면에서 운용하고 관철한 것이다.

성인이 감정이 있다거나 감정이 없다는 문제에 대하여 왕필은 독자적으로 하나의 파를 형성하여 하안·종회와는 다른 시각을 제시하였다.

> "하안은 성인에게는 희로애락의 감정이 없다고 여겼는데, 그 논의가 매우 정묘하였고 종회 등이 이를 이었다. 왕필은 이들과 달리 여겼다. '성인이 사람들보다 뛰어난 것은 신명이며 사람들과 같은 것은 다섯 가지 감정이다. 신명이 뛰어나므로 충화의 기운을 체득하여 무에 통할 수 있고, 다섯 가지 감정이 같으므로 슬픔·기쁨의 감정이 없이 사물에 대응할 수는 없다. 그렇기 때문에 성인의 감정은 사물에 응하지만 사물에 얽매임이 없는 것이다. 이제 그 얽매임이 없음을 가지고 바로 사물에 응하지 않는다고 하니 이는 잘못됨이 많다.'"[229]

> "왕필이 『주역』에 주석을 달자 영천 사람 순융이 왕필의 『대연론』을 비난하였는데 왕필이 그 뜻에 대답하여 글을 써서 빈정대며 말했다. '무릇 밝음이 지극히 그윽하고 미세한 것을 찾아낼 수 있으나 스스로 그러한

故至和之調, 五味不形; 大成之樂, 五聲不分; 中和備質, 五材無名也."

229 何邵, 『王弼傳』. "何晏以爲聖人無喜怒哀樂, 其論甚精 鍾會等述之. 弼與不同, 以爲: 聖人茂於人者神明也, 同於人者五情也. 神明茂, 故能體冲和以通無; 五情同, 故不能無哀樂以應物. 然則聖人之情, 應物而無累於物者也. 今以其無累, 便謂不復應物, 失之多矣."

> 성을 버릴 수 없다. 안회의 국량은 공자가 기대한 바가 있었으나 만남에 즐거움이 없을 수 없고 잃음에 슬픔이 없을 수 없었다. 또한 항상 이 사람을 협소하다고 여겨 아직 감정으로써 이치를 따르지 못한다고 여겼으나 이제야 바로 자연의 상태를 바꿀 수 없음을 알았다. 그대의 국량이 이미 가슴 속에 정해졌다고 하지만 십여 일이 지나서도 어찌 그렇게 생각하는 것이 번다한가? 그러므로 공자가 안회에게 대하여 취한 태도에서 크게 지나친 점이 없음을 알겠다."[230]

이 두 문단은 왕필의 성인유정설(聖人有情說: 성인은 감정이 있다는 학설)을 기록하고 있다. 하안, 종회, 순융은 성인이 감정이 없다고 주장하여 성인은 "바로 사물에 응하지 않는다."고 하였다. 이것은 노장사상의 전통적 설법이지만 왕필은 반대의 태도를 견지했다.

성인은 감정이 있다는 왕필의 학설은 『주역대연의』를 근거로 삼는다. 왕필이 말한 "밝음이 지극히 그윽하고 미세한 것을 찾아낼 수 있으나 스스로 그러한 본성은 버릴 수 없다."는 것은 순융이 왕필의 『대연의』에 대해 논박한 것을 그가 회답할 때에 말한 것이다. "밝음이 지극히 그윽하고 미세한 것"이 가리키는 것은 성인의 본성이며, "스스로 그러한 본성"이 실제로 의미하는 것은 희노애락의 자연스러운 감정이다. 왕필의 『대연의』는 이미 유실되었고 현존하는 것은 단지 한강백의 『주역』「계사전」 상편 주석 속에 인용된 단락이다.

> "왕필이 말했다. '천지의 수를 이끌어내는 데는 의지하는 수는 50이다.

230 『三國志』「魏書: 鍾會傳」注. "弼注易, 潁川人荀融難弼大衍論, 弼答其意, 白書以戲之曰 : 夫明足以尋極幽微, 而不能去自然之性. 顏子之量, 孔父之所預在, 然遇之不能無樂, 喪之不能無哀. 又常狹斯人, 以爲未能以情從理者也, 而今乃知自然之不可革. 是足下之量, 雖已定乎胸臆之內, 然而融逾旬朔, 何其相思之多乎. 故知尼父之於顏子, 可以無大過矣."

그 중에서 49를 쓰고 그 중에서 1은 쓰지 않는다. 쓰지 않아도 그것을 사용함으로써 통하게 되며, 수가 아니지만 수로써 이루어지므로 이것이 『역』의 태극이다. 49는 수의 극이다. 무릇 무는 무를 가지고 밝힐 수 없으며, 반드시 유에 기인해서 밝히는 것이다. 그러므로 늘 사물의 극에 있어서 반드시 그 말미암는 근원을 밝히는 것이다."[231]

여기에서 왕필은 49와 1의 관계를 가지고 "유와 무" "근본과 말단"의 관계를 자세하게 밝혔다. 49의 수는 모든 존재들이 쓰임이며 말단이라는 것을 표시하며, 1은 수가 아니고 무(無)이며 종(宗)이며 근본[本]이며 태극(太極)이다. 종주와 본체가 되는 1은 49 속에 관통하는 것이며, 49는 1에 의거해서 표현되어 나오는 것이니 바로 "쓰지 않아도 그것을 사용함으로써 통하게 되며, 수가 아니지만 수로써 이루어지는 것"이다. 여기에서 "지(之: 그것, 1)"이 의미하는 것은 "쓰지 않는 것"과 "수가 아닌 것" 즉 본체인 무이다. "유와 무" "근본과 말단"은 서로 의지하는 것인데, "무"는 반드시 "유"를 의존해야만 환히 드러날 수 있다. 왕필은 비록 "대연의"와 성정의 관계를 구체적으로 자세히 밝히지는 않았지만 이 관계는 분명해서 쉽게 보인다. 성인은 사람의 신명을 풍부하게 지니고 있으며 성인의 신명은 그윽하고 은미한 것을 끝까지 찾을 수 있는데 여기서 말하는 신명은 일반인들이 갖추고 있는 인식능력이 아니다. 성인은 이미 반드시 집 밖으로 나아가 실천할 필요가 없고 경전을 연구하며 읽을 필요가 없으니, 성인은 신명에 대한 만물의 방해를 배제하여야만 도와 한 몸이 되는 경지에 도달할 수 있다. 왕필의 사상 속에서 "본체"는 "말단인 유"를 떠나서 독립적으로 존재할 수 없고 신명한 본성은 오직 다섯 가지 감정에 의존해야만 체현될 수 있다. 왕필은 일찍이 "성인은 스스로

231 『周易』「繫辭傳」上篇 注. "王弼曰: 演天地之數, 所賴者五十也. 其用四十有九, 則其一不用也. 不用而用以之通, 非數而數以之成, 斯易之太極也. 四十有九, 數之極也. 夫无不可以无明, 必因於有, 故常於有物之極而必明其所由之宗也."

그러한 본성에 통달하고 만물의 정에 두루 통한다."[232]라고 하였다. 성인은 말로 지칭할 수 없고 궁극의 표현인 스스로 그러한 본성을 통달할 수 있고 또 변화무쌍한 만물의 정을 극진히 발휘할 수 있고, 성인은 한 몸에 본성과 감정을 모을 수 있기 때문에 만물을 떠나지 않고 만물과 감응할 수 있어서 희노애락의 다섯 가지 감정을 지니는 것이다. 공자는 성인으로서 안연을 만나면 즐거워하고 안연이 죽으면 슬퍼한 것이니, 공자는 그윽하고 은미한 스스로 그러한 본성을 찾아내서 희노의 감정을 통어할 수 있었던 것이다. 왕필은 공자를 끌어다가 성인이 감정이 있다는 것을 설명하고 있는 것인데, 왕필의 인성론은 유가와 도가를 종합한 인성론이지 순수한 도가의 인성론이 아니라는 것을 볼 수 있다.

왕필은 본성으로부터 통어되는 감정이 올바른 감정이라고 하였다. 그는 다음과 같이 말했다.

"그 감정을 본성답게 하지 않으면 어찌 오래도록 그 바름이 실행되겠는가? 이것이 감정의 바른 모습이다. 만약 마음이 흘러 방탕함을 좋아하면 참됨[眞]을 잃게 되니, 이것이 감정의 그릇된 모습이다. 만약 감정을 본성에 가깝게 한다면, 이 때문에 그 정을 본성답게 한다고 말하는 것이다. 정이 본성에 가까운데 욕망이 있은들 무슨 방해가 되겠는가? 만약 욕망을 좇아서 (정이 휘둘려) 가버리면, 이 때문에 (본성에서) 멀어진다고 말하는 것이다. 만약 욕망이 움직여도 휘둘려 따라가지 않는다면, 이 때문에 (본성에) 가깝다고 말하는 것이다. 오직 본성에 가까운 것이 바른 것이며, 본성 자체는 바른 것이 아니다. 비록 본성 자체는 바른 것이 아니지만 그것을 바르게 할 수 있는 것이다. 비유컨대 불에 가까운 것은 열이 나서 뜨겁지만 불 자체는 뜨거운 열이 아니다. 비록 불 자체가 뜨거운 열이 아니더라도 그것을 뜨겁게 할 수 있는 것이다. 그것을 뜨겁게 할 수

232 『老子道德經』 29章 注. "聖人達自然之性, 暢萬物之情."

있는 것은 무엇인가? 기이며 뜨거운 열이다. 그것을 바르게 할 수 있는 것은 무엇인가? 의(儀)이며 정(靜)이다."[233]

"본성"이 만약 "감정"을 통어(通御)한다면 이것이 바로 "감정의 바른 모습"이며, 만약 정욕을 방탕하게 하여 "본성"의 제약을 잃어버리면 바로 사악한 감정이 된다. 왕필은 사람의 욕망을 결코 부정하지 않았으며 다만 욕망을 방종하게 하는 것을 반대했다. "본성 자체는 바른 것이 아니다."는 것의 의미는 오직 "본성"만 있고 "감정"이 없는 것은 또한 "바른 것이 아니다."는 말이다. 마치 불을 가까이 하면 뜨겁지만 불은 결코 그 자체로 뜨거운 것이 아니며, 열은 단지 불이 표현되어 나오는 성질인 뿐인 것과 같다. 다섯 가지 감정에는 바른 것과 사악한 것이 있는데 어떻게 해야만 그것을 단정하게 할 수 있는가? 반드시 예의를 운용하여 교화를 진행해야 하며 지극히 고요한 도를 가지고 통어해야만 한다.

성인은 유욕과 무욕을 한 몸에 모으고 있는데 "감정"으로부터 성인은 욕망이 있다고 말하고 "본성"으로부터 성인은 욕망이 없다고 논하는 것이다. 그는 다음과 같이 말했다. "스스로 그러한 기(氣)에 내어맡기고 지극히 부드러운 조화를 다하여 능히 어린아이와 같은 무욕을 이룰 수 있으면, 사물이 온전해지면서 타고난 본성을 얻을 수 있다고 말한 것이다."[234] 성인은 어린아이와 같아서 욕망도 없고 추구하는 바도 없으니 이것이야말로 형체와 이름이 없는 도를 체현한 것인데, 만약에 욕망이 있고 추구하는 것도 있다면 만물을 포괄하고 통괄하여 포용하지 않음이

---

233 『論語釋疑』. "不性其情, 焉能久行其正. 此是情之正也. 若心好流蕩失眞, 此是情之邪也. 若以情近性, 故云性其情; 情近性者, 何妨是有欲. 若逐欲遷, 故云遠也; 若欲而不遷, 故曰近. 但近性者正, 而卽性非正. 雖卽性非正, 而能使之正. 譬如近火者熱, 而卽火非熱; 雖卽火非熱, 而能使之熱. 能使之熱者何, 氣也, 熱也. 能使之正者何, 儀也, 靜也."

234 『老子道德經』 10章 注. "言任自然之氣, 致至柔之和, 能若 兒之無所欲乎. 則物全而性得矣."

없는 상태가 될 수 없다. 성인은 욕망이 없는 "본성"으로 욕망이 있는 "감정"을 통어하는 것이니 이것이 왕필이 인성의 입장에서 유와 무의 관계를 운용하고 있는 것이다.

왕필의 인성론은 중국철학사상에서 중요한 의미를 지니고 있다. 왕필은 "근본과 말단" 그리고 "본체와 작용" 관계를 가지고 인성과 인정의 문제를 설명하였는데, 이것은 중국철학사에서 제일 먼저 제시했다는 의미를 갖는다. 동시에 왕필은 근본과 말단 그리고 본체의 관계를 가지고 본성과 감정의 관계를 분석하였는데, 또한 송명이학의 천명지성과 기질지성의 학설에 이론적 기초를 다졌다. 주희는 천명지성이 오로지 이(理)를 가리키는 것이라고 하였는데 주희가 말하는 이는 우주 만물의 본체이다. 그의 기실시성은 이와 기를 섞어서 말한 것이다. 그는 천명지성과 기질지성이 통일적이어서 분리되지 않으며 천명지성은 형체를 넘어서는 것이며 기질지성은 형체를 지니고 있는 것이라고 하였다. 주희 인성론에서 형체를 넘어서는 것과 형체를 지니는 것의 구별은 본체와 작용 및 근본과 말단의 구별이다. 이것은 왕필이 체용관계를 가지고 인성론의 문제를 해석한 것을 한걸음 더 발전시킨 것이라고 말해야만 한다. 왕필 이후의 수많은 철학자들이 인성의 문제를 해결할 때에 모두 근본과 말단 및 본체와 작용의 논변을 피해갈 수 없었다. 이 때문에 왕필의 인성론은 중국철학사상에서 중요한 지위를 지니고 있다.

5 왕필의 정치사상

왕필 정치사상의 핵심은 무위의 정치이다. 그의 무위의 정치는 완전히 시무에 간섭하지 않는 것, 소극적이고 나태한 것, 실속 없이 겉만 화려하고 방탕한 것이 아니고, 그는 임금이 백성을 다스리는 것, 높고 낮은 신분 질서가 있는 것, 세상이 크게 평안한 것, 인의가 독실한 것, 성인이 공업이 실제로 존재하는 것, 형벌과 정치가 깨끗하고 간결한 것, 육친이 저절로 화목한 것, 절약하고 검소하여 절도가 있는 것을 모두 영원하고 절대적인 도의 작용이라고 보았다. 아울러 이론적으로 위진시기 통치책략의 이해득실을 총결하고 있다.

인사와 실제를 중시하는 왕필의 정치사상에 관하여 역대의 학자들은 모두 평론을 남기고 있다. 예를 들어 송대의 조열지(晁說之)는 다음과 같이 말하였다. "오직 왕필은 옛 것을 싫어하고 새 것을 좋아하였으니, 스승의 법도를 버리고 노자와 장자의 허무(虛無)에 관한 논의를 물리치고 인사에 전념하였다."[235] 남송 시대의 조공무(晁公武)는 이정조(李鼎祚)의 『주역집해』에 대한 『이씨역전(李氏易傳)』「후서」에서 평론하며 다음과 같이 말했다. "성인이신 스승이 돌아가시고 칠십 제자도 죽고 나서 뒤에 나온 스승들은 각각 자기가 익힌 바에 전념하였으므로 다른 학파가 갈라져 나왔다. 위진시대에 전승한 자가 매우 많았지만 홀로 왕씨만이 특이하여 엉기고 막힌 것을 들어내고 인사를 특별히 논의하였으니 대체로 성인이 뜻을 삼은 근거의 의미를 터득한 것이다."[236] 청대의 학자 전대흔(錢大昕)은 다음과 같이 지적하였다. "진나라 시절에 사대부들은 청담을 경세제민으로 삼았고 자유분방함을 크고 훌륭한 덕으로 삼았으며 끝내 허망하고 부황한 것을 일삼아서 주변의 일들을 돌보지 않았으니 집안에서는 기강이 무너지고 조정에서는 공무가 무너졌다. … 그러나 혜강과 완적을 꾸짖는 것은 옳지만 왕필과 하안에게 죄를 묻는 것은 옳지 않다."[237]

---

235 『玉海』 卷35 「藝文漢易傳」. "唯弼厭舊喜新, 擯棄師法攘莊老虛無之論專於人事."

236 晁公武, 『李氏易傳』「後序」. "聖師歿, 七十弟子喪, 後出之師, 各專其習, 故異同派焉. 晉魏之際, 傳者尤衆, 獨王氏爲異, 摘去拘滯, 特論人事, 盖得聖人所以爲意之義."

237 錢大昕, 『潛研堂集』 卷2 「何晏論」. "典午之世, 士大夫以淸談爲經濟, 以放達爲

혜강과 완적 그리고 왕필과 하안을 구별하는 전대흔의 사상은 매우 뛰어난 견해를 지니고 있는 것이다. 장병린(章炳麟)은 오조(五朝)의 명사들이 "현허함을 따르고 실질을 제어했다."고 여겨서, 그는 다음과 같이 말했다. "무릇 경전은 예악보다 높은 것이 없고 정사는 율령보다 중요한 것이 없으며 기예는 산술보다 정교한 것이 없고 몸은 약과 침보다 급한 것이 없는데 오조의 모든 명사들은 그것을 종합했으니 그 말은 현허함을 따르고 그 기예는 실질을 제어했으므로 귀중하다 할 만하다."[238]

총체적으로 말하자면 왕필의 정치사상에는 아래와 같은 몇 가지 특징이 있다.

(1) 도가의 자연무위 정치로 명교 강상의 위기를 구제하였다

왕필은 도가의 자연무위 정치를 숭상하였는데 그는 다음과 같이 말했다. "그러므로 도에 따라 일삼는 사람은 무위를 으뜸으로 하고, 불언(不言: 말 없음)을 가르침으로 삼는다."[239] 도에 순종하는 것은 바로 무위의 정치를 실행하는 것이다. 왕필의 무위정치의 목적은 봉건통치의 기존질서를 옹호하기 위한 것이다. 지위 등급의 차별, 신분의 높고 낮음, 인의도덕, 법률 제도는 그의 입장에서 볼 때 모두 스스로 그러한 도에 부합하는 것이다. "시제(始制)는 박(樸)이 흩어져 처음으로 관장(官長)[240]이 될 때를 말한다. 처음으로 관장을 세우면 명분을 세워서 존비를 정하지 않을 수 없다."[241] 박(樸)이라는 것은 바로 텅 빈 무와 스스로 그러함이

盛德, 竟事虛浮, 不修邊幅, 在家則綱紀廢, 在朝則公務廢. … 然以是咎嵇阮可, 以是罪王何不可."

238 章炳麟, 『章氏叢書』「五朝學」. "夫經莫穹乎禮樂, 政莫要乎律令, 技莫微乎算術, 形莫急乎葯石, 五朝諸名士皆綜之, 其言循虛, 其藝控實, 故可貴也."

239 『老子道德經』 23章 注. "故從事於道者以無爲爲君, 不言爲教."

240 역주 관장(官長)이란 여기서 사회제도와 문화의 양식을 두루 의미한다.

241 『老子道德經』 32章 注. "始制, 謂樸散始爲官長之時也. 始制官長, 不可不立名分以定尊卑."

다. "통나무가 조각나 흩어져서 그릇이 된다[樸散而爲器]."는 것은 왕필의 입장에서 볼 때 자연적이고 합리적인 면이고, 명분을 세워서 신분의 고하를 정하는 것은 "어쩔 수 없이[不可不]" 하는 것이다. 성인의 직무와 책임은 바로 문란한 사회 속에서 신분질서를 제정하는 것이니, "성인은 그 나뉘어 흩어짐에 따라, 그것을 위해 관장을 세운다. 선(善)을 스승으로 삼고, 불선(不善)을 바탕으로 삼아서 풍속을 바꾸고 다시 하나로 돌아가게 한다."[242] 노자는 관장을 세우는 것이 어쩔 수 없이 그렇게 하는 것이니 관장을 세우는 것도 또한 마땅히 만물을 나누어 제어하는 데 간섭하지 않아야만 되는 것이다. 왕필은 관장이 바로 적극적으로 선행을 함으로써 백성을 교화하여 백성들이 본받을 수 있는 모범이 되도록 하고, 형벌로써 백성을 징계하여 백성들로 하여금 거울로 삼도록 하는 것이라고 하였다. 이런 것은 문란한 사회 상태를 거듭 갱신하고 "도"와 융합하여 일체가 되도록 함으로써 질서와 안정을 얻을 수 있는 것이다. 이것이 바로 명분의 등급을 수립하고 명교의 활동에 종사하는 것이 모두 다 스스로 그러한 도의 요구에 부합하는 것이다.

이 때문에 왕필은 이론적으로 한 걸음 더 나아가 자연무위가 명교의 사상을 돕는 것을 논증하였다.

명교는 바로 이른바 오륜의 가르침으로 다름 아니라 부자유친, 군신유의, 부부유별, 장유유서, 붕우유신이라는 다섯 가지 방면을 의미하는 것이다. 왕필의 입장에서 볼 때 오륜의 가르침은 각각 편중되는 바가 있는데 통치를 공고하게 하는 것에 대하여 각각 쓰임새가 있으니 마땅히 전면적으로 널리 시행해야만 하는 것이다. 이 때문에 반드시 불언(不言)의 가르침을 널리 시행해야 하니, "성인이 다섯 가지 가르침을 행할 때에는 불언(不言)으로 교화한다."라고 한 것이다.[243] 어째서 오직 "불언의

242 『老子道德經』 28章 注. "聖人因其分散, 故爲之立官長. 以善爲師, 不善爲資, 移風易俗, 復使歸於一也."

243 『老子指略』. "聖行五敎, 不言爲化."

가르침[不言之敎]"을 실행해야만 비로소 "오륜의 가르침[五倫之敎]"을 펴는 데 도움이 될 수 있는가? 여기에서 말하는 "불언의 가르침"은 아무것도 말하지 않는 것을 의미하는 것이 결코 아니며, 형체와 이름이 없는 다섯 가지 가르침의 근원 즉 "도"가 말로 표현할 수 있는 것이 아니고 언어로 형용하고 설명할 수 있는 것이 아니라는 것을 말한다. "내가[공자] 말이 없고자 한 것은 아마도 근본을 밝히고자 한 것이다."[244] 다섯 가지 가르침의 근본을 굳게 잡는 것은 바로 근본을 들고 말단을 통괄하며 정성껏 대하여 풍속을 가르치는 것인데, 말을 함이 반드시 유에 미치는 것은 마치 부드럽지도 않고 굳세지도 않으며 뜨겁지도 않고 차갑지도 않은 본체를 굳게 잡는 것이 바로 모든 개별자들을 포용하고 통괄하는 것과 같다. 그렇지 않으면 멀지 않아 이것을 돌보자니 저것을 놓치는 상황에 빠지게 된다. 이것은 본체론적 시각에서 명교와 자연무위의 관계를 논증하는 것이다.

이것으로 알 수 있는 것은 왕필이 "도"를 이용하여 명교 즉 오륜의 가르침을 논증하고 있는 것이다. 그러나 왕필은 또한 이른바 "인과 의를 끊어버린다[絶仁棄義]."는 사상을 제시하였다. 그렇다면 왕필의 진의는 또한 "인과 의를 끊어버림"에 있는 것인가 아닌가? 왕필이 말한 "인과 의를 끊어버린다."는 것에서 단절하고 내버리는 것은 인의의 실질적 내용이 결코 아니고 인의예절이 지닌 허위의 명칭과 형식을 의미한다. 그는 다음과 같이 말했다. "명예와 이익을 바라면서 그 행실에 힘을 쓰면 이름이 아름다워질수록 정성은 더욱 밀려나고, 이익이 많아질수록 마음은 더욱 소진된다. 부자와 형제 사이에 품은 정이 정직함을 잃어서 효도가 정성에 의지하지 않고 자애가 진실함에 의지하지 않게 되니 대체로 높은 명성을 노리는 행위가 자초한 것이다."[245] "인의를 높일수록 더욱 거짓됨에

244 『論語釋疑』. "予欲無言, 蓋欲明本."

245 『老子指略』. "望譽冀利以勤其行, 名彌美而誠愈外, 利彌重而心愈競. 父子兄弟, 懷情失直, 孝不任誠, 慈不任實, 蓋顯名行之所招也."

이르게 되니",[246] "비록 명예를 풍부하게 얻어도 더욱더 독실함을 잃는다."[247] 이것은 다음과 같은 말이다. 명성과 이익을 얻기 위하여 자신의 진정한 참뜻을 위배하고 열심히 행동하는 것이니 이러한 명성은 커갈수록 진정한 참뜻은 더욱 적어지며, 획득한 이익이 많으면 많을수록 피차의 경쟁이 더욱 격렬해지는데, 심지어 부자와 형제 사이의 골육의 정도 가식적인 감정과 뜻으로 대체되며 그나마 남아 있는 것도 겨우 아버지는 자애롭고 자식은 효도한다는 헛된 명성뿐인데 이것이 모두 다 명성을 숭상하는 행동이 불러온 것이다. 여기에서 왕필비평의 날카로운 논조는 주로 한대 이래 명교의 다스림이 지니고 있는 병폐에 초점을 맞추고 있다.

이 때문에 왕필은 인의라는 이름을 버리고 인의의 실질을 굳게 잡아야 한다고 주장한 것이다. 그러나 이런 점에 도달하는 것은 바로 반드시 인의를 소박한 본체에 부합시켜야 하는 것이니, "성(聖)과 지(智)는 재질이 훌륭한 것이다. 인(仁)과 의(義)는 행실이 훌륭한 것이다. 교(巧)와 이(利)는 쓰임이 훌륭한 것이다. 그런데 바로 끊어버린다고 말하였다. 꾸밈은 매우 부족한 것이므로 어디에 매어 놓지 않으면 그 가르침을 볼 수 없다. 그러므로 이 세 가지는 꾸미기에는 부족한 것이므로 사람들로 하여금 붙잡아 매어 두라고 하였으니, 소박함과 욕심을 줄이는 것에 매어 두는 것이다."[248] 성(聖)과 지(智)·인(仁)과 의(義)·교(巧)와 이(利)는 교육의 수단이니 비록 필요한 것이라 하더라도 만약에 본체에 통어를 받게 하지 않으면 획득한 것이 진실한 내용이 없는 성과 지·인과 의·교와 이라는 헛된 이름일 뿐이다. 지혜와 권모술수로 국가를 다스리고 인

246 『老子指略』. "崇仁義愈致斯僞."

247 『老子道德經』 38章 注. "雖豊其譽, 愈喪篤實."

248 『老子道德經』 19章 注. "聖智, 才之善也. 仁義, 行之善也. 巧利, 用之善也. 而直云絶. 文甚不足, 不令之有所屬, 無以見其指. 故曰此三者以爲文而未足, 故令人有所屬, 屬之於素樸寡欲."

의도덕으로 지식인을 장려하여 벼슬을 높이고 재물을 늘이라고 하는 것은 위에 있는 통치자 입장에서 무엇을 제안하고 무엇을 제한할 것인지 바로 남김없이 드러내고 있는 것이다. 그리하여 여러 신하와 모든 백성들이 온갖 방법을 다 강구하면서 자기의 진성한 참뜻을 숨기고 가식적인 감정과 뜻을 가지고 군주를 받들게 되는 것이니 이것은 통치를 확고하게 하는 데 이롭지 않은 것이다. 왕필은 나라를 다스리는 도가 임금은 높고 신하는 낮은 것이며, 집안을 다스리는 도는 부자와 형제와 부부의 육친이 화목하고 서로 사랑하며 즐겁게 사는 것이라고 하였다. 만일 육친이 저절로 서로 화목하게 되고 또 자연의 원칙을 가지고 국가를 다스려서 임금과 신하가 자연의 원칙에 따라 높고 낮은 질서를 배열하면 반드시 효도와 자애 그리고 충성스러운 신하 등으로 덧씌울 필요가 없는 것이다. 그러므로 근본적인 방법을 굳게 잡는 것 즉 "도"의 원칙에 부합해야만 비로소 사회의 명분 등급 질서를 잘 다스릴 수 있는 것이다.

만약에 성과 지, 인과 의, 교와 이 등의 방법을 가지고 통치를 공고하게 한다면 바로 상응하는 작용을 발휘해야만 하고, 만약에 이런 근본적인 도를 떠난다면 바로 사람들이 명성과 이익을 놓고 다투는 도구가 되어서 "인은 받들어지고, 의는 경쟁하며, 예는 다투게 된다."[249]

왕필의 마음속에 있는 성인은 한 몸에 유가와 도가를 결집하고 있어서 무를 체득하고 유를 말하는 것이니, 유를 말하고 사물에 감응하는 것은 유가가 제창하고 있는 임금을 보좌하고 백성을 다스리는 것과 강상명교 등의 세속적인 일이며, 무를 마음으로 삼고 사물 대상에 휘둘리지 않는 것은 도가가 제창하는 것으로서 마음에 현원함을 품고 그 뜻을 고상하게 하는 것이다. "왕필이 약관의 나이에 배휘(裴徽)를 찾아뵈었는데, 배휘가 물어서 말했다. '무릇 무(無)란 만물이 의지하는 바이다. 그러나 성인은 말씀하지 않았으나 노자는 이것을 풀어내기를 그침이 없었

249 『老子道德經』 38章 注. "仁則尙焉, 義則競焉, 禮則爭焉."

으니 어찌된 일인가?' 왕필이 대답했다. '성인[250]은 무를 체득하였으니 무를 가르칠 수 없으므로 말씀하실 때 반드시 유를 언급하였다. 노장은 유(有)에 머물러 벗어나지 못하고 있었으므로 늘 부족한 그 무를 가르친 것이다.'"[251]

여기에서 말하는 성인은 이미 현학화된 것이다. 유가와 도가 두 학파에서 하나는 유를 강론하고 다른 하나는 무를 강론하는데 왕필은 도가의 종주를 가지고 유가의 존비질서와 인의예절의 현실을 통어하고 있다. 왕필의 도는 무위자연적이며 만물에 순응하여 따르고 따로 베푸는 것이 없으니 이를 정치영역에 미루어 확대하면 통치를 옹호하는 모든 방법과 조치들에 순응하며 따르는 것이고, 도는 만물의 종주이니 정치영역에 미루어 확대하면 바로 인의도덕과 강상명교와 형법의 조문들이 종주를 지니고 통솔을 지니는 것과 같으므로 자연적이고 합리적인 모습이다. 왕필의 마음속에 있는 성인은 세속의 사물들을 떠나지는 않지만 험난함을 피하여 그런 곳에 몸을 두지 않고 대상 사물을 끊어서 모습을 드러내지 않으며 말을 할 때에는 반드시 유를 언급한다. 그러나 성인은 사물에 감응하면서도 사물에 휘둘리지 않으며 세속의 생활 속에서도 오히려 보배로운 옥과 참된 본성을 품고 보존하는 것이니 왕필은 평범함을 초월하고 세속을 벗어나는 맑고 고결한 태도가 "잃는 것이 많다[失之多矣]."라고 하였다. 여기에서 말하는 "노장"은 유가와 도가가 한 몸이 된 도가의 한 모습인데 "노장"은 온갖 개별존재들을 폐기하는 것이 결코 아니며, 왕필의 입장에서 볼 때 노장은 온갖 개별존재들을 포괄하는 것 즉 "유를 벗어나지 않으려[未免於有]" 노력하는 것이다. 그러나 구체적인 유는 모두 유한한 것이니 이 때문에 노자는 "항상 그 부족한 것을 가르

250 역주 공자를 말한다.

251 『世說新語』「文學篇」"王輔嗣弱冠詣裴徽, 徽問曰, '夫無者, 誠萬物之所資, 聖人莫肯致言, 而老子申之無已, 何邪?' 弼曰, '聖人無體, 無又不可以訓, 故言必及有. 老莊未免於有, 恒訓其所不足.'"

친 것[恒訓其所不足]"이니 바로 구체적인 유의 유한성을 지적한 것이다. 만약에 무의 공용을 오로지 강조한다면 당연히 무를 체득하고 유를 말하는 온전한 모습보다 못한 것이다. 그러므로 뒷사람들이 "왕필과 하안 같은 옛 학설은 모두 노자가 성인에는 미치지 못한다."는 결론을 제기하였다. 사실상 왕필이 숭상한 노자는 이미 소극적으로 세상을 회피하고자 하는 은사가 아니라 유가와 도가를 아우른 성인이다. 일반인들은 언제나 도를 종주라고 여겨서 온갖 개별존재들을 버리고 강상명교와 인의예교도 버려서 도를 말단을 떠난 근본으로 보았으나, 왕필은 이러한 시각에 찬성하지 않았다. 왕필이 말하는 무를 체득하고 유를 말한다는 것의 실질은 바로 유가와 도가의 사상을 한 곳으로 융합한 것이지 공능을 이루는 근원만 헛되이 지켜서 인의예교를 버리는 것이 아니다. 왕필이 글을 지을 때는 그의 나라를 다스리고 백성을 편안하게 하며 천지자연을 경영하려고 노심초사하여 오해받을 위험을 예견하고 있었다. 그는 일찍이 다음과 같이 말했다. "그러므로 가까운 것만 살피고 흐름의 원류를 알지 못하는 자로 하여금 그 자신의 말을 허황하게 여기도록 하는 것이다."[252]

왕필이 도가의 자연을 가지고 명교의 위기를 구원한 것은 논증을 진행하는 과정 속에서 한편으로는 유가의 인의도덕이 지닌 허위성을 폭로한 것이며, 다른 한편으로는 오륜의 가르침을 선번직으로 널리 시행하고 명교의 실질을 성취하고자 시도한 것으로 왕필이 봉건통치 계급의 입장을 옹호하는 것을 나타낸다.

(2) "하나를 잡아서 모든 것을 통어한다[執一御萬]"는 철학으로 "적은 것으로 많은 것을 통솔한다[以寡統衆]"는 정치를 논증함

한나라 초기의 "황로학"은 임금이 국가를 다스리는 술수로서의 통치

252 『老子指略』. "故使察近而不及流統之原者, 莫不誕其言以爲虛焉."

방법이었는데, 도가의 무위사상에 대한 왕필의 발휘도 유약한 지위에 처해있는 천자 즉 제왕(齊王) 조방(曹芳)을 위하여 여러 신하들을 자신의 뜻대로 부리고 붕당을 억제하며 하락한 군주의 권력을 구제하는 책략의 수단을 제공하는 것이다.

노자의 도는 현실정치를 비평하는 데 쓰였으며 훗날의 지주계급 통치자들은 그의 도에 반하여 그것을 사용하였으니 도를 가지고 황제의 권력을 위한 부적으로 삼았다. 옛날의 천자는 상제의 아들이었으나 뒷날의 천자는 도를 체현한 자가 되었으니, 도는 인격신으로서의 상제를 대체하여 황제의 권력을 지탱하게 되었는데 한비자가 바로 대표적인 인물 중의 하나이다. 도의 이러한 변화과정은 한나라와 위나라 사이에서 한 차례 다시 나타난다. 천인감응이라는 신학 목적론으로부터 "무를 근본으로 삼는" 현학에 이르고 천을 숭상하는 것에서 도를 숭상하는 것으로 이른 것은 사회현실 속에서 황제의 권력이 지극히 왕성한 것에서 하락하게 되고 또다시 회복되는 과정을 반영한 것이다. 동중서가 수립한 천인감응의 신학목적론은 한무제 시대의 봉건 전제주의적 중앙집권을 위해서 논증하려고 나온 것이다. 한나라 말기에 농민이 봉기한 것은 "푸른 하늘은 이미 죽었으니 붉은 하늘이 마땅히 서야 한다."는 기치를 걸고 떨쳐 일어난 것으로서 농민의 정권을 대표하는 하늘이 황제 권력을 상징하는 하늘을 대체한 것이다. 동시에 농민은 각양 각종의 도교조직을 수립하고 도로써 천상의 상제가 지상의 군주권위를 부여했다는 것에 저항한 것이니 이것은 바로 통치계급으로 하여금 어쩔 수 없이 "도를 변증하는 것"의 문제를 중시하도록 만들어서 황제 권력에 대항하는 도를 가지고 황제 권력을 옹호하는 도를 개조한 것이다. 마침 조씨 위나라 정권이 삼국시대의 대립관계를 종결할 때에 처해서 중국을 통일하려고 노력할 때에, 사직의 먼 이익을 위해서든지 목전의 이익을 위해서든지 간에, 군주권력을 강화한 것이니 이것은 당시 통치계급의 마음속에는 모두 중요하여 빼놓을 수 없는 문제였다.

"하나를 잡아서 모든 것을 통어한다[執一於萬]."는 것은 왕필의 입장에서 볼 때 자연과 사회의 총체적 원칙이니, 모든 사물과 모든 백성들은 중(衆)이며 다(多)이며 박(博)이고, 도와 군주는 간(簡)이며 과(寡)이며 약(約)이므로, "요약함으로 넓은 것을 보존하고 간략함으로 많은 것을 구제함은 바로 「단전」이 아니겠는가!"[253]라고 한 것이다.

이것이 설마 『주역』의 「단전」에만 제한된 것이겠는가? 왕필은 이 원칙이 보편적인 의미를 지닌다고 하여, "비유컨대 임금으로써 백성을 통어하는 것이 하나를 잡아 많은 것을 통어하는 도인 것이다."[254]라고 하였다. 도는 만물의 종주이니 군주는 도를 체득하고 그에 따라 모든 백성들의 주재자가 되는 것이다. "백성들은 마음이 있고 나라마다 풍속이 다르지만 임금은 하나를 얻어서 주재자가 된다."[255] 왕필은 군주가 모든 백성을 통치하는 것에 대하여 본체론의 시각에서 논술을 제기하여 다음과 같이 말했다. "천자를 세우고 삼공을 두어서 그 지위를 높이고 그 사람을 존중하는 것은 도를 실천하는 것이다."[256] 그의 입장에서 볼 때 천자를 세우고 삼공을 두는 것은 모두 도의 체현이며 천지를 경영하는 뜻이 된다.

군주의 권위를 공고히 하는 것은 천하가 크게 혼란해져서 사회가 불안할 때에는 더욱 중요한 것이다. 왕필은 『주역』 「준괘(屯卦)」의 주석 속에서 이 문제를 자세히 밝히고 있는데, 그는 어려움에 처한 세상을 질서가 문란한 때로 해석하였고 이때는 "백성이 그 주인을 생각하는 때"이며, 매우 긴급한 일은 임금을 세우고 "처음 시작할 때에 처해서 임금을 세우는 것보다 좋은 것이 없다." "주인을 얻으면 안정된다." "고요함으로써 혼란을 종식시키고 제후로써 고요함을 지킨다." 임금을 세우는 것

253 『周易略例』 「明象」. "約以存博, 簡以濟衆, 其唯彖乎!"
254 『論語釋疑』. "譬猶以君御民, 執一統衆之道."
255 『老子道德經』 42章 注. "百姓有心, 異國殊風, 而王侯得一者主焉."
256 『老子道德經』 62章 注. "立天子, 置三公, 尊其位, 重其人, 所以爲道也."

은 바로 존비의 질서를 세우는 안정된 국면이며 어려움에 처한 세상이 "군자가 경륜을 펼칠 때"이다.[257] 동한이 분열할 때부터 정시 연간에 이르기까지 오랜 세월의 전란 동안 사람들은 안정된 국면을 요구하는 마음이 마치 거꾸로 매달린 상태를 풀어주는 것과 같았다. 왕필의 "고요함으로써 혼란을 종식시키는[息亂以靜]" 사상은 한편으로는 농민봉기의 발생을 막으려고 시도한 것인데, 이는 왕필의 지주계급 입장을 나타낸다. 또 다른 방면으로는 삼국시대의 대립상태를 종결하고 통일된 봉건제국을 수립하여 평화적 질서를 회복하며 오랜 기간 전란의 고통을 당한 백성들과 생산발전에 대하여 전체적으로 필요한 것이라고 말할 수 있다.

왕필이 생활하던 시대에는 붕당이 무수하게 대립하여 진실이 없이 겉으로만 몰려다니며 교류하는 형세가 군주권위의 하락을 초래한 원인의 하나였으니, 왕필은 이에 대하여 극도로 혐오하며 원통해하였다. 그는 저작 속에서 일찍이 여러 차례 이렇게 "상하를 널리 포용하거나 대동에 통할 수 없어서 무리의 당파가 서로 나뉘는"[258] 현상에 대하여 비평하였다. 그는 이와 같이 패거리를 만들어서 표방하는 사람들이 개인의 사적인 이익을 위할 뿐 군주와 사회 신분질서의 원대한 구도를 돌보지 않는다고 여겨서 바로 다음과 같이 말했다. "크게 통할 수 없으면 각자 사사로이 붕당을 지어 이로움을 추구하게 된다."[259]

그는 본체론의 시각에서 "무리의 당파가 서로 나뉘는[物黨相分]" 현상에 반대 의견을 제시하였다. 이 때문에 왕필은 이렇게 붕당을 세우고 황제의 권위에 저항하는 행동에 대하여 토벌하고 섬멸해야 한다고 생각했다. 그는 다음과 같이 말했다. "'온 나라 구석구석마다 왕의 신민이 아닌 게 없다.' 그러나 따르지 아니하면 왕의 토벌을 받게 되므로 엮어서 묶

---

257 『周易』「屯卦」注. "民思其主之時.", ""處造始之時, 所宜之善, 莫善建侯也.", "得主則定", "息亂以靜, 守靜以侯.", "君子經綸之時."

258 『周易』「同人卦」注. "不能包弘上下, 通夫大同, 物黨相分."

259 『周易』「同人卦」注. "不能大通, 則各私其黨而求利焉."

는 것이다."[260] 여기에서 그가 중앙집권을 옹호하는 주장이 매우 결연하고 단호함을 볼 수 있다.

제왕 조방의 실제 상황을 겨냥하여 왕필은 군주는 무위를 지키고 신료 백관들은 무불위를 지키는 통치책략을 설계하였는데, 그는 절대적 권위를 지닌 군주의 책무가 바로 현능한 사람을 뽑아서 쓰는 것이라고 하였다. 그는 다음과 같이 말했다.

> "지혜로운 사람은 그 능력을 신하로 쓸 수 있고, 용기 있는 사람은 그 무용을 부릴 수 있으며, 재주 있는 사람은 그 재주를 일에 부릴 수 있으며, 힘센 사람은 무거운 일을 맡길 수 있다. '박(樸)'이라는 것은 모든 것을 잃은 듯하여 치우치지 않으니 아무것도 없음에 가깝다. 그러므로 '능히 신하로 삼을 수 없다.'라고 하였다."[261]

> "그러므로 사람들이 자기 힘을 쓰고 일에 그 공력을 다 바쳐서 지혜로운 사람은 현능함을 생각하고 명철한 사람은 꾀를 생각하므로 어길 수 없는 것이니 모든 재능의 쓰임을 극진히 발휘할 수 있는 것이다.[262]

> "능력이 있는 것을 가지고 일을 맡기어 함부로 범하지 않는다면 총명한 사람은 자기 능력을 다 발휘하고 지혜로움을 가진 사람은 그 노모할 수 있는 힘을 다 발휘하여, 부러 행하지 않아도 실행되고 부러 실행하지 않아도 이르게 된다. 큰 임금의 마땅함이란 이와 같은 것일 뿐이다."[263]

---

260 『周易』「隨卦」注. "'率土之濱, 莫非王臣', 而爲不從, 王之所討也, 故維之."

261 『老子道德經』32章 注. "智者, 可以能臣也. 勇者, 可以武使也. 巧者, 可以事役也. 力者, 可以重任也. '樸'之爲物, 憒然不偏, 近於無有, 故曰'莫能臣'也."

262 『周易』「損卦」注. "故人用其力, 事竭其功, 知者慮能, 明者慮策, 弗能違也, 則衆才之用盡矣."

263 『周易』「臨卦」注. "委物以能而不犯焉, 則聰明者竭其視聽, 知力者盡其謀能. 不爲而成, 不行而至矣! 大君之宜, 如此而已."

왕필은 『노자주』와 『주역주』 속에서 이런 사상을 반복적으로 밝혀서 설명하고 있는데 『도덕경』과 『주역』의 괘사와 효사는 자구와 의미상으로 본래 서로 아무런 관련이 없지만, 억지로 한 곳에 갖다 붙인 것이니 왕필이 확실히 매우 애써 노력한 것을 알 수 있다. 그는 군주가 자기의 권위에 의지하여 모든 관리와 백성들 속에서 위협 작용을 일으켜서 모든 관리와 백성이 각자 자기 임무를 맡아 그 힘을 극진히 발휘하고 지혜가 있으며 지혜를 헌신하고 힘이 있으면 힘을 내고 용기가 있으면 용기를 내도록 해야 한다고 하였다. 군주는 아래 사람들이 해야 할 일을 대신 해서는 안 되며 구체적인 작은 일을 직접 해서도 안 되며 군신의 직무와 책임에 미리 간섭해서는 안 되며 모든 관리의 고유 권한을 침범해서도 안 된다. 도가 이론의 입장에서 말하자면 형체와 이름이 있는 것은 유한한 것이며 한쪽으로 편중된 것이니 최고의 통치자는 한쪽으로 치우침에 집착하지 않아야만 하니, 스스로 굴복해서 자신을 신하라 칭하며 다른 사람의 통치를 받아들일 수 없는 위치에 있어야 한다.

군주는 무위를 지키며 모든 관리는 무불위를 행하는 왕필의 사상은 도가 만물에 대하여 무위하지만 만물은 각기 그 쓰임을 알맞게 한다는 철학사상이 현실정치에 운용된 것이다. 왕필은 현실정치 속에서 마땅히 현능한 사람을 뽑아 써야 하지만 현능한 사람을 숭상할 뜻은 없다고 하였다. "오직 능력 있는 이에게만 맡기는데 숭상한들 무엇 하겠는가? 오직 쓸모 있는 것만 베푸는데 귀하게 여겨 무엇 하겠는가?"[264] 현능한 사람을 임용하는 것은 현능한 자연의 본성을 순응하는 것이니 이것은 바로 등불이 밝게 비출 수 있으며 쌀이 배고픔을 채워줄 수 있는 것과 같은 것이니 저절로 그러한 상태이니 또 하필 현능한 것을 귀하게 여기고 숭상할 것이 있겠는가?

---

264 『老子道德經』 3章 注. "唯能是任, 尙也曷爲. 唯用是施, 貴之何爲."

(3) 절약과 검소를 주장하고 사치를 반대하다

위나라 명제시기에 궁전 전각을 성대하게 중수하여 "백성이 삶이 마르고 황폐하여서" 대신들이 일찍이 군주에게 무례를 범하면서 직간[265]하였는데, 어떤 이는 경전의 근거를 들어서 권면하고 경계하였으며 어떤 이는 재난과 변고가 때에 맞지 않게 발생하는 것을 들어서 꾸짖어 훈계하였다. 철학자인 왕필은 이론적 형식을 빌려서 이 교훈에 대하여 결론을 제시하였다. 그는 국가를 경영하는 가장 좋은 방침은 절약과 검소라고 하여 "비용은 검소하게 살면서도 편안히 검약을 지키는 것 만한 것이 없기 때문에 반드시 궁색하지만 길함을 얻는다."라고 하였다.[266] "너무 아끼면 사물과 통하지 못한다. 많이 쌓아두면 만물과 함께 나누어 가질 수 없다. 구하는 자가 많고 빼앗는 자가 많으니 재물 때문에 병을 얻게 되므로 크게 낭비하고 많이 잃게 된다."[267] 검소하고 소박하고 절약하는 것은 통치를 오래 보존하는 것이지만 지나치게 재물을 축적하여 다른 사람들에게 나누어주려 하지 않으면 여러 신하와 모든 백성들이 떼를 지어 일어나 공격하여 속히 멸망하게 됨을 초래한다. 절약은 민심을 얻을 수 있고 모순갈등을 완화시킬 수 있는 것이니, "절약하고 검소하여 씀씀이를 아껴서 천하가 모자람이 없게 하므로 넉넉할 수 있는 것이다."[268] "사람의 도는 차고 넘침을 미워하니 원망하는 사람이 한둘이 아니며", "만족함이 없이 마냥 구하고자 하니 사람들이 너불어 어울리지 않는다."[269] 사치와 부패는 백성들의 옹호와 추대를 받을 수 없고 오히

---

265 저자 주 蔣濟는 상소를 올려서 위나라 明帝에게 "맑고 고요함에 힘쓰라."고 권면하여 경계하였다(「魏志: 蔣濟傳」). 또 王基는 상소를 올려서 "미진한 일에 힘을 쏟는 것을 그치고, 어려운 상황이 아닌 것에 주력하는 것은 조절해야 한다."고 말했다(「魏志: 王基傳」).

266 『周易』「賁卦」注. "用莫過儉泰而能約, 故必吝焉, 乃得終吉也."

267 『老子道德經』44章 注. "甚愛, 不與物通, 多藏, 不如物散. 求之者多, 攻之者衆, 爲物所病, 故大費厚亡也."

268 『老子道德經』67章 注. "節儉愛費, 天下不匱, 故能廣也."

269 『周易』「益卦」注. "人道惡盈, 怨者非一." "無厭之求, 人不與也."

려 백성들의 원한만 사게 된다. 왕필은 통치자가 만약 적당하게 자기의 욕망을 제어하고 백성들에게 근검절약의 본보기가 되는 것이 가장 좋은 교화의 방법이라고 하였으며, "윗사람이 하고자 하는 것은 백성이 재빨리 따르게 되니 내가 욕심 없기를 바라면 백성도 또한 욕심이 없어서 질박해진다."고 하였다.[270]

왕필은 탐욕과 만족을 아는 것을 가지고 천하에 "도가 있음"과 "도가 없음"을 평가하는 표준으로 삼았으며, "천하에 도가 있으면 만족을 알고 그칠 줄 알며",[271] 천하에 도가 없으면 "탐욕을 부리면서도 싫증낼 줄 모른다."[272] "도"는 "텅 빔에 처함", "차고 넘침을 미워함", "겸손을 숭상함", "탐욕을 미워함"이니 "리괘(履卦)의 도는 화려함을 싫어하는 것"이며, "겸손을 숭상"하고, "소박함으로써 리(履)에 처하는 것"이니,[273] 왕필은 여기에서 이미 천도를 이야기하고 또 인도를 이야기한 것이다. 무를 마음으로 삼는 소박한 도는 천지를 포괄하고 통괄하는 것인데 이것이 천도이며, 인도를 논할 때에는 사람들의 처세를 교육하고 마땅히 사사로운 욕심을 줄이는 것을 실천해야 하고 사치와 방탕한 생활을 하지 않아야만 세속에 더럽히지 않고 자신의 순결을 보호할 수 있다. 이것에 의지하여 보면 왕필은 확실히 사치를 반대하고 절약과 검소를 주장하였음을 알 수 있다.

(4) 가혹하고 번잡한 법률을 제한하고 강포한 수단으로 천하를 쟁취하는 것을 반대함

위진시대에 적지 않은 지식인들이 양한시대의 법률가들을 계승하여

270 『老子道德經』 57章 注. "上之所欲, 民從之速也. 我之所欲唯無欲, 而民亦無欲而自樸也."

271 『老子道德經』 46章 注. "天下有道, 知足知止."

272 『老子道德經』 46章 注. "貪欲無厭."

273 『周易』 「履卦」 注. "處虛", "惡盈", "尙謙", "惡貪", "履道惡華".

그 업의 전통을 학습하여 법률연구를 매우 중시하였다. 가장 명성이 높은 법률가인 유소(劉卲)는 일찍이 위나라 법률을 편찬하는 데 참여하였으며 『법론(法論)』과 『인물지(人物志)』 백여 편을 남겼고, 유이(劉廙)와 정의(丁儀)는 『공론(共論)』과 『형론(刑論)』을 세상에 남겼는데 이러한 상황은 조조가 "형명법술의 학문"을 매우 좋아한 것과 긴밀하게 연관되어 있다. 왕필은 이미 한나라와 위나라 사이의 통치 경험의 교훈을 총결하는 것을 자기의 소임으로 여겨서 당시 대다수 지식인들이 관심을 가졌던 형법제도에 대하여 자기의 견해를 제시하였다. 그는 형명(刑名)을 세워서 인사를 검속하지 말아야 한다고 주장하였는데, 그는 다음과 같이 말했다.

> "무릇 형벌로써 대상을 단속하면 교묘한 거짓이 반드시 생겨난다."[274]

> "만약 법망을 많이 만들어서 형벌을 번잡하게 하여 그 지름길로 다니는 것을 막고 무덤까지도 들쑤시면 만물은 그 스스로 그러함을 잃게 되고 백성은 손발을 둘 곳조차 잃게 되며 날짐승은 하늘에서 혼란스러워지고 물고기는 물속에서 어지러워질 것이다."[275]

왕필은 형벌을 남용하는 것이 실행에 유효한 백성을 다스리는 좋은 방책이 아니니 백성은 단지 스스로 와서 복종하지 않을 뿐만 아니라 도리어 온갖 방법을 강구하면서 형벌의 싱세를 피하려고 하여 가면 갈수록 사악하고 편벽되며 이에 따라서 통치자들은 근본입장을 버리고 더욱 사나워지게 되니 형벌은 갈수록 엄격하고 가혹해지며 번쇄해지게 된다고 하였다. 번쇄한 형벌은 착한 백성들의 생존의 길을 막아서 죽이며 그

---

274 『老子指略』. "夫刑以檢物, 巧僞必生."

275 『老子道德經』 49章 注. "若乃多其法網, 煩其刑罰, 塞其徑路, 攻其幽宅, 則萬物失其自然, 百姓喪其手足, 鳥亂於上, 魚亂於下."

것을 감내할 수 없게 만드니 심지어 관리가 핍박하고 백성은 저항하는 되는 결과를 초래할 수 있다. 엄격하고 가혹한 형벌은 만물이 각기 제자리를 얻는 자연스러운 상태를 파괴하는 것이니 백성들로 하여금 손과 발을 둘 곳이 없게 하고 주어진 본분에서 편안하지 못하게 하며 사회질서를 문란하게 하니 여기에서 또한 위에서 국가를 다스리는 법을 이야기할 수 있겠는가? 형벌로 다스리는 것은 반드시 "상하가 다 궤멸되고[上下大潰]", "하늘이 죽이는 상태가 장차 이르게 되는[天誅將至]" 결과를 낳게 되어 다스림이 쇠잔해진다. 왕필은 백성들에게 관대하고 온화하게 하여 그들이 스스로 와서 복종하게 하여 사회계급 간의 모순을 누그러뜨려야 한다고 주장했다. 이러한 주장은 당시의 입장에서 말하자면 또한 확실한 식견이 있는 것이다.

왕필은 비록 번잡하고 가혹한 형벌의 사용을 주장하지 않았지만, 그는 형벌제도가 또한 필요한 것이며 형벌 조문이 신분의 고하를 제도화하여 백성들로 하여금 각각 그 지위에서 편안하게 살고 신하들은 각각 그 직무를 다해야 한다고 하였다. 그는 다음과 같이 말했다. "법제가 때에 맞게 이루어진 다음에야 비로소 길하다. 현명함과 어리석음에는 구별이 있고 존귀함과 비천함에는 질서가 있다."[276] 그렇지 않으면 바로 혼란과 송사를 초래하게 될 것이다. 그는 일찍이 다음과 같이 말했다. "계약이 분명하지 않는 것은 송사가 생겨나는 근거이다. 사물에 각각 그 분수가 있고 직분이 서로 지나치지 않으면 다툼이 무엇으로 말미암아 일어나겠는가? 송사가 일어나는 근거는 계약의 허물인 것이다."[277] 계약이란 바로 법률제도이니 법률이 엄정하고 분명하지 않으면 송사가 발생하는 원인이 된다. 왕필은 관대하고 엄정함이 적절히 융합된 법률이 자연적이고 합리적인 것이라고 보았으며 우주의 본체를 체현한 것이라고

276 『周易』「鼎卦」注. "法制應時, 然後乃吉; 賢愚有別, 尊卑有序."

277 『周易』「訟卦」注. "契之明, 訟之所以生也. 物有其分, 職不相濫, 爭何由興. 訟之所以起, 契之過也."

여겼다. 법률제도가 엄정하고 분명한 것은 무위로 다스리는 조건이다. 그는 다음과 같이 말했다. "명을 바꾸어 새로 지으니 변화의 도가 이미 이루어졌으며 공이 이루어지면 일은 덜어지고 일이 덜어지면 무위하게 된다."[278] 법률제도를 제정하여 의존한 법률이 있고 따를 법률이 있는 것은 바로 구체적 사물에 대한 간섭을 줄이고 무위의 다스림을 실현할 수 있는 것이다. 마땅히 긍정해야 할 것은 왕필이 가혹하고 번잡한 법률을 반대했다는 것인데, 당시의 입장에서 말하자면 또한 이 점도 남보다 훨씬 뛰어난 견해이다.

강압적이고 폭력적인 방식으로 천하를 탈취하는 것은 왕필의 무위의 정치를 이루는 한 부분이다. 해를 거듭하여 계속되는 전쟁은 사회적 생산력과 백성의 생활에 극심한 파괴를 조성하게 되었는데 이러한 상황을 대면하고 나서 조조도 어쩔 수 없이 측은한 마음을 움직여서 건안 7년에 다음과 같이 조칙을 내려 말하였다.

"내가 의로운 군대를 일으킨 것은 천하를 위하여 모진 전란을 없애려고 한 것이었는데, 옛날의 영지(領地)에 살던 백성들이 거의 다 죽어서 나라 안을 하루 종일 다녀도 아는 사람을 만날 수 없으니, 나로 하여금 몹시 슬프고 애달프게 하여 마음속으로 애통해하노라."[279] 조조는 현실주의적 시구를 읊어서 다음과 같이 말하였다. "갑옷 속에는 서캐와 이가 생기고, 모든 백성은 죽어가도다. 백골이 들녘에 뒹굴고, 천리 안에 닭 울음소리 들리지 않네. 산 백성은 백 명 중에 하나뿐이니, 생각하면 슬픔에 애를 끊는다."[280] 전란이 조래한 파괴에 대하여 지주 계급의 지식

278『周易』「革卦」注. "改命創制, 變道已成, 功成則事損, 事損則無爲."

279『曹操集』「蒿里行」. "吾起義兵, 爲天下除暴亂, 舊土人民, 死喪略盡, 國中終日行, 不見所識, 使我悽愴傷懷."

280『曹操集』「蒿里行」. "鎧甲生蟣虱, 萬姓以死亡, 白骨露于野, 千里無鷄鳴. 生民百遺一, 念之斷人腸."

역주 "萬姓以死亡"은 원저에 "萬姓以死之"로 되어 있으나, 문맥상 "之"는 "亡"으로 바로잡는다. 韓格平 外,『魏晉全書』1,「蒿里行」, 長春: 吉林文史出版

인들은 어쩔수 없이 시가와 철학 등의 형식 속에서 직접 또는 간접적으로 그러한 감정을 반영하였다. 왕찬은 다음과 같은 시에서 말했다. "문을 나서니 보이는 것 하나 없고, 백골이 들판을 뒤덮고 있네. 거리에는 굶주린 아낙들, 안고 있는 자식을 풀밭에 던지네. 돌아보며 우는 소리 듣고 있지만, 눈물을 훔칠 뿐 돌아가지 못하네. 이 몸이 죽을 곳도 모르는 터에, 어찌 둘이 서로 온전히 살겠나. 말 몰아 버리고 얼른 떠나왔나니, 그 아낙의 말 차마 듣지 못했지."[281] 왕필이 "무위의 정치"를 제창한 것은 전란을 시급하게 종결지으려는 뜻을 포함하고 있으며 천하의 태평과 통일된 국가의 모습을 처음으로 열어보려는 내용을 담고 있다. 당연히 왕필의 천하태평은 농민의 폭동을 방지하는 의미가 있으며 또한 군벌들의 어지러운 전쟁을 종결시키고자 하는 뜻도 있다. 농민의 혁명이 침체상태 단계에 처해 있는 것을 거울삼아 왕필의 강압적이고 폭력적인 방식으로 천하를 탈취하지 않는 것은 주로 후자를 의미한다. 그는 다음과 같이 말하였다. "군사는 흉하고 해로운 것을 말한다. 백성을 구제함이 없으면서 반드시 손상을 입히고 백성을 해치고 논밭을 황폐하게 한다."[282] 이런 종류의 표현을 마땅히 『노자』사상에 대한 간단한 반복이라고 볼 수는 없으며, 마땅히 왕필이 지니고 있는 감정의 발현으로 보아야 한다. 그는 전쟁이 어쩔 수 없이 사용하는 수단이며 마땅히 전쟁을 왕업이나 패업을 이루는 도구로 삼아서도 안 된다고 하였다. 그는 다음과 같이 말하였다. "나는 군사를 이용하는 것을 숭상하지 않지만, 어쩔 수 없이 이용한다. 어찌 자랑하고 교만함이 있겠는가?"[283]

社, 2006. 71쪽. 참조.

281 『全三國詩』. "出門無所見, 白骨蔽平原. 路有飢婦人, 抱子棄草間. 顧聞號泣聲, 揮涕獨不還. 未知身死處, 何能兩相完. 驅馬棄之去, 不忍聽此言."

282 『老子道德經』30章 注. "言師凶害之物也. 無有所濟, 必有所傷, 賊害人民, 殘荒田畝."

283 『老子道德經』30 章 注. "吾不以師道爲尚, 不得已而用, 何矜驕之有也."

역주 "吾不以師道爲尙"은 원저에 "無不以師道爲尙"로 되어 있으나, 문맥상

강압적인 폭력으로 천하를 탈취하지 않는 것이 왕필 무위정치의 중요한 측면이다. 그는 "도로써 임금을 보좌하는 자는 군대로써 천하를 강압하지 않으니 그 일은 좋게 되돌아온다."[284]라는 구절에 대하여 주석을 하면서 "도가 있는 사람은 무위로 돌아가고자 힘쓴다."[285]라고 하였다. 오직 도를 체득한 사람이라야 비로소 전란을 종식시키고 무위의 근본으로 되돌아갈 수 있는 것이다.

(5) 왕필 정치사상의 소극적 요소

건안 시기부터 정시 연간에 이르기까지 중원에서 전란이 계속되던 60년 동안 황실의 귀족으로부터 바로 중소 지주계급들까지 복잡하고 모순된 심리상태에 있었으니, 한편으로는 공훈과 업적을 세우고 세상을 경영하고자 하였으며 다른 한편으로는 인생의 무상함을 개탄하고 재난을 피하고자 하였다. 원대한 책략을 떨쳐서 세상을 통어한 조조는 한편으로 "늙은 말이 구유에 엎드려 있으나, 뜻은 천리를 달린다. 열사는 노년에 이르러도, 굳센 기상은 그치지 않는다."[286]는 비가(悲歌)를 읊었다. 또 한편으로는 "신성한 거북이가 오래 산다 해도, 또한 죽는 때가 있다. 이무기는 안개를 타고 다니나, 끝내 죽어 흙먼지 된다."[287]고 영탄하였다. 박학다문하고 기억력이 좋은 조비(曹丕)는 한편으로 자신을 성인인 요임금에 비견하여 현능한 신하의 도움을 얻어서 번성하고 있는 모습을 묘사하여 다음과 같이 말했다. "요임금이 순과 우에게 대업을 맡긴 것은, 또한 무엇 때문인가? 온갖 짐승이 감화되어 춤을 추고, 봉황이 날아와 노니는구나. 사람을 얻으면 평안하고, 사람을 잃으면 위태롭도다."[288] 또

"無"는 "吾"로 바로잡는다. 樓宇烈, 『王弼集校釋』의 『老子道德經注』 臺灣: 華正書局, 1991. 78쪽 참조.

284 『老子』 30 章. "以道佐人主者, 不以兵强天下, 其事好還."

285 『老子道德經』 30章 注. "有道者, 務欲還反無爲."

286 『曹操集』 「龜雖壽」. "老驥伏櫪, 志在千里, 烈士暮年, 壯心不已."

287 『曹操集』 「龜雖壽」. "神龜雖壽, 猶有竟時, 螣蛇乘霧, 終爲土灰."

한편으로는 한신(韓信)이 몸과 명성을 그르쳐서 죽임을 당한 것과 장량(張良)이 물러나서 이름을 감춘 것으로 자기 스스로를 경계하여 다음과 같이 말했다. "한신은 오형(五刑)을 당하였으니, 새를 잡고 나면 활은 창고에 넣어두는 법이다. 몸과 이름을 보전한 이는, 오직 장량뿐이다. 크게 성을 내면 거둘 것이 없으며, 큰 옷자락에는 허리띠가 없도다."[289] 위진 현학의 창시자인 하안은 마음속에 풍속을 바꾸려는 뜻을 품었으나 여전히 아침은 보장할 수 있으나 저녁을 보장할 수 없는 두려운 심정을 벗어날 수 없었다. 그는 다음과 같이 말했다. "두 마리의 학이 날개를 나란히 나는데, 무리가 떼지어 날아와 하늘을 희롱한다. 언제나 그물에 걸려 죽을까 걱정하나니, 재앙을 근심하는 것은 우선 물리쳐 두라. 어찌 오호(五湖)에 모여서, 흐르는 물위의 부평초를 쪼아 먹는 것만 같으랴. 자유로이 노닐며 마음을 놓아버리니, 무엇이 두려워 놀라겠는가?"[290] 그는 자기를 날개를 나란히 하여 노니는 학에 비유하였는데 비록 높은 곳에서 유연하게 노닐고 있지만 분노를 사게 하여 그물에 걸리는 상황을 깊이 두려워하고 전전긍긍하며 어렵게 살아가고 있는 것이 세속에 순응하고 부응하며 자유롭게 생활하는 것만 못하다고 한 것이다. 이러한 모순된 심리상태는 전체 지주계급의 지식인들의 마음을 지배하였다. 한편으로는 적극적으로 공훈과 업적을 세우기를 바라서 뜻한 바의 일을 하였으니 이것이 지식이 있는 선비들의 정신적 면모의 한 측면이다. 또 다른 측면으로 통치 집단의 내부에 깔려서 서로 빼앗고 죽이고 또 어쩔 수 없이 생사의 무상함을 느껴 두려움을 지녀서 소극적인 정서를 갖게 되었다.

왕필은 정시 연간에 큰 재목감이 되었는데 그는 이러한 모순된 정서

---

288 『全三國詩』「秋湖行 三首」. "堯任舜禹, 當復何爲? 百獸率舞, 鳳凰來儀. 得人則安, 失人則危."

289 『全三國詩』「煌煌京洛行」. "淮陰五刑, 鳥盡弓藏. 保身全名, 獨有子房. 大憤不收, 褒衣無帶."

290 『全三國詩』「擬古」. "雙鶴比翼游, 群飛戲太淸. 常恐失網羅, 憂禍一旦幷. 豈若集五湖, 順流唼浮萍. 逍遙放志意, 何爲怵惕驚."

에 완전히 휘감겨 있었다. 그는 철학이론으로 세상을 경영하고 국가와 백성을 다스리는 정책을 논증하였고 실제 행동으로도 관료사회에 높이 나아갔다. 하소의 『왕필전』에는 다음과 같이 말했다. "왕필은 대랑 벼슬을 지낸 지 오래되지 않았고 업무도 평소 잘 보지 못했으며, 더욱이 벼슬살이에 뜻이 없었다."[291] 많은 사람들이 여기서 인용한 말을 가지고 왕필이 시무에 간섭하지 않았다고 설명한다. 우리는 이러한 해석이 꼭 합당한 것은 아니라고 본다. 이 구절의 말은 아마도 겨우 왕필의 재능이 현허한 학문을 수립한 데 반영될 수 있을 뿐 어떤 일을 성취하는 수단 방법으로는 부족했다는 것으로 그가 공명과 직위 그리고 세상을 경영하는 것에 계책이 뛰어나지 못했다는 설명이 될 수는 없다. 그 문장에서는 또 다음과 같이 말했다. "왕필은 사람됨이 가벼워서 세상의 물정을 알지 못했다. 처음에는 왕려(王黎: ?-248), 순융(荀融: 226년경)과 사이가 좋지 않았으나, 왕려가 황문시랑의 벼슬자리를 빼앗자 왕려를 미워하게 되고, 순융과도 끝내 사이가 좋지 않았다."[292] 왕필은 왕려를 원망하였는데 왕려가 조상(曹爽)과 정밀(丁謐)의 총애와 신임을 받아서 황문시랑(黃門侍郎)에 임명되고 왕필이 보결로 들어갈 자격을 빼앗은 것인데 여기에서 왕필이 관리가 되고 싶어 하지 않은 것이 결코 아님을 볼 수 있다. 난세를 구제하고 경영하려는 격앙된 의지가 있었고 온갖 방법을 다 생각하여 조건을 만들고 환경을 바꾸어서 형통하게 하고자 하였나. "모든 사물은 막히면 변화를 생각하고 곤궁한 처지에 빠지면 형통할 것을 도모한다."[293] 이것은 왕필사상의 적극적인 일면이다.

어려운 상황을 풀고 쓰임새를 검약하게 하는 것은 군자가 능력을 크게 발휘해서 성과를 올릴 수 있을 때이니, 「대과괘(大過卦)」의 주석 속에

---

291 何劭, 『王弼傳』. "弼在臺旣淺, 事功亦雅非所長, 益不留意焉."

292 何劭, 『王弼傳』. "弼爲人淺而不識物情, 初與王黎荀融善, 黎奪其黃門郎, 於是恨黎, 與融亦不終."

293 『周易』「困卦」注. "凡物, 窮則思變, 困則謀通."

서 그는 대과(大過)에는 두 가지의 뜻이 있음을 지적하였는데, 하나는 자연적으로 나누어진 항상 된 직분을 크게 서로 넘어서는 것이고 또 하나는 대인(大人)이 항상 된 직분을 크게 넘어서 환란을 건져주는 것이라고 말한 것이다. 질서를 안정시키고 법률을 고르게 밝히며 사해를 편안하고 고요하게 하는 조건하에서 군주는 무위의 일에 처해서 불언의 가르침을 실행하고 사람들은 그 자리에 편안히 있으면서 때에 따라야 하고 본분에서 평안해야 하니 항상 된 직분을 넘어서는 것은 허락되지 않는 것이다. 천하가 크게 혼란하고 의리가 상실되었을 때에 성인은 새로운 질서를 수립하고 성과를 내야만 하는 것이니 이러한 책임은 오직 "큰 것이라야 지나칠 수 있다[大者, 乃能過也]." 바꾸어 말하면 지극히 큰 권위와 세력을 가진 사람이라야 무위의 항상 된 직분을 가지고 유위의 직분을 넘어서는 단계로 들어갈 수 있으니 군자는 약자를 구제하고 쇠잔한 것을 일으켜 세워서 "지극히 장성한 이가 가지고 지극히 쇠약한 이를 도와주며[以至壯輔至衰]", "위태로움을 구하고 약자를 건져주는 것[救危拯弱]"이다. 이때에는 아주 심각한 재앙을 만나게 되더라도 오직 가슴속에 시국을 구하려는 뜻을 지니고 있으면 죄과가 없게 된다. 왕필이 찬양했던 항상 된 직분을 넘어서는 것은 심지어 어린 것을 길러 주고 말라비틀어진 것을 무성하게 깨어나게 하는 기사회생의 힘을 가지고 있으니, 여기에는 근본적으로 유약하고 낮은 데 처하고, 소극적이고, 무위에 만족하는 노자의 이런 정서는 보이지 않는다. 이른바 "노자를 가지고 『주역』을 해석하는" 학설은 왕필이 바꾸어 만든 것으로서 노자의 사상을 가지고 『주역』을 해석하는 것이다.

또 다른 방면으로 험악한 정치적 형세에 처해서 왕필도 소극적으로 화를 피하려는 정서를 벗어날 수 없었다. 그는 "높이 우뚝한 것은 쉽게 꺾이고, 빛깔이 깨끗한 것은 쉽게 오염된다[嶢嶢者易折, 皎皎者易汚]."는 도리를 심각하고 절실하게 깨달았으며, "총애에는 반드시 욕됨이 있고, 영화에는 반드시 환란이 있는 것이니, 총애와 욕됨은 같으며, 영화와 환란은 동일한 것이다."[294]라는 것을 인식하였다. 이것은 당시에 세력을 얻고 있는 사람이 교만하고 독단적으로 굴면서 기세가 왕성하게 뻗치다가 하루아침에 세력을 잃고 나서 빈천을 구하려고 해도 구할 수 없는 현실을 정확하게 반영하고 있다. 이 때문에 왕필은 『노자』를 주석하는 과정 속에서 한편으로는 긍정적인 명제를 사용하여 통치집단에게 계책을 제시하였으며, 다른 한편으로는 부정적인 명제를 사용하여 지주계급이 화를 피하고 복을 취하는 데에 이론적 근거를 제공하였다. 그는 텅 빈 무의 근본이 천지 만물과 나라와 백성을 다스리는 대원칙이라고 하였다. "어떤 사물이 무(無)라면 자유로이 지나지 못하는 것이 없고, 유(有)라면 자기의 삶을 면하기에도 부족하다."[295] 만약 영화로움과 이익에 집착한다면 몸과 머리가 다른 곳에 있을 수 있고 뼈와 살이 서로를 용납할 수 없게 된다. 왕필은 "무릇 대도로써 싣고, 무명으로서 눌러야"만, "인덕이 두터워지고", "의로움의 실천이 바르게 되며", "예경(禮敬)이 맑아지게" 할 수 있다고 말했다.[296] 이것은 봉건통치를 공고하게 하는 보증이었다. 동시에 그는 "그 근원을 버리고", "그 근본을 버려야만" 비로소 "인은 받들어지고, 의는 경쟁하며, 예는 다투게 된다."[297]는 결과에 이를 수 있다고 지적하였다. 사람들은 명리를 위하여 서로 싸우지만 "비록 아무리 아름답게 치장하더라도 반드시 걱정거리가 있다."[298] 군주는 우선 "사물에는 모두 종주가 있다."[299]는 것을 인식해야만 비로 부위를 포용할 수 있다. 동시에 그는 군주가 만약 일을 반드시 몸소 하게 되면 "자기 혼자 사람을 대직하되 다른 사람은 천만인이 자기를 대적하는"[300] 지경

294 『老子道德經』 13章 注. "寵必有辱, 榮必有患, 寵辱等, 榮患同也."

295 『老子道德經』 38章 注. "故物, 無焉, 則無物不經, 有焉, 則不足以免其生."

296 『老子道德經』 38章 注. "載之以大道, 鎭之以無名.", "仁德厚", "行義正", "禮敬淸."

297 『老子道德經』 38章 注. "捨其母", "棄其本", "仁則尙焉, 義則競焉, 禮則爭焉."

298 『老子道德經』 38章 注. "雖盛其美, 必有患憂."

299 『老子道德經』 49章 注. "物有其宗, 事有其主."

에 처하게 된다고 지적하였다. 왕필의 "무위의 정치"는 군주로 하여금 위급하고 곤궁한 지경을 피하고 벗어나게 하는 정치책략이다. 왕필의 모순된 심리는 조씨 위나라 시기의 사람들의 사상적 정서를 반영하며 보편성을 지니고 있다.

위에서 서술한 것을 종합해서 볼 때에 왕필의 정치사상은 도가의 사상을 이론 기초로 삼았고 유가 · 법가 · 명가 · 묵가의 각 학파가 제창한 경세제민의 방법으로 실질적 용도로 삼았음을 알 수 있다. 그는 한 학파의 말에 집착하지 말아야 할 것을 주장하였는데 만일 한 학파의 말에 집착하면 바로 "교묘한 거짓이 반드시 생기고", "용서함이 반드시 상실되고", "숭상받으려는 다툼이 반드시 생기고", "더러운 혼란이 반드시 일어난다."[301]고 하였다.

이것은 바로 그 어미를 버리고 자식을 쓰며 그 근본을 버리고 말단을 적용하는 것이다. 근본과 어미를 버리는 것은 잘못된 것이며 어미와 근본을 헛되게 지키고 자식과 말단을 버리는 것도 마찬가지로 잘못된 것이다. 반드시 도가의 사상으로 각 학파를 융회하고 관통시켜야 한다. 이것은 우연적인 것이 아니고 역사발전의 추세에서 도달한 것이다. 선진시대 제자백가의 학파들은 병영 주위를 빈틈없이 지키다가 전국시대 후기에서 진나라 한나라 시기에 이르도록 점점 겸하고 포용하는 길로 들어선다. 사마담(司馬談)의 「논육가요지(論六家要旨)」에 이미 "무릇 음양가 · 유가 · 묵가 · 명가 · 법가 · 도덕가는 다스림에 힘쓰는 것이다."[302] 음양가가 말하는 사계절의 큰 순리, 유가에서 말하는 군신부자의 예절과 부부 · 장유의 구별, 묵가가 말하는 근본을 굳세게 하고 쓰임새를 절약하는 것과 사람들에게 재화를 풍족하게 하는 도, 법가에서 말하는 주군을 높이고 신하를 낮추며 직분을 분명하게 하여 함부로 넘어서지 않

300 『老子道德經』 49章 注. "已以一敵人, 而人以千萬敵己."

301 『老子指略』. "巧僞必生", "理恕必失", "爭尙必起", "乖違必作", "穢亂必興"

302 『史記』 「太史公自序」. "夫陰陽 · 儒 · 墨 · 名 · 法 · 道德, 此務爲治者也."

는 이치, 명가에서 말하는 개념과 실질을 명확히 파악하는 것과 삼과 오를 잃지 않는 사상은 모두 백가가 "바뀔 수 없고", "고칠 수 없으며", "폐할 수 없는" 것으로서 실제의 효과가 있는 사상임을 지적한 것이다. 그렇기 때문에 마땅히 도가의 정치 실천 속으로 흡수하여야만 한다. 왕필의 시대는 각 학파의 사상이 지닌 득실의 조건을 종합하여 더욱 성숙시켰다. 진시황의 법치사상과 한대 초기의 황로정치와 한 무제의 유가의 학술만 오로지 높이는 것과 조조의 명가와 법가를 아우른 정치, 조예는 정치는 나에게서 나온다는 입장 등등의 이로움과 폐해는 이미 분명하게 드러났으니 이 때문에 왕필은 "무릇 길은 비록 다르지만 반드시 돌아가는 곳은 같다. 생각이 비록 여러 가지로 다르지만 반드시 그 이르는 곳은 같다."[303]고 지적하였다. 조씨 위나라 시기의 특수한 역사적 조건이 도가의 무위정치로 유가・법가・명가・묵가 등 각 학파의 사상이 귀결하도록 결정하였다. 왕필의 정치사상이 이와 같은 문제를 밝힐 때에 유가와 도가를 아울러 종합하는 것이 기본적인 정론이 되었다. 유가와 도가를 아울러 종합함을 강조하는 것은 한 무제가 유가의 학술만 오로지 높인 이후로 유가의 사상이 통치사상으로 되었기 때문이다. 확실하게 말하자면 도가의 사상이 근본이 되고 유가・법가・명가・묵가의 사상이 실제적 기능이 되는 것이 왕필 정치사상의 완전히 갖추어진 설명이다.

303『老子指略』. "夫途雖殊, 必同其歸; 慮雖百, 必均其致."

제3장

죽림현학 竹林玄學

정시 연간의 말기에 조씨와 사마씨의 두 거대 집단이 정권을 탈취하는 투쟁을 벌이는 것이 날로 격화되었는데 이러한 투쟁 속에서 정시 청담의 영수인 하안이 피살되었고 왕필은 병들어 죽어서 정시지음(正始之音)이 결국 종말을 고했다. 정시 연간 이후로 현학의 청담세계에서 또한 일곱 명으로 이루어진 청담의 명사—죽림칠현이 출현하였다. 칠현(七賢)의 풍격과 사상은 모두 하안 및 왕필과 다른 점이 있었다. 하안과 왕필은 유가와 도가를 숭상하였지만 칠현은 오직 노장을 높였을 뿐이다. 하안과 왕필은 무를 본체로 삼는 것을 주로 삼았으나 칠현은 원기의 생명력을 기꺼이 불태우는 것을 제창하였다. 하안과 왕필은 무위를 주로 삼았고, 칠현(주로 阮籍)은 무군(無君)[1]을 주로 삼았다. 하안과 왕필은 명교가 자연에 근본을 둔다고 주장하였고, 칠현은 명교를 초월하여 자연에 내어맡길 것을 제창하였다. 하안과 왕필은 정치에서 자기 이익을 간절히 바라였지만 칠현은 세속을 초탈하여 세상의 일에 힘쓰지 않았다. 이러한 몇 가지 차이점은 위진 현학이 새로운 단계로 진입하는 것을 나타내 주는 것이니 우리는 이것을 죽림현학이라 부른다. 첸인커(陳寅恪) 선생은 다음과 같이 말했다. "위나라 말기에서 서진에 이르는 시대는 청담의 전기이며 그들의 청담은 당시 정치상의 실제 문제와 사대부의 정치적 진퇴와 매우 밀접하게 관련이 있는데 이것으로써 본인의 태도와 자신의 입장을 옹호하는 것을 나타내었다. 이러한 현학의 선기는 동진 왕조의 시기, 즉 청담의 후기에서 청담이 오직 입이나 문자로 하는 현담이 이미 정치적인 실제의 특성을 잃어버리고 겨우 명사의 신분을 치장하는 것에 불과했다는 점이 다르다."[2] 첸인커는 동한 말기 곽림종(郭林宗: 곽태, 128-169)에서 위나라 말기 완사종(阮嗣宗: 완적)에 이르기까지를

1 역주 無君은 "無父無君"의 준말로써 아버지도 없고 임금도 없다는 의미로 부모나 임금도 몰라보는 난신적자를 말한다. 이는 예의범절에 구애받지 않고 자유분방하게 행동하는 사람을 가리킨다.

2 저자 주 陳寅恪, 「陶淵明之思想與清談之關係」, 『金明館叢稿初編』을 참고하라.

현학의 형성단계로 보았으므로 위나라 말기에서 서진에 이르는 시기는 현학의 전기이고, 동진시기는 현학의 후기로 본 것이다. 현학의 단계에 대한 이와 같은 시대 구분이 적당한지의 여부는 우리가 잠시 논하지 않고 다만 현학의 성질과 특성만을 말한다면 첸인커의 분석은 확실히 핵심을 찌르고 있다.

현학은 위진시기 정치적 생활과 도덕적 생활의 복잡한 사연을 반영하고 있으며, 죽림현학이 정시현학과 몇 가지 차이점을 보이는 까닭의 주요 원인은 당시의 정치적 형세가 급격하게 변화하는 것에 있다. 죽림현학의 성질과 특성을 더 잘 이해하기 위해서 우리는 먼저 당시의 정치형세를 차분히 논해 볼 것이다.

제1절

죽림현학 형성의 시대 배경

죽림칠현은 대략 제왕(齊王) 조방(曹芳)시기인 가평연간(嘉平年間) 초(249년)에서 원제(元帝) 조환(曹奐) 경원연간(景元年間: 260-263)에 이르는 시기이다. 이 시기는 바로 조씨 집단과 사마씨 집단이 군대를 대치하면서 크게 전쟁을 일으키던 시기이다.

조씨와 사마씨의 두 거대 정치집단의 갈등은 정시연간에 시작된다. 당시 제왕 조방은 어려서 대장군 조상(曹爽)과 태위 사마의(司馬懿)에게 소식을 내려 정치를 보좌하게 하였다. 조씨의 천하를 유지하기 위하여 조씨 집단은 조상을 내세워서 대권을 독점할 수 있도록 적극적으로 후원하였고, 사마의를 배척하여 천하가 사마씨의 수중에 떨어지는 것을 막았다. 조상은 한편으로 하안(何晏), 등양(鄧颺), 정밀(丁謐), 필궤(畢軌), 이승(李勝), 환범(桓范) 등의 인물을 중앙정권의 기구 속에 등용하였고 사마씨의 세력을 배제하였다. 다른 한편으로 사람을 파견하여 지방정권을 적절하게 통제하였고 최고의 군사지위를 가진 사마의의 기반을 약화시켜 고립시켰다. 조상은 고종 사촌인 하후현(夏侯玄)을 발탁하여 먼저 정서장군(征西將軍)으로 삼았고 나중에 가절도독옹량제주군사(假節都督雍涼諸州軍師事)로 삼았고, 왕릉(王凌)을 정동장군(征東將軍)으로 삼은 뒤에 다시 가절도독양주제군사(假節都督揚州諸軍事)로 삼았다. 또 왕릉의 생질인 영호우(令狐愚)를 뽑아서 곤주자사(袞州刺史)로 삼아 평아(平阿) 지역에 주둔시켰다. 왕릉은 조상이 가까이 신임하였으며 외숙질간으로 병권을 맡겨서 중요한 회남(淮南) 지역을 전담하게 했다. 관구검(毌丘儉)을 유주자사도료장군(幽州刺史度遼將軍)에서 자리를 옮겨 좌장군과 가절감예주제군사(假節監豫州諸軍事)와 영예주자사(領豫州刺史)로 삼았다. 제갈탄(諸葛誕)을 어사중승상서(御史中丞尙書)로 삼았다가 다시 양주자사(揚州刺史)로 뽑아서 임용하였고 소무장군(昭武將軍)의 직책을 더했다.

중루중견영(中壘中堅營)[1] 제도를 훼철하여 어림군(御林軍)의 군권을 동생인 중령군(中領軍) 조희(曹羲)에게 주었다. 빈틈없이 정확하게 계산하고 있던 사마의는 한편으로는 권력을 내주고 물러나는 표시를 하면서도 다른 한편으로는 암중에 자기의 세력을 배치하였다. 사마의 자신은 여전히 도독중외제군(都督中外諸軍)으로 외부에 파견되어 있었으며 끊임없이 군대를 통솔하여 동오(東吳)와 전쟁을 수행하면서 그의 아들인 사마사(司馬師)로 하여금 하후현을 대체하여 중호군(中護軍)으로 삼고 가까이 신임하는 장제(蔣濟)를 태위(太尉)로 삼았다. 두 정치집단이 늘 티격태격 옥신각신 다투어서 한 번 밀리고 한 번 당기며 팽팽히 대립하고 있었다. 정시 5년(244)에 조상과 하후현은 사마의의 반대를 무릅쓰고 병사 67만 명을 일으켜서 촉나라를 정벌하여 사마의가 더욱 그들을 깊이 꺼려하는 마음을 갖게 하였다. 정시 7년(246)에 오나라가 조중(祖中) 땅을 쳤는데 조상이 또 사마의의 말을 듣지 않았다. 8년에 조상은 하안, 등양, 정밀의 계책을 써서 영녕궁(永寧宮)으로 태후를 옮기게 하고 조정

---

1 역주 중루중견영(中壘中堅營)은 삼국시대 위(魏)나라 중앙 군사제도의 일종이다. 위나라 군대는 크게 중앙군인 중군(中軍), 변경의 주요 지역에 파견하여 수비하는 외군(外軍), 지방의 군현에 소속되어 있는 주군병(州郡兵)으로 나뉜다. 이 중에 중군의 조직은 중령(中領), 중호(中護), 중견(中堅), 중루(中壘), 무위(武衛) 등 각 영(營)이 있어서, 주로 궁전과 도성의 수비를 나누어 담당하였다.

의 정권을 오로지 멋대로 하여 형제들이 금위군을 맡았고 가까운 정치적 무리들을 많이 세웠고 제도를 자주 바꾸었는데도 사마의는 막을 수가 없어서 핍박을 받을 때 질병을 칭탁하고 정사에 관심을 갖지 않았다. 이런 정치 형세하에서 사마의는 결연히 대비책을 세워서 조치를 단행하여 조상의 세력을 뿌리 뽑고자 결심하였다. 가평 원년(249) 사마의는 한편으로 늙고 병들어 겨우 시체 같지만 숨이 남아 있는 모양으로 꾸며서 조상의 감시를 마비시켰다. 다른 한편으로는 군사연락망을 긴밀하게 연결하고 병력을 몰래 배치하고 조상이 제왕을 따라 경성(京城)을 떠난 틈을 타서 맹렬한 기세로 몰아붙여 손쓸 기력이 없게 한 번에 조상과 그의 일파를 쓸어버렸다. 그 다음에 사마의는 조상, 하안, 등양, 정밀, 필궤, 이승, 환범 등의 팔대가문을 도륙하고 "그를 지지했던 무리들은 삼족을 모조리 죽여 버렸는데 남녀노소를 막론하고 고종사촌 자매 중에 시집간 자까지도 모두 죽여 버렸다."

이러한 "고평릉(高平陵)"의 변란 중에 중앙정권의 안에 있었던 조씨 집단의 세력은 거의 다 소멸하였다. 그러나 두 집단 간의 투쟁은 이 때문에 결코 종결되지는 않았고, 조씨 집단은 지방에서 일정한 세력을 아직도 유지하고 있었다. 정동장군 왕릉과 그의 외생질 곤주자사 영호우는 제왕 조방이 사마씨의 수중에서 꼭두각시 노릇을 하는 것을 보고 제왕 조방을 폐위시키고자, 초왕 표(彪)를 세우고 허창(許昌)에 도읍을 세워 중앙정권을 다시 새롭게 억제를 가하려고 은밀히 도모하였다. 가평 원년 9월에 영호우는 사람을 보내 초왕 표와 관계를 맺고 왕릉은 낙양으로 사람을 보내서 아들 왕광(王廣)에게 말하여 그로 하여금 함께 병사를 일으키게 하였다. 뒤에 영호우가 병들어 죽었기 때문에 왕광은 주저하다가 결단을 내리지 못하여 조방을 폐위시키고자 하는 대사는 시간을 끌며 지체되었다.

가평 3년(251) 봄에 오나라의 병사가 도수(涂水) 지역으로 나와 점유하니 왕릉이 다시 이 기회를 타서 대사를 도모하고자 생각했다. 그는 조정에 표를 올려 군사를 내어 "적을 토벌"해야 한다고 요구하였고, 또 장군 양홍(楊弘)을 파견하여 새로 임용된 곤주자사 황화(黃華)와 연락을 취했다. 황화와 양홍은 사마의에게 이 사실을 고발했다. 사마의는 군대를 보내 토벌하였다. 왕릉은 약을 먹고 자살하였고 그의 아들 왕광은 피살되었다. 이번의 투쟁도 또한 조씨 집단의 실패로 종말을 고했다.

가평 6년(254) 이풍(李豊)은 황후의 아버지인 광록대부(光祿大夫) 장집(張緝)과 병사를 매복시켜 사마사를 쳐죽이고자 은밀히 모의하였으나 또한 그 소문이 누설되었다. 사마사는 이풍과 장집, 하후현을 죽이고 아울러 그 삼족을 멸하였다. 이 일 뒤에 조방은 폐위되어 제왕이 되었고 하내(河內) 지방으로 돌려보내졌으며, 고귀향공(高貴鄕公) 조모(曹髦)를 맞아들여 황제의 자리에 세웠다.

사마사는 황제를 폐위시키고 세우는 일을 멋대로 자행하여 관구검과 문흠(文欽)의 공개적 반대를 불러일으켰다. 관구검과 하후현 그리고 이풍 등은 두터운 친선관계를 유지하였다. 문흠은 조상의 식읍 지역 출신이다. 하후현과 이풍이 피살된 2년 뒤에 관구검과 문흠 두 사람은 "태후의 조칙에 의거하여 대장군 사마경왕(司馬景王: 사마사)의 죄상을 밝히고, 여러 군국을 옮겨 다니며 병사를 모아 저항하였다." 그들은 회남지역의 군대와 백성을 모조리 수춘(壽春) 지역으로 모아서 피를 바르고 맹서(盟誓)하고 사마사와 결사전을 벌일 준비를 하였다. 사마사는 이들의 핍박에 몰려 어쩔 수 없이 수레 속에서 앓으며 동쪽으로 원정을 나섰다. 악가(樂嘉)의 싸움에서 관구검은 화살에 맞아 죽고, 문흠은 패하여 오나라로 도망쳐 들어갔다. 사마사도 눈병이 악화되어서 군중에서 죽었다.

사마사가 죽은 뒤에 군사 정무의 대권은 사마소의 수중으로 옮겨갔다. 감로(甘露) 2년(257)에서 3년(258)에 이르는 동안 사마소는 26만의 병마를 동원하여 제갈탄의 군사 반란을 토벌하여 진압하였다. 이 이후로 조씨 집단 속에서는 병권을 장악한 사람이 다시는 나오지 않았다.

감로 5년(260)에 "황제가 위엄과 권력이 날로 쇠해지는 것을 보고 그

분함을 이기지 못하여 시중(侍中) 왕침(王沈)과 상서(尙書) 왕경(王經) 및 산기상시(散騎常侍) 왕업(王業)에게 조칙을 내려 말하길 '사마소의 속셈은 거리의 사람들도 다 아는 바이다. 내가 그 모욕을 앉아서 받을 수 없으니 오늘 마땅히 경들은 나서서 그를 토벌하라.'고 하였다." 그 결과 고귀향공은 혼란한 싸움 통에 사마소가 직접 쏜 화살에 맞아 죽었다. 그 뒤로 비록 조씨의 성을 지닌 황제가 즉위하였지만 정권은 실제로 이미 사마씨에게 귀속되었다.

가평 원년(246)에서 감로 5년(260)에 이르는 동안 두 집단이 서로 다투고 빼앗으며 전쟁을 끊임없이 계속 이어갔다. 이 전란 속에서 발생한 한 사건은 "죽림칠현"의 사상 형성에 대하여 매우 큰 영향을 끼쳤는데 우리가 마땅히 주의를 기울여야 한다.

(1) 사마씨 부자가 대신을 죽이고 황제를 시해한 것은 정통적인 관점에서 볼 때에 그들의 행위는 실제로 찬역에 속하지만 그들은 오히려 남들의 불효(不孝)를 무고(誣告)하였다. 『위략』에 다음과 같이 말하였다. "사마경왕(司馬景王: 司馬師)이 황제를 폐위하고자 하여 곽지(郭芝)를 태후에게 보내어 뵙게 하니 태후가 황제와 마주 앉아 있었다. 곽지가 황제에게 말하길, '내장군께서 폐하를 폐위시키고 팽성 왕으로 지내게 하고자 합니다.'라고 하였다. 이에 황제가 일어나 나가버렸다. 태후가 기뻐하지 않았다. 곽지가 말하였다. '태후께서는 자식을 바르게 교육시키지 못하였으니 이제 대장군의 뜻은 이미 결정되어서 밖에 군사를 모아서 만일의 사태를 준비하고 있으니 다만 마땅히 성지를 받아 따라야 하거늘 다시 무슨 말을 하리오!'라고 하였다. 이에 태후가 말하길, '나는 대장군을 보고, 하고 싶은 말이 있다.'라고 하였다. 곽지가 말하였다. '어찌 볼 수 있으리오. 오직 마땅히 빨리 가서 옥새와 인수를 가져오시오.' 태후가 뜻을 굽히고 이에 곁의 시녀를 보내어 옥새를 가져와서 좌측에 앉았다. 곽지가 나아가서 사마경왕에게 보고하니 사마경왕이 매우 기뻐하

였다. 또 사자를 보내어 제왕의 인수를 주고 서궁으로 나가게 했다. 황제가 명을 받고 드디어 왕거를 타고 태후와 함께 작별하면서 눈물을 흘리고 태극전 남쪽으로 나갔다."[2] 태후가 제왕 조방을 폐위시킨 것은 결코 진정한 바람에서 나온 것이 아니었는데, 역사서에는 이른바 다음과 같이 말하였다. "태후가 영을 내려 말하길, '황제 조방이 나이가 이미 장성했음에도 온갖 정사를 친히 돌보지 않고, 음란함을 탐하고 궁 안의 여자를 총애하였으며 여인의 덕에 깊이 빠졌고, 나날이 배우들을 불러 노닐고 그들을 방종하게 희롱하였으며, 육궁(六宮)의 가인들을 맞이하여 내방에 머물게 하였고 인륜의 질서를 훼손하였으며, 남녀의 절조를 문란하게 하여 공손하고 효도하는 예의가 날로 무너졌으며, 패악하고 교만함이 날로 심해져서 제왕의 종통을 이어서 종묘를 받들 수가 없게 되었다. 겸태위(兼太衛) 고유(高柔)를 시켜 명령서를 받들게 하고 종묘에 소[一元大武][3]를 바치며 고하여 조방을 제(齊) 땅에 보내어 안치시키고 황위를 사양해 물러나게 하였다."[4] 이와 같은 말들은 당연히 사마사의 협박을 받아서 쓴 것이다. 고귀향공 조모가 시해된 뒤에 사마소는 태후를 핍박하여 한 가지 명령문을 쓰게 하였는데 조모를 꾸짖는 글로써 "인륜을 거스르는 무도한 말을 지어내서" 태후를 무고하게 비방하였고 "심지어 쇠뇌를 들고 나를 쏘려 하며, 저주하면서 내 목을 맞추게 하였고",

2 『三國志』「魏書: 三少帝記」注. "景王將廢帝, 遣郭芝入白太后, 太后與帝對坐. 芝謂帝曰, '大將軍欲廢陛下, 立彭城王據.' 帝乃起去. 太后不悅. 芝曰, '太后有子不能敎, 今大將軍意已成, 又勒兵於外以備非常, 但當順旨, 將複何言?' 太后曰, '我欲見大將軍, 口有所說.' 芝曰, '何可見邪?但當速取璽綬.' 太后意折, 乃遣傍侍禦取璽綬著坐側. 芝出報景王, 景王甚歡. 又遣使者授齊王印綬, 當出就西宮. 帝受命, 遂載王車, 與太后別, 垂涕, 始從太極殿南出."

3 역주 一元大武: 古代祭祀用 소[牛]의 별칭이다. 『禮記』「曲禮下」. "凡祭宗廟之禮, 牛曰一元大武."

4 『三國志』「魏書: 三少帝記」. "太后令曰, '皇帝芳春秋已長, 不親萬機, 耽淫內寵, 沈漫女德, 日延倡優, 縱其醜謔; 迎六宮家人留止內房, 毁人倫之敘, 亂男女之節; 恭孝日虧, 悖毛滋甚, 不可以承天緒, 奉宗廟. 使兼太尉高柔奉策, 用一元大武告於宗廟, 遣芳歸藩于齊, 以避皇位.'"

"내 좌우의 측근들에게 뇌물을 보내서 나에게 독약을 먹게 하였고 짐독을 몰래 풀도록 거듭 서로 계획을 세웠다. 일이 이미 겉으로 탄로나자 바로 뜻이 맞는 신하들과 함께 군사를 내어서 서궁에 들어와 나를 죽이고자 했다." 사마씨 부자는 수중의 병권에 의지하여 고아와 홀로 된 어머니 같은 사람을 업신여겼으며 군주를 속이고 윗사람을 범하였고 사람들에게는 "공손하고 효도하는 예의가 날로 무너졌다."는 죄명을 씌웠다. 이렇게 부끄러움을 모르는 행동거지는 혜강과 완적 등의 사람들에게 아주 큰 충격을 주었다.

(2) 십여 년 동안의 난리 통에 왕실에 충성을 받치던 소수의 사람들이 잇달아 피살되었지만 불충하고 불의한 이런 무리들은 오히려 푸른 구름이 곧장 하늘로 올라가듯 높은 관직을 차지하였다. 『진서(晉書)』「가충전(賈充傳)」에 다음과 같이 말하였다. "황제[司馬昭]가 조정의 권력을 직접 장악하고 나서 지방의 군벌 중에 불복하는 세력이 있음을 두려워하여 가충에게 제갈탄을 찾아보고 오나라를 정벌하고자 하는 꾀를 내어 그의 변화를 은밀히 감찰하였다. 가충이 이미 시국에 관련되는 일을 장황하게 늘어놓으면서 제갈탄에게 말하길, '천하가 모두 제위의 선양을 바라는데 그대는 어찌 생각하는가?' 제갈탄이 성을 내며 소리질러 말하길, '그대는 가예주(賈豫州: 가충의 아버지 가규[賈逵])의 아들이 아니던가, 대대로 위나라의 은덕을 입었으면서 어찌 사직을 남에게 실어다 주려 하느냐! 만약 낙양에서 위난이 닥치면 내가 당연히 죽음을 무릅쓰고 가리라.'라고 하였다." 결과는 조정에 충성을 받쳤던 제갈탄이 진압되었고 조정을 팔아먹었던 가충은 관작이 높아져서 양향후(陽鄕侯)에 오르고 식읍 천호를 늘려 받았다. 조모가 피살된 사건의 와중에 시중 왕침(王沈)과 상서 왕경(王經)과 산기상시 왕업(王業)은 일찍이 조모의 조서를 받고 사마소를 토벌하고자 계획을 했던 일이 있었다. 왕경이 사마소를 꾸짖어 말하길 "순리와 역리의 이치를 돌아보지 않은 지가 하루 이틀이 아니

다."라고 하였으며, 조모에게 권하기를 가벼이 경거망동하지 말라 하였다. 왕침과 왕업이 사마소에게 달려가서 이 일을 은밀히 고발하였다. 조모가 피살된 뒤에 왕경은 "흉악한 반역"의 죄명을 얻어 감옥에 수감되었다. 왕침은 "그 공으로써 안평후(安平侯)에 봉해지고 식읍 이천 호를 받았다." 이와 같이 흑백이 전도된 사정이 당시에는 드물지 않게 자주 보여서 가충과 왕침 같은 사람은 주인을 팔고 영화를 구하는 것을 부끄럽지 않게 여겼다.

(3) 두 거대 집단의 투쟁 속에서 정치의 소용돌이 속에 말려들었던 명사들은 "온전한 사람이 적었다." 정시 연간에 청담은 이미 점차 성행하여 하나의 풍조를 이루었으며 당시의 현학의 조류 속에서 일군의 명사들의 출현하였다. 하안과 왕필을 제외하고 하후현, 이풍, 왕광, 종회, 부하 등의 인물도 이름이 알려진 인사들이다. 역사서에는 다음과 같이 기록하였다. "처음에 명제가 황태자의 신분으로 있을 때 이풍(李豊)이 문학의 벼슬을 하는 중이었는데, 그가 제위에 오르고 나서 오나라에서 항복한 사람을 불러놓고 묻기를 강동지역에서 중국의 명사들에 관해서 들은 것 중에 누가 있느냐? 항복한 사람이 대답하기를, '이안국(李安國)이라는 사람을 들었다.'고 하였다. 이때에 이풍이 황문시랑이었는데 명제가 좌우사람에게 이안국이라는 사람의 소재를 물으니 좌우에 있던 사람이 이풍이라고 대답하였다. 황제가 말하기를, '이풍의 이름이 오땅과 월땅까지 알려졌구나.'라고 하였다."[5]

하안과 하후현과 이풍과 왕광 등의 인물은 명성이 온 나라 안에 떨쳤고 사회적으로 아주 큰 영향을 끼쳤으나 정치투쟁에 발을 들여놓았기 때문에 앞서거니 뒤서거니 하면서 사마씨에게 피살되었다. 사마씨는 크

5 『三國志』「魏志: 夏侯玄傳」注에 인용된 『魏略』. "初明帝在東宮, 豊在文學中, 及卽尊位, 得吳降人, 問江東聞中國名士爲誰? 降人云, '聞有李安國者是.' 時豊爲黃門郞, 明帝問左右安國所在, 左右以豊對. 帝曰, '豊名乃被於吳越邪?'"

게 살육을 행하였는데 "명사들 중에 온전한 자가 드물었으며", "칠현"은 죽림으로 은둔해 들어가서 세상의 일에 관심을 두지 않았는데 바로 이 일과 깊은 관계가 있다.

죽림칠현은 매우 맑고 고상했으며 지극히 총명한 사람들이었는데 그들은 조씨 집단의 사람들이 아주 어리석은 무리들로 대사를 크게 그르칠 것임을 잘 알고 있었으며, 사마씨의 집단에 속한 사람들이 난신적자의 무리들로서 함께 일할 만하지 않다는 것을 잘 알고 있었다. 그들의 입장에서 보면 당시의 형세는 바로 장자가 말한, "지금의 시절은 겨우 형벌을 면할 만하구나!"[6]는 것과 같다. 이 때문에 그들은 장자의 학문을 중시하였고 세상의 일에서 몸을 벗어나 자유롭게 노니는 것을 주창하고 자연에 내어맡기는 삶을 영위하였으니 현학의 조류에서 새로이 작은 길을 개척하여 위진현학을 새로운 단계로 발전시켰다.

6『莊子』「人間世」. "方今之時, 僅免刑焉."

제2절

죽림칠현

이른바 죽림칠현은 위진시기에 명분과 절의를 지킨 일곱 명의 명사들을 가리킨다. 『세설신어』「임탄편(任誕篇)」에는 다음과 같이 말했다. "진류(陳留)의 완적(阮籍), 초국(譙國)의 혜강(嵇康), 하내(河內)의 산도(山濤) 세 사람은 나이가 모두 비슷하였고 혜강이 약간 적었다. 이 모임에 참가한 사람은 패국의 유령(劉伶), 진류의 완함(阮咸), 하내의 상수(向秀), 낭야(琅邪)의 왕융(王戎)이다. 일곱 사람은 늘 죽림에 모여서 자유롭게 뜻을 펼치며 살았기 때문에 세상에서는 죽림칠현이라고 하였다."[1]

한나라 말기 이래로 세상 사람들은 행적이 비슷한 사람을 함께 거론하기를 좋아하였는데, 예를 들면 한나라 말기 진번(陳蕃), 두무(竇武), 유숙(劉淑)을 삼군(三君)이라 칭하였다.[2] 도상(度尙), 장막(張邈), 왕고(王考) 등의 사람은 "팔주(八廚)"라고 불렀다. 이응(李膺), 순욱(荀昱), 두밀(杜密) 등의 사람을 "팔준(八俊)"이라 하였다. 장검(張儉), 진상(陳翔), 잠질

1 『世說新語』「任誕」. "陳留阮籍, 譙國嵇康, 河內山濤, 三人年皆相比, 康年少亞之. 預此契者: 沛國劉伶, 陳留阮咸, 河內向秀, 琅邪王戎. 七人常集于竹林之下, 肆意酣暢, 故世謂'竹林七賢'."

2 저자 주 陳寔과 그의 두 아들 陳紀, 陳諶 또한 三君이라고 칭하였다.

(岑晊) 등의 사람을 "팔급(八及)"이라 하였다. 또 삼국에 공융(孔融), 진림(陳林), 왕찬(王粲) 등의 사람을 "건안칠자(建安七子)"라 하였고, 사마의 여덟 형제를 "팔달(八達)"이라고 하였다. 진나라 사람들은 호무보지(胡毋輔之),[3] 사곤(謝鯤) 등의 사람들을 또한 "팔달"이라고 하였다. 완방(阮放), 치감(郗鑒) 등의 사람을 "팔백(八伯)"이라 하였다.

왕연(王衍), 왕징(王澄) 등의 사람을 "사우(四友)"라 하였다. 강천(江泉), 사주(史疇) 등의 사람을 "사백(四伯)"이라 하였다. … 이런 지칭에는 높이고 낮추는 포폄의 뜻이 있으니 예를 들면 "달(達)"은 달관이나 활달함을 "달"이라 하였는데 예법을 따르지 않고 방탕하고 매이지 않는 성품도 "달"이라고 하였다. 또 예를 들면 "백(伯)"에서 "팔백"은 옛날의 "팔준(八俊)"에 견준 것이고, "사백"은 옛날의 "사흉(四凶)"에 견준 것이다. "현(賢)"자는 높이는 뜻은 있지만 낮추는 뜻은 없고 유가나 도가를 막론하고 모두 도와 덕이 높고 신묘한 경지에 이른 사람을 보고 "현"이라 한다. 동진의 명사인 손성(孫盛)은 옛날의 철인을 삼등급으로 나누었는데, 제일등급은 "대성(大聖)"이고 제이등급은 "대현(大賢)"이며 제삼등급은 "중현(中賢)"이다. 그는 다음과 같이 말하였다. "무릇 위대한 성인은 알맞은 때를 타므로 행적이 순리에 따르며, 위대한 현인은 조금 미세한 차이가 있으므로 성인과 더불어 재능을 펼친다. 순리를 따르는 것이 다르므로 몸을 숨기고 겸손히 사양함과 전쟁을 수행함에 차이가 있다. 그러나 조금 미세한 차이가 나고 도가 버금가므로 시세에 따라 세상에 나아감과

3 역주 『진서』「열전」「胡毋輔之傳」. "호무보지는 자가 언국이며 태산 봉고인이다. 할아버지는 호무반이며 한나라 시기에 집금오라는 벼슬을 했다. 아버지는 호무원이며 병마를 훈련시켰는데, 산도가 그의 재능이 변방을 감당할 수 있다고 보아서 장사 태위로 천거하였고, 뒤에 하남의 태수가 되었다. 호무보지는 어려서 이름이 높았고 사람의 품성을 감별하는 능력이 있었다. 그는 성품이 술을 좋아하고, 마음 가는 대로 살면서 작은 일에 매이지 않았다(胡毋輔之 字彦國, 泰山奉高人也. 高祖班, 漢執金吾. 父原, 練習兵馬, 山濤稱其才堪邊任, 擧爲太尉長史, 終河南令. 輔之少擅高名, 有知人之鑒. 性嗜酒, 任縱不拘小節)."

물러남의 도는 차이가 없다. … 중간의 현인인 세 번째 등급의 사람에 이르면 성인과 차이가 있으므로 그윽한 본체의 도가 극진히 발휘되지 않아서 저절로 그러한 도의 운용이 피아(彼我)의 차별이 없이 한데 어울리는 경지에는 이르지 못한다. 그러나 옛 것을 좋아하고 기회를 잘 활용하며 생각이 고상하여 만족을 알고 순후한 풍속을 우러러보며 지극히 현허함을 오로지 읊기 때문에 깊은 산 중에 은거해 살아서 소보(巢父)와 허유(許由)의 무리와 같고, 언행을 고삐로 막아서 노팽(老彭)의 무리와 같다."[4] 손성은 인물을 품평할 때에 유가와 도가를 나누지 않았는데 대체로 자연과 명교를 "같다고 하지 않을 수 없다."는 이론의 입장에 선 사람이다. 그러나 그는 주공과 공자를 "대성"으로 보았지만 노자는 "중현"으로 보았는데 이렇게 배열한 순서로 볼 때에 그는 또한 유가로 기울었다고 할 수 있다. 그러나 바로 이렇게 주공과 공자를 "대성"으로 높이는 사람인 그의 저작 「진양추(晉陽秋)」 속에서 일차로 혜강, 완적 등의 사람의 사적을 기록하였는데 "탕왕과 무왕을 비난하고 주공과 공자를 가볍게 본"[5] 사람을 "칠현"으로 여겼다. 이로써 본다면 "칠현"은 당시 사람들의 마음속에 지극히 높은 지위를 지니고 있었던 것이다.

"칠현"의 앞에 수식하는 "죽림"이라는 두 글자는 무슨 뜻인가? 손성은 다음과 같이 말했다. "혜강은 하내 지방의 산양현에 임시로 거처하여 살았는데 그와 교유한 사람들이 그가 기뻐하거나 성내는 기색을 보지 못하였다. 진류의 완적, 하내의 산도, 하내의 상수, 완적의 조카 완함, 낭야의 왕융, 패땅의 유령과 서로 친하게 벗으로 지냈으며 죽림에서 노닐어서 칠현이라고 불렀다."[6] 『진서』 「혜강전」에 말하였다. "혜강은 자가

4 孫盛, 『廣弘明集』 卷5, 「老聃非大聖論」. "夫大聖勝時, 故迹浪於所因, 大賢次微, 故與大聖而舒卷. 所因不同, 故有揖讓與干戈之乖. 次微道亞, 故行藏之軌莫異. … 至于中賢第三之人, 去聖有間, 故冥體之道, 未盡自然, 運用自不得玄同. 然希古存勝, 高想頓足, 仰慕淳風, 專咏至虛, 故有栖峙林壑, 若巢許之倫者, 言行抗轡, 若老彭之徒者."

5 孫盛, 「晉陽秋」. "非湯武而薄周孔."

숙야이고, 초국 질땅 사람이다. … 마음으로부터 깊게 사귄 사람들은 오직 진류의 완적, 하내의 산도이며, 그 무리와 기쁘게 어울린 사람으로는 하내의 상수, 패땅의 유령, 완적의 조카 완함, 낭야의 왕융이었는데 결국 죽림에서 교유하게 되어서 세상에서 죽림칠현이라 하였다."[7] 『진서』「유령전(劉伶傳)」에 다음과 같이 말하였다. 유령은 "말이 없어서 침묵을 좋아했고 함부로 교유하지 않았으며 완적과 혜강을 만나서 흔연히 속마음을 이해하게 되어 손을 잡고 죽림에 들어갔다."[8]

위에서 서술한 몇 가지의 설명은 크게 구별되지 않으니, 대체로 혜강과 완적 등의 사람들은 죽림 속으로 함께 들어가고 죽림에서 노닐었으며 죽림의 유객(遊客)이 되었으므로 그들을 죽림칠현이라고 칭한 것이다. 이것은 죽림을 지명과 상대하여 한 말이다. 근래의 인물인 탕용통(湯用彤)은 다음과 같이 말했다. "위나라 시절 왕필과 하안은 현담을 나누고 고원한 것에 힘썼다. 왕필과 하안 그리고 혜강과 완적은 나이가 서로 비슷했다. 왕필과 하안은 일찍 죽었다. 뒤에 진나라 초기에 이르러 혜상과 완직은 죽림에서 놀았다."[9] 탕용통 선생은 이 문단의 후면에서 또한 설명을 다음과 같이 한다. "죽림이라는 말은 본래 불교 서적에 보인다. 서진의 도읍인 낙양에 죽림사(竹林寺)가 있었다. 그러나 죽림의 고매한 선비와 불교는 관계가 없으며 증거가 될 만한 문서도 없다."[10] 탕용통 선생은 여기에서 다만 하나의 의문을 제기했을 뿐 가부를 명확하게 결코 판단하지는 않았다. 첸인커 선생은 명확하게 "죽림칠현"의

---

6 『三國志』 권31 주에 인용된 『呂氏春秋』. "康寓居河內之山陽縣, 與之交游者, 未嘗見其喜慍之色, 與陳留阮籍, 河內山濤, 河內向秀, 籍兄子咸, 琅邪王戎, 沛人劉伶, 相與友善, 游於竹林, 號爲七賢."

7 『晉書』「嵇康傳」. "嵇康字叔夜, 譙國銍人也. … 所與神交者, 惟陳留阮籍河內山濤, 豫其流者, 河內向秀沛國劉伶籍兄子咸琅邪王戎, 遂爲竹林之遊, 世所謂'竹林七賢'也."

8 『晉書』「劉伶傳」. "澹默少言, 不妄交遊, 與阮籍嵇康相遇, 欣然神解, 攜手入林."

9 湯用彤, 『漢魏兩晉南北朝佛敎史』.

10 上同.

"죽림"이 바로 불교의 "죽림"이라고 하였다. 그는 다음과 같이 말했다. "대체로 말하자면 이른바 '죽림칠현'이라는 것은 먼저 일곱 명의 현인이 있는데 이것은 바로 『논어』의 '작자칠인(作者七人)'의 숫자에서 취한 것이니 실제로 동한 말기 삼군, 팔주, 팔급 등의 명칭과 함께 표방된 뜻이다. 서진 말년에 이르러서 불교의 무리들이 불교경전에 외서들을 억지로 끌어다 비교하는 '격의(格義)'의 기풍이 성행하였다. 동진 초년에 인도의 '죽림'이라는 명칭을 취하여 '칠현' 앞에다 붙였다. 동진 중엽 이후에 이르면 강소성 지역의 명사인 손성, 원굉(袁宏), 대규(戴逵) 등의 무리가 책을 지었는데 하북 민간에도 또한 지방의 명승에 죽림이라는 것을 억지로 붙여서 말하였다. 예를 들면 『수경주(水經注)』 중에 「청수편(淸水篇)」에 수록된 것 그리고 동진 말년의 사람인 곽연생(郭緣生)이 저술한 「술정기(述征記)」 중에 혜강이 옛날에 살았던 거처에 죽림이 남아 있다는 부류가 바로 이것들이다."[11] 이러한 설명은 "죽림"이라는 두 글자가 불교의 서적에서 근원하여 나오고 "죽림칠현"은 양진시기의 사람들이 이름난 선비와 이름난 승려를 서로 "격의"한 것이라고 본 것이다. 우리는 이상의 두 가지 설명을 비교하여 볼 때 앞의 학설이 비교적 낫다고 생각한다.

첫째로 위진 사람들은 그 기풍이 서로 비슷한 사람들에게 병합하여 부를 때에 그 명칭 앞에 연호나 지명을 붙이는데 예를 들면 "건안칠자(建安七子)", "곤주팔백(袞州八伯)" 등이 있고, 불교의 용어로 그 앞에 붙이는 습관은 없었다. 둘째 불교의 서적 중에 "죽림"이라는 것은 인도의 가란다(迦蘭陀)의 죽원(竹園)을 가리킨다. 가란다가 부처에게 귀의한 뒤에 이 죽원을 부처에게 바쳐서 정사를 세웠는데 부처가 설법한 장소가 되었다. 그러나 "죽림칠현"은 노자와 장자를 신봉하는 현학의 명사들로 그들의 활동시대는 주로 위진 사이이며, 이때는 명승과 명사들 사이에

11 陳寅恪, 『金明館叢稿初編』.

왕래교류가 아직 보이지 않았고, 역사서 상에도 "칠현"과 승려의 무리들이 왕래하는 것에 관한 사적이 기록되어 있지 않으므로 "죽림칠현"에 불교를 끌어다 한꺼번에 이야기할 수는 없는 것이다. 셋째, "격의"는 사람들이 불교를 이해하기 위한 방편으로서 현학을 가지고 불학을 해석하는 것이며, 한어를 가지고 인도어를 해석하는 것이지 그 반대는 아니다. 넷째, 동진 사람들은 유명한 승려를 명사들에게 끌어다 붙이는 습관이 있었는데, 예를 들면 손작(孫綽)이 칠도인(七道人: 일곱 명의 승려)과 "칠현"을 서로 끌어다 붙여 비교하였으나, 명사를 명승(名僧)에다 끌어다 붙여놓은 증거 사례는 없다. 이 때문에 우리는 또한 "죽림"을 지명과 상대하여 쓰는 것으로 보는 것이 옳다고 생각한다.

그렇다면 "죽림"은 결국 어떤 지방인가? 상수의 「사구부(思舊賦)」에는 다음과 같이 말했다. "명을 받고 저 먼 경성에 갔더니 곧 되돌아서 북쪽 정벌에 나섰네. 황하를 건너고자 배를 타보니 산양 지방의 옛 친구 집을 지나는구나. 빈 들녘을 바라보니 쓸쓸하구나. 수레를 성 귀퉁이에 멈춰 세운다. 혜강과 여안(呂安)의 발자취를 따라 밟으니 지나는 곳마다 저자거리는 빈 집 뿐이네."[12] 『진서』「혜강전」에는 다음과 같이 말했다. "왕융은 스스로 말하길 혜강과 산양지역에서 이십 년을 살았는데, 그가 기뻐하기니 성내는 얼굴을 본 적이 없다."[13] 『삼국지』 권21 주에 인용된 『위씨춘추』에서 다음과 같이 말했다. "혜강은 하내의 산양현에서 임시로 살았는데 그와 함께 노닌 사람들이 그가 기뻐하거나 성내는 얼굴을 본 적이 없었다."[14] 역도원(酈道元)의 『수경(水經)』「청수(淸水)」 주에 인용된 곽연생의 『술정기』에서 다음과 같이 말했다. "산양현성 동북쪽 이십 리

12 尙秀, 「思舊賦」. "將命適於遠京兮, 遂旋反以北徂. 濟黃河以泛舟兮, 經山陽之舊居. 瞻曠野之蕭條兮, 息餘駕乎城隅. 踐二子之遺迹兮, 曆窮巷之空廬."

13 『晉書』「嵇康傳」. "戎自言與康居山陽二十年, 未嘗見其喜慍之色."

14 『三國志』 권21 주에 인용된 『魏氏春秋』. "寓居河內之山陽縣, 與之游者, 未嘗見其喜慍之色."

에 위나라 중산대부 혜강의 채마밭과 집이 있었는데 지금은 모두 황무지가 되었고, 그 동네의 노인은 혜공의 죽림지라고 말하며 당시에는 대나무가 남아 있었다고 하였다."[15] 또 다음과 같이 말했다. "장천(長泉)은 칠현사(七賢祀)와 가까우며 상수는 이른바 산양현의 옛집에서 살았는데 뒷사람들이 그 곳에다 사당을 세웠다. 좌우로 대나무가 늘어서 있어서 겨울이나 여름에 그 곧고 무성함이 변하지 않았다. 위나라 보병교위인 진류의 완적과 중산대부인 초국의 혜강과 진나라 사도인 하내의 산도와 사도인 낭야의 왕융과 황문랑인 하내의 상수와 건위참군인 패국의 유령과 시평태수인 완함 등이 산양에 함께 살면서 스스로 만족하는 교제를 맺어서 당시 사람들이 그들을 죽림칠현이라 하였다."[16] 이 자료는 "죽림"이 하내의 산양현에 있었으며, 혜강, 완적, 산도, 왕융, 유령, 상수 등의 여러 현인이 일찍이 여기에서 노닐었다는 것을 증명한다. 역도원, 곽연생은 위나라 말기에서 멀지 않은 인물이며 그들의 말은 역사서와 서로 부합하기 때문에 아마도 후세인들이 견강부회했다고 볼 수는 없다.

"죽림칠현"은 당시 사람들에게 지극한 숭상을 받았으며 현학의 조류에서 매우 높은 지위를 지니고 인물의 품평을 가장 잘하는 명사들도 함부로 감히 포폄(褒貶)할 수가 없다. "사알(謝遏) 등의 여러 사람들이 함께 죽림칠현의 우열을 평론하자 사공(謝公)이 말하기를 선배들은 처음에 칠현에 대하여 포폄하지 않았다."[17]라고 하였다. 사실상 칠현은 품행상으로는 물론이고 드러난 재능에 있어서도 모두 우열이 나누어진다. 『세설신어』「임탄편」과 손성의「진양추」설명에 의하면 칠현은 혜강과 완

15 郭緣生,『述征記』. "山陽縣城東北二十里, 魏中散大夫嵇康園宅, 今悉爲田墟, 而父老猶謂嵇公竹林也, 以時有遺竹也."

16『藝文類聚』64. "長泉又逕七賢祠, 向子期所謂山陽舊居也, 後人立廟于其處. 左右篘篁列植, 冬夏不變貞萋. 魏步兵校尉陳留阮籍, 中散大夫譙國嵇康, 晉司徒河內山濤, 司徒琅邪王戎, 黃門郎河內尙秀, 建威參軍沛國劉伶, 始平太守阮咸等, 同居山陽, 結自得之游, 時人號之爲竹林七賢."

17『世說新語』「品藻篇」. "謝遏諸人, 共道竹林優劣. 謝公云, 先輩初不臧貶七賢."

적과 산도를 영수로 삼고, 상수와 유령과 완함과 왕융을 그 다음으로 여긴다. 실제로 칠현의 진정한 영수는 혜강과 완적이며 산도는 그 수에 들지 못한다. 『위씨춘추』와 『진서』는 모두 칠현을 혜강전에 붙여 넣었다. 사만(謝萬)은 「팔현전(八賢傳)」을 지어서 어부(漁父), 굴원(屈原), 계주(季主), 가의(賈誼), 초노(楚老), 공승(龔勝), 손등(孫登)과 함께 거론하고 있다. 『세설신어』 「문학편」에 다음과 같이 말했다. "옛사람들이 말하기를 '왕승상[王導]이 강남에 이르니 오직 성무애락(聲無哀樂)과 양생(養生)과 언진의(言盡意)라는 오직 세 가지 이치만 말할 뿐이다.'라고 하였다."[18] 남제의 왕승건(王僧虔)의 『계자서(戒子書)』에는 "재성의 네 가지 입장과 소리에는 슬픔과 즐거움이 없다는 것은 모두 말하는 사람들마다 입에 가득하였다."[19]라고 하였다. 이런 자료는 모두 혜강이 칠현 중에 영수의 지위에 있음을 긍정하는 것이며 아울러 혜강의 인격과 사상이 모두 다른 여러 현인들보다 뛰어남을 설명하는 것이다. 이 자료 외에도 완적의 「대인선생전(大人先生傳)」과 그의 자유분방한 언행은 당시 사람들에게 매우 영향을 끼쳤다. 혜강과 완적은 단지 칠현의 핵심일 뿐만 아니라 명사들이 다투어 모방하는 모범이었으며, 그들은 칠현과 전체 현학상의 지위에서 다른 여러 현인들이 바라볼 수 있는 경지가 아니었다.

1 혜 강嵇康

혜강은 자가 숙야(叔夜)이고 위나라 문제 황초 4년(223)에 태어났으며 중산대부(中散大夫)의 관직을 받았고, 경원 3년(262)에 사마씨에 피살되

18 『世說新語』 「文學篇」. "舊云王丞相過江左, 止道聲無哀樂・養生・言盡意三理而已."

19 王僧虔, 『戒子書』. "才性四本, 聲無哀樂, 皆言家口實."

었는데 하루도 진나라를 섬기지 않았다. 그러나 『위지(魏志)』에는 아직 그의 열전을 따로 두지 않았고 오직 권 21 「왕찬전(王粲傳)」 뒤에 몇 마디 말을 붙여서 다음과 같이 기술하였다. "당시에 또한 초군의 혜강이 있었는데 문사가 웅장하고 아름다웠으며 노자와 장자를 즐겨 이야기했고 기이한 일을 숭상하며 사내답고 용감하였다. 경원 연간에 일에 연좌되어 주살되었다."[20] 오히려 『진서』는 그를 위하여 천여 자에 이르는 열전을 지었다. 『진서』 「혜강전」에 다음과 같이 말했다. "혜강은 자가 숙야이며, 초국의 질(銍: 지금의 安徽省 宿縣)땅 출신이다. 그 선조는 성이 해이며 회계(會稽)의 상우(上虞: 지금의 浙江省 紹興)지역 사람이며, 원한을 피해 이사하였다."[21] 『삼국지』 「위서: 왕찬전」 주에 인용된 우예(虞預)의 『진서』에 다음과 같이 말했다. "혜강의 집안은 본래 성이 해이며 회계 땅 사람이다. 그 선조는 회계로부터 초땅의 질현으로 옮겨왔고 성씨를 혜로 바꾸었으니 회자 위에다 산자를 더하여 성을 삼은 것이니 대개 그 근본을 생각하는 뜻이 있다. 일설에는 질땅에 혜산이 있으며 그 옆에다 집을 짓고 살았으므로 결국은 씨로 삼았다고 한다."[22] 『세설신어』 「덕행편」 주에 인용된 왕은(王隱)의 『진서』에 다음과 같이 기록하였다. "혜는 본래 성이 계이며 그 선조는 원한을 피하여 상우 지방으로 이사하였고 초국 질현으로 다시 옮겨왔다. 회계로부터 나와서 나라안의 한 지역의 소리를 취하여 계와 근본이 같다."[23] 이 사료는 모두 다 같이 혜강의 조상

20 「魏書: 王粲傳」. "時又有譙郡嵇康, 文辭壯麗, 好言老莊, 而尙奇任俠. 至景元中, 坐事誅."

21 「晉書: 嵇康傳」. "嵇康字叔夜, 譙國銍人也. 其先姓奚, 會稽上虞人, 以避怨徙焉."

22 『三國志』 「魏書: 王粲傳」의 주에 인용된 虞預의 『晉書』. "康家本姓奚, 會稽人. 先自會稽遷於譙之銍縣, 改爲嵇氏, 取稽之上, 山以爲姓, 盖以志其本也. 一曰銍有嵇山, 家於其側, 遂氏焉."

23 『世說新語』 「德行篇」의 주에 인용된 王隱의 『晉書』. "嵇本姓溪, 其先避怨, 徙上虞, 移譙國銍縣, 以出自會稽, 取國一支音同本溪焉." 『世說新語』 「德行篇」의 주에 인용된 王隱의 『晉書』. "嵇本姓溪, 其先避怨, 徙上虞, 移譙國銍縣, 以出自會稽, 取國一支音同本溪焉."

의 적이 회계이며 원한을 피해서 상우지방으로 옮겨왔고 뒤에 또 다시 초국의 질현으로 옮겨왔다고 하였다. 본래의 성은 해(奚)[또는 계(溪)]이며, 질현으로 옮겨온 뒤에는 산의 의미로 성을 삼아 혜(嵇)로 성을 바꾼 것이라고 하였다.

호우와이루(侯外廬)는 위에서 서술한 설명에 대하여 의심을 표시하면서 다음과 같이 말했다. "중세기의 문벌 제도하에서 성을 바꾸는 것은 실제로 중대한 사건이며 어쩔 수 없는 경우가 아니면 절대로 혈통의 표시를 내버릴 수 없는 것이다. 그러므로 혜씨가 성을 바꾼 것의 이유는 두 가지의 가능성이 있다. 첫째 전통적인 설명과 같이 원한을 피해서 바꾼 것이다. 그러나 원한을 피하는 것은 이미 지역을 피하는 것인데 또한 어째서 반드시 성을 바꿔야 하는가? 둘째 본래 천한 성씨이며 원래의 성인 해씨를 사칭하다가 원한을 피하는 일 때문에 혜로 바꾸었던 것이니 실제로 혜가 오히려 본래 성이다."[24] 당연히 이러한 설명은 단지 하나의 추측이며 결코 역사적 자료에 근거한 것은 아니다.

『삼국지』 권21 주에 인용된 「혜씨보(嵇氏譜)」에 다음과 같이 말하였다. "혜강의 아버지는 혜소이며, 자는 자원이고 독군량치서시어사(督軍糧治書侍御史)였다. 형 혜희(嵇喜)는 자가 공목(公穆)이며 진나라 양주자사 및 종정(宗正)을 하였다."[25]

혜강은 어려서 아버지를 잃었고 그 어머니와 형이 길렀다. 어머니와 형이 대체로 그를 지나치게 사랑해서 "자애로움은 있으나 위엄이 없었는데",[26] 그는 자신이 어렸을 때를 다음과 같이 말하고 있다. "경학을 섭렵하지 못했고 본성이 또한 일에 성글고 게으르며 근육은 둔하고 살은 늘어졌고 얼굴은 늘 한 달이나 반 달 동안 씻지 않았으며 크게 가렵지

24 侯外廬, 「嵇康的心聲二元論及其社會思想, 邏輯思想」, 『中國思想通史』 第 3卷.

25 『三國志』 권21 주에 인용된 「嵇氏譜」. "康父昭, 字子遠, 督軍糧治書侍御史. 兄喜, 字公穆, 晉揚州刺史宗正."

26 嵇康, 「幽憤詩」. "有慈無威."

않으면 목욕도 하지 않았다. 매번 늘 소피가 마려워도 참고 일어나지 않다가 방광이 거의 뒤틀릴 지경에 이르러야 비로소 일어났다."[27] 이것은 그 자신이 소년시절을 묘사한 것으로서 약간의 과장은 있겠지만 그가 어려서부터 정신이 해이하고 제멋대로 구는 괴팍한 성격으로 자랐고 경전을 읽고 예의를 존중하는 데 뜻을 두지 않았다는 것은 대체로 사실과 부합한다. 혜강은 어렸을 때 매우 총명하여 역사서 상에는 그가 "어려서 준수한 재능을 지녔으며",[28] "학문은 스승으로부터 받은 것이 아닌데도 널리 보고 익혀서 통하지 않는 바가 없었다."[29]라고 말하였다.

청년시절에는 "혜강은 위나라 장락정(長樂亭) 주인의 사위가 되었고 낭중(郎中)으로 자리를 옮겼으며 중산대부를 제수받았다."[30] 이것은 대체로 정시 연간의 사정이다. 이때는 조씨와 사마씨의 모순이 날로 격화되어서 혜강이 비록 위나라 종실의 사위였으나 두 집단 간의 투쟁에 개입한 적이 결코 없었고 "마음을 우러러 옛 도를 희구하고 그 숭상하는 바에 몸을 내어 맡기며, 장자와 노자를 의탁하여 좋아하고, 재물을 천시하고 몸을 귀하여 여겼으며, 뜻은 질박함을 지키는 데 두고 본바탕을 기르고 천진함을 보존하였다."[31]

가평 원년에 사마의가 음모를 꾸며 조상과 하안 등 팔대 거족을 죽여서 제거한 뒤로 혜강은 더욱 정국에서 벗어나려는 뜻을 갖게 되었고, 여러 현자들과 죽림에서 노닐면서 "아! 장자와 노자여! 더디게도 오래 살았도다. 실제로 용으로 변화했으니 호탕한 뜻이 넓도다."[32]라고 했다. 멋대로 행동하고 세속을 벗어난 듯 맑고 깨끗하며 세상의 일을 돌아보

---

27 嵇康, 「與山巨源絶交書」. "不涉經學, 性復疏懶, 筋駑肉緩, 頭面常一月十五日不洗, 不大悶痒, 不能沐也. 每常小便而忍不起, 令胞中略轉乃起耳."

28 『三國志』 권21 주에 인용된 「嵇康傳」. "少有俊才."

29 『太平御覽』 379에 인용된 「晉書」. "學不師受, 博覽無不該通."

30 『世說新語』 「文學篇」 주에 인용된 『文章序錄』. "學不師受, 博覽無不該通."

31 嵇康, 「幽憤詩」. "抗心希古, 任其所尙, 托好老莊, 賤物貴身, 志在守樸, 養素全眞."

32 嵇康, 「酒會詩」. "猗與老莊, 栖遲永年. 實有龍化, 蕩之浩然."

지 않는 경향을 표현하여 은퇴의 형식으로써 사마씨가 찬역을 저질러서 살생을 남발하는 것을 억제하는 세력을 형성하였다.

가평 4년(252) 이후로 산도와 왕융 등의 인물은 앞서거니 뒤서거니 하며 처음의 충심을 배반하고 사마사의 수하로 벼슬을 살았다. 오래지 않아 완적도 형세의 핍박 때문에 죽림을 떠나서 조정에 출사하였다. 이러한 형세 속에서도 혜강은 끝내 변심하지 않고 여전히 은거한 채 세상에 나아가지 않았다. 이때에 그의 주위에는 상수 이외에도 여안(呂安)과 곽하주(郭遐周), 곽하숙(郭遐叔), 장료숙(張遼叔), 조지(趙至) 등의 인물이 늘어나 있었다.

이런 인물들은 혜강의 인격과 재능을 존경하고 우러러 보았다. 『진서』에는 "동평군 여안은 혜강의 고상하고 분방함에 감복하여 매일 서로 생각하고 항상 천리 길을 수레를 타고 갔다."[33]고 말하였다. 여안의 집안은 동평(東平: 지금의 山東省 東平縣) 지역에 세거하였고 칠현이 죽림에서 놀 때에 그는 산양에 있지 않았으니 그가 산양에 도착하여 혜강과 상수와 교유한 것은 대체로 칠현이 해체된 뒤이다. 이런 인물은 칠현의 활동을 계속 이어서 "산양지방에서 채마밭에 물을 주고", "낙양에서 함께 쇠붙이를 달구어 두드리고",[34] 술 마시며 거들먹거리고 놀며 문장이나 시를 지으면서 사마씨에게 기꺼이 임용되려 하지 않았다. 현재 전하는 『혜강집』 속의 「양생론(養生論)」, 「답상자기난양생론(答向子期難養生論)」, 「명담론(明膽論)」, 「난자연호학론(難自然好學論)」, 「난택무길흉섭생론(難宅無吉凶攝生論)」, 「답석난택무길흉섭생론(答釋難宅無吉凶攝生論)」 등의 문장은 틀림없이 이 시기에 쓰여졌을 것이라고 생각된다.

혜강의 사상과 행동은 매우 모순되는 양상을 보이나. 한편으로 그는 세속을 벗어나 유유자적하며 은거하고 벼슬에 나아가지 않았지만, 또

---

33 『太平御覽』 권752, 권956에 인용된 「晉書」. "東平呂安, 服康高放, 每一相想, 輒千里命駕."

34 上同. "灌園於山陽.", "偶鍛於洛邑."

한편으로는 "세속의 일을 보고 발언을 하였으니" 시국의 변화에 대하여 매우 큰 관심을 가졌다. 정원 2년(255)에 진동장군(鎭東將軍) 관구검이 제왕 조방이 폐위된 것에 기인하여 회남의 병력을 가지고 반란을 일으켰는데, 사마씨는 조정에 대한 반역의 죄명을 씌워 그들을 진압하였다. 혜강은 「관채론(管蔡論)」을 지어서 그의 억울함을 밝히고 있으니 그 글에서 다음과 같이 말했다.

"관숙(管叔)[35]과 채숙(蔡叔)[36]은 모두 가르침을 따르고 도의를 위해서 죽

35 역주 관숙(管叔)은 성(姓)이 희(姬)이고 이름은 선(鮮)이며 주(周) 문왕(文王) 희창(姬昌)과 정비(正妃) 태사(太姒) 사이에서 셋째 아들로 태어났다. 주(周) 무왕(武王)에게 지금의 허난성[河南省] 정저우[鄭州]를 중심으로 했던 관(管, 河南 鄭州)의 제후로 봉해져 관숙(管叔)이라고 불린다. 주(周) 무왕(武王)은 상(商)을 멸망시킨 뒤에 공을 세운 공신(功臣)이나 부족(部族) 그리고 주(周) 왕실(王室)의 일족(一族)들을 대상으로 대규모로 분봉(分封)을 하였다. 특히 상(商)의 마지막 임금인 주왕(紂王)의 아들, 무경[武庚, 녹보(祿父)라고도 한다]을 상(商)의 도읍인 은(殷, 지금의 河南 安陽)에 봉(封)하여 상(商)의 유민(遺民)들을 효과적으로 통제하려 했다. 그리고 그가 반란을 일으키지 못하도록 그 주위에 자신의 세 동생들을 분봉(分封)하였는데, 관숙(管叔) 희선(姬鮮)을 관(管)의 제후로 봉했으며, 채숙(蔡叔) 희도(姬度)를 채(蔡, 지금의 河南 上蔡)의 제후로, 곽숙(霍叔) 희처(姬處)는 곽(霍, 山西 霍州)의 제후로 봉(封)하였다. 이들은 무경(武庚)과 상(商)의 유민들에 대한 감시와 통제를 맡았기에 '삼감(三監)'이라고 불렀다. 기원전 1043년 무렵, 무왕(武王)이 죽고 성왕(成王)이 즉위하였으나, 성왕(成王)은 아직 나이가 어려 관숙(管叔)의 바로 아랫동생인 주공(周公) 희단(姬旦)이 섭정(攝政)이 되었다 (주공이 왕위를 이었다는 학설도 있다). 관숙(管叔)과 채숙(蔡叔), 곽숙(霍叔)은 이에 불만을 품고 주공(周公)이 왕위를 빼앗을 것이라는 말을 사방에 퍼뜨렸다. 그리고 무경(武庚)과 연합하여 반란을 일으켰는데, 이를 '삼감(三監)의 난(亂)'이라고 한다. 주공(周公)은 소공(召公) 희석(姬奭) 등의 도움을 받아 3년 만에 반란을 진압하였고, 관숙(管叔)과 무경(武庚)은 처형되었다.

36 역주 채숙(蔡叔)은 성(姓)이 희(姬)이고 이름은 도(度)이며 주(周) 문왕(文王) 희창(姬昌)과 정비(正妃) 태사(太姒) 사이에서 다섯째 아들로 태어났다. 주(周) 무왕(武王)에게 지금의 허난성[河南省] 상차이[上蔡]를 도읍으로 했던 채(蔡)의 제후로 봉해져 채숙(蔡叔)으로 불리며, 춘추시대(春秋時代)의 제후국인 채(蔡)의 시조(始祖)가 되었다. 주(周) 무왕(武王)은 상(商)을 멸망시킨 뒤에 공을 세운 부족(部族)이나 공신(功臣), 그리고 주(周) 왕실(王室)의 일족(一族)들을 대상으로

었으니 충심과 성심이 저절로 그렇게 한 것이다. … 선대의 일을 빛내고 왕업을 융성하려고 생각하였다. … 갑자기 큰 변란을 당하여 스스로 통할 수 없게 되었다. 이에 마음속에 충심을 지녀서 왕실을 생각하고 마침내 대항하는 말로써 백성들을 인솔하고 국가의 우환을 제거하고자 하였다. 천자를 보좌하려 하여 기꺼이 주공 단(旦)을 쫓아내려 한 것이다. 이것은 어리석은 성심으로 떨쳐 일어났으나 화만 자초하게 되었다."[37]

"주공이 섭정을 할 때에 관숙과 채숙이 유언비어를 풀고 반란을 했는데, 사마씨가 집정을 할 때는 회남지역에서 세 차례[38] 반란을 일으켰으니 그 일들이 바로 정확하게 들어맞는다. 혜강이 관숙과 채숙을 성대하게 지칭한 것은 사마씨를 조롱해서 풍자한 것이니 어찌 재앙을 당하지 않을 수 있겠는가."[39] 혜강을 관숙과 채숙으로 바꾸어 말한 것은 관구검 등의 인물이 사마씨에게 반대한 것을 설명하는 것이 "왕실을 생각하고",

---

대규모로 분봉(分封)을 하였다. 특히 상(商)의 마지막 임금인 주왕(紂王)의 아들, 무경[武庚, 녹보(祿父)라고도 한다]을 상(商)의 도읍인 은(殷, 지금의 河南 安陽)에 봉(封)하여 상(商)의 유민(遺民)들을 효과적으로 통제하려 했다. 그리고 그 주위에 자신의 세 동생들을 분봉(分封)하였는데, 관숙(管叔) 희선(姬鮮)을 관(管, 河南 鄭州)의 제후로 봉했으며, 채숙(蔡叔) 희도(姬度)를 채(蔡)의 제후로, 곽숙(霍叔) 희처(姬處)를 곽(霍, 山西 霍州)의 제후로 봉(封)하였다. '삼감(三監)의 난(亂)'으로 무경(武庚)과 관숙(管叔)은 처형되었으며, 채숙(蔡叔)은 멀리 유배되었다가 그 곳에서 죽었다. 채숙(蔡叔)이 죽은 뒤에 한때 그의 봉지(封地)는 몰수되었다. 하지만 그의 아들인 채중(蔡仲) 희호(姬胡)는 덕행(德行)과 선행(善行)에 힘써 주공(周公)에게 노(魯)의 경사(卿士)로 천거(薦擧)되었고, 그 곳을 훌륭하게 다스린 공을 인정받아 다시 채(蔡)의 제후로 봉해졌다. 채(蔡)는 기원전 447년 초(楚)의 혜왕(惠王)에게 멸망될 때까지 존속되었다.

37 嵇康, 「管蔡論」. "管蔡皆服教殉義, 忠誠自然. … 思光前載, 以隆王業. … 卒遇大變, 不能自通. 忠於乃心, 思在王室, 遂乃抗言率衆, 欲除國患. 冀存天子, 甘心毁旦. 斯乃愚誠憤發, 所以徼禍也."

38 저자 주 王凌, 毌丘儉, 諸葛誕이 세 차례 병사를 일으켜 사마씨에 반대했다.

39 張采, 『漢魏別傳』. "周公攝政, 管蔡流言, 司馬執政, 淮南三叛, 其事正對. 叔夜盛稱管蔡, 所以譏刺司馬氏也. 安得不被禍也."

"국가의 우환을 제거하고자 하며", "천자를 보좌"하기 위해서이다. 그는 문장 속에서 비록 공개적으로 사마씨 형제를 공격하지 않았지만 사마씨의 형제가 난신적자임을 인정한 뜻은 매우 명확하다.

사마소는 혜강이 자기에게 기꺼이 협조하지 않을 것을 분명히 알았지만 여전히 죽일 마음은 없었다. 감로 3년(258)에 "대장군[사마소]이 혜강에게 마음이 쏠려" 박사로 삼았으나 혜강은 나아가지 않았다. 사마소의 앞잡이 노릇을 하던 종회도 혜강의 집에 이르러 그의 동정을 염탐하였는데 혜강이 핍박이 끊임없이 이어져 올 것을 예감하고 바로 낙양을 떠나서 하동으로 피신하였다.

혜강이 살던 곳을 떠날 때 친구인 곽씨 두 형제에게 앞서서 송별하였다. 혜강은 「답이곽(答二郭)」이라는 시 속에서 다음과 같이 묘사하였다.

> "세상일을 자세히 살펴보니 어렵고 험난하여 근심 걱정이 많도다. 베풀고 보답해도 서로 다투니 큰 도가 숨어서 펼쳐지지 않는다. 평탄한 길에서 가시나무를 만나니 편안한 걸음은 장차 어디로 가야 하나. 권세와 지혜로 서로 빼앗으니 명성과 지위는 머물 곳이 못된다. 난새와 봉새는 그물을 피해서 저 멀리 곤륜의 빈터로 숨어든다. 장주는 신령한 거북을 애도했고 월나라 왕자 수(搜)는 왕의 수레에 한탄한다."[40]

> "옛날에 어려서 부형을 잘 만났으니 무거운 짐을 지지 않았다. 이 때문에 결국 게으르게 되었고 북쪽 산기슭에서 자취를 끊었다. 다만 성명을 기리길 바랄 뿐 끝내 다른 생각이 없도다. 좋은 시절은 나에게 아직 기약이 없고 나이가 들어 번잡하고 어지러운 세상을 만났구나. 고난을 이기며 세상의 가르침을 좇았으나 늘 그물에 걸릴까 두려웠도다. … 어찌 세

40 嵇康, 「答二郭」. "詳觀淩世務, 屯險多憂虞. 施極更相市, 大道匿不舒. 夷路値植棘, 安步將焉如. 權智相領奪, 名位不可居. 鸞鳳避罻羅, 遠托昆侖墟. 莊周悼靈龜, 越搜嗟王輿."

상 밖에서 노는 것만 같으랴. 옥을 먹고 아침노을을 마시리. 외부 사물을 버리고 비루함도 버리고 유유자적하며 태화에서 놀리라."[41]

혜강이 당시의 형세를 본 것은 "큰 도가 숨어서 펼쳐지지 않고", "평탄한 길에서 가시나무를 만나고", "권세와 지혜로 서로 빼앗으니 명성과 지위는 머물 곳이 못되니" 이 때문에 의연히 떠나서 산림에 은거한 것이다.

앞 사람들의 고증에 의거하면 혜강이 화를 피하여 은거한 땅은 오늘날 휘현(輝縣) 청수하(淸水河) 동쪽의 백문산(百門山)이다. 『휘현지(輝縣志)』에 다음과 같이 말했다. "소문산(蘇門山)은 현의 서북쪽 오십 리 즈음에 있는데 일명 소령(蘇嶺)이고 또 다른 이름으로 백문산이며 산 아래에는 백천(百泉)이니 진나라 손등(孫登)이 여기에 은거하여 소문선생(蘇門先生)이라 불렀다." 혜강이 백분산에 이르러 손등과 삼년을 노닐 때 "그가 도모하는 것을 물어도 끝내 대답하지 않았다. … 장차 이별할 때에 일러 말하길, '선생은 끝내 말씀이 없으시군요.' 손등이 이에 말하기를, '그대는 불을 아는가? 불은 나면서부터 빛이 있는데, 그 빛을 쓰지는 않으면 과연 빛을 쓸 곳이 있겠는가. 사람은 나면서부터 재능이 있는데, 그 재능을 쓰지 않으면 과연 재능을 쓸 곳이 있겠는가. 그러므로 빛을 쓰는 것은 땔감을 얻는 데에 있으니, 그 빛을 보존하는 근거이다. 재능을 쓰는 것은 대상을 인식하는 데 있으니, 그 수명을 보존하는 근거이다. 지금 그대는 재능은 많지만 식견은 적어서 오늘날 세상에 화를 면하기 어려우니 그대는 많은 것을 구하려 하지 마라.'"[42]

41 嵇康, 「答二郭」. "昔蒙父兄祚, 少得離負荷. 因疏遂成懶, 寢迹北山阿. 但愿養性命, 終已靡有他. 良辰不我期, 當年値紛華. 坎壈壈世敎, 常恐纓網羅. … 豈若翔區外, 餐琼漱朝霞. 遺物棄鄙累, 逍遙游太和."

42 『世說新語』「栖逸」 주에 인용된 「文士傳」. "嵇康又從之遊三年, 問其所圖, 終不答. … 將別, 謂曰, '先生竟無言乎?' 登乃曰. '子識火乎? 火生而有光, 而不用其光, 果在於用光. 人生而有才, 而不用其才, 而果在於用才. 故用光在乎得薪, 所以保其耀. 用才在乎識眞, 所以全其年. 今子才多識寡, 難乎免於今之世矣! 子無求乎.'"

손등이 이별하면서 준 말은 세상 밖의 고인(高人)이 보이는 "점화(點火)"[43]와 비슷하지만, 혜강은 결국 기꺼이 원해서 세상을 버리고자 하는 은자는 아니었으며, 여기서 살펴본 이야기에 비추어 볼 때 끝내 기꺼이 세상을 버리지 않았다. 경원 1년(260)에 그를 찾아 온 조지(趙至)와 업(鄴) 땅에서 만나 바로 함께 산양 지역으로 돌아갔다.

경원 2년(261)에 혜강은 산양 지역으로 돌아온 지 오래 되지 않아서, 이부랑(吏部郞) 산도(山濤)가 그를 추천하여 자기의 업무를 대체하게 하고자 하였으나 혜강이 몹시 화를 내며 거절하였고, 이 일 때문에 산도와 절교하였다. 그는 「여산거원절교서(與山巨源絶交書)」 속에서 "탕왕과 무왕을 비난하고 주공과 공자를 가볍게 보았으며", 공공연하게 사마씨와 허위로 가득 찬 명교의 세력과 서로 화친하여 함께 존립할 수 없다는 태도를 표시하였다.

경원 3년(262)에 여손(呂巽)이 그의 형수를 강점하기 위하여, 그의 형 여안(呂安)이 불효하다고 거짓으로 고발하였다. "여안은 혜강을 불러서 증인을 삼았는데, 의리를 저버리지 않고 그 일을 결백하게 보증하였다."[44] 종회는 사마소를 선동하여 혜강을 몰래 기회를 보아서 죽이고자 하였는데, 그는 다음과 같이 말하였다. "혜강은 때를 만나지 못한 큰 인물이라서 일어나지 못하게 해야 한다. 공께서 천하에 걱정이 없으려면 오히려 혜강을 근심해야 한다."[45] 그리고 혜강이 "관구검을 도우려 하고, 산도를 책망하여 그의 말을 듣지 않았다."[46]고 비방하였다. 그리고 "혜강과 여안 등의 말이 방탕하여 아직 문물제도와 계책을 헐뜯지 않았지만, 제왕은 마땅히 용납해서는 안 된다. 마땅히 이참에 죽여 없애서

43 역주 "점화(點火)"는 도교에 신선의 도술(道術)을 발휘하여 사물을 변화시키는 것을 말한다.

44 『晉書』「嵇康傳」. "安引康爲證, 康義不負心, 明保其事."

45 『晉書』「嵇康傳」. "嵇康臥龍也, 不可起. 公無憂天下, 顧以康爲慮耳."

46 『晉書』「嵇康傳」. "欲助毌丘儉, 賴山濤不聽."

풍속을 순화시켜야 한다."[47]고 하였다. 사마소는 혜강을 자기에게 스스로 와서 복종하게 할 수 없다는 것을 알고, 이때 여안의 사건을 구실로 삼아 그를 살해하였다.

혜강의 저작에 관하여, 『수서』「경적지」에는 『성현고사전찬(聖賢高士傳贊)』 3권, 『춘추좌씨전음(春秋左氏傳音)』 3권, 『혜강집』 양(梁)본 15권·녹(錄) 1권이 있다고 기록하였다. 이상의 세 서적은 역대로 전해지는 과정 속에서 모두 어느 정도 유실되었으며, 그 중에 『혜강집』은 수나라 시기에 이미 두 권·녹1권이 유실되었고, 당나라 시기에 또한 15권본이 출현하였으며, 송나라에 이르러 겨우 10권만 남게 되었다. 『혜강집』은 혜강의 사상을 연구하는 주요 의존 자료이며, 현재 전하는 것은 명나라 가정(嘉靖) 연간의 황성증각본(黃省曾刻本), 명나라 오관총서당초본(吳寬叢書堂抄本), 명나라 만력(萬曆) 연산의 정영교각본(程榮校刻本), 명나라 만력 연간의 왕사현각(汪士賢刻) 『이십일명가집(二十一名家集)』본, 청나라 건륭(乾隆) 연간의 『사고전서(四庫全書)』 초본, 『사부총간(四部叢刊)』 영인본, 『사부비요(四部備要)』본, 루쉰(魯迅) 교본(校本), 대명양(戴明揚) 교주본(校注本) 등이 있다. 그 중에 루쉰의 판본과 대명양의 판본이 가장 좋다. 대명양의 판본은 단지 혜강의 시문(詩文)을 수집하여 비교하고 온전하게 만들었을 뿐만 아니라 『성현고사전찬』과 『춘추좌씨전음』 등의 일문(逸文)도 모아 놓았다.

현재 전하는 『혜강집』은 모두 시문 62편이며, 대부분 모두 가평 1년 이후에 쓰인 것인데, 현학의 제2단계 사상 내용과 특징을 집중적으로 반영하고 있다. 그 중에서 「성무애락론」·「양생론」·「관채론」·「난자연호학론」·「여산거원절교서」·「태사잠(太師箴)」·「복의(卜疑)」 등의 편은 혜강의 대표작이며, 그의 철학사상·정치사상·윤리사상·미학사상과 인생관을 반영하고 있다.

---

47 『晉書』「嵇康傳」. "康安等言論放蕩, 非毁典謨, 帝王者所不宜容. 宜因釁除之, 以淳風俗."

2 완 적阮籍

완적의 자는 사종(嗣宗)이고 진류(陳留)의 울씨(尉氏: 지금의 하남성 尉氏 지역) 사람이며, 한나라 헌제 건안 15년(210)에 태어나 위나라 원제 경원 4년(263)에 죽었다. 부친 완우(阮瑀)는 한나라 말기의 저명한 학자로서, 채옹(蔡邕)의 제자였으며, 문학을 좋아하여 뛰어난 문장을 남겼고, "건안칠자(建安七子)"의 한 명이 되었으며, 일찍이 조조의 휘하에서 서기관을 지냈고, 조비(曹丕)와 서로 왕래하면서 우의가 매우 두터웠다.

완씨는 본래 진류 지역의 거대 씨족가문으로서 가문의 사람들이 남쪽과 북쪽에 나누어 살았다. 모든 완씨가 도북(道北: 길의 북쪽)에 살면서, 누대에 걸쳐 유학을 업으로 닦았으며, 집안이 잘 살아서 모두 풍부한 재물을 지니고 있었다. 완적은 도남(道南: 길의 남쪽)에 살면서 도가의 사상을 숭상하였고, 술을 좋아하였으며 가난하였다. 『진서』「완적전」에 다음과 같이 말하였다. "완적은 용모가 진기하게 뛰어나고, 뜻과 기백이 크고 거침이 없었으며, 거만하게 홀로 자득하였고, 본성에 따라 살며 어디에도 매이지 않았고, 기쁘고 성내는 감정이 얼굴에 나타나지 않았다. 어떤 때는 문을 닫고 글을 읽었으며, 여러 달을 집 밖으로 나오지 않았다. 또 어떤 때는 산이나 물로 나아가 경치를 보면서 하루가 지나도록 집으로 돌아오는 것을 잊었다. 여러 종류의 서적을 널리 많이 읽었으며, 특히 『장자』와 『노자』를 좋아하였다. 술을 좋아했으며, 퉁소를 잘 불었고, 가야금을 잘 탔다. 뜻하는 바를 이루고 몸을 멋대로 굴리며 살았다. 당시 사람들은 그를 미치광이라고 불렀는데, 오직 족형(族兄)인 문업(文業)만이 매번 그에게 감탄하며 마음으로 따랐고, 자기 자신보다 뛰어나가고 여겼는데, 이로부터 모두 다 기이하다고 하였다."[48]

48 『三國志』「晉書: 阮籍傳」. "阮籍容貌瑰杰, 志氣宏放, 傲然獨得, 任性不羈, 而喜怒不形於色. 或閉戶視書, 累月不出; 或登臨山水, 經日忘歸. 博覽群籍, 尤好『莊』·

완적은 소년 시절에 비록 『장자』와 『노자』를 좋아하였으나, 『노자』와 『장자』에 대한 그의 태도는 혜강과 같지 않았다. 혜강은 어린 시절에 아버지를 잃고 어머니와 형의 지나친 사랑을 받으면서 유가의 영향을 받은 것이 얼마 되지 않았기 때문에 어려서부터 자유로움이 습관이 된 사람이었다. 이 때문에 『노자』와 『장자』의 사상과 의기투합하여 단번에 일치하게 된 것이다. 완적은 누대에 걸쳐 유학을 전업으로 닦았던 거대 가문의 출신이었으니, 비록 "특히 『장자』와 『노자』를 좋아하였지만", 유가 경전에 대해서도 읽지 않으면 안 되었다. 그는 다음과 같이 말하였다. "옛날 내가 14-5세 시절에, 마음에 『서경』과 『시경』을 좋아하였다. 거친 옷을 입고 살았지만 속으로 옥을 지녀서,[49] 안회와 민손(閔損)[50]처럼 추구함이 있었다."[51] 그가 소년 시절에 유가의 경전을 충분히 읽었을 뿐만 아니라 일찍이 공자의 우수한 제자인 안연과 민자건(閔子騫)을 사기가 추구할 바람직한 인간형의 모범으로 생각했음을 알 수 있다. 후에 와서 세상의 형세가 혼란해지자 그는 비로소 『노자』와 『장자』에 관심을 기울이게 되었고, 세상의 일에 대하여 묻지 않게 된 것이다. 본전에는 그가 "본래 세상을 구제하려는 뜻이 있었고, 위나라와 진나라의 격변기에 천하에 많은 사건이 있었고, 명사들 중에 온전한 자가 적었으므로, 완적은 세상의 일과 어울리지 않았고, 마침내 즐겁게 술이나 마시는 일을 일상생활로 삼았다."[52] 이 점에 관해 그의 「영회시(咏懷詩)」 속에서도

『老』. 嗜酒能嘯, 善彈琴. 當其得意, 忽忘形骸. 時人多謂之癡, 惟族兄文業每歎服之, 以爲勝己, 由是鹹共稱異."

49 역주 피갈회주옥(被褐懷珠玉)은 생활이 가난하고 빈천하여, 겉에는 거친 옷을 입고 있으나 속에는 옥을 지녔다는 뜻으로, 어질고 덕 있는 사람이 세상에 알려지지 않으려는 뜻을 지녔다는 말이다.

50 역주 안회(顔回)는 자가 자연(子淵)이며, 민손(閔損)은 자가 자건(子騫)이다. 두 사람 모두 공자의 제자로 이름이 높다. 『史記』「仲尼弟子列傳」 참고.

51 「咏懷詩」. "昔年十四五, 志尙好書詩. 被褐懷珠玉, 顔閔相與期."

52 『晉書』「阮籍傳」. "本有濟世志, 屬魏晉之際, 天下多故, 名士少有全者, 籍由是不與世事, 遂酣飮爲常."

자세한 내용을 볼 수 있다.

炎光延萬里, 맹렬한 열기가 온 세상에 널려 있고,
洪川蕩湍瀨. 큰 강물에 여울이 세차게 흐르네.
彎弓挂扶桑, 큰 활을 뽕나무에 걸어 놓고,
長劍倚天外. 긴 칼은 하늘 밖에 기대 놓으리.
泰山成砥礪, 태산은 숫돌로 삼고,
黃河爲裳帶. 황하는 치마끈으로 하리라.
覩彼莊周子, 저 장자라는 이를 보아라,
榮枯何足賴. 실패와 성공이 의지할 바 아니도다.
捐身棄中野, 이 몸을 들판에 던져 두어
烏鳶作患害. 새들이 쪼아 먹게 하리라.
豈若雄杰士, 어찌 이렇듯 뛰어난 선비,
功名從此大. 공명이 이로부터 크다 하리오.

당시에 그는 장자에 대하여 아주 높게 평가하지는 않았는데, 장자와 같이 몸을 들판에 던진 채로 일생을 헛되이 보내는 것 같은 삶을 원하지 않았고, 멀리 말을 달려 팔황(八荒)[53]을 위엄으로 압도하는 영웅호걸의 꿈을 염원하였다. 그는 다음과 같이 말하였다. "어려움에 처해 목숨을 돌보지 않으니, 몸은 죽어도 혼은 날아오른다. 어찌 삶을 탐하는 겁쟁이가 되리, 목숨을 바쳐 전장에서 싸우리. 충성을 다함은 백세에 길이 빛나리니, 대의를 지킴이 명예를 드높이도다. 명성을 날려 후세에 전하니, 절개는 본래 사람의 도리로다."[54] 이렇게 천둥이 치듯 맹렬하게 위대한

53 역주 팔황(八荒)은 동, 서, 남, 북, 동남, 동북, 서남, 서북의 여덟 방위를 가리는 것으로 온 천하를 의미한다.

54 「咏懷詩」. "臨難不顧生, 身死魂飛揚. 豈爲全軀士, 效命爭戰場. 忠爲百世榮, 義使令名彰. 垂聲謝后世, 氣節故有常."

사업을 주관하고, 이름을 청사(靑史)에 드리워서 천고(千古)의 세월동안 이름이 빛나게 하고 싶었던 것이다. 정국의 영향 때문에 그는 이렇게 세상을 구제하겠다는 뜻을 곧바로 펼칠 기회가 없었다. 그는 다음과 같이 말하였다.

少年學擊刺, 어린 시절 검술을 배워서,
妙伎過曲城. 솜씨가 곡성[55]보다 높았네.
英風截雲霓, 영웅의 기개는 구름과 무지개를 뚫고,
超世發奇聲. 세상에 우뚝한 명성을 얻었나니.
揮劍臨沙漠, 검을 휘둘러 사막에 이르고,
飮馬艽野坰. 국경의 들녘에서 말에 물을 먹이네.
旗幟何翩翩, 전사의 깃발은 바람에 날리고,
但聞金鼓鳴. 다만 진군의 북소리 들려오도다.
軍旅令人悲, 병영의 삶은 사람을 슬프게 하니,
烈烈有哀情. 근심어린 마음에 애통함이 깃드네.
念我平常時, 내 일생을 생각하노니,
悔恨從此生. 여기서 회한이 솟아나누나.

---

55 역주 곡성(曲城)은 한나라 장군 곡성후(曲城侯)이며, 성은 곡(曲)이고 이름은 첩(捷)이다. 부친은 곡봉(曲逢)이다. 『史記』「日者列傳」에 의하면, "곡성후(曲成侯)는 검(劍)에 뛰어나 천하에 이름을 떨쳤다." 『史記』「淮南衡山列傳」에 다음과 같은 기록이 있다. "효경제(孝景帝) 3년에 오(吳), 초(楚) 등 일곱 나라가 반란을 일으켰다. 오왕(吳王)의 사자가 회남에 도착하자 회남왕은 군사를 일으켜 그들과 호응하려고 하였다. 회남의 승상이 말하기를 대왕께서 꼭 군사를 일으켜 오나라와 호응하려고 하신다면, 신이 그 장수가 되기를 원한다."라고 하였다. 왕은 이에 군사를 승상에게 맡겼다. 회남의 승상은 군사를 이끌고 성을 굳게 지킬 뿐, 왕의 뜻을 따르지 않고 한나라를 도왔다. 이에 한나라는 곡성후(曲城侯)로 하여금 군사를 이끌고 회남을 구하게 하니, 회남은 이런 까닭에 온전히 보존될 수 있었다."

위 문제 황초 6년(225)에 완적은 숙부를 따라서 동군(東郡)에 이르게 되는데, 이 때 그는 비록 16세였지만 명사들 속에서 이미 일정한 명성을 지니고 있었다. "곤주자사 왕창(王昶)이 그를 청하여 한 번 만나 보았는데, 하루 종일 한 마디 말도 하지 않아서 그를 측량할 수가 없었다."[56] 그는 세속의 사람들과 왕래하며 교유하는 것을 좋아하지 않았고, 바로 산에 오르거나 물가에 나아가 노닐거나 글을 읽고 가야금을 타는 습관을 유지하였다. 그는 이 시기의 생활을 회고하면서 다음과 같이 소회를 풀어 묘사하였다.

平生少年時, 소년 시절을 되돌아보니,
輕薄好弦歌. 언행을 가벼이 음악을 즐겼네.
西游咸陽中, 서쪽 유람으로 함양에 이르러,
趙李相經過. 아름다운 미녀[57]와 함께 노닐었도다.
娛樂未終極, 즐거움이 다하지 않았는데도,
白日忽蹉跎. 젊은 날 호시절이 훌쩍 가 버렸구나.
驅馬復來歸, 얼른 말을 달려 돌아와,
反顧望三河. 세 고을 산하를 돌아보노라.
北臨太行道, 북쪽 태행산 길을 바라보니,[58]
失路將如何. 이미 잃은 길을 어찌하리오.

---

56 『晉書』「阮籍傳」. "袞州刺史王昶請與相見, 終日不開一言, 自以不能測."

57 역주 조이(趙李)는 해석상의 다양한 가능성이 있다. 어떤 이는 진(秦)나라 시기의 환관 조고(趙高)와 승상 이사(李斯)로 보았으며, 어떤 이는 한(漢)나라 성제(成帝) 시기의 조계(趙季)와 이관(李款)으로 보았다. 여기서는 한나라 성제 시기의 황후 조비연(趙飛燕)과 한나라 무제(武帝) 시기의 이부인(李夫人)으로 보았는데, 이 두 사람은 매우 아름다운 자태를 지녔으며 가무에 능했다. 그러므로 시(詩)의 전후 문맥상 "아름다운 미녀"로 해석하였다. 韓格平, 『竹林七賢詩文全集譯注』(吉林文史出版社, 1997), 195쪽. 참고.

58 이 구절 앞에는 본래 "黃金百鎰盡, 資用常苦多(황금 백일을 다 써버리고, 이제 드는 비용에 괴로워하노라)."라는 구절이 있는데, 여기서는 생략되어 있다.

그는 평생 산수(山水)를 매우 사랑하였으며 성정이 괴팍하고 도도하였고, 다른 사람과 왕래하면서 사귀는 것을 잘 하지 못하였으므로 30세 이전까지 줄곧 관직을 역임하지 못했다. 정시 3년(242)에 이르러서야 장제가 태위 벼슬을 하던 시절에 "그가 뛰어난 재능을 지녔다는 소문을 듣고 나서" 그를 불러 벼슬을 주었다. 이때는 조씨 집단과 사마씨 집단의 싸움이 이미 격화되어서, 완적은 시국의 불안정한 상태를 보고 이미 관직에 나아갈 마음이 없었다. 완적은 벼슬을 주겠다는 공문을 접하고, 장제에게 아뢰는 상주문을 한 장 썼는데, 장제의 비위를 한 번 맞추어 주었으나 완곡하게 그의 부름을 거절하였다. 그는 다음과 같이 말하였다. "엎드려 명공(明公)의 한결같은 덕을 입어, 조정의 높은 벼슬자리에 있으니, 영웅호걸이 우러러 간절히 원하고 준걸과 현능한 사람이 발을 내디디어 추종합니다. 부서를 설치한 당일에 사람들이 스스로 당신의 속관(屬官)이 되고자 하며, 관리를 뽑는다는 조서를 내리자마자 미천한 내가 첫째가 되었습니다. 옛날 자하(子夏)가 서하(西河)에 머물러 살 때 위나라의 문후(文候)가 그의 지혜를 받들어 스승으로 삼았고, 추연(鄒衍)이 서곡(黍穀) 지방의 북쪽에 살 때 연나라의 소왕(昭王)이 수레로 모셔 맞아 들였습니다.

무릇 베옷을 입고 부들부들한 가죽 허리띠를 맨 가난한 선비는 홀로 한 몸 건사하며 사는 것인데, 왕공(王公)과 대인이 고개를 숙이고 예를 갖추어 모시는 것은 나라에 도가 아직 있기 때문입니다. 이제 저 완적은 추연과 자하의 도를 지니지 못하고 그저 누추하게 살 뿐입니다. 그런데도 이렇게 큰 예를 갖추어 쓰려 하시니 합당하지 않은 일입니다. 바야흐로 동쪽 언덕의 양지바른 밭을 갈아서 곡물의 세금을 내어야 하니, 이 때문에 요직의 벼슬자리를 피하고자 합니다. 더구나 병이 들어 땔 나무도 할 수 없는 상태이며 다리 힘도 빠져서 벼슬자리에 나와 도와 달라는 부름을 감당할 수 없습니다. 바라건대 이렇게 잘못된 은혜를 거두어 가시고, 당신의 밝은 관리 선발을 빛내소서."[59] 장제는 완적이 추켜세우는 말을 오해하고 다만 공손하게 있을 뿐이었으며, 이에 사람을 보내어 그의 취임을 영접하였으나, 어찌 알았으랴, 완적은 이미 떠나 버린 것을. 장제는 크게 성을 내었다. 후에 완적은 고향 친지들의 권유 때문에 어쩔 수 없이 벼슬에 나아갔으나 오래 되지 않아서 병을 핑계로 사직하였다.

정시(正始) 8년(247)에 완적은 "다시 상서랑이 되고, 잠시 동안 머물다가 또 병을 대고 그만두었다."[60] 정시 9년에 "조상이 정권을 장악하고 보좌할 때, 참군 벼슬을 주어 불렀으나 완적은 병을 핑계로 사양하였으며 자기 고향 동네로 은거하였다. 얼마 지나서 조상이 주살되자 당시 사람들은 그의 심원한 식견에 탄복하였다."[61]

가평(嘉平) 초년(249)에 사마씨는 자신과 뜻을 달리하는 사람들을 찾아서 잔혹한 수단으로 살육하였고 국가의 대권을 장악하였는데 완적은 핍박당해 그의 종사중랑 벼슬을 그만두고 나왔다. 사마의가 죽은 뒤에 "다시 경제인 사마사의 종사중랑이 되었다." 이 시기에 그는 억지로 사마씨의 수하에서 벼슬살이를 하였기 때문에 심정이 매우 우울하여 행동이 갈수록 괴팍해졌다. 『세설신어』「임탄편」에 다음과 같이 말했다. "완적이 어머니의 상을 당해서 배해(裴楷)가 가서 조문하니, 완적이 바야흐로 술에 취해서 머리를 산발하고 상위에 앉아서 발을 늘어뜨리고 곡을 하지 않았다. 배해가 와서 땅바닥에 자리를 깔고 앉아 곡을 한 뒤 조문을 마치고 바로 나갔다. 어떤 사람이 배해에게 묻기를 '모든 조문에 주인이 곡을 하면 객이 예의를 차리는 것이거늘 완적이 이미 곡을 하지 않

59 『阮籍集』「辭蔣太尉辟命奏記」. "伏惟明公以含一之德, 据上臺之位, 英豪翹首, 俊賢抗足, 開府之日, 人人自以爲掾屬; 辟書始下, 而下走爲首. 昔子夏處于西河之上, 而文候擁慧, 鄒子居于黍穀之陰, 而昭王陪承. 夫布衣韋帶之士, 孤居特立, 王公大人所以禮下之者, 爲道存也. 今籍無鄒卜之道, 而有其陋. 猥見采擇, 無以稱當. 方將耕于東皐之陽, 輸黍稷之稅, 以避當途者之路. 負薪疲病, 足力不强, 補吏之召, 非所克堪. 乞回謬恩, 以光淸擧."

60 『三國志』「晉書: 阮籍傳」. "複爲尙書郎, 少時, 又以病免."

61 『三國志』「晉書: 阮籍傳」. "及曹爽輔政, 召爲參軍. 籍因以疾辭, 屛於田裏. 歲余而爽誅, 時人服其遠識."

은 상태에서 그대는 어찌 곡을 하였는가?'라고 하였다. 배해가 말하기를 '완적은 속세를 벗어난 사람이므로 예의 제도를 숭상하지 않는다. 그러나 우리 같은 사람은 세속에 사는 사람들이므로 예의 절차에 따라 사는 것이다.'라고 하였다. 당시 사람들이 두 사람 모두 합당하다고 탄복하였다."[62] 배해와 같이 완적을 이해해 주는 사람들은 결국 극소수였고 대다수의 예속을 따르는 선비들은 그가 예교에 구애받지 않는 것에 대하여 미워하는 마음이 매우 심했다. 본전에 다음과 같이 말했다. "완적은 또한 기쁘게 바라보는 눈길과 기분 나쁘게 흘겨보는 눈길에 능했는데 예속을 따지는 선비를 볼 때는 기분 나쁘게 흘겨보는 눈으로 대하였다. 그리고 혜희가 조문을 왔을 때에 완적은 기분 나쁘게 흘겨보았는데, 이에 혜희가 불쾌하게 되돌아갔다. 혜희의 동생인 혜강이 그 소리를 듣고 나서 술을 가져다주려고 거문고를 끼고 찾아가니 완적이 크게 기뻐하여 기쁘게 바라보는 눈길로 대하였다. 이에 예법을 존중하는 선비들이 그를 원수처럼 미워했다."[63] 사예교위 하증(何曾)[64]이 사마소의 면전에서 그를 다음과 같이 지적하여 비난했다.

"그대는 감정을 멋대로 따라 예를 저버리고 풍속을 문란하게 하는 사람이구나! 이제 충직하고 현능한 사람이 정사를 맡아서 이름과 실질을 치밀하게 밝히고 있으니 그대 같은 무리들은 우두머리가 되어서는 안

62 『世說新語』「任誕」. "阮步兵喪母, 裴令公往弔之. 阮方醉, 散髮坐牀, 箕踞不哭. 裴至, 下席於地, 哭唁畢, 便去. 或問裴曰, '凡弔, 主人哭, 客乃爲禮; 阮旣不哭, 君何爲哭?' 裴曰, '阮方外之人, 故不崇禮制;阮旣不哭, 君何爲哭?' 裴曰, '阮方外之人, 故不崇禮制. 我輩俗中人, 故以儀軌自居.' 時人歎爲兩得其中."

63 『晉書』「阮籍傳」. "籍又能爲靑白眼, 見禮俗之士, 以白眼對之. 及嵇喜來弔, 籍作白眼, 喜不懌而退. 喜弟康聞之, 乃齎酒挾琴造焉, 籍大悅, 乃見靑眼. 由是禮法之士疾之若仇."

64 역주 하증(何曾)은 진(晋) 나라 무제(武帝) 때의 고위관료이다. 자는 영고(潁考)이다. 조상(曹爽)이 정치를 좌우하고 있었을 때, 병을 핑계로 물러났다가 조상이 죽임을 당하자 관직에 다시 나갔다. 『晉書』「何曾傳」. 사예교위는 도성을 중심으로 그 일대의 지역과 인근의 몇 개 군(郡)의 비위(非違)를 감찰하는 행정관이다.

된다."[65] 아울러 사마소에게 그를 제재할 것을 건의하였으며, "명공이 바야흐로 효로써 천하를 다스리는데, 듣건대 완적은 지극한 슬픔을 당함에 공의 자리에서 술을 마시고 고기를 먹었으니 저런 오랑캐 같은 자를 물리쳐서 중화가 물들지 않게 해야 한다."[66]라고 하였다. 완적은 술에 취해서 바보인 척 가장해서 겨우 화를 당하는 것을 면할 수 있었다.

정원(正元) 2년(255)에 사마소는 사마사를 대신하여 정권을 장악하여 보좌하였다. 사마소 이 사람은 그의 아버지와 형에 비하여 더욱 흉험하여 찬역의 마음을 지니고 있어서 "지나가는 사람들이 모두 다 알았다[路人皆知]." 완적은 비록 전후로 사마씨 부자의 종사중랑을 지냈으나 그는 그들을 업신여겼으며, 그들이 단지 "진정한 영웅이 없는 틈[時無英雄]"을 타서 겨우 일을 시키는 "조무래기"라고 여겼다. 이때에 완적은 동평(東平)의 풍토를 아낀다는 핑계를 삼아 동평상(東平相)을 제수받았다. "완적이 당나귀를 타고 군에 이르니 부의 관청은 무너져서 병풍으로 가리고 있으며 안과 밖이 서로 훤히 보였으나 법령이 분명하고 간소해져서 열흘 만에 돌아왔다."[67] 이른바 "법령이 분명하고 간소하다."는 것은 단지 역사가의 칭찬하는 말일 뿐이며 실제로는 그가 벼슬에 나아가 일을 보지 않았고 멋대로 며칠 씩 놀러 다니다가 그만둔 것이다. 동평에서 돌아온 뒤에 완적은 또 사마소에게 불려가 종사중랑이 되었으니 이 사람 주변을 맴돌며 벗어나지 못하고 있었다. 자유분방하며 어디에도 매이지 않는 성품을 가진 사람이 예법을 따르는 사람들의 무리 속에서 생활하는 것은 하루하루가 매우 더디게 가는 법이다. 비록 그는 어디서나 조심하고 "말하는 것은 현원했으며 다른 사람의 품성을 평가하지 않았으나[發言玄遠, 不臧否人物]" 여전히 이러한 사람들과 충돌하지 않을 수 없어

65 "卿縱情背禮敗俗之人! 今忠賢執政, 綜核名實, 若卿曹之, 不可長也."

66 "明公方以孝治天下, 而聽阮籍以重哀飮酒食肉於公座, 宜擯四夷, 無令汚染華夏."

67 『三國志』「晉書: 阮籍傳」. "籍乘驢到郡, 壞府舍屛鄣, 使內外相望, 法令淸簡, 旬日而還."

서 이 사람들에게 공격을 받았다. 한 번은 "어떤 담당자가 자식이 어미를 죽인 자가 있다고 고하니 완적이 말하길, '어허! 아버지를 죽이는 것은 옳지만 어머니를 죽이는 것에 이르러서야!' 하였다. 옆에 앉은 사람이 그의 실언을 괴이하게 여겼다. 황제가 말하길 '아버지를 죽이는 것은 천하에 지극히 악한 일인데 어찌 가하다 하는가?'라고 하니 완적이 대답하여 말하길 '짐승은 어머니는 알지만 아버지는 모르니 아버지를 죽이는 것은 짐승의 부류요, 어머니를 죽이는 것은 짐승만도 못한 것이다.' 라고 하니 옆에 있는 사람들이 모두 기꺼이 탄복하였다."[68] 이와 비슷한 일은 아마도 한 번에 발생한 것은 아닐 것이다.

감로(甘露) 원년(256)에 완적은 "보병의 군영에서 주방을 담당하는 사람이 술을 잘 빚어서 삼백곡의 술을 저장하고 있다는 소문을 듣고 보병교위가 되기를 구했다."[69] 이것은 그의 일생 중에 맡았던 가장 높은 관직이며 이 때문에 사람들은 그를 "완보병(阮步兵)"이라 부른다. 유여림(劉汝霖)의 『한진학술편년(漢晉學術編年)』에 의거하면 완적과 혜강은 이 시기에 알고 지냈으며 그 뒤로 죽림에서 함께 노닐었다.

역사서에 기록에 의거하면 완적은 정원(正元) 2년(255)에 동평상(東平相)의 벼슬을 하였다. 감로 원년(256) 보병교위를 역임하고 "세상일을 내버려 두었으며 비록 보좌하는 직책이었으나 늘 부내(府內)를 노닐고 조정의 연회에 반드시 참여하였다."[70] 감로 2년(257) 완적은 사마소(司馬昭)의 명을 받들어 소문산에 가서 은사(隱士)인 손등(孫登)을 방문하였다. 감로 3년(258)에 혜강은 하동으로 피해갔는데 한 번 간 것이 3년이었고 3년 만에 돌아와서 돌아온 뒤 2년 만에 산도와 절교하였고 3년 째

68 『三國志』「晉書: 阮籍傳」. "有司言有子殺母者, 籍曰, '嘻! 殺父乃可, 至殺母乎!' 坐者怪其失言. 帝曰, '殺父, 天下之極惡, 而以爲可乎?' 籍曰, '禽獸知母而不知父, 殺父, 禽獸之類也. 殺母, 禽獸之不若.' 衆乃悅服."

69 『三國志』「晉書: 阮籍傳」. "聞步兵廚營人善釀, 有貯酒三百斛, 乃求爲步兵校尉."

70 『三國志』「晉書: 阮籍傳」. "遺落世事, 雖去佐職, 恆遊府內, 朝宴必與焉."

되는 해에 사마소에게 살해되었다. 이 연대표를 따라서 살펴보면 이 시기에 혜강과 완적은 함께 있었던 곳이 없었으니 두 영수가 없는 상태에서 죽림의 교유는 아마 불가능 했을 것이다. 우리는 완적, 혜강, 산도, 상수, 유령, 왕융, 완함이 죽림에서 교유한 것은 정시 9년 이후에서 가평 말년에 이르기까지라고 생각하며, 이 시기는 산도가 아직 벼슬에 나아가지 않았을 때이고 완적은 또한 왕융과 친분을 맺었고, 사마씨 형제는 늘 군대를 통솔해서 출정하여 그들이 활동에 간섭하지 않았으니 칠현의 주된 활동은 마땅히 이 시기에 있었던 것이다.

감로 2년(257)에 완적은 사마소의 명을 받고 소문산(蘇門山)으로 가서 손등(孫登)을 방문하였다. 손등은 당시 은사였는데, "나무를 베는 사람들이 모두 함께 그 전설을 이야기하였다. 완적이 가서 바라다보니, 그 사람이 바위 옆에서 무릎을 안고 앉아 있는 것이 보였다. 완적이 고개를 올라 다가가서 걸터앉아 얼굴을 대면하였다. 완적이 그와 옛 상고시대의 일을 이야기하면서 위로는 황제와 신농씨의 도리를 말하고 아래로는 하은주(夏殷周) 삼대의 융성했던 미덕을 상고(詳考)하면서 이 일을 물어보는데, 그는 망연히 바라볼 뿐 아무 응답이 없었다. 다시 유가의 유위(有爲)의 도와 도가의 서신(棲神)·도기(導氣)[71]의 수련 방법을 말하면서 그의 모습을 보는데, 여전히 똑같아서 눈을 고정시킨 채 응시하고 있었다."[72] 완적은 길게 휘파람을 불며 돌아왔다. 그는 소문산에서 돌아온 뒤에 "죽림칠현"이 이미 해체되었고 좋은 친구였던 혜강도 화를 당하여 밖으로 쫓겨났다. 이 때문에 고뇌하고 비분강개하여 「대인선생전(大人先生傳)」을 지어서 예법을 따르는 선비들에게 통렬한 꾸짖음을 가했다.

---

71 역주 서신(棲神)은 정신을 전일(專一)하게 하는 것이며, 도기(導氣)는 몸을 굴신하거나 마찰하여 혈액순환을 원활하게 하는 일종의 보건체조이다. 두 가지 모두 도교의 양생(養生) 방법의 일종이다.

72 『世說新語』「棲逸」. "樵伐者咸共傳說. 阮籍往觀, 見其人擁膝巖側. 籍登嶺就之, 箕踞相對. 籍商略終古, 上陳黃農玄寂之道, 下考三代盛德之美, 以問之, 仡然不應. 復敍有爲之敎, 棲神導氣之術, 以觀之, 彼猶如前, 凝矚不轉."

경원 3년(262)에 혜강이 해를 당하니 완적의 정서는 극도로 상하게 되었다. "이때에 뜻 가는 대로 홀로 말을 타고 길이 아닌 곳으로 다니며 수레바퀴 자취가 다 끊어진 곳에 이르면 갑자기 통곡하다가 돌아왔다. 늘 광무산에 올라서 초나라 전쟁터를 바라보고 탄식하여 말하길 '시절에 영웅이 없으니 어린놈들이 명성을 이루는구나!'라고 하였다. 무뢰산에 올라서 수도를 바라보며 탄식하였고 이에 「호걸시」를 지었다."[73] 완적 본전(本傳)의 이 기록은 대체로 이 당시 그의 심경을 묘사한 것이다. 비통함이 극에 달하였을 때 하소연할 곳이 없는 사람은 아니었지만, 이렇게 행동할 리가 없는 것이었다. 경원 4년(263)에 완적은 울분을 호소할 데 없이 울적한 상태로 죽었으니, 이때 나이 54세였다.

완적의 저작에 관하여 역사서의 기록에 의하면 원래 시문 13권이 있지만 수나라 시대에 10권이 존재하였고 당나라 시대에 이르면 단지 5권만 남아 있었다. 송대에는 또한 10권짜리 판본이 출현하였으나 후대로 오면서 망실되었다. 현재 통행되는 『완적집』은 명나라 가정연간 진덕문(陳德文) 판본과 범흠각(范欽刻) 판본 2권을 기초로 정리하여 완성한 것으로 이미 완적의 문장 전체는 아니다. 근래 사람인 유여림은 그의 저작 『한진학술편년』 중에서 완적의 몇 수의 부와 「대인선생전」 1편이 쓰인 시간에 대하여 고증하고 수정하였고, 근래 몇 년동안 또 어떤 사람들은 그의 작품에 대하여 대단히 치밀한 시기분류를 하였다. 대략적으로 말하자면 완적의 생애와 상응하여 그의 작품은 대체로 3단계로 나눌 수 있다.

「악론(樂論)」은 완적이 젊은 시절에 지은 것으로서, 이 글은 대략 위나라 청룡 4년(236)에서 경초 3년(239)에 이르는 사이에 쓰였다. 청룡 4년에 위나라 명제가 궁전을 크게 정비하고 서쪽에서 장안대종(長安大鐘)을 손에 넣었다. 고당륭(高堂隆)은 글을 올려서 그것을 저지하면서 말했

73 『晉書』「阮籍傳」. "時率意獨駕, 不由徑路, 車迹所窮, 輒慟哭而反. 嘗登廣武, 觀楚漢戰處, 歎曰, '時無英雄, 使豎子成名!' 登武牢山, 望京邑而歎, 於是賦「豪傑詩」."

다. “노역으로 재물을 소모하여 덕의 정치를 손상시키는 것은 예악의 화합을 일으키는 방법과 신민의 안녕을 보존하는 방법이 아니다.” 위나라 명제는 변난(卞蘭)으로 하여금 고당륭을 힐난하며 말했다. “흥망성쇄는 정사에 있는 것이니 음악이 어찌하겠느냐? 교화가 밝지 않은 것이 어찌 종의 죄이겠느냐?” 두 사람 사이에서 예악과 정치의 관계 그리고 유와 무의 관계에 대한 한 바탕 변론이 전개되었다. 경초 3년(239)에 유소는 「악론」 14편을 지었고, 고당륭의 관점을 지지하여 예제와 음악을 짓는 것이 풍속을 아름답게 바꿀 수 있다고 하였다. 오래 되지 않아 명제가 죽으니 이 변론은 바로 종결되었다. 완적의 「악론」에서 말하는 내용으로 보면 이 글은 이 시기에 쓰여진 것을 알 수 있으며 이 논쟁에 참가하기 위하여 쓴 것일 수 있다.

「통노론(通老論)」과 「통역론(通易論)」은 대체로 정시 연간에 쓰였다. 당시에 하안과 왕필은 도가를 원용하여 유학으로 들어가서 새로운 관점과 새로운 방법으로 『노자』와 『주역』을 해석하였다. 하안과 왕필은 “명교”와 “자연”의 관계에 대한 토론에서 사상계의 보편적인 관심을 불러일으켰다. 완적의 「통노론」과 「통역론」에도 자연과 명교의 관계를 논의한 것이 있다. 「통역론」에는 다음과 같이 말했다. “『역』이라는 책은 천지의 도를 덮고 만물의 실정을 포괄한다. 도는 지극하면 돌아오고 일은 지극하면 바뀐다. 되돌아옴의 쓰임은 때와 부응하며 변화의 쓰임은 시무에 응대한다. 때에 부응하기 때문에 천하가 그 은택을 우러르고 시무에 응대하기 때문에 만물이 그 이로움을 의지한다. 은택을 베풀기 때문에 천하가 순조롭게 따른다. 이것은 천하가 스스로 그러한 도를 따르는 까닭이며 만물의 생명을 은혜롭게 하는 까닭이다.”[74] 「통노론」에는 다음과 같이 말했다. “성인은 자연과 사람의 이치에 밝고 스스로 그러함의

---

74 「通易論」. “易之爲書也, 覆燾天地之道, 囊括萬物之情. 道至而反, 事極而改. 反用應時, 改用當務. 應時, 故天下仰其澤. 當務, 故萬物恃其利. 澤施而天下服. 此天下之所以順自然, 惠生類也.”

직분에 통달하며 다스림과 감화의 본체에 통하고 크게 근신함의 가르침을 살핀다. 그러므로 군주와 신하가 대세에 따라 자연스럽게 통치하여 태소의 질박함을 완성하고 백성은 즐겁게 성명의 조화를 보존한다."[75] 이러한 설명은 유가와 도가를 결합한 사상경향을 체현한 것이며 정시 연간의 사상계에 함유된 고유성이다. 당연히 완적의 이 두 편의 글에 나타난 사상은 하안과 왕필의 사상과는 전혀 다르다. 하안과 왕필의 기본 사상은 도가를 가지고 유가를 해석하며 노자를 숭상하고 받드는 것이다. 완적의 이 두 편의 글은 유가를 가지고 도가를 해석하는 것이며 입각점은 여전히 유가에 있다. 그러나 "명교"와 "자연"의 결합을 주장하는 기본 시각은 서로 같다. 이것에 의거하여 우리는 「통노론」과 「통역론」이 정시 연간에 쓰였다고 본다.

완적의 대부분의 작품은 정시 연간 이후에 나오며 82수의 「영회시」와 기타 몇 편의 부(賦)도 거의 모두 다 이 시기에 쓰여졌다. 「대인선생전」은 대략 감로 2년(257)에 지어졌는데 본전은 이에 대하여 설명하고 있다. 「달장론(達莊論)」은 「대인선생전」의 자매편이며 대개 이 시기의 작품이다.[76] 이 두 편의 글은 완적의 만년 저작이며 그의 세계관과 인생관을 집중적으로 반영하여 그의 사상을 연구하는 주요 근거 자료가 된다.

3 산 도山濤

산도는 자가 거원(巨源)이며, 하내 회(懷: 지금의 河南 武陟)땅 사람이며

75 「通老論」. "聖人明於天人之理, 達於自然之分, 通於治化之體, 審於大愼之訓. 故君臣垂拱, 完太素之樸. 百姓熙怡, 保性命之和."

76 저자 주 완적 저작의 시대구분에 대하여 띵관지(丁冠之)의 「완적평전」, 『중국고대저명철학가비평전』 속편, 제2권을 참고하라.

동한 헌제(獻帝) 시기 건안(建安) 10년(205)에 태어나 진나라 무제(武帝) 태강(太康) 4년(283)에 죽었다. 산도는 출신이 한미하였는데, 부친 산요(山曜)는 단지 완구(宛句) 지역의 현령을 지냈고 또한 그가 아주 어렸을 때에 사망하였다.

산도는 40세 이전에 관리로 나아갈 기회가 없었는데, 산도의 본전에서 단지 그는 "어려서 국량이 있었으나 뜻을 굳건히 하여 남과 비할 데 없이 매우 뛰어났다. 성품은 노자와 장자를 좋아하여 매번 스스로를 감추어 세상에 나오지 않았다."[77]라고 하였다. 정시 5년(245)에 산도는 이미 40세가 되었는데 비로소 어느 한 군의 주부(主簿) 벼슬자리에 나아갔다. 뒤에 공조(功曹)와 상계연(上計掾)의 벼슬을 하였으나 모두 지위가 높지 않은 하급 관리였다. 정시 7년에 효렴(孝廉)으로 천거되어 하남 종사의 벼슬을 받았다. 당시에 조상과 사마의의 갈등이 이미 공개적으로 드러나서 산도는 시국의 변화에 대하여 대단히 민감하였다. 본전에는 산도에 대하여 다음과 같이 말했다. "그는 석감(石鑒)과 함께 숙직을 서다가 산도가 밤에 일어나 석감을 발로 툭툭 치면서 말하길 '지금이 몇 시인데 자고 있느냐? 태부가 남아 있는 게 무슨 뜻인지 아느냐?'라고 하였다. 석감이 대답하길 '재상은 하루에 세 번 임금을 뵈는 것이 아니라서 지금은 업무용 문서를 한 묶음 들고 집으로 갔는데 그대는 무슨 걱정을 하느냐?' 하였다. 산도가 말하길 '아! 석감 자네는 할 일 없이 말발굽 사이에서 아무 일이 없구나!'하고 부절을 던지고 가버렸다. 2년이 지나지 않아서 과연 조상의 사변이 있게 되자 드디어 몸을 숨기고 세상의 일에 관여하지 않았다."[78] 이 이후로 산도는 혜강, 여안(呂安)과 함께 서로 잘 어울리고 그 뒤에 완적을 만나서 죽림의 교유를 맺어 망언(忘言)의

77『後漢書』「晉書: 山濤傳」. "少有器量, 介然不群. 性好莊老, 每隱身自晦."

78『後漢書』「晉書: 山濤傳」. "與石鑒共宿, 濤夜起蹴鑒曰, '今爲何等時而眠邪! 知太傅臥何意?' 鑒曰, '宰相三不朝, 與尺一令歸第, 卿何慮也!' 濤曰, '咄! 石生無事馬蹄間邪!' 投傳而去. 未二年, 果有曹爽之事, 遂隱身不交世務."

계합[79]을 이루게 된다.

처음에 산도는 사마씨의 음모에 대하여 불만을 가진 듯하고 또 두 세력의 투쟁 속에 연루될 것을 걱정하였기 때문에 죽림에 은신하고 청담을 나누는 명사들과 어울리게 되었다. 그 뒤에 그는 조상 집단의 대세가 이미 기운 것을 보고 선목후(宣穆后)의 고종 사촌에게 의지하여 사마사를 찾아가 관직을 얻고자 하였다. 사마소가 정권을 맡은 뒤에 사예(司隷)에게 명하여 "우수한 인재를 천거하도록 하여 낭중(郎中) 벼슬을 제수받았다. 그리고 표기장군 왕창(王昶)의 종사중랑으로 옮겼다."[80] 경원(景元) 초에 조국상(趙國相)의 벼슬을 받았고 상서이부랑(尙書吏部郎)으로 자리를 옮겼다. 산도는 처세를 아주 잘 하는 사람이었으며 언행이 신중하고 조심스러웠고 다른 사람과 다투지 않아서 어떤 사람하고도 모두 잘 지냈다. 그는 이부랑의 벼슬을 지낼 때 "종회(鍾會), 배수(裴秀)[81]와 서로 뜻이 맞아 좋아하였다."[82] 종회는 음모에 능한 전문가였으며 그는 혜강을 모함하여 함정에 빠뜨렸고 완적도 해칠 생각을 하고 있었다. 당시에 배수와 세력을 놓고 권력을 다투고 있었는데 산도는 오히려 "마음을 평안히 하여 중도에 처하고", 그들과 더불어 "각자 제자리를 지켜서

79 역주 『진서』「산도전」에 "그 뒤에 완적을 만나서 죽림의 교유를 맺어 말이 필요 없이 통하는 계합을 이루었다(後遇阮籍, 便爲竹林之交, 著忘言之契)."라는 기록이 있다. 여기서 망언지계(忘言之契)는 말이나 설명이 필요 없이 의기(意氣)가 서로 통하는 계합으로서, 피차(彼此)가 서로 마음으로 알아주고 형체의 흔적에 구애받지 않는 것을 말한다.

80 "擧秀才, 除郎中. 轉驃騎將軍王昶從事中郎."

81 역주 배수(裴秀: 224-271)는 자가 계언(季彦)이며 산서성[山西省] 출신이다. 일찍이 위(魏)나라의 조상(曹爽)을 섬기다가, 그가 죽자 사마소(司馬昭) 밑에서 상서복야(尙書僕射)를 지냈다. 그 후 무제(武帝: 사마소의 아들)를 옹립하여 서진(西晉)을 세우고 벼슬이 사공(司空)에 이르렀다. 직책상 『우공지역도(禹貢地域圖: 18편)』를 편찬하였는데, 지도작성의 준칙 6체(體), 즉 분율(分率)・준망(準望)・도리(道里)・고하(高下)・방사(方邪)・우직(迂直)을 표시하여 방장도(方丈圖)를 만들었다. 이 준칙은 명(明)나라 말기에 유럽 제도법이 도입될 때까지 중국 지도제작의 규범이 되었다.

82 『後漢書』「晉書: 山濤傳」. "與鍾會裴秀並申款昵."

서로 원한을 갖지 않았다."[83] 경원 4년에 종회는 촉 땅에서 난을 일으켰는데 사마소가 서쪽으로 정벌가면서 산도를 대장군종사중랑(大將軍從事中郞)으로 삼아 그에게 중임을 맡겼고 그로 하여금 후방에서 위씨의 여러 왕공들을 감시하게 하였다.

함희연간(咸熙年間) 초(264)에 사마소는 산도를 신답자(新沓子)에 봉했다. 그리고 상국좌장사(相國左長史)로 자리를 옮겨서 별도로 설치한 군영을 맡아 다스렸다. 265년 사마염(司馬炎)[84]이 황제에 등극하고 산도를 대홍려(大鴻臚)로 삼고 봉거도위(奉車都尉)의 직책을 더해 주었으며, 신답백(新沓伯)으로 작위를 높여 주었다. 함녕 초에 거기장군(車騎將軍) 양호(羊祜) 등의 사람이 죄를 얻으니 기주자사(冀州刺史)로 나아가게 되고 영원장군(寧遠將軍)의 직위를 더하게 되었다. 후에 북중랑장(北中郞將)으로 자리를 옮기고 업성(鄴城)의 일을 맡아 통솔하였다. 오래지 않아 또한 조정으로 돌아와 시중이 되었고 상서로 자리를 옮겼다. 이때에 산도는 이미 60세를 넘기고 있었고 모친의 상을 당하여 여러 차례 사직 상소

83 『後漢書』「晉書: 山濤傳」. "平心處中.", "各得其所, 而俱無恨焉."

84 역주 사마염(司馬炎: 236-290)은 서진(西晉)의 초대 황제로, 자(字)는 안세(安世)이다. 조부는 위(魏) 왕조의 대신으로 제갈량(諸葛亮)과 결전을 벌이고 노년에는 정권을 잡은 사마의(司馬懿)이며, 백부는 사마사(司馬師), 아버지는 사마소(司馬昭)이다. 어머니는 왕숙(王肅)의 딸. 265년 아버지가 죽자 진왕(晉王)과 상국(相國)의 자리를 물려받고, 부조(父祖)가 다진 세력에 힘입어 그 해 말 삼국(三國)의 하나인 위(魏)나라 원제(元帝)의 선양을 받아, 낙양(洛陽)에 도읍을 정하고 진(晉)나라를 세웠다. 268년 가충(賈充)에게 명하여 진나라의 율령(律令)을 완성시켰고, 280년 남아 있던 오(吳)나라의 항복을 받아 천하를 재통일하였다. 그리고 교주(交州)를 제외한 주군(州郡)의 군비를 줄이고, 위나라와 오나라에서 시행한 둔전제(屯田制)를 개폐하여 점전법(占田法)·과전법(課田法)을 제정하는 한편, 세법으로서 호조식(戶調式)을 공포하였다. 그러나 그의 치세는 사회적으로는 세족(勢族)이 가난한 백성을 압박하는 귀족제의 모순이 강화되었고, 북방 이민족의 침입도 시작되었다. 특히 위나라가 종실(宗室)을 너무 억압하여 왕실을 고립시킨 실패를 거울삼아 일족을 국내 요지의 왕으로 많이 봉하고 병력을 맡겼는데, 이는 아들 혜제(惠帝) 때에 '팔왕(八王)의 난'이 일어나는 원인이 되었다. 묘호 세조(世祖)이며 시호 무제(武帝)이다.

를 올렸지만 무제가 허락하지 않았고, 태상경(太常卿)에 제수하고 태자소부(太子少傅)로 삼았으며 산기상시(散騎常侍)의 벼슬을 더해 주었다. 후에 상서복야(尙書仆射)를 제수받았고 시중의 벼슬을 더하여서 이부(吏部)를 거느렸다. 태강(太康) 초년(280)에 우복야(右仆射)로 자리를 옮기고 광록대부(光祿大夫)와 시중을 더하였으며 여전히 이부를 장악하고 있었다. 태강 4년(283)에 사마염은 산도에게 사도(司徒)의 벼슬을 제수하였다. 이때에 산도는 이미 병이 들어 자리에서 일어날 수 없어서 사양하고 받지 않았으며 병든 몸으로 수레를 타고 귀가하였는데 오래 되지 않아 하내 지방에서 죽었다.

산도는 칠현 중에서 나이가 가장 많았고 관직이 가장 높았지만 그 명성은 혜강과 완적보다 낮았다. 후대의 사람들은 그와 왕융(王戎)을 비교해서 거론했는데 산도는 처음의 충심을 배반하고 절개와 지조를 고쳐먹고 사마씨에게 몸을 의탁했다고 하여 그를 배척하였다. 실제로 산도는 본래 혜강과 완적하고는 같은 류의 인물이 아니다. 혜강과 완적은 걸출한 사상가이며 자기의 이상과 포부를 지니고 있었으므로 당시의 사회와 격이 맞지 않아서 어울리지 못하였다. 산도가 죽림에 들어간 것은 화를 피하기 위한 것이니 두 세력 집단의 투쟁 속에서 자기가 연루될까 두려워한 것이다. 본전에는 다음과 같이 말했다. "처음에 산도는 벼슬이 없고 집안은 가난하였는데 그의 아내 한씨에게 말하기를 '배고프고 추운 것은 참아라. 내가 뒷날 삼공의 지위에 오르면 아마도 당신은 공부인의 지위를 감당하기 어려울 것이다.'라고 하였다." 이로써 보면 그가 뒷날 사마씨에 의탁하여 벼슬을 한 것이 완전히 자발적으로 한 것임을 알 수 있다.[85]

산도는 혜강, 완적과 교유를 했는데도 어찌하여 사마씨에게 깊은 신임을 얻을 수 있었는가? 주요 원인은 대체로 다음의 몇 가지가 있다. 첫

85 『後漢書』「晉書: 山濤傳」. "初, 濤布衣家貧, 謂妻韓氏曰, '忍饑寒, 我後當作三公, 但不知卿堪公夫人不耳!"

째, 위나라 왕실 집안과 사회적 관계로 얽힌 것이 없었고 오히려 사마씨와 혼인관계를 맺고 있었으니 이 때문에 사마씨의 찬역행위를 비교하여 따지지 않았고 사마씨에 대하여 매우 충성심을 지녔다. 둘째, 산도는 비록 죽림에 들어갔으나 명사들의 자유분방한 기풍에 결코 물들어 동조하지 않았으니 그는 사람됨이 신중하고 조심스러우며 예교를 준수하여 "덕성의 질박함으로 조정의 선망이 되었다."[86] 셋째, 권세를 독점하지 않았고 남과 더불어 다투지 않았으며 "관리 선발의 직무를 십여 년 하는 동안에 관직 자리가 하나 빌 때마다 언제나 여러 사람을 불러서 비교해 보고 임금의 뜻이 향한 곳이 있으면 그 다음에 주청을 올렸으니 황제의 의도를 따르는 것을 제일로 삼았다."[87] 바꾸어 말하면 산도는 중재자였으며 남에게 죄를 짓지 않았고 사마씨 부자의 눈치를 살펴서 일을 수행하였다. 넷째, 당시에 이렇게 부패한 관료 사회 속에서 그는 관직생활을 더욱 바르고 주도면밀하게 하였다. 본전에는 다음과 같이 말했다. "처음에 진군(陳郡)의 원의(袁毅)는 일찍이 격령(鬲令)이 되어서 탐욕에 혼탁하게 젖어서 공경의 높은 벼슬아치들에게 뇌물을 주어 헛된 명예를 구하였고 또한 산도에게 비단 백근을 보냈는데 산도는 뇌물 줄 때에는 이상하게 여기지 않고 받아서 전각 속에 저장해 두었다. 뒷날 원의의 일이 발각되어 죄수 호송수레로 정위(廷尉)에게 보내지니 뇌물로 받은 모든 것이 모두 다 추심하에 드러났다. 산도가 그 비단을 관리에게 내어주니 여러 해 쌓인 먼지가 그대로 덮여 있고 봉인은 뜯지 않은 채로 처음 그대로였다."[88] 여기에서 이 사람의 일처리 방식이 모난 데 없이 원만함이 극치임을 알 수 있다.

86 『後漢書』「晉書: 山濤傳」. "以德素爲朝之望."

87 『後漢書』「晉書: 山濤傳」. "居選職十有餘年, 每一官缺, 輒啓擬數人, 詔旨有所向, 然後顯奏, 隨帝意所欲爲先."

88 『後漢書』「晉書: 山濤傳」. "初, 陳郡袁毅嘗爲鬲令, 貪濁而賂遺公卿, 以求虛譽, 亦遺濤絲百斤, 濤不欲異于時, 受而藏於閣上. 後毅事露, 檻車送廷尉, 凡所以賂, 皆見推檢. 濤乃取絲付吏, 積年塵埃, 印封如初."

종합하여 말하자면 산도는 명성은 풍류에 있으나 실제로는 공자, 맹자가 배척했던 "향원(鄕愿)"이었다. 겉으로는 도가를 내세우고 안으로는 유가의 도를 따르며 대인관계를 원만히 하고 사교성이 있는 그의 이와 같은 모습은 이미 여러 명사들에게 허명을 취할 수 있었고 명교의 본보기가 될 수 있었으니 바로 당시의 통치자들이 필요로 하는 모습이었다.

산도의 저작에 관해서 「진서: 산도전」과 「수서: 경적지」에 모두 기록된 것이 없으니 그는 사마염에게 올린 몇 차례의 상소 이외에 대체로 어떤 형태의 글도 쓴 것이 없다.

4 상 수向秀

상수는 자가 자기(子期)이며 하내 회(懷: 지금의 하남 武陟) 사람이다. 그의 생년은 대략 위나라 명제 태화(太和) 초(227)이며 졸년은 대략 서진 무제 함녕(咸寧) 말(280)이다.[89] 상수의 생애와 활동에 대해서는 『세설신어』와 『진서』 속에 간략하게 기록이 있다. 『세설신어』에 주에서는 「상수별전(向秀別傳)」을 인용하여 다음과 같이 말했다.

> "상수는 자가 자기이며 하내 지방 사람이다. 어려서 같은 군에 살고 있는 산도와 일고 있었고 초국 지역의 혜강과 동평 지역의 여안과도 친하게 지냈으며, 속세의 때를 벗어난 흥취가 있었고, 나아가고 물러남이 한결같아서 나아가 일을 하면서 삶을 영위할 때에 생업도 특이할 게 없었다. 늘 혜강과 함께 낙양에서 쇠 다루는 일을 하였고 여안과 산양 땅에서 채마밭에 물을 뿌리며 살았는데, 집안에 재물이 있고 없음을 근심하지

89 저자 주 湯一介, 『郭象與魏晉玄學』 제5장을 보라.

않았고 외부의 사물이 마음을 산란하게 할 수 없었다."[90]

『태평어람』 권 409에도 「상수별전」의 이 조목을 인용한 기록이 있는데 『세설신어』의 인용부분과 조금 다르다. "늘 여안과 산양 땅에서 물을 뿌리며 살았다."는 구절 아래에 다음과 같이 기록하고 있다. "남는 이익을 모아서 술과 음식의 비용으로 썼다. 서로 손을 잡고 먼 들녘을 바라보며 이리 저리 자유로이 유랑하기를 아주 즐겨 멀고 가까운 곳을 가리지 않았다. 어떤 때는 하루가 지나서야 돌아와 일상의 일에 복귀하였다."[91] 이와 같은 자료 속에서 볼 수 있는 것은 상수가 실제로 혜강, 여안과 밀접한 관계가 있었다는 점이다. 혜강은 출신이 가난해서 상수가 그와 더불어 쇠 다루는 일을 하였는데 수입이 아주 적어도 함께 유람하고 술 마시는 비용으로 썼으니 이것은 짐작할 수 있는 일이다. 상수는 「사구부(思舊賦)」에서 "나와 혜강 그리고 여안은 사는 곳이 가깝다."[92]라고 하였다. 여기서 말하는 "사는 곳"은 대체로 "쇠를 다루는 곳[대장간]"과 "먼 들녘을 유람하는 것" 그리고 "유랑을 매우 즐기는 것" 등의 모든 일들을 가리킨다. 또 「진서: 상수전」에 기록된 것에 따르면 "혜강은 쇠를 잘 다루었으며 상수가 그 일을 보좌하였는데 서로 기쁜 마음으로 상대하여 곁에 아무도 없는 듯하였다."[93] 「진서: 혜강전」에도 "처음에 혜강은 가난하게 살았는데 일찍이 상수와 함께 큰 나무 아래에서 쇠를 다루면서 자급자족으로 살았다."[94]고 말했다. 「진서」의 이와 같은 두 문단의

---

90 『世說新語』 주에 인용된 「向秀別傳」. "秀字子期, 河內人. 少爲同郡山濤所知, 又與譙國嵇康東平呂安友善, 幷有拔俗之韻, 其進止無不同, 而造事營生, 業亦不異. 常與嵇康偶鍛於洛邑, 與呂安灌園於山陽, 不慮家中有無, 外物不足拂其心."

91 『太平御覽』 권409. "收其餘利, 以供酒食之費. 或率而相攜, 觀原野, 極游浪之勢, 亦不計遠近, 或經日乃歸, 復常業."

92 向秀, 「思舊賦」. "余與嵇康呂安居止接近."

93 『三國志』 「晉書: 向秀傳」. "康善鍛, 秀爲之佐, 相對欣然, 傍若無人." "康善鍛, 秀爲之佐, 相對欣然, 傍若無人."

94 『三國志』 「晉書: 向秀傳」. "初, 康居貧, 嘗與向秀共鍛於大樹之下, 以自贍給."

자료는 위에서 서술한 『세설신어』의 기록과 기본적으로 부합한다.

혜강이 가난하게 살아서 쇠 다루는 일에 의지하여 "자급자족하며" 살았으니, 위 문장의 "그 남는 이익을 모아서 술값의 비용으로 썼다."는 기록으로 본다면 상수의 가정 자산이 결코 풍부하지 않았으며 혜강과 마찬가지였을 것이고, 출신도 평민이며 이 때문에 혜강과 서로 의기투합하여 둘 사이에서 현묘한 말을 나누고 마음과 뜻을 서로 통하여서 옆에 다른 사람이 없는 것처럼 살 수 있었다. 이때에 상수의 사상은 대체로 혜강이나 여안과 비슷하여 "속세를 벗어난 풍취가 있었으며", "집안에 재물이 있고 없음을 돌보지 않고 외부의 사물이 그 마음을 산란하게 할 수 없었다."

또 『세설신어』「문학편」에 인용된 「상수별전」에서 다음과 같이 말하였다.

> "상수와 혜강 그리고 여안은 친구로 사귀었으나 취향은 달랐다. 혜강은 세상을 오시하며 어디에도 매임이 없었고 여안은 제멋대로 행동하면서도 속세를 멀리하였고 상수는 독서를 매우 좋아하였다. 두 사람은 이것으로 그를 비웃었다. 후에 상수는 『장자』에 주석을 붙이고자 하여 먼저 혜강과 여안에게 알렸는데 혜강과 여안은 모두 말하기를 '이 책에 어찌하여 다시 주석을 붙이려는가? 그저 다른 사람에게 맡겨 비리고 즐겁게 노세나!'라고 하였다. 주석이 완성되고 두 사람에게 보여주었다. 혜강이 말하길 '네 것이 옛 사람의 주석보다 뛰어난가?' 여안이 이에 놀라면서 말하기를 '장주가 죽지 않았구나!'라고 하였다."[95]

---

95 『世說新語』「文學篇」注. "秀與嵇康, 呂安爲友, 趣舍不同. 嵇康傲世不羈, 安放逸邁俗, 而秀雅好讀書. 二子頗以此嗤之. 後秀將注莊子, 先以告康安, 康安咸曰 '此書詎復須注? 徒棄人作樂事耳!' 及成, 以示二者. 康曰, '爾故復勝不?' 安乃驚曰, '莊周不死矣!'"

말하자면 상수과 혜강과 여안은 비록 "사는 곳이 가까웠고", "나아가고 물러남이 한결같았지만", "나아가 일을 하면서 삶을 영위할 때에 생업도 특이할 게 없었지만" 그 표현과 품격에서 서로 다른 점이 있었다. 상수의 말에 의거하여 말하자면, "혜강은 뜻이 심원하고 탁 트였으며 여안은 마음이 넓고 자유로웠으나",[96] 상수는 "독서를 매우 좋아하였다." 고 할 수 있다. 이런 표현과 품격의 차이는 결국 이후 상수와 혜강 사상이 이론적으로 갈라지는 계기를 만든다. 그래서 혜강의 입장에서 보면 글은 반드시 주석을 달 필요가 없는 것이니, 그 속에는 『장자』라는 책도 범위 안에 포괄되는 것이다. 그는 "독서를 매우 좋아하였고" 책에 주석을 붙이는 것이 단지 "책 속에서 구절을 들추어내고 우러러 보고 굽어보며 애석하게 여겨 탄식하면서 그 말을 가슴 속에 품고 잊지 않아서 영광으로 여기는 것일 뿐이다."[97] 그래서 상수는 『장자』에 주석을 붙여서 혜강의 비웃음을 받았다. 상수는 비록 혜강의 조롱과 비웃음을 받았지만 여전히 자기의 길을 고수하였으니, 『장자』에 대한 주석을 완성하였을 뿐만 아니라 『장자』에 대한 완전한 주석을 가지고 혜강에게 보여주었다. 이 사실은 그 자체로 상수와 혜강이 사상적으로 다르다는 것을 설명하기에 충분하다.

상수가 벼슬을 한 것은 혜강과 여안이 피살된 뒤의 일이다. 『세설신어』「언어편」 주에 인용된 「상수별전」에서 말했다.

> "혜강이 죽임을 당하자 상수는 결국 실의에 빠졌다. 이에 관리 선발에 응하고자 수도에 이르러 대장군 사마문왕(사마소)을 만나자 사마문왕이 물었다. '듣건대 그대는 기산으로 은퇴한 허유의 지조가 있다고 하는데 어째서 스스로 뜻을 굽히는가?' 상수가 대답했다. '세간에서 말하듯이 저 허유가 요임금의 뜻을 받들지 않은 것을 내가 앙모하는 것은 아닙니다.'

96 『三國志』「晉書: 向秀傳」. "嵇意遠而疏, 呂心曠而放."

97 嵇康, 『嵇康集』「難自然好學論」. "執書摘句, 俯仰咨嗟, 使服膺其言, 以爲榮華."

같이 앉아 있는 사람들이 모두 기뻐하여 차례로 벼슬이 황문시랑과 산기상시에 이르렀다."[98]

혜강은 위나라 경원 3년(262)에 죽었고 상수는 대략 227년에 죽었는데 그렇다면 혜강이 죽었을 때에 상수는 대략 36세였다. 혜강이 피살된 것을 상수의 입장에서 말한다면 반드시 심각하고 무거운 타격이었다. 상수가 수도에 온 것은 "관리 선발에 응하고자 하는 것"[99]이었는데[100] 이는 오히려 혜강의 사건에 연루될 것을 피하여 수도로 가서 "죄를 청한 것"만 못하다. 왜냐하면 그는 혜강 및 여안과 친밀한 교유관계를 지녔고 당시 사람들이 그것을 알고 있었으며 더욱이 그 이전에 종회가 혜강에게 갔을 때 혜강의 냉대를 받았는데 상수가 바로 그 당사자가 된 것이다. 종회는 이미 혜강을 무고하게 모함해서 당연히 상수에 대해 좋게 발하지 않았는데 위에서 서술한 사마소의 질문이 바로 그 분명한 증거이다. 이 때문에 혜강이 피살되었을 때 상수는 스스로 안심하고 앉아있을 수 없어서 그 해의 관리 선발에 응시하고자 수도에 이르러 사마소를 찾아가 인사를 드린 것이다. "소보(巢父)와 허유(許由)[101] 같이 성품이 깅직하고 대쪽 같은 선비"와 "허유가 요임금의 뜻을 받들지 않은 것을 내가 앙모하는 것이 아니다."라는 두 가지의 말을 설명하는 것이니 이와 같이

98『世說新語』「言語篇」 주에 인용된「向秀別傳」. "康被誅, 秀遂失圖. 乃應歲擧, 到京師, 詣大將軍司馬文王, 文王問曰, '聞君有箕山之志, 何能自屈?' 秀曰, '常謂彼人不達堯意, 本非所慕也.' 一坐皆悅, 隨次轉至黃門侍郎散騎常侍."

99『三國志』「晉書: 向秀傳」. "應本郡計入洛."

100 저자 주 『진서』「상수전」의 설명은 "마땅히 군계지역을 발판으로 낙양에 들어가는 것"이다. 즉 하내의 군계지방의 벼슬을 발판으로 삼아 낙양에 입성한 것을 말한다.

101 역주 소보(巢父)와 허유(許由)는 성군 요(堯)시대에 살았다는 고사(高士)이다. 허유는 요제(堯帝)가 자기에게 보위를 물려주려 하자 귀가 더럽혀졌다고 영천(潁川)에서 귀를 씻은 후 기산(箕山)으로 들어가서 은거하였고, 소부는 허유가 귀를 씻은 영천의 물이 더럽혀졌다 하여 몰고 온 소에게 마시지 못하게 하였다고 전한다.

생각해서 화를 면할 수 있었던 것이다. 이렇게 하여 상수는 사마씨의 정권에 투신하여 의지하게 된다.

"차례로 벼슬이 황문시랑과 산기상시에 이르렀다." 혜강이 죽은 뒤로부터 상수는 "서로 손을 잡고 먼 들녘을 바라보며 이리 저리 자유로이 유랑하기를 매우 즐겨하는" 은둔의 생활방식에 작별을 고하고 그의 관직생활을 시작하였다. 『진서』「임개전(任愷傳)」에 다음과 같이 기록하였다.

> "임개는 나라를 경영할 역량을 지니고 있어서 온갖 정무의 대소사를 거의 주관하여 통괄하였다. 성품은 충직하고 바르며 사직을 자기의 소임으로 여겼으니 황제가 그를 신임하고 친밀하게 생각하여 정무에 관한 자문을 많이 받았다. … 유순(庾純), 장화(張華),[102] 온옹(溫顒), 상수, 화교(和嶠) 등의 무리가 모두 임개와 친하게 지냈으며, 양요(揚珧), 왕순(王恂), 화호(華暠) 등은 가충(賈充)[103]이 친히 공경하였으며 이에 분당

---

102 역주 장화(張華: 232-300)는 자가 무선(茂先)이며 베이징[北京] 부근 판양[范陽] 팡청[方城] 출신이다. 완적(阮籍)에게 문재(文才)를 인정받아 위조(魏朝) 때 중서랑(中書郞)에 올랐고, 진(晉)의 무제(武帝) 때 오(吳)나라 토벌에 공을 세워 무후(武侯)에 봉하여졌다. 그후 벼슬이 누진되어 혜제(惠帝) 때는 사공(司空)이 되었는데 조왕(趙王) 사마윤(司馬倫)의 반란 때 살해당하였다. 화려한 시문으로 알려졌고 장재(張載)·장협(張協)과 함께 삼장(三張)으로 불렸다. 그의 출세작이 된 「초료부(鷦鷯賦)」, 혜제의 황후의 난행을 충고한 「여사잠(女史箴)」과 「잡시(雜詩)」「정시(情詩」「여지시(勵志詩)」 등이 유명하다. 또한 일종의 백과사전인 『박물지(博物志)』를 저술하였고, 그 박학으로 몇 가지의 신비적인 일화를 남겼다. 시문집에 『장사공집(張司空集)』이 있다.

103 역주 가충(賈充: 217-282)은 자가 공려(公閭)이다. 어렸을 때 예주자사(豫州刺史)였던 아버지 가규(賈逵)가 세상을 떠나자 그 작위를 이어받아 위말(魏末)의 실권자 사마씨(司馬氏)의 복신(腹臣)이 되었다. 사마 염(司馬炎)이 위제(魏帝)의 제위를 물려받아 즉위하자(진나라 무제), 거기장군 상서복야(車騎將軍尙書僕射)가 되어 두예(杜預) 등과 함께 『진율령(晉律令)』을 편찬하여 이를 천하에 시행하였다. 오(吳)나라를 토벌할 때에는 토벌군 총사령관이 되었으며, 오나라가 멸망하여 천하가 통일된 후에 죽었다. 두 딸은 태자비(太子妃)와 제왕비(齊王妃)

이 어지러이 나뉘게 되었다."[104]

이 자료는 상수가 관직으로 나아간 뒤에 임개와 가충의 붕당투쟁에 참여했음을 설명한다. 『자치통감』 79권의 기록에 의하면 진 무제시기 태시(泰始) 8년(272)에 "가충이 명예와 권세를 독점하기 위하여 임개를 시기하였으니 이에 조정의 선비들이 각각 부화뇌동하여 붕당이 분분해졌다. … 가충은 순욱(荀勖)하고 풍담(馮紞)과 함께 이간질하여 그를 참소하였는데 임개가 이것으로 말미암아 죄를 얻어서 집안이 망하였다."[105] 상수가 의탁하여 따랐던 임개는 태시 8년에 참소 때문에 연좌되어 해직되었으니 상수는 저절로 의지처를 잃게 된 것이다.

이 사건 뒤로 상수의 관직생활은 이미 막다른 길로 가고 있었으니 임개 일파가 가충의 붕당과 다투는 중에 실패하여 이후 가충이 정권을 상악하였으므로 상수의 처지는 바로 짐작하여 알 수 있는 것이다. 이것은 대체로 「진서」의 「상수전」에서 말한 "조정에서는 직책을 맡지 않았고 공적만 치장했을 뿐이며 그 벼슬자리에서 죽었다."[106]는 것과 같다. 『세설신어』 「문학편」 주에 있는 "상수는 어슬렁거리며 놀면서 여러 현능한 사람에게 맡기고 쓸쓸하게 죽었다."[107]라는 것은 바로 이것을 의미한다.

상수의 저작은 역사서의 목록에 오직 『장자주(莊子注)』[또는 『장자은해(莊子隱解)』라고도 함]만이 있다. 『세설신어』 「문학편」에 다음과 같이 말했다.

가 되었는데, 태자비는 후에 혜제(惠帝)의 가황후(賈皇后)가 되어 횡포가 심하였으므로, 팔왕(八王)의 난이 일어나 서진(西晉) 멸망의 단서가 되었다.

104 『三國志』 「晉書: 任愷傳」. "愷有經國之幹, 萬機大小多管綜之. 性忠正, 以社稷爲己任, 帝器而昵之, 政事多諮焉. … 庾純張華溫顒向秀和嶠之徒皆與愷善, 楊珧王恂華廙等, 充所親敬, 於是朋黨紛然."

105 『資治通鑒』 권79. "充欲專名世而忌愷, 於是朝士各有附, 朋黨紛然. … 充因與荀勖馮紞間共譖之, 愷由是得罪, 廢於家."

106 『三國志』 「晉書: 向秀傳」. "在朝不任職, 容迹而已, 卒於任."

107 『世說新語』 「言語篇」 주에 인용된 「向秀別傳」. "秀游托數賢, 蕭屑卒歲."

"처음에『장자』에 주석을 한 사람이 수십 명이었으나 그 요지를 궁구할 수 없었다. 상수는 옛 주석들을 벗어나서 새로운 해의(解義)를 지어서 그 미묘한 의미를 자세히 분석하였고 그윽한 품격을 크게 창달하였다. 오직「추수(秋水)」와「지락(至樂)」두 편은 끝내지 못하고 죽었다. 상수의 아들이 아직 어려서 해의가 결국 볼품없이 버려지게 되었으나 오직 별본으로 남아 있다. 곽상(郭象)이라는 사람은 사람됨이 경박하였으나 뛰어난 재질을 지녔다. 상수의 해의가 세상에 전해지지 않는 것을 보고 드디어 몰래 자기의 주석으로 삼았다. … 뒤에 상수의 해의 별본이 나왔으므로 이제 상수와 곽상의 두 가지『장자』주석이 있게 되었지만 그 해의는 하나이다."[108]

『세설신어』의 이 기록에 대해서 양나라 유효표(劉孝標)[109]의『세설신어』주석은 오히려 이런 견해가 옳지 않다고 보았다. 그는 "그윽한 품격을 크게 창달하였다[大暢玄風]."는 구절 아래에 주석에서 "상수는『장자』주석을 하겠다고 혜강과 여안에게 말했다. … 완성을 하자 그 두 사람에게 보여 주었다."[110] 등등과 같이 말했다. 이러한 설명은 상수의『장자주』가 "끝내지 못하고 죽었다."는 것이 결코 아님을 증명한다. 동시에 "해의가 결국 볼품없이 버려지게 되었다."는 것과 "오히려 별본이 있게 되었다."는 것도 서로 모순된다. 당나라 육덕명의『경전석문』「서록」에는 상수와 곽상의『장자주』를 구별하여 기록하였고, 아울러 "상수의 주는 22

108『世說新語』「文學篇」. "初, 注『莊子』者數十家, 莫能究其旨要. 向秀於舊注外爲解義, 妙析奇致, 大暢玄風. 唯「秋水」·「至樂」二篇未竟而秀卒. 秀子幼, 義遂零落, 然猶有別本. 郭象者, 爲人薄行, 有儁才. 見秀義不傳於世, 遂竊以爲己注. … 後秀義別本出, 故今有向郭二莊, 其義一也."

109 역주 유효표(劉孝標: 462-521)는 이름은 준(峻)이며, 남조 양(梁)나라의 평원(平原) 사람이다.『세설신어주(世說新語注)』를 지었고,「변명론(辨命論)」이 유명하다.

110 劉孝標,『世說新語』注. "秀將注『莊子』以告康安, … 及成, 以示二子."

권 26편"이라고 명확하게 설명하였고, 아울러 주를 붙여서 말하길 "또한 27편도 지었고, 또한 28편도 지었으며 잡편은 없고", "곽상의 주는 33권 33편"[111]이라고 하였다. 그리고 육덕명의 『장자음의(莊子音義)』에도 상수와 곽상을 구별하여 인증하고 있다. 이러한 관점으로 보더라도 상수의 주와 곽상의 주는 실제로 두 가지의 저작이 된다고 설명할 수 있으며, 비록 원래 모양을 조금도 바꾸지 않은 채 상수의 주석에서 적지 않은 양을 초록하였지만 매우 다른 점이 있으니 이 두 가지를 완전히 혼합하여 한 가지로 말할 수는 없다.

상수의 주는 비록 전해지지 않지만 그 주석한 문장이 여러 학자가 인용한 것에서 여기 저기 보이는 것이 적지 않다. 예컨대 송나라 유의경(劉義慶)[112]의 『세설신어』와 양나라 유효표의 『세설신어주』와 장담의 『열자

111 陸德明, 『經典釋文』「敍錄」. "向秀注二十卷, 二十六篇." "亦作二十七篇, 亦作二十八篇, 亦無雜篇." "郭象注三十三卷, 三十三篇."

112 역주 유의경(劉義慶: 403-444)은 장쑤성[江蘇省] 팽성(彭城: 지금의 徐州) 출신으로, 송나라 무제(武帝) 유유(劉裕)의 조카이고 장사(長沙) 경왕(景王) 유도련(劉道憐)의 둘째 아들이다. 숙부인 임천왕(臨川王) 유도규(劉道規)의 뒤를 이어 임천왕이 되었고 문제(文帝) 때에는 산기상시・비서감이 되었다. 이후 탁지상서(度支尙書)・상서좌복야(尙書左僕射)・중서령(中書令)・형주자사(荊州刺史)・개부의동삼사(開府儀同三司) 등을 지냈다. 병이 들어 41세의 나이로 죽었는데, 시호를 강왕(康王)이라 하였다. 성품이 소박하고 문학을 좋아하여, 문학을 하는 선비들이 주위에 많이 모였다. 문집 8권이 있었으나 소실되었고, 작품에 지인소설 『세설신어(世說新語)』와 지괴소설 『유명록(幽明錄)』 등이 있다. 『세설신어』는 본래 8권이었으나 현재 전해지는 판본은 3권으로 되어 있으며, 『유명록』은 원래 30권이었으나 이미 소실되었고 루쉰[魯迅]의 『고소설구침(古小說鉤沈)』에 일부가 집록되어 있다. 『세설신어』는 후한(後漢) 말부터 동진(東晉)까지의 정치가・문인・사대부・승려・서인 등 600명에 이르는 인물의 이야기를 담고 있는 일화집으로 중국문학사상 중요한 위치를 차지하는 작품이다. 당시 지식인과 중세 호족(豪族)의 생활 태도를 생기발랄한 콩트식으로 묘사하였으며, 한말부터 위・진 무렵의 귀족계급 주변의 사상과 풍조를 후세에 상세히 전하고 있다. 세부묘사도 뛰어나고 개성화한 언어로 인물들의 특색을 잘 그려내어 지인소설이라는 독특한 장르를 개척하였으며, 후대 필기소설의 발전에 영향을 끼친 것으로 평가된다.

주』와 양나라 도홍경(陶弘景)[113]의 『양생연명록(養生延命錄)』과 육덕명의 『경전석문』과 이선(李善)[114]의 『문선주(文選注)』 그리고 동진 나함(羅含)의 「갱생론(更生論)」 등에 상수가 『장자』를 주석한 문장이 모두 인용되어서 합치면 210여 조가 된다. 이 210여 조의 주석 문장은 비록 금본 『장자주』 주석문장의 7% 내외[115]를 점유하지만 그 속에서 상수 『장자주』의 기본 사상을 볼 수 있는데 이 때문에 그것은 상수의 철학사상을 연구하는 데 믿을 수 있는 자료이다.

『장자주』를 제외하고 상수는 또 『주역』에 대하여 주를 달았다. 『세설신어』 「문학편」 주에 다음과 같이 말했다.

"상수는 … 뒤에 『주역』의 주석을 붙였으니 그 대의를 볼 수 있으며 한나

---

113 역주 도홍경(陶弘景: 456-536)은 자가 통명(通明)이고 호는 은거(隱居)이며 단릉말릉(丹陵秣陵: 江蘇省 南京) 출신이다. 아버지가 첩에게 살해된 사실로 인하여 일생을 결혼하지 않고 지냈다. 일찍이 관직을 사퇴하고 구곡산(句曲山), 즉 마오산[茅山]에 은거하여 학업에 정진하였으며, 유・불・도 삼교(三敎)에 능통하였다. 특히 음양오행(陰陽五行)・역산(曆算)・지리(地理)・물산(物産)・의술본초(醫術本草)에 밝았다. 양나라 무제(武帝)의 신임이 두터웠으며, 국가의 길흉・정토(征討) 등 대사(大事)에 자문역할을 하여 산중재상(山中宰相)이라고 불리었다. 도교관계 저서로는 경전으로 존중되고 있는 『진고(眞誥)』(20권) 『등진은결(登眞隱訣)』(3권) 『진령위업도(眞靈位業圖)』 등이 있고, 문집에 『화양도은거집(華陽陶隱居集)』(2권)이 있으며, 의학・약학의 저서에 『본초경집주(本草經集注)』가 있다. 이 밖에 천문학에 관한 『제대연력(帝代年曆)도 저술하였다.

114 역주 이선(李善: 630-689)은 장쑤성[江蘇省] 장두[江都: 지금의 揚州] 출신이다. 하란민(賀蘭敏)의 추천으로 숭현관학사(崇賢館學士)가 되었고, 난대랑(蘭臺郎)을 지냈다. 하란민이 세력을 잃으면서 이선 또한 요주(姚州)를 떠돌다가 후에 사면되어 『문선(文選)』을 가르치는 것을 업으로 삼으며 지냈다. 조헌(曹憲)에게 『문선』을 배웠고 이후 658년에 『문선』에 방대한 주석을 단 『문선주(文選注)』(60권)를 편찬하였다. 조헌의 연구성과를 계승, 발전시켜 완성한 『문선주』는 깊이 있고 날카로운 분석과 방대한 수집자료로 학술적 가치가 크다. 『문선』 주석의 대표작으로 높은 평가를 받았고, 많은 사람들이 이 책을 기초로 연구하거나 저술하여 문선학이라는 학문을 만들어내기도 하였다.

115 저자 주 금본 『장자주』는 주석문장이 모두 2,950조이다.

라 시대의 전통적인 여러 유학들과 서로 비슷한 점이 있어서 장자의 숨겨진 뜻을 두드러지게 밝혀낸 것만 못하다."[116]

상수의 『주역주』는 『수서』와 『당서』에 모두 저술 목록이 보이지 않는다. 『경전석문』 「서록」에 「장반집해(張潘集解)」 12권이 수록되어 있는데 그 서문에 "상수의 판본에 의하면[依向秀本]"이라는 말이 있고, 아울러 거기에서 수집한 22명의 해석 속에는 "상수의 자는 자기이고 하내인이며 진나라 상기상시를 지냈고 『주역의』를 지었다."[117] 등등이라 한 것이 있다. 이 책은 이미 망실되었다. 마국한(馬國翰)의 『옥함산방집일서(玉函山房輯佚書)』는 『사기』 색인과 『경전석문』과 이정조의 『주역집해』 속에서 부분적인 유실문장을 모아 놓았으므로 일부분을 볼 수 있다."

상수는 또한 「난양생론(難養生論)」 한 편을 지었다. 『진서』 「상수전」에 말하기를 "또한 혜강과 함께 양생을 논하면서 시비를 논하는 말을 주고받았는데 대체로 혜강의 높은 경지에 계발되었다."[118] 「난양생론」 한 편은 『혜강집』 속에 기록되어 있다. 이 글은 비교적 양생의 문제에 대한 상수의 시각을 집중적으로 반영하고 있으며 그 속에서 언급하고 있는 심(心)과 지(智), 정(情)과 욕(欲), 자연과 명교 등은 당시에 사람들이 주의와 관심을 기울였던 문제이다. 이 때문에 상수의 사상을 연구할 때 의존하는 주요 자료가 된다.

『세설신어』 「언어편」의 주에 인용된 「상수별전」에 의거하여 말하자면, 상수는 "약관의 나이에 「유도론(儒道論)」을 지었다가 버리고 다시 기록하지 않았는데 호사가인 어떤 이가 그것을 보존하였다. 혹자가 말하길 '이것은 우리 가문의 사람이 지은 것인데 유통시키지 않고 묶어둔 것

116 『世說新語』 「文學篇」 注. "秀 … 後注 『周易』, 大義可觀, 而與漢世諸儒互有彼此, 未若隱莊之絶倫也."

117 「張潘集解」 序文. "向秀字子期, 河內人, 晉散騎常侍, 爲 『易』 義.

118 『三國志』 「晉書: 向秀傳」. "又與康論養生, 辭難往復, 盖欲發康高致也."

을 상수에게 말해주었더니 그의 이름을 가탁하였구나.'하고 웃으면서 말하길 '어찌 되돌릴 수 있겠는가?'라고 하였다."[119] 「유도론」은 역사서적의 저술목록에 보이지 않으며 또한 역사서에도 지칭하거나 인용한 것이 보이지 않는다. 『세설신어』의 주석에 기록된 것을 비추어 볼 때에 이 두 가지 가능성은 진위를 가릴 수 없으므로 보류하고 논하지 않겠다. 그러나 『장자주』와 「난양생론」의 관점과 내용에 비추어 보면 상수는 자연과 명교의 관계를 조화시키고자 시도하였으며 이 때문에 사령운(謝靈運)[120]의 「변종론(辨宗論)」에 또한 "상수는 유가와 도가를 하나로 만들었다."는 설명이 있다.[121]

동시에 『세설신어』 주석의 기록 자체는 또한 모순되는 곳이 있는데, 만약 상수가 진정으로 유가를 버리고 도가를 지향했다면 그 가문의 한 사람이 상수에게 말해주어 이름을 가탁하게 할 수 없었을 것이다. 그래서 오직 상수는 청년시절에 유가와 도가를 종합하는 숙원을 지녔었다고 말할 수 있다. 이로써 볼 때에 상수는 "약관 시절에 『유도론』을 지었다."는 가능성이 매우 크다.

『문선』과 『예문유취』와 『진서』 「상수전」에 모두 상수가 「사구부」 한 편과 「서」가 있음을 기록하고 있다. 이 부와 서는 상수의 사상을 연구하는 데 일정한 참고 가치가 있다.

---

119 『世說新語』 「言語篇」 注에 인용된 「向秀別傳」. "弱冠著儒道論, 棄而不錄, 好事者或存之. 或云, '是其族人所作, 困於不行, 乃告秀, 欲假其名', 笑曰, '何復爾耳!'"

120 역주 사령운(謝靈運: 385-433)은 자가 선명(宣明)이며 남북조 시대 송나라의 시인이다. 강남(江南)의 명문(名門)에 태어나 여러 벼슬을 지냈으나 정무(政務)를 돌보지 않아 사형당했다. 종래 서정을 주로 하는 중국 문학 사상에 산수시(山水詩)의 길을 열어 놓아 산수시인(山水詩人)이라 일컬어진다. 저서에 『사강락집(謝康樂集)』이 있다.

121 謝靈運, 「辨宗論」. "向子期以儒道爲一."

5 유 령劉伶

유령은 자가 백륜(伯倫)이며 패국(沛國) 사람이며 생졸연월은 자세하지 않은데 대략 완적과 나이가 비슷하다.

위진의 명사들은 용모를 중시하였는데 유령은 "신장이 육척이며 용모가 매우 볼품 없었다."[122] 외모가 볼품 없었던 사람이 "칠현"의 하나가 되었고, 당시 사람들의 중시를 받은 것은 생각건대 반드시 재능이 아주 뛰어났음을 알 수 있다. 『진서』 본전에 그는 "감정이 자유분방하고 뜻이 방자하여 우주를 작게 여기고 만물을 고르게 보는 것으로 마음을 삼았나."[123]라고 하였다.

유령, 혜강, 완적은 비슷한 부류의 인물들로서 『노자』와 『장자』를 좋아하였고 성품이 별나고 거만하여 다른 사람들과 무리를 이루지 않았으며, 말이 적어 과묵하였고 함부로 남들과 왕래하며 교류하지 않았다. 가평 연간 중에 "완적과 혜강이 서로 만나서 흔연히 마음이 통하여 손을 잡고 숲으로 들어갔다."[124] 유령은 제멋대로 말을 늘어놓지 않았고 또한 문장에 뜻을 두지 않았으며 오직 술 마시는 것을 좋아하였다. 그는 술을 마시면 매우 거칠어서 "늘 사슴이 끄는 수레를 타고 술 한 병을 들고 있었으며 사람을 시켜 가래를 지고 따르게 하면서 말하기를, '내가 죽으면 바로 묻어라.'라고 하였다."[125] 끝내 집안에 재산이 있고 없음을 돌보지 않고 또한 죽고 사는 것에 관심이 없었다. 이 때문에 그의 아내는 술그릇을 내리쳐 깨뜨리고 울면서 그에게 권하여 말하기를 "당신은 술을 너무 많이 마셔서 섭생의 도가 아니므로 반드시 술을 끊어야 한다."라고

---

122 『三國志』「晉書: 劉伶傳」. "身長六尺, 容貌甚陋."

123 『三國志』「晉書: 劉伶傳」. "放情肆志, 常以細宇宙齊萬物爲心."

124 『三國志』「晉書: 劉伶傳」. "與阮籍嵇康相遇, 欣然神解, 攜手入林."

125 『三國志』「晉書: 劉伶傳」. "常乘鹿車, 攜一壺酒, 使人荷鍤而隨之, 謂曰, '死便埋我.'"

하였다. 유령은 그녀에게 속여서 말하기를, "'좋다. 내가 술을 끊지 못하면 마땅히 귀신을 볼 것을 스스로 맹세하겠다.' 그리고 제사용 음식을 갖추어 놓았다."[126] 아내가 그 말을 듣고 아주 기뻐하면서 그가 진정으로 술을 마시지 않겠다고 맹세한 줄로 여겼으나, 어찌 알았으랴! 그는 땅위에 무릎을 꿇고 앉아서 귀신을 희롱하는 자세로 기도하며 말하길, "하늘이 유령을 내어서 술로 이름을 삼았다. 한 번에 일 곡(斛)을 마시며 다섯 곡에 술이 깬다. 아녀자의 말은 삼가 듣지 마소서."[127]라고 하였다. 한 번 이렇게 멋대로 말을 늘어놓고 나서 바로 그 자리에서 크게 마신 뒤 일어나서 곧 인사불성이 되도록 더 마신 뒤에 그만두었다.

유령은 단지 술을 좋아했을 뿐만 아니라 뜻이 광대하며 해학이 있고 거침이 없었는데 집안에서 술을 마실 때 항상 의복을 홀랑 벗고 있었으니 사람들이 그가 예의를 모른다고 비웃었으나 그는 오히려 "나는 천지를 마룻대와 추녀로 삼고 집안을 잠방이로 삼는데 그대들은 어찌하여 내 바지 속에 들어와 있는가?"[128]라고 말하였다. 천지는 나의 방이며 집안은 나의 의복이니 당신들은 어찌하여 내 바지 속으로 들어왔느냐? 참으로 사람들로 하여금 울 수도 없고 웃을 수도 없게 한 것이다. 한 번은 유령이 술을 취하게 마시고 다른 사람과 충돌이 생겼는데 그 사람이 주먹다짐으로 그를 때리려 하자 그는 걱정이나 성냄이 없이 태연하게 말하길, "너는 때리지 마라. 나의 닭갈비 같은 이 몸뚱이는 네 주먹을 감당할 수 없다."라고 하였다. 상대방이 그에게 그만 웃어버리고 손쓰기를 그만두었다.[129]

유령은 "칠현" 중에서 완씨의 숙질[阮籍과 阮咸]과 가장 잘 어울려 담론

126『三國志』「晉書: 劉伶傳」. "君酒太過, 非攝生之道, 必宜斷之.", "善, 吾不能自禁, 惟當祝鬼神自誓耳. 便可具酒肉."

127『三國志』「晉書: 劉伶傳」. "天生劉伶, 以酒爲名. 一飮一斛, 五鬥解酲. 婦兒之言, 愼不可聽."

128『三國志』「晉書: 劉伶傳」. "我以天地爲棟宇, 屋室爲幝衣, 諸君何爲入我褌中?"

129『三國志』「晉書: 劉伶傳」. "雞肋不足以安尊拳. 其人笑而止."

을 나누었는데 세 사람은 모두 자유분방하며 술 마시는 일을 좋아했다. 감로 원년(256)에 완적은 보병교위(步兵校尉)를 하고 있었고 유령은 건위참군(建威參軍)을 하고 있었는데 보병의 병영 속에 저장해둔 술이 수백 곡이 있어서 두 사람은 늘 모여서 함께 실컷 술을 마셨다.

태시연간 초에 사마염은 황제에 올라 치국에 관한 방법을 듣고 의견을 들어서 관리를 선발할 때에 "무위의 교화를 잔뜩 이야기하여",[130] 대답했는데, 많은 사람들이 가문과 말재주에 의지하여 직위가 올랐지만, 유령은 대체로 가문의 명망이 높지 않았고 또한 남에게 크게 귀여움을 받지 못하여 결국 "벼슬에 쓰이지 못하고 그만두었다."[131] 유령은 일생동안 어떠한 글도 쓰지 않았는데 오직 「주덕송(酒德訟)」 한 편이 있으니, 그 사상은 완적의 「대인선생전」과 서로 비슷하고 역시 예법에 젖은 선비들을 희롱하는 것이다.

6 완 함阮咸

완함은 자가 중용(仲容)이고, 진류(陳留) 사람이며 완적의 형인 완희(阮熙)의 아들이다. 완씨는 거대한 가문으로 완희는 나이가 들어서 도북(道北)에 살았다. 그는 유가의 학문에 종사하여 무도태수(武都太守)를 지냈고 재산도 매우 많았다. 완적은 도남(道南)에 살면서 『노자』와 『장자』를 좋아하였고 집안이 가난하였다. 완함과 완적은 함께 생활하였는데 숙부와 조카가 함께 죽림에 들어갔다.

완함은 도북 지역에 사는 모든 완씨 일족을 멸시하였고 그들의 상스러운 모습을 혐오하였다. 당시의 풍속에 따라 7월 7일에 의복을 햇볕에 말렸

130 『三國志』「晉書: 劉伶傳」. "盛言無爲之化."
131 『三國志』「晉書: 劉伶傳」. "以無用罷."

는데, "북쪽에 사는 완씨가 성대하게 옷을 볕에 쬐어 말리는데, 모두 가는 비단으로 만든 아름다운 옷이었다."[132] 완함은 대나무 장대에다 큰 바지저고리를 걸어서 옷을 말렸는데, 사람들이 모두 이상하게 생각하니, 그는 "풍속을 피할 수 없으니 오로지 이렇게라도 할 뿐이다."[133]라고 하였다. 이것은 분명하게 여러 완씨들의 부유함을 멸시하는 뜻을 지니고 있다.

완함의 행동거지는 가는 곳마다 완적을 본받아서 술을 좋아하고 예교(禮敎)에 구애받지 않았다. 본전(本傳)에서 다음과 같이 말하였다. "완씨들이 모두 술을 마시고 있을 때 완함이 도착하자, 완씨 가문의 사람들이 모여서 작은 술잔을 사용하지 않고 마시고 있는데, 큰 술동이에 술이 가득하였고, 둘러 앉아 서로 바라보며 큰 잔으로 떠 마셨다. 이 때 돼지 떼가 다가와서 그 술을 마시자, 완함은 직접 돼지들과 어울려 함께 마셨다."[134] 한 무리의 이름 난 집안 자제들이 놀랍게도 돼지 떼와 함께 술을 마셨으니 참으로 황당함의 극치라고 하겠다. 완함은 고모의 시녀와 공개적으로 서로 좋아하여 아들을 낳았다. 당시 사람들은 모두 그가 아직 완적의 자유분방하고 활달한 풍도의 정수를 얻지 못했다고 하여, "오히려 아름다운 서시에게서 그의 눈을 찡그리는 것만 배우는 것이니, 도를 지닌 자를 사모하면서 그 두건만 찌그러뜨리는 격이다."[135]라고 하였다.

완함은 음률을 심오하게 이해하여 비파(枇杷)를 잘 탔는데, 당시 사람들은 그를 "신의 경지[神解]"라고 하였다. 중서감(中書監) 순욱(荀勖)도 음율을 잘하였는데, 사람들을 그를 "심오한 경지[暗解]"라고 하였다. 순욱은 율려(律呂)를 조율하여 아악을 바르게 하였는데, 매번 정기 모임이 있을 때 궁전의 뜰에서 음악을 연주하였으며, 스스로 궁음과 상음의 조

132 『世說新語』「任誕」. "北阮盛曬衣, 皆紗羅錦綺."

133 『三國志』「晉書: 阮咸傳」. "未能免俗, 聊復爾耳." 역주 이 부분의 이야기는 『세설신어』「임탄」편에도 비슷한 구도로 실려 있다.

134 『三國志』「晉書: 阮咸傳」. "諸阮皆飮酒, 咸至, 宗人間共集, 不復用杯觴斟酌, 以大盆盛酒, 圓坐相向, 大爵更飮. 時有群豕來飮其酒, 咸直接去其上, 便共飮之."

135 戴逵, 『放達爲非道論』. "是猶美西施而學其顰眉, 慕有道而折其巾角."

화를 맡았는데 음향이 화합하지 않음이 없었다. 다른 사람들은 순욱의 음악에 대하여 흠모하고 탄복하지 않음이 없었는데, 오직 완함만이 그렇게 생각하지 않아서 그의 음률에는 조화가 고르지 않다고 여겼다. 순욱은 완함이 자기를 질투한다고 생각하여 그를 시평(始平)으로 배속하여 태수로 보내 버렸다. 뒷날에 한 농부가 땅을 갈다가 주나라 왕조 때의 옥척(玉尺)을 파냈는데, 순욱은 그것을 가져다가 자기가 만든 종고(鐘鼓)·금석(金石)·죽사(竹絲) 등의 여러 가지 악기를 측량하여 보고, 모두 치수가 맞지 않는다는 것을 발견하고 나서야 비로소 음률에 대한 완함의 능력이 확실히 자기보다 높다는 것을 알았다.

완함은 산기시랑을 역임하였고, 산도가 몇 차례 그를 추천하여 이부랑으로 삼고자 하여 말하길, 그는 "지조가 바르고 소박하여 욕심이 적으며, 맑고 흐린 이치를 깊이 인식하여, 온갖 사물이 그를 바꿀 수 없다. 만약 관인의 직책이 있다면 반드시 시류(時流)보다 뛰어날 것이다."[136]라고 하였다. 사마염은 그의 술을 탐닉하고 부황하고 허황함 때문에 등용하지 않았다.

7 왕 융王戎

왕융은 자가 준충(濬冲)이며 낭야 임기(臨沂: 지금의 산동 임기 지역) 사람이고, 위나라 명제 청룡 2년(234)에 나서 진나라 혜제 영흥 2년(305)에 죽었다. 조부는 왕웅(王雄)이며 유주자사를 지냈다. 부친은 왕혼(王渾)이며 양주(涼州)자사를 지냈으며 정능정후(貞陵亭候)에 봉해졌다.

왕융은 어렸을 때 보통사람들과 아주 달랐는데, 선무장(宣武場)에서

136『三國志』「晉書: 阮咸傳」. "貞素寡欲, 心識淸濁, 萬物不能移. 若在官人之職, 必絶于時."

호랑이를 보고 있을 때 호랑이가 크게 포효하자 많은 대인들이 깜짝 놀라서 머리를 싸매고 쥐구멍을 찾는데도, 왕융은 얼굴색이 태연하고 개의치 않으며 움직이지 않았다. 한 번은 무리들과 함께 길옆에서 놀고 있다가 열매가 주렁주렁 많이 달려 있는 오얏나무를 보고, 놀던 무리들이 다투어 먼저 달려가서 따는데도 오직 왕융만은 가지 않았다. 어떤 사람이 그에게 어찌하여 함께 가지 않았느냐고 물었더니, 그는 "길가에 있는 나무는 열매가 많이 열리지만 반드시 그 오얏의 맛이 쓰다."[137]고 말하였는데, 따서 한 번 맛을 보니 과연 맛이 썼다.

정시 말년(255)에 사마소가 정치를 맡아서 보좌할 때 왕혼이 양주에서 죽었고, 왕융이 아버지의 벼슬을 세습하여 정능정후가 되었다. 또 종회의 추천으로 상국연(相國掾)에 제수되었고, 이부황문랑·산기시랑·하동태수·형주자사 등의 관직을 역임하였다.

왕융은 관직에 있는 동안 청렴하지 못했다. 함령(咸寧) 연간에 그는 형주자사로 있으면서 하급관리를 내려 보내어 자기 집 정원을 보수한 일로 처벌을 받았다. 함령 5년(278) 예주(豫州)자사로 자리를 옮겼고 건위장군의 직위를 더하여 황제의 명을 받고 오나라를 정벌하였다. 함령 6년 오나라가 항복을 하자, 왕융은 오나라를 평정한 공으로 작위가 높아져 안풍후(安豊候)에 봉해졌다. 후에 광록훈·이부상서로 자리를 옮겼다가 어머니의 상을 당한 일로 사직하여 관직을 떠났다.

혜제(惠帝)가 집정한 뒤로 황제가 어리석고 우둔하여 팔왕(八王)이 난을 일으켜서 수많은 조정의 신하들이 피살되었다. 왕융은 때에 따라 구름처럼 진퇴를 자유자재로 하고 알랑거리며 비위를 잘 맞추어서, 피해를 입지 않았을 뿐만 아니라 관직이 도리어 갈수록 높아졌으니, 앞뒤로 중서령·상서령·좌복야·사도 등의 벼슬을 맡아서 관직의 면에서는 오뚝이 같았다. 왕융은 벼슬에 나아가 임할 때 일을 직접 돌보지 않고

137 "樹在道邊而多子, 必苦李也."

모든 사무를 다 하급의 부하들에게 처리하도록 하였으며, 자기 자신은 말을 타고 이곳저곳을 유람하며 놀았다. 역사서에는 그가 이부상서를 여러 해 맡았는데, "벼슬에 나아가서는 가난하면서 깨끗함을 경험하지 못했고, 물러나서는 헛된 명성을 얻었으니, 다만 시세에 맞추어 오르락내리락하였고 집안의 문벌에 맞게 선임되었을 뿐이다."고 하였다.[138]

왕융은 나이가 어렸을 때 역시 자유분방했을 것으로 생각되는데, 부친이 죽었을 당시 "이전에 일을 보던 경력이 많은 아전들이 수백만 량의 돈을 모아 바쳤는데, 왕융은 사양하고 받지 않았고, 이로부터 이름이 났다."[139] 그런데 관직을 그만두고 난 뒤에는 오히려 갈수록 돈을 더 아꼈다. 본전에는 그가 "성품이 이익을 내기 좋아하여 팔방으로 동산과 장원을 경영하고 물레방아를 돌리느라 천하를 두루 돌아다녔다. 곡식을 쌓아두고 돈을 긁어모으는 데 끝을 몰랐고, 매번 상아로 만든 주판을 놓으며 밤낮으로 돈을 계산하면서도 늘 부족하게 여겼다."[140] 왕융은 인색한 구두쇠였는데, 딸이 시집을 갈 때 얼마간의 돈을 빌려 가서 빨리 갚지 않자 그는 기분이 매우 나빴다가, 바로 그에게 돈을 돌려주자 비로소 기분이 좋아졌다. 아들이 혼인을 할 때 그는 단지 옷 한 벌만 보내 주었고 혼인식이 끝나자 바로 돌아와 버렸다. 집안에 좋은 오얏나무가 있었는데, 오얏을 팔 때 다른 사람이 씨앗을 얻는 것이 두려워 오얏 씨에 모두 구멍을 뚫었다. 그는 관직에 있을 때는 청렴하지 않았으며, 최소한의 절개와 지조도 없었고, 인색하면서 돈을 아꼈기 때문에 당시의 많은 사람들이 비난하였다. 뒷사람들도 그를 "칠현(七賢)" 중에서 타락한 자로 보았다. 뒷사람들이 그를 비난한 원인은 주로 그가 사마씨에게 영합하여 의지했기 때문이다.

138 『三國志』「晉書: 王戎傳」. "未嘗進寒素, 退虛名, 但與時浮沈, 戶調門選而已."
139 『三國志』「晉書: 王戎傳」. "故吏賻贈數百萬, 戎辭不受, 由是顯名."
140 『三國志』「晉書: 王戎傳」. "性好興利, 廣收八方園田水碓, 周遍天下. 積實聚錢, 不知紀極, 每自執牙籌, 晝夜算計, 恆若不足."

제3절

칠현의 풍도風度

위진의 철학사·사상사·문학사·예술사·미술사의 각종 저작을 연구할 때 일반적으로 모두 "위진 시대의 풍도(風度)"를 논의한다. "위진 시대의 풍도"는 이 시대의 모든 정신적 면모를 반영하는 것이며, "위진 시대의 풍도"를 파악하는 것은 바로 당시의 시대정신을 파악하는 것이므로 반드시 논의해야만 하는 것이다. 무엇이 "위진 시대의 풍도"인가? 결국 "위진 시대의 풍도"라고 말하는 것은 단지 "칠현(七賢)의 풍도"이다. 위진 시대와 남조(南朝)의 명사들이 지닌 맑은 술, 호방하고 소탈함, 퇴폐·자유분방함, 말재간이 거침없는 변론, 입을 다물고 침묵함, 감정이 드높고 정기가 충만함, 부황하고 허황한 담론 등 이렇게 서로 다른 격조(格調)가 모두 "칠현"의 몸속에서 그 연원을 찾을 수 있으며, 또한 어떤 이는 "칠현"의 영향을 조금씩 받아 형성된 것이라고 말한다.

"칠현"은 결코 어떤 권세나 명성이 대단한 인물이 결코 아니지만 그들의 형상은 육조(六朝)의 명사들 마음속에 대단히 높고 크다. 혜강과 완적은 진대의 사람이 아니지만 『진서』에는 오히려 그들의 전(傳)을 두어 기록하였다. 손성(孫盛)은 노자를 위대한 성인으로 보지 않고 오히려 노자와 장자를 숭상했던 죽림(竹林)의 명사를 "칠현(七賢)"으로 높이 받들어 공경하고 숭배하였다. 왕도는 양자강을 건너온 뒤에는 오직 "소리에는 슬픔과 즐거움이 없다" · "양생(養生)"과 "언어는 뜻을 다 드러낼 수 없다"는 것을 이야기하였는데, 그가 말하는 주제 속에 두 개의 이론이 있으니, 이는 모두 혜강이 처음 세운 이론이다. 원굉(袁宏) · 대규(戴逵) 등의 인물은 또 『죽림칠현론』 · 『죽림칠현전』을 지어서 그들에 대한 전문적인 소개와 평가를 하였으며, 위진 시대의 방달(放達)한 풍모의 지나침에 대해서 불만을 지녔던 갈홍(葛洪)조차도 완적과 같은 인물에 대하여 진심에서 우러난 찬사를 표하였다. 당시의 조정(朝廷)과 재야의 인사들뿐만 아니라 심지어 불교의 승려들에 이르기까지 많은 사람들은 무엇 때문에 "칠현"에 대하여 이와 같이 숭배한 것인가? 성인도 아니고 법도도 없이 살면서 물의(物議)를 일으킨 일련의 인물들이 무엇 때문에 육조(六朝) 시대 명사들의 이상적 인격이 되었는가? 혜강과 완적의 사상이 육조 시대 명사의 찬양을 받은 것 이외에도, 우리는 그 주요 원인이 그 죽림칠현의 풍도가 사람들을 지극히 감동시키는 바가 있었고 당시 사람들에게 대단히 큰 감화력을 갖추고 있었다고 생각한다.

그렇다면 궁극적으로 무엇이 "칠현의 풍도"인가? "칠현의 풍도"는 이미 그들의 뛰어난 재능 · 기질(氣質) · 격조(格調) · 성정(性情) 등의 내재적 정신 측면에서 표현되었고, 그들의 언담(言談) · 행동거지 · 말소리 · 웃는 모습 등의 외재적 형식에 표현되어 있어서, 이와 같은 약간의 사례들을 모아서 간단하게 귀납(歸納)하는 것으로 우리는 "칠현의 풍도"가 주로 아래와 같은 몇 가지 내용을 포함한다는 것을 알 수 있다. 그것은 바로 1. 속세를 벗어나 초월하는 정신. 2. 세속에 구애받지 않는 자유로운 행위. 3. "자기 자신을 스승으로 삼는 마음자세"와 "자신의 감정에 따라 일을 처리"하는 풍격. 4. 명예를 초월하고 마음 가는 대로 내맡기는 성정 등이다. 이런 점들은 자연스레 하나의 새로운 기풍을 형성하였으며, 하나의 새로운 인생관과 가치관을 대표하였다. 아래에서 우리는 이런 몇 가지 방면으로 나누어 구체적 내용을 상세히 서술한다.

1 속세를 벗어나 초월하는 정신

속세를 벗어나 초월하는 정신은 "칠현의 풍도"에서 가장 중요한 요소이며 육조시대 명사들이 가장 숭배한 정신이었다. 이 때문에 사람들은 죽림의 명사들에 대하여 이야기할 때 모두 제일 먼저 이 특징을 이야기한다. 예를 들면, 혜강에 대해서는 "어려서 준수한 재능을 지녔으며, 뜻이 밝고 심원하여 비할 데 없이 매우 뛰어났고, 고상하고 진실하여 본성에 따라 행동하였으며, 명예를 좇아 살지 않았고, 마음이 너그럽고 단출하여 도량이 컸다."[1]고 하였다. 완적에 대해서는 "용모가 진기하게 뛰어나고, 뜻과 기백이 크고 거침이 없었으며, 거만하게 홀로 자득하였고, 본성에 따라 살며 어디에도 매이지 않았고, 기쁘고 성내는 감정이 얼굴에 나타나지 않았다."[2]라고 하였다. 산도에 대해서는 "어려서 국량이 있었으나 뜻을 굳건히 하여 남과 비할 데 없이 매우 뛰어났다. 성품은 노자와 장자를 좋아하여 매번 스스로를 감추어 세상에 나오지 않았다."[3]라고 하였다. "뜻이 밝고 심원하여 비할 데 없이 매우 뛰어났고", "거만하게 홀로 자득하였으며", "뜻을 굳건히 하여 남과 비할 데 없이 매우 뛰어났다."는 표현은 모두 속세를 벗어나 초월하는 정신을 말하고 있는 것으로서, 속세를 벗어나 초월하는 정신이야말로 바로 "죽림칠현"의 공통된 정신임을 알 수 있다. 산도와 왕융의 경우에는 처음의 충심(衷心)을 배반하면서 자연(自然)을 버리고 명교(名敎)를 좇아서 세속과 더불어 나쁜 물이 들어 명예와 이익을 추구하였지만, 이것은 "죽림칠현"이 해체되고 난 뒤의 일이었고, 최소한 이 두 사람이 청년시절에 죽림에서 노닐 때는

1 『魏志』「王粲傳」 주에 인용한 嵇喜의 『嵇康傳』. "少有俊才, 曠邁不群, 高亮任性, 不修名譽, 寬簡有大度."

2 『晉書』「阮籍傳」. "容貌瑰傑, 志氣宏放, 傲然獨得, 任性不羈, 而喜怒不形於色."

3 『晉書』「山濤傳」. "少有器量, 介然不群. 性好莊老, 每隱身自晦."

결코 이런 모습이 아니었으며, 만약 그들이 이와 같이 행위를 했다면 혜강과 완적이 정신적으로 교유하는 벗으로 삼지 않았을 것이다.

속세를 벗어나 초월하는 정신은 조잡하고 비천한 것이 아니고, 정신의 경지가 높고 심원하여 고상함을 추구함에 있는 것이다. 당시의 사회 속에는 이른바 "조잡하고 비천한 것"[속기(俗氣)]은 주로 양한(兩漢) 시기부터 만연되어 내려온 것으로서 공적과 명예 그리고 이익과 봉록을 추구하는 것, 그리고 이런 것들로 인하여 생겨나는 허위의식의 발생, 진정한 본연의 심성을 상실한 위선자의 나쁜 기풍 등을 의미한다. 통치계급에 속한 구성원은 공적과 명예 그리고 이익과 봉록을 얻기 위해서 한편으로 권세 있는 세도가에게 나아가 부나방처럼 아첨하며 달라붙어서 당시 조정의 권귀(權貴)들의 비위를 맞추었다. 다른 한편으로는 온 정열을 쏟아 핑계를 지어내어 명교를 좇아서 정인(正人) 군자(君子)의 얼굴 모습을 꾸며내었다. "칠현"이 사람들에게 속세를 벗어나 초월하는 모습으로 보이는 것은 바로 그들이 명예를 추구하지 않고, 이익을 좇지 않으며, 권세에 빌붙지 않고, 아첨하지 않으며, 허위의식에 찬 얼굴을 하고 인간의 참된 본성에 부합하지 않는 명교를 따르는 것을 달가워하지 않고, 자기의 타고난 본성을 위배하면서까지 권력자의 세력에 굴종하지 않았기 때문이다. "칠현"(특히 혜강과 완적)은 자신의 도덕적 이상과 정치적 포부가 있었으며, 그들은 이런 이상과 자신의 인격을 다른 모든 것들보다 중요시하였고, 자신의 인격에 반하면서까지 결코 세속과 더럽게 부합하지 않았으며, 자신의 이상을 희생하면서까지 명예와 이익을 바꾸어 취하지 않았다. 이 때문에 그들의 사상과 행위는 세속과 더불어 현저하게 전혀 맞지 않았으며, 더 나아가 닭 무리 속의 흰 학처럼 꿋꿋하게 굽히지 않고 홀로 초연해 있었다.

"칠현"의 속세를 벗어나 초월하는 정신은 먼저 관직에 나아가는 것을 바라지 않았고, 공적과 명예 그리고 이익과 봉록을 추구하는 것을 뜬구름처럼 보았다. 『진서』「완적전」에서 다음과 같이 말했다.

"완적은 일찍이 숙부를 따라서 동군(東君)으로 가니, 곤주자사 왕창(王昶)이 그를 청하여 한 번 만나 보았는데, 하루 종일 한 마디 말도 하지 않아서 그를 측량할 수가 없었다. 태위 벼슬을 하던 장제가 완적에게 영준한 재능이 있다는 소식을 듣고 그에게 벼슬을 주고자 하였다. … 아랫사람을 보내서 그를 맞이하고자 하였으나 완적이 이미 떠나 버리자 장제가 크게 화를 내었다. 이에 마을 친지들이 함께 그를 설득하자 겨우 벼슬에 나아갔다. 뒤에 병을 핑계로 사직하고 돌아갔다. 다시 상서랑이 되었는데, 얼마 지나지 않아서 다시 병을 핑계로 벼슬을 면하였다. 그리고 조상이 나라의 정치를 보좌할 때 그를 불러서 참군 벼슬을 삼았다. 완적은 이에 병을 핑계로 사직하고 시골로 은퇴하였다."[4]

당시의 사회에서는 일반인들은 관직을 구하면서 얻지 못할까 걱정했지만, 완적은 끝내 한 주(州)의 우두머리가 되는 벼슬도 거들떠보지 않았고, 심지어 조정의 중신으로 초빙하는 것도 핑계를 대고 사양하였는데, 이것은 어쩔 수 없이 일종의 몹시 방자하고 오만한 행동거지가 아닐 수 없다. 당시의 사람들은 완적이 기꺼이 벼슬에 나아가지 않은 것을 두고 조상과 연루되어 박해를 받았기 때문이라고 생각했지만, 뒷날의 사람들은 그가 정치적으로 사마씨에게 기울었기 때문이라고 말한다. 이와 같은 두 종류의 설명 방법은 확실히 실제의 상황과 부합하지 않는다. 완적은 조상의 정권하에서 참군에 기꺼이 나아가지 않았지만, 역시 장제(장제는 사마씨 권력집단에 속하는 인물이다)의 휘하에 있는 속관(屬官)으로도 기꺼이 나아가지 않았다. 완적이 벼슬에 기꺼이 나아가지 않은 이유는 당시의 정치적 형국하에서는 자신의 포부를 펼칠 방법이 없었기

4『晉書』「阮籍傳」. "籍嘗隨叔父至東郡, 兗州刺史王昶請與相見, 終日不開一言, 自以不能測. 太尉蔣濟聞其有雋才而辟之, … 遣卒迎之, 而籍已去, 濟大怒. 於是鄉親共喻之, 乃就吏. 後謝病歸. 復爲尙書郞, 少時, 又以病免. 及曹爽輔政, 召爲參軍. 籍因以疾辭, 屛於田裏."

때문인데, 두 정치적 집단 속의 주요 인물은 모두 개인의 사사로운 이익을 도모하여 취하고자 서로 싸우면서 빼앗기를 일삼는 음모가(陰謀家)이면서 야심가였을 뿐이다. 사마씨가 국가의 정치권력을 장악한 뒤에 그가 벼슬에 나아간 경우는 전적으로 핍박을 받지 않으려고 뜻을 굽혀서 정치권력의 주변을 맴돌다 그만둔 것일 뿐인데, 만약 그렇게 하지 않았다면 그가 무엇 때문에 관직에 있으면서 "즐겁게 술이나 마시는 일을 일상생활로 삼고(酣飮爲常)", "세상일을 내버려두는(遺落世事)" 행동을 했겠는가?

혜강은 이런 점에서 더욱더 돌출된 모습을 보여준다. 가평 4년(252) 이후에 산도와 왕융 등의 인물이 모두 사마씨 정권에 의탁할 때, 완적은 강요를 받아 벼슬에 나아갔으나 혜강은 오히려 여전히 벼슬에 나아가지 않았다. 감로 3년(258)에 사마소는 혜강을 핍박하여 벼슬에 나오게 하였지만, 그는 의연하게 도망을 쳤는데 한 번 도망간 뒤 3년이나 있었다. 경원 2년(261)에 혜강이 산양 땅으로 돌아온 지 오래 되지 않았을 때, 이부랑 벼슬을 하고 있던 산도가 또한 "혜강을 천거하여 자신을 대신해 벼슬살이를 하게 하였는데(擧康自代)" 이 때문에 혜강은 결연하게 산도와 교유관계를 끊었고, 아울러 「절교서(絶交書)」 속에서 자신과 명교는 공존할 수 없이 대립하는 입장이며 기꺼이 벼슬에 나아갈 수 없다는 결심을 표명하였다. 사마소는 혜강에 대해서는 어찌할 수 없다는 것을 알고 어떤 구실을 만들어서 그를 죽여 버린다. 혜강은 "칠현" 중에서 가장 맑고 고상한 인물이며, 그는 차라리 목이 날아갈지언정 사마씨를 위해 힘을 쓰지 않았다고 말할 수 있다.

혜강과 완적 같은 두 명의 지도적 인물뿐만 아니라, 설령 상수와 유령과 완함 같은 인물이라 하더라도 당시에는 모두 벼슬살이를 원하지 않았다. 당연히 그들이 기꺼이 벼슬에 나아가지 않은 원인이 서로 다 같은 것은 아니지만, 주된 경향으로 보자면, 이런 행위는 정치적 암흑세력에 대한 고결한 인물들의 저항과 공적·명예·이익·봉록에 대한 멸시를 나타낸다.

"칠현"의 속세를 벗어나 초월하는 정신은 또한 예법만을 고집하는 사류(士類)들 그리고 세속적인 인물들과 더불어 교유하지 않는 것을 표현한다. 『진서』「왕융전」에 다음과 같이 말했다.

> "완적은 왕혼과 벗이었다. 왕융은 나이 15세에 왕혼을 따라 사랑채에 있었다. 왕융은 완적보다 20세나 어렸는데도 완적은 그와 벗을 삼았다. 완적이 매번 왕혼에게 갔는데, 순식간에 갑자기 나아가더니, 왕융을 노려보다가 한참 지나서 나가며 왕혼에게 말하길, '왕융은 머리가 맑고 뛰어나서 그대와 같은 무리가 아니다. 그대와 함께 이야기하는 것보다 왕융과 함께 이야기하는 것이 더 좋다.'라고 하였다."[5]

예법만을 고집하는 사류들 그리고 세속적인 인물들에 대해서는 고관대작이라도 관계없이 그들이 어떤 우호적 태도를 취하더라도 하나도 거들떠보지 않았고, 그들과 대응하여 상대하지 않았다. 그리고 사상적으로 잘 어울리는 사람과 뜻이 서로 맞는 사람에 대해서는 나이가 많고 적음을 가리지 않았으며, 어떤 상황에도 구별하지 않고 모두 첫 만남에 오랜 친구처럼 마음이 잘 맞았다. 완적이 세속적인 사람에 대해서 늘 "가볍게 보아 업신여기거나 냉대[白眼]"하였기 때문에 다른 사람들이 그를 원수처럼 미워하게 만들었지만, 그는 오히려 그런 것에 개의치 않은 채로 누가 뭐라고 해도 평소 자기 식으로 행동하였다.

보통의 다른 사람에 대하여뿐만 아니라 "칠현"의 내부 사람에 대해서도 누가 만일 세속을 초탈하지 못하고 있어도 비난받아야만 했다. 『세설신어』「배조」에서 다음과 같이 말했다. "혜강 · 완적 · 산도 · 유령이 대

---

5 『晉書』「王戎傳」. "阮籍與渾爲友. 戎年十五, 隨渾在郎舍. 戎少籍二十歲, 而籍與之交. 籍每適渾, 俄頃輒去, 過視戎, 良久然後出. 謂渾曰: '濬沖淸賞, 非卿倫也. 共卿言, 不如共阿戎談.'" **역주** 준충(濬沖)은 왕융의 자이다.

나무 숲에서 즐겁게 술을 마시고 있을 때, 왕융이 뒤에 가서 참석했다. 그러자 완적이 말하길 '속된 사람이 이미 다시 와서 사람의 뜻을 썩게 하는구나.'[6]라고 하였다." 유효표는 『위씨춘추』에 인용된 주에서 말하길, '당시에 평하기를 왕융은 세속을 초탈하지 못하였다.'[7]라고 하였다. 왕융과 같은 사람은 완적의 안목으로 볼 때 여전히 "세속적인 사람[俗物]"이었으니, 일반적인 사람은 더 왕래할 가치가 없었던 것이다.

일반적으로 예법만을 고집하는 사류들에 대해서 "칠현"은 더불어 왕래하며 사귀지 않았고, 당시 조정의 권세 있는 귀족들에 대해서도 "칠현"은 똑같이 교유관계를 맺지 않았다. 『진서』「혜강전」에서 다음과 같이 말했다.

> "처음에 혜강은 가난하게 살았는데 일찍이 상수와 함께 큰 나무 아래에서 쇠를 다루면서 자급자족으로 살았다. 영천 땅에 사는 종회는 신분이 높은 집안의 자제였는데, 학식을 익숙하게 닦아서 상황에 꼭 맞도록 재치 있게 말을 잘하였으므로 나아가 그와 더불어 사귀고자 하였다. 그런데 혜강은 예를 차리지 않고 쇠를 두드리는 일을 멈추지 않았다. 한참을 지나서 종회가 가려고 하자, 혜강이 말하길 '무엇을 듣고 와서 무엇을 보고 가는가?'라고 말을 하니, 종회가 대답하길 '들은 것대로 듣고 와서 본 것대로 보고 간다.'라고 하였다. 종회는 이에 그에게 원한을 품게 되었다."[8]

종회는 매우 재능 뛰어난 청년이었으며 거의 왕필과 이름을 나란히

6 『世說新語』「排調」. "嵇・阮・山・劉在竹林酣飮, 王戎後往. 步兵曰: '俗物已復來敗人意!'"

7 『魏氏春秋』에 인용된 유효표(劉孝標)의 주. "時謂王戎未能超俗也."

8 『晉書』「嵇康傳」. "初, 康居貧, 嘗與向秀共鍛於大樹之下, 以自贍給. 潁川鍾會, 貴公子也, 精練有才辯, 故往造焉. 康不爲之禮, 而鍛不輟. 良久會去, 康謂曰: '何所聞而來, 何所見而去?' 會曰: '聞所聞而來, 見所見而去.' 會以此憾之."

드날렸고, 사마씨 정권에 깊은 신임을 받고 있었다. 그가 혜강을 방문한 것은 앞 사람들이 말한 대로는 결코 아니고 악의를 가지고 혜강이 사는 속사정을 탐문하기 위해서였다. 종회는 혜강의 인물됨과 뛰어난 재능을 깊이 존경하였으므로, 그는 혜강에게 접근하여 그와 더불어 왕래하며 사귀길 내심 바란 것이다. 일설에 따르면 종회는 『재성사본론』을 지은 뒤에 일찍이 혜강에게 가르침을 받고자 하였는데, 혜강에게 힐난을 받을 것이 두려워서 품에 넣고 감히 내어 보여주지 못하고, "혜강의 집 대문 밖에다 멀리 던져놓고 바로 돌아서 급히 도망쳤다."[9] 그러나 혜강은 오히려 그를 보지 못하였으니, 남의 집 앞에 와서 방문인사를 하는 것은 틀림없이 "예를 차리지 못한 것[不爲之禮]"이다. 만약 혜강이 그와 더불어 몇 마디 인사를 나누었다면 또한 그에게 무례의 죄를 묻는 데까지 가지는 않았을 것이며, 종회에게 모함을 당하여 목이 날아가는 지경에 이르지는 않았을 것이다. 혜강의 맑고 고상하며 도도함이 결국 이 지경에 이르게 한 것이다.

『진서』「완적전」에 다음과 같이 말했다.

> "문제[사마소]가 처음에 무제[사마염]를 위하여 완적의 딸에게 혼인을 구하였는데, 완적이 60일을 취해 있어서 말을 꺼내지도 못하고 그만두었다."[10]

문제는 사마소이다. "사마소의 마음은 길을 가는 사람들이 다 알고 있었다[司馬昭之心, 路人皆之]."고 하는데, 이런 이야기는 첫째로 이 사람이 음험(陰險)하고 악랄하다는 말이며, 둘째로 이 사람은 야심이 크다는 것을 말한다. 당시에 국가의 대권(大權)은 이미 사마소의 수중에 떨어져 있었고, 왕위를 찬탈하여 정권이 바뀌는 것은 날을 세며 기다리듯이 가까

9 『世說新語』「文學」. "於戶外遙擲, 便回急走."

10 『晉書』「阮籍傳」. "文帝初欲爲武帝求婚於籍, 籍醉六十日, 不得言而止."

이 있었다. 미래의 황제와 인척(姻戚) 관계를 맺는 것은 일반적인 세속의 사람들에게 구하려 해도 구할 수 없는 일이다. 그러나 완적은 오히려 이런 문벌과 인척을 맺는 일을 거절한 것이니, "칠현"의 사람됨이 얼마나 예사롭지 않은지 알 수 있다.

2 "자기 자신을 스승으로 삼는 마음자세"와 "자신의 감정에 따라 일을 처리"하는 풍격

"칠현"은 비록 속세를 초탈하였지만 결코 정치를 회피하지 않았는데, 그들은 한편으로 세상의 일들에 힘쓰지 않는 모습과 세속의 정서를 혐오하는 입장을 보인다. 다른 한편으로는 오히려 또한 산림 속으로 종적을 감추고 철저하게 사회적 속박에서 벗어남을 달갑게 여기지 않았다. 『세설신어』의 작자가 혜강과 완적이 벼슬살이를 하지 않았던 행위를 가지고 「서일(棲逸)」편에 포함시킨 것은 아주 잘못된 것이다. 만약 그들의 행위가 진실로 "산림에 편안히 은거하는 것[棲逸]"에 관한 이야깃거리라면 사마씨 정권에게 원수처럼 여김을 당하지 않았을 것이다. 혜강과 완적 같은 사람들은 이름이 높은 사상가이며, 그들은 자신의 이상과 포부를 지녔을 뿐만 아니라 당시 사회 속에서 발생하는 중대한 문제에 대하여 모두 자신의 견해를 지니고 있었다. 당시의 사회가 그들의 요구에 부합하지 않았고, 그들 또한 당시의 사회를 개혁하는 데 무기력하였기 때문에 세속을 초탈하는 형식을 가지고 세속에 물정을 대한 것이니, 이는 손등(孫登)[11]과 같은 사람들이 말하는 "산림에 편안히 은거하는 것"과는

11 역주 손등(孫登)은 『진서』「열전」 64(「隱逸傳」)에 의하면, "자는 공화이며 급군의 공 지역 사람이다. 가족이 없었고, 사는 고을의 북쪽 산에 토굴을 파고 살았는데, 여름에는 풀을 엮어서 옷을 만들어 입고, 겨울에는 머리털을 길게 늘여 자신의 몸을 덮고 지냈다. 주역을 읽기 좋아했으며, 거문고를 탔는데, 보는 사람

절대 서로 같은 것이 아니다.

한 사상가에 대하여 말하자면, 그들의 가장 큰 어려움은 결국 자유롭게 말할 수 없다는 것이다. 혜강과 완적은 차라리 기꺼이 화를 야기하면서까지 자신의 마음 속 이야기를 발설하고자 하였다. 혜강과 완적 두 사람의 성격 그리고 어려서 받은 교육은 그리 크게 같지는 않다. 혜강은 "의협을 숭상하고 기이한 짓을 멋대로 하며[尙俠任奇]", 성격이 강직한 외곬이라서 일에 부딪쳐서는 바로 행동을 하기 때문에 그의 언어와 문장은 "자기 자신을 스승으로 삼는 마음자세로 글은 남기는[師心以遺論]" 풍격을 형성하였다. 완적은 성격이 사상이나 감정을 쉽게 드러내지 않고, 속의 심지가 아주 깊어서, "기쁨과 슬픔의 감정이 얼굴에 나타나지 않았는데[喜怒不形於色]", 이 때문에 그의 풍격은 "자신의 감정에 따라 일을 처리하여 시를 지었다[使氣以命詩]."

"자기 자신을 스승으로 삼는 마음자세"는 바로 기존의 학설에 구애받지 않는 것이며, 직접 자기의 견해를 펼치는 것이다. 혜강은 일련의 중대한 사회적 문제와 이론적 문제에 대하여 모두 자신의 독특한 견해를 지니고 있었을 뿐만 아니라 자기의 관점을 분명하게 밝혔다.

그는 주공(周公)과 공자를 핵심의 위치에 놓지 않았고, 대다수 사람들의 의견 때문에 입장을 바꾸지도 않았다. 그의 문장은 종종 성인이나 경전의 내용과 서로 모순되었다. 세간의 사람들은 말하길, "잘 다스려지는 세상의 음악은 평안하여 즐겁고, 멸망하는 나라의 음악은 슬퍼서 걱정스럽다. 무릇 다스려짐과 혼란은 정치에 달린 것이니 음악의 소리가 그것에 감응한다. 그러므로 슬프고 걱정스러운 감정은 돌과 쇠로 만든 악기에서 표현되고, 평안하고 즐거운 모습은 관악기와 현악기에서 드러난다."[12]라고 하였다. 그런데 그는 오히려 다음과 같이 말한다. "조급함과

들이 매우 즐거워하였다"(字公和, 汲郡共人也. 無家屬, 于郡北山爲土窟居之, 夏則編草爲裳, 冬則被發自覆. 好讀易, 撫一弦琴, 見者皆親樂之).

12 『嵇中散集』卷五 「聲無哀樂論」. "治世之音安以樂, 亡國之音哀以思. 夫治亂在政,

고요함은 소리가 내는 효과이고, 슬픔과 즐거움은 감정이 주가 되는 것이며", "소리와 음은 평안하고 조화로움을 본체로 하며, 대상의 사물에 감응하는 것이 다양하다. 마음의 뜻은 가만히 기다림을 주로 삼는데, 대상에 감응하여 드러나는 것이다.", "그러므로 마음과 소리는 분명히 두 가지의 존재이다. 두 가지의 존재가 진실로 그런 것이니, 감정을 찾는 자는 겉모습에만 머물러 보지 않고, 마음을 헤아리는 자는 소리와 음을 듣는 것에 의존하지 않는다."[13] 세간의 사람들은 말하길, "풍속을 더 낫게 고쳐 세상을 좋게 함은 음악보다 좋은 것이 없다."[14]라고 한다. 그런데 그는 기어코 다음과 같이 말한다. "음악의 본질은 마음을 주로 삼기 때문에 소리 없는 음악이 백성의 부모이다. 여덟 가지 음이 조화를 이루게 되면 사람들이 기뻐하고 또 이를 음악이라 말한다. 그러나 풍속을 더 낫게 고쳐 세상을 좋게 함은 이 음악에 있는 것이 아니다."[15] 또 다른 사람들은 말하길, 학문을 배우지 않는 것은 기나긴 한밤중에 있는 것이며, 『육경』을 익히는 것은 태양과 같다고 하였는데, "바로 『육예(六藝)』[16]는 번잡하고 화려하며, 명예와 이익이 있으나, 이리저리 헤아려서 더 배운다면 또한 저절로 그러함의 좋음이 있나는 것에 해가 되지 않는다."[17]는

而音聲應之. 故哀思之情, 表於金石, 安樂之象, 形於管弦也." 역주 이 부분은 『예기』「악기」편의 해당 구절을 인용하여 혜강이 자신의 사상을 피력한 것이다.

13 이상의 세 인용문은 모두 『嵇中散集』 卷五 「聲無哀樂論」. "躁靜者, 聲之功也; 哀樂者, 情之主也." "聲音以平和爲體, 而感物無當; 心志以所俟爲主, 應感而發." "然則心之與聲, 明爲二物. 二物之誠然, 則求情者不留觀於形貌, 揆心者不借聽於聲音也."

14 "移風易俗, 莫善於樂." 역주 이 말은 유교의 기본적인 음악 사상의 일부이다. 비슷한 구절이 『순자』「악론」에 나온다. 그리고 『孝經』「廣要道章 第十二」에도 "敎民親愛, 莫善于孝. 敎民禮順, 莫善于弟. 移風易俗, 莫善於樂 安上治民, 莫善於禮. 禮者敬而已矣."라고 하였다.

15 『嵇中散集』 卷五 「聲無哀樂論」. "樂之爲體, 以心爲主, 故無聲之樂, 民之父母也. 至八音會諧, 人之所悅, 亦總謂之樂. 然風俗移易, 不在此也."

16 역주 『육예』는 『육경』, 즉 『시경』·『서경』·『역경』·『예기』·『춘추』에 『악기(樂記)』를 더한 것을 말한다.

17 『嵇中散集』 卷七 「難張遼叔自然好學論 一首 附」. "卽使六藝紛華, 名利雜詭, 計

것이다. 이에 혜강은 다음과 같이 말했다. "『육경(六經)』은 제어하여 인도하는 것을 주로 삼고, 사람의 본성은 욕망의 좇음을 기뻐한다. 제어하여 인도하는 것은 그 바라는 것에 위배되며, 욕망을 좇으면 저절로 그러함을 얻게 된다. 그러니 저절로 그러함을 얻는 것은 제어하여 인도하는 것을 주로 삼는 『육경』으로 말미암은 것이 아니며, 본성을 온전하게 하는 근본은 꼭 감정에 어긋나는 예와 법도를 고집할 것은 아니다. 그러므로 인의(仁義)는 인위성에 힘쓰는 것으로서 참된 자연성을 기르는 핵심 방법이 아니다. 염치와 사양은 다투고 빼앗는 것에서 나오므로 저절로 그러함이 나오는 곳이 아니다."[18] 세상 사람들은 말하길, "관숙(管叔)과 채숙(蔡叔)이 근거 없는 소문을 퍼뜨려 동쪽 은나라 도읍지에서 반란을 일으켰다. 주공이 정벌하면서 흉악한 반역도의 죄로 그들을 죽였다."[19] 라고 한다. 그러나 혜강은 오히려 다음과 같이 말한다. "관숙과 채숙이 옛 가르침을 따랐으나 성인의 권도(權道)에는 이르지 못하였으니, 갑자기 큰 변란을 당하여 스스로 소통할 수 없게 되었다. 이에 마음속에 충심을 지녀서 왕실을 생각하고 마침내 대항하는 말로써 백성들을 인솔하고 국가의 우환을 제거하고자 하였다. 천자를 보좌하려 하여 기꺼이 주공 단(旦)을 쫓아내려 한 것이다. 이것은 어리석은 성심으로 떨쳐 일어났으나 화만 자초하게 되었다."[20] 혜강의 관점은 이와 같이 새롭고 독특하였는데, 그 사상이 매우 기이하기까지 하여, 진시황이 중국을 통일한 이래로 사람들이 감히 말하지 못하였고 심지어 감히 생각하지도 못한

而復學, 亦無損於有自然之好也."

18 『嵇中散集』 卷七 「自然好學論」. "六經以抑引爲主, 人性以從欲爲歡. 抑引則違其願, 從欲則得自然. 然則自然之得, 不由抑引之六經, 全性之本, 不須犯情之禮律. 故仁義務於理僞, 非養眞之要術; 廉讓生於爭奪, 非自然之所出也."

19 『嵇中散集』 卷六 「管蔡論」. "管蔡流言, 叛戾東都. 周公征討, 誅以凶逆."

20 『嵇中散集』 卷六 「管蔡論」."管蔡服教, 不達聖權; 卒遇大變, 不能自通. 忠疑乃心, 思在王室. 遂乃抗言率衆, 欲除國患. 翼存天子, 甘心毁旦. 斯乃愚誠憤發, 所以徼福也." **역주** "徼福"은 원문 문맥의 어색함을 고려하여, 명대(明代) 오관총서당초본(吳寬叢書堂鈔本) 『혜강집』에 의거, "徼禍"으로 고쳐서 해석하였다.

이야기로서, 이 모든 것이 다 그의 머릿속에서 나온 말이다. 새로운 생활과 새로운 사상을 추구하는 사람은 그의 문장을 매우 기뻐하였는데, 왕도는 진나라가 양자강을 건너온 동진(東晋)시절에 오직 "소리에는 슬픔과 즐거움의 감정이 없다."는 것과 "양생(養生)" 그리고 "언어는 뜻을 다 표현해 낸다[言盡意]."는 것을 말하였으며, 유협(劉勰)은 그의 「성무애락론」이 "사람들의 무리 속에서 가장 뛰어난 것[人倫之英]"이라고 칭송하였다. 옛 전통과 옛 도덕을 유지하고 보호하는 사람은 그에 대해 원한이 뼈에 사무쳤으며, 이 때문에 그는 곳곳에서 다른 사람들과 대립하였으며, 그는 다른 사람들의 아픈 상처를 들추어내었다. 그가 "소리에는 슬픔과 즐거움의 감정이 없다."는 것을 높이 내세운 것은 예술을 전통적·정치적·윤리적 통치 아래에서 해방시키고자 함이었다. 배움을 저절로 그러함이 아니라고 여긴 것은 명교에 의해 왜곡된 사람의 본성을 바로잡기 위함이었다. 혜강이 공개적으로 관속과 채숙의 일을 뒤집어 말한 것은 순전히 관구검(毌丘儉)이 사마씨를 토벌하고자 군사를 일으킨 것을 성원하기 위함이었다. 당시에 이와 같이 허위의식에 찬 명교, 부끄러움을 모르는 탐욕, 음흉한 쟁탈 등 암담하고 바르지 않은 기풍이 뒤덮은 사회 속에서 혜강의 사상은 끊임없이 부는 맑은 바람같이 사람의 심장과 비장까지 스며들었다. 그리고 하늘을 가를 듯 우렁찬 벼락소리처럼 귀머거리도 들을 수 있게 크게 울려 퍼졌다. 이와 같은 "자기 자신을 스승으로 삼는 마음자세로 글을 남기는[師心以遺論]" 풍격은 당시 사상에 대한 해방이며, 사람의 각성과 문장의 자각적 조류가 극대화되어 활동할 수 있도록 촉진하였다.

완적의 풍격은 혜강과 완전히 같지는 않다. 혜강은 어려서부터 어디에도 구속받지 않았고 명교에 대해서 아주 심한 반감을 지니고 있었으며, 게다가 성격도 외곬으로 강직하여 의협(義俠)을 좋아하고 기발한 행동을 하였는데, 이 때문에 명교와 사마씨에 대한 반대의 태도가 아주 뚜렷하였다. 완적은 대대로 내려오는 큰 집안으로서 유학을 숭상한 명문가 출신이었으므로 어려서부터 유가사상과 정통관념의 훈습과 계도를 받았는데, 청년시절에 그는 이미 명교를 가지고 천하를 다스려야 한다는 생각을 지니고 있었으며, 기백이 세고 기세가 드높게 위대한 사업을 하고자 하였다. 후에 와서 사회의 부패와 명교의 허위성을 직접 보고서야 비로소 마음을 돌려서 인고의 노력으로 명교를 공격하였다. 완적의 사상적 갈등은 매우 심각하였으며 고통도 매우 심했는데, 이 때문에 그의 풍격은 "자기 자신을 스승으로 삼는 마음자세[師心]"가 아니라 "자신의 감정에 따라 일을 처리하는 것[使氣]"이었다.

중국 고대의 문예비평 속에서 "기(氣)"를 강론하는 곳이 매우 많은데, 『문심조룡(文心雕龍)』에 따라 말하자면, "기"에는 얼굴표정·몸의 기운·재능·기세의 구별이 있다. 유협(劉勰)이 설명하고 있는 "완적은 자신의 감정에 따라 일을 처리하는 자세로 시를 지었다[阮籍使氣以命詩]."는 말은 무슨 뜻인가? 어떤 사람은 자유분방한 패기를 가지고 시를 쓴 것이라고 설명한다. 우리는 여기에서 말하는 "기"를 패기로 해석할 수 없다고 생각한다. "기"는 바로 의기(意氣)·정서(情緒)이다. "사기(使氣)"는 바로 자신의 정서 감정을 발산하는 것이다. 완적은 격분(激憤)이 가슴 속에 가득차서 괴로운 정서를 시로 쓴 것이다.

완적은 본래 세상을 구제하고자 하는 뜻이 있었으나, 당시의 형세 하에서는 뜻을 펼칠 수 없었다. 본래 허위에 찬 예법을 몹시 미워하는 선비들 또한 어쩔 수 없이 뜻을 굽히고 그 주변을 맴돌았다. 그리고 자기의 생명을 아까워하지만 잔혹한 현실생활 또한 견디며 머무를 수 없는 것이다. 종합해서 말하자면, 현실과 이상은 상반되는 것이니, 이는 어쩔 수 없이 이렇게 깊은 가슴 속에 침잠된 비통한 정서 감정을 불러일으킨다. 그는 시 속에서 다음과 같이 읊었다.

> 嘉樹下成蹊, (가수하성혜) 아름다운 나무 아래 샛길이 나나니,
> 東園桃與李. (동원도여리) 동쪽 동산에 복숭아와 배나무.

秋風吹飛藿, (추풍취비곽) 가을바람 콩잎 날리니,
零落從此如. (영락종차여) 떨어지는 잎 예서 시작이로세.
繁華有憔悴, (번화유초췌) 화려한 곳도 쇠락이 있나니,
堂上生荊杞. (당상생형기) 마루 위에 가시나무 자라네.
驅馬舍之去, (구마사지거) 말 몰아 떠나가리니,
去上西山趾. (거상서산지) 서쪽 산기슭 터로 가련다.
一身不自保, (일신부자보) 이 한 몸 건사하지 못하노니,
何況戀妻子? (하황연처자) 하물며 처자식을 걱정하랴?
凝霜被野草, (응상피야초) 서리 맺혀 들풀을 덮나니,
歲暮亦云已. (세모역운이) 한 해가 저물어 간들 그만이로다.
『阮籍集』「詠懷詩八十二首」其四

一日復一夕, (일일부일석) 하루해가 지면 다시 저녁이 들고,
一夕復一朝, (일석부일조) 하루저녁이 가면 다시 아침이 밝지.
顏色改平常, (안색개평상) 낯빛은 옛 모습을 잃어가고,
精神自損消. (정신자손소) 정신은 저절로 쇠약해지네.
胸中懷湯火, (흉중회탕화) 가슴 속에 끓는 열정을 품고,
變化故相招. (변화고상초) 시절의 변화를 짐짓 불러일으키려 하였네.
萬事無窮極, (만사무궁극) 온갖 일들 끊임없는데,
知謀苦不饒. (지모고불요) 내 슬기가 너무 모자라네.
但恐須臾間, (단공수유간) 다만 두려운 것은 한 순간이니,
魂氣隨風飄. (혼기수풍표) 얼과 넋이 바람 따라 날아가도다.
終身履薄氷, (종신이박빙) 한 몸 다하도록 살얼음 밟듯 조심하였으나,
誰知我心焦. (수지아심초) 애태우는 내 마음을 누가 알리오.
『阮籍集』「詠懷詩八十二首」其三十四

人言願延年, (인언원연년) 사람들은 오래 살기를 바라는데,

延年欲焉之? (연년욕언지) 오래 살아서 어디로 가려는가?
黃鵠呼子安, (황곡호자안) 고니는 자안[21] 신선을 부른 일이 있는데,
千秋未可期. (천추미가기) 천 년 세월을 기약할 수 없구나.
簪冕安能處? (잠면안능처) 조정의 벼슬살이를 어찌 하리오,
山岩在一時. (산암재일시) 산 속의 암자에 한때를 살리라.
置此明朝事, (치차명조사) 오래 사는 내일 일은 여기 내려두고,
日夕將見欺. (일석장견기) 오늘 황혼에 남에게 속아보련다.
『阮籍集』「詠懷詩八十二首」 其五十五[22]

완적의 시는 비록 심사(深思)를 명확하게 표현하고 있지 않아서, 사람들이 그 속에 함축된 구체적 뜻을 다 알 수 없지만, 그는 이런 모순(矛盾)·침통(沈痛)·두려움·비분(悲憤)의 정서 감정을 오히려 지면 위에 생생하게 표현해내고 있어서 사람들을 깊이 감동시키고 있으며, 사람들로 하여금 시인이 엄습하는 암흑 세력의 압박하에서 살고자 해도 살 수 없고 죽음으로도 견딜 수 없는 고통스러운 심정을 느낄 수 있게 한다. 완적의 시는 정신적 사유가 심원하고 뜻이 요원(遙遠)하며 감정이 왕성하게 넘치고 정서가 격분에 차 있어서 당시의 수많은 명사들의 공통된 체험과 심경을 반영해 주고 있기 때문에 위진 시대 명사들에게 끼친 영향이 지극히 컸고, 거의 "죽림칠현의 풍도"를 이루는 것이며 또한 "위진 시대의 풍도"가 지닌 영혼이었다.

---

21 역주 자안(子安)은 옛 신선의 이름이다. 유향(劉向)의 『신선전(神仙傳)』 하편 「능양자명(陵陽子明)」 조에 말하길, 자안이 죽은 뒤에 고니가 그 무덤 가 나무에 서식하면서 자안을 불렀다고 하였다. 능양자명은 한나라 때 단양(丹陽) 사람이다.

22 역주 이 부분은 韓格平, 『竹林七賢詩文全集譯注』(吉林文史出版社, 1997)에는 "人言願延年, 延年欲焉之. 黃鵠呼子安, 千秋未可期. 獨坐山嵓中, 惻愴懷所思. 王子一何好, 猗靡相攜持. 悅懌猶今辰, 計校在一時. 置此明朝事, 日夕將見期."로 되어 있다. 이 번역에서는 다양한 판본의 상이성에 무관하게 완적의 시가 자신의 심경(心境)을 표출하는 것은 유사하므로 저자의 입장을 따랐다.

3 세속에 구애받지 않는 자유로운 행위

방달(放達)은 "죽림칠현의 풍도"의 속에서 가장 특색 있는 요소이다. "죽림칠현"이라고 하면 바로 사람들은 다 세속에 구애받지 않는 방달을 생각한다. 세속에 구애받지 않는 방달이라고 하면 사람들은 다 죽림칠현을 생각한다. 무엇을 방달이라 하는가? "방(放)"은 제멋대로 살면서 어디에도 구애받지 않는 것으로서 지칭하는 것은 그 행위이다. "달(達)"은 자유분방하게 달관한 것으로서 지칭하는 것은 정신이다. 자유분방하게 달관한 정신과 어디에도 구애받지 않는 행위를 통합하여 한꺼번에 방달이라고 한다.

방달의 문제에서 "죽림칠현"이라는 표현은 그다지 동일하지 않다. 혜강과 상수는 어디에도 구애받지 않는 자유로운 행위보다 자유분방한 달관의 정신을 더 중시하지만, 완함과 유령은 자유분방한 달관의 정신보다 어디에도 구애받지 않는 자유로운 행위를 더 중시하였으며, 산도와 왕융은 어디에도 구애받지 않는 자유로운 행위도 아니며 자유분방한 달관의 정신도 아니었고, 방달의 정신을 가장 잘 체현한 사람은 완적이다. 완적이 어디에도 구애받지 않는 자유로운 행위와 자유분방한 달관의 정신을 지닌 것은 사람들이 모두 인식하는 부분이다. 그는 「대인선생전(大人先生傳)」 속에서 이런 모습을 다음과 같이 묘사하고 있다.

> 대인선생은 대체로 노인인데 그의 이름과 자를 모른다. … 그는 요임금·순임금이 한 일을 볼 때 손바닥 안의 일과 같이 하찮게 여긴다. 만리의 먼 거리를 한 걸음으로 짧게 여기고, 천 년의 긴 시간을 하루아침으로 짧게 여긴다. 서둘러 갈 것이 없는 곳에 가고 머물러 살 것이 없는 곳에 거처하며, 우주의 도를 추구하면서도 그것에 의존해 깃들지 않는다. 선생은 온갖 변화에 순응하며 조화로이 따르고, 우주자연을 집으로 삼는

다. 타고난 운세가 다하여 쇠락하여도 오히려 홀로 우뚝이 생존한다. 스스로 자신의 힘으로 자연의 변화와 함께 운행하여 가는데, 이 때문에 말없이 마음을 다하여 도와 덕을 탐구하니, 세상 사람들과 같지 않다. 스스로만 옳다고 여기는 자는 그를 그르다고 하고, 식견이 없는 자는 그를 괴이하다고 하는데, 그들은 다 대인선생의 변화막측한 신비한 경지를 알지 못한다. 대인선생은 세상 사람들이 그를 비난하고 괴이하게 여기는 것 때문에 그의 일을 바꾸지 않는다. 대인선생은 중원 지역이 천하에서 점유하고 있는 영역이 일찍이 파리와 모기가 장막 속에서 차지하는 것만 못하다고 보았고, 이 때문에 늘 기이한 지역의 일들에 마음을 지극히 기울였으며, 세상을 돌아다니며 감상하고 유람하는 것이 세상 사람들이 보는 것과 달랐고, 이리저리 오고 가는 것에 궁극의 종점이 없었다.[23]

이와 같이 완적이 숭상했던 "만 리의 먼 거리를 한 걸음으로 짧게 여기고, 천 년의 긴 시간을 하루아침으로 짧게 여기는" 자유로운 행위와 달관의 정신은 "열 명과 다섯 명 단위의 행정 편제를 지키고, 군왕을 보좌하는 관리의 명분을 자세히 탐구하는 것"[24]이라는 편협된 학설(유가의 『육경』을 의미한다)로 포용할 수 없는 것인데, 이 때문에 그의 행위는 역시 명교의 틀을 반드시 타파하는 형태로 나타났으며, 세속의 기준으로 이해할 수 없는 일을 하게 된 것이다. 예교(禮敎)의 규정에 따라서 보자

---

23 『阮籍集』「大人先生傳」. "大人先生盖老人也, 不知姓字. … 其視堯舜之所事, 若手中耳. 以萬里爲一步, 以千歲爲一朝. 行不赴而居不處, 求乎大道而無所寓. 先生以應變順和, 天地爲家; 運去勢隤, 魁然獨存. 自以爲能與造化推移, 故默探道德, 不與世同之. 自好者非之, 無識者怪之, 不知其變化神也. 而先生不以世之非怪而易其務也. 先生以爲中區之在天下, 曾不若蠅蚊之着帷, 故終不以爲事, 而極意乎異方奇域, 游覽觀樂非世所見, 徘徊無所終極."

24 『阮籍集』「達莊論」. "守什五之數, 審左右之名." 역주 십(什)과 오(伍)는 고대의 행정편제로서 호적편제 상 다섯 가구를 오(伍)라 하고, 열 가구를 십(什)이라고 하였다. 군대의 편제도 이와 같다. 이 구절의 의미는 유가의 치국(治國)에 관한 방책이다.

면 아버지와 어머니가 사망했을 때는 마땅히 흰 옷을 입고 소박한 채식을 하면서 술과 고기를 먹지 않는 것이지만, 완적은 오히려 이런 일들을 안중에 두지 않고 행위하였다.

『세설신어』「임탄」에서는 다음과 같이 말하였다. "완적은 어머니 상을 당하였을 때 진나라 문왕[25]이 베푼 잔치자리에서 술을 마시고 고기를 먹었다."[26] 사예 벼슬을 하던 하증이 건의하여 그를 "바다 멀리 유배를 보내서 풍속과 명교를 바로잡아야 한다."[27]고 하니, 완적은 뜻밖에도 "마시고 먹는 것을 그만두지 않았으며, 얼굴색이 태연자약하였다."[28] 예악(禮樂) 명교(名教)의 규정은 "형수와 시동생은 서로 통하여 안부의 말을 주고 받지 않는다."[29]고 하였는데, "완적의 형수가 한 번 친정집으로 돌아가려 하는데, 완적이 형수를 보고 송별의 말을 하자, 어떤 사람이 완적을 나무랐다. 그러자 완적이 말하길, '예법이라는 것이 어찌 우리 같은 사람들을 위해 만들어진 것이겠는가?'라고 하였다."[30] 현대의 관점으로 보자면, 완적의 행위는 질책을 당할 만한 어떤 것도 없지만, 당시의 눈으로 볼 때에는 오히려 왕권을 범하거나 어버이를 죽이는 따위의 큰 죄처럼 사람의 도리에 어긋나는 일이다.

만약에 완적이 진실로 "세상 사람들이 그를 비난하고 괴이하게 여기는 것 때문에 그의 일을 바꾸지 않는" 것처럼 "대인선생"의 정신적 경지에 이를 수 있었다면, 그의 행위는 또 하나의 색다른 모습이 될 것이다. 그러나 완적은 끝내 은사(隱士)가 아니라 생동적이고 삶에 충실한 피와

---

25 역주 "진문왕(晉文王)"은 사마소(司馬昭)를 말한다.

26『世說新語』「任誕」. "阮籍遭母喪, 在晉文王坐進酒肉."

27『世說新語』「任誕」. "流之海外, 以正風教."

28『世說新語』「任誕」. "飮啖不輟, 神色自若."

29 "嫂叔不通問" * 이 구절은『예기』「곡례」상에 나오는 것이다. "정현(鄭玄)의 주(注)에서, 通問"은 "謂相稱謝也(서로 감사의 말을 표시하는 것이다)"라고 하였다.

30『世說新語』「任誕」. "阮籍嫂嘗還家, 籍見與別. 或譏之. 籍曰: '禮豈爲我輩設耶?'"

살을 지닌 사상가로 돌아간다. 가슴 속에 품은 원대한 뜻은 실현되지 못하였고, 자기의 사상은 다른 사람에게 이해될 수 없었으며, 일상의 세속적 삶 속에서 예법에 얽매인 사류들의 비난을 받았고, 또 모욕을 참으며 소리를 내지 못하고 죽은 듯이 지내면서 권력자의 주변을 서성이는 사람이었으니, 그의 속마음에 자리한 고통은 가히 상상하여 알만하다. 『진서』「완적전」에는 그가 "뜻 가는 대로 홀로 말을 타고, 길이 아닌 곳으로 다니며, 수레바퀴 자취가 다 끊어진 곳에 이르면, 갑자기 통곡하다가 돌아왔다."고 하였다.[31] 만약 고통이 극도에 이르고도 하소연 할 곳이 없는 입장이 아니었다면 반듯하고 멀쩡하던 사람이 어찌 이런 행동을 하였겠는가? 그래서 그는 세상의 일에 더불어 관여하지 않고, 술 마시는 일을 일상으로 삼았으며, 진심인지 거짓인지 알 수 없게 제멋대로 자유분방하게 행동한 것이다. 왕침(王忱)은 "완적은 가슴속에 맺힌 울분이 있어서 그것을 술로 달랜 것이다."[32]라고 하였다. 대규(戴逵)는 "그러나 죽림의 현자들이 자유분방하게 행동한 것은 병폐가 있어서 눈살을 찌푸리게 함이 있었다."[33]고 말했다. 이 두 사람들의 이야기는 매우 옳은 설명이다. 완적이 술을 마시고 자유분방하게 행동한 것은 첫째로 자기의 정신을 마비시켜서 가슴 속에 있는 고뇌를 벗어나고 한 것이며, 둘째는 사마씨의 박해를 피하기 위한 것이고, 셋째는 자기의 감정을 발출해 내고 허위의식에 가득 찬 명교에 대해 극도로 혐오하는 심정을 표현한 것이다. 그는 바로 술의 힘에 의지해서야만 비로소 예법과 명교를 따르지 않고 천수를 누린 뒤 죽음을 맞이할 수 있었던 것이다. 만약에 그가 이렇게 반은 취한 듯 반은 깨어 있는 듯 비몽사몽간의 모습과 반머저리·반미치광이의 상태가 아니었다면, 아마도 머리가 잘려 죽거나 그렇지 않았다면 근심걱정으로 일찍 죽었을 것이다.

31 『晉書』「阮籍傳」. "率意獨駕, 不由徑路, 車迹所窮, 輒慟哭而反."

32 『世說新語』「任誕」. "阮籍胸中壘塊, 故須酒澆之."

33 『放達非道論』. "然竹林之爲放, 有疾而爲顰者也."

4 "명예를 초월하고 마음 가는 대로 내맡기는" 성격

"당시에는 죽림칠현의 기풍이 비록 높았지만 예교(禮敎)는 오히려 준엄하였다."[34] 대규의 이와 같은 말은 핵심을 찌르고 있다. 다만 "죽림칠현"에 대해서 말하자면, 어떻게든 "예교는 오히려 준엄하였다."고 말할 수는 없고, 도덕은 오히려 준엄하였으나 "죽림칠현"은 예교를 준수하지 않았다. "죽림칠현"은 비록 세간의 일을 초월하고 무엇에도 걸림 없이 자유분방하게 행동하고 생각하였으나, 그 주요 인물들은 모두 고아한 풍격과 분명한 절개를 갖추고 있어서 조금이라도 부도덕한 것이 결코 없었다. 예법에 얽매이는 사류들은 그들이 풍속과 교화를 무너뜨린다고 공격하였지만 예법과 명교의 잣대로 그들을 판단해 버린 것일 뿐이었다.

우리의 이와 같은 설명은 당시의 사회현실을 초월하고 도덕적 계급성을 떠나서 추상적으로 도덕을 논의하는 것이 결코 아니며, 우리는 바로 봉건시대의 도덕을 대상으로 논의하는 것이다. 이치대로 말하자면, "명교(名敎)"는 당연히 봉건시대의 도덕과 같은 것이지만, 동한 말년 이래로 그것은 이미 봉건시대 도덕의 사회적 작용을 발휘하지 못하였다. "명교"는 봉건사회 지주계급의 도덕이며, 그것의 근본 기능은 봉건사회의 계급질서를 옹호하고 조화시키며, 통치계급의 구성원이 솔선수범하여 이런 질서를 옹호하고 자기의 행위를 스스로 규율하도록 장려하는 것이다. 그러나 당시의 사회 속에서 "명교"는 오히려 자신의 무리와 다른 세력을 죽여 없애버리고 공명(功名)과 이익을 추구하는 도구로 쓰여서 "천하의 천박한 도적, 사회를 어지럽히는 위험, 백성을 죽이는 방술"이 되었다. 이런 "명교"는 단지 봉건 사회의 정상적인 질서를 어지럽힐 뿐만 아니라 사람들의 심성을 구속하고 왜곡시켜서 "명교"를 따르는 예법에

34 『竹林七賢論』. "是時, 竹林諸賢之風雖高, 而禮教尙峻."

얽매인 사류들로 하여금 "겉으로는 그 얼굴모양을 교묘히 바꾸고, 안으로는 그 속셈을 깊이 감추게 하며, 욕심을 품고 많은 재물을 탐하며, 속임수와 거짓으로 명성을 추구하도록 하여"[35] 자기 한 몸의 사사로운 이익을 위해 억지를 쓰는 데 전력을 기울이고 가식적으로 군자인 척하는 위선자가 되게 하였다. "죽림칠현"(더욱이 완적)은 바로 이런 어둡고 부패한 사회현실을 몹시 미워했기 때문에 "명교"를 공격한 것이다. 그들이 "명교"를 부정한 것은 도덕을 부정하려고 한 것이 아니라 사마씨가 역모를 꾸며 왕권을 찬탈한 것과 예법에 얽매인 사류들의 허위성을 부정하려 한 것이므로 그들이 제멋대로 자유로이 행동하면서 예법을 저버린 것은 허위의식으로 조작된 행위와 싸우기 위해서이지 결코 속박을 받지 않고 하고 싶은 일을 제멋대로 하기 위해서가 아니다. 위에서 서술한 원인으로 하여 "죽림칠현"의 몸에서 비로소 "명교"를 반대하는 것이 표출되어 나오게 되었고, 자연의 도에 부합하는 참된 도덕을 수립하기를 바라게 된 것이다. 그리고 이윽고 세속에 구애받지 않는 자유로운 행위를 하면서도 또한 "예교는 오히려 준엄하였다[禮敎尙峻]."는 모순 현상이 나오게 된 것이다.

"죽림칠현"이 허위에 찬 "명교"를 반대하고 참된 도덕의 구호로 제시한 것은 "명예를 초월하고 마음 가는 대로 사는 것[越名任心]"이다. "명예를 초월하는 것[越名]"은 첫째로 "명교"를 초월한다는 의미이고, 둘째로 사람의 공명심(功名心)을 소멸시키는 것을 의미한다. "마음 가는 대로 사는 것[任心]"은 자기의 진실한 감정에 내맡기면서 "꿋꿋하여 굽히지 않는 모습으로 현인다운 행위를 잊으면서도 현인다운 행위와 법도가 바로 들어맞으며, 홀연히 마음 가는 대로 살면서도 마음이 참됨과 서로 부합하고, 망연자실한 듯 옳고 그름이 없다가도 하는 일이 시의적절함과 함께한다."[36]는 경지에 도달하는 것이다. 바꾸어 말하자면, 바른 행위와

35 「大人先生傳」. "外易其貌, 內隱其情, 懷欲以求多, 詐委以要名."

36 『嵇中散集』 卷六 「釋私論」 一首. "傲然忘賢而賢與度會, 忽然任心而心與善遇, 儻

자선행위는 내부의 선한 마음에서 나오는 것이며, 선한 생각과 도덕적 행의는 도덕감정과 함께 유기적으로 통일되어 형성되는 것이므로 오직 이와 같은 행위가 있어야만 비로소 진정한 도덕행위가 되는 것이다.

"죽림칠현"은 자기의 참된 성정(性情) 속에서 인생의 참된 의미와 참된 도덕적 모범을 발굴해 내는 것이므로 그들의 일거수일투족의 모든 행동은 다 "명예를 초월하고 마음 가는 대로 사는" 정신을 체현해 낸 것이다.

『세설신어』「임탄」에서 다음과 같이 말하였다.

> "완적이 어머니의 장례를 치를 적에, 살찐 돼지 한 마리를 삶아서 안주 삼아 술 두 말을 마신 뒤에 영결(永訣)에 임하였다. 그는 바로 '끝났도다.'라고 한 마디 하였다. 그리고 한 번의 통곡을 크게 하더니, 피를 몇 되나 토하고 나서 오랫동안 기절하였다."[37]

『위씨춘추』에서 다음과 같이 말하였다.

> "완적은 성품이 지극하게 효성스러워서, 상을 당했을 때 비록 일상적인 예법을 따르지 않았지만, 건강의 피폐함이 거의 생명을 잃을 지경이었다. 그러나 형식과 예속에 얽매인 하증 등의 무리들에게 깊은 미움을 받았다."[38]

『世說新語』「德行」에서 다음과 같이 말하였다.

然無措而事與是俱也."

37 『世說新語』「任誕」. "阮籍當葬母, 蒸一肥豚, 飮酒二斗, 然後爲臨訣. 直言'窮矣!' 擧聲一號, 吐血數升, 廢頓良久."

38 『魏氏春秋』. "籍性至孝, 居喪雖不率常禮, 而毁幾滅性. 然爲文俗之士何曾等深所仇疾."

> "왕융과 화교가 동시에 부모의 상을 당했는데 모두 효성으로 칭송받았다. 왕융은 슬픔에 차서 뼈만 앙상히 남은 채로 침상에 기대고 있었지만, 화교는 곡소리를 내며 울면서 예를 갖추었다. 진(晉) 무제가 유의(劉毅)에게 말하길, '그대는 왕융과 화교를 자주 만나 보았느냐?' 하고 물었다. 유의가 대답하길, '화교는 비록 예는 갖추었으나 정신과 기력이 손상되지 않았고, 왕융은 비록 예는 갖추지 못하였으나 슬픔이 몸을 상하게 하여 뼈만 앙상히 남았습니다. 제가 생각해 보건대 화교는 살아서 효도를 하고, 왕융은 죽는 수가 나더라도 효도를 다하겠다는 것입니다. 그러니 폐하께서는 화교를 걱정하실 것이 아니고 마땅히 왕융을 걱정하셔야 합니다.'라고 하였다."[39]

어머니가 돌아가셨을 때 하나는 "피를 몇 되나 토하고 나서 오랫동안 기절하였으며", "비록 예는 갖추지 못하였으나 슬픔이 몸을 상하게 하여 뼈만 앙상히 남아 있었다."

그리고 또 하나는 "곡소리를 내며 울면서 예를 갖추었으나" "정신과 기력이 손상되지 않았는데", 결국은 누가 진정한 효도를 실천한 것이며, 누가 거짓의 효도를 한 것인가? 누가 슬프고 고통에 젖어서 죽을 지경에 이른 것이며, 누가 허세를 부리며 그럴 듯하게 꾸민 것인가? 이것은 한 눈에 보아 훤히 알 수 있는 것이다.

> "완적의 이웃집에 사는 부인이 아름다운 모습을 지녔는데, 주막에서 술을 팔고 있었다. 완적과 왕융이 늘 그 부인을 찾아가서 술을 마셨는데, 완적이 술에 취해서는 곧 그 부인의 옆에 누워서 잠을 잤다. 부인의 남편

39 『世說新語』「德行」. "王戎・和嶠同時遭大喪, 俱以孝稱. 王鷄骨支牀, 和哭泣備禮. 武帝謂劉仲雄曰: '卿數省王和不? 聞和哀苦過禮, 使人憂之!' 仲雄曰: '和嶠雖備禮, 神氣不損; 王戎雖不備禮, 而哀毁骨立. 臣以和嶠生孝, 王戎死孝; 陛下不應憂嶠, 而應憂戎.'"

이 처음에는 그를 매우 의심했는데, 자세히 살펴보고 나서 끝내 다른 뜻이 없다는 것을 알게 되었다."[40]

"완적의 이웃집 처녀가 재능과 아름다움을 갖추고 있었는데, 미처 혼인을 하지 못하고 죽었다. 완적은 아무런 친족의 연고가 없었고 생전에 서로 알고 지낸 적도 없었지만, 찾아가 울면서 슬픔을 극진히 표하고 나서 떠났다. 그가 자유분방하여 예속에 얽매이지 않는 것이 다 이런 부류와 같았다."[41]

재능과 아름다움을 갖추었던 여인이 죽었을 때 아무런 친척관계도 없고 연고도 없었지만 오히려 찾아가 죽은 이를 추모하였다. 술을 파는 아녀자가 아름다운 모습을 지니고 있자 곧바로 다른 사람들과 함께 늘 찾아가 함께 마셨지만 "끝내 다른 뜻이 없다." "죽림칠현"의 행위는 이와 같이 상식을 뛰어 넘고, 자유분방하며, 호탕하고, 자연스러움이 있었고, 그 내면의 마음 세계는 이와 같이 참되고 정성스러우며, 선량하고, 아름다웠으니, 당연히 그들의 풍도에 이처럼 큰 감화력을 지니게 된 것이며, 육조(六朝) 시기 명사들이 수없이 많이 모방하게 된 것이다. 만약 이런 풍도에 참됨과 선량함의 성질을 갖추고 있지 않았다면 결코 이와 같이 사람을 지극히 심원하게 감동시키지 못했을 것이다.

40 『世說新語』「任誕」. "阮公隣家婦有美色, 當壚酤酒. 阮與王安豊常從婦飮酒, 阮醉便眠其婦側. 夫始殊疑之, 伺察終無他意."

41 王隱 『晉書』. "籍隣家妻子有才色, 未嫁而卒. 籍與無親, 生不相識, 往哭, 盡哀而去. 其達而無檢, 皆此類也."

제4절

혜강의 사상

1 혜강의 자연관

혜강은 현학의 제2단계 주요 대표 인물이지만 왕필과 같이 완전한 철학체계를 수립하지는 않았다. 그는 비록 자연스러움을 숭상했지만 자연관에 대하여 전문적인 탐구를 하지는 않았고, 다만 그 밖의 여러 문제에 대하여 토론할 때 자연관에 관한 문제를 어느 정도 겸해서 이야기하고 있다. 혜강은 다음과 같이 말했다.

> "크고 넓은 태소(太素: 태초의 우주 상태)에서 양기가 빛나고 음기가 맺히니, 하늘과 땅이 빚어지며 변화가 일어나, 인류의 도리가 비로소 생겨났다."[1]

이것은 세계의 본원이 "태소(太素)"라는 것을 말하는 것인데, "태소"란

1 『嵇中散集』 卷十 「太師箴」. "浩浩太素, 陽曜陰凝, 二儀陶化, 人倫肇興."

무엇인가? 『백호통』에서 다음과 같이 말했다.

> "우주가 처음 생겨날 때 먼저 태초(太初)가 있었고, 뒤에 태시(太始)가 있으며, 각양각색의 개체가 이미 생겨난 것을 이름 붙여 태소(太素)라고 하였다."[2]

『역위』「건착도」에서는 다음과 같이 말했다.

> "역(易)에는 태역(太易)·태초(太初)·태시(太始)·태소(太素)가 있다. 태역이란 것은 아직 기(氣)가 보이지 않는 것이며, 태초란 기의 시작이며, 태시란 형체의 시작이며, 태소란 실질의 시작이다. 기가 형체와 실질을 갖추고 떨어지지 않는 것이므로 혼돈(渾沌)이라고 한다. 혼돈이란 만물이 두루 섞여 있으면서 아직 서로 분리되지 않은 것을 말한다."[3]

『백호통』과 『역위』「건착도」는 한대(漢代)에 아주 영향력이 큰 두 가지 저작이며, 그 책들의 주된 요지는 천인감응(天人感應)과 참위(讖緯)의 미신(迷信)을 선양(宣揚)하는 것이다. 위에서 인용한 두 문단의 인용문은 우주자연의 기원과 변화 생성의 과정에 대한 두 저작의 묘사이며, 두 저작은 모두 우주자연의 온갖 사물이 생성되기 이전에 이미 일종의 "기(氣)"의 단계를 거치며, 기 이전에도 어떤 물질성도 없는 단계가 있다고 하였다. 이 두 가지의 저작 속에 있는 "태소"(이것이 바로 기이다)는 단지 무(無)에서 유(有)에 이르는 교량역할을 하는 것인데, 이것은 분명히 일종의 유심주의적(唯心主義的) 자연관이다. 혜강은 「태사잠」에서 태역(太

---

2 『白虎通』「天地」. "始起之天, 先有太初, 後有太始, 形兆旣成, 名曰太素."

3 『易緯』「乾鑿度」. "易有太易, 有太初, 有太始, 有太素. 太易者, 未見氣; 太初者, 氣之始; 太始者, 形之始; 太素者, 質之始. 氣形質具而未離, 故曰渾沌. 渾沌者, 言萬物渾沌而未相離."

易)·태초(太初)·태시(太始)라는 몇 단계를 빼놓고 "크고 넓은 태소[태초의 우주 상태]에서 양기가 빛나고 음기가 맺힌다."고 곧바로 써내려 간 것이다. 그의 입장에서 볼 때, "태소"의 앞에 다시 그 밖의 단계를 다시 더 말할 것이 없는 것이다. 이런 점에 대하여 그는 「명담론」 속에서 분명하게 논의하였는데, 그는 "원기가 생성작용을 하면 뭇 생명들이 그것을 부여받아 생겨난다."[4]라고 하였다. 여기서 그가 말하는 "태소"가 바로 원기(元氣)임을 알 수 있다. 이 문제에 관하여 혜강은 비록 많은 논의를 남기지 않았지만, 그의 자연관이 일종의 원기론임을 알 수 있으며, 이는 무에서 유가 생겨난다는 사상으로서 유물주의와 대립되는 것이다.

"인류의 도리가 비로소 생겨나는 것[人倫肇興]"과 "뭇 생명들이 그것을 부여받아 생겨나는 것[衆生稟焉]"은 한 가지의 의미이다. 이것은 모두 사람이 원기의 생성작용을 통하여 이루어진다는 것을 말하고 있다. 그 밖의 다른 종류도 역시 원기의 생성작용으로부터 생겨나는 것인가? 혜강의 대답은 긍정적인 것이다. 그는 「금부」 속에서 다음과 같이 말하였다.

> "아, 의오(椅梧) 오동나무가 자라나는 곳이여, 험준한 언덕에 몸을 의탁하도다. 깊은 땅 속을 헤치고 나와 크게 생장하나니, 북두성(北斗星)을 바로 향해 몸을 솟구치도다. 천지의 순박하고 조화로운 기를 머금고, 해와 달의 아름다운 빛을 들이마신다. 우거진 잎을 내어 무성하게 자라나니, 푸른 하늘에 꽃잎 날린다."[5]

의오(椅梧)는 흰 껍질을 지닌 오동나무이며, 나무의 재질이 순정(純正)하여 금(琴)을 만드는 데 적합하다. 이런 종류의 나무는 높은 산 험한 고개에서 생장하며, 천지(天地)에 있는 순수하고 조화로운 기를 받아들이

---

4 『嵇中散集』 卷六 「明膽論」. "元氣陶鑠, 衆生稟焉."

5 『嵇中散集』 卷二 「琴賦」. "惟椅梧之所生兮, 託峻嶽之崇岡. 披重壤以誕載兮, 參辰極而高驤. 含天地之醇和兮, 吸日月之休光. 鬱紛紜以獨茂兮, 飛英蕤於昊蒼."

고, 해와 달의 빛으로 목욕을 하기 때문에 그것을 가지고 만든 금(琴)은 그 기능이 최고이며 그 소리도 가장 아름답다. 이것은 나무도 기를 부여받아 생겨난다는 점을 말하는 것이다.

「양생론」에서 말했다.

> "또한 콩은 사람의 몸을 중후하게 하고, 느릅나무는 사람을 잠들게 하며, 합환(合歡)나무는 성냄을 줄여 주고, 훤초(萱草) 풀은 근심을 잊게 하는데, 이는 어리석은 자나 지혜로운 자가 모두 아는 것이다. 매운 음식은 눈을 해치고, 돈어[민물돼지][6]는 사람에게 도움이 되지 않는데, 이는 보통사람들도 아는 것이다. 이가 머리카락 속에 살면 그 몸이 검어지고, 사향노루가 잣나무 잎을 먹으면 향기를 내며, 사람이 험준한 곳에 살면 목 부위에 종기가 생기며, 옛 진(晉)나라 땅에 살면 치아가 쉽게 누렇게 변한다. 이런 사례로 말하자면, 무릇 음식의 기는 사람의 성품과 몸을 변하게 하여, 영향을 주고받지 않음이 없는 것이다."[7]

여기서 말하는 동식물 중에 식물은 콩 · 느릅나무 · 합환 · 훤초이며, 동물은 돈어이다. 그리고 산천과 토양은 "험준함(험준한 산 지역)", "진(晉: 산서성 일대의 고원)"이다. 혜강은 이런 것들이 서로 다른 기를 머금기 때문에 서로 다른 속성을 지니게 된 것이며, 사람들이 늘 어떤 음식을 먹고 몇 년을 어디에서 살게 되면 바로 어떤 음식물 또는 어떤 토양의 기에 영향을 받게 되어서 자기 스스로 모종의 성격과 체격 및 정체성을 지니게 된다고 본 것이다. 예컨대, 사람들이 산악지역에서 생활하면

---

6 **역주** 돈어(豚魚)는 하돈(河豚)이라고도 하며, 고기 맛이 신선하고 좋다. 그러나 장부(臟腑)와 생식선(生殖腺) 그리고 혈액에 극독이 있어서 이를 제거하고 난 뒤에 먹을 수 있다. 여기서 돈어는 아마도 복어와 같은 물고기를 말하는 것 같다.

7 『嵇中散集』 卷三 「養生論」. "且豆令人重, 楡令人瞑, 合歡蠲忿, 萱草忘憂, 愚智所共知也. 薰辛害目, 豚魚不養, 常世所識也. 蝨處頭而黑, 麝食栢而香, 頸處險而癭, 齒居晉而黃. 推此而言, 凡所食之氣, 蒸性染身, 莫不相應."

목이 크게 부어오르고, 오랜 세월 동안 옛 진나라 고원에서 생활하면 치아가 누렇게 변할 수 있다는 것이다. 이것은 동물·식물은 물론이고 산천·토양까지도 모두 기를 흡수하면서 생성한다는 말이다.

「성무애락론」에서 말했다.

> "천지가 그 덕을 융합하여 온갖 사물이 그것을 의존하여 자라고, 사계절의 춥고 더움이 차례로 바뀌며, 오행[8]이 생성한다. 그러므로 밝게 드러나 다섯 색[9]이 되고, 울림이 일어나 다섯 음(音)[10]이 된다. 음성(音聲)이 생성하는 것은 마치 천지에 여러 가지 냄새와 맛이 있는 것과 같다. 그 음성의 좋고 나쁨은 비록 세상이 다스려짐과 혼란함을 만나더라도 그 자체의 성질을 변함없이 바뀌지 않는다."[11]

"천지가 그 덕을 융합"하는 것은 천지의 기(氣)가 서로 융합하는 것인데, 혜강은 「명담론(明膽論)」 속에서 이에 대해 명확한 해석을 가하였다. 그는 다음과 같이 말했다. "명석함은 몸속의 양기가 발산하여 생기고, 담력은 몸속의 음기가 응취(凝聚)하여 생긴다. 어찌 양기가 있는데도 음기가 없을 수 있고, 음기가 있는데도 양기가 없을 수 있다고 말하겠는가? 비록 양기와 음기는 서로 의지해 그 덕을 융합하지만, 결국 각기 다른 기이다."[12] 음과 양의 두 기가 서로 교감(交感)하여 세상의 온갖 사물을 생성하는 것이며, 온갖 사물이 품고 있는 오행의 기가 발휘되어 나와

---

8 역주 오행(五行)은 금목수화토(金木水火土)의 다섯 가지 기본 원소이다.

9 역주 다섯 가지 색, 오색(五色)은 청(青: 푸른 색)·적(赤: 붉은 색)·황(黃: 누른 색)·백(白: 흰 색)·흑(黑: 검은 색)이다.

10 역주 다섯 음, 오음(五音)은 궁(宮)·상(商)·각(角)·치(徵)·우(羽)이다.

11 『嵇中散集』 卷五 「聲無哀樂論」. "天地合德, 萬物資生, 寒暑代往, 五行以成. 故章爲五色, 發爲五音. 音聲之作, 其猶臭味在於天地之間, 其善與不善, 雖遭遇濁亂, 其體自若而不變也."

12 『嵇中散集』 卷六 「明膽論」. "明以陽曜, 膽以陰凝. 豈可謂有陽可無陰, 有陰可無陽耶? 雖相須以合德, 要自異氣也"

서 각종 다양한 얼굴 · 소리 · 맛 등이 이루어진다. 이것은 단지 온갖 사물의 기에서 생성하는 것을 설명할 뿐만 아니라, 다양한 얼굴 · 소리 · 맛 등도 기의 속성임을 긍정하는 것이다.

요약해서 말하자면, 혜강은 세계의 본원이 물질성의 원기(元氣)이며, 사람과 세상의 온갖 사물이 모두 원기에서 생성한다고 본 것이다.

위진 시기에 철학적 자연관의 주요 조류는 본체론(本體論)이며, 사람들은 이미 점점 한(漢)나라 시대의 원기설과 생성론에 대하여 흥미를 잃어갔다. 조(曹)씨의 위나라 시기 정시(正始) 연간에 왕필 · 하안 등의 사람은 본말(本末) · 체용(體用) · 유무(有無)의 문제에 대하여 집중적인 논의를 시작하였는데, 그들의 자연관은 비록 유심주의적이지만 여전히 인류 인식의 진보를 반영하고 있다. 그리고 그들은 현상세계에 대한 이해에 만족하지 않고, 현상세계의 배후로 들어가 세계의 본체를 파악하고자 시도하였다. 혜강은 이러한 사상적 분위기 속에서 생활하였기 때문에 어쩔 수 없이 이런 사조의 영향을 받았다. 이 때문에 그의 자연관도 본체론의 영향을 받게 되었다. 이런 사례는 호우와이루(候外廬)가 다음과 같이 지적한 것과 같다. "그러므로 혜강의 유심주의적 이원론은 어쩔 수 없이 '항상성[常]'의 존재 이외에 다시 '지극[至]'의 존재를 승인하였다. 바꿔 말하자면, '일반'과 '특수' 두 가지 존재를 한꺼번에 논의하여도 사리에 어그러짐이 없다. 도삭(陶鑠: 왕성함과 사그러짐), 요응(曜凝: 반산과 응취), 도화(陶化: 배양되어 나옴), 합덕(合德: 음양의 융합), 대왕(代往: 교대로 오고 감) 등 여러 가지 변화 이외에도 어쩔 수 없이 시간과 공간을 초월하는 불변성을 인정하였다. 그는 사물 존재를 논의할 때, 이른바 '지극한 존재'에 보통의 '존재'를 상대시켰다." "음악을 논의할 때, 이른바 신비한 '지극한 조화[至和]', 지극한 음악[至樂]과 보통의 '조화로움[和諧]', '음악(音樂)'을 상대시켰다." "사람을 논할 때, 이른바 평범함을 뛰어넘는 '지극한 경지의 사람[至人]', '신선(神仙)', '성인(聖人)'과 '평범한 사람[常人]'을 상대시켰다." "도리를 논할 때, 이른바 은미하고 신묘한 '지극한 이치

[至理]'와 '일상의 이치[常理]'를 상대시켰다." "명석함과 담력을 논할 때, 이른바 천지자연을 관통하는 '지극한 지혜와 지극한 담력'을 보통의 명석함과 담력에 상대시켰다."[13] 호우와이루가 열거한 이런 자료들은 완전히 사실과 부합하며, 혜강의 철학 속에 일상적인 것을 초월하는 "지물(至物)"·"지리(至理)"·"지락(至樂)"·"지인(至人)"을 추구하는 경향이 확실하게 존재한다. 그의 입장에서 보자면, 일상성을 초월하는 것은 일상적인 것에 비하여 더 참되고, 더 좋으며, 더 아름답기 때문에 이런 것들은 사람들이 마땅히 추구하고 지향해야 하는 것이다. 이런 추구는 바로 혜강이 현묘하고 심원함을 숭상한 정신의 소재(所在)이며, 그의 사상도 이 때문에 비로소 현학의 성질을 지니게 되는 것이다. 혜강의 인식론·인생관·정치사상·양생론과 음악이론 등은 모두 이런 경향과 아주 밀접한 관계를 지니며, 이와 같은 그의 사상 경향을 연구할 때에 당연히 매우 주의해야 한다.

그러나 혜강의 자연관과 왕필의 자연관에서 실질적인 구별이 있음을 간파해야만 한다. 왕필이 말하는 "무(無)"·"유(有)"·"본(本)"·"말(末)"은 철학 개념으로서, "무"와 "유"는 일반[보편] 개념이며, "유"와 "말"은 개별[특수] 개념인데, 그는 개별자 이외에 일반 개념을 두어서 "무"가 "유"의 추상적 본체라고 보았으니, 이것은 당연히 유심주의이다. 혜강이 말하는 "상(常)"과 "지(至)"는 결코 철학적 개념은 아니며, 그가 말하는 "지(至)"는 언어와 형상을 초월하는 성질이 전혀 없는 것인데, 물론 이런 것이 어느 정도 일반적인 것이 아니라, 그것들은 모두 형상을 지닌 것으로 귀결된다. 예를 들면, "지물(至物)"은 특수한 공능을 지닌 것이며, "지인(至人)"은 인생철학의 이상적 인격을 의미하는 것으로서 신선이라 하더라도 "다른 기를 품수 받은" 사람일 뿐이다. 우리는 개별자 이외에 일반[보편]이 있다고 여기는 것은 착오이며, 일반적인 것 이외에 다시 특수한

13 저자주 侯外廬,「嵇康的心聲二元論及其社會思想·邏輯思想」,『中國思想通史』第三卷, 第五章 참고.

것이 있다고 보는 것이 정확하다. 혜강의 철학 속에서, "일상적인 것[尋常]"과 "특수한 것[特殊]"은 확실히 두 가지 존재를 한꺼번에 논의하여도 사리에 어그러짐이 없는데, 혜강도 역시 "특수한 것"은 고급에 속하고, "일상적인 것"은 저급에 속한 것이라고 보았다. 그러나 그는 결코 일상적인 것이 구체적 · 현실적이며 "특수한 것"은 허망한 환상이고 개념적인 것이라고 인정하지는 않았다. 혜강이 말하는 "특수한 것"은 "일상적인 것"보다는 고급에 속하는 것이지만, 여전히 원기(元氣)와 함께 거론할 수는 없고, 원기보다는 한 단계 아래의 층차에 있는 것이다. 종합해서 말하자면, 혜강의 자연관에서 원기는 세계의 본원이며, 이것 이외에 세계의 본원이 될 수 있는 것은 더 없다. 그러므로 그의 자연관은 유물주의적 일원론이지 유심주의적 이원론이 아니다.

혜강의 자연관에서 언급하고 있는 또 하나의 문제는 형체와 정신의 문제이다. 혜강의 원기론에서 나오는 자연관은 사람이 음양 두 기가 배양하여 나온 산물이며 양기가 발산하고 음기가 응취한 결과로 본다. 바꾸어 말하자면, 사람은 음과 양 두 기의 통일체이므로 오직 양기만 있고 음기가 없을 수는 없으며, 오직 음기만 있고 양기가 없을 수는 없는 것으로서 "음양의 두 기가 한 몸에 존재하는 것"[14]이고, 다른 두 기가 "서로 필수적으로 덕을 융합한 것"[15]이라야만 비로소 사람의 존재가 있는 것이다. 혜강의 이런 입장에서 형제와 정신은 천지의 기에서 함께 나오는 것이므로 두 기는 한꺼번에 논의하여도 사리에 어그러짐이 없는 것이며, 이른바 어느 것이 제1성질이고 어느 것이 제2성질인지 말할 수 있는 것이 아니다. 그는 "형체는 정신에 의존하여 성립하고, 정신은 형체가 있어야만 존재한다."[16]고 말하면서 형제와 정신이 서로 친밀하게 의존하고 있어서 어느 것도 서로 떠날 수 없는 것으로 보았다.

14 『嵇中散集』 卷三 「養生論」. "二氣存於一體."
15 『嵇中散集』 卷六 「明膽論」. "相須以合德."
16 『嵇中散集』 卷三 「養生論」. "形恃神以立, 神須形以存."

어렵지 않게 볼 수 있는 것은, 혜강이 형체와 정신의 관계 문제에서 갖고 있는 귀착(歸着)은 형체와 정신의 평행론이다. 이런 이론의 착오는 형체가 정신의 물질적 기초이며 정신은 형체의 공능과 속성이라는 것을 이해하지 못한다는 점이다. 그러나 이런 이론은 오직 사람의 형체와 정신의 관계를 해석하고 또 형체와 정신이 모두 원기에서 나온다는 것에 제한되며, 세계의 본원 문제에 대하여 언급하는 것이 없으므로 그것을 세계관에서 말하는 이원론과 동일시할 수는 없다.

2 혜강의 인식론

혜강의 인식론은 그의 자연관에 비하여 명리를 파악하여 분석하는 현학적 성격을 더 갖추고 있다. 그는 이성을 중시하고 편협한 경험론을 반대하며, 논리적 추론을 중시하고 교조주의를 반대한다. 그의 인식론은 분명한 합리주의 경향과 사변적 특성을 갖추고 있다.

혜강은 천하 만물의 온갖 종류가 수없이 많고 복잡하게 변화하는 것은 단지 감각경험에 의지해서는 완전히 알 수 없으며, 더욱이 이렇게 은미하면서 오묘한 사물들과 이것들에 대한 경험에 대해서 아직 "지극한 사물 존재", "지극한 이치", "신선" 등등의 경지에는 도달하지 못하고, 또 그것들에 대한 인식을 경험에 의존할 수는 없다고 보았다. 그는 다음과 같이 말했다. "우주자연은 넓고 커서 온갖 사물의 종류가 다양하게 많으니 사람들의 지혜로 알 수 있는 것은 알 수 없는 수많은 것들에 비해 적다."[17] "하물며 천하의 은미한 일들은 언어로 다 표현할 수 없는 것이며 숫자로 다 계산할 수도 없는 것이니, 이 때문에 옛사람들은 그 존재에

17 『嵇中散集』 卷八 「難宅無吉凶攝生論」. "天地廣遠, 品物多方, 智之所知, 未若所不知者衆也."

맡겨 두고 논의하지 않았다."[18] 그렇다면 이렇게 수없이 많고 은미하며 미묘한 사물은 인식할 수 있는 것인가, 인식할 수 없는 것인가? 궁극적으로 어떻게 인식하는 것인가? 이 문제를 해결하기 위하여 혜강은 「성무애락론」에서 아래와 같은 하나의 인식론을 제기하였다.

> "무릇 사물의 이치를 궁구하고 분석하는 데는 마땅히 먼저 저절로 그러함의 이치를 탐구해야 한다. 이 이치가 확정된 뒤에 옛사람들이 풀이한 뜻을 빌려서 그것을 분명하게 밝힐 뿐이다."[19]

이것을 다시 말하자면, 사물을 인식하고 변별하고자 할 때는 반드시 먼저 일반성[보편성]의 도리를 먼저 파악한 뒤에 다시 이 도리를 가지고 구체적 사물과 구체적 검증을 인식하고 옛사람이 이미 인식한 것으로 나아가야 한다는 말이다.

혜강이 제기하는 이런 방법은 이론에서 경험으로 나아가고, 보편에서 특수로 나아가는 유심주의 인식의 노선인가? 아니다. 그가 말하는 "저절로 그러함의 이치[自然之理]"는 머리 속의 사고능력에서 생기는 것이 아니고, 옛사람들이 책에서 그대로 가져와 쓰는 것도 아닌데, 이 때문에 이미 알고 있는 경험을 전제로 삼아서 논리적 추론을 통하여 얻는 것이다.

혜강이 "저절로 그러함의 이치"를 탐구하는 방법과 경로는 주로 아래와 같은 몇 가지가 있다.

첫째, "자신의 몸에서 탐구한 뒤에 깨달을 수 있고, 몸 밖의 일에서 탐구하여 그것을 알 수 있는 것." 혜강은 다음과 같이 말했다.

---

18 『嵇中散集』 卷八 「難宅無吉凶攝生論」. "況乎天下微事, 言所不能及, 數所不能分, 是以古人存而不論."

19 『嵇中散集』 卷五 「聲無哀樂論」. "夫推類辨物, 當先求之自然之理. 理已定, 然後借古義以明之耳."

> "무릇 지극한 이치는 진실로 정미(精微)하며, 세상에서 잘 은닉(隱匿)된다. 그러나 혹시 자신의 몸에서 탐구한 뒤에 깨달을 수 있고, 몸 밖의 사물에서 탐구하여 그것을 알 수 있다."[20]

"자신의 몸에서 탐구하는 것"은 바로 사람과 사람의 성질·습관을 연구하는 것이고, "몸 밖의 사물에서 탐구하는 것"은 바로 외부의 사물을 고찰하는 것이다. 이런 방법은 『주역』「계사전」에서 말하는 "가까이는 자신에게서 취하고 멀리는 사물에게서 취한다."[21]는 것과 같은 뜻이며, "우러러 하늘의 상을 관찰하고, 굽어 땅의 법을 관찰한다."[22]는 방법이다. 아래의 글에서 우리는 이런 방법의 구체적 운용을 볼 수 있다.

> "사람이 어려서부터 어른이 되는 동안 (소중함과 천박함에) 부침(浮沈)이 있고, 좋아함과 싫어함의 감정에 성쇠(盛衰)의 변화가 있는데, 어떤 이는 어려서 좋아하던 것을 장년이 되어 버린다. 처음에 천박하던 것이 끝내 소중하게 되기도 한다. 그것을 좋아할 때는 그것을 빼앗길 수 없다고 말한다. 그것을 싫어할 때는 그것을 기뻐할 수 없다고 한다. 그러나 성장하는 과정의 입장이 바뀐다면 감정이 처음과 달라진다. 만일 좋아하고 바라는 것이 바뀐다면 어찌 오늘 현재 깊이 아끼는 것이 냄새나고 썩은 것처럼 여겨지지 않을 수 있겠는가? 또 지난날 천박하게 여기던 것이 특이하고 아름다운 것이 되지 않을 수 있겠는가?"[23]

---

20 『嵇中散集』 卷四 「答向子期難養生論」. "夫至理誠微, 善溺於世. 然或可求諸身而後悟, 校外物以知之."

21 『周易』 「繫辭傳」 2章. "近取諸身, 遠取諸物."

22 『周易』 「繫辭傳」 2章. "仰觀俯察." **역주** 원문은 "仰則觀象於天, 俯則觀法於地."이다.

23 『嵇中散集』 卷四 「答向子期難養生論」. "人從少至長, (重薄)降殺, 好惡有盛衰, 或稚年所樂, 壯而棄之; 始之所薄, 終而重之. 當其所悅, 謂不可奪; 値其所醜, 謂不可歡. 然還成易地, 則情變於初. 苟嗜欲有變, 安知今之所耽, 不爲臭腐? 曩之所賤, 不爲奇美耶?"

이것은 "자신의 몸에서 탐구하는 것"을 말하는 것인데, 의미는 사람의 일생 중에서 아끼고 좋아하는 것과 습관으로 익은 것이 변할 수 있는 것이며 어렸을 때 좋아하던 것이라도 어른이 되어서까지 반드시 좋아하게 되는 것은 아니라는 것이며, 처음에는 볼품없이 여기던 것이라도 뒷날에 그것을 매우 중시할 수 있다는 말이다.

> "비단뱀은 월나라 땅에 사는 사람에게 진귀한 보배이지만, 중원(中原)의 사람들이 만나면 그 뱀을 싫어한다. 보불(黼黻) 같은 귀한 옷은 중원의 사람들에게 귀한 것이지만, 옷을 벗고 사는 나라의 사람들이 얻으면 이내 그 옷을 버린다. 어떤 사물을 그것이 쓰임이 없을 때 중원 사람들 입장에서 뱀을 보는 것 같고 옷을 벗고 사는 나라 사람들의 입장에서 보불 옷과 같다."[24]

이것은 "몸 밖의 사물에서 탐구하는 것"을 말하는 것인데, 의미는 월나라 사람은 뱀고기를 즐겨 먹기 때문에 비단 뱀이 좋은 고기가 되지만 중원 지역의 사람들은 뱀고기를 먹지 않기 때문에 그것을 매우 싫어한다는 말이다. 아름답고 귀한 의복은 중원 지역 사람들에게 진귀하게 보이지만 열대 지역의 사람들은 그것이 필요 없다. 혜강은 이렇게 "자신의 몸에서 탐구하는 것"과 "몸 밖의 사물에서 탐구하는 것"이라는 방법을 통하여 "저절로 그러함의 이치"를 인식하였다. 사람이 좋아하는 것과 바라는 것은 변할 수 있으며, 외부 사물의 가치는 때에 따라 지역에 따라 바뀌고, 감정의 욕망과 부귀는 사람이 죽을 때까지 갖는 불변적인 요구가 결코 아니므로, 이런 것들이 사람의 건강에 아무런 이익이 없을 때는 완전히 억제하고 버릴 수 있는 것이다. 이 때문에 사람들은 나이가 들어갈수록 마땅히 명리(名利) 추구의 욕심이 없고 마음을 맑게 하며 욕망을

24 『嵇中散集』 卷四 「答向子期難養生論」. "蚺蛇珍於越土, 中國遇而惡之; 黼黻貴於華夏, 裸國得而棄之. 當其無用, 皆中國之蚺蛇, 裸國之黼黻也."

줄일 수 있어야 한다.

둘째, "미세한 특징에서 사물을 관찰하고, 같은 종류의 사물을 접촉하여 탐구를 발전시키는 것."[25] 이것은 사물에 대한 관찰에서 아주 미세하여 분명하지 않은 요소에 주의하고, 그 안에서 사물이 발전하는 "저절로 그러한 이치"를 탐구하며, 자각적으로 저절로 그러한 자연의 이치에 순응하여, 잘못된 일이나 나쁜 일을 경미할 때 막아서 더 이상 발전되지 않게 한다는 의미이다. 혜강이 양생(養生)을 말할 때에도 이와 같은 논의가 있다.

> "자기 몸을 양생의 이치에 부합하지 않게 두는 경우를 보면, 생명을 잃는 것은 미세한 허물에서 비롯되고, 미세한 허물이 쌓여 손해를 보게 되며, 손해가 쌓여서 쇠약하게 되고, 쇠약함이 쌓여서 흰머리가 생기며, 흰머리가 생기면서 늙게 되고, 늙음에 따라 죽음에 이르는데, 애석하게도 그 실마리를 모른다. 중간의 지혜보다 못한 사람은 이런 상황을 저절로 그런 것이라고 하면서 조금씩 깨닫게 되는데, 모두 병환의 초기에 한탄할 뿐이며, 여러 가지 위험이 아직 생겨나지 않을 때 신중해야 함을 알지 못한다. 이것은 마치 채(蔡)나라 환후(桓侯)가 장차 죽을병에 걸렸는데도 그 병을 진단해 준 의사 편작(扁鵲)에게 성을 내다가 통증이 느껴지는 날에서야 병이 들었음을 알게 된 것과 같다."[26]

혜강은 어떤 사물의 형성도 모두 작은 것에서 큰 것으로 가며, 미세한 것에서 뚜렷한 형태로 가는 과정을 거치는 것이지 갑작스레 나타나는

25 『嵇中散集』 卷九 「答釋難宅無吉凶攝生論」. "觀物於微, 觸類而長."

26 『嵇中散集』 卷三 「養生論」. "至于措身失理, 亡之於微, 積微成損, 積損成衰, 從衰得白, 從白得老, 從老得終, 悶若無端. 中智以下, 謂之自然, 縱少覺悟, 咸歎恨於所遇之初, 而不知愼衆險於未兆. 是猶桓侯抱將死之疾而怒扁鵲之先見, 以覺痛之日, 爲受病之始也."

것이 아니라고 보았다. 이런 과정은 바로 사물이 발전하는 "저절로 그러한 이치"이다. 예컨대, 질병의 형성에서 처음 질병이 생길 때 환자는 고통을 느끼지 못하므로 질병이 있는 줄 모르다가 질병이 비교적 심각해져야만 비로소 치료를 하게 되는데, 이때는 이미 질병을 치료하기가 매우 어렵다. 이 때문에 사물을 관찰할 때에 "미세한 특징에서 사물을 관찰하고, 같은 종류의 사물을 접촉하여 탐구를 발전시키되, 자기의 견해를 법도로 삼지 않는다."[27] 이렇게 미세하고 작은 사물을 주의해서 보고 그것의 발전 추세를 파악하여야만 천박한 감각에 의지하지 않을 수 있는 것이다.

셋째, "나타난 것을 근거로 숨어있는 것을 탐구하며, 실마리를 찾아서 단서를 탐구하는 것."[28] 이 방법과 "미세한 특징에서 사물을 관찰하고, 같은 종류의 사물을 접촉하여 탐구를 발전시키는" 방법은 정반대로서, 이미 분명한 사물을 통하여 아직 분명하지 않은 도리를 탐구하고, 이미 알고 있는 실마리를 통하여 아직 알지 못하는 결과를 추론하는 것을 의미한다. 혜강은 다음과 같이 말했다.

> "약을 써서 이미 병을 다스렸다면 그 효과가 또한 나타난다. 그러므로 군자는 그 약의 효과를 믿는다. 집터의 길흉(吉凶)은 그 결과가 매우 먼 뒤날 나타난다. 그러므로 군자는 그 길흉의 결과를 의심하는 것이다. 이제 만약 서로 처방한 효과의 가깝고 먼 것에 실질적인 것과 허망한 것이 있다면 아마도 알맞은 것을 취할 만한 곳이 적을 것이다. 내가 작은 못도랑을 본다면 큰 강과 바다를 의심하지 않을 것이다. 그리고 작은 언덕을 본다면 태산(泰山)의 높음을 알 수 있을 것이다. 만약 빠른 효과가 있는 약을 구해 지닌다면 결과가 먼 좋은 집 자리를 버리게 되고, 가까운 효과

27 『嵇中散集』 卷九 「答釋難宅無吉凶攝生論」. "觀物於微, 觸類而長, 不以已爲度也."

28 『嵇中散集』 卷九 「答釋難宅無吉凶攝生論」. "因見求隱 尋端究緒."

를 본다면 먼 뒷날 오는 결과를 부정하게 되니, 이는 바닷가 어부가 죽을 때까지 높은 산을 알지 못하고 산속에 사는 사람이 죽도록 큰 물고기가 없다고 말하는 것이다."[29]

약은 질병을 치료할 수 있는데, 이것은 현재 효과를 보이는 일이다. 좋은 주택은 사람을 건강하고 오래 살 수 있도록 하지만, 이것은 짧은 시간 내에 그 결과를 볼 수 없는 일이다. 이 두 가지 이치의 경우에, 한 가지는 "볼 수 있는 것[見: 분명한 것]"이고, 다른 한 가지는 "숨어 있는 것[隱: 은폐된 것]"이다. 그리고 한 가지는 "효과가 가까운 것[交: 당장 결과를 볼 수 있는 것]"이며, 다른 한 가지는 "효과가 먼 것[賒: 일정한 시간이 지나야만 결과를 볼 수 있는 것]"이다. "볼 수 있는 것[見]", "숨어 있는 것[隱]", "효과가 가까운 것[交]", "효과가 먼 것[賒]" 사이에는 진실과 허망의 관계가 결코 없는 것으로서, 오직 "볼 수 있는 것[見]"과 "효과가 가까운 것[交]"만을 믿으면서 "숨어 있는 것[隱]"과 "효과가 먼 것[賒]"을 믿지 않을 수는 없는 것이다. 만약 이미 알고 있고 분명한 사물만 믿고 아직 알지 못하면 분명하지 않은 사물을 믿지 않는다면, 이것은 마치 바닷가에 사는 사람이 높은 산을 인정하지 않으며 산속에 사는 사람이 큰 바다를 인정하지 않아서 고루하여 견문이 좁은 상태를 벗어나지 못하는 것과 같다. 이 때문에 사람의 인식은 자기의 경험에 국한시킬 수 없고, "나타난 것을 근거로 숨어 있는 것을 탐구하며, 실마리를 찾아서 단서를 탐구하는" 방법을 통하여 "자오(子午)[30]로부터 묘미(卯未)[31]에 이르고",[32] 이미

29 『嵇中散集』 卷九 「答釋難宅無吉凶攝生論」. "藥之已病, 其驗又見. 故君子信之; 宅之吉凶, 其報賒遙, 故君子疑之. 今若以交賒爲(實)虛, 則恐所以求物之地鮮矣. 吾見溝澮, 不疑江海之大; 覩丘陵, 則知有泰山之高也. 若守藥則棄宅, 見交則非賒, 是海人所以終身無山, 山客曰無大魚也."

30 역주 자오(子午)는 십이지의 자와 오, 북쪽과 남쪽, 자정과 정오 등을 의미한다.

31 역주 묘미(卯未)는 십이지의 묘와 미, 동쪽과 서남쪽, 상오 5시에서 7시 그리

알고 있는 지식으로부터 아직 알지 못하는 지식을 탐구하는 것이다. 혜강은 이런 방법은 마치 사냥꾼이 발자국을 따라 들녘의 짐승을 추적하는 것과 같아서 비록 "어떤 때는 잡을 수 없는 것"[33]이라도 이렇게 "은미한 이치를 탐색하는"[34] 방법은 의지할 만한 것이라고 지적하였다.

넷째, "비교하여 논의하는 것." 혜강은 다음과 같이 말했다.

> "무릇 신선은 눈으로 볼 수 없지만, 문헌에 기록되어 있어서, 앞 시대 역사서에 진술되어 있으므로 비교하여 그것을 논의할 수 있으니, 신선이 있는 것은 반드시 진실이다."[35]

"비교하여 논의하는 것"이란 무엇을 말하는가? 왕염손(王念孫)은 "'비교하여 논의하는 것'은 핵심을 요약하여 논의하는 것을 말하는 것과 같다."[36]라고 하였다. 왕염손의 설명에서 "비교하여 논의하는 것"은 현대어에서 "대체(大體)를 들어 말하는 것"에 해당한다. 이런 해석은 다음과 같은 "반드시 진실이다."라는 말뜻과 부합하지 않으며, 이미 "요약[約]"을 말한 것은 "반드시[必]"라고 말하는 것과 맞지 않는다. 호우와이루(候外廬)는 "비교하여 논의하는 것[較論]"이란 바로 "추상적 정신능력을 가지고 직접 인식하고자 하는 비현실적 존재와 소통하는 것이다."[37]라고

고 오후 1시에서 3시 등을 의미한다.

32 『嵇中散集』 卷九 「答釋難宅無吉凶攝生論」. "因見求隱, 尋端究緒." "由子午而得卯未."

33 『嵇中散集』 卷九 「答釋難宅無吉凶攝生論」. "時有無獲."

34 『嵇中散集』 卷九 「答釋難宅無吉凶攝生論」. "探賾索隱."

35 『嵇中散集』 卷三 「養生論」. "夫神仙雖不目見, 然記籍所載, 前史所傳, 較而論之, 其有必矣."

36 저자 주 王念孫, 『嵇康集疏證』 참고. 戴明揚, 『嵇康集校注』 1962, 144쪽에서 재인용.

37 저자 주 候外廬, 「嵇康的心聲二元論及其社會思想・邏輯思想」, 『中國思想通史』 第三卷 참고.

말했다. 이런 이해도 추측컨대 혜강의 본래 뜻과 부합하지 않는다. "비교[較]"라는 글자는 옛날에는 "교(較)"로 쓰였으며, "대략(大略)"이라는 뜻 이외에 "비교(比較)"의 의미도 있다. 여기에서는 마땅히 "비교(比較)"의 의미로 해석해야 한다. "비교하여 논의하는 것"은 바로 분석하고 비교한다는 의미이다. 혜강은 당시의 사람들이 비록 직접 눈으로 신선을 보지는 못했지만 옛 문헌·역사 서적에 오히려 많은 기록이 있으므로 이런 기록의 분석과 비교를 통하여 신선이 반드시 존재하는 것임을 긍정한 것이라고 보았다. 혜강은 이런 기록에 대하여 어떻게 분석하느냐면, 그는 명확한 설명은 없으나 그가 얻어낸 신선은 "특별하게 영명(靈明) 기이(奇異)한 기를 받고 저절로 그러함을 품부(稟賦)한 것으로서 배움을 쌓아 이를 수 있는 것이 아닌 존재"[38]라는 결론임을 볼 수 있으므로, 그는 대체로 원기(元氣)의 학설을 근거로 신선을 장성하여 푸르른 소나무와 잣나무에 유비(類比)하면서 영명하고 기이한 기를 부여받은 것이 장생(長生) 불로(不老)한다고 본 것이다.

다섯째, "신묘하게 그것을 밝혀서 분명히 함."[39] 이런 방법을 사용하여 "말로 다 언급할 수 없고, 수(數)로 다 헤아릴 수 없는" 미묘한 사물과 "저절로 그러한 자연(自然)"의 배후에 있는 "원인[所以然]"의 이치를 인식하는 것이다. 혜강은 다음과 같이 말했다.

> "하물며 천지자연의 은미한 일과 사물들은 말로 다 언급할 수 없고, 수(數)로 다 헤아릴 수 없기 때문에 옛 사람들은 그것의 존재에 내어 맡기고 논의하지 않았다. (성인은) 신묘하게 그것을 밝혀서 분명히 하여, 끝내 일과 사물의 운행변화를 알게 되었다. 그러므로 홀로 만물의 운행변화 이전에 미리 관찰하고, 심신이 대도(大道)에 융합한 뒤에 공효(功效)를 거둘 수 있었다. 백성들은 그것을 저절로 그러함이라 하지만 그렇게

38 『嵇中散集』 卷三 「養生論」. "似特受異氣, 稟之自然, 非積學所能致."

39 『嵇中散集』 卷八 「難宅無吉凶攝生論」. "神而明之."

되는 원인은 알지 못했는데, 이런 상황이니 어찌 불변의 이치를 이해하는 데까지 미치겠는가?"[40]

혜강은 각각의 사물과 일들이 발생하고 존재하는 것에는 모두 그것의 "저절로 그러함"이 있으며, 또 그것의 "원인[所以然]"이 있다고 보았다. 예를 들면, 일반인은 화재가 발생한 뒤에라야 마땅히 물을 끌어다 불을 끌 것을 알고 땔감으로 불을 끌 수 없다는 것을 알지만, 화재가 발생하는 "원인"의 이치는 결코 알지 못한다. "홀로 관찰하는[獨觀]" 사람은 화재가 "아궁이의 굴뚝이 곧게 서 있고, 옆에는 땔감이 수북이 쌓여 있는"[41] 상황에서 비롯되는 것임을 알기 때문에 곧 바로 "굴뚝을 구부러지게 고치고, 땔감은 먼 곳으로 옮겨서"[42] 화재의 발생을 미연에 방지한다.[43] 아궁이의 굴뚝이 곧게 서 있고 옆에 땔감이 수북이 쌓여 있는 것은

40 『嵇中散集』卷八「難宅無吉凶攝生論」. "況乎天下微事, 言所不能及, 數所不能分, 是以古人存而不論. 神而明之, 遂知來物. 故能獨觀於萬化之前, 收功於大順之後. 百姓謂之自然, 而不知所以然, 若此, 豈常理之所逮耶?"

41 『漢書』68「霍光金日磾傳」38. "其灶直突, 傍有積薪."

42 『漢書』68「霍光金日磾傳」38. "更其曲突, 遠徙其薪."

43 역주 『漢書』68「霍光金日磾傳」38에 나오는 말. "어떤 손님이 주인집을 지나가다가 그 집 부엌의 굴뚝이 곧게 서 있고 옆에 땔감이 쌓여 있는 것을 보고, 집주인에게 굴뚝을 구부러지게 고치고 땔감은 멀리 치워 놓아야지 그렇지 않으면 화재를 입을 것이라고 말해 주었다. 주인은 아무 말 없이 듣지 않았다. 얼마 지나서 집에 과연 불이나자 마을 사람들이 함께 그 불을 꺼서 다행스럽게 불길을 잡았다. 그래서 집주인은 소를 잡고 술을 내어 마을 사람들에게 사례를 하였는데, 불에 덴 사람이 가장 윗자리에 앉았고 나머지 사람들은 각자 한 일에 따라 자리를 잡고 앉았지만 굴뚝을 고치라고 말해 준 사람은 초청자로 챙기지 않았다. 어떤 사람이 주인에게 말하길, '예전에 지나가던 손님의 말을 들었다면 소고기와 술의 비용을 쓰지 않았을 것이며 끝내 화재의 근심도 없었을 것이다. 지금 불을 끈 공로를 따져서 손님을 초청하였지만, 굴뚝을 구부려 세우고 땔감을 멀리 치워 두라고 말한 손님은 아무런 혜택을 받지 못하고, 그저 머리를 그슬리고 이마를 덴 사람이 최고의 대접을 받아야 하겠나?'라고 하였다"("客有過主人者, 見其竈直突, 傍有積薪, 客謂主人, 更爲曲突, 遠徙其薪, 不者且有火患. 主人嘿然不應. 俄而家果失火, 鄰里共救之, 幸而得息. 於是殺牛置酒, 謝其鄰人, 灼爛者在

화재를 일으킬 수 있는데, 이런 "원인"의 이치는 결코 신비한 것이 아니고 다만 유심히 관찰하는 것으로 해결방법을 발견하고 제시할 수 있는 것이다. 그러나 혜강은 오히려 이것을 사례로 들면서 문제를 신비화시키고 있다. 그의 입장에서 볼 때, 이런 "원인"의 이치에 대해서는 오직 최고의 지혜를 지닌 소수의 사람이 "신묘하게 그것을 밝혀서 분명히 해야"만 비로소 파악할 수 있다. 이른바 "신묘하게 그것을 밝혀서 분명히 하는 것"은 바로 자기의 총명한 두뇌에 의지하여 깨닫는 것이며, 오직 총명한 두뇌가 있어야 바로 사물의 "원인"의 이치를 깨달을 수 있으며, 심지어 "홀로 만물의 운행변화 이전에 미리 관찰하고, 심신이 대도(大道)에 융합한 뒤에 공효(功效)를 거둘 수 있다."

이상의 자료를 통하여 알 수 있는 것은 혜강의 인식론이 비교적 복잡하며, 그 속에 이미 유물주의적 요소가 들어 있고 또한 유심주의적 요소도 있다는 것이다. 대체로 말하자면, 그가 말하는 "자신의 몸에서 탐구한 뒤에 깨달을 수 있고, 몸 밖의 일에서 탐구하여 그것을 알 수 있는 것"과 "미세한 특징에서 사물을 관찰하고, 같은 종류의 사물을 접촉하여 탐구를 발전시키는 것"과 "나타난 것을 근거로 숨어 있는 것을 탐구하며, 실마리를 찾아서 단서를 탐구하는 것"과 같은 세 가지 방법은 선진(先秦)에서 양한(兩漢)에 이르는 시기의 철학자들이 제기했던 "우러러 하늘의 상을 관찰하고, 굽어 땅의 법을 관찰하는 것[仰觀俯察]"과 "은미한 것을 살펴서 드러난 것을 아는 것[見微知著]"과 "처음을 탐구하여 끝을 인식하는 것[緣始見終]"의 인식 노선(路線)을 계승한 것이다. 이런 방법은 구체적 사물에 대한 관찰에서 출발하여 보통사람들이 이해할 수 있는 "저절로 그러한 이치[自然之理]"를 찾은 다음에, 다시 이 "저절로 그러한 이치"를 가지고 추론을 진행하여 아직 모르고 경험하지 못한 "지극한 사물[至物]"이나 "지극한 이치[至理]"를 인식하고 판단하는 것이다. 우리는

於上行, 餘各以功次坐, 而不錄言曲突者. 人謂主人曰: '鄕使聽客之言, 不費牛, 酒, 終亡火患. 今論功而請賓, 曲突徙薪亡恩澤, 焦頭爛額爲上客耶?'").

이런 인식 노선이 기본적으로 사람들이 세계를 인식하는 참된 과정을 반영하며, 개별[특수]에서 일반[보편]으로 나아가고, 다시 일반에서 개별로 이르는 유물주의 인식노선이라고 말한다.

"비교하여 논의하는 것"이라는 인식방법도 완전히 유심주의라고 말할 수는 없다. 이런 방법은 추상적인 정신능력으로 직접 인식하고자 하는 허환(虛幻)한 대상과 접촉하는 것이 결코 아니다. 혜강의 착오는 고대 사람의 사상인 "비교하여 논의하는 것"에 있는 것이 아니고, 그가 "비교하여 논의하는" 재료와 근거에 대한 이론이 진실하지 않고 과학적이지 않다는 데 있다. 원기설(元氣說)은 본래 정확하게 사람의 생명현상을 해석할 수 없으며, 기불멸론(氣不滅論)에서 신불멸론(神不滅論)으로 쉽게 오도(誤導)된 결론을 도출한다.

게다가 혜강의 양생(養生) 이론이 요청하는 것은 그리하여 "특별하게 영명(靈明) 기이(奇異)한 기를 받고 저절로 그러함을 품부(稟賦)한 것"[44] 이라는 신선의 존재를 인정하게 된다.

혜강의 인식론 속에서 신비주의적 요소는 "신묘하게 그것을 밝혀서 분명히 한다."는 방법에서 집중적으로 체현된다. "신묘하게 그것을 밝혀서 분명히 한다."는 것은 사람의 정신·이성이 감각기관을 통하지 않고 직접경험을 초월하는 "지극한 사물", 형상을 넘어서는 "지극한 이치"와 교류 접촉한다는 말이다. 이것은 그가 추상적인 일반[보편]과 구체적인 개별[특수]로 나누고, 감성의 인식과 이성의 인식을 대립시켜서, 추상적인 "이치[理]"가 이성적인 "신묘한[神]" 인식의 대상이며 구체적 사물이 감각인식의 대상이라고 잘못 생각한 것인데, 이 두 가지 인식은 두 개의 서로 다른 영역에 속하는 것이며 두 가지는 서로 상관이 없는 것이다. 이런 인식론은 감성인식과 이성인식의 구별을 과장하여 그것들을 나누어 놓고 감성인식에서 분리하여 이성인식을 찾는 것인데, 이런 추세는

44 『嵇中散集』 卷三 「養生論」. "特受異氣, 稟之自然, 非積學所能致."

반드시 이성인식을 근원이 없는 물과 뿌리 없는 나무로 만들어서 신비적 직관주의로 기울게 한다. 혜강의 "신묘하게 그것을 밝혀서 분명히 한다."는 것은 바로 이런 신비주의 인식론의 특징을 체현하여, 최고의 지혜를 지닌 사람의 신묘한 능력이 무엇이든지 다 알 수 있다고 여긴다.

그러나 종합적으로 말하자면, 혜강의 인식론적 주류는 유물주의적이다.

3 혜강의 도덕관

혜강의 도덕관을 개괄하자면, 한 마디로 말해서 "명교를 초월하고 자연에 내어 맡기는 것[越名教而任自然]."이다.

이른바 "명교(名教)"는 봉건통치 계급의 이익에 부합하는 정치 관념과 도덕 관점으로 명분(名分)을 세우고, 구실을 정하며, 명예와 절조(節操)를 내세우고, 명성과 지위를 만들어 "교화(教化)"를 진행하는 동시에 사람들의 언행을 규범화하였다. 한나라 무제(武帝) 이래로 공자의 신격화에 따라서 사회생활 속의 명교 지위도 신성불가침(神聖不可侵)의 힘을 지닌 것으로 변화하였는데, 그것은 바로 무형의 밧줄과 같이 견고하게 사람들의 사상을 속박하고 제한하였으며, 사람들의 행위도 구속하였고, 고대 사상과 문화 내지 과학기술의 발전을 심각하게 억제하였다. 혜강은 명교가 이미 봉건 지주 계급의 통치사상이 된 이후에 제일 먼저 "명교를 초월하고 자연에 내어 맡기는 것"이라는 구호를 제시하면서 명교에 대한 그의 극도의 혐오감을 공개적으로 표명하였고, 아울러 이런 이상을 실현하기 위하여 생명을 바쳤다. 후세에 일부의 사람들이 그를 좋아하는 것을 이것 때문이다. 어떤 일부의 사람들이 그를 싫어하는 것도 이 때문이다. 종합해서 말하자면, 이런 구호는 그의 사상과 모습을 중국

역사 속에서 평범하지 않게 만들었다.

명교는 양한(兩漢) 시기 동안에 사회생활에 대하여 대단히 큰 위해(危害)를 가하였다. 이 때문에 그것은 이치상으로 당연하게 진보된 사상가들의 비판을 받았고 한말 농민의 대대적인 봉기에서 맹렬한 공격을 받았다. 위진 시기에 이르면, 사마씨 집단의 정치권력 장악에 따라서 명교는 또 한 번 머리를 치켜들게 된다. 이 집단은 한 편으로 찬탈 반역을 크게 행하면서 자기의 견해에 동조하지 않는 사람들을 살해하였으며, 다른 한편으로는 겉으로 호의를 베푸는 척하면서 명교를 크게 내세웠다. 그래서 명교는 그들의 수중에서 사람을 죽이는 폭력의 칼이 되었고, 그 견해에 동조하지 않는 수많은 명사들이 다 이와 같은 폭력의 칼 아래에서 죽었다.

이와 같이 "천하에 많은 사건이 있었고, 명사들 중에 온전한 자가 적었다."[45]는 국면에 처해서, 어떤 사람은 자기의 지조를 버리고 사마씨의 무리 속으로 들어가 관직을 받았고, 어떤 사람들은 마음 속의 고통을 억누르면서 몸을 굽혀 사마씨 주변을 맴돌았으며, 또 어떤 사람들은 산림(山林) 속에 은둔하면서 세상의 일에 관심을 두지 않았다. 도대체 어디로 가야하며, 무엇을 좇아야 하는가? 혜강은 인생의 교차로에서 배회하면서 마음속에 모순과 극도의 혐오감이 가득 차 있었다. 「복의(卜疑)」라는 한 편의 글이 바로 이와 같은 그의 심경을 진실하게 묘사하고 있다.

> "나는 차라리 의분(義憤)에 떨며 성심(誠心)을 내고, 의기(義氣)에 차서 황제의 조정에서 바른 말을 하며, 왕공 같은 권력에 굴복하지 않아야 하는가? 또는 비굴하게 몸을 굽혀서, 왕의 뜻을 받아 따르고, 면전에서 순종하는 사람이 되어야 하는가? 차라리 온화하고 즐거운 마음으로 세상을 널리 이롭게 하며, 즐거이 베풀면서 은덕을 베풀었다 여기지 않아야

45 『晉書』「阮籍傳」. "天下多故, 名士少有全者."

하는가? 또는 세상의 이익에 몸은 치달아, 구차하게 남에게 알랑대며 영합해야 하는가? 차라리 몸을 은거하며 인의를 실천하고, 지극한 성심(誠心)을 따라야 하는가? 또는 겉꾸밈을 숭상하여 거짓을 일삼으며, 헛된 명성을 취해야 하는가? 차라리 흉악하고 간사한 무리를 몰아내고, 정도(正道)를 지켜 치우치지 않으며, 선악(善惡)시비(是非)를 밝혀야 하는가? 또는 뛰어난 논변을 교만하게 깔보고, 갖은 지식을 끼고 술수를 부리며, 지혜주머니가 되어야 하는가? 차라리 왕자 교(喬)와 적송자(赤松子) 같은 신선을 벗으로 삼을 것인가? 또는 은나라 탕(湯)왕의 충신 이윤(伊尹)을 높이 보고 강태공 여망(呂望)을 벗 삼을 것인가? 차라리 비늘을 숨기고 광채를 감추며, 깊은 연못에 잠기어 있는 용처럼 살 것인가? 또는 날개를 펴고 올라 소리를 높이 지르는 구름 속의 기러기처럼 될 것인가? 차라리 겉모습은 변화하더라도 속마음은 진정(眞情)을 숨기며, 몸은 굽혀서 시속에 따르면서 세상에 은거하며 명성을 드러냄이 없고, 비록 몸은 인간 세상에 있지만 실제로 깊은 산림 속에 사는 것과 같이 하겠는가? 또는 정신을 분발하여 나를 맑게 깨어 있게 하고, 생각을 예리하게 하여 나를 지혜롭게 하며, 행동을 세속의 사람보다 뛰어나게 하고, 속마음은 오히려 세속 사람과 같게 하며, 몸이 어디에 있건 칭송이 들리게 하여, 늘 명성이 뛰어나게 살아야 하는가?"[46]

혜강은 단숨에 곧장 태사(太史)벼슬을 하는 정보(貞父)[47]와 자기 자신

46 『嵇中散集』 卷三 「卜疑」. "吾寧發憤陳誠, 讜言帝庭不屈王公乎? 將卑懦委隨, 承旨倚靡, 爲面從乎? 寧愷悌弘覆, 施而不德乎? 將進趣世利, 苟容偸合乎? 寧隱居行義, 推至誠乎? 將崇飾矯誣, 養虛名乎? 寧斥逐凶佞, 守正不傾, 明否臧乎? 將傲倪滑稽, 挾智任術, 爲智囊乎? 寧與王喬赤松爲侶乎? 將進伊摯而友尙父乎? 寧隱鱗藏彩, 若淵中之龍乎? 將舒翼揚聲, 若雲間之鴻乎? 寧外化其形, 內隱其情, 屈身隨時, 陸沉無名, 雖在人間, 實處冥冥乎? 將激昻爲淸, 銳思爲精, 行與世異, 心與俗幷, 所在必聞恒營營乎?"

47 역주 태사(太史)벼슬을 하는 정보(貞父)는 혜강이 지어낸 가공의 인물이다. 여기에서 인용한 『嵇中散集』 卷三 「복의(卜疑)」는 혜강이 자문자답의 형식으로

에게 몇십 가지 문제를 제기하였다. 이와 같이 엄정한 대구법의 구절 형식과 조수가 솟구쳐 오르는 듯한 문장 짓기는 강렬하게 그의 가슴 속 격분과 격랑을 반영하고 있는데, 그는 탈속(脫俗)·출사(出仕)·유위(有爲)·무위(無爲)·굴신(屈身: 타협)·수정(守正: 지조)를 하나하나 비교한 뒤에 최후로 의연하게 "세상을 밝게 비추는 덕(德)[48]을 마음속에 갖추고, 본래의 순박함을 지니며, 속으로 마음에 부끄럽지 않고, 겉으로 세속을 저버리지 않으며, 사람을 사귐에 이익을 좇지 않고, 벼슬살이에 봉록을 탐하지 않는"[49] 길을 선택한다.

이런 길의 참된 모습은 바로 "명교를 초월하고 저절로 그러한 자연에 내어 맡기는 것"이다. 혜강은 다음과 같이 말했다.

> "군자라고 부르는 사람은 마음속에 세속의 옳고 그름이 없고, 행동이 대도(大道)에 어긋나지 않는다. 어째서 그렇게 말하는가? 무릇 부여 받은 기가 고요하고 정신이 탁 트인 사람은 마음속에 교만하게 우쭐대는 것이 없다. 마음의 덕성이 선량하고 활달한 사람은 감정이 욕망에 맺혀 구속되지 않으며, 교만하게 우쭐내는 것이 마음속에 없기 때문에 명교를 초월하여 저절로 그러한 자연에 내어 맡길 수 있는 것이며, 감정이 욕망에 맺혀 구속되지 않으므로 고귀하고 비천함을 살펴서 사물과 일에 통달할 수 있는 것이다."[50]

자신의 심경을 표출하는 글이다. 자신을 '굉달선생(宏達先生)'이라 하고, 대화의 상대로 세운 인물을 '태사(太史) 정보(貞父)'라 하였다.

48 역주 『書經』「舜典」孔穎達疏. "經天緯地曰文, 明臨四方曰明(온 천하를 짜임새 있게 잘 계획하여 다스림을 문이라 하고, 천하의 모든 곳을 밝게 비추는 것을 명이라 한다)."

49 『嵇中散集』卷三「卜疑」. "文明在中, 見素抱樸, 內不愧心, 外不負俗, 交不爲利, 仕不謀祿."

50 『嵇中散集』卷六「釋私論」. "夫稱君子者, 心無措乎是非, 而行不違乎道者也. 何以言之? 夫氣靜神虛者, 心不存於矜尙; 體亮心達者, 情不繫於所欲, 矜尙不存乎心, 故能越名敎, 而任自然, 情不繫於所欲, 故能審貴賤而通物情."

“명교를 초월하는 것[越名敎]”은 단지 전통적인 도덕규범의 범위를 깨부수는 것이 아니며, 모든 공명(功名)·이익(利益) 그리고 개인적 득실(得失)을 버리고자 하는 것이다. “저절로 그러함에 내어 맡기는 것[任自然]”은 객관적 세계의 저절로 그러한 자연의 도와 사람의 자연적 본성 그리고 사사로움이 없는 마음에 따르는 것이다.

혜강은 공(公)과 사(私)의 구별에 대하여 다른 사람과 다른 태도를 지니고 있었는데, 그가 말하는 “공(公)”은 천하·국가를 의미하는 것이 아니고, 그가 말하는 “사(私)”도 개인을 의미하는 것이 아니다. 그는 다음과 같이 말했다.

> “그러므로 공(公)과 사(私)를 논하는 사람은 비록 뜻을 도에 두고 선한 행위에 마음을 쓰되 흉악하고 사악한 일이 없지만, 마음속에 꽁하고 품어서 은닉(隱匿)하지 않음이 없어서 사(私)가 없다고 말할 수 없다. 그러나 비록 뜻을 세워 하는 것을 자랑하고 감정이 도에 어그러지는 것 같지만, 마음속에 품은 것이 분명하게 드러나지 않음이 없어서 공(公)이 아니라고 말할 수 없다.”[51]

마음속에 비록 좋은 생각을 품고 있어도 숨겨서 드러내지 않는 경우가 있는데, 이것을 “사(私)”라고 한 것이다. 정욕(情欲)이 비록 좋은 것은 아니지만 숨기는 것이 없을 수 있는데, 이것도 역시 “공(公)”이라고 부르는 것이다. 그가 말하는 사사로움이 없는 마음은 사람의 진실한 실제의 정감을 의미한다는 것을 알 수 있다. 개인의 사상·생각이 어떤 것이든

역주 본래 “矜尙不存乎心, 故能越名敎, 而任自然, 情不繫於所欲.” 부분은 원저자의 인용문에 빠져 있지만, 혜강의 논리에 맞게 『嵇中散集』 卷六 「釋私論」을 따라 보충하였다.

51 『嵇中散集』 卷六 「釋私論」. “故論公私者, 雖云志道存善而無凶邪, 無所懷而不匿者, 不可謂無私. 雖欲之伐善, 情之違道, 無所抱而不顯者, 不可謂不公.”

지 관계없이 오직 자기의 진실한 생각과 정감을 숨기지 않고 속이지 않는다면, 이것을 모두 "사사로움이 없는 것[無私]"이라 하는 것이다. "무릇 사(私)는 감정을 숨기고 말하지 않는 것을 이름붙인 것이며, 공(公)은 숨김없이 다 말하는 것을 지칭하는 것이다. 선량한 사람은 명리(名利)가 없는 것을 성품으로 삼는 것이지, 마음속에 숨겨두는 감정을 바탕으로 삼지 않는다."[52]

사사로움이 있는 것과 사사로움이 없는 것 그리고 감정의 숨김이 있는 것과 감정의 숨김이 없는 것은 본질적으로 사람의 선악을 구별하는 표준이다. 혜강은 사람의 사상과 행위 그리고 동기와 효과 사이의 관계가 매우 복잡하며, 양자 사이에는 종종 서로 불일치함이 있다고 생각하였다. 그는 다음과 같이 말했다.

> "그러나 일에는 또한 그릇된 것 같지만 그릇된 것이 아니고, 옳은 것 같지만 옳은 것이 아닌 경우가 있으니, 잘 살펴야 한다. 그러므로 사물이 변화하면 소통하는 권도와 상도의 기미에서 어떤 때는 우쭐하면서 결국 겸양에 이르고, 어떤 경우는 탐욕을 부리면서 결국은 청렴에 이르며, 어떤 경우는 어리석으면서 결국은 지혜에 이르고, 어떤 경우는 잔인하면서 결국은 인덕을 이루게 된다. 그리하여 우쭐하고 인색할 때에도 그가 청렴이 없다고 말할 수 없다. 감정이 잔인한 모습이라도 인덕이 없다고 말할 수 없다. 이것이 바로 그릇된 것 같지만 그릇된 것이 아닌 것이다. 어떤 경우는 그 말이 망령되어도 믿을 만한 듯하지만 진실이 있다고 말할 수 없다. 어떤 경우는 도적을 분개하며 물리쳐서 충심(忠心)이 있는 듯하지만 사(私)가 없다고 말할 수 없다. 이것이 바로 옳은 것 같지만 옳은 것이 아닌 경우이다."[53]

52 『嵇中散集』 卷六 「釋私論」. "夫私以不言爲名, 公以盡言爲稱; 善以無名爲體, 非以有措爲質."

53 『嵇中散集』 卷六 「釋私論」. "然事亦有似非而非非, 類是而非是者, 不可不察也.

이렇게 복잡한 현상에서 시비와 선악을 변별하는 것은 일정한 어려움을 수반한다. 사회생활 속에서 늘 수많은 경우에 옳고 그름을 분별하지 못하고 선악을 구분하지 못하는 상황이 있는데, 이런 사회현상은 어떻게 발생하는 것인가? 혜강은 이것이 바로 일부의 사람이 "가슴속에 숨기는 것이 있어서 감정을 드러내지 않는[抱隱而匿情]" 결과라고 생각한 것이다. 이런 사람들은 "가슴속에 숨겨두어야 하는 감정은 갖지 않고, 숨겨두지 않아야 할 감정을 갖는다. 시비 구별의 감정을 숨기지 않아야 하는 이치를 탐구하지 않고, 시비 구별의 감정을 숨기는 도리를 탐구한다. 그러므로 때때로 감정을 숨김으로써 숨기는 감정에서 미혹에 빠진다. 이 때문에 감정을 숨기지 않는 것을 졸렬(拙劣)하게 여기고, 감정을 숨기는 것을 고급이라고 여긴다. 그리하여 오직 사사로운 감정이 감추어져 정미(精微)하지 않음을 두려워하고, 오직 감정의 숨김이 엄밀하지 않음을 걱정한다. 그러므로 우쭐한 마음으로 도리에 어긋나는 태도로 뭇 사람을 바라본다. 또 거짓 꾸밈의 말로 세속의 명예를 추구한다. 그리고 장수하는 비방이 이것보다 좋은 것이 없다고 말한다. 종일토록 생각을 몰두하면서도 몸 밖의 좋은 것을 보지 못한다. 그러므로 그 사사로움의 성품을 이룰 수는 있더라도, 끝내 저절로 그러한 자연의 순박한 본성을 잃는다."[54] 이렇게 명교로부터 초래되는 위선자의 행위는 사람들에게 자신의 자연적 본질만 잃게 하는 것이 아니라 사회적 정치와 도덕에 대하여 심각한 위해를 가하게 된다. 이 때문에 혜강은 시비와 선악을 정확하게 구분하지 못하면서 오직 행위만 보고 행위의 동기는 묻지 않으며,

---

故變通之機, 或有矜以至讓, 貪以致廉, 愚以成智, 忍以濟仁. 然矜吝之時, 不可謂無廉; 情忍之形, 不可謂無仁; 此似非而非非者也. 或讒言似信, 不可謂有誠; 激盜似忠, 不可謂無私; 此類是而非是也."

54 『嵇中散集』 卷六 「釋私論」. "不措所措, 而措所不措. 不求所以不措之理, 而求所以爲措之道, 故時爲措而闇於措, 是以不措爲拙, 以措爲工. 唯懼隱之不微, 唯患匿之不密; 故有矜忤之容, 以觀常人; 矯飾之言, 以要俗譽. 謂永年良規, 莫盛於茲; 終日馳思, 莫闚其外; 故能成其私之體, 而喪其自然之質也."

그 말만 들으면서 그 이치는 살피지 않고, 한 때의 한 가지 일만 보면서 먼 앞날의 행위는 보지 못하는 점을 지적하고 있다. 그리고 그는 반드시 "그 사람의 마음 씀을 논의할 때, 그 사람의 지향점을 확정하고, 그의 말을 근거로 그의 이치를 헤아려야 하며, 그의 감정을 살펴서 그의 변화를 추구해서, 그가 하는 일의 시작점을 드러내고 그 행위의 최종 목적을 분명하게 해야 한다."[55]는 점을 지적하고 있다. 이와 함께 혜강은 또 사사로움이 없는 것[無私]·집착이나 얽매임이 없는 것[無措]의 도덕 표준을 제시하고, 이것으로써 두 가지 마음의 사이에 있는 본질적 간격을 분명하게 밝혀서, "자신의 사사로움에 따라 행동하는 감정에 대해서는 그릇된 것 같은 것에 의지하여 그 그릇됨을 용인하지 않게 하고, 아름답고 믿음직한 마음에 대해서는 옳은 것처럼 보이는 것을 따라서 그 옳은 것을 저버리지 않게 하였다."[56]

"명교를 초월하고 저절로 그러한 자연에 내어 맡기는 것"은 단지 하나의 도덕준칙일 뿐만 아니라 또한 일종의 도덕경지이다. 혜강은 비록 언어와 행동 그리고 겉모습과 속생각이 일치하는 행위를 모두 다 선(善)이라고 지칭하였지만, 그가 소리 높여 주장하는 것은 또한 "탈속한 듯 초연하게 현명함을 잊은 듯 행동하면서도 현명한 행동이 법도와 부합하며, 걸림 없이 마음 가는 대로 하여도 마음이 선함과 서로 일치하고, 걱정근심 없이 얽매이고 집착함이 없어도 하는 일마다 옳은 것"[57]이라는 지극한 선이다. 그리고 오직 "말은 구차하게 꺼리는 것이 없고 행동은 구차하게 숨기는 것이 없으며, 자기가 아끼는 것을 가지고 구차하게 선하다고 하지 않으며, 자기가 싫어하는 것을 가지고 구차하게 그릇되다

55 『嵇中散集』 卷六 「釋私論」. "論其用心, 定其所趣, 執其辭而準其理, 察其情以尋其變, 肆乎所始, 名其所終."

56 『嵇中散集』 卷六 「釋私論」. "行私之情, 不得因乎似非而容其非, 淑亮之心, 不得蹈乎似是而負其是."

57 『嵇中散集』 卷六 「釋私論」. "傲然忘賢而賢與度會, 忽然任心而心與善遇, 儻然無措而事與是俱."

하지 않으며, 마음속에 우쭐하게 여기는 것이 없으면서 감정이 얽매이는 것이 없으며, 마음의 본체가 깨끗하면서 정신이 바르며, 옳고 그름이 공명정대하며, 충심의 감정으로 천자를 밝게 모시고, 신의를 가지고 백성을 독실하게 하며, 온 천하에 속마음을 탁 털어 놓고, 영원토록 편안하고 호탕한 마음을 세운"[58] 뒤에라야 비로소 진정으로 도덕이 고상한 사람이다.

"저절로 그러한 자연에 내어 맡기는 것"의 두 번째 내용은 사람이 타고난 것으로서 저절로 그러한 본성에 자연스럽게 내어 맡기는 것이다. 혜강은 "백성의 본성은 평안함을 좋아하고 위험을 싫어하며, 안일(安逸)을 좋아하고 수고로움을 싫어한다."고 여겼다. 어떻게 알 수 있는가? 그는 다음과 같이 말했다.

> "까마득한 옛날 혼돈하여 몽매한 시절에 질박하고 순수함이 아직 훼손되지 않았을 때, 임금은 위에서 예제를 정함이 없었고 백성은 아래에서 이익을 다투지 않았으며, 만사만물이 두루 갖추어져 이치에 따라 부합하여 저절로 이루어지지 않음이 없었다. 배가 부르면 편안하게 잠을 자고, 배가 고프면 먹을 것을 구하였으니, 마음이 편안하여 배를 두드리며 노래를 부르면서도 지극한 덕이 베풀어지는 시절의 세상임을 알지 못했다."[59]

만약 외부로부터 가해지는 힘의 압박이 없어서 사람들이 배부르게 먹을 수 있다면 바로 배를 두드리며 한가로이 빈둥거리거나 머리를 누이

58 嵇中散集』卷六「釋私論」. "言無苟諱, 而行無苟隱; 不以愛之而苟善, 不以惡之而苟非; 心無所矜, 而情無所繫, 體淸神正, 而是非允當; 忠感明天子, 而信篤乎萬民; 寄胸懷於八荒, 垂坦蕩以永日."

59『嵇中散集』卷七「難自然好學論」. "洪荒之世, 大朴未虧, 君無文於上, 民無競於下, 物全理順, 莫不自得. 飽則安寢, 饑則求食, 怡然鼓腹, 不知爲至德之世也."

고 마음 놓고 실컷 잠을 잘 수 있는 것이니, 결코 경서를 읽거나 명교를 따를 일이 없는 것이다. 명교는 후세 사람들이 전문가로 등장하여 본래 사람들이 지닌 저절로 그러한 본성을 억제하고자 지어낸 것이다. "대도가 쇠락한[大道陵遲]" 뒤에 원시시대의 저절로 그러한 자연적 화합의 상태가 파괴된 것인데, 이른바 성인(聖人)이 일반 백성을 다스리기 위한 필요에 의해서 "인의의 도덕을 만들어 세워서 사람들의 마음을 단속(嬰束)한 것이며, 명분을 제정하여 사람들의 외적 행위를 검속(檢束)한 것이며, 학습을 권장하고 문사(文辭)를 강론하여 백성의 교화를 펼친 것이다."[60] 그래서 사회적으로 "육경이 뒤섞여 어지럽게 되고 백가들이 복잡하게 일어나 왕성해지는"[61] 국면이 나타나게 되어 공명(功名)과 이익을 가지고 사람들을 유인하여 경서를 읽게 하고 예의를 학습하게 만든 것이다. 이런 모양은 바로 "안일함을 추구하는 사류들이 저절로 그러한 본성의 뜻을 거스르고 세속의 명리를 좇으며, 한 손에는 필묵(筆墨)을 들고 한 손에는 목간(木簡)의 글을 들면서 태연스럽게 생활을 영위하며, 학습을 부지런히 쌓고 경전의 뜻을 밝혀서 먹고사는 농사의 힘겨움을 대신한 것이다."[62] 이것으로 알 수 있듯이 명교와 자연은 마치 물과 기름 같으며, 그 명교는 위협으로 압박하고 이익으로 유혹하는 등의 수단을 발휘하여 인간의 자연적 본성을 심각하게 왜곡시킨다. 이 때문에 혜강은 "명교를 초월하고 저절로 그러한 자연에 내어 맡기는 것"을 주장하여 사람에 대한 명교의 속박을 타파하고 사람의 자연적 본성을 회복하고자 한 것이다.

"저절로 그러한 자연에 내어 맡기는 것"의 세 번째 내용은 외부세계

60 『嵇中散集』 卷七 「難自然好學論」. "造立仁義, 以嬰其心; 制其名分, 以檢其外; 勸學講文, 以神其教." **역주** "以神其教."의 "신(神)"자는 여기서 "펼치다"라는 의미로 "신(申), 진(陳)"과 같다. 『風俗通義(풍속통의)』 「釋神(석신)」.

61 『嵇中散集』 卷七 「難自然好學論」. "六經紛錯, 百家繁熾."

62 『嵇中散集』 卷七 「難自然好學論」. "求安之士, 乃詭志以從俗; 操筆執觚, 足容蘇息, 積學明經, 以代稼穡."

의 저절로 그러한 자연의 도에 순응하는 것이다. 이른바 저절로 그러한 자연의 도는 단순하게 자연계의 도를 말하는 것이 결코 아니라 자연계와 인류사회가 함께 준수하며 따르는 원칙과 질서이다. 「태사잠(太師箴)」이라는 글 속에서 혜강은 인류사회를 다섯 단계로 나누어 본다. 그 하나는, 천지가 변화 화육하여 인류가 막 탄생하는 것이다. "그 처음 인류는 질박하고 몽매하여 걱정근심의 사려(思慮)가 없었다."[63] 인류사회는 일종의 순수한 자연적 상태 속에 있었다. 그 두 번째는 욕망과 지혜의 발전에 따라서 사회적 자연 상태는 파괴되고, 사람들은 생존과 발전을 위해서 스스로 자각(自覺)하면서 "윗사람을 존숭(尊崇)하는 것을 인(仁)이라"[64]하였고, 현명한 사류들을 뽑아 의탁하면서 임금으로 삼았다. 이 시기에 사회는 여전히 "묵묵히 고요하게 무위하여 예제가 없었고, 사람들의 성품이 질박하여 훼손됨이 없으며, 온갖 사물은 아름답게 번성하면서 일찍 죽지 않았고 서로 떨어져 흩어지지도 않는"[65] 상태를 유지할 수 있었다. 그 셋째는 요임금 순임금 시절로서, 저절로 그러한 자연의 도가 지속되고 있어서 통치자가 "정치의 본모습을 간이(簡易)함으로 바탕을 삼고, 천지자연의 법도에 순응하였으며"[66] 매우 고생스럽게 노력하고, 주의 깊고 조심스럽게 부지런히 사랑하는 백성을 위하여 노력하였다. 그 넷째는 위대한 우(禹)임금 이후로서, 사회는 근본적인 변화를 겪어서 대도(大道)가 타락하고 도덕이 쇠퇴하였으며, 지혜가 나날이 쓰이게 되고 점점 그 친척을 사사로이 귀하게 여기게 되었다. 이런 상황 아래에서 명교와 형법(刑法)이 어지러이 일어나 수립되어서 사람들은 점점 자기의 저절로 그러한 자연의 참된 본성을 잃게 되었다. 그 다섯째는 은(殷)나라 시기에 이르는 것으로서, 사회는 그야말로 혼란에 빠지게

63 『嵇中散集』 卷十 「太師箴」. "厥初冥昧, 不慮不營."
64 『嵇中散集』 卷十 「太師箴」. "宗長爲仁."
65 『嵇中散集』 卷十 「太師箴」. "默靜無文, 太朴未虧, 萬物熙熙, 不夭不離."
66 『嵇中散集』 卷十 「太師箴」. "體資易簡, 應天順矩."

되었고 임금은 더 이상 사람들에 의하여 천거되지 않아서 세습적으로 전해지게 되었다. 이 시기 사람들은 "높은 지위와 세력을 믿고 의지하면서, 현명한 신하를 벗과 스승의 예로 초빙하지 않았으며, 멋대로 천하를 쪼개어 나누어 가지면서, 자기의 사사로운 이익만을 추구하였다."[67] 이 시기에는 "포상과 징벌이 비록 존재하였으나 백성을 권면하지 못하였고 일탈을 막지 못하였으며",[68] "형벌은 본래 포악한 행위를 다스리는 것이었으나 이제 어진 사람을 위협하게 되었으며, 옛 임금은 널리 천하를 위해 일하였으나 이제 제 한 몸을 위해 일을 하게 되었으며, 아랫사람으로서 신하는 윗사람인 관장(官長)을 미워하고, 임금은 그 신하를 시기(猜忌)·질투(嫉妬)하였다. … 그러므로 나라를 망치는 일들이 꼬리를 물고 발생하여 예로부터 지금까지 끊이지 않게 되었다."[69] 종합하여 말하자면, 앞의 세 단계는 천하를 공적인 대상으로 여긴 시기에 속하며, 대도(大道)가 아직 이지러지지 않은 시기이다. 뒤의 두 단계는 천하를 사사로운 대상으로 여긴 시기에 속하며, 대도가 이미 타락한 시기이다. 혜강이 역사를 회고하는 것은 현실을 비판하기 위해서인데, 그는 사마씨 집단이 명교를 이용하여 잔혹하게 자기와 다른 세력에게 폭력행위를 가하는 것에 대하여 충심으로 애석해 하였으며, 당시의 이와 같은 암흑기 부패정치 상황을 변혁시키고 명교가 출현하기 이전의 대도가 "아직 훼손되지 않은(未虧)" 사회의 모습을 회복하고자 희망하였던 것이다.

혜강은 "의지대로 입과 마음의 맹세를 하고, 죽어도 변하지 않는"[70] 사람이었는데, "명교를 초월하고 저절로 그러한 자연에 내어 맡기는 것"의 문제에서도, 그는 말뿐만 아니라 행동으로도 보여 주었으며, 그는 마

67『嵇中散集』卷十「太師箴」. "憑尊恃勢, 不友不師, 宰割天下, 以奉其私."

68『嵇中散集』卷十「太師箴」. "賞罰雖存, 莫勸莫禁."

69『嵇中散集』卷十「太師箴」. "刑本懲暴, 今以脅賢; 昔爲天下, 今爲一身; 下疾其上, 君猜其臣; … 是以亡國繼踵, 古今相承."

70『嵇中散集』卷十「家誡」. "口與心誓, 守死無二."

음이 가는대로 뜻을 정하고 이 주장을 실현하기 위하여 용감하게 싸워 갔다. 혜강은 출신이 낮고 은미하여 어려서부터 "경학을 섭렵하지 못하였고",[71] 오만하고 뛰어나며 비범한 개성을 기른 데 더하여 노장사상의 학습에 의해 재주와 덕을 갖추게 되어서, 결국은 "영화(榮華)를 구하는 마음이 날로 쇠퇴하고, 진실한 본성에 내어 맡기는 감정이 날로 독실해졌으며",[72] 사마씨와 더불어 한 패거리로 어울리지 않기를 맹세하였으며, 명교의 무리와 함께 나쁜 짓을 저지르지 않게 되었다. 그는 "장성한 뒤에 사람에게 잡히는"[73] 새와 사슴의 뽐내는 자랑을 가지고 말하길, "비록 황금으로 만든 재갈로 장식을 하고, 맛있고 좋은 음식을 먹이지만, 그것은 오히려 마음속의 생각만 무성하게 자라게 하여 뜻을 숲 속에 두게 하는 것"[74]보다 차라리 끓는 물과 불 속으로 뛰어들더라도 결코 명교에 복종하여 따르지 않고자 하였다. 「여산거원절교서(與山巨源絶交書)」 속에서 그는 용감하고 솔직하게 자기가 "반드시 참아 낼 수 있는 것이 일곱 가지이고, 특별히 불가한 일이 두 가지"[75]임을 밝혀서 말하고 있는데, 비판의 예봉(銳鋒)을 직접 명교와 성인에게 겨냥하였으며, "요임금과 순임금을 가벼이 깔보고 위대한 우임금을 조롱하였으며",[76] "은나라 탕왕과 주나라 무왕을 그릇되게 여기고, 주공과 공자를 천박하게 여겼다."[77] 그는 자기 스스로 "세상의 물정을 모르고, 시무(時務)의 적절한 처리에 어두웠으며",[78] "성정(性情)이 굳세어서 악을 증오하고, 경솔하게 바로 직언(直言)을 하며, 일을 당해서는 곧바로 행동으로 옮기는"[79] 성격

71『嵇中散集』卷二「與山巨源絶交書」. "不涉經學."

72『嵇中散集』卷二「與山巨源絶交書」. "榮進之心日頹, 任實之情轉篤."

73『嵇中散集』卷二「與山巨源絶交書」. "長而見羈."

74『嵇中散集』卷二「與山巨源絶交書」. "雖飾以金鑣, 饗以嘉肴, 逾思長林而志在豐草."

75『嵇中散集』卷二「與山巨源絶交書」. "必不堪者七, 甚不可者二."

76『嵇中散集』卷三「卜疑」. "輕賤唐虞而笑大禹."

77『嵇中散集』卷二「與山巨源絶交書」. "非湯武而薄周孔."

78『嵇中散集』卷二「與山巨源絶交書」. "不識人情, 闇於機宜."

을 지녀서, 명교의 속박을 참고 견디지 못한다고 하였다. 만약 "소견이 좁은 성격으로 아홉 가지의 온갖 환난을 다스리고 있지만, 밖으로부터 오는 재난이 없더라도 마땅히 속병이 있게 되는 바이니, 어찌 속세의 인간 세상에 오래도록 거처할 수 있겠는가?"[80]라고 한 혜강의 입장에서 보자면, 명교는 그야말로 그와 모든 정직한 사람의 생명을 얽어매는 밧줄이 되는 것이며, 그는 차라리 사마씨 집단의 칼날 아래 죽을지언정 명교와 결코 타협하지 않았다.

그러나 혜강은 결국 아무런 지원 세력이 없는 고립무원(孤立無援)의 서생(書生)이었으며, 노장의 소극적 사상의 영향을 받았는데, 사마씨의 핍박이 가중되는 상황 아래에서 그는 한 번은 산림(山林) 속으로 은둔하여 들어가 소극적인 세속탈출 사상을 보여서 진정으로 하동(河東) 지역으로 숨어 들어가 3년 동안 나오지 않았다. 그러나 그는 최후로 명교와 더불어 목숨을 걸고 필사적으로 싸우는 길을 선택하였는데, 여안(呂安)이 "불효(不孝)"의 죄명을 뒤집어썼을 때 그를 위하여 분연히 나서서 그의 형 여손(呂巽)과 대질하고, 여손 등의 무리가 위선적인 군자의 몰골임을 폭로하였다.[81] 혜강은 명교와 결코 공존할 수 없는 입장이었으므로 결국 명교에 의해 포용되지 못하였고, 사마씨에게 빌미가 잡혀 살해되는 것이다. 혜강의 사상에서 어느 정도 소극적인 요소가 있고, 또 명교에 대한 그의 비판에서 다소 철저하지 못한 면이 있지만, 처음부터 끝까지 "임금은 위에서 엄숙하고, 신하는 아래에서 순종하는 것"[82]이라는

79 『嵇中散集』 卷二 「與山巨源絶交書」. "剛腸疾惡, 輕肆直言, 遇事便發."

80 『嵇中散集』 卷二 「與山巨源絶交書」. "以促中小心之性, 統此九患, 不有外難, 當有內病, 寧可久處人間邪?"

81 역주 이 부분은 앞에서 언급된 바와 같다. 즉 경원 3년(262)에 여손(呂巽)이 그의 형수를 강점하기 위하여, 그의 형 여안(呂安)이 불효하다고 거짓으로 고발하였다. 이에 "여안은 혜강을 불러서 증인을 삼았는데, 의리를 저버리지 않고 그 일을 결백하게 보증하였다." 『晉書』 「嵇康傳」. "安引康爲證, 康義不負心, 明保其事."

82 『嵇中散集』 卷五 「聲無哀樂論」. "君肅於上, 臣順於下."

한계가 없었다. 다만 그는 여전히 명교에 반대하는 투사로서 부끄럽지 않다.

4 혜강의 "양생론"

현학가들이 "양생(養生)"을 논하는 것은 본성[性]과 감정[情]의 문제 그리고 정신수양과 하나로 연관되어 있으므로 왕도(王導)는 이것을 "삼리(三理)"의 하나로 확장하였다.

혜강은 원기론에서 말하는 형체와 정신의 평행이론[形神平行論]에서 출발하여, "형체는 정신을 의지하여 확립되고, 정신은 형체가 있어야만 존재한다."[83]고 보았는데, 이 두 가지는 어느 한쪽이 없을 수 없는 것이다. 이 때문에 그는 양생에 대하여 주장하길, "본성을 수양하여 정신을 보존하고, 마음을 편안하게 하여 몸을 온전하게 한다. 아끼고 미워하는 것이 감정에 깃들지 않게 하고, 걱정하고 기뻐하는 것이 의지에 머물지 않게 하며, 욕심 없이 담백하여 감정의 쏠림이 없게 하여, 몸과 정신이 조화롭고 편안하게 한다. 또 들이쉬고 내쉬는 호흡을 조절하며, 약을 복용하여 몸을 보양하여, 몸과 정신이 서로 친하게 융화하고, 겉과 속이 모두 고르게 도움이 되게 한다."[84]고 하였다. 형체와 정신을 함께 함양하는 것, 이것이 혜강 양생설의 최고 원칙이다.

정신을 함양하는 것과 형체를 보양하는 것 사이에서, 혜강은 정신의 함양을 중시하였다. 그는 다음과 같이 말했다.

---

83 『嵇中散集』 卷三 「養生論」. "形恃神以立, 神須形以存."

84 『嵇中散集』 卷三 「養生論」. "脩性以保神, 安心以全身. 愛憎不棲於情, 憂喜不留於意, 泊然無感, 而體氣和平. 又呼吸吐納, 服食養身, 使形神相親, 表裏俱濟也."

"정신이 형체 속에 있는 것은 국가에 임금이 있는 것과 같다. 정신은 형체 속에서 조섭 활동을 하는 것이며, 형체는 정신을 벗어나서는 죽게 되는데, 이는 임금이 위에서 혼미하면 국가가 아래에서 어지러워지는 것과 같다."[85]

양생을 하면서 정신의 안정과 평안을 보존하는 것이 지극히 중요한 것은 정신이 어지러워질 때에 형체도 온전하게 보존되지 못하기 때문이다.

이른바 정신을 함양하는 것은 바로 본성을 따르고 욕망을 제거하는 것 — 사람의 자연적 본성을 순응하며 따르고 정신의 안정을 어지럽히는 각종의 욕망을 제거하는 것이다. 현학가는 사람의 본성에 뚜렷한 특징이 있다고 주장한다. 그들은 일반적으로 모두 사람의 본성을 사람이 지닌 "저절로 그러함[自然]"을 이루는 것이라고 말한다. 그러나 그들은 저절로 그러한 자연에 대하여 구체적으로 해석할 때는 오히려 각각 서로 다른 입장을 보인다. 왕필은 사람이 지닌 자연성 속에 인(仁)·효(孝)를 포함한다고 하였는데, 그는 다음과 같이 말했다. "저절로 그러하게 친애(親愛)하는 것이 효이며, 아끼는 마음을 미루어 다른 대상으로 확장하는 것이 인이다."[86] 그 뒤에 오는 곽상도 이런 견해를 지지하는데, 그는 다음과 같이 말했다. "저절로 그러함을 말하는 것은 저절로 그러하게 되는 것이니, 사람이 어찌 일부러 이렇게 저절로 그러함이 있겠는가? 오직 저절로 그렇게 되는 것일 뿐이다. 그러므로 본성이라 말한 것이다."[87] "무릇 인의(仁義)라는 것은 사람의 본성이다."[88] 혜강과 동시대의 인물인 장요숙(張遼叔)은 경전을 읽고 예를 학습하는 것을 저절로 그러한 것이

85『嵇中散集』卷三「養生論」. "精神之於形骸, 猶國之有君也. 神躁於中, 而形喪於外, 猶君昏於上, 國亂於下也."

86『論語釋疑』. "自然親愛爲孝, 推愛及物爲仁也."

87『莊子』「山木注」. "言自然則自然矣, 人安能故有此自然哉? 自然耳, 故曰性."

88『莊子』「天運注」. "夫仁義者, 人之性也."

라고 보았다. 이런 견해에 대하여 혜강은 단호히 반대하였는데, 그의 입장에서 볼 때, 저절로 그러한 자연(自然)은 사람이 본래 지니고 있는 것으로 "외부의 사물에 감응하여 움직이고, 외부의 일에 감응하여 행위하는 것이며, 반드시 배운 뒤에 행위하는 것은 아니고, 외부의 것을 빌려 의지한 뒤에 지닐 수 있는 것이 아닌 것"[89]으로서의 생리적 본능을 의미하는 것인데, 그 속에는 충·효·인·의와 같은 도덕적 요소가 결코 없다.

이 문제에 대해서 "죽림칠현"의 내부에서도 의견이 갈라지는데, 혜강과 상수가 일찍이 이 문제를 둘러싸고 논쟁을 하였다. 상수는 "사람이 생명이 있으면 감정이 있고, 감정을 만족하면 저절로 그러하게 순응한다."[90]고 여겼다. 그가 말하는 "감정[情]"은 단지 식욕과 성욕을 포함할 뿐만 아니라 천리(天理)와 인욕(人慾) 그리고 부귀와 영화를 포괄한다. 그의 입장에서 볼 때, 사람과 동물의 구별은 사람이 지혜를 사용하여 이런 욕망을 충족시키는 데 있다. 혜강은 "죄가 없는 것으로 스스로 존중하고, 벼슬살이를 하지 않는 것으로 편안함을 삼으며",[91] "명예와 지위를 쓸데없는 군더더기로 여기며, 돈과 재물을 더러운 티끌로 여겼다."[92] 그는 사람의 본성과 감정 속에 부귀영화를 추구하는 내용이 있다는 것을 부정하였으며, 심지어 사람의 모든 향락적 욕망을 반대하였다. 그는 다음과 같이 말했다.

"무릇 향락적 욕망이 비록 사람의 몸에서 나오지만 인도(人道)의 바른

---

89 『嵇中散集』 卷七 「難自然好學論」. "感物而動, 應事而作, 不須學而後能, 不待借而後有."

90 『嵇中散集』 卷四 「黃門郎向子期難養生論」. "有生則有情, 稱情則自然."
역주 여기서 말하는 "자연(自然)"은 사람의 감정이 저절로 그러한 자연성을 좇아서 편안하고 순조로운 감정을 지니게 된다는 의미를 함축하고 있다.

91 『嵇中散集』 卷四 「答難養生論」. "以無罪自尊, 以不仕爲逸."

92 『嵇中散集』 卷四 「答難養生論」. "以名位爲贅瘤, 資財爲塵垢."

것이 아니다. 이는 나무에 독벌레가 있는 것과 같으니, 비록 나무에서 자라지만 오히려 나무의 바른 생태가 아니다. 그러므로 독벌레가 많아지면 나무는 썩게 되고, 욕망이 기승을 부리면 몸이 말라 죽는다."[93]

향락적 욕망은 사람의 본성 속에 당연히 있는 것이 아니므로 향락적 욕망이 한 번 과도하게 일어나면 정신이 혼미해지고 몸은 말라 죽게 되는 것이니, 향락적 욕망은 버려야만 하는 것이다. 무엇을 향락적 욕망이라고 하는가? 첫째는 명예와 이익이고, 둘째는 좋아하고 분노하는 감정이며, 셋째는 음악과 성적 놀이대상이고, 넷째는 맛있는 음식이며, 다섯째는 정신의 근심이다. "이 다섯 가지가 몸에 꼭 존재하면, 비록 마음속에서 늙지 않기를 바라고, 입 속으로 지극한 양생의 요결을 외우고, 입으로 초목의 영기 서린 고갱이를 씹어 먹으며, 왕성한 양기를 흡수하더라도 바른 심신의 조율을 어지럽히며, 수명을 줄이지 않을 수 있겠는가. 다섯 가지가 가슴 속에 없다면 진실하고 순조로워 나날이 순후해지고, 현묘한 덕이 나날이 온전해져서 기쁜 일을 바라지 않아도 복이 있으며, 장수를 추구하지 않아도 저절로 오래 살게 될 것이다."[94]

혜강은 더욱이 지혜를 사용하여 외부의 대상을 추구하고 자기의 향락적 욕망을 만족시키는 것에 반대하였다. 그는 다음과 같이 말했다.

"사려작용을 거치지 않고 욕망이 생기는 것은 본성이 발현되어 움직인 것이다. 인식작용을 거친 뒤에 감정이 생기는 것은 지혜의 작용이다. 본성이 발현되어 움직인 사람은 대상 사물을 만날 때 합당하게 되고, 만족

93 『嵇中散集』 卷四 「答難養生論」. "夫嗜欲雖出於人, 而非道之正. 猶木之有蝎, 雖木之所生, 而非木之宜也. 故蝎盛則木朽, 欲勝則身枯."

94 『嵇中散集』 卷四 「答難養生論」. "五者必存, 雖心希難老, 口誦至言, 咀嚼英華, 呼吸太陽, 不能不迴其操, 不夭其年也. 五者無於胸中, 則信順日濟, 玄德日全, 不祈喜而有福, 不求壽而自延."

을 얻어서 더 바랄 것이 없게 된다. 지혜를 발휘하여 운용하는 사람은 감정을 좇아서 추구하게 되고, 심신이 피곤하도록 그치지 않는다."[95]

사람의 건강을 해치는 것은 "지혜를 발휘하여 운용하는 것[智用]"으로서의 욕망이지 "본성이 발현되어 움직이는 것[性動]"으로서의 욕망이 아니다. 비유컨대, "이성(異性)의 사람을 감촉하면 혼인하여 일가를 이룰 생각하고, 배가 고프면 먹을 것을 생각하는 것"[96]과 같으니, 이것은 정상적인 생리적 필요성이며, 정상적인 사람이 지닌 "저절로 그러한 자연(自然)"이다. "본성이 발현되어 움직이는 것"으로서의 욕망에 대해서는 금지하여 제거할 수 있는 것이 아니다. 이른바 "향락적 욕망을 제거하는 것[去欲]"은 "지혜를 발휘하여 운용하는 것"으로서의 욕망을 제거하는 것이다.

혜강과 상수 사이의 또 다른 차이점은 상수가 사람의 욕망에 대하여 "예로써 행위를 바르게 조절하는 것"[97]을 주장한 반면에 혜강은 "이성을 만나 혼인하여 일가를 이루고, 배고플 때 음식을 먹는 일이 이치에 맞는 것"[98]이라고 주장한 점이다. "예로써 행위를 바르게 조절하는 것"[99]은 바로 사회적인 정치의 원칙과 도덕규범을 가지고 욕망을 제한하는 것이다. "이성을 만나 혼인하여 일가를 이루고, 배고플 때 음식을 먹는 일이 이치에 맞는 것"은 욕망을 사물 자체의 법칙에 위배되지 않게 하는 것이다. 상수의 의견을 살펴보면, 단지 정치 원칙과 도덕규범을 위배하지 않고자 하며, 술과 여자를 좋아하거나 명예와 이익을 추구하는 것 등의 모든 향락적 욕망이 모두 이치에 부합하는 것이 된다. 혜강의 사고방식은

95 『嵇中散集』 卷四 「答難養生論」. "夫不慮而欲, 性之動也; 識而後感, 智之用也. 性動者, 遇物而當, 足則無餘; 智用者, 從感而求, 倦而不已."

96 『嵇中散集』 卷四 「答難養生論」. "感而思室, 飢而求食."

97 『嵇中散集』 卷四 「黃門郎向子期難養生論」. "節之以禮."

98 『嵇中散集』 卷四 「答難養生論」. "令室食得理耳."

99 『嵇中散集』 卷四 「黃門郎向子期難養生論」. "節之以禮."

명교의 속박이 아니라 건강한 필요성을 위하여 자각적으로 저절로 그러한 자연의 이치를 따르는 것이다.

위에서 서술한 이론에서 출발하자면, 혜강은 욕망을 제거하는 것은 억지로 강요함에서 나오는 것이 아니라 자발적으로 스스로 하려는 태도에서 나온다. 본래 향락적 욕망을 좇는 마음은 오히려 억지로 금지하고자 하는 것이지만, 이것은 양생에 대하여 도움이 되지 않을 뿐만 아니라 도리어 해를 끼치게 된다. 그러면 어찌해야만 비로소 자발적으로 스스로 하려는 자세로 욕망을 제거할 수 있는 것인가? 우선, "길흉(吉凶)"의 이치를 분명히 해야 한다. 예를 들자면, 어떤 사람이 관직을 염두에 두고 있을 때 오직 황제가 되겠다는 몽상을 결코 하지 않는다. 그리고 사람들은 모두 혼인을 하고 싶은 생각이 있을 때에도 자기의 친족과 혼인하려는 생각을 결코 하지 않는다. 왜냐하면 그들은 이런 것이 불가능할 뿐만 아니라 위험하다는 것을 알기 때문이다. 이와 같은 이치로, 만약 술을 좋아하는 사람이 술을 독즙(毒汁)으로 보거나 또 음식을 탐하는 사람이 고기를 독약(毒藥)으로 본다면 그는 많이 마시거나 많이 먹고자 하는 식도락(食道樂)이 있을 수 없나. 그 다음은 "교사(交賒)"의 정황을 이해해야 한다. 이른바 "교(交)"는 지금 지은 대로 지금 회답이 오듯이 즉시 그 효과가 나타날 수 있는 것이다. 이른바 "사(賒)"는 상당한 시간이 지니야만 비로소 결과의 모습을 볼 수 있는 것이다. 사람들의 건강에 영향을 줄 수 있는 요소는 매우 복잡하므로 어떤 요소 건강에 대한 작용이 직접적이고 분명하게 드러나서 사람들의 주의집중을 불러일으킨다. 어떤 요소는 건강에 대한 작용이 매우 복잡하며 작고 미묘하여 사람들이 소홀히 하기 쉽다.

혜강은 양생에서 "교사"의 이치를 이해해야만 하고, 건강에 대한 영향이 미묘한 요소들에 대하여 충분히 주의를 기울여야 한다고 보았다. 그는 다음과 같이 말했다.

"보통사람들의 감정은 멀리 있는 대상에 대하여 비록 중대한 것이라도 소홀히 보지 않는 것이 없다. 그리고 가까운 대상에 대하여 비록 작더라도 마음에 두지 않음이 없는데, 어인 까닭으로 그러한가? 진실로 멀고 가까운 일들이 서로 침탈하여 그 일들을 보는 견해에서 감정이 다르기 때문이다. 3년의 상례(喪禮) 기간 동안 부인과 교합하지 않는 것은 예법이 금하는 것이라서 이를 범하는 사람이 없다. 술과 여색을 밝히는 것은 몸을 해치는 적이지만 그것을 버릴 수 있는 사람은 없다. 이것을 근거로 말하자면, 예법이 금지하는 것은 비록 작은 일이라도 범하지 않는 것이다. 몸을 해치는 적은 비록 큰 것이라도 버리지 않는다. 그러나 만일 왼손으로 천하의 지도를 움켜쥐고 오른손을 써서 자신을 해치게 될 때는 비록 어리석은 사람이라도 이런 일을 하지 않는다. 천하가 자신의 몸보다 가벼운 것임을 분명히 한다면, 술과 여색이 천하보다 가벼운 것임을 또한 알 수 있는 것인데, 세상 사람들은 오히려 자신의 몸을 버려서 죽음에 이르면서도 후회하지 않는다. 이것은 중요한 것을 가지고 가벼운 것으로 바꾸는 것이니, 어찌 멀리 있는 큰일을 저버리고 가까이 있는 작은 일을 추구하는 것이 아니겠는가? 지혜가 있는 사람은 이와 같이 하지 않으니, 가볍고 무거운 것을 살핀 다음에 행동하며, 얻음과 상실을 헤아린 뒤에 몸을 편안히 거처하는 것이다. 멀고 가까운 일들의 이치와 세상 사람들의 이치는 서로 같기 때문에 멀리 있는 일을 가까이 있는 일과 같이 대비하고, 은미한 일을 드러난 일처럼 신중하게 대처하는 것이니, 도의 현묘한 이치에 맞게 홀로 살아가므로 처음부터 끝까지 근심걱정이 없는 것이다."[100]

100 『嵇中散集』 卷四 「答難養生論」. "常人之情, 遠, 雖大莫不忽之; 近, 雖小莫不存之, 夫何故哉? 誠以交賒相奪, 識見異情也. 三年喪, 不內御, 禮之禁也, 莫有犯者. 酒色乃身之讎也, 莫能棄之. 由此言之, 禮禁, 雖小不犯; 身讎, 雖大不棄. 然使左手據天下之圖, 右手旋害其身, 雖愚夫不爲. 明天下之輕於其身, 酒色之輕於天下, 又可知矣, 而世人以身殉之, 斃而不悔. 此以所重而要所輕, 豈非背賒而趣交耶? 智者則不然矣, 審輕重然後動, 量得失以居身. 交賒之理同, 故備遠如近, 愼微如著, 獨

오직 "교사"의 정황을 이해해야만 비로소 이런 미묘한 요소를 중요하게 볼 수 있고, 작은 것이라도 나쁜 것은 제때에 방지하여 우환을 미연에 막는 것이다.

정신을 함양하는 최고 목표는 "자기 자신을 반성하고 다른 일을 관여하지 않으며, 원기(元氣)를 아끼고 정기(精氣)를 보존하고, 모든 이치에 통달하여 집착함이 없고 작위함이 없으며, 세상의 일을 버리고 도와 합일하는 경지에 이르러, 타고난 본성의 참된 상태를 보전하는"[101] 정신 경지에 도달하고자 하는 것이다. 이와 같은 모양은 태화(太和)를 지극한 즐거움으로 여길 수 있는 것이므로 세속의 영화로움을 돌아볼 것이 되지 않는다. 그리고 맑고 담백함을 지극한 맛으로 여기므로 술과 여색은 마시고 취할 것이 못된다. 또 세속에서 보는 즐거움이란 모두 하찮은 것으로 여기는 것이다. 본성에 따르는 것과 욕망을 제거하는 것은 유기적으로 통일되어 있다.

혜강과 상수의 변론 속에서 볼 수 있듯이, 그들이 성명(性命)의 문제에 대한 이해에서 근본적인 차이가 있다는 것이다. 아래에서 우리는 혜강의 기본사상에 대해 간략한 개괄과 분석을 한다.

성명(性命)의 문제에서 혜강의 사상은 대체로 아래의 세 가지 특징으로 귀납될 수 있다.

1. 본성과 욕망의 관계 문제. 이 문제에 대해서 혜강은 비교적 잘 처리하고 있는데, 그는 본성과 욕망을 간단하게 대립시키지 않았으며, 이 두 가지를 합하여 하나로 보지도 않았는데, 인간의 욕망에 대해서 구체적 분석을 하면서 "본성이 발현되어 움직이는 것으로서의 욕망[性動之欲]"과 "지혜를 발휘하여 운용하는 것으로서의 욕망[智用之欲]"을 구별하였다. 혜강은 "본성이 발현되어 움직이는 것으로서의 욕망"이 사람의 생

行衆妙之門, 故終始無虞."

101 『嵇中散集』 卷四 「答難養生論」. "內視反聽, 愛氣嗇精, 明白四達, 而無執無爲, 遺世坐忘, 以寶性全眞."

리적 본능에서 나오며, 사람의 저절로 그러한 자연에 속하는 것으로서 사람의 본성 속에 고유하게 있는 것이라고 보았다. 그리고 "지혜를 발휘하여 운용하는 것으로서의 욕망"은 사람이 의지로 추구하는 것에서 나오며, 사람이 지닌 저절로 그러한 자연에 위배되는 것으로서 사람의 본성 속에 없는 것이라고 보았다. 전자에 대해서 혜강은 충분히 긍정하였는데, 그는 식욕과 성욕을 사람의 기본적 욕구로 보았으며, 사람이 이런 욕망을 지니는 것이 완전히 합리적인 것이라 하였다. 후자에 대해서 혜강은 적극적으로 배척하였는데, 당연히 정치·윤리적 시각에서 논의하였으며 또한 양생의 시각에서도 논의하면서, 그는 이런 욕망(또는 향락적 욕망이라고 함)이 모두 해로운 것이라고 하였다. 그는 "사람들은 위에서 벼슬을 살 때에 주공과 공자를 중요한 모범으로 여기며, 의지를 다 발휘하여 오로지 전심전력을 기울인다. 그리고 아래에서 백성의 입장이 되면 향락적 욕망을 가지고 자기의 노력을 채찍질하면서도 그만두고 싶어도 그만둘 수 없게 된다. 그리고 세상의 예교 속에서 분주하게 움직이며, 영예와 욕됨의 사이에서 교활함을 다툰다."[102]고 비평하면서, 이런 사람들은 "자신의 몸을 외부의 대상에 부림을 당하게 하고, 심지(心志)를 향락적 욕망에서 상실하며",[103] "생명을 살리는 이치"[104]를 이해하지 못하고, "성명(性命)의 모습"[105]을 깨닫지 못한다고 하였다. 그는 "지혜를 편안하고 고요한 상태에 두고, 본성은 화평한 경지에서 만족하며",[106] "욕망을 일으킬 만한 것을 보지 못하게 하고, 마음을 어지럽게 하지 않아야 한다."[107]는 것을 주장하였다. 혜강의 이와 같은 사상은 비록 노대

102 『嵇中散集』 卷四 「答難養生論」. "上以周孔爲關鍵, 畢志一誠; 下以嗜欲爲鞭策, 欲罷不能. 馳驟於世教之內, 爭巧於榮辱之間."

103 『嵇中散集』 卷四 「答難養生論」. "役身以物, 喪志於欲."

104 『嵇中散集』 卷四 「答難養生論」. "生生之理."

105 『嵇中散集』 卷四 「答難養生論」. "性命之情."

106 『嵇中散集』 卷四 「答難養生論」. "智止於恬, 性足於和."

107 『嵇中散集』 卷四 「答難養生論」. "不見可欲, 使心不亂."

의 "지혜도 없고 욕망도 없는 상태[無知無欲]"의 사상을 발전시킨 것이지만, 욕망을 "본성이 발현되어 움직이는 것으로서의 욕망"과 "지혜를 발휘하여 운용하는 것으로서의 욕망"으로 나눈 것은 그가 지닌 창조성이며, 앞 사람들의 사상 속에는 없었던 것이다. 그가 말하는 것처럼 "본성이 발현되어 움직이는 것[性動]"과 "지혜를 발휘하여 운용하는 것[智用]"을 구별하는 관점은 이미 금욕주의를 반대하고 있으며, 또한 종욕주의(從欲主義)도 반대하고 있는 것으로서 매우 심대한 합리적 요소를 지니고 있다.

2. 예(禮)와 욕망의 관계 문제. 혜강은 상수가 말하는 "예로써 욕망을 절제한다는 주장[以禮節欲說]"을 단호하게 반대한다. 그는 욕망을 따르는 것과 예를 따르는 것은 절대적으로 대립하는 것으로서, 욕망을 따르는 것은 바로 예를 따를 수 없는 것이며, 예를 따르는 것은 바로 욕망을 따를 수 없는 것이라고 보았다. 그는 성인이 어쩔 수 없이 천하에 나와서 일을 하는 것은 결코 개인의 부귀영화를 위한 것이 아니며, "조용히 편안하게 일삼는 일이 없는 것으로 일을 삼고, 마음이 호탕하게 천하를 모든 사람이 공유하는 것으로 여긴다."[108]고 말하였다. 이와 같은 모습의 성인은 "천하를 쪼개어 자기의 사사로운 욕망을 충족시키고, 부귀영화를 가장 높은 것으로 여기는 일"[109]을 하지 않는다. 이와 상반되게, 부귀영화를 "사람이 바라는 것[人之所欲]"으로 여기는 사람이라도 그가 추구하는 것이 결코 진정한 도의(道義)가 될 수 없는데, 그들은 공명(功名)과 이익에 대해 싫어하는 마음이 없으므로, "높은 자리에 있으면서 어찌 교만하지 않을 수 있으며, 가득 차게 지니고 있으면서 어찌 밖으로 넘치지 않을 수 있고, 부귀를 추구하면서 어찌 구차하지 않을 수 있으며, 부귀를 얻고 나서 어찌 그것을 잃지 않을 수 있겠는가?"[110] 만일 한사코 향락

108 『嵇中散集』 卷四 「答難養生論」. "穆然以無事爲業, 坦爾以天下爲公."

109 『嵇中散集』 卷四 「答難養生論」. "割天下以自私, 以富貴爲崇高."

110 『嵇中散集』 卷四 「答難養生論」. "在上何得不驕, 持滿何得不溢, 求之何得不苟,

적 욕망을 사람이 지닌 본성의 저절로 그러한 자연으로 본다면, 술과 여자에 깊이 빠져 사람으로서의 도리를 돌아보지 않으면서 부끄러움을 모르는 사람이나 심지어 하(夏)나라의 걸왕(桀王)과 춘추시대의 도척(盜跖) 같은 무리도 "저절로 그러한 자연을 얻은 것"[111]이라고 말할 수 있게 된다. 이런 문제에 대해서, 혜강은 다른 논제를 빌려서 자신의 뜻을 드러내고 있는데, 입으로만 예교(禮敎)를 부르짖는 것이 실제로는 이익을 꾀하는 것만 깊이 생각하고, 욕망을 좇아서 법도를 모르며, 술과 여색을 탐닉하면서 부끄러움을 모르는 거짓 군자임을 매우 통쾌하게 폭로하였다.

3. 이치과 욕망의 관계 문제. 앞에서 말한 것처럼, 혜강이 말하는 "이치[理]"는 저절로 그러한 자연의 이치이며, 그 구체적인 내용은 사람들이 지니고 있는 것으로서 "평안함을 좋아하면서 위태로움을 싫어하고, 안일함을 좋아하면서 수고로움을 싫어한다."[112]는 것과 같은 자연적 본성이며, 사람의 수명을 늘릴 수 있는 여러 가지 도리이다. 그는 사람들이 자신의 건강과 장수를 위하여 욕망을 절제하는 것이 전적으로 스스로 원하는 희망에서 나오는 것이며, 단지 이런 방법에 의지해야만 진정으로 향락적 욕망을 제거할 수 있다고 여겼다. 사마씨 집단의 반대자가 되면서, 혜강은 그들이 제창하는 허위의 명교를 강력하게 반대하였고, 사람이 지닌 저절로 그러한 자연적 본성을 따라야 함을 주장하였는데, 그의 지향과 심정은 이해할 수 있는 것이다. 그러나 그는 이 때문에 욕망에 대한 도덕규범의 절제작용을 부정하게 되었으니, 단순하게 양생의 시각에서 욕망의 절제를 말하자면 편협함의 실수를 면하기 어렵다.

"형체의 함양[養形]"에 대해서 혜강도 매우 중시하였다. 그는 만약에 "곡식을 끊고 영지(靈芝)를 복용"[113]하지 않으면서, 오직 "세속을 버리고

得之何得不失耶?"

111 『嵇中散集』 卷四 「答難養生論」. "得自然了."

112 『嵇中散集』 卷七 「難自然好學論」. "好安而惡危, 好逸而惡勞."

113 『嵇中散集』 卷四 「答難養生論」. "絶穀茹芝."

홀로 거처하며, 뜻을 평화롭고 순수한 곳에 둔다."[114]고 하면, 여전히 수명을 연장하여 오래 살 수 없다고 보았다. 이른바 형체의 함양은 주로 호흡토납(呼吸吐納)[115]과 벽곡(辟穀)[116] · 복식(服食)[117]을 의미한다. 벽곡은 오곡(五穀)을 복용하지 않는 것이며, 복식은 바로 단약(丹藥)을 복용하는 것이다. 위진 시기에 하안으로부터 시작하여 명사들은 대다수가 오석산(五石散)을 복용하였다. 오석산의 기본 성분은 석종유(石鐘乳) · 석유황(石硫黃) · 백석영(白石英) · 자석영(紫石英) · 적석지(赤石脂) 등의 다섯 가지 돌인데, 일종의 독성을 지닌 가루약이다. 일설에 따르면, 이 오석산을 복용하는 것은 신체를 강건하게 하고, 정신을 고양시킨다고 한다. 오석산을 복용하는 것은 매우 복잡한 일인데, 먹은 뒤에 마음을 느긋하게 풀어 놓고, 찬 음식을 먹으며, 찬 물에 목욕을 해야 하며, 넓고 큰 낡은 옷을 입어야 한다. 오석산을 복용한 명사들은 이(虱)가 많이 자랐다. 이가 자라는 것은 당시에 결코 부끄럽고 욕된 일이 아니었으며, 일종의 영광으로서 개인이 지닌 명사의 풍도(風度)를 표현할 수 있는 것이었다. 혜강은 스스로 "몸에는 또한 이가 많이 자라서 끊임없이 긁었다."[118]고 말하였는데, 그가 오석산을 복용했음을 볼 수 있다.

혜강은 오석산을 먹은 것 이외에도 단약을 복용하였다. 그가 복용한 단약은 대개 주로 황정(黃精)이었다. 황정은 또한 산정(山精)이라고 하며, 간혹 선인(仙人)들이 먹는 식량이라고도 하는데, 일종의 약초이다. 『신약경』에서는 "반드시 오래 살고자 하면 늘 산정을 복용해야 한다."[119]고 말

---

114 『嵇中散集』 卷四 「答難養生論」. "棄世不羣, 志氣和粹."

115 역주 옛것을 토해내고 새것을 들이쉬는 호흡법을 통해서 수련하는 양생의 방법. 토고납신(吐古納新)이라고도 부른다.

116 역주 불로장생(不老長生)을 위해 오곡(五穀) 또는 오미(五味) 백곡(百穀)의 섭취를 피하는 것이다.

117 역주 양생(養生) 방법의 하나로서, 단약(丹藥)을 먹는 것이다.

118 『嵇中散集』 卷二 「與山巨源絶交」. "性復多蝨, 把搔無已."

119 『神葯經』. "必欲長生, 常服山精."

했다. 전하는 말에 의거하자면, 황정을 늘 복용하는 것은 수명을 연장할 뿐만 아니라 몸을 가볍게 할 수 있고, 심지어 날아올라 신선의 경지에 이를 수도 있다고 한다. 혜강은 보통 사람들이 신선의 경지를 이룰 수 있다는 것을 믿지 않았지만, 그는 황정이 수명을 늘리는 작용에 대해서는 깊이 신뢰하고 의심하지 않았다.

혜강은 사람이 오곡을 먹는 것은 어쩔 수 없는 상황에서 하는 것이며, "가장 좋은 약초는 드물어서 매우 어려운 공을 들여야 얻을 수 있다. 그러나 오곡은 쉽게 심을 수 있어서 농사를 지어 오래도록 취할 수 있다."[120] 고 여겼다. 왜냐하면 오곡은 쉽게 얻을 수 있기 때문에 사람들이 이것을 가지고 생명을 유지하는 것이지만, 만일 양생을 논하자면 심원함은 가장 좋은 약초에 미치지 못한다는 것이다. 그는 다음과 같이 말했다.

> "(사람이 오곡을 먹을 때) 처음에는 비록 달고 향기로운 맛을 느끼지만, 몸속으로 들어간 뒤에는 썩은 내를 풍기고, 정신을 고갈시켜 욕되게 하며, 여섯 개의 장부(臟腑)를 오염시켜 해를 끼치고, 더럽고 혼탁한 기로 몸을 훈증(熏蒸)하며, 스스로 몸을 상하여 허약하게 만들고, 음란한 탐욕이 점점 자라며, 온갖 질병이 발생하게 되니, 그것을 맛본 사람은 입으로 다시 맛을 구별하지 못하고, 그것을 복용한 사람은 수명이 단축된다. 어찌 상류의 맑은 샘물과 단술, 옥으로 빚은 꽃술과 옥의 정화인 옥영(玉英),[121] 금액(金液) 환단(還丹)과 석균(石菌),[122] 자지(紫芝)[123] 풀과

---

120 『神葯經』. "上葯希寡, 艱而難攻; 五谷易殖, 農而可久."

121 역주 옥영(玉英)은 옥의 정화(精華)를 말하며, 인체의 혈로서 옥당혈(玉堂穴)을 의미하기도 한다. 여기서는 내단(內丹)의 명칭으로서 양생의 진액(津液)을 말한다.

122 역주 석균(石菌)은 돌에 끼는 이끼로서 양생의 단약 재료이다.

123 역주 자지(紫芝)는 지칫과에 속한 여러해살이풀. 줄기는 높이가 30-60센티미터이며, 잎은 어긋나고 피침 모양이다. 5-6월에 흰색 꽃이 총상(總狀) 꽃차례로 피고 열매는 작은 견과(堅果)를 맺는다. 뿌리는 약용하거나 자주색 염료로 쓰인다.

황정(黃精)[124]이 모두 널리 영기(靈氣)를 모으고 정기(精氣)를 머금어서, 홀로 나서 홀로 생육하며, 순수한 향기는 마시기 어렵고, 화순(和順)한 기가 차고 넘치며, 오장(五臟)을 깨끗이 하여, 시원하게 탁 트여 밝게 드러나게 하는 것과 비교하겠는가?"[125]

만약에 오랫동안 오곡을 끊고 가장 좋은 단약을 복용하면 곧 반드시 "기질을 바꾸게 되어[換質易氣]" 몸과 정신이 건강해진다는 것이다.

혜강은 신선가들의 사상 영향을 받아서 "신선이 비록 눈에 보이지는 않지만"[126] "반드시 존재한다."[127]는 것을 믿었는데, 이것은 취할 수 없는 점이다. 그러나 그는 사람이 수련을 거쳐서 신선이 될 수 있다는 것을 결코 믿지 않았다. 그의 양생론이 지닌 주요 경향은 "양생을 통하여 이치를 깨달아서 성명을 극진히 발휘하는 것"[128]임을 주장하였고, 형체와 정신을 함께 함양하고, 몸과 정신이 함께 조화를 이루어야 한다고 강조하였다. 이와 같은 그의 사상은 매우 합당한 이치가 있다. 더욱이 마음이 맑고 욕심이 적은 그의 태도는 명예와 이익을 위해 움직이는 정신 수양의 방법이 아니라, 직접 인생철학과 정치사상과 연관시키면서 당시의 청담 세계에 일정한 영향을 주었다. 영가(永嘉)의 난 이후에 사족(士族)들 중에서 적지 않은 사람들이 모두 주색(酒色)에 빠져서 사회의 기풍이 나날이 몹쓸게 무너졌다. 이 때 왕도 등의 사람은 혜강의 양생론과 인생관의 실질적 의의에 대하여 뚜렷하게 인식하게 된다. 이 때문에 그는

---

124 역주 황정(黃精)은 죽대의 뿌리로서 비위(脾胃)와 폐를 보호하고 기침을 멈추는 효능이 있다.

125『嵇中散集』卷四「答難養生論」. "(人食五谷), 初雖甘香, 入身臭腐, 竭辱精神, 染汚六府, 郁穢氣蒸, 自生災蠹, 饕淫所階, 百疾所附, 味之者口爽, 服之者短祚. 豈若流泉甘醴, 瓊蕊玉英, 金丹石菌, 紫芝黃精, 皆衆靈含英, 獨發奇生, 貞香難歇, 和氣充盈, 澡雪五臟, 疏徹開明."

126『嵇中散集』卷四「答難養生論」. "神仙雖不目見."

127『嵇中散集』卷四「答難養生論」. "其有必矣."

128『嵇中散集』卷四「答難養生論」. "異養得理, 以盡性命."

"단지 「성무애락론」과 「양생론」 그리고 「언(부)진의론」 세 가지만을 말하였는데, 명사들 중에서 마음이 맑고 욕심이 적은 혜강의 생활태도를 부르짖은 것이다."[129]

5 혜강의 "언부진의言不盡意" 이론

혜강의 「언부진의(言不盡意)」 저작은 일찍이 이미 유실되었는데, 이는 의심의 여지없이 우리의 연구에 어려움을 겪게 만든다. 그는 이 저작의 글 속에서 궁극적으로 어떤 문제를 논하였는가? 직접적인 자료에 의거할 수 없으므로 우리는 현재 단지 그의 논변 대상과 기타 문장에서 제공하는 단서를 통하여 탐색을 한다.

혜강보다 늦은 시기의 서진(西晉) 명사인 구양건(歐陽建)은 당시의 "언부진의(言不盡意)" 학설을 겨냥하면서 일찍이 「언진의론(言盡意論)」 한 편을 지었는데, 그 글 속에서 이 문제를 논의하고 있다. 그 하나는 명(名)과 실(實) 관계의 문제이며, 다른 하나는 언(言)과 의(意)의 관계 문제이다. 이 저작에 의거하여 우리는 그가 비판한 대상이 이 두 가지 문제를 긍정하면서 논의하고 있지만, 또한 그 관점도 구양건의 입장과 대립적이라고 본다. 명과 실의 관계 속에서 "명"은 명칭·개념을 의미하며, "실"은 명칭·개념이 지칭하는 대상을 의미한다. 양한(兩漢) 시기의 철학과 비교할 때, 현학의 주요 특징의 하나는 바로 "실"에서 분리하여 "명"을 논의하는 것이다. 바꾸어 말하자면, 구체적인 사물을 떠나서 직접 개념을 운용하여 추론을 진행하는 것이다. 이런 논변의 형식을 진(晉) 시기의 사람들은 "허승(虛勝)"이라고 불렀다. 왜냐하면 "공허한 승

129 『世說新語』「文學」. "止道聲無哀樂, 養生, 言(不)盡意三理."

리[虛勝]"이므로 사이비(似而非)와 허망하고 실질이 없는 궤변을 빚어내는 것을 면하기 어려웠다. 혜강은 명과 실의 문제에 대한 토론에서 이와 같이 명칭이 실제의 대상에 부합하지 않는 현상을 반대하는 것에서 출발한다. 그는 다음과 같이 말했다.

> "음악의 구체적 쓰임에 따라 매번 절제를 하여, 슬픔의 감정이 상처에 이르지 않게 하고, 즐거움의 감정이 음탕함에 이르게 하지 않는 것이니, 이것이 이치의 큰 모습이다. 그러나 음악이여, 음악이여, 겨우 종과 북을 써서 하는 것이란 말인가? 슬픔이여, 슬픔이여, 겨우 울면서 눈물을 흘리는 것이란 말인가? 이것을 근거로 말하자면, 구슬과 비단으로 된 예기(禮器)는 예를 행하고 존경을 표하는 실제가 아니고, 노래와 울음의 드러냄은 슬픔과 즐거움의 근본이 아니다."[130]

서로 다른 일과 사물에는 서로 다른 이름이 있는데, 이름과 실질은 반드시 부합해야 한다. 사람들은 종종 울음을 슬픔이라 하고, 노래를 즐거움이라 하지만, 실제로 이것은 옳지 않은 것이다. 어째서 그런가? 혜강은 다음과 같이 풀어서 말했다.

> "무릇 서로 다른 지방에는 서로 다른 풍속이 있으며, 노래와 울음의 쓰임도 서로 다른 것이다. 만일 이를 섞어서 사용하면, 어떤 때는 울음소리를

---

130 『嵇中散集』 卷五 「聲無哀樂論」. "因其所用, 每爲之節, 使哀不至傷, 樂不至淫, 斯其大較也. 然樂云樂云, 鐘鼓云乎哉? 哀云哀云, 哭泣云乎哉? 因玆而言, 玉帛非禮敬之實, 歌舞非悲哀之主也." **역주** 이 책의 저자들이 인용하는 앞 부분의 인용 원문은 "因事與名, 物有其號, 哭謂之哀, 歌謂之樂(일과 명칭에 따라서 일에는 그 호칭이 있으며, 울음을 슬픔이라 하고, 노래를 즐거움이라 한다)."으로 되어 있지만, 여러 가지 판본을 비교해 보면 혜강의 원저작 문장은 "因其所用, 每爲之節, 使哀不至傷, 樂不至淫."으로 나타난다. 따라서 이 부분은 『위진현학사』 저자들의 의도된 인용으로 보인다. 여기서는 원저자인 혜강의 의도에 따라 본문을 해석한다.

듣고 기뻐하며, 어떤 때는 노래 소리를 듣고 슬퍼하는 감정을 갖게 되니, 슬픔과 즐거움의 감정이 서로 같은 것임을 알 수 있다. 이제 같은 감정을 사용하여 온갖 서로 다른 소리를 내게 되는데, 이는 음악 소리에 일정한 본성이 없는 것이 아니겠는가?"[131]

서로 다른 지역에서는 서로 다른 풍속이 있으며, 노래와 울음 그리고 슬픔과 즐거움의 사이에는 언제나 전도(顚倒)되는 상황이 발생하는데, 그것들의 사이는 정확하게 대응하는 명실(名實: 이름과 실질)의 관계가 결코 없다.

혜강은 음악 소리를 슬픔과 즐거움으로 지칭하는 것은 마치 사람의 현명함과 어리석음을 아낌과 미워함이라고 지칭하는 것과 같다고 보았는데, 이것은 이름과 실질의 관계를 혼동하는 것이라고 보았다. 그는 다음과 같이 말했다.

"이제 갑이라는 사람은 현명하여 우리 마음에 애정이 가고, 을이라는 사람은 어리석어서 우리 감정에 미움이 든다면 애정과 미움은 마땅히 우리에게 속한 것이며, 현명함과 어리석음은 마땅히 저들에게 속한 것이다. 우리가 애정을 갖는 것은 사랑하는 사람이라 할 수 있으며, 우리가 미워하는 것은 미워하는 사람이라고 할 수 있는 것인가? 그리고 우리가 좋아서 기뻐하는 것을 '좋은 맛'이라 하고, 우리가 성을 내는 것을 '나쁜 맛'이라고 할 수 있는 것인가? 이를 근거로 말하자면, 외부의 사물과 내부의 마음에는 서로 다른 쓰임이 있는 것이므로 다른 사람과 나는 다른 이름을 지니고 있는 것이다. 음악 소리가 본래 그 자체의 좋음과 나쁨을 위주로 삼는다면 슬픔과 즐거움에 관련이 없는 것이다. 그리고 슬픔과

131 『嵇中散集』 卷五 「聲無哀樂論」. "夫殊方異俗, 歌哭不同. 使錯而用之, 或聞哭而歡, 或聽歌而戚, 然而哀樂之情均也. 今用均之情, 而發萬殊之聲, 斯非音聲之無常哉?"

즐거움이 본래 그 자체의 정감에 따르는 것이라면 음악 소리 자체와는 관련이 없는 것이다."[132]

사람의 재능에는 현명함이 있고 어리석음도 있으며, 다른 사람의 정감에 대하여 또 다른 사람은 애정 어린 마음과 미워하는 마음이 있는 것이다. 한 사물이 지닌 맛에는 단맛이 있고 쓴맛도 있는데, 그런 것들에 대한 사람들의 감수성에도 기뻐하는 것과 화를 내는 것도 있는 것이다. 외부 사물의 성질과 그것들에 대한 사람들의 반응은 꼭 한 가지가 아니며, 양자의 이름도 마땅히 구별되는 것이 있다. 동일한 이치로, 음악 소리는 일종의 외부 사물이며, 그것의 명칭은 단지 선악(善惡: 좋고 나쁨)으로 구별될 수는 있으나, 슬픔과 즐거움으로 부를 수는 없는 것이다. 사람의 정감은 일종의 내재적 감수성인데, 그 명칭은 단지 슬픔과 즐거움으로 나눌 수는 있으나 선과 악으로 부를 수는 없는 것이다. 소리와 감정의 경우 "외부의 사물과 내부의 마음에는 서로 다른 쓰임이 있는 것"이며, "다른 사람과 나는 다른 이름을 지니고 있는 것"이니, 양자 사이는 "이름과 실질이 함께 갖추어져 있는 것이지만(名實俱去)", 필연적 관계는 없는 것이다.

"이름과 실질이 함께 갖추어져 있는 것"이라는 뜻은 음악 소리와 정감이라는 두 가지의 "실질"과 선과 악 그리고 슬픔과 즐거움이라는 두 가지 "이름"이 모두 서로 다르다는 것이다.

혜강은 두 가지 사이의 구별이 "이 담론에 의지하여 이름과 호칭을 바로잡으려는 것"[133]이지, 결코 사유와 존재의 관계 문제를 토론하려고 한

132 『嵇中散集』 卷五 「聲無哀樂論」. "今以甲賢而心愛, 以乙愚而情憎, 則愛憎宜屬我, 而賢愚宜屬彼也. 可以我愛而謂之'愛人', 我憎而謂之'憎人'? 所喜則謂之'喜味', 所怒則謂之'怒味'哉? 由此言之, 則外內殊用, 彼我異名. 聲音自當以善惡爲主, 則無關於哀樂; 哀樂自當以情感, 則無係於聲音."

133 『嵇中散集』 卷五 「聲無哀樂論」. "假此談以正名號."

것이 아님을 강조하고 있다. 여기에서 사유와 존재는 두 가지 서로 다른 "실질"이지, 결코 하나는 "이름"이고 다른 하나는 "실질"이 아니다. 두 가지 사이는 비록 엄격한 경계가 있지만, 이것과 저것을 나눌 수 있는 것은 결코 아니다. 그는 다음과 같이 말했다.

> "무릇 오색(五色)에는 보기 좋은 것과 보기 싫은 것이 있으며, 오성(五聲)에는 듣기 좋은 것과 듣기 나쁜 것이 있는데, 이것은 사물이 지닌 저절로 그러함이다. 사람들이 그것을 아끼고 아끼지 않는 것과 기뻐하고 기뻐하지 않는 것에 대해 보면 모두 사람의 정감이 변화하는 것이다. 세상의 사물의 이치를 총괄해 보면 오직 여기에서 그치는 것이다. 그러나 모두 정감은 모두 미리 사람의 마음속에 존재하는 것이 아니고, 구체적 사물에 의지한 뒤에 이루어지는 것이다. 무릇 슬퍼함과 즐거워함의 경우를 보면 본래 각각의 일에 따라서 이루어지는 것이며, 음악 소리가 먼저 마음속에서 맺혀지는 것이지만, 다만 조화로운 소리를 따라서 저절로 드러나는 것이다. 그러므로 앞의 논의에서 이미 음악 소리의 무상(無常)한 이치를 밝혔으니, 이제 다시 이 담론에 의지하여 이름과 호칭을 바로잡을 뿐이다. 슬픔과 즐거움이 음악 소리에서 발현되는 것이라고 말하지 않는 것은 마치 아끼는 정감과 싫어하는 정감이 현명함과 어리석음에서 나온다고 말하지 않는 것과 같다."[134]

혜강의 입장에서 볼 때, 아끼는 정감과 싫어하는 정감이 현명함과 어리석음에서 나오는 것은 말하지 않고도 알 수 있는 것이다. 단지 아끼는 정감과 싫어하는 정감 그리고 사람의 다른 정감이라도 모두 마음속에서

134『嵇中散集』卷五「聲無哀樂論」. "夫五色有好醜, 五聲有善惡, 此物之自然也. 至於愛與不愛, 喜與不喜, 人情之變. 統物之理, 唯止於此. 然皆無豫於內, 待物而成耳. 至夫哀樂, 自以事會, 先遘於心, 但因和聲, 以自顯發. 故前論已明其無常, 今復假此談以正名號耳. 不謂哀樂發於聲音, 如愛憎之生於賢愚也."

저절로 생겨나오는 것이 아니라 "구체적 사물에 의지한 뒤에 이루어지는 것이다." 그는 슬픔과 즐거움의 정감이 음악 소리에서 나오는 것이라고 말하는 것이지, 주관과 객관의 관계를 잘라서 나누는 것은 결코 아니며, 슬픔·즐거움과 음악 소리 그리고 아낌·싫어함과 현명함·어리석음의 관계를 다르다고 말하고 있는 것인데, 음악 소리는 일종의 자연적인 것이며 사람이 갖는 슬픔과 즐거움의 정감과는 관계가 없는 것이고, 사람이 지니는 슬픔과 즐거움의 감정은 그 밖의 원인에 따라 나오는 것이지만, 어떤 때는 음악 소리의 영향을 받아서 드러난다고 해도 그만이다. 이 문제를 더욱 분명하게 말하기 위해서 혜강은 원래의 비유가 합당하지 않음을 인정하여, "슬픔과 즐거움이 음악 소리에서 발현되는 것이라고 말하지 않는 것은 마치 아끼는 정감과 싫어하는 정감이 현명함과 어리석음에서 나온다고 말하지 않는 것과 같다."고 하였다. 그는 기듭 비유를 들어 말하였다.

"그러나 조화로운 음악 소리가 사람의 마음을 감동시키는 것은 또한 마치 잘 빚은 술이 사람의 정감을 불러일으키는 것과 같다. 술은 단맛과 쓴맛을 위주로 삼고, 술에 취하는 사람은 기뻐함과 성냄의 감정을 드러내는 것으로 효용을 삼는다. 만일 즐거움과 슬픔이 음악 소리에 의해서 드러나는 것인을 볼 수 없다면 음악 소리 속에 슬픔과 즐거움의 감정이 있다고 말하는데, 이는 만일 기뻐함과 성냄의 감정이 술에 의해 부림을 당하는 것임을 볼 수 없다면 술 속에 기뻐함과 성냄의 이치가 있다고 말하는 것과 같다."[135]

음악 소리와 슬픔·즐거움의 관계는 바로 술과 기뻐함·성냄의 관계

135 『嵇中散集』 卷五 「聲無哀樂論」. "然和聲之感人心, 亦猶酒醴之發人情也. 酒以甘苦爲主, 而醉者以喜怒爲用. 其不可見歡戚爲聲發, 而謂聲有哀樂, 不可見喜怒爲酒使, 而謂酒有喜怒之理也."

와 같은데, 당연히 주관은 그 자체로 주관이고, 객관은 그 자체로 객관인 것이다. 사람의 감정은 반드시 어떤 외부의 사물과 모두 관계가 있는 것은 아닌데, 혜강이 음악 소리에 슬픔과 즐거움이 없다고 말한 것은 바로 그가 이원론자임을 단언하고 있다는 것을 알 수 있다.

위에서 서술한 혜강의 사상은 이미 주관과 객관의 본질적 한계를 분명하게 나누고 있으며, 또한 사람의 감정이 "구체적 사물에 의지한 뒤에 이루어지는 것"이라는 유물주의 입장을 견지하고 있는데, 이것은 나무랄 데가 없다. 이 문제에서, 그의 착오는 음악·노래와 울음소리 그리고 자연사물·자연의 소리를 같은 것으로 보아서 노래와 울음소리 그리고 음악이 지닌 주관적 요소와 사회적 요소를 말살한 점이다(이 문제는 우리가 뒷면에서 다시 논의한다).

혜강이 이름과 명칭을 바로잡은 목적은 사물을 더 잘 구별하기 위한 것이지, 사물을 인식하는 것은 아니다. 사물의 인식에 대해서 그는 사물의 인식이 "명칭"과 무관하다고 생각했다. 마르크스주의의 이해에 근거하며 개념은 인식의 그물에 얽혀 있는 것과 감성인식의 승화와 과학적 추상의 결정체이다. 혜강의 이해에 근거하면, "명칭"은 오직 사물을 구별 하는 표지(標識)이며, 주관적 인식의 기호(記號)이다. 그는 다음과 같이 말했다.

> "무릇 말은 저절로 타고나서 정해진 것이 아니고, 각 지역마다 서로 다른 언어 풍속이 있으니, 같은 일이라도 서로 다른 명칭이 있는데, 하나의 이름을 들어서 표지(標識) 기호로 삼는 것일 뿐이다."[136]

우리는 "명칭[名]"이 "표지(標識)"의 작용을 지니고 있으며, 더욱이 명칭이 되는 "명(名)"이며, 정확하게는 비교적 큰 임의성을 지니고 있다고

136 『嵇中散集』 卷五 「聲無哀樂論」. "夫言非自然一定之物, 五方殊俗, 同事異號, 擧一名以爲標識耳."

말한다. 그러나 언어 속에서 "명칭"이 단순히 명칭으로 사용되는 것은 단지 소수이며, 일반적으로 말하자면, "명칭"은 동시에 하나의 개념이며, 그것은 대상을 확정하는 내포(內包)와 외연(外延)이며, 추상과 구체, 주관형식과 객관내용의 통일이다. 만일 단지 "명칭"을 일종의 "표지(標識)"로 본다면, "진정하게 말해서 어떤 것도 이 상징에 비하여 사람들이 선호하는 범주가 없으며, 더 나아가 논리의 퇴보와 외재성의 상징을 나타낼 수 있다."[137]

위진 시대 현학 속에서 언어[言]와 뜻[意]의 지위는 이름[名]과 실질[實]의 문제에 비하여 훨씬 더 중요하다. 이 문제가 당시의 철학자들에게 보편적으로 중요시되는 것은 우연적인 일이 아니다. 양한 시대의 경학에서 위진 현학에 이르는 중국철학은 인식론상에서 한 번의 질적인 비약을 한다. 자연관은 점차 발생론에서 본체론으로 변화하였으며, 인류의 인식은 한 개인의 인식과 같이 구체적 형상(形象)을 뛰어넘어서 추상적인 단계로 들어가기 시작하였다. 인류의 사유 수준에서 이렇게 장족의 발전을 한 것으로 보면, 많은 철학자들이 모두 빈곤한 언어가 날로 증가하는 추상적 사유와 상호 작용하는 사상의 수요를 만족시키지 못한다는 것을 깊이 느끼게 된 것이다. 이에 따라 "언어는 뜻을 다 발휘하지 못한다."는 탄식을 하게 되는 것이다.

위진 시대 현학의 역사에서 "언어는 뜻을 다 발휘하지 못한다는 주장[言不盡意論]"을 먼저 제창한 사람은 위(魏)나라 사람인 순찬(荀粲)이다. 그는 은미한 이치는 구체적 형상과 언어를 가지고 표현해 낼 수 없다고 주장하였다. 그 후에 왕필은 "뜻을 얻는 것은 상을 잊는 것에 있고",[138] "상을 얻는 것은 말을 잊는 것에 있다."[139]는 학설을 제시하였다. 그들의 두 가지 사상은 모두 "언어는 뜻을 다 발휘하지 못한다는 주장"에 속하

137 저자 주 헤겔, 『소논리학』 336쪽.
138 『周易略例』「明象篇」. "得意在忘象."
139 『周易略例』「明象篇」. "得象在忘言."

는 것이다.

혜강은 아마도 왕필의 저작을 보았을 것이며, 그는 왕필의 "뜻을 얻는 것은 상을 잊는 것에 있다."는 사상에서 흡수한 요소가 있는데, 그는 다음과 같이 말했다. "나는 한 귀퉁이를 예로 들어서 나머지 세 귀퉁이를 추론해 알 수 있는 사람은 뜻을 얻고 나서는 말을 잊는다고 생각한다."[140] "한 귀퉁이를 예로 들어서 나머지 세 귀퉁이를 추론해 아는 것"은 바로 하나를 예로 들면 나머지 셋을 돌이켜 추론할 수 있는 것이다. 사람들은 다른 사람에게 자기의 뜻을 전달할 때에 한 가지 사례를 들어주는 것을 면하지 못하는데, 이것을 비유로 든 것으로서, 하나의 사례를 놓고 비유하는 것은 결코 사상 자체는 아니다. 다른 사람의 의도를 잘 이해하는 사람은 이 사례를 놓고 비유하는 것에 구애받지 않고, 이 사례와 비유하는 것을 통하여 그 속에 함축된 뜻과 이치를 체득하여 이해하고 상대방의 사상이 지닌 본질을 파악한다. 이것이 바로 "뜻을 얻는다[得意]."는 말이다. "뜻을 얻는다."는 것에 대한 혜강의 이런 이해는 대체로 왕필과 서로 같다.

언어와 뜻의 문제에서, 혜강의 사상은 순찬·왕필과 비교하여 서로 다른 것도 있는데, 그의 「언부진의론(言不盡意論)」은 명칭과 실질 문제의 "표지(標識)" 학설을 따라 나오는 것이다. 앞에서 우리는 이미 설명했는데, 혜강의 입장에서 본다면, 언어는 어떤 사상의 내용도 갖고 있지 않는 껍데기이며, 사람이 밖으로 사물에게 부여한 상징·기호인데, 이런 기호는 매우 큰 주관적 임의성을 지니며 이미 사물의 본질을 정확하게 제시할 수 없고 또 사상을 효과적으로 표현할 수도 없는 것이다. 그는 다음과 같이 말했다.

"성인이 갑자기 오랑캐의 지역에 들어가면, … 만약 오랑캐 사람들과 왕

---

140 『嵇中散集』 卷五 「聲無哀樂論」. "吾謂能反三隅者, 得意而忘言."

래하여 접촉한다면 그 오랑캐의 말을 이해하겠는가? 만약 악기를 불어 음악을 연주하는 것으로 그 오랑캐의 음악소리를 비교하여 알 수 있겠는가? 얼굴의 기색을 살핀다고 하여 그 오랑캐의 마음을 알 수 있겠는가? (얼굴의 기색을 살펴서 그 사람의 마음을 알 수 있는 것과 같다.) 이것은 상대의 마음을 아는 것은 상대의 얼굴빛을 근거로 하는 것이니, 비록 스스로 말을 하지 않아도 오히려 추론하여 알 수 있는 것이다. 성인이 그 오랑캐의 말(言)을 아는 길은 말(言)을 의지하는 것이 아니다. 만약 음악을 연주하면서 음악소리를 비교하여 그 사람의 마음을 알 수 있다면 마음속의 생각은 말(馬)에 있으면서 사슴이라고 잘못 말하는 것과 같으니, 음악소리를 비교하여 뜻을 살피는 사람은 또한 사슴으로부터 추론하여 말(馬)을 아는 것이다. 이것은 마음속의 생각이 그 사람의 말(言)에 얽매여 제한되는 것이 결코 아니며, 말(言)은 아마도 사람의 생각을 증명할 수 없음을 말한다. 만약 오랑캐 사람들과 왕래하여 접촉하면서 그 오랑캐의 말을 이해하는 것이라면, 이것은 마치 어린 아이가 그의 스승에게 말을 배운 뒤에 그 말을 이해하는 격이니, 어찌 성인이 지혜로움에서 고명할 수 있겠는가?"[141]

성인과 오랑캐의 사람이 서로 접촉하는 것은 마음으로 서로 아는 것인가? 아니면 말로써 서로 아는 것인가? 만약 말을 가지고 서로 아는 것이라면, 그들이 사용하는 말이 서로 다르기 때문에 "말은 저절로 타고나서 정해진 것이 아니고, 각 지역마다 서로 다른 언어 풍속이 있으니, 같은 일이라도 서로 다른 명칭이 있는 것이며",[142] "말은 아마도 사람의 생

141『嵇中散集』卷五「聲無哀樂論」. "聖人卒入胡域 … 當與關接, 識其言耶? 將吹律鳴管, 校其音耶? 觀氣採色, 知其心耶? (若觀氣采色, 以知其心) 此爲知心自由氣色, 雖自不言, 猶將知之. 知之之道, 可不待言也. 若吹律校音, 以知其心, 假令心志於馬而誤言鹿, 察者固當由鹿以知馬也. 此爲心不係於所言, 言或不足以證心也. 若當關接而知言, 此爲孺子學言於所師, 然後知之, 則何貴於聰明哉?"

142『嵇中散集』卷五「聲無哀樂論」. "夫言非自然一定之物, 五方殊俗, 同事異號."

각을 증명할 수 없는 것이다."[143] 만약 마음으로써 서로 아는 것이라면, 마음을 아는 길은 얼굴의 기색을 근거로 하는 것이지 꼭 말에 의존하는 것은 아니다. 혜강은 서로 다른 민족들 사이에 서로 다른 언어가 있는 것은 사회적 현상이라는 것에서 출발하여, 언어와 사물 대상 그리고 언어와 사상의 사이에는 필연적 관련이 없고, 또 이것으로 말미암아 "언어는 뜻을 다 발휘하지 못한다[言不盡意]."는 결론을 도출하는 것이다.

혜강의 「언부진의론」은 왕필의 "뜻을 얻으면 상을 잊는 것[得意忘象]"이라는 사상과 비교하여 더욱 간단명료하다. 그는 언어를 단지 어떤 사상의 내용도 지니고 있지 않은 기호로 보았고, 언어와 사상 사이에 상호 확고한 필연적 관련을 부정하였는데, 이것은 매우 잘못된 점이다. 스탈린은 다음과 같이 말했다. "언어는 사유와 직접적으로 관련이 있는데, 그것은 사람의 사유 활동 결과와 인식 활동의 성과를 단어를 사용하고 구문 속의 말을 써서 기록하며, 더욱 공고화시키는데, 이런 것이 바로 인류사회 속의 사상 교류를 가능하게 한다."[144] 서로 다른 민족의 언어가 서로 번역될 수 있는 것도 바로 그것들이 지니고 있는 고정적인 사상의 내용 때문인데, 이런 점을 부정하게 되면 언어는 다시 사상의 교류를 위한 도구가 아니다. 혜강의 「언부진의론」 속에서 일정한 합리적 요소가 있는데, 그는 언어와 사상의 구별을 간파하고, "뜻을 얻는 것[得意]"을 매우 강조하였다. 이런 점은 정확하게 핵심을 찌른 것이라고 말할 수 있다.

143 『嵇中散集』 卷五 「聲無哀樂論」. "言或不足以證心."

144 저자 주 「마르크스주의와 언어학 문제」, 『스탈린 전집』 하권, 515쪽.

6 혜강의 "성무애락聲無哀樂" 이론

혜강은 단지 한 사람의 철학자일 뿐만 아니라 동시에 저명한 문학가·예술가이다. 그의 시(詩)·부(賦)·문장의 아름다운 작품성은 세상이 공인하고 있으며, 사람들은 그의 시를 "맑은 사색과 뛰어난 격조를 발휘하여, 따로 새로운 분야를 개척하였고",[145] "전통의 풍아(風雅)를 읊는 것을 벗어나서, 스스로 하나의 새로운 풍치(風致)를 열었다."[146] 그는 음악에서도 매우 높은 조예를 지니고 있었다. 상수는 "혜강은 여러 가지 기예에 널리 통달하였고, 현악기와 악기(樂器)에 특장이 있었는데, 형장에서 죽음이 닥친 때에도 지는 해의 그림자를 바라보며, 금(琴)을 잡고 탄주(彈奏)하였다."[147]라고 말했다. 문학예술에서 이룬 혜강의 수양(修養)은 그의 철학 사상에 깊은 영향을 미치는데, 「성무애락론」은 바로 전문적인 음악이론을 담고 있는 글이다.

이른바 "성(聲)"은 바로 소리이며, 그 속에 자연적 소리와 음악을 포괄하고 있다. "소리에는 슬픔과 즐거움이 없다."는 것은 소리 속에 슬픔과 즐거움의 감정이 없다는 것이다. 혜강은 이 문제에 대한 논의에서 자연의 소리에 대한 분석을 착수하고 있다. 그는 자연의 소리에 대한 이해가 매우 광범위한데, 그 속에는 이미 자연계에서 발생되어 나오는 모든 소리를 포괄하고 있으며, 또한 사람의 즐거운 웃음소리와 흐느껴 우는 소리를 포괄하고, 또 악기를 연주해서 내는 소리도 포괄하고 있다. 그는 다음과 같이 말했다.

"무릇 천지의 음양이 그 덕을 융합하니, 온갖 사물이 그것에 의지하여 생

---

145 邵長蘅(소장형), 『文選評』. "淸思峻骨, 別開生面."

146 邵長蘅(소장형), 『文選評』. "脫去風雅陳言, 自有一種生新之致."

147 『思舊賦』 序. "嵇博綜技藝, 於絲竹特妙, 臨當就命, 顧視日影, 索琴而彈之."

겨난다. 사계절의 추위와 더위가 교체하면서 운행하니, 오행이 이루어진다. 그러므로 빛나게 드러나 오색이 되고, 소리가 울려서 오음이 된다. 음악의 소리가 발생하는 것은 마치 여러 가지 맛이 천지 사이에 있는 것과 같으며, 음악의 좋고 나쁨은 비록 혼탁한 정치와 어지러운 세상을 만나는 것이지만, 그 자체는 의연하게 변하지 않는 것이니, 어찌 아낌과 싫어함으로 그 특성을 바꾸며 슬픔과 즐거움으로 그 법도를 고치겠는가?"[148]

여기에서 논하고 있는 것은 진정한 자연의 소리이다. 자연의 소리는 바로 얼굴빛·냄새·맛과 같이 자연 사물의 객관적 속성이지, 결코 사람의 정감에 의해 제약을 받는 것이 아니다.

혜강은 더 나아가 사람의 노래와 울음소리까지 이야기를 하고 있다. 그의 입장에서 볼 때, 노래와 울음소리도 일종의 자연적 소리이며, 사람이 이런 자연 사물로부터 자극을 받아 발출해 내는 소리이다. 그는 다음과 같이 말했다.

"무릇 매운 음식을 먹는 것과 마음껏 크게 웃는 것, 눈에 연기가 들어가는 것과 슬퍼서 눈물 흘리며 우는 것은 모두 사람으로 하여금 눈물을 흘리게 하는 것인데, 가령 적아(狄牙)[149]에게 시험하게 하면 반드시 즐거워서 우는 눈물은 단맛이고 슬퍼서 우는 눈물은 쓴맛이라고 말하지는 않을 것이니, 이것은 생각해서 알 수 있는 것이다. 어째서 그런가? 피부에 나는 체액과 땀은 어떤 자극을 받거나 압박을 받아서 나오는 것

148 『嵇中散集』 卷五 「聲無哀樂論」. "夫天地合德, 萬物資生. 寒暑代往, 五行以成. 故章爲五色, 發爲五音. 音聲之作, 其猶臭味在於天地之間, 其善與不善, 雖遭遇濁亂, 其體自若而不變也, 豈以愛憎易操, 哀樂改度哉?"

149 역주 적아(狄牙)는 춘추시대 제(齊) 나라 환공(桓公)을 모시던 유명한 요리사인데, "역아(易牙)"라고 부르기도 한다. 이 사람은 자기 아들을 삶아서 국을 끓여 제환공에게 바치면서 총애를 얻었다고 한다.

> 이지, 결코 슬픔과 즐거움의 감정에 지배를 받아 그런 것은 아니다. 종다래끼 체로 거른 술과 자루 주머니로 거른 술과 같으니, 비록 압착하여 누르는 도구는 다르더라도 술의 맛은 변하지 않는다. 소리는 모두 다 한 몸에서 나오는 것인데, 어찌 따로 슬픔과 즐거움의 감정을 지닐 수 있겠는가?"[150]

혜강은 사람의 노래와 울음소리가 마치 눈물을 흘리는 것과 같아서, 매운 음식을 먹을 때에 눈물을 흘리며, 크게 웃을 때도 눈물을 흘린다고 보았다. 그리고 눈동자가 연기의 자극을 받을 때에 눈물을 흘리며, 소리 내어 울 때도 눈물을 흘린다. 무슨 이유로 눈물이 나오는지 상관없이 눈물은 모두 단맛과 쓴맛의 구별을 할 수 없는 것인데, 이것은 바로 서로 다른 압착의 도구를 써서 술을 짜는 것과 같은 것으로서, 그 맛은 술을 짜는 압착 도구의 차이에 따라 변하는 것이 아니다.

악기를 연주하여 나오는 소리도 이런 이치이다. "또한 입으로 속의 기를 분출시켜 소리를 내는 것과 피리가 천지의 기를 받아서 소리를 내는 것과 무엇이 다른가? 울음소리의 선악(善惡) 여부는 어린아이의 입이 갖는 길흉(吉凶)에서 나오는 것이 아닌데, 이것은 거문고와 가야금의 소리가 맑고 탁한 것이 연주하는 사람의 기예가 높고 낮음에 있지 않는 것과 같다. 사람의 마음이 사리를 분별하고 담론을 잘하는 것이 피리소리를 조화롭고 유창하게 낼 수 있는 것이 아님은 마치 눈먼 악사(樂師)가 음조의 법도에 능란하여도 악기로 하여금 맑고 조화로운 소리를 잘 내게 할 수 없는 것과 같다. 악기는 재능이 높은 맹인 악사에 의지하여 맑고 조화로운 소리를 내는 것이 결코 아니며, 피리는 사람의 지혜에 의지하

150 『嵇中散集』 卷五 「聲無哀樂論」. "夫食辛之與甚噱, 薰目之與哀泣, 同用出淚, 使狄牙嘗之, 必不言樂淚甛而哀淚苦, 斯可知矣. 何者? 肌液肉汗, 踧笮便出, 無主於哀樂. 猶簁酒之囊漉, 雖笮具不同, 而酒味不變也. 聲俱一體之所出, 何獨當含哀樂之理也?"

여 조화로운 소리를 내는 것이 결코 아닌데, 이와 같다면 사람의 마음과 소리는 분명히 두 가지 대상물이다. 두 가지 대상물이 이미 분명하다면, 감정을 탐구하는 사람은 형체의 모습을 관찰하는 데 머물 것이 아니며, 마음을 헤아리는 사람은 반드시 다른 사람이 내는 소리에 의존할 것이 아니다."[151]

이와 같은 혜강의 논의는 명확하게 일종의 궤변이지만 거문고와 가야금의 소리가 맑고 탁함이 연주자의 기예가 높고 낮음에 있는 것이 아니라고 말하는 점은 당연히 옳은 말이다. 악기의 음색이 좋고 나쁨은 확실히 연주하는 사람과 관계가 없으며, 훌륭한 가야금 악사도 악기가 내는 아름다운 소리를 이지러뜨릴 수는 없는 것이다. 그러나 소리는 단지 이런 단조로운 연주 소리를 의미하는 것은 아니며, 그것은 음악을 포괄하는 것이기 때문에, "악기는 재능이 높은 맹인 악사에 의지하여 맑고 조화로운 소리를 내는 것이 결코 아니다."라고 하는 좁은 전제는 "마음을 헤아리는 사람은 반드시 다른 사람이 내는 소리에 의존할 것이 아니다." 라는 광범위한 결론을 도출해 낼 수 없는 것이다. 다시 말하자면, 사람의 노래와 울음소리는 결코 순수한 자연의 소리는 아니고, 육체의 분비물도 아니다. 진정으로 사람이 울음소리를 낼 때와 크게 웃음소리를 낼 때에 흘리는 눈물은 단맛과 쓴맛의 구별이 없지만, 이 때문에 즐거운 웃음소리와 울면서 흘리는 눈물에도 슬픔과 즐거움의 구분이 없다고 말할 수는 없는 것이다. 노래소리와 울음소리는 마음속의 감정이 표현되어 나오는 것이며, 그것들은 서로 다른 방식으로 사람의 즐거움과 슬픔을 표현하는 것인데, 이것은 눈물과 단순하게 비유하여 추리할 수 있는 것

---

151 『嵇中散集』 卷五 「聲無哀樂論」. "且口之激氣爲聲, 何異於籟籥納氣而鳴耶? 啼聲之善惡, 不由兒口吉凶, 猶琴瑟之淸濁, 不在操者之工拙也. 心能辨理善談, 而不能令籟籥調利, 猶瞽者能善其曲度, 而不能令器必淸和也. 器不假妙瞽而良, 籥不因慧心而調, 然則心之與聲明爲二物. 二物之誠然, 則求情者不留觀於形貌, 揆心者不借聽於聲音也."

이 아니다.

음악에 대해서 혜강은 따로 논의한 것이 있는데, 그는 다음과 같이 말했다.

> "무릇 함지(咸池)[152] 육경(六莖),[153] 대장(大章) 소(韶)[154] 하(夏)[155] 등의 음악 곡(曲)은 모두 옛 선왕의 지극히 아름다운 음악이니, 천지를 감동시키고 귀신을 감동시킨다. 이제 반드시 음악이 그 본성을 표현하면서 그 마음의 감정을 전달하지 않음이 없다고 말하는데, 이것은 반드시 지극히 아름다운 음악이 악사(樂師)와 사관(史官)에게 의탁하지 않는 것으로 여기며, 반드시 성인이 스스로 관현(管絃)의 악기를 연주한 뒤에야 아름다운 음악이 완전해진다고 여기는 것이다. 순 임금이 기(夔)[156]에게 명하여 석경(石磬)을 치게 하고, 모든 종류의 음악을 조화롭게 하니, 신령(神靈)과 백성이 화합하였다. 이것을 근거로 말하자면, 지극히 아름다운 음악은 비록 성인이 만드는 것이지만 반드시 성인이 스스로 연주하는 것은 아니다. 어째서 그런가? 음악의 소리는 저절로 그러한 자연의 조화를 지니고 있는 것이지 사람의 감정과는 무관한 것으로서, 지극히 조화로운 음악은 쇠와 돌로 만든 악기에서 이루어지는 것이고, 지극히 조화로운 음악소리도 관현의 악기에서 나오는 것이다."[157]

---

152 역주 함지(咸池)는 황제(黃帝)의 음악이다.

153 역주 육경(六莖)은 전욱(顓頊)의 음악이다.

154 역주 소(韶)는 순(舜) 임금의 음악이다.

155 역주 하(夏)는 우(禹) 임금의 음악이다.

156 역주 기(夔)는 순 임금 시기의 악관(樂官)이다.

157 『嵇中散集』卷五「聲無哀樂論」. "且夫咸池六莖, 大章韶夏, 此先王之至樂, 所以動天地感鬼神. 今必云聲音莫不象其體而傳其心, 此必爲至樂不可託之於瞽史, 必須聖人理其弦管爾乃雅音得全也. 舜命夔擊石拊石, 八音克諧, 神人以和. 以此言之, 至樂雖待聖人而作, 不必聖人自執也. 何者? 音聲有自然之和, 而無係於人情, 克諧之音成於金石, 至和之聲得於管弦也."

혜강은 음악의 작곡자와 연주자가 종종 분리되는 현상에서 출발하여 두 가지 측면에서 언급하고 있으며, 동시에 음악의 감화력은 이 두 가지와 관련이 있다는 것을 부정하였으며, 이런 감화력을 음악의 곡이 지닌 조화로움으로 돌렸다. 그는 말하길, 악기의 소리에는 높고 낮음이 있고, 연주하는 기법에는 빠르고 늦음이 있으며, 음이 높은 소리에 아주 빠르며 변화가 많은 연주 기법을 더하는 것은 사람의 심정(心情)을 격분시킨다고 하였다. 반대로 음이 낮은 소리에 느린 연주 기법을 더하는 것은 사람의 심정을 평안하고 느긋하게 만든다고 보았다. 이 밖에도 악곡의 선율과 사람의 감정에도 일정한 대응관계가 있는데, "제나라와 초나라의 음악 곡조(曲調)는 매우 무겁기 때문에 사람의 감정을 하나같이 바르게 한다. 음계의 변화가 비교적 적으므로 사람의 생각을 전일(專一)하게 한다. 아름답고 자유로운 악곡이 여러 가지 소리의 좋은 점을 취하고, 오음(五音)의 조화로움을 융합하여, 그 음악 형식이 풍부하고 사용 기법이 넓어지므로 사람의 마음이 여러 가지 이치에 따라 번잡해진다. 오음의 소리가 융합하므로 사람들이 기뻐하며 마음을 놓고 심정을 느긋하게 한다."[158] 그의 입장에서 본다면, 사람의 감정은 음악의 감화력을 받는데, 바로 자연환경의 영향을 받는 것과 똑같은 것이며, "도시의 저자거리 가게를 둘러보면 눈이 휘둥그레지면서 감정이 방일(放逸)해지고, 굽이진 물길을 건넘에도 세심하게 살피면 생각이 고요해지고 모습이 단정해진다."[159] 종합해서 말하자면, 음악은 "단음(短音)·복음(復音)·고음(高音)·저음(低音)·선음(善音)·악음(惡音)을 구성의 골격으로 삼고",[160] 감정은 "조급함·고요함·전일함·산만함을 가지고 감응(感應)을 삼는

158 『嵇中散集』 卷五 「聲無哀樂論」. "齊楚之曲多重, 故情一. 變妙, 故思專. 姣弄之音, 挹衆聲之美, 會五音之和, 其體贍而用博, 故心侈於衆理. 五音會, 故歡放而欲愜."

159 『嵇中散集』 卷五 「聲無哀樂論」. "游觀於都肆, 則目濫而情放; 留察於曲渡, 則思靜而容端."

160 『嵇中散集』 卷五 「聲無哀樂論」. "以單複高埤善惡爲體."

다."[161] 바로 이 두 가지 사이의 이런 대응관계라야 비로소 사람에 대한 음악의 감화 작용을 낳는 것이다. 우리는 혜강이 음악이나 사람에 대한 감화 작용을 이해하는 것이 매우 정확하다고 본다. 음악가는 바로 소리와 감정의 이와 같은 대응관계를 이용해야만 비로소 자기의 감정을 가지고 음악으로 표현해 내면서 감상자를 감화시킬 수 있는 것이다.

앞면에서 설명한 것을 살펴보면, 혜강은 본래 이미 감상자의 감정이 악곡의 변화에 따라서 변화하는 것임을 인정하고 있다. 그러나 "성무애락론"이라는 총괄의 논점을 유지하기 위한 필요 때문에 그는 뒷면에서 또 이런 점을 부정한다. 그는 다음과 같이 말했다.

> "무릇 손님을 집안 가득 불러 모아서, 주흥(酒興)을 돋우고 거문고를 연주하니, 어떤 사람은 흔연히 기뻐하며 즐기고, 어떤 사람을 근심스레 격정하며 우는데, 이는 결코 거문고의 소리가 그 사람을 슬프게 하고 또 이 사람을 기쁘게 하는 것이 아니다. 그 음악 소리는 옛날의 음악과 달라진 것이 없지만 사람들이 기뻐하는 것과 슬퍼하는 것이 함께 표현되는 것이니, 이것이 바로 '만 가지로 사연의 피리 소리가 불어와도 그 소리는 다르다.'[162]는 이치가 아니겠는가? 무릇 기뻐하고 성내는 마음에 근본을 두지 않으며, 슬퍼하고 즐거워하는 마음에 근본을 두지 않으므로 즐거움과 슬픔이 함께 표현되는 것이다. 만약 이는 한쪽으로 치우친 음악을 사용하거나 또 한 가지로만 된 소리를 품고 있어서, 그것이 표현하는 내용이 각기 자기의 일부분만 담당한다면 어찌 여러 가지 이치를 함께 통어(通御)하며 수많은 감정을 다 표현해 낼 수 있겠는가?"[163]

161 『嵇中散集』 卷五 「聲無哀樂論」. "以躁靜專散爲應."

162 역주 취만부동(吹萬不同)은 『장자(莊子)』 「제물론(齊物論)」에 나온다.

163 『嵇中散集』 卷五 「聲無哀樂論」. "夫會賓盈堂, 酒酣奏琴, 或忻然而歡, 或慘然而泣, 非進哀於彼, 導樂於此也. 其音無變於昔, 而歡慼並用, 斯非吹萬不同耶? 夫唯無主於喜怒, 無主於哀樂, 故歡慼俱見. 若資偏固之音, 含一致之聲, 其所發明, 各當其分, 則焉能兼御羣理, 總發衆情耶?"

이것은 말하자면, 같은 하나의 악곡이라도 감상하는 사람은 오히려 서로 다른 감화를 받을 수 있다는 것인데, 이는 음악 자체는 결코 슬픔과 즐거움의 정감을 갖고 있지 않다는 말이다. 만약 음악에 슬픔과 즐거움의 감정이 있다고 말한다면, 사람들은 서로 다르거나 심지어 상반되는 감화를 받을 수 없을 것이다.

위에서 서술한 여러 가지 논증을 통하여 혜강은 최후로 아래와 같은 결론을 도출한다.

> "소리는 평안과 조화를 주로 삼고, 만물에 감응하면서 끊임없이 변화한다. 사람의 심지(心志)는 바라는 소망을 주로 삼고, 음악의 감촉에 감응하면서 드러난다. 그러니 소리와 마음은 가는 길이 다른 두 개의 것으로서, 서로 씨줄 날줄처럼 종횡으로 엮이지 않는다면 어찌 지극한 즐거움에서 태화(太和)를 지극하게 물들이고, 슬픔과 즐거움에서 겸허한 이름을 자아내겠는가?"[164]

혜강의 「성무애락론」은 단지 자연의 소리 · 사람의 노래와 울음소리에 감정의 색채가 있다는 것만 부정한 것이 아니고, 동시에 음악이 감정의 색채를 지니고 있다는 것도 부정하였다. 그가 이런 착오를 범한 까닭은, 이론적으로 말하자면, 주요 원인이 자연의 소리와 음악의 본질적 구별을 혼동한 데에 있다. 혜강은 음악을 이해할 때, 음악의 소리가 일정한 순서에 따라 배열된 것으로 보는데, 이것은 당연히 옳은 것이지만, 문제는 일정한 배열에 따라 나오는 음악 소리가 구성하는 음악은 본질적으로 이미 자연의 소리와 서로 다르다는 데 있다. 자연의 소리는 객관적인 자연의 소리를 의미하는 것인데, 예컨대 바람 소리, 빗소리, 큰 바

164 『嵇中散集』 卷五 「聲無哀樂論」. "聲音以平和爲體, 而感物無常; 心志以所俟爲主, 應感而發. 然則聲之與心, 殊途異軌, 不相經緯, 焉得染太和於歡, 綴虛名於哀樂哉?"

다가 부르짖는 소리, 우레 소리 등이다. 이런 소리는 순수한 객관이며 순수한 자연이고, 그 속에는 확실히 슬픔과 즐거움의 감정이 없다. 음악은 이것과 다른 것인데, 그 음악은 비록 감정의 외재적 형식을 지니고 있지만 오히려 일종의 순수한 자연물이 아니고, 예술가의 사상이 겉으로 드러난 것이며, 객관적 형식으로 표현되어 나온 관념과 감정이다. 내용적으로 말하자면, 음악은 하나의 예술작품이며, 그 작품은 제재(題材)와 주제(主題)가 통일되어 있다. 이른바 제재는 예술가의 관찰과 생활의 체험 속에서 형성되는 것 그리고 예술작품 속에 담겨 있는 어떤 생활의 측면 또는 생활 모습이다. 이른바 주제는 예술작품 속에 반영된 생활 모습의 사회적 의의이며 또한 이런 생활 모습에 대한 예술가의 인식과 평가이다. 생활 속의 소재에 대하여 예술가가 선택하고 정련(精練)하며 개괄할 때 자기의 세계관·인생관 내지 개인의 성격과 정감의 영향을 빋지 않을 수 없는 것이다. 바꾸어 말하자면, 예술가가 자각하든 자각하지 못하든 간에 그의 관점과 이상은 모두 창작의 과정 속에서 작용한다. 더욱이 음악과 같은 이런 예술의 형식은 현실 생활에 대한 예술가의 태도와 내적인 마음의 감수성을 체현할 수 있는 것이다. 형식적으로 말하자면, 예술작품은 현실 생활에 대한 예술가의 새로운 생명 부여이므로, 그것은 비록 가능한 한 현실에 부합하지만 결코 현실의 단순한 모방이 아니며, 그 작품의 내적 구조에 상관이 없고, 또 그 작품의 외부에 드러난 외관은 모두 현실에서 구별된다. 소가 먹는 것은 풀이지만, 배출되어 나오는 것은 우유이다. 예술가가 생활 속에서 만나게 되는 것은 소재(素材)이며, 창작되어 나오는 것은 예술작품이다. 현실의 삶 속에는 현실적으로 완성된 형태의 「영웅교향곡」[165]과 「춘광화월야(春光花月夜)」[166]는

165 역주 「영웅교향곡」은 루트비히 판 베토벤의 교향곡 3번 E♭ 장조이며, 베토벤이 33세 되던 1803년 여름에 작곡에 착수하여 1804년 봄에 완성시켰다.

166 역주 「춘광화월야(春光花月夜)」는 중국의 전통 음악작품 이름이고, 또한 유명한 그림작품의 이름이기도 하다.

없는 것이다.

음악 작품은 단지 작곡가의 정감을 포함할 뿐만 아니라 연주자의 열정도 융화시킨다. 하나의 악곡은 사람을 매우 깊은 침잠에 들게 하는데, 우선 작곡가가 그 작품의 내용과 형식에 부여하는 것에 의해 결정되며, 그 다음으로는 또한 성공적인 연주에 의존한다. 연주자의 연주는 하나의 재창조이며, 이것은 반드시 그 연주자들이 숙련된 기예를 지니고 있는 것뿐만 아니라 또한 악곡의 주제에 대한 깊은 이해가 있어야 한다. 좋은 연주자는 하나의 악곡을 연주하기 위해서 종종 악곡에 반영된 현실 생활과 작곡가가 이 현실생활에 대하여 지니고 있는 태도에 대한 반복적 연구와 체험을 진행하는데, 오직 그 연주자들이 먼저 악곡에 대해 공감을 하고, 작곡가의 사상 및 감정과 서로 호흡이 이어져야만 비로소 악곡 속에 함축된 정서를 표현해 낼 수 있고 아울러 자기가 받은 감동의 느낌도 융화해 낼 수 있는 것이다. 혜강은 아주 뛰어난 재능을 지닌 음악예술가였으나, 결국 음악 속에 함축된 작곡가와 연주자의 슬픔과 즐거움의 정감을 극력 부정하였는데, 이것은 실제로 사람들로 하여금 유감스럽게 하는 부분이다.

음악과 감상자 사이의 관계에서 혜강의 시각은 역시 부정확하다. 음악을 감상하는 활동은 음악이 감상하는 사람의 사상과 감정에 작용하는 과정이며, 동시에 역시 일종의 심미적(審美的) 능력을 지니고 있는 감상자가 음악에 대해서 감동을 느끼고 이해하는 과정을 진행하는 것이다. 만일 음악 작품에 일정한 심미적 가치가 있고 감사장에게 그 가치와 서로 감응할 수 있는 심미적 능력이 있다면, 감상자는 바로 예술가가 예술 작품 속에 부여해 놓은 사상과 정감을 이해하고 감동을 느낄 수 있는 것이다. 혜강이 말하는 "만 가지로 자연의 피리 소리가 불어와도 그 소리는 다르므로 각자 자기의 소리를 낸다."[167]는 말에는 일정한 합리성이

167 『嵇中散集』 卷五 「聲無哀樂論」. "吹萬不同, 使其自己."

있으며, 그것은 음악의 한 특징을 이야기하는 것이다. 음악의 내용은 회화(繪畫)처럼 시각적 형상의 직관성과 구체성을 지니는 것은 아니고, 또한 문학처럼 명확한 언어적 개념을 지니고 있는 것이 아니다. 이 때문에 음악의 내용 자체와 음악의 내용에 대한 깨우침은 그 밖의 형식적 예술 작품에 비해서 확실히 부정확한 측면을 지닌다. 그러나 이와 같은 음악의 특징은 음악작품 자체가 완전하게 확정적인 내용이 없다고 설명하는 것은 결코 아니며, 더욱이 음악가가 작품 속에 확정적인 정감을 주입하는 것이 없다고 하는 것은 결코 아니다. 일반적으로 말하자면, 서로 다른 감상자가 음악을 감상하면서 내는 서로 다른 감동의 느낌은 음악에서 이끌어 나오는 서로 다른 연상(聯想)과 상상(想像)이 빚어내는 것이다. 그러나 감상자의 연상과 상상이 얼마나 풍부하고 다양한가에 상관없이, 이런 연상과 상상은 모두 예술의 형상으로부터 환기되어 나오는 것인데, 이 때문에 그것의 범위와 추세는 반드시 예술 형상의 제약을 받는다. 예술 형상은 연상과 상상의 출발점이며, 동시에 연상과 상상의 결과이기도 하다. 이런 출발점과 결과의 통일은 바로 예술 작품의 내용이 지닌 확정성을 설명해 준다.

「성무애락론」에 대한 혜강의 논증에는 그의 정치적 목적이 있는데, 그는 이것을 가지고 허위에 찬 명교를 반대하고자 하였으며 이런 형식주의가 지닌 "예악을 제정하여 풍속을 바꾼다."[168]는 것을 반대하고자 한 것이다. 「성무애락론」은 대체로 정시 연간의 초기에 지었다. 위나라 명제가 이 시기에 집권하였는데, 위씨 정권은 이미 나날이 부패하고 있었으며, 바른 인식을 지닌 사류들은 국가의 위급한 상황을 구제하고자 하였고 시정의 폐단을 바로잡고자 하여, "예악을 제정하여 풍속을 바꾼다."는 도리를 크게 주장하였다. 명제 말년에서 정시 연간 초기에 이르기까지, 앞서거니 뒤서거니 하면서 유소의 「악론(樂論)」과 고당륭(高堂

---

168 『嵇中散集』 卷五 「聲無哀樂論」. "制禮作樂, 移風易俗."

隆)의 명제에게 올리는 상서와 완적의 「악론」이 발표되었는데, 모두 예악의 교화(敎化) 작용을 강조한 것이었다. 「성무애락론」의 내용에 의거해 보면, 이 글은 마땅히 위의 문장들을 이어서 쓰인 것인데, 그 「성무애락론」은 혜강이 이 문제에 대해 지니고 있던 태도를 표명하고 있다.

위에서 서술한 문장들의 관점과 다르게, 혜강은 사회의 안정적 통치와 혼란이 예술에 있는 것이 아니고 정치에 있다고 보았다. 그는 다음과 같이 말했다.

> "무릇 풍속을 바꾼다는 것은 반드시 풍속이 쇠퇴하고 피폐해진 뒤에 이어서 하는 것이다. 옛날의 성왕(聖王)은 하늘의 이치를 계승하여 만물을 다스렸는데, 반드시 간결하고 쉬운 가르침을 숭상하고, 무위의 다스림을 시행하였다. 임금이 윗자리에서 평안하고 고요하며, 신하는 아랫자리에서 편안히 따르고, 그윽한 교화가 말없이 소통하며, 하늘과 사람이 서로 평안을 누리고, 말라 죽어가는 세간의 온갖 일들이 단비를 만나 윤택하게 양육하며, 천지사방의 모든 생명들이 하늘의 큰 덕을 광대하게 받아서 모든 티끌과 때를 씻어낸다. 모든 백성이 편안하고 즐거우며, 스스로 많은 복을 구하고, 말없이 도를 따르며, 가슴속에 충실함을 품고 신의를 지니면서도 어떻게 그리 되는지를 모르며 산다."[169]

이것은 말하자면, 통치자가 "간결하고 쉬운 가르침을 숭상하고, 무위의 다스림을 시행하면", 사람들로 하여금 저절로 그러하게 대도를 따르고 자발적으로 충의(忠義)를 따르게 하는 것인데, 이런 것은 "천하의 모든 나라 풍속을 같게 하고, 두루 꽃이 만발하듯 창성하고 번영하게 하

---

169 『嵇中散集』 卷五 「聲無哀樂論」. 夫言移風易俗者, 必承衰弊之後也. 古之王者, 承天理物, 必崇簡易之敎, 御無爲之治. 君靜於上, 臣順於下, 玄化潛通, 天人交泰, 枯槁之類, 浸育靈液, 六合之內, 沐浴鴻流, 蕩滌塵垢. 羣生安逸, 自求多福, 默然從道, 懷忠抱義, 而不覺其所以然也.

며",[170] "반드시 기약하지 않아도 신의를 지키고, 함께 일을 도모하지 않아도 뜻이 정성스러우며, 화목하게 서로 아낀다."[171]는 태평한 세상의 모습을 이룰 수 있는 것이다. 혜강의 입장에서 보면, 음악은 "풍속을 바꾸는" 작용을 하는 것은 아니다. 그는 "음악이 구체적 대상이 되는 것은 마음의 정감을 주로 삼는다. 그러므로 백성을 교화할 때 소리가 없는 음악은 마치 백성의 어버이와 같다."[172]라고 하였다. 통치자가 마음속에 평정(平靜)·화해와 기쁨을 지니고 있어야만 진정한 "음악[樂]"이 되는 것이며, 오직 이렇게 "소리 없는 음악"이라야만 비로소 풍속을 바꿀 수 있는 것이다. 이와 같은 "모든 종류의 음악을 조화롭게 하는"[173] 소리가 있는 음악의 경우에, 사람들이 아무리 즐거워하지만, "풍속을 바꾸는 것은 여기에 있는 것이 아니다."[174]

혜강의 문장은 비록 에두르고 복잡하게 얽혀 있지만, 조씨 위나라 정권의 해로움을 정확하게 지적하고 있고, 이렇게 부패한 정치 현실을 근본적으로 개혁하는 길을 제시하고 있으며, 분명한 정치제도를 수립하여, 사람들이 평안하게 살면서 생업에 종사할 수 있는 길을 제시한다. 그러나 그는 정치 작용을 상소하는 동시에 예술이 풍속을 바꾸는 작용을 근본적으로 부정하였는데, 이는 잘못된 부분이다. 음악은 일종의 예술 작품이며, 일정하게 사회적 삶을 반영하는 것이다. 계급사회 속에서 어떤 계급도 모두 자기의 이익에서 출발하여 본인이 속한 계급의 이익과 심미적 취향에 부합하는 작품을 창작하면서 감상자에게 영향을 끼친다. 하나의 예술 작품은 표면적으로 볼 때, 심미적 대상이지만, 실제로 그 작품은 어떤 계급의 공리적(公利的) 경향과 사상의 내용을, 사람들의

170 『嵇中散集』 卷五 「聲無哀樂論」. "萬國同風, 芳榮齊茂."

171 『嵇中散集』 卷五 「聲無哀樂論」. "不期而信, 不謀而誠, 穆然相愛."

172 『嵇中散集』 卷五 「聲無哀樂論」. "樂之爲體, 以心爲主. 故無聲之樂, 民之父母也."

173 『嵇中散集』 卷五 「聲無哀樂論」. "八音克諧."

174 『嵇中散集』 卷五 「聲無哀樂論」. "風俗移易, 不在此也."

미적 감각과 기쁨을 불러일으킬 수 있는 심미(審美) 형식 속에서 융화시킨다. 예술 작품은 순수한 추상적 이론과 다르며, 또한 직접적 실천 의지를 지닌 도덕 교훈과도 다른데, 그 예술품의 특징은 바로 오락의 즐거움 속에서 교육성을 함축할 수 있고, 감상자의 감상활동을 통하여 은연중에 감화되게 사람들에게 도덕과 지식의 교육을 제공하고, 감상자의 심미적 능력과 심미적 흥취를 제고하고 동시에 그들의 사상을 각성시키고 도덕의 정조(情操)를 깨우치는 데 있다. 바로 오락의 즐거움 속에서 교육성을 함축하는 예술의 특징 때문에, 사람들에 대한 그 예술의 훈도(薰陶)와 교화는 그 밖의 형식에 비하여 더욱더 사람들에게 받아들여지는 것이고, 나아가 사회의 각 개별 영역에 광범위하게 깊이 파고드는 것이다. 예술은 일종의 의식형태이며, 그 예술의 내용은 일정한 사회적 존재에 달려 있는 것이지만, 현실생활에 대한 그 예술의 반영은 수동적인 것이 아닌데, 그 예술은 자기가 감화되는 역량을 통하여 현실생활에 영향을 미치고, 사회적 존재에게 일정한 반작용을 끼친다. 음악의 이러한 작용에 대해서 혜강은 간파하지 못했기 때문에 부당하게 그런 면을 부정한 것이다.

제5절

완적의 사상

완적의 사상은 먼저 유학을 거쳐 뒤에 도가에 이르며, 먼저 "명교(名教)"를 거쳐 뒤에 "자연(自然)"에 이르는 과정을 겪는데, 이런 전환은 그의 자연관·사회역사관 그리고 예악명교관 속에 상이한 정도로 고르게 체현되어 있다. 이 때문에 그의 사상을 논술할 때 우리는 이런 실제의 역사적 경험을 고려하면서 진행할 것이다.

1 완적의 자연관

완적은 철학적 사고능력이 아주 풍부한 사상가였고, 말할 것도 없이 그의 정치사상·윤리사상 그리고 그의 인생태도 역시 어느 정도의 자연관을 기초로 삼는다. 완적의 정치사상·윤리사상 그리고 인생태도는 정시 연간 전후에 이미 중대한 전환을 맞는다. 이 때문에 서로 다른 두 시기에서 그의 자연관도 현격한 차이가 있다.

정시 연간에 완적은 "경세(經世)의 뜻"으로 충만한 인물이었다. 당시에 조씨(曹氏)와 사마씨(司馬氏) 두 집단의 모순이 비록 이미 싹을 보였다고 말하더라도 완적은 이런 권력 쟁탈의 싸움에 말려들기를 바라지 않았다. 그러나 그는 사상적으로 또한 유가에 기울어 있었다. 그는 왕필 등의 사람이 도가를 높이고 유가를 낮추는 경향에 대하여 찬성하지 않았고, "자연"을 "명교"로 변호하였다. 당시에 그가 이해한 "자연"은 여전히 한나라 시대의 경학가 수준에 머물러 있었으며, 말하자면 "음(陰)은 양(陽)을 따라야만", "그 바른 자리를 얻는 것"이라고 논하였으며, "자연"의 기본적인 내용을 "상층의 자리에 있으면서 아랫사람을 능멸하지 않고, 낮은 신분에 있으면서 높은 신분을 범하지 않는 것"[1]이라고 규정하였으며, 유가의 명교가 "자연스러움을 따르면서 살아 있는 생명에게 은혜를 베푸는 것[順自然, 惠生類]"이라고 하였다.

정시 연간 이후에 완적은 사마씨와 그 앞잡이 졸개들로부터 점점 명교의 본질과 명교가 사회적으로 실제 작용하는 실체를 분명하게 파악하게 되었고, 이에 따라 명교에 대한 신념을 버리고 길을 바꾸어 노장(老莊)을 숭상하게 되었다. 정치적 신념의 변화에 따라서 완적의 자연관도 변화를 하게 되는데, 이때 그는 유가의 『육경』의 "여러 나라를 다니며 베푼 가르침[分處之教]"[2]과 "한 부분에 치우친 말[一曲之說]"을 믿지 않고,

---

1 「通易論」. "陰之從陽", "內得其所", "在上而不凌乎下, 處卑而不犯乎貴."

2 역주 춘추전국시대 공자와 맹자 등 유가들이 천하를 주유(周遊)하면서 유세한 유교의 가르침을 말한다. "공자의 도(道)가 크고도 넓어서 문하의 제자들이 두루 보고 다 알 수가 없었다. 그러므로 배움에 모두 그 소질의 가까운 바를 얻었는데, 그 후 이산(離散)하여 제후(諸侯)의 나라에 나누어 거처하면서 또 각기 자기의 능한 것으로써 제자들에게 전수해 주니, 근원이 멀어짐에 지엽(枝葉)이 더욱 나누어졌다. 오직 맹자는 자사(子思)를 스승으로 삼았는데, 자사의 학문은 증자(曾子)에게서 나왔으니, 공자가 별세한 뒤로부터 유독 맹자의 전통(傳統)이 그 종주(宗主)를 얻었다. 그러므로 성인의 도를 관찰하고자 하는 자는 반드시 『맹자(孟子)』로부터 시작하여야 한다(朱熹, 『孟子集注』「序說」. 孔子之道, 大而能博, 門弟子不能觀而盡識也. 故學焉而皆得其性之所近, 其後離散, 分處諸侯之國, 又各以其所能, 授弟子, 源遠而末益分. 惟孟軻師子思而子思之學, 出於曾子, 自孔子沒, 獨孟軻氏之傳, 得其宗. 故求觀聖人之道者, 必自孟子始)."

장자의 "참뜻을 드러내는 말[致意之辭]"과 "걸림 없이 호탕한 이야기[寥廓之談]"를 옹호하기 시작하였다.

"참뜻을 드러내는 말"과 "걸림 없이 호탕한 이야기"란 무엇인가? 현대적인 언어로 말하자면 바로 광대하고 충만한 기세를 가지고 거시적으로 세계를 파악하는 것이다. 완적은 이렇게 해야만 비로소 세계에 대하여 전체적으로 모든 방면의 인식이 가능하다고 보았다. 그는 다음과 같이 말했다.

> "천지(天地)는 자연에서 생성하며, 온갖 사물은 천지에서 생성하는데, 자연이라는 것은 한계가 없이 넓고 크므로 천지라고 이름지은 것이다. 천지는 안으로 일정한 범위가 있으므로 온갖 사물이 생성한다. 그 한계 없이 넓고 큰 것에 대하여 누가 천시와 다르다고 말할 것인가? 그 안으로 일정한 범위가 있는 것에 대하여 누가 온갖 사물과 다름이 있다고 말할 것인가? 땅은 건조함을 흘려보내고, 하늘은 음습함을 막아준다. 달은 동쪽에서 뜨고, 해는 서쪽으로 진다. 해와 달은 서로 따라 좇으며, 떨어진 뒤에 다시 만난다. 위로 날아오르는 것을 양(陽)이라 하고, 아래로 내려가는 것을 음(陰)이라고 한다. 땅에 있는 것을 지리(地理)라고 하고, 하늘에 있는 것을 천문(天文)이라고 한다. 끓어오르는 것을 비라고 하고, 흩어져 날리는 것을 바람이라고 한다. 불타오르는 것을 불이라 하고, 응고되는 것을 얼음이라고 한다. 땅위에서 모양을 이루는 것을 돌이라 하고, 하늘 위에서 모양을 이루는 것을 별이라고 한다. 이른 새벽을 아침이라 하고, 늦은 저녁을 어둠이라고 한다. 물이 흐르는 것을 하천이라 하고, 물이 고여 있는 것을 연못이라 한다. 평탄한 것을 땅이라 하고 높이 쌓여 있는 것을 산이라 한다. 남자와 여자는 같은 지위를 지니며, 산과 못은 서로 기가 통한다. 우레와 바람은 서로 배척하지 않으며, 물과 불은 서로 가까이 하지 않는다. 천지는 그 덕을 함께하며, 해와 달은 그 빛을 서로 비춘다. 자연은 혼연일체이니, 온갖 사물이 각각 그 불변의 법칙을

따른다. 숨어 들어감을 그윽함이라 하고, 나타남을 드러남이라고 하며, 천지의 기는 왕성함과 쇠퇴함이 있어서 변화해 가지만 서로 다치지 않는다. 이 때문에 하늘에 짙은 구름이 끼면서 우레와 번개가 치는 것은 이상한 현상의 출현이 아니다. 전지의 해와 달도 다른 것이 아니다. 그러므로 '사물을 다른 것의 관점으로 보면 간과 쓸개도 초나라와 월나라처럼 먼 것이며, 사물을 같은 것의 관점으로 보면 온갖 사물도 혼연일체인 것이다.'[3]라고 한 것이다."[4]

이 문단의 글은 길다고 할 수는 없지만, 이 문단은 완적의 자연관 체계를 진술하는 것인데, 그 기본 사상은 아래의 몇 가지 특징으로 개괄할 수 있다.

(1) 이른바 "자연"은 전체 세계의 천지만물을 포괄하는 것이다. 천지만물의 생성 이전인 "혼연일체로 나누어지지 않은 모습[混一不分]"과 "출렁이며 넘실대는 모습[瀁瀁洋洋]"의 상태를 "자연"이라고 부른 것이다. 여기에서 "자연"에 대한 완적의 이해가 앞 사람들과 중대한 차이가 있음을 볼 수 있다.

"자연"은 선진 시대 도가와 위진 시대 현학가들이 늘 사용하는 중요한 개념이다. 노자 · 장자 · 하안 · 왕필 등의 경우에 "자연"은 결코 세계 자체를 의미하는 것이 아니고, 세계를 이루는 실체에 대한 묘사 또는 세계의 실체를 직접 의미한다. 노자는 "사람은 땅을 본받고, 땅은 하늘을 본

---

3 역주 이 부분은 『장자』「덕충부」의 구절을 인용한 것이다.

4 「達莊論」. "天地生於自然, 萬物生於天地, 自然者無外, 故天地名焉. 天地者有內, 故萬物生焉. 當其無外, 誰謂異乎? 當其有內, 誰謂殊乎? 地流其燥, 天抗其濕. 月東出, 日西入. 隨以相從, 解而後合. 升謂之陽, 降謂之陰. 在地謂之理, 在天謂之文. 蒸謂之雨, 散謂之風. 炎謂之火, 凝謂之氷. 形謂之石, 象謂之星. 朔謂之朝, 晦謂之冥. 通謂之川, 回謂之淵. 平爲之土, 積謂之山. 男女同位, 山澤通氣. 雷風不相射, 水火不相薄. 天地合其德, 日月順其光. 自然一體, 則萬物經其常. 入謂之幽, 出謂之章, 一氣盛衰, 變化而不傷. 是以重陰雷電, 非異出也; 天地日月, 非殊物也. 故曰: 自其異者視之, 則肝膽楚越也; 自其同者視之, 則萬物一體也."

받고, 하늘은 도를 본받고, 도는 저절로 그러함을 본받는다."[5]라고 하였다. "자연"은 바로 스스로 이와 같음이다. 사람은 땅을 본받을 수 있으며, 땅은 하늘을 본받을 수 있고, 하늘은 도를 본받을 수 있으므로 도는 가장 최초이며 가장 근본적인 것으로서 그 위에 다시 어떤 것도 본받을 것이 없다. 이 때문에 그것은 오직 스스로 이와 같음일 뿐이다. 여기에서 스스로 이와 같음인 "도"는 원인도 없고 근거도 없는 것이므로 세계의 최후 원인이며 최후의 근거이다. 장자의 경우에 "자연"이라는 이 개념은 여전히 노자의 규정을 벗어나지 않으며, 기본적으로 역시 스스로 그러하여 그러함이고, 스스로 이와 같음의 뜻이다. 장자는 비록 일찍이 "자연"을 "천(天)"이라고 하였으나 그가 말하는 "천"은 결코 땅과 대응하는 하늘이 아니라 인위와 상대되는 천연(天然)이다. 천연의 도 역시 저절로 그러하여 그러함의 뜻이다. 왕필이 말하는 "자연"은 "도"(또는 "무")와 직접적으로 같은 것이다. 그는 "저절로 그러함은 그 실마리를 볼 수 없는 것이며, 그 뜻을 알 수도 없는 것이다."[6]라고 하였다. "자연"을 어떤 규정성도 없는 세계의 실체로 본 것이다. 완적은 비록 현학가이기는 하지만 그의 자연관은 오히려 "무(無)"를 근본으로 삼는 본체론이 아닌데, 이 때문에 "자연"에 대한 그의 이해도 노자와 왕필과는 다르며, "자연"을 천지의 온갖 사물과 같은 것으로 보아서 전체의 현상세계를 "자연"이라고 보았다. 그의 관점에서 본다면 온갖 사물은 바로 천지이며, 천지는 바로 "자연"이다. 알록달록 찬란하며 정교하게 아름다운 세계와 풍부하고 다채로운 온갖 사물 그리고 자연은 일체이며, 천지의 온갖 사물 밖에 따로 "자연"은 없다. "자연"에 대한 완적의 이와 같은 이해는 중국철학사에서 선행의 사례가 없는 것으로서, 그의 의도는 전체 세계를 하나의 조화로이 통일된 총체로 보는 것이며, 세계 밖에 두는 신비한 원인과 근거를 제거한 것이다.

---

5 『老子』 25章. "人法地, 地法天, 天法道, 道法自然."

6 『老子』 27章 注. "自然, 其端兆不可得而見也, 其意趣不可得而睹也."

(2) 전체 세계는 "다른 것의 관점으로 보면[自其異者視之]" 온갖 개별자들이 상황이나 경우에 따라서 가지각색으로 다르고 차이가 많은 것이다. 천문(天文), 지리(地理), 일월성신(日月星辰), 바람 비 우레 번개, 물 불 흙 돌, 산천(山川)과 하류(下流), 아침과 하루 그리고 밝음과 어두움 … 온갖 일과 온갖 사물이 모두 자기의 속성과 존재 형식을 지니고 있으며, 세상의 모든 일이 완전하게 같은 것은 하나도 없다. 바로 이런 모습 때문에 전체 세계가 바로 천태만상(千態萬象)·각양각색(各樣各色)의 다채로운 모습을 나타내는 것이며, 바로 이와 같은 이치로 사람들은 세상의 사물에 대해서 다양한 종류의 구별을 하는 것이다.

(3) 가지각색으로 다르고 차이가 나는 세상의 사물과 일은 각자 자기 멋대로 존재하고 행동하며 서로 상관하지 않는 것이 결코 아니며, 서로 조화를 이루는 전체이다. "남자와 여자는 같은 지위를 지니며, 산과 못은 서로 기가 통한다. 우레와 바람은 서로 배척하지 않으며, 물과 불은 서로 가까이하지 않는다. 천지는 그 덕을 함께하며, 해와 달은 그 빛을 서로 비춘다."[7] 천지의 온갖 사물은 모두 자기의 존재 지위와 운행의 법칙을 지니고 있으며, 그것들 사이에는 서로 지장을 주지 않고 서로 소통하며, 두루 연관되어 있는데, 이와 같은 모습이라야 비로소 풍부하고 다채로우며 또 조화로이 통일된 세계를 형성하는 것이다.

(4) 천지의 온갖 사물이 조화로이 통일될 수 있는 것은 그것들이 본질적으로 일치하기 때문이다. "숨어들어 감을 그윽함이라 하고, 나타남을 드러남이라고 하며, 천지의 기는 왕성함과 쇠퇴함이 있어서 변화해 가지만 서로 다치지 않는다. 이 때문에 하늘에 짙은 구름이 끼면서 우레와 번개가 치는 것은 이상한 현상의 출현이 아니다. 천지의 해와 달도 다른 것이 아니다."[8] 전체 세계는 기(氣)로 다 통일되며, 일월성신(日月星辰)·

---

7 "男女同位, 山澤通氣. 雷風不相射, 水火不相薄. 天地合其德, 日月順其光."

8 "入謂之幽, 出謂之章, 一氣盛衰, 變化而不傷. 是以重陰雷電, 非異出也; 天地日月, 非殊物也."

산 · 하천 · 흙 · 돌 그리고 물 · 불 · 어둠 · 밝음은 모두 기의 서로 다른 존재형식이다.

(5) 천지의 온갖 사물은 끊임없이 움직이며 변화한다. "달은 동쪽에서 뜨고, 해는 서쪽으로 진다. 해와 달은 서로 따라 좇으며, 떨어진 뒤에 다시 만난다."[9] "음과 양이 교대로 운행하며, 사계절이 바삐 좇아서 서로 지나간다."[10] 세상의 온갖 사물은 하나라도 운동 · 변화하지 않는 것이 없다.

총괄해서 말하자면, 완적의 입장에서 볼 때 전체 세계는 기로 이루어지는 것이며, 이미 천차만별의 차이가 나면서 또한 조화로이 통일되어 있고, 끊임없이 움직이며 변화해 가는 통일된 전체이다. 우리는 완적의 자연관이 전형적으로 고대의 소박한 유물주의적 자연관이라고 말한다. 이런 자연관은 세계의 통일성을 모종의 구체적 물질형태로 귀결짓는다. 동시에 그는 세계의 운동변화와 보편적 연관을 또 강조한다. 이것은 "자연적이며 순박한 형식"으로 나타난 변증법적 사유의 관점이다.

완적의 자연관에도 분명한 잘못이 있다.

첫째, 그가 모종의 상황에서 "자연"을 초월하는 "신(神)"의 존재를 인정하는 것이다. 그는 다음과 같이 말했다.

> "아아! 한 계절은 일 년 세월보다 못하고, 일 년 세월은 천지의 장구(長久)함만 못하며, 천지의 장구함은 도(道)의 장구함만 못하고, 도의 장구함은 신(神)의 영원함만 못하다. 신이란 것은 자연의 뿌리이다."[11]

완적은 본래 "자연"과 "도"(세계의 온갖 사물과 그 법칙)가 가장 근본적

9 "月東出, 日西入. 隨以相從, 解而後合."

10 「大人先生傳」. "陰陽更而代邁, 四時分而相過."

11 「大人先生傳」. "嗚呼! 時不若歲, 歲不若天, 天不若道, 道不若神. 神者, 自然之根也."

인 존재라고 생각했지만, 그는 여기에서 "자연"과 "도"에 비하여 더 근본적인 것으로 "신(神)"을 내세운 것인데, 그가 여기에서 말하는 "신"은 궁극적으로 무엇을 의미하는가? 완적이 「달장론(達莊論)」과 「대인선생전(大人先生傳)」에서 "신(神)"자를 사용한 곳이 매우 많은데, 그 기본적인 함의는 세 가지가 있다. 하나는 사람의 정신을 의미한다. 예를 들면 그는 다음과 같이 말했다. "사람은 천지 속에서 살며, 자연의 저절로 그러함의 형태를 몸으로 받는다. 몸은 음양의 정기(精氣)[12]이며, 본성은 오행의 바른 본질이다. 정감은 떠도는 혼의 변화하는 욕망이다. 정신은 천지가 사람의 근본을 부리는 근거이다."[13] 또 하나는 신선(神仙)을 의미한다. 예를 들면 그는 다음과 같이 말했다. "오제(五帝)[14]가 춤을 추니 자태가 엄숙하게 더욱 이어지도다. 육신(六神)[15]이 노래하니 아름다운 소리가 사방에 퍼지노라."[16] 다른 또 하나는 신기하고 오묘함을 의미한다. 예를 들면 그는 다음과 같이 말했다. "절기의 배열이 차례대로 움직여 변화해 가는 것이 신과 같고, 한기(寒氣)가 열기(熱氣)를 이끌어 감에 따라 사람을 해치게 된다."[17] 그렇다면 그가 말하고 있는 "신이란 것은 자연의 뿌리이다."라고 할 때의 "신"자는 어떤 의미로 사용하는 것인가? 우리는 여기서 말하고 있는 신(神)이 "지인(至人)"의 정신을 의미한다고 본다. 완적은 "지인"의 정신이 시간과 공간을 초월할 수 있다고 생각하여 다음과 같이 말했다. "지인(至人)은 살아 있는 동안 마음이 편안하고 죽어서는 고요하다. 살아서 마음이 편안함은 정감이 미혹되지 않는 것

12 "精氣"는 장섭본(張燮本)에 "積氣"로 되어 있다.

13 「達莊論」. "人生天地之中, 體自然之形. 身者, 陰陽之精氣也. 性者, 五行之正性也. 情者, 游魂之變欲也. 神者, 天地之所以馭者也."

14 역주 오제(五帝)는 고대의 다섯 방위의 천제(天帝)이다. 『주례(周禮)』 「춘관(春官)」 <소종백(小宗伯)>.

15 역주 육신(六神)은 고대의 제사에서 대상이 되는 육종(六宗)의 신이다.

16 「大人先生傳」. "五帝舞而再屬兮, 六神歌而代周."

17 「大人先生傳」. "氣并代動變如神, 寒倡熱隨害傷人."

이다. 죽어서 고요함은 정신이 흩어지지 않은 것이다. 그러므로 음양의 변화와 함께하여 본성이 바뀌지 않는다."[18] 세상의 온갖 사물은 모두 일정한 국한성을 지니는데, 오직 "지인"의 정신은 영원히 존재하며 자유롭게 소요(逍遙)하므로 "속세를 초탈하고 범인의 무리를 끊으며, 세속을 버리고 홀로 가고, 태시(太始) 시대의 앞으로 나아가며, 고요하고 그윽한 원초 상태를 바라보고, 가없는 공간을 노닐 생각을 하며, 뜻은 호탕하여 저절로 느긋해지고, 사계절 내내 바람을 타고 날며, 하늘하늘 온갖 곳을 날아다닌다."[19] 지인은 공간의 제약이 없고 처음과 끝도 없는 "자연" 속에서 노닌다. 그러므로 "신"이 "자연"의 뿌리라고 말한 것이다. 완적이 말하고 있는 "신이란 것은 자연의 뿌리이다."라는 말은 자연관의 명제는 아니며, 그가 진정으로 "자연" 위에 다시 "신"을 두려고 한 것은 결코 아니다. 이 구절의 말은 그가 "대인(大人) 선생"의 정신 경지에 대하여 묘사한 것이며, 역시 그 자신의 정신이 동경하는 것에 대한 것이라 말할 수 있다. 암흑의 현실 사회에 대하여 완적은 어떻게 해볼 수 없었기 때문에, 그는 부득이 정신적으로 자유와 해탈을 찾고자 한 것이다. 이 때문에 우리는 이 구절이 비록 잘못된 점을 포함하고 있더라도 여전히 그의 자연관이 지닌 유물론적 성격을 부정할 수 없다.

둘째, 그는 세계의 통일성과 물질의 구체적 존재형식의 상대성을 지나치게 강조하고 온갖 사물 사이의 본질적 차이를 경시하였기 때문에 그의 변증법적 사유방식은 상대주의적 색채를 지니게 되었다. 예를 들면 그는 다음과 같이 말했다.

"삶을 기준으로 말하자면, 개별자는 장수(長壽)하지 않는 것이 없다. 죽

18 「達莊論」. "至人者, 恬於生而靜於死. 生恬, 則情不惑; 死靜, 則神不離. 故能與陰陽化而不易, 從天地變而不移."

19 「大人先生傳」. "超世而絶群, 遺俗而獨往, 登乎太始之前, 覽乎忽漠之初, 慮周流於無外, 志浩蕩而自舒, 飄飖於四運, 翻翱翔乎八隅."

음을 기준으로 미루어 보면 개별자는 단명(短命)하지 않는 것이 없다. 작은 것을 기준으로 보자면, 온갖 사물은 작지 않은 것이 없다. 큰 것을 기준으로 보자면, 온갖 사물은 크지 않은 것이 없다. 성인이 되지 못하고 일찍 죽은 사람은 장수한 것과 같고, 장수한 팽조는 단명한 것과 같다. 짐승의 터럭 같이 작은 것은 큰 것이며, 태산처럼 큰 것은 작은 것이다. 그러므로 사망과 생명은 하나로 관통되는 것이고, 옳고 그름은 서로 상통하는 것이다."[20]

이와 같은 완적의 설법은 비록 세계의 통일성을 논증하기 위한 것으로서 장자의 만물제동(萬物齊同) 및 시비동일(是非同一) 사상과 구별되는 것이 있지만, 이와 같은 "사망과 생명은 하나로 관통되는 것이고, 옳고 그름은 서로 상통하는 것"이라는 사상은 역시 "천지는 하나의 손가락 같은 것이고, 온갖 사물은 한 마리의 말과 같은 것이다."[21]라는 말의 성격을 분명하게 지닌다.

2 완적의 사회역사관

완적의 사회역사관도 전기·후기의 구분이 있다. 전기의 사상은 기본적으로 유가에 속하며 「통역론(通易論)」이 대표작이다. 후기의 사상은 도가에 속하며 「달장론」과 「대인선생전」이 대표작이다.

앞에서 이미 언급하며 논술했듯이 완적의 「통역론」은 대체로 정시 연

20 「達莊論」. "以生言之, 則物無不壽; 推之以死, 則物無不夭. 自小視之, 則萬物莫不小; 由大觀之, 則萬物莫不大. 殤子爲壽, 彭祖爲夭; 秋毫爲大, 太山爲小. 故以死生爲一貫, 是非爲一條也."

21 『莊子』「齊物論」. "天地一指, 萬物一馬."

간의 초기에 쓰였는데, 당시 그의 사상은 아직 정통의 유가 관념을 유지하고 있었다. 완적의 입장에서 볼 때, 『역경(易經)』은 복희씨(伏羲氏)가 "천지자연이 일주기 운행을 마칠 즈음, 사람들이 피곤해 초췌해질 때, 여러 가지 백성의 이로운 기물이 없고, 법규와 제도가 아직 제대로 서지 못하며, 천지신명의 은덕이 백성들에게 이르지 못하고, 온갖 사물과 일이 제 모습을 잡지 못하는"[22] 상황에서 지은 것이며, 그 목적은 후세의 성인이 나라를 경영하고 백성을 다스리며 문물을 짓고 실용의 이익을 낳게 하도록 지도하는 것이다. 『역경』이 어떻게 이런 거대한 기능을 갖추게 되었는가? 왜냐하면 그것은 "천지에 근원을 두고, 음양의 법칙을 따르며, 흥망성쇠를 미루어 보고, 그윽하고 은미한 이치를 내어, 밝게 드러냄에 이른 것"[23]이고, "천지의 도를 뒤덮고, 온갖 사물의 실정을 두루 싸안아서"[24] 천지의 온갖 사물과 인류사회의 모든 법칙 및 각양각색의 변화 상황을 전부 다 고려했기 때문이다.

완적은 『역경』의 64괘가 제멋대로 배열된 것이 아니고, 64괘의 배열 순서는 인류사회 발전의 역사적 순서를 반영한 것이라고 보았다. 그의 이해를 살펴보면, 인류사회의 발전은 대체로 아래와 같은 세 단계를 거친다.

(1) 국가의 발생. 완적은 다음과 같이 말했다.

> "천지(음양 두 괘)가 이미 세워지니, 준(屯)괘와 몽(蒙)괘가 비로소 생겨나며, 수(需)괘로 시간을 기다리며, 송(訟)괘로 대의(大義)를 세우고, 사(師)괘로 무리를 모으며, 비(比)괘로 백성을 안정시켰다. 이 때문에 '선

22 「通易論」. "當天地一終, 值人物憔悴, 利用不存, 法制夷昧, 神明之德不通, 萬物之情不類."

23 「通易論」. "本天地, 因陰陽, 推盛衰, 出自幽微, 以致名著"

24 「通易論」. "覆燾天地之道, 囊括萬物之情."

왕이 비(比)괘의 상을 보고 여러 나라를 세우고, 제후를 친애한 것인데,' 이것이 여러 사람의 마음을 수렴한 것이다. 이는 근원의 물을 쌓아서 이용하고, 여러 사물을 모아서 재단하고 쓰는 것이다. 이 때문에 상하(上下) 모두가 조화로이 화합하는 것이니, '(임금이) 천지의 도를 헤아려서 이루고, 천지의 마땅함을 도와서, 백성을 다스리는 것인데,' 이것이 천지의 이 치에 순응하는 것이다."[25]

문장 속에서 말하고 있는 준(屯)·몽(蒙)·수(需)·송(訟)·사(師)·비(比)·소축(小畜)은 모두 괘의 이름이다. 준괘는 음양이 처음 사귀어서 온갖 사물을 낳는 것이며, 몽괘는 어리석은 상태로 아직 감화되지 못한 상태이다. 이 말의 의미는 인류가 막 탄생할 때에 아직 우매하고 지혜가 없어서 인지가 열리고 감화되어 발전하는 과정이 필요하다는 것이다. 당시 인류는 조금씩 자라나서 점차 수가 많아진 뒤에는 서로 다투고 빼앗으면서 소송(訴訟)이 발생하게 되었는데, 이 때 선왕이 여러 백성을 모아 편안하게 하기 위하여 나라를 세운 것이다. 국가의 수립은 사람들에게 상하 모두 화목하게 하고, 더 나은 양육과 다스림을 받게 함에 목적이 있는 것이다.

(2) 예악 형벌의 형성. 뒤에 와서 "앞 시대의 성왕이 이미 세상을 떠남에"[26] 세상에는 "덕의 정치와 법도가 어그러지고 변해서, 상하의 사람들이 서로 능멸하고 나태해지며, 음양의 굳셈과 부드러움의 덕이 조화를 이루지 못하고, 천지의 기가 서로 소통하지 못하는"[27] 혼란의 국면이 출

---

25 「通易論」. "天地旣設, 屯蒙始生, 需以待時, 訟以立義, 師以聚衆, 比以安民; 是以'先王以建萬國, 親諸侯,' 收其心也. 原而積之, 畜而制之. 是以上下和洽, '裁成天地之道, 輔相天地之宜, 以左右民,' 順其理也."

26 「通易論」. "先王旣歿."

27 「通易論」. "德法乖易, 上凌下替, 君臣不制, 剛柔不和, 天地不交."

현하게 된다. 그래서 "군자가 각각의 부류에 맞게 구분하고 공통점을 구하여, 사악함을 막고 선량함을 드높였으며",[28] "성인의 선함 품성을 높여서 천하에 가르침을 세워서",[29] "대인이 높은 지위를 얻고, 현명한 성왕이 또한 홍성하게"[30]되었다. 이 시기에 선왕이 천하의 통일에 직면하여 예법을 마련하고 음악을 지어서 상제에게 예를 올리고 바른 도를 밝게 드리워서, 사람들에게 자식은 그 어버이를 높이고, 신하는 임금을 받들며, 제도와 절의(節義)에 맞게 법도를 따르게 하였다. 또한 "형벌을 밝게 살피고 법을 바르게 세워서",[31] 높고 낮은 신분에 질서가 있어 사회의 안정을 유지하게 되었다.

(3) 후세의 사회. "말세에 이미 기운이 쇠퇴해져서, 장차 다가올 일을 예측할 수 없으니",[32] 선왕이 비록 지극히 큰 노력을 기울여 "인정을 펴고 은택을 베풀어, 그 덕의 정치를 수립하더라도"[33] 사회에는 오히려 "선량함을 길러 주어도 도리어 사악함이 횡행하고", "이로움을 쌓아도 도리어 재해(災害)가 발생하는"[34] 국면이 출현하였다. 완적은 이런 국면의 발생이 "흥망성쇠는 각기 때가 있는 법이요, 굳셈과 부드러움의 변화는 무상(無常)한 것이다. 혹시 얻을 때가 있고 혹시 잃을 때도 있으며, 한 번 음이 되고 한 번 양이 되는 것이니",[35] 오직 통치자가 "변화를 귀하게 여기고 작은 일을 신중하게 살펴서, 사물 변화와 함께 서로 좇아야 하는 것이며",[36] 또한 상하의 질서를 회복하여 서로 화목하게 지내는 국면을

28 「通易論」. "君子一類求同, 遏惡揚善."
29 「通易論」. "崇聖善以命."
30 「通易論」. "大人得位, 明聖又興."
31 「通易論」. "明罰敕法."
32 「通易論」. "季葉既衰, 非謀之獲."
33 「通易論」. "施仁布澤, 以樹其德."
34 「通易論」. "養善反惡, 利積生害", "上失其道, 下喪其群."
35 「通易論」. "盛衰有時, 剛柔無常; 或得或失, 一陰一陽."
36 「通易論」. "貴變慎小, 與物相追."

회복할 수 있다고 보았다.

완적은 『역경』이 비록 "오르내림이 무상(無常)하고 강유(剛柔)가 서로 교역(交易)하여 전요(典要)로 삼을 수 없고, 오직 변화하여 나아가는 바이지만",[37] 그러나 사람들에게 가장 근본적인 치세(治世)의 원칙을 제시한 것이니, 바로 "도는 지극함에 이르면 되돌아오고, 사물은 지극함에 이르면 개변(改變)한다. 되돌아올 때의 쓰임을 천시에 맞게 하고 개변할 대의 쓰임을 합당한 일에 맞게 하여야 한다."[38] 그는 다음과 같이 말했다. "천시에 합당하게 맞으므로 천하의 백성들이 그 은택을 우러러 본다. 그 합당한 일에 맞으므로 온갖 사물이 그 두터운 이로움에 의존한다. 은택을 널리 베푸니 천하가 순조로이 복종하니, 이것이 천하가 자연의 도에 순응하는 것이며, 은혜가 생명을 지닌 것들에 미치는 것이다."[39]

완적은 유가의 전통을 계승하였는데, 그의 사회역사관은 "선왕(先王)"이 예악을 가지고 천하를 다스리는 영웅사관이다. 여기에서 우리가 볼 수 있는 것은, 정시 연간에 완적이 말한 "세상을 구제하고자 하는 뜻[濟世志]"은 "성군을 보좌하고 왕명을 받들며, 교화를 돕고 법도를 밝히며",[40] 성인이 확립한 "천하의 지위와 신분의 높고 낮음의 제도와 음양의 운행과 강유 변화의 절도"[41]를 선양(宣揚)하며, "위의 신분에 있는 사람이 아랫사람을 능멸하지 않고, 낮은 위치의 사람이 높은 지위의 사람을 침범하지 않는"[42] 정치를 회복하는 것으로 자기의 임무를 삼은 것이다.

정시 연간에 하안과 왕필은 정치적 필요에 따라서 도가를 가지고 유가로 들어간 것이니, 도가로 유가를 해석하는 것이며, 유가의 사상에 대

37 『易經』「繫辭」下, 8장. "上下無常, 剛柔相易, 不可爲典要, 惟變所適."

38 「通易論」. "道至而反, 事極而改. 反用應時, 改用當務."

39 「通易論」. "應時, 故天下仰其澤; 當務, 故萬物恃其利. 澤施而天下服, 此天下之所以順自然, 惠生類也."

40 「通易論」. "佐聖扶命, 翼敎明法."

41 「通易論」. "天下之位, 尊卑之制, 陰陽之適, 剛柔之節."

42 「通易論」. "在上而不凌乎下, 處卑而不犯乎貴."

하여 하나의 개조를 진행한 것이다. 이런 사조의 영향하에서 완적은 자기의 저작 속에 유가와 도가 두 사상을 융합하고자 힘써 노력하여, 세상을 다스리고 백성을 편안하게 하는 것이 자연의 도를 따라야만 한다고 주장한다. 그러나 당시에 그가 시도한 통일 작업은 하안과 왕필이 대표하는 방향과 일치하지 않았다. 하안과 왕필은 유가사상을 도가로 변화시키고자 하였지만, 완적은 도가의 사상을 유가로 변화시키고자 하였는데, 이렇게 함으로써 유가적 전통사상의 임무를 논증하고자 한 것이다. 그는 「통노론」에서 다음과 같이 말했다.

> "성인은 천도(天道)와 인사(人事)의 이치를 밝히고, 천지자연의 운행법칙에 통달하며, 나라와 백성을 다스리는 요체에 정통하고, 모든 근신 수양의 가르침을 살핀다. 그러므로 임금과 신하가 손을 가지런히 하고 무위(無爲)의 다스림을 실행하며 가장 진솔한 시대의 질박함을 온전히 보존한다. 백성은 기쁜 마음으로 안락을 누리며, 부여 받은 생명의 평화로움을 지킨다."[43]

> "도(道)란 자연의 저절로 그러함을 본받아서 온갖 사물을 화육(化育)하고, 임금이 그것을 지켜서 정치를 하면 온갖 사물이 저절로 화육되는 것이다. 『역경』은 이 도를 태극(太極)이라고 하며, 『춘추』는 이 도를 원(元)이라고 하였고, 『노자』는 이것을 도라고 한 것이다."[44]

완적의 입장에서 볼 때, 『주역』의 "태극"과 『춘추』의 "원"과 『노자』 속의 "도"는 모두 한 가지의 것이며, 그 내용은 "신하가 임금을 따르는

---

43 「通老論」. "聖人明於天人之理, 達於自然之分, 通於治化之體, 審於大愼之訓. 故君臣垂拱, 完太素之朴; 百姓熙怡, 保性命之和."

44 「通老論」. "道者法自然而爲化, 侯王能守之, 萬物將自化. 易謂之太極, 春秋謂之元, 老子謂之道."

것이고, 음이 양을 따르는 것이며",[45] "아래의 신분에 있는 사람이 윗사람을 능멸하지 않고, 낮은 위치의 사람이 높은 지위의 사람을 침범하지 않는 것"[46]이다. 만약 이와 같은 자연의 "도"를 위배하여 임금이 위에서 아랫사람을 능멸하고 백성이 아래 위치에서 윗사람을 침범하면, "엄하게 하여도 검속되지 않고[嚴而不檢]", "신분이 높아도 존중받지 못하며[高而不尊]", "지위를 넘어서 윗사람을 능멸하고, 바름을 해쳐서 몸을 위태롭게 하게[逾位淩上, 害正危身]" 되는 것이다. 오직 "임금이 그 덕을 바르게 하고, 공직에 있는 자가 그 직분을 바르게 지키며, 윗사람과 아랫사람이 서로 의심하지 않고, 신하와 주인이 의혹이 없어야만[王正其德, 公守厥職, 上下不疑, 臣主無惑]" 비로소 "형법이 바로 서서 범법이 일어나지 않고, 형벌이 분명하게 서도 적용할 것이 없게 되며[刑設而不犯, 罰著而不施]", "임금과 신하가 손을 가지런히 하고 무위(無爲)의 다스림을 실행하며 가장 진솔한 시대의 질박함을 온전히 보존한다. 백성은 기쁜 마음으로 안락을 누리며, 부여받은 생명의 평화로움을 지킬 수 있다."[47]

이 시기에 완적은 도가의 자연의 "도"를 유가로 변화시켰으며, 그의 마음속의 이상적 인격도 역시 유가의 "성인"이었다. 그는 다음과 같이 말했다.

> "대인(大人)이란 무엇을 의미하는가? 용의 품덕을 갖추고 은거하거나 세상에 현달하며, 지위가 높거나 지위가 낮거나 늘 밝은 지혜를 지니고, 높은 지위가 있거나 직위가 없어도 광대한 마음으로 떳떳이 행동한다. 그러므로 '대과(大過)'괘에서 연못의 물이 나무를 없애는 괘상(卦象)이니,[48] (대인이 현달하지 못하여) 천하의 암울함을 표시한 것이다. 대인은

---

45 「通老論」. "臣之求君, 陰之從陽."

46 「通老論」. "在上而不凌乎下, 處卑而不犯乎貴."

47 「通老論」. "君臣垂拱, 完太素之朴; 百姓熙怡, 保性命之和."

48 역주 정현(鄭玄)은 대과(大過)괘에 대하여 다음과 같이 설명하였다. "괘(卦)됨

빛나는 성덕을 발휘하여 '밝은 빛은 이어서 사방에 널리 비춘다.' 온갖 사물이 그 빛을 우러러 생성하며, 대인의 은덕이 천지와 서로 부합하여 억지로 하지 않아도 천하가 바르게 이루어진다."[49]

이렇게 "지위가 높거나 지위가 낮거나", "온갖 사물이 그 빛을 우러러 생성하는" 대인은 「대인선생전」 속에서 말하는 "속세를 초탈하고 범인의 무리를 끊으며, 세속을 버리고 홀로 가고, 태시(太始) 시대의 앞으로 나아가며, 고요하고 그윽한 원초 상태를 바라보는"[50] 대인과 분명하게 다른 모습이다. 이상적인 인격에 대한 이와 같은 그의 묘사에서 볼 때, 그가 당시에 지향했던 것은 세상을 구제하는 것에 있었음을 알 수 있다(이상의 인용문은 주를 밝힌 것을 제외하고 모두 「통역론」에서 따 온 것이다).

정시 연산이 시난 뒤에 정치의 상황이 이지러워졌기 때문에 "명사들 중에 온전히 처지가 유지된 자들이 적었는데", 완적은 세상을 구제한다는 것이 희망 없는 짓임을 느끼게 되어, 청년시대의 정치적 포부를 결국 버리고 전향하여 노자와 장자를 신봉하면서 소극적으로 세상을 피하게 되는 것이다. 이 시기에 그의 사회역사관도 그에 따라서 근본적인 변화를 하게 된다. 그는 「대인선생전」과 「달장론」 속에서 "흥망성쇠는 각기 때가 있는 법이요, 굳셈과 부드러움의 변화는 무상(無常)한 것이다. 혹

이 위는 태(兌)이고 아래는 손(巽)이니, 못[澤]이 나무[木] 위에 있음은 나무를 없애는 것이다. 택(澤)은 나무를 윤택하게 하고 길러주는 것인데 마침내 나무를 멸하여 없애는 데에 이르니, 대과(大過)의 뜻이 된다. 대과(大過)는 양(陽)이 과한 것이다. 그러므로 큰 것이 지나친 것과 지나침이 큰 것과 대사(大事)가 지나침이 되니, 성현(聖賢)의 도덕(道德)과 공업(功業)이 일반인보다 크게 뛰어난 것과 모든 일이 보통보다 크게 뛰어난 것이 다 이것이다."(爲卦上兌下巽, 澤在木上, 滅木也. 澤者, 潤養於木, 乃至滅沒於木, 爲大過之義. 大過者, 陽過也. 故爲大者過, 過之大, 與大事過也, 聖賢道德功業, 大過於人, 凡事之大過於常者 皆是也.)『易傳』「大過」.

49 「通易論」. "大人者何也? 龍德潛達, 貴賤通明, 有位無稱, 大以行之. 故'大過'滅示(木), 天下幽明; 大人發揮重光, '繼明照於四方'. 萬物仰生, 合德天地, 不爲而成."

50 「大人先生傳」. "超世而絶群, 遺俗而獨往, 登乎太始之前, 覽乎忽漠之初."

시 얻을 때가 있고 혹시 잃을 때도 있으며, 한 번 음이 되고 한 번 양이 되는 것"[51]이라는 케케묵은 주장을 다시는 거론하지 않았고, 노자와 장자와 같이 역사 이전의 사회를 소리 높여 고취하고 질박하고 진솔함으로 돌아갈 것을 주장하였다. 그는 다음과 같이 말했다.

> "옛날 천지가 처음 열릴 때, 온갖 사물이 함께 생겨났다. 큰 것은 자기의 본성을 편안이 하고, 작은 것은 자기의 몸을 고요히 하였다. 음유(陰柔)한 달[月]은 그 기를 감추고 양강(陽剛)한 해[日]는 그 순정한 기를 펼쳤다. 해로운 것은 피할 것이 없었고, 이로운 것은 다툴 것이 없었다. 놓아버려도 잃을 것이 없었고, 거두어 들여도 가득 넘치지 않았다. 사망하여도 요절한 것으로 보이지 않았고, 생존하여도 장수하는 것으로 보이지 않았다. 복을 받는 것도 넘치게 얻는 것이 없었고, 화를 입어도 허물될 것이 없었다. 각각 자기의 명운(命運)을 따랐으니, 자연의 법도를 따라 서로의 관계를 지켰다. 총명한 사람은 지혜를 가지고 이기는 것을 다투지 않았고, 우매한 사람은 어리석음으로 패망하지 않았으며, 약한 사람은 핍박을 당해 두려워할 것이 없었고, 강한 사람은 강력한 힘을 써 심신을 고갈시킬 것이 없었다. 대체로 임금이 없어도 만사만물이 안정을 취하고, 신하가 없어도 온갖 일들이 이치에 따라 이루어지며, 각자가 몸을 보전하고 본성을 닦아서, 각자의 바른 기강을 어기지 않았다. 바로 이와 같았으므로 온갖 사물이 오래도록 번영할 수 있었던 것이다."[52]

이 말의 의미를 보자면, 천지자연이 처음에 개벽할 즈음에 인류가 막

51 「通易論」. "盛衰有時, 剛柔無常; 或得或失, 一陰一陽."

52 「大人先生傳」. "昔者天地開闢, 萬物幷生. 大者恬其性, 細者靜其形. 月藏其氣, 陽發其精. 害無所避, 利無所爭. 放之不失, 收之不盈. 亡不爲夭, 存不爲壽. 福無所得, 禍無所咎. 各從其命, 以度相守. 明者不以智勝, 暗者不以愚敗, 弱者不以迫畏, 强者不以力盡. 盖無君而庶物定, 無臣而萬事理, 保身修性, 不違其紀. 惟玆若然, 故能長久."

탄생할 때는 사회적으로 임금도 없고 신하도 없었으며, 이해가 서로 충돌하지 않았고, 지혜로운 사람이 어리석은 사람을 기만하지 않았으며, 힘센 사람이 약한 사람을 능멸하지 않아서 사람들이 모두 "각자가 몸을 보전하고 본성을 닦아서, 각자의 바른 기강을 어기지 않았으며", 자기의 자연적 본성을 살펴서 생활하였기 때문에 전체 사회는 바로 대자연과 같이 조화로이 통일되어서 서로 화목하고 사이좋게 살았다는 말이다.

당시의 시회는 어떻게 해서 이와 같은 조화와 융합의 상태를 유지할 수 있었는가? 완적은 그 주요 원인을 아래와 같은 몇 가지 특징이 있었기 때문이라고 생각한다. 첫째, 당시의 사람들은 모두 세계를 하나의 전체로 보았으며 자기 자신을 전체 사회 심지어 전체 세계의 일부분이라고 보아서 너와 나라는 구분을 짓지 않았고, 시비(是非)와 선악(善惡)을 구분 짓지도 않았다.

> "그러므로 지극한 도의 최고경지는 두루 섞여서 나눌 수 없으며, 온갖 사물과 같이 일체가 되어, 시비(是非)와 득실(得失)의 나눔을 들을 수 없다. 복희씨가 매듭을 엮어 백성들이 사냥을 하게 하고, 신농씨는 농경을 가르쳤는데, 이런 법도를 거스르는 사람은 죽었고, 이런 법도를 따르는 사람은 생존하였으니, 또한 어찌 이익을 탐하고 의리를 잊는 것이 죄악이 되는 것과 정당하고 결백함이 아름다운 명예가 됨을 알았겠는가? 가령 지극한 덕의 요체는 광대무변(廣大無邊)한 자연일 뿐이다. 혼돈의 자연은 순박하고 진실하여 그 법도를 배반하지 않는다. 그리고 맑고 고요하여 소리 없이 그윽하며, 광활하고 탁 트여 끝이 없다. 선과 악으로 나눌 수 없고, 옳고 그름으로 다툴 수 없다. 그러므로 온갖 사물이 모두 각자의 바른 곳으로 돌아가 자기의 바른 성정(性情)을 얻는다."[53]

53 「達莊論」. "故至道之極, 混一不分, 同爲一體, 內失(一作'得失')無聞. 伏羲氏結繩, 神農教耕, 逆之者死, 順之者生, 又安知貪洿之爲罰, 而貞白之爲名乎? 使至德之要, 無外而已. 大均淳固, 不貳其紀. 淸靜寂寞, 空豁以俟, 善惡莫之分, 是非無所爭.

둘째, 당시의 사회에는 높고 낮은 신분의 구분이 없었고 가난하고 부유함의 차별이 없어서, 사람들이 모두 본성을 편안히 하고 몸을 안정시켜서 외부의 대상에 눈을 두고 좇아다니지 않았다.

> "무릇 존귀함이 없으면 비천한 사람이 원망하지 않고, 부유한 재물이 없으면 가난한 사람이 쟁탈하지 않으며, 사람들이 각각 스스로 자신에게 만족하고 다른 것을 구함이 없다. 은택을 베풀지 않으면 사람들이 패망하는 중에도 원수가 있을 수 없다. 기이한 소리를 내지 않으면 사람들이 귀로 들을 만한 기이함이 없다. 음사(陰邪)한 낯빛을 나타내지 않으면 사람들의 눈이 눈길을 바꾸어 볼 것이 없다. 눈과 귀가 보고 듣는 것을 바꾸지 않으면 그 정신을 어지럽힐 것이 없다. 이것이 상고 시대의 최고 경지가 되는 것이다."[54]

"두루 섞여서 나눌 수 없으며, 온갖 사물과 같이 일체가 되어", 신분의 높고 낮음이 없고 가난함과 부유함의 차별이 없는 것, 이것이 바로 세상의 지극한 도이다. 원망하지 않고 다투지 않으며, 은혜와 원수도 없고, 옳고 그름도 없으며, 선과 악의 구분도 없는 것, 이것이 사람의 지극한 덕이다. 오직 사람들이 본성을 편안히 하고 몸을 고요하게 유지하여 지극한 덕으로써 지극한 도에 순응하면, 사회는 바로 조화와 융합을 유지할 수 있고 쟁탈과 혼란이 발생하지 않는다.

후세의 시기가 도래함에, 기이함을 좋아하는 무리가 "사물의 근본을 살피지 않고, 각자 모두 '오직 자기 자신만으로 충분하니, 어찌 다른 사람에 의지할 것이 있는가?' 라고 말하였다. 그들은 생명을 죽이고 본성

故萬物反其所而得其情也."

54 「大人先生傳」. "夫無貴則賤者不怨, 無富則貧者不爭, 各足於身而無所求也. 恩澤無所歸, 則死敗無所仇. 奇聲不作, 則耳不易聽; 淫色不顯, 則目不改視. 耳目不相易改, 則無以亂其神矣. 此先世之所至止也."

을 해쳐서 서로 간에 원수가 된다."[55] 그리고 "유가와 묵가의 발생 뒤에, 견백론(堅白論)이 이어서 함께 일어나고, 길흉화복의 학설이 만물을 관련지어 나오며, 이해득실(利害得失)이 사람들의 마음속에 자리 잡고, 서로 무리를 지어 패거리를 만들며, 변론과 논설이 서로 다투게 되었다. 예전에 강대국 제나라의 직하학궁 호걸들과 한(韓) · 위(魏) · 조(趙) 세 나라의 학사들이 모두 일찍이 눈을 부릅뜨고 격렬하게 이런 문제들에 대하여 논변하였다."[56] 이런 사람들은 "모두 백년의 수명을 사는 것은 어렵다고 보았고, 매일 매달의 굴곡진 인생이 덧없음을 알았다. 그래서 모두 수레를 화려하게 장식하고, 의복을 아름답게 치장하며, 값비싼 보석으로 아름답게 꾸미고, 저택 담장을 으리으리하게 지으며, 집 밖에 나아가 임금에게 아첨하고, 집 안에 들어와 부모 형제를 기만하며, 재주와 지식을 쌓느라, 다투어 이리저리 뛰어 다녔다."[57] 그리고 사회의 통합에 대해 고려하지 않았으며, 여기에서 입씨름이나 일삼고, 너와 나를 허망하게 구별하면서 "자연의 이치가 발양되지 못하고, 천지가 평안하게 운행하지 못하고 해와 달이 서로 좇으며, 아침저녁이 정해진 때를 잃고 낮과 밤이 구분이 없어서, 결국 서로 이익만 좇아 달리고, 서로 어그러져 이리저리 치닫게 되며, 아비와 자식이 화목하지 못하고, 임금과 신하가 어긋나 배척하여 떠나게 되니,"[58] 반듯하고 질서 정연한 사회를 서로 다투고 죽이는 세상으로 잘못 이끌어서 세상을 무너뜨리고 흩어지게 하였다. 마지막으로, 완적은 다음과 같은 결론을 얻게 된다. "무릇 명칭과 사물을 구별하여 논하는 것은 도를 무너뜨리는 담론이다. 상대를 꺾으려는

55 「達莊論」. "不顧其本, 各言'我而已矣, 何待於彼?' 殘生害性, 還爲仇敵."

56 「達莊論」. "儒墨之後, 堅白幷起, 吉凶連物, 得失在心, 結徒聚党, 辯說相侵. 昔大齊之雄, 三晉之士, 嘗相與名目張胆分別(彼)此矣."

57 「達莊論」. "咸以爲百年之生難致, 而日月之蹉無常. 皆盛仆馬, 修衣裳, 美珠玉, 飾帷墻, 出媚君上, 入欺父兄, 矯厲才智, 竟逐縱橫"

58 「達莊論」. "自然之理不得作, 天地不泰而日月爭隨, 朝夕失期而晝夜無分, 竟逐趨利, 舛倚橫馳, 父子不合, 君臣乖離."

논변은 덕을 해치는 실마리이다."[59] "가문은 지혜로운 자식이 해를 끼치며, 국가는 재주 있는 신하가 망하게 한다."[60] 오직 이와 같이 "집 밖에 나아가 임금에게 아첨하고, 집 안에 들어와 부모 형제를 기만하는" "재능 있는 신하"와 "지혜로운 자식"을 소멸시키고, 서로 분별하는 각종의 쟁탈 실마리를 엄히 단속해야만 사회의 안녕을 회복할 수 있는 것이다.

완적 후기의 사회역사관은 노자의 소국과민(小國寡民) 사상으로부터 연역되어 나온 것이며, 그는 노자와 같이 사회의 혼란을 자연의 도인 도덕의 타락으로 귀결짓는다. 그러나 그는 노자와 같이 막연하게 인류 문명의 진보를 반대하지는 않고, 인류의 허위(虛僞)·속임수·탐욕과 쟁탈을 반대한다. 더욱 귀중한 견해는 그가 군신의 제도와 빈부의 구분을 사회적 혼란을 야기하는 온갖 사악함의 근원으로 보아서 위진 시기의 무군론(無君論) 사조의 선구가 된다는 것이다. 그러나 그는 사회적 모순을 낳는 근본적 원인을 찾을 수 없었고, 또한 "임금이 없어도 만사만물이 안정을 취하고, 신하가 없어도 온갖 일들이 이치에 따라 이루어지는"[61] 이상사회로 가는 길을 찾지 못하였다. 당시의 사회에 대해서, 그는 온 세상을 깜짝 놀라게 하는 논의를 내어 놓아 마음속의 울분을 드러내고, 아름답고 미묘한 청사진을 그려서 잠시나마 스스로 자기를 위로한 것 이외에, 다른 아무런 대책이 없었으며, 최후로 어쩔 수 없이 "대인선생"과 같이 "동쪽 구름을 타고 올라, 서쪽 방향의 바람을 몰아가며"[62] 다니는 것을 상상하면서, 이런 암흑기의 세계를 초탈하여 떠나가 버린 것이다.

---

59 「達莊論」. "夫別言者, 壞道之談也; 折辯者, 毁德之端也."
60 「達莊論」. "家以慧子殘, 國以才臣亡."
61 「大人先生傳」. "無君而庶物定, 無臣而萬事理"
62 「大人先生傳」. "乘東雲, 駕西風."

3 완적의 명교관

명교관은 완적 사상의 핵심이며, 그의 자연관과 사회역사관이 모두 그의 명교관을 좇아서 이끌어져 나온 것이라고 말할 수 있다.

정신 연간 이전에 완적은 유가의 예교에 대하여 매우 중시하고 또 매우 숭상하였기 때문에 사회의 혼란 원인이 예교를 부정확하게 실행하는 데 있다고 생각했다. 그는 다음과 같이 말했다.

> "'『역경』은 천지를 순응하고 온갖 사물은 배열하였다. 둥근 하늘과 네모난 땅에 바른 형체가 있고, 사계절에 일정한 방위가 있으며, 모든 사업에 의존하는 바가 있고, 날짐승 들짐승에는 모이는 비가 있으니, 그러므로 온갖 사물은 한결같지 않음이 없다.' 음양은 사물의 본성에 따라 생성하니, 사람의 본성은 본래 굳셈과 부드러움을 지닌다. 굳셈과 부드러움은 사람의 정감에 따라 생성하니 정감은 본래 아낌과 미움이 있다. 아낌과 미움은 얻고 잃음을 생성하며, 얻고 잃음은 후회와 어려움을 생성하고, 후회와 어려움이 나타나서 길함과 흉함이 드러난다. … 이런 까닭에 성인이 천하의 각종 지위를 세우고, 높고 낮음의 제도를 정하여, 음양이 서로 운행하는 길을 배열하고, 굳셈과 부드러움의 법도를 구별하였다. 그것을 따르는 자는 생존하며, 그것은 거스르는 자는 패망하고, 그것을 얻는 자는 몸이 편안하고, 그것을 잃는 자는 몸이 위태롭다."[63]

예는 "성인이 천하의 각종 지위를 세우고, 높고 낮음의 제도를 정하

63 「通易論」. "'易順天地, 序萬物. 方圓有正體, 四時有常位, 事業有所麗, 鳥獸有所萃, 故萬物莫不一也.' 陰陽性生, 性故有剛柔; 剛柔情生, 情故有愛惡. 愛惡生得失, 得失生悔吝, 悔吝著而吉凶見. … 是故聖人以建天下之位, 定尊卑之制, 序陰陽之適, 別剛柔之節. 順之者存, 逆之者亡, 得之者身安, 失之者身危."

여, 음양이 서로 운행하는 길을 배열하고, 굳셈과 부드러움의 법도를 구별하는" 규범이며, 성인은 천지만물의 본성과 지위를 살펴서 인류사회에 편성된 질서를 부여한다. 이 때문에 예는 남자와 여자를 구별하고, 어버이와 자식의 관계를 이루며, 임금과 신하의 질서를 세우고, 백성을 평안하게 하는 작용을 구비하고 있기 때문에 오직 따라야만 하는 것이지 거스를 수는 없는 것이다. 통치자가 천하의 안정을 유지하고자 생각할 때는 반드시 예교를 제정하고 베풀어서 "자식이 그 어버이를 존중하고, 신하가 그 임금을 받들게[子尊其父, 臣承其君]"하며, 어른과 아이 사이에 질서가 있게 하고, 상하의 관계에 구분이 있도록 하는 것이며, 반드시 예교가 규정하는 등급의 질서를 보호해야 한다.

정시 연간 이후에 사마씨가 명교의 간판을 부수고 역모를 꾀해 찬탈을 하면서 반대 세력을 크게 살육하였는데, 완적은 여기서 점차 명교의 본질을 분명하게 보게 되어, 명교를 옹호하던 입장에서 전환하여 명교를 매우 미워하게 되었기 때문에 그의 명교관은 근본적인 변화를 겪게 된다. 완적의 후기 명교관은 대체로 아래와 같은 몇 가지 특징으로 귀결된다.

(1) 명교의 발생. 완적은 명교가 옛날부터 있었던 것이 아니고 계급사회 속에서 통치자들이 만든 것이라고 보았다. 그는 말하길, "옛날 천지가 처음 열릴 때, 온갖 사물이 함께 생겨났다. 큰 것은 자기의 본성을 편안히 하고, 작은 것은 자기의 몸을 고요히 하였다."[64]라고 하였다. 당시의 사회 속에서는 가난과 부유함의 구분 그리고 신분의 높고 낮음의 구별이 없었으며, 또한 서로 의심하여 속이면서 이해관계가 충돌하는 것이 없었다. "임금이 없어도 만사만물이 안정을 취하고, 신하가 없어도 온갖 일들이 이치에 따라 이루어졌으며",[65] 모든 사물은 자기의 자연적

64 「大人先生傳」. "昔者天地開闢, 萬物幷生. 大者恬其性, 細者靜其形."

65 「大人先生傳」. "無君而庶物定, 無臣而萬事理."

본성을 살펴서 존재하여, 인류사회는 충분히 조화로웠으며 근본적으로 명교가 없었고, 근본적으로 명교가 필요하지 않았다. 뒤에 와서 사회적으로 임금과 신하가 출현하게 되었는데, 이런 사람들이 백성을 깔보고 억압하며 자기의 탐욕을 만족시키기 위하여 "앉아서 예법을 제정하여 백성을 속박하였고, 어리석고 모자란 백성을 기만하고 우롱하며 지혜를 숭상하면서 스스로 신묘함을 드러내었다."[66] 예법의 출현은 통치자들이 "겉으로는 그 얼굴 모양을 교묘히 바꾸고, 안으로는 그 속셈을 깊이 감추게 하며, 욕심을 품고 많은 재물을 탐하며, 속임수와 거짓으로 명성을 추구하도록"[67] 만들고, "거짓으로 청렴함을 내세우고 실제는 탐욕을 실현하며, 속으로는 음험(陰險)한 마음을 품고, 겉으로는 인(仁)을 내세우는"[68] 목적을 이루게 하였다. 그리고 예법은 "힘센 자가 눈을 부라리면서 흉포(凶暴)하게 행동하고, 약한 자는 파리하게 여위어 다른 사람을 섬기게 하는"[69] 사회적 분위기를 조성하게 만들었다.

(2) 명교의 해로움. 완적은 명교가 사회와 개인에 대하여 위해(危害)를 가하는 것이 매우 심하다고 보았다. 우선, 명교의 발생은 사람과 사람 사이의 쟁탈 그리고 사회적 모순의 심화를 격화시켰으며, 사회적 조화와 안정을 파괴하였다. 그는 다음과 같이 말했다.

> "이제 너희가 현인을 높인다는 것으로 서로 추켜세우고, 마침내 서로 높이며, 권세를 다투어 서로 싸우며, 고귀한 지위를 바라는 것으로 서로 압력을 가하고, 천하의 백성을 몰아서 이 지경으로 몰아간다. 이것이 바로 상하가 서로 해를 끼치는 까닭이다. 천지만물의 정화를 고갈시키고, 권

66 「大人先生傳」. "坐制禮法, 束縛下民; 欺愚誑拙, 藏智自神."
67 「大人先生傳」. "外易其貌, 內隱其情, 懷欲以求多, 詐委以要名."
68 「大人先生傳」. "假廉而成貪, 內險而外仁."
69 「大人先生傳」. "强者睽而凌暴, 弱者憔悴而事人."

력자의 끝없는 성색(聲色)의 욕망을 받들게 하니, 이것은 백성을 양육하는 도리가 아니다. 이에 백성의 그런 사실을 알까 두려워하게 되니, 그러므로 무거운 상을 펴서 백성을 기쁘게 하고, 엄한 형벌을 시행하여 백성을 위협하는 것이다. 재물이 다 떨어지고 나서 상금을 줄 것이 없게 되고, 엄한 형법이 다 쓰여서 형벌을 줄 수도 없게 되니, 이에 비로소 나라가 망하고 임금이 죽임을 당하는 패망의 재앙이 있게 된다. 이것이 어찌 너희 군자라는 것들이 하는 일이 아니겠는가? 너희 군자의 예법이란 천하를 잔혹하게 하여 위험과 혼란에 빠지게 하고, 사망에 이르게 하는 술책일 뿐이다."[70]

명교는 사회적 등급의 차별을 강조하여 사람들이 목숨을 내걸고 필사적으로 상층의 신분으로 올라가도록 종용한다. 상층의 통치자는 명교를 이용하여 백성을 잔혹하게 기만하고 억압하며 약탈하면서, 백성들이 생활할 수 없게 만들어 어쩔 수 없이 이판사판 위험한 길을 가도록 한다. 이 때문에 역사적으로 나라를 망하게 하고, 임금을 죽이고, 궤멸의 재앙을 초래하는 것이 끊임없이 있어 왔다. 그 다음으로, 명교는 사람들의 자연적 본성을 파괴하여 사람들이 자연적 본성을 살펴서 정상적으로 생활할 수 없게 만든다. 그는 다음과 같이 말했다.

"무릇 눈과 귀 같은 감각기관이 좋아하는 것과 각자의 명분을 세우는 것은 모두 각자의 위치에 거처하여 직분을 바꾸지 않게 하고, 그 몸을 직분에 봉사하도록 하여, 손과 발이 끊어지거나 팔다리의 몸이 갈라지지 않

70 「大人先生傳」. "今汝尊賢以相高, 竟能以相尙, (爭)勢以相君, 寵貴以相加, 驅天下以趣之. 此所以上下相殘也. 竭天地萬物之至, 以奉聲色無窮之欲, 此費所以養百姓也. 於是懼民之知其然, 故重賞以喜之, 嚴刑以威之. 財匱而賞不供, 刑盡而罰不行, 乃始有亡國戮君潰敗之禍. 此非汝君子之爲乎? 汝君子之禮法, 誠天下殘賤(賊)亂危, 死亡之述耳."

게 한다. 그러나 후세에 기이함을 좋아하는 자가 사물의 근본을 살피지 않고, 각자 모두 '오직 자기 자신만으로 충분하니, 어찌 다른 사람에 의지할 것이 있는가?'라고 말하였다. 그들은 생명을 죽이고 본성을 해쳐서 서로 간에 원수가 되어, 몸의 사지(四肢)가 끊어져도 고통이라고 여기지 못한다. 눈은 얼굴빛을 주시하면서도 귀가 듣는 소리를 살피지 못하고, 귀는 집중하여 소리를 들으면서도 마음의 사유작용을 의지하지 못하며, 마음이 욕망을 좇아 달아나는데도 본성의 평안함을 따라가지 못한다. 그러므로 질병의 싹이 터 오르면 생존의 의지를 발휘하지 못하고, 재앙과 혼란이 발생하면 온갖 사물이 다 이지러진다."[71]

사람이라는 유기체는 사회와 마찬가지로 자연스레 조화를 이루는 통일적 전체이며, 각각의 신체 부위는 서로 협력하면서 서로 조응(照應)해야만 비로소 정상적인 생존을 할 수 있다. 그러나 명교는 그것을 망령되이 분별하여 각종의 기관이 오직 자기의 필요에 따르기만 하고 전체를 돌보는 뜻이 없다고 한 것이다. 눈은 귀를 돌아보지 않고, 귀는 마음을 돌아보지 않으며, 마음은 본성을 돌아보지 않게 되니 전체로서의 유기체가 사분오열(四分五裂)로 찢어지고 서로 기능을 죽여서 사람이 정상적인 생활을 할 수 없게 만드는 것이다.

(3) 예법만을 고수하는 사류들에 대한 비판. 명교가 사람들에게 입힌 최대의 해악은 위선(僞善)의 군자를 기른 것이다. 이런 사람들은 개인의 명예와 이익을 위해 혼신의 노력을 기울여 억지를 쓰고, 명교의 필요에 쉬 적응하여 사회적 칭찬과 포상을 속임수로 취하고, 사람의 진실한 본

---

71 「達莊論」. "凡耳目之耆, 名分之施, 處官不易司, 擧奉其身, 非以絶手足, 裂肢體也. 然後世之好異者, 不顧其本, 各言我而已矣, 何待於彼? 殘生害性, 還爲仇敵, 斷割肢體, 不以爲痛. 目視色而不顧耳之所聞, 耳所聽而不待心之所思, 心奔欲而不適性之所安, 故疾病萌則生不(意)盡, 禍亂作則萬物殘矣."

성과 정상적인 정감을 상실하여, 인성이 없는 가여운 사람이 된다. 그러나 완적은 이런 사람들을 극도로 혐오하면서 원통해 하였으므로 그들을 명교의 피해를 받은 사람으로 대우한 적이 없었고, 그들을 명교에 부화뇌동하여 협조한 악당으로 보아서 가차 없는 비판을 하였다. 완적은 "마음을 오로지 모아서 법도를 닦고, 오로지 예제를 성취하고자 하며",[72] "뜻을 위로 삼공의 높은 지위를 얻고자 함에 두고, 아래로 구주(九州)의 우두머리 자리를 잃지 않는 데 두며",[73] 한 마음을 기울여 "자신의 명성과 이름을 후세에 드날리고, 자신의 공덕을 옛 성인과 나란히 하고자 하는"[74] 거짓된 군자들이 실제로는 단지 솜으로 지은 바짓가랑이 속의 이에 불과한 것들로 보았다. 그는 이런 사람들을 조롱하면서 다음과 같이 말했다.

> "또한 너희는 저 이가 속옷 가운데 거처하고 있는 것이 보이지 않는단 말인가! 깊은 솔기 속으로 도망을 가서 헤어진 거친 솜옷 속에 숨어 있으면서, 스스로 가장 좋은 집이라고 생각한다. 그 이들이 가는 길은 솔기를 감히 벗어나지 못하며, 움직이는 공간은 거친 솜옷 잠방이를 벗어나지 못하면서, 스스로 법도를 지킨다고 여긴다. 배가 고프면 사람의 몸을 뜯어 먹으면서, 스스로 무궁한 음식이 있다고 여긴다. 그러나 화산이 분출하여 용암이 흘러 내려서 고을이 불타고 도읍이 멸망하는데도 이는 거친 솜옷 속에서 죽어도 나올 수 없다. 너희 군자들이 인간 세상에 거처하는 것 또한 저 이가 솜옷 속에 거처하는 것과 무슨 차이가 있겠는가?"[75]

72「大人先生傳」. "唯法是修, 唯禮是克."

73「大人先生傳」. "上欲三公, 下不失九州牧."

74「大人先生傳」. "揚聲名於後世, 齊功德於往古."

75「大人先生傳」. "且汝獨不見夫虱之處於裙之中乎! 逃於深縫, 匿乎坏絮, 自以爲吉宅也. 行不敢離縫際, 動不敢出裙襠, 自以爲得繩墨也. 飢則吃人, 自以爲無窮食也. 然炎丘火流, 焦邑滅都, 群虱死於裙中而不能出. 汝君子之處寰區之內, 亦何異夫虱之處裙中乎?"

완적은 이와 같이 예법만을 고수하는 사류들을 저주하였고, 예법만을 고수하는 사류들이 의존하는 명교를 저주하였으며, 언젠가 미래의 어느 때에 거짓된 군자와 명교가 한꺼번에 역사적으로 사그라지는 잿더미가 되길 희망하였다.

(4) 명교에 대한 초탈. 완적은 명교를 몹시 미워하였으며, 명교의 세력에 의지하여 권력을 도모하고 이익을 꾀하는 거짓된 군자를 증오하였지만, 그는 또한 어찌할 방법이 없었으며 그들을 소멸시킬 힘의 없었기 때문에 어쩔 수 없이 정신적 해탈을 추구하게 된 것이다. 그는 은둔자 손등(孫登)을 모범적 사례로 들어서 "도덕의 관념이 없이 오래도록 즐겁게 살며, 천지 가운데 느긋하게 거처하면서 홀로 존귀한 삶을 살고",[76] "온갖 사물을 회피하지 않고 거처하면서도, 온갖 사물을 바라보는 데에 평안한 마음을 유지하며, 사물에 휘둘리지 않으니, 온갖 사물이 기쁘게 스스로 자생할 수 있고",[77] "옳고 그름의 구별이 없으며, 선과 악의 차이도 없는"[78] "대인선생(大人先生)"을 만들어 내었는데, 이 대인선생을 자기의 이상적 인격으로 삼아서 "대인선생"과 같이 명교의 속박을 받지 않고 세속의 일에 휘둘려 번뇌에 빠지지 않기를 희망하였다. 그는 "속세를 초탈하고 범인의 무리를 끊으며, 세속을 버리고 홀로 가고, 태시(太始) 시내의 앞으로 나아가며, 고요하고 그윽한 원초 상태를 바라보고, 가없는 공간을 노닐 생각을 하며, 뜻은 호탕하여 저절로 느긋해지고, 사계절 내내 바람을 타고 날며, 하늘하늘 온갖 곳을 날아다니며",[79] 표연히 세상을 초탈하여 자유자재로 마음 가는 대로 사는 삶에 대한 환상을 가지고

76「大人先生傳」. "微道德以久娛, 跨天地而處尊."

77「大人先生傳」. "不避物而處, 所睹而寧, 不以物爲累, 所逌則成."

78「大人先生傳」. "無是非之別, 無善惡之異."

79「大人先生傳」. "超世而絶群, 遺俗而獨往, 登乎太始之前, 覽乎忽漠之初, 慮周流於無外, 志浩蕩而自舒, 飄颻於四運, 翻翱翔乎八隅."

있었다.

송(宋)나라 시대 섭적(葉適: 葉夢得)은 "완적은 동평상(東平相)을 기꺼운 마음으로 나아가지는 않다가, 진 문제 사마소 집권 시기에 종사중랑(從事中郞) 벼슬을 하였는데, 뒷날 갑자기 사마소를 위해 「권진표(勸進表)」[80]를 지었으니, 혜강보다 먼저 장형(杖刑)을 받아 죽었어야 한다는 논의가 있다."[81]라고 말했다. 섭적(葉適)의 평가는 편파적인 것이 아니다. 실제로 명교와 예법만을 고수하는 사류들의 투쟁 속에서, 완적은 혜강의 "성정(性情)이 굳세어서 악을 증오하고, 일을 당해서는 곧바로 행동으로 옮기는"[82] 기개가 없었고, 또 혜강처럼 자기의 지조를 위해 기꺼이 온몸을 던지는 헌신이 없었다. 그러나 완적은 여전히 명교를 반대하는 용감한 사류로서 부끄러움이 없으며, "분노를 내어 칼 숲에서 시(詩)를 찾는"[83] 위대한 장부(丈夫)라고 할 만하다. 더욱이 그의 명교에 대한 인식과 비판은 혜강에 비하여 더 깊었다. 먼저, 완적은 명교 발생의 사회적 근원이 통치자가 명예와 이익을 다투고 빼앗으며 백성들을 속박하고 기만하기 위하여 제정한 것이라서 "자연"의 산물이 아님을 인식하였다. 그 다음으로, 완적은 통치자가 예악형벌에 의존하여 백성들을 기만하고 억압하며 오직 "나라를 망치고, 임금을 죽이는, 패망(敗亡)의 재앙"을 조성하는 점을 지적하여, 임금과 신하, 귀족과 천민, 가난한 자와 부유한 자의 차별을 없애야만 비로소 사회가 오래도록 다스려지고 안정을 취할 수 있다고 보았다. 당연히, 당시의 역사적 조건하에서 완적은 사회

---

80 역주 이 「권진표(勸進表)」는 완적이 사마소가 정치권력을 장악해서 전횡을 휘두를 때, 아직 위(魏)나라 황제가 형식상 남아 있었는데, 사마소에게 권하여 위나라 황실을 무너뜨리고 황제의 자리에 오르기를 권한 표문이다.

81 『避暑錄話』. "阮籍不肯爲東平相, 而爲晉文帝從事中郎, 後卒爲公卿作勸進表, 若論於嵇康前自應杖死."

82 『嵇中散集』 卷二 「與山巨源絶交書」. "剛腸疾惡, 遇事便發."

83 "怒向刀叢覓小詩." 역주 루쉰(魯迅, 1881-1936)의 구체시 7언 율시의 한 부분.

적으로 빈부귀천이 발생하는 진정한 원인과 사회발전의 객관적 법칙을 인식할 수 없었지만, 1,700년 전 지주계급이면서 지식인이었던 한 개인의 생활이라는 입장에서 말하자면, 봉건시대의 명교에 대한 그의 이해와 비판은 높은 수준에 도달한 것이며 이미 어려운 작업을 해낸 귀중한 일이라 여길 만하다.

앞 시대의 사람들은 완적이 반대한 것은 사마씨이지 명교가 아니라고 말하거나, 또 어떤 사람들은 그가 반대한 것은 예법만을 고수하는 사류들의 허위성이지 명교 자체는 아니라고 말한다. 우리는 실제는 결코 이와 같지 않다고 생각한다. 솔직하게 말해서, 청년시대의 완적은 명교에 대하여 확실히 매우 존중하였고 또한 당시에 아주 오랫동안 줄곧 명교에 대한 환상을 지니고 있었다. 그러나 그의 생애 후반기, 더욱이 만년에 이르러서 그의 사상은 사마씨에 대한 불만이 커져서 사회 전체에 대한 불만으로 발전하게 되었고, 예법만 고수하는 사류들의 허위와 조작에 대한 반대에서 나아가 명교 자체에 대한 반대로 승화된 것이다. 그는 「답복의서(答伏義書)」[84]에서 명교를 옹호하는 복의를 다음과 같이 공개적으로 꾸짖고 있다. "성(城) 하나를 다 살 만한 황금을 내어서 동전 백냥의 자리를 구하며, 지고한 천도의 예법을 제정하는 데 자잘한 세속의 법도를 따른다. 귀한 신체를 수고롭게 하여 외부의 사물에 휘둘리며, 속세의 티끌을 모아 지니면서 스스로 화려함을 삼는다. 소발자국에 고인 물처럼 작고 천박한 곳에 빠져서 하늘 높이 은하수의 광대무변함을 원망하는구나. 그 비루함은 실로 부끄러운 것이요, 그런 일들은 참으로 슬픈 것이로다."[85] 이로써 보자면, 완적은 이미 모욕을 참으면서 이런 사람들 주위에서 맴도는 짓을 전혀 고려하지 않았다. 그는 「대인선생전」 속

84 역주 완적과 동시대의 사람인 복의(伏義)는 행적이 분명하게 알려지지 않는 인물이다. 嚴可均, 『全三國文』 53卷에 의하면 그의 자는 공표(公表)이다.

85 「答伏義書」. "欲衒傾城之金, 求白錢之售, 制造天之禮, 儗膚寸之檢. 勞王躬以役物, 守腠穢以自華; 沈牛迹之浥薄, 漚河漢之無根. 其陋可愧, 其事可悲."

에서 명교를 공개적으로 비판하였고, 예법을 고수하는 사류들을 저주할 때에도 그는 이미 명교에 대한 결별의 마음을 굳히고 있었다. 우리는 완적의 인생관이 소극적이며 행동의 측면에서 혜강의 용감함과 과단성만 못하다는 비판이 실제로 사실과 부합한다고 말할 수 있는데, 만약 이 때문에 그가 사상적으로 명교에 대하여 반대하지 않았다고 여긴다면 그는 억울한 대접을 받는 것이다.

한 사상가로서 명교에 대하여 통한을 품고서도 감히 명교에 대항하지 못하고, 현실적인 암흑의 세상을 목격하면서도 무기력하게 몸을 돌렸으며, 재능이 뛰어나게 태어나서 몹시 분개하면서 죽었으니, 이것이 바로 완적이 연출한 비극이다.

제6절

상수의 사상

상수는 위진 현학의 발전 속에서 중요한 대표적 인물이다. 그는 죽림 시기 현학 발전과 다른 방향을 대표하며, 이 때문에 그와 혜강·완적 등은 비록 같은 죽림 시기를 살았지만, 그의 사상은 오히려 혜강·완적과 근본적인 구별이 있다. 개괄적으로 말하자면, 그의 철학 사상은 정시 연간 시기 하안·왕필의 귀무론이 원강 시기 배외·곽상의 숭유론으로 넘어가는 과도기의 중간 지점에 있다. 이 때문에 상수는 위진 현학의 발전 속에서 특수한 지위를 점유한다.

현재 수집할 수 있는 상수의 『장자주』 200여 조문의 남은 글 중에서 상수의 현학적 기본 사상을 살펴볼 수 있다.

1 상수의 "소요逍遙 의미"

『장자』「소요유」편은 기세가 매우 크고 넓으며 걸림이 없이 자유로워서 예나 지금이나 많은 사람의 해석이 나와 있다. 「소요유」편에 대한 상수의 해석은 구(舊)학설과 다르게 새로운 뜻을 창립하였는데, 실제로 뒤에 곽상이 계승하였다. 상수의 "소요의(逍遙義)"에서 다음과 같이 말했다.

> "무릇 붕새가 하늘을 날아오르는 것은 구만 리나 되지만, 메추라기는 힘껏 날아 봐야 겨우 느릅나무 꼭대기 정도이다. 비록 크고 작음의 차이는 있으나 각각 그 본성에 말미암은 것이다. 참으로 그 본분에 합당하다면 소요하는 것은 다 한가지이다. 그러나 온갖 사물이 무성하게 자라 피어나는 것은 다 그 바탕에 의지하는 것이 있으니, 그 의지하는 바를 얻은 뒤에야 비로소 소요할 수 있다. 오직 성인만이 온갖 사물과 합치되어 대자연의 변화에 순응하기 때문에, 의지하는 것이 없더라도 언제나 도에 통할 수 있다. 어찌 성인이 홀로 도에 통할 수 있을 뿐이겠는가? 또한 가령 의지하는 것이 있다 하더라도 그 의지하는 바를 잃지 않아야 하는 것이다. 만약 그것을 잃지 않는다면 대도와 하나가 되는 것이다."[1]

유효표(劉孝標)의 『세설신어』 주(注)에 인용된 이 문단은 "상수 · 곽상의 「소요의」에서 말했다."[2]라고 표시하고 있다. 현재의 판본인 『장자』 「소요유」 주를 검토해 보면, 위에서 서술한 인용문은 내용상 기본적으로 동일하지만, 그 말과 문자는 대체로 조금 다르다. 첫째, 현재의 판본인 『장자』 「소요유」 주에는 앞머리의 "무릇 붕새가 하늘을 날아오르는 것은 구만 리나 되지만, 메추라기는 힘껏 날아 봐야 겨우 느릅나무 꼭대기 정도이다."[3]라는 두 구절이 없다. 둘째, 현재의 판본인 『장자』 「소요

1 『世說新語』「文學」 주(注) 인용. "夫大鵬之上九萬, 尺鷃之起楡枋, 小大雖差, 各任其性. 苟當其分, 逍遙一也. 然物之芸芸, 同資有待, 得其所待, 然後逍遙耳. 唯聖人與物冥而循大變, 爲能無待而常通, 豈獨自通而已. 又從有待者不失其所待; 不失, 則同於大通矣."

2 『世說新語』「文學」 주(注) 인용. "尙子期郭子玄逍遙義曰."

3 『莊子』「逍遙游注」. "夫大鵬之上九萬, 尺鷃之起楡枋."

유주(逍遙游注)」에는 두 단락으로 나누어져 있는데, 한 단락은 편제(篇題)의 주석이며, 다른 단락은 "그가 또한 무엇을 의지할 것이 있겠는가?"[4]라는 구절의 주석이다. 셋째, 현재의 판본 「소요유」의 주석에는 편제에 붙이는 주석으로 "스스로 만족하는 자리에 놓아 두면",[5] "일은 각각 그 능력에 부합하여",[6] "어찌 그 사이에 이김과 짐을 가를 수 있겠는가?"[7]라는 등의 세 구문이 있다.[8] 넷째, 현재의 판본 「소요유」의 주석은 "그가 또한 무엇을 의지할 것이 있겠는가?" 라는 구절 아래에 비교적 긴 문장의 주가 붙어 있는데, 『세설신어』의 유효표 주석에서 인용한 "상수 · 곽상의 소요의(逍遙義)"는 바로 이 장문의 주석 문장 속에 있는 작은 부분이며, 또한 문자(文字)도 조금 차이가 있다. 이상의 네 가지 특징을 살펴보면, 유효표가 인용한 판본은 본래 상수의 주(注)인데, 또한 곽상의 주와 상수의 수의 의미가 비슷하므로 상수와 곽상을 나란히 칭한 것일 수 있다. 이런 점을 근거로 판정하자면, 유효표가 『세설신어』의 주석에서 인용한 "상수 · 곽상의 소요의"는 실제로 상수의 소요의이다. 이런 점을 명확히 하고서 우리는 이것을 근거로 하여 상수의 소요의 속에 함유된 현학관을 분석할 수 있다.

첫째, 상수의 입장에서 보면, 대붕(大鵬)과 척확(尺蠖: 자벌레)이 비록 몸의 모습으로 보면 크고 작은 차이가 있지만, 각기 자기의 "본성[性]"과 "분수[分]"가 있다. 각자 자기 스스로 "본성에 내맡기고[任性]", "분수에 합

4 『莊子』「逍遙游注」. "彼此惡乎待哉."

5 『莊子』「逍遙游注」. "而放於自得之場."

6 『莊子』「逍遙游注」. "事稱其能."

7 『莊子』「逍遙游注」. "豈容勝負於其間哉."

8 역주 『莊子』「逍遙游注」. 원문은 다음과 같다. "夫小大雖殊, 而放於自得之場, 則物任其性, 事稱其能, 各當其分, 逍遙一也, 豈容勝負於其間哉!(무릇 크고 작은 것은 비록 다르지만, 스스로 만족하는 자리에 놓아두면, 사물은 각각 그 본성에 내맡겨지고, 일은 각각 그 능력에 부합하여, 제 각각 그 알맞은 처지-분수-에 합당하게 되니, 소요함은 하나이다. 그러니 어찌 그 사이에 이김과 짐을 가를 수 있겠는가?)"

당하면[當分]", 크고 작음을 논할 것 없이 모두 소요할 수 있는 것이다.

둘째, 상수는 일반적인 정황하에서 사물이 모두 의지하는 것이 있으며, "의지하는 것[所待]"이 있으면 그것이 필요로 하는 조건을 만족하게 되는 것이므로 바로 소요할 수 있다고 보았지만, 성인은 일반 사람들과 다르며, 성인은 "만물과 더불어 그윽이 부합하고 대자연의 변화법칙을 따를 수 있으며",[9] 이 때문에 어떤 조건에도 의지하지 않고, 어떤 제약도 받지 않아서 바로 "의지하는 바가 없이도 늘 통할 수 있다."[10]

셋째, 의지하는 바가 있는 사람은 비록 성인과 다르지만, 역시 소요하지 않을 수 없으나, 그 소요의 조건은 "의지하는 바를 잃지 않는 것이며",[11] "의지하는 바를 잃지 않으면 대도와 통할 수 있다."[12] 그렇다면 그것이 필요로 하는 조건은 무엇인가? 첫째 요점에서 말한 것으로 각각 스스로 "본성"에 내맡기고, 각각 그 자신의 "분수"에 합당하게 하는 것이니, "각각 그 본성에 내맡겨지고, 제 각각 그 알맞은 분수에 합당하게 되니, 소요함은 하나이다."[13]

이상의 세 가지 요점으로 보면, 상수가 생각하는 소요의의 요점은 "본성에 내맡기는 것[任性]"과 "분수에 합당하게 하는 것[當分]"을 가지고 소요(逍遙)를 해석하였다. 그가 말하는 "본성[性]"은 바로 "자연의 이치[自然之理]"이다. 그는 「난양생론(難養生論)」에서 사람의 욕망이 자연에서 생기며, 이 때문에 사람의 자연스러운 욕망을 충족시키는 것은 바로 "욕망을 드러내고",[14] "본성을 막힘없이 드러낼 수 있다"[15]고 하였는데, 이른바 "각각 그 본성에 내맡긴다."는 것이 바로 이 뜻이다. 그러나 "각각 그

9 『莊子』「逍遙游注」. "與物冥而循大變."
10 『莊子』「逍遙游注」. "無待而常通."
11 『莊子』「逍遙游注」. "不失其所待."
12 『莊子』「逍遙游注」. "不失, 則同於大通矣."
13 『莊子』「逍遙游注」. "各任其性, 苟當其分, 逍遙一也."
14 『向秀集』「難養生論」. "宣情."
15 『向秀集』「難養生論」. "達性."

본성에 내맡긴다."는 것은 또한 욕망에 멋대로 내맡기는 것은 아니며, "각각 그 본성에 내맡긴다."는 것에는 반드시 제한이 있어야 하고, "욕망을 드러냄"과 "본성을 막힘없이 드러냄"도 모두 반드시 "예로써 행위를 바르게 조절하는 것"이 필요한데, 이것이 바로 "분수에 합당하게 하는 것"이다. 상수의 글 중에 남아 있는 것이 제한적이기 때문에 그의 "소요의"의 전체 내용을 회복할 수 없다. 그러나 『세설신어』의 주에서 인용한 이 문단의 자료를 가지고 본다면, 상수는 이미 "본성"·"분수"·"의지하는 것이 있음[有待]", "의지하는 것이 없음[無待]" 및 "각각 그 본성에 내맡김", "만물과 더불어 그윽이 부합함", "대자연의 변화법칙을 따름"이라는 것 등의 중요한 개념과 명제를 제기하고 있다. 이러한 몇 가지 개념과 명제들은 뒤에 오는 곽상에 대하여 모두 중요한 영향을 끼친다.

2 상수의 "만물자생설"

"자생(自生)"·"자화(自化)" 등의 개념은 선진(先秦) 시기부터 이미 있었다. 『노자』·『장자』·『회남자』·『논형』 등 선진 시기에서 한(漢)대의 도가 저작 속에 모두 여러 차례 이런 개념을 사용하고 있다. 그러나 그것들을 중요한 철학 범주로 사용하고, 아울러 우주본체론의 시각에서 보편적인 중시를 한 사람은 상수가 처음이다. 상수는 『장자』의 "사물을 생성시키는 존재는 생성하지 않으며, 사물을 변화시키는 존재는 변화하지 않는다."[16]라는 구절을 주석하면서 다음과 같이 말했다.

"나의 생성은 내가 생성한 것이 아니니, 생성이 저절로 생성한 것일 뿐이

16 『莊子』「大宗師」. "生物者不生, 化物者不化."

다. 생성을 생성시키는 것이 어찌 사물의 성질을 지니겠는가? (사물의 성질이 없는 것이다) 그러므로 자신은 생성하지 않는다. 나의 변화는 사물이 변화시킨 것이 아니니, 변화가 저절로 변화한 것일 뿐이다. 변화를 변화시키는 것이 어찌 사물의 성질을 지니겠는가? 사물의 성질이 없다. 그러므로 자신은 변화하지 않는다. 만약 사물을 생성시키는 것이 또한 생성하는 것이고, 사물을 변화시키는 것이 또한 변화하는 것이라면, 사물과 함께 더불어 변화하는 것이 되니, 어찌 사물과 다를 수 있겠는가? 무릇 생성하지 않으며 변화하지 않는 것을 분명하게 밝힌 뒤에라야 비로소 생성과 변화의 근본이 된다는 것이다."[17]

이 문단의 자료는 현재 판본의 『장자주』와 매우 큰 차이가 있기 때문에 상수의 주석으로 확정할 수 있다. 이 문단의 주석 문장은 만물이 "저절로 생성함[自生]"과 "저절로 변화함[自化]"이라는 관점을 강조한다. 상수는 만물의 생성 · 변화 현상이 고르게 만물의 자생과 자화의 결과로 이른 것이라고 보아서, "생성을 생성시키는 것이 어찌 사물의 성질을 지니겠는가? 사물의 성질이 없는 것이다."라고 하였고, "변화를 변화시키는 것이 어찌 사물의 성질을 지니겠는가? 사물의 성질이 없다."라고 하였다. 즉 만물 자체 이외에 어떤 것이 만물의 생성 · 변화가 되는 것은 없다는 것이니, 이것은 실제로 조물주의 존재를 부정하는 것이다.

정시 연간 시기의 현학가들은, 하안 · 왕필 · 하후현 등을 포함하여, 우주본체론의 기본적 관점이 모두 만물 밖에 초월해 있는 하나의 본체인 "무(無)" 혹은 "도(道)"가 만물 존재의 근거가 된다고 보았다. 그러나 독서를 매우 좋아하는 상수는 정시 연간 현학가들이 드러내어 밝힌 귀

17 『列子』「天瑞」張湛의 주 인용. "吾之生也, 非吾之所生, 則生自生耳. 生生者豈有物哉? (無物也)故不生也. 吾之所化, 非物之所化, 則化自化耳. 化化者豈有物哉? 無物也, 故不化焉. 若使生物者亦生, 化物者亦化, 則與物俱化, 亦奚異於物? 明夫不生不化者, 然後能爲生化之本也."

무론의 이론 구조와 다른 것을 제기하였는데, 옛날부터 이미 있었던 "자생"·"자화" 등의 개념을 자기의 이론 체계로 끌어들였으며, 아울러 새로운 내용과 함의를 부여하였고, 이에 따라 위진 현학의 또 다른 일파–숭유론–의 선구적 형태를 이루었다. 이런 의미에서 말하자면, 그의 『장자주』는 비록 보존되어 내려온 것이 없지만, "자생"·"자화"를 사용하여 숭유론의 이론 뼈대를 수립하였고, 그것이 현학의 발전에 기여한 역할은 결코 뒷날의 곽상에 비해 뒤지지 않는다.

바로 상수가 숭유론 철학의 선구적 인물이 되기 때문에, 그의 이론 체계는 완전한 형태로 제시되지는 못했지만, 여전히 그에 대해 귀무론이 받은 영향을 지니고 있다. 『열자』「천서」편에의 장담주에서 인용한 상수의 위와 같은 말 속에서 가장 끝 구절이 "무릇 생성하지 않으며 변화하지 않는 것을 분명하게 밝힌 뒤에라야 비로소 생성과 변화의 근본이 된다는 것이다."라는 것이다. 바꾸어 말하자면, 상수는 "자생"·"자화"의 이론을 제기하는 동시에 또한 그 체계의 모순을 해결할 방법을 끝까지 찾지 못하고, 여전히 "생성하지 않으며 변화하지 않는 것"으로서의 "생성과 변화의 근본"을 유지하게 된 것인데, 생성 변화의 본체로 삼는 것은 결코 완전하게 정시 현학의 영향을 탈피한 것이 아니다.

비록 "자생"·"자화"·"자이(自爾)" 등의 개념을 사용할 때 여전히 "생성과 변화의 근본" 등의 귀무론 사상과 관련을 맺고 있지만, 결국은 이론적으로 새로운 하나의 길을 개척하였는데, 이런 특징은 뒷날의 배외·곽상에 대하여 모두 비교적 큰 영향을 끼친다. 그러나 곽상은 바로 이런 노선 위에서 상수의 이론적 틈새를 수정·보완하였기 때문에 비교적 완전한 숭유론 체계를 제기할 수 있었고, 아울러 현학의 발전을 높은 수준으로 제고시킨 것인데, 이것은 모두 상수의 "자생"·"자화" 학설과 뗄 수 없는 것이다.

3 상수 「난양생론」 속의 철학사상

『삼국지』 「위지」 〈왕찬전(王粲傳)〉의 배송지 주석에 인용된 혜희(嵇喜)의 「혜강전」에 다음과 같이 기록되어 있다. 혜강은 일찍이 「양생론」을 지었는데, "신선이라는 것은 저절로 그러한 자연에서 품부받아 나오는 것이지 배움을 쌓아서 이를 수 있는 것이 아니다. 양생을 수련하여 이치를 터득하고 성명(性命)을 극진히 발휘하는 것의 경우에는 안기생(安期生)·팽조(彭祖) 같은 무리가 신선의 도를 잘 추구하여 터득하였다."[18] 상수는 혜강의 「양생론」 관점에 동의하지 않았으므로 「난양생론」 한 편의 글을 지었다. 이 편의 문장은 보존되어 내려오는 상수의 완전한 작품이며, 그 속에는 인간의 본성·윤리·자연과 명교 등의 문제를 언급하고 있다. 이 문장의 글은 많은 측면에서 혜강의 관점을 왜곡하고 있지만, 상수 본인의 사상을 반영하고 있기 때문에 상수 철학사상의 일부분이 될 수 있다.

위진 시기에 인간의 본성 문제에 대한 토론도 그 밖의 철학 문제와 같이 선진과 양한 시기 이래의 형식을 변형시키고 있지만, 인간 본성의 선악 문제를 직접 토론하지는 않았는데, "성인이 감정을 지니고 있다."는 것과 "감정이 없다."는 것을 통하여 도대체 어떻게 사람의 욕망을 대할 것인지의 문제와 사람의 욕망과 인의도덕[명교]의 관계를 토론하였다. 정시 연간 시기의 현학가들은 이런 문제에 대하여 두 학파로 나뉜다. 하안과 종회 등은 "성인은 감정이 없다."는 학설(「위지」 〈종회전〉 주에 인용된 하소의 「왕필전」을 보라. 이하도 같다)을 주장하였고, 왕필은 그들과 달라서 "성인이 사람들보다 뛰어난 것은 신명이며, 사람들과 같은 것은 다섯 가지 감정이다. 신명이 뛰어나므로 충화의 기운을 체득하여 무에 통

18 「養生論」. "神仙者, 稟之自然, 非積學所致. 至於異養得理, 以盡性命, 若安期彭祖之倫, 可以善求而得也."

할 수 있고, 다섯 가지 감정이 같으므로 슬픔 · 기쁨의 감정이 없이 사물에 대응할 수는 없다."[19]라고 하여, 성인은 마땅히 감정이 있는 사람이라고 하였다. 이런 두 가지 시각의 논법은 비록 서로 다르지만, 그 이론의 실질은 모두 사람의 욕망이 어디서 나오는 것이며, 결국 어떻게 사람의 욕망을 대처해야 하는 것이며, 또한 이런 문제와 관련된 양생 · 수양 등의 문제는 어떤 것인가에 집중되어 있다.

상수의 「난양생론」은 어느 정도 위에서 서술한 문제에 대답을 제시하고 있다.

(1) "감정은 저절로 그러한 것"이라는 학설

상수는 사람의 감정이 탄생과 함께 갖추어져 나오는 것이라고 보았다. 그는 다음과 같이 말하였다.

> "사람이 생명이 있으면 감정이 있고, 감정을 만족하면 저절로 그러하게 순응한다. 만약 감정을 끊고 배척하면 더불어 생명이 함께할 수 없으니, 어찌 생명에 귀한 것이 있겠는가? 또한 무릇 기호와 욕망, 영화를 좋아하고 욕됨을 싫어하며, 안일을 좋아하고 수고로움을 싫어하는 것은 모두 저절로 그러한 자연에서 생기는 것이다. 무릇 천지자연의 큰 은덕을 만물의 생육이라 하고, 성인의 큰 보배로움은 지위를 지님이라고 한다. 가장 숭고한 것은 부귀함보다 큰 것이 없으니, 부귀함은 천지자연이 사람에게 부여한 감정이다. 고귀함은 사람이 순종하면서 의를 천하에 시행하는 것이고, 부유함은 바라는 것을 얻게 하여 재물로 백성을 모으는 것이다. 이 두 가지는 옛 선왕이 소중하게 여긴 것이니, 천지자연에 관계된 것으로서 배척할 수 있는 것이 아니다."[20]

19 『三國志』 「魏志」 <鍾會傳> 주에 인용된 하소(何劭)의 「王弼傳」. "聖人茂於人者神明也, 同於人者五情也. 神明茂, 故能體冲和以通無; 五情同, 故不能無哀樂以應物."

이 인용문은 다음과 같은 말이다. 사람의 감정과 욕망은 태어날 때 갖추고 나오는 것인데, 만약 감정을 끊어 버리면 바로 생명이 없는 것과 같다는 것이다. 상수의 입장에서 볼 때, "영화를 좋아하고 욕됨을 싫어하며", "안일을 좋아하고 수고로움을 싫어하는 것" 등은 모두 감정의 내용이며, "모두 저절로 그러한 자연에서 생기는 것이다." 또한 재물의 부유함에 대한 사람들의 욕망도 저절로 그러한 자연에 부합하는 것이므로 합리적인 것이라는 말이다. 그는 또한 다음과 같이 말했다.

> "사람이 살아서 즐거움을 누리는 것은 감사하게 아끼는 감정과 관련이 있다. 위로 천지자연의 이치에 따르고 아래로 사람의 규범을 지키며, 젊고 고운 님을 구하는 마음으로 기쁨을 삼고, 부귀영화로 뜻을 즐겁게 한다. 좋은 음식을 먹고 맛을 즐기면서 다섯 가지 감정을 드러낸다. 음악 소리와 여색을 즐기면서 타고난 감정을 창달한다. 이것이 천지자연의 저절로 그러한 이치이며, 사람이 마땅히 따라야할 것이니, 하(夏) 은(殷) 주(周) 삼대의 어진 선왕들도 바꾸지 못한 것이다."[21]

이것을 다르게 말하자면, 단지 "영화를 좋아하고 욕됨을 싫어하며, 안일을 좋아하고 수고로움을 싫어하는 것" 그리고 재물과 권력에 대한 욕망이 모두 욕망의 내용일 뿐만 아니라, 사람의 모든 생리적 욕구, 예를 들면 음식 · 여색 · 음악 · 맛 등과 같은 것도 다 감정의 내용이라는 것이

---

20 『向秀集』「難養生論」. "有生則有情, 稱情則自然. 若絶而外之, 則與無生同, 何貴於有生哉? 且夫嗜欲, 好榮惡辱, 好逸惡勞, 皆生於自然. 夫天地之大德曰生, 聖人之大寶曰位. 崇高莫大於富貴, 然富貴, 天地之情也. 貴則人順巳, 以行義於下; 富則所欲得, 以有財聚人. 此皆先王所重, 關之自然, 不得相外也."

역주 "聖人之大寶曰位. 崇高莫大於富貴"는 『주역』「계사전」 상에서 인용한 것이며, 다음의 원문에 문맥상 "然富貴" 세 글자를 첨가하였다. 韓格平 注譯, 『竹林七賢詩文全集譯注』長春: 吉林文史出版社, 1997. 566쪽 참조.

21 『向秀集』「難養生論」. "生之爲樂, 以恩愛相接. 天理人倫, 燕婉娛心, 榮華悅志. 服饗滋味, 以宣五情. 納御聲色, 以達性氣. 此天理自然, 人之所宜, 三王所不易也."

다. 왜냐하면 이런 생리적 욕구는 모두 태어날 때 지니고 나오는 것이므로 "저절로 그러한 자연의 이치" 혹은 "천지자연의 저절로 그러함"에 부합하는 것이기 때문이다. 이 때문에 상수는 사람들이 이런 자연적 생리 욕구를 만족시키는 것이며, 사람의 생명에 유익하고 해로움이 없는 것으로서, 이미 "젊고 고운 님을 구하는 마음으로 기쁨을 삼고", "부귀영화로 뜻을 즐겁게 하며", 또한 "다섯 가지 감정을 드러내고", "타고난 감정을 창달할 수 있는" 것으로 보았다.

상수의 "감정은 저절로 그러한 것"이라는 학설의 경우에 대하여, 궁극적으로 어떻게 평가를 해야 하는가? 우리는 마땅히 아래와 같은 세 가지 방면에서 분석을 해야 한다.

첫째, 상수는 사람의 생리적 본능을 욕망의 내용으로 삼았는데, 이런 사상은 선진 시기 고자(告子)와 순자(荀子)에서 연원한다. 고자는 "음식과 이성(異性)을 찾는 것은 본성이다."[22]라고 하였다. 순자는 "생명의 근거는 본성이다."[23] 또는 "일부러 하지 않아도 저절로 그러한 것을 본성이라고 한다."[24]고 하였다. 이것을 다른 말로 말하자면, 고자와 순자는 모두 사람의 "본성[性]"이 바로 그것의 자연 본성이라고 여긴 것이다. "이제 사람의 본성은 배가 고플 때 먹고 싶어 하고, 추울 때 따뜻하게 하고 싶어 하며, 수고로울 때는 쉬고 싶어 하는 것이며",[25] "무릇 눈이 아름다운 색을 좋아하고, 귀가 아름다운 소리를 좋아하며, 입이 좋은 맛을 좋아하고, 사람이 이익을 좋아하며, 몸의 근골과 피부가 즐겁고 편안함을 좋아하는 것은 모두 사람이 타고난 감정과 본성에서 나오는 것이다."[26] 바로 감정과 욕망은 사람의 자연적 본성이므로 순자는 "성인(聖人)인 요임

---

22 『孟子』「告子」상. "食色性也."

23 『荀子』22「正名」. "生之所以然者謂之性."

24 『荀子』22「正名」. "不事而自然謂之性."

25 『荀子』23「性惡」. "今人之性, 飢而欲飽, 寒而欲煖, 勞而欲休."

26 『荀子』23「性惡」. "若夫目好色, 耳好聲, 口好味, 心好利, 骨體膚理好愉佚, 是皆生於人之情性者也."

금 · 순임금과 악인(惡人)인 걸임금 · 도척이 그 본성은 같은 하나이며, 군자와 소인의 본성도 같은 하나이다."[27]라고 여겼다. 순자의 이런 해석은 모두 사람의 감정을 자연적 본능으로 삼은 것이다. 더욱 분명하게, 상수는 순자의 이런 설명 방식을 완전히 계승하였는데, 다른 점은 단지 순자가 이것을 악(惡)으로 보아서 성악설(性惡說)을 주장한 것이다. 상수는 선악(善惡)의 설명 방식을 배척하였으며, 선악으로 본성과 감정을 논의하지 않았고, "저절로 그러한 자연"으로 본성과 감정을 논의하여, 욕망이 자연에서 나오는 것이라고 보았는데, 이로 인하여 사람의 생리적 욕구의 합리성을 긍정한 것이다. 이러한 "감정은 저절로 그러한 것"이라는 학설은 이론적 사유의 시각에서 볼 때 어느 정도 합리성을 지니고 있으며 허위(虛僞)의 인의도덕을 반대하는 것과 금욕주의에 대하여 모두 일정한 의의를 지니고 있다.

둘째, "감정은 저절로 그러한 것"이라는 학설은 사람의 감각 위에서 수립된 것이며, 그것이 강조하는 내용은 모두 사람의 생명감각체를 기초로 하고, 사람의 모든 감정을 다 생명감각의 욕구로 삼는데, 이 때문에 종욕주의(縱欲主義)의 파행(비록 상수는 결코 이런 결론을 도출하지 않았지만)으로 쉽게 빠진다.

셋째, 상수는 단지 사람의 생리적 본능을 감정의 내용으로 삼았을 뿐만 아니라, 사람의 심리적 활동과 사회생활 속의 모든 부귀영화 · 권력 등등을 추구하는 욕구를 다 감정의 내용으로 삼았고, 아울러 이런 것을 추구하는 것이 모두 자연스러운 것이며 합리적인 것으로 보았는데, 이것은 바로 사람의 자연적 속성과 사회적 속성의 구별을 혼동한 것이며, 이 때문에 착취계급이 향락을 추구하고 권력을 추구하는 것에 대하여 이론 근거를 제공하게 된다.

---

27 『荀子』 23 「性惡」. "堯 · 舜之與桀 · 跖, 其性一也, 君子之與小人, 其性一也."

(2) "예로써 감정을 절제하는 것[以禮節情]"의 학설

상수는 사람의 감정이 자연스러운 것이며 합리적인 것을 충분히 긍정하는 기초 위에 서 있지만, 감정의 만족만 오로지 추구하는 것을 결코 주장하지 않았는데, 그는 바로 이런 점이 사람과 동물의 구별이라고 보았다. 그는 다음과 같이 말했다.

> "무릇 사람은 대자연의 조화에서 몸을 받으며, 만물과 함께 더불어 존재하지만, 수많은 생명 중에서 가장 영명(靈明)한 것이다. 풀과 나무가 바람과 비를 피하거나 도끼를 피할 수 없는 것과 다르다. 들짐승과 날짐승이 그물을 피하거나 추위와 더위를 피할 수 없는 것과도 다르다. 사람이 활동을 할 때 만물과 접촉하고 지혜를 써서 스스로 돕는데, 이것은 바로 마음의 사유가 이롭게 함이 있는 것이며 지혜의 효과가 있는 것이다. 만약 마음의 지혜를 없애고 버려둔다면 무지한 여러 사물들과 같게 된다. 그렇다면 어찌 지혜가 있는 것이 귀하다 하겠는가?"[28]

상수는 사람과 동물의 차이점은 사람에게 "마음"과 "지혜"가 있는 것에 있으므로 사람이 만물 중에 가장 뛰어난 존재라고 보았다. 이 때문에 사람은 세계와 접촉할 때에, 동물 또는 식물 같은 것들이 피동적으로 바람과 비를 맞거나 도끼의 피해를 입으면서 "그물을 피하거나 추위와 더위를 피할 수 없는 것"과는 다르게, 자신의 "마음"과 "지혜"를 운용하여 "활동을 할 때 만물과 접촉하는데", 이런 것이 바로 이로움을 따르고 해로움을 피할 수 있는 것이다. 이 때문에 사람은 마땅히 적극적으로 그 자신의 "마음의 지혜"를 발현하여 "자신의 삶을 더욱 이롭게 해야만 하고", "마음의 지혜를 없애고 버려두어서" 인생을 마음의 지혜도 없고 영

---

28 『向秀集』「難養生論」. "夫人受形於造化, 與萬物幷存, 有生之最靈者也. 異於草木不能避風雨而辭斧斤; 殊於鳥獸不能遠网羅而避寒暑. 有動以接物, 有智以自輔, 此有心之益, 有智之功也. 若廢而幽之, 則與無智同. 何貴於有智哉!"

명함이 없는 초목과 들짐승 날짐승처럼 살아서는 아니 된다. 바로 사람에게 "마음"과 "지혜"가 있기 때문에 감정의 추구가 모두 일정한 절도(節度)를 갖게 되는 것이다. 그는 다음과 같이 말했다.

"부유함과 고귀함은 사람이 모두 바라는 것이다. 그러나 그것을 도에 맞게 구해야만 하고, 의롭지 않은 짓은 하지 말아야 하며, 높은 지위에 있으면서 교만하지 말고 우환이 없어야 하며, 가득 차게 지녀도 절제하고 단속하여 밖으로 넘치지 않게 해야 한다. 이와 같이 한다면, 어찌 그 부유함과 고귀함이 덕을 상하게 하겠는가? 어떤 사람이 부유함과 고귀함이 낳는 허물을 목격하였는데, 이로 인해서 그 부귀를 걱정하여 부귀를 버리게 되었는데, 이는 마치 밥 먹을 때 우연히 벌레가 있는 것을 보고 죽을 때까지 밥을 먹지 않는 것과 같다."[29]

또 말했다.

"사람은 오행을 품어서 생겨나니, 입은 다섯 가지 맛을 생각하고, 눈은 다섯 가지 색을 생각하며, 이성(異性)을 느끼면서 혼인하여 일가를 이루고, 배가 고프면 먹을 것을 구하는 것인데, 이것은 저절로 그러한 자연의 이치이다. 그러나 마땅히 예로써 절제를 해야 하는 것이다."[30]

이것은 바꾸어 말하자면, 사람이 감정을 만족시키는 것은 결코 제한이 없는 것이 아니며, "그것을 도에 맞게 구해야만 하고", "마땅히 예로

29 『向秀集』「難養生論」. "富與貴, 是人之所欲也. 但當求之以道, 不苟非義, 在上以不驕無患, 持滿而損斂不溢. 若此, 何爲其傷德耶? 或睹富貴之過, 因懼而略之, 是猶見食之有噎, 因終身不饗耳."

30 『向秀集』「難養生論」. "夫人含五行而生, 口思五味, 目思五色, 感而思室, 饑而求食, 自然之理也. 但當節之以禮耳."

써 절제를 해야 하며", "의롭지 않은 짓은 하지 말아야 하는 것이다." 그는 안일을 좋아하고 수고로움을 싫어하는 것, 영화를 좋아하고 욕됨을 싫어하는 것, 부유함과 고귀함을 숭상하면서 음식과 이성과 좋은 맛과 가정을 이루고자 하는 것에 이르는 것 등의 모든 일들이 다 저절로 그러한 자연에서 나오는 것임을 긍정하였지만, 또한 "도(道)"·"의(義)"·"예(禮)"를 가지고 절제를 해야만 한다는 사실을 긍정하였다. 이런 것은 바로 사람의 "마음"과 "지혜"를 "도"·"의"·"예" 등의 사회도덕 규범과 연계시킨 것으로서, 이미 사람의 자연적 욕망을 만족시키고 또한 "예로써 감정을 절제하는 것"인데, "도"·"의"·"예" 등의 사회도덕 규범도 모두 사람의 "마음"이나 "지혜"와 분리할 수 없다는 것이다. 이것은 바로 인류와 동물을 구별하는 것이며, 이 부분은 바로 상수가 "사람이 활동을 할 때 만물과 접촉하고 지혜를 써서 스스로 돕는데, 이것은 바로 마음의 사유가 이롭게 함이 있는 것이며 지혜의 효과가 있는 것"라고 말하는 점이다.

위에서 말한 것을 종합하자면, 상수는 사람이 감정을 충족하는 것에는 한편으로 "이성의 지혜"를 가지고 "스스로 돕는 것"이 있고, 다른 한편으로 일정한 사회도덕 규범으로 조절해야만 한다는 것이 있다. 이 때문에 상수는 "도"·"의"·"예"의 작용에 의지하여 감정에 대한 제한과 절도를 두어야 함을 제기한 것이다. 여기에서 상수가 말하는 "도"는 본체론적 의미의 도가 아니라 윤리적 범주 또는 바로 도덕이다. 상수는 예의도덕 등 사회윤리 규범의 필요성과 합리성을 인정하고, 아울러 그것들의 공능과 작용이 사람의 감정을 조절할 수 있다고 생각하였는데, 이런 의미에서 말하자면, 그는 "명교"를 폐지해서는 안 된다고 여긴 것이다. 이와 같이 상수는 양생론 문제에 대한 논의를 통하여 그의 『장자주』 속에 있는 "분수에 합당하게 하는 것[當分]"이라는 관점과 한꺼번에 연계시키고, 사물에 대한 욕구와 욕망 등 사람의 생리적·사회적 욕구를 명교의 중요한 내용인 예의도덕과 통일시켜서, 유가와 도가 그리고 자연과 명교를 하나로 통합하였는데, 이로써 혜강의 "명교를 넘어서 자연에 내맡기는[越名教而任自然]" 사상과 달리 각자의 길로 가는 것이다.

이상에서 서술한 두 가지 특징 이외에, 상수와 혜강은 구체적으로 양생을 어떻게 하는가에 대한 문제에 대해서도 차이가 있다. 혜강은 그의 「양생론」에서 특별히 "마음"[정신]의 배양 공부를 강조하여, 마음이 "순화(順和)한 기를 배양하고 하나인 도를 지키며",[31] "맑고 텅 비어 고요하고 편안할 수 있어서"[32] "사사로운 마음을 줄이고 욕망을 적게 하여야만",[33] 이에 따라 "명예와 지위가 덕성을 해치고",[34] "좋은 맛의 음식이 순수한 본성을 해치는"[35] 것을 인식할 수 있다. 만약 "외부의 사물 때문에 마음이 얽매여 걸리는 것이 없고, 정신의 원기를 가지고 그 마음이 순수하고 담백하게 홀로 드러나게 하며, 마음이 탁 트여 걱정거리가 없는 것"[36]에 이른 뒤에 "영지(靈芝)를 달여 먹고, 감로수를 흠뻑 마시며, 아침 햇살을 맞아 받고, 오현(五弦)의 악기로 편안하게 한다."[37]면 바로 "신선 선문고(羡門高)에 비교하도록 오래 살 수 있고, 신선 왕자 교와 나이를 비교할 수 있는 것"[38]으로서, "장생의 도를 얻어서 오래 살 수 있는 것"[39]이라는 목표에 도달할 수 있다는 말이다. 혜강은 도가의 정신(실제로는 도교의 정신)으로 하나의 양생 유형을 그리고 있는 것이다. 상수는 혜강의 관점에 동의하지 않는다. 그는 다음과 같이 말했다.

---

31 『嵇中散集』 卷三 「養生論」. "養和守一."

32 『嵇中散集』 卷三 「養生論」. "淸虛靜泰."

33 『嵇中散集』 卷三 「養生論」. "少私寡欲."

34 『嵇中散集』 卷三 「養生論」. "名位之傷德."

35 『嵇中散集』 卷三 「養生論」. "厚味之害性."

36 『嵇中散集』 卷三 「養生論」. "外物以累心不存, 神氣以醇泊獨著, 曠然無憂患, 寂然無思慮."

37 『嵇中散集』 卷三 「養生論」. "蒸以靈芝, 潤以醴泉, 晞以朝陽, 綏以五玄."

38 『嵇中散集』 卷三 「養生論」. "與羨門比壽, 王喬爭年."

39 『嵇中散集』 卷三 「養生論」. "得長生以永久."

"신농씨(神農氏)가 오곡을 식량으로 먹는 시작을 열었고, 후직(后稷)이 씨를 뿌려 농사짓는 일을 계승하였다. 그래서 날짐승과 들짐승은 하늘을 날고 땅을 뛰고, 백성들은 안식을 할 수 있었으며, 주공(周公)과 공자(孔子)는 마음을 다하여 나랏일을 생각하고, 안회(顔回)와 염백우(冉伯牛)는 덕행을 수립하였으니, 현사(賢士)와 성인(聖人)이 그 사업을 보배롭게 여기고, 백대의 세월을 지나오면서 폐지되지 않았다. 이제 하루아침에 오곡이 양생의 좋은 재료가 아니고, 좋은 반찬과 술이 본성을 이롭게 하는 물건이 아니라고 한다면, '또한 조화를 이룬 국이 이미 챙겨지고 황구(黃耈)가 무궁함으로 한다.'[40]고 하며 '봄 술을 만들어서 장수(長壽)를 돕는다.'[41]고 말한 것이 다 헛소리가 된다. 크고 살지게 키운 가축은 천제(天帝)가 흠향하는 제수 품목이며, 기장이나 조 같은 오곡은 잘 익혀서 땅과 곡식의 신을 모실 수 있는 것이다. 땅과 곡식의 신도 오히려 그것을 중시하는데, 하물며 사람은 어떻겠는가? 좋은 반찬과 양식이 사람의 몸에 들어가면 열흘이 넘지 않아 정신이 몸속에 충만하게 되는 것이니, 이것은 오곡이 지닌 저절로 그러한 특징의 증거이며, 양생에 적합한 효험이다."[42]

---

40 역주 이 부분은 『시경』의 일부분을 인용한 것인데, 원래의 문장은 다음과 같다. "嗟嗟烈祖 有秩斯祜, 申錫無疆, 及爾斯所. 旣載淸, 賚我思成, 亦有和羹, 旣戒旣平, 奏假無言, 時靡有爭, 綏我眉壽, 黃耈無疆[아, 슬프다. 여러 조상이 떳떳한 이 복을 두시어 거듭 무강한 후손에게 주신지라, 네가 이곳에까지 미쳤노다. 이미 맑은 술을 담아 올리니, 나를 주되 생각하여 이룬 분으로 하며, 또한 조화한 국이 이미 챙겨지고 이미 고르거늘, 연주하여 조고(祖考)께 이름에 말이 없어서 때에 다툼이 없으니, 나를 편안히 하되 장수하여 황구(黃耈)가 무궁함으로 하도다]." 『詩經』「頌」<商頌: 烈祖> 참조.

41 역주 이 부분은 『시경』「국풍」의 일부분을 인용한 것이다. 『詩經』「國風」<豳風:七月> 참조.

42 『向秀集』「難養生論」. "神農唱粒食之始, 后稷纂播殖之業. 鳥獸以之飛走, 生民以之視息, 周孔以之窮神, 顔冉以之樹德. 賢聖珍其業, 歷百代而不廢. 今日旦云; 五穀非養命之宜, 肴醴非便性之物, 則'亦有和羹, 黃耈無疆', '爲此春酒, 以介眉壽', 皆虛言也. 博碩肥豚, 上帝是饗: 黎稷惟馨, 實降神祇. 神祇且猶重之, 而況於人乎? 肴粮入體, 不逾旬而充, 此自然之符, 宜生之驗也."

상수는 혜강이 말한 "세상 사람들은 이런 점을 잘 살피지 못하고, 그들은 오직 오곡의 양식만 본다."[43]는 점을 직접 겨냥하여 "영지" · "감로수" · "아침햇살" · "오현(五弦)" 등이 결코 오곡의 양식을 대체하는 인간 양생의 공능을 대체할 수 없다고 보았다. 그는 단지 "백성"들이 이와 같다면 주공 · 공자 · 안회 · 염백우 같은 성인 · 현사들도 오곡에 의지해야만 생명을 보양하는 것이라고 여긴 것이다. 상수의 입장에서 볼 때, 먹을 양식이 없거나 배불리 먹지 못하면 성인은 그 정신을 수고롭게 쓸 수 없으며 현사(賢士)는 그 덕을 수립할 수 없는 것이다. 이 때문에 오곡과 채소는 사람에게 없어서는 안 될 것이며, "반찬과 양식이 사람의 몸에 들어가면 열흘이 넘지 않아 정신이 몸속에 충만하게 되는 것이니", 한 번 배불리 먹고 나서 열흘이 지나지 않아서 반드시 다시 먹어야 하는 것인데, 그렇지 않으면 바로 굶어 죽게 되는 것이며, "이것은 오곡이 지닌 저절로 그러한 특징의 증거이며, 양생에 적합한 효험이다." 이와 같은 상수의 관점은 비록 소박한 경험론의 특징을 지니고 있지만, 비교적 사회적 실제와 부합한다. 더욱이 그가 말하는 오곡의 양식과 술과 풍성한 안주 그리고 그것의 생산이 "백대의 세월을 지나오면서 폐지되지 않는다."는 사상은 합리적 요소가 있다.

상수는 위에서 서술한 양생론에서 출발하여 장생불사의 방법을 부정한다. 그는 다음과 같이 말했다.

> "또 말하길, '양생을 잘 이끌어서 이치를 터득하고 자연의 천명(天命)을 극진히 누리며, 많게는 천여 년을 누리고 적게는 수백 년을 헤아릴 수 있다.'고 하였으니, 이 말은 결코 좋다고 할 수 없다. 만약 진실로 그럴 수 있어서 마땅히 장수를 얻은 사람이 있다면, 이런 사람은 어디에 있는가? 눈으로 본 사람이 없다. 이것은 거의 바람을 보고 그림자를 잡듯 믿을 수

---

43 『嵇中散集』 卷三 「養生論」. "世人不察, 惟五穀是見."

> 없는 논의이니, 어떤 말로 하더라도 실제 얻을 수 없는 것이 아닌가? 설사 때때로 장수하는 노인이 있더라도 이것은 본래 특별하게 어떤 기를 부여받아서 된 것이니, 마치 나무에 소나무 잣나무가 있는 것과 같은 것이지, 양생을 잘 이끌어서 된 것이 아니다. 만약 사람의 수명이 지혜의 높고 낮음 때문에 길고 짧음이 있다면, 성인이 사물의 이치를 궁구하고 사물의 본성을 아는 것이니 마땅히 장수를 누려야 하며, 요임금 · 순임금 · 우임금 · 탕임금 · 문왕 · 무왕 · 주공 · 공자는 많게는 수백 년을 살고 적게는 칠십을 살아야 하는데, 어찌 양생을 잘 이끄는 것에 소홀했겠는가? 하늘이 부여한 자연의 수명은 한계가 있다는 것을 돌아보아야 되지, 만물이 스스로 더해서 늘리는 것이 아니다."[44]

이 문단에서 상수가 말하는 것은 세 가지 의미로 요약할 수 있다. (1) 상수는 사람의 수명이 "많게는 천여 년을 누리고 적게는 수백 년을 헤아릴 수 있다."는 설명 방식을 인정하지 않는데, 그 근거는 "눈으로 본 사람이 없다."는 것이다. (2) 설령 장수하는 사람이 있더라도 그 사람의 장수도 양생의 방법을 잘 이끌어 내어 된 것은 아니고 "본래 특별하게 어떤 기를 부여받아서 된 것"의 결과일 뿐이다. (3) 수명의 길고 짧음은 양생의 방법과 무관한 것이며, 이 때문에 사람의 수명에 대해서는 "하늘이 부여한 자연의 수명은 한계가 있다"는 귀결에 이르게 되는 것이다.

이와 같은 상수의 사상은 그 합리적 요소가 "많게는 천여 년을 누린다."는 장생설을 부정하고, 어느 정도 무신론의 경향을 구비하고 있다는 것에 있다. 그러나 동시에 또한 아주 큰 결점이 있다. 첫째, 그는 사람의

---

44 『嵇中散集』 卷三 「養生論」. "又云 '導養得理, 以盡性命. 上劃千餘歲, 下可數百年.' 未盡善也. 若信可然, 當有得者, 此人何在? 目未之見. 此殆影響之論, 何言而不得? 縱時有耆壽耇老, 此自特受一氣, 猶木之有松柏, 非導養之所致. 若性命以巧拙爲長短, 則聖人窮理盡性, 宜享遐期, 而堯舜禹湯文武周孔, 上劃百年, 下者七十, 豈復疏於導養耶? 顧天命有限, 非物所加耳."

생명에 대한 합리적 수양의 인도(引導) 작용을 부정한다. 둘째, 그는 사람의 수명이 지닌 길고 짧음이 운명적으로 결정되는 것으로 본다는 점이다. 셋째, 그는 "눈으로 본 사람이 없다."는 것과 "양생에 적합한 효험" 등 협소한 경험론으로 혜강이 지닌 정신작용을 과대하게 여기는 양생설을 비판하는 것인데, 비록 그것이 합리성의 한 측면이 있지만, 또한 다른 면으로 혜강의 양생설을 극단적으로 왜곡하고 있으며, 정신의 수양작용을 근본적으로 부정하여 몸의 수양 측면만을 논하기 때문에 종욕주의와 향락주의로 사람들을 빠져들게 하는 문을 열어 놓았다. 그래서 뒤에 오는 『열자』 「양주」편의 사상과 상수는 관계가 없지 않다.

4 상수의 「사구부」에 반영된 사상의 모순

그는 「사구부(思舊賦)」에서 말했다.

> "황명(皇命)을 받들어 멀리 경성(京城)으로 벼슬살러 갔다가, 이내 북쪽 내 고향으로 돌아가노라. 황하를 건너 뱃길을 따라 가노라니, 산양(山陽) 땅의 옛 벗집을 지나는구나. 너른 들녘의 처량하고 소슬함을 바라보나니, 내 수레가 경성 끝 모퉁이에 멈추도다. 혜강과 여안 두 벗의 발자취를 밟아보노라니, 궁핍하고 누추한 빈집들을 지나노라. 옛 시(詩) 「서리(黍離)의 탄식」이 주(周)왕실 쇠퇴를 가슴아파했음을 돌이켜 탄식하면서, 은나라 기자(箕子)가 「맥수(麥秀)의 노래」를 은나라 폐허에서 노래함을 탄식하노라. 지난 옛일을 돌이키며 이제 옛벗을 회상하노니, 가슴속이 어수선하여 머뭇거리노라. 옛집은 아직 그대로 무너지지 않았는데, 벗의 몸과 정신은 이미 소멸하여 어디로 갔는가? 옛날 진나라 승상 이사(李斯)가 무고하게 죄를 받았더니, 일찍이 누런 개를 끌고 토끼사냥

하던 즐거움을 더 누릴 수 없게 되었음을 아쉬워함을 탄식하노라.[45] 혜강이 영원히 세상을 하직한 일을 애도하노라니, 또한 죽어가던 날 형장의 해가 뉘엿뉘엿 그림자를 늘일 때 거문고를 타던 일을 회상하노라. 인생의 만남에서 명운(命運)을 의탁하고자 하지만, 남은 인생을 촌음의 순간에 맡길 뿐이지. 울려오는 피리소리의 격정을 듣노라니, 아름답고 오묘한 소리가 끊어졌다 이어졌다 하는구나. 수레의 말에 멍에를 씌우고 멀리 나아가, 붓을 들어 내 마음을 펼쳐보노라."[46] [47]

이 부(賦)의 앞 두 구절에 근거하여 알 수 있는 것은, 이 부가 혜강이 살해된 지 오래지 않아서 쓰였다는 것이다. 대략 경원 3년(262)초 겨울에 "상수는 군(郡)의 계리(計吏)로 선발되어 낙양에 들어갔으며",[48] 오래되지 않아서 수도인 낙양을 떠나서 북쪽인 황하를 건너서 산양 지방의 혜강이 살던 옛집을 지나게 된 것이다. 당시에는 바로 "해는 서쪽으로

45 역주 이 구절의 본래 전고는 다음과 같다. 『史記』「李斯列傳」. "二世二年七月, 具斯五刑, 論腰斬<咸陽>市. 斯出獄, 與其中子俱執, 顧謂其中子曰: 吾欲與若復牽黃犬俱出上蔡東門逐狡免, 豈可得乎! 遂父子相哭, 而夷三族(이세 황제 2년 7월, 이사에게 다섯 가지 형벌을 갖추어 함양의 저자거리에서 허리 자르는 벌을 논하였다. 이사를 옥에서 끌어내니, 그 둘째 아들과 함께 부여잡고, 아들을 돌아보며 말하길, 나와 네가 다시는 누렁이 개를 데리고 '상채'의 동쪽 문에서 교활한 토끼를 좇는 일이 어찌 가능하겠느냐? 라고 말하였다. 결국 아비와 자식이 서로 울면서, 삼족이 죽임을 당했다)."

46 역주 이 구절은 시경(詩經) 「國風」<邶: 泉水>의 문장에 빗댄 표현이다. "我思肥泉, 茲之永歎. 思須與漕, 我心悠悠. 駕言出遊, 以寫我憂(내 비천을 생각하여, 이에 길이 탄식하노라! 수읍과 조읍을 생각하니, 내 마음 아득하고 아득하도다! 말에 멍에하고 나가 놀아, 내 근심을 쏟아볼까)."

47 『晉書』「本傳」「思舊賦」. "將命適於遠京兮, 遂旋反以北徂. 濟黃河以泛舟兮, 山陽之舊居. 瞻曠野之蕭條兮, 息餘駕乎城隅. 踐二子之遺迹兮, 曆窮巷之空廬. 歎黍離之愍周兮, 悲麥秀於殷墟. 惟追昔以懷今兮, 心徘徊以躊躇. 棟宇在而弗毀兮, 形神逝其焉如. 昔李斯之受罪兮, 歎黃犬而長吟. 悼嵇生之永辭兮, 顧日影而彈琴. 托運遇于領會兮, 寄余命於寸陰. 聽鳴笛之慷慨兮, 妙聲絶而複尋. 停駕言其將邁兮, 故援翰以寫心."

48 『世說新語』「言語」. "向子期舉郡計入洛."

기울고, 찬 얼음은 쓸쓸하여",[49] 석양이 노을을 비추고 있는 즈음이었고, 빈 오두막집을 바라보면서 지나간 옛일을 회고하며, 지난날 친구와 함께 보냈던 즐거운 생활을 다시 볼 수 없으니, 눈앞에 있는 모습은 오히려 쓸쓸하고 소슬하여 영락(零落)하고 처량한 분위기로 뒤덮여 있었던 것이다. "지난 옛일을 돌이키며 이제 옛벗을 회상하다가" 그는 "가슴속이 어수선하여 머뭇거리는" 감정에 이르게 된 것이다. 특히 그는 눈앞의 정경을 보고 슬픈 감회를 느끼면서 깊은 탄식을 내어서 "옛 시 「서리의 탄식」이 주왕실 쇠퇴를 가슴아파했음을 돌이켜 탄식하면서, 은나라 기자가 「맥수의 노래」를 은나라 폐허에서 노래함을 탄식하노라."라고 한 것이다.

"서리(黍離)"는 『시경』 중의 시 한 수(首) 이름으로서, 이 시에서는 다음과 같이 말하고 있다.

"저 기장 이삭이 늘어져 있거늘, 저 피는 싹이 났도다.
길 가기를 더디고 더디게 하여, 마음속에서 울렁거리노라.
이 내 마음 아는 자는 나더러 마음에 근심한다 하거늘,
이 내 마음 알지 못하는 자는 나더러 무엇을 구하느냐 하나니.
아득하고 아득한 창천(蒼天)아, 이 어떤 사람이 이렇게 하였는고.

저 기장 이삭이 늘어져 있거늘, 저 피는 이삭이 패었도다.
길 가기를 더디고 더디게 하여, 마음속에서 취한 듯하노라.
이 내 마음 아는 자는 나더러 마음에 근심한다 하거늘,
이 내 마음 알지 못하는 자는 나더러 무엇을 구하느냐 하나니.
아득하고 아득한 창천아, 이 어느 사람이 이렇게 하였는고.

49 『晉書』「本傳」「思舊賦」. "日薄虞泉, 寒氷凄然."

저 기장 이삭이 늘어져 있거늘, 저 피는 열매가 영글었도다.
길 가기를 더디고 더디게 하여, 마음속에서 목이 가득 메인 듯하노라.
이 내 마음 아는 자는 나더러 마음에 근심한다 하거늘,
이 내 마음 알지 못하는 자는 나더러 무엇을 구하느냐 하나니.
아득하고 아득한 창천(蒼天)아, 이 어느 사람이 이렇게 하였는고."[50]

「서리」라는 한 수의 시는 주나라 평왕(平王)이 동쪽을 천도(遷都)를 한 뒤에, 서주의 옛 도읍인 호경(鎬京)의 황폐하고 처량한 모습을 묘사한 것인데, 이 때문에 「서리」의 작자가 지닌 옛날 도성에 대한 아쉬움의 감정과 주 평왕에 대한 불만을 반영한 것이다.

"맥수"는 『사기』 「송(宋): 미자세가(微子世家)」의 기록에 근거하면, 주나라 무왕(武王)이 은(殷)나라를 무너뜨린 뒤에 은나라 시기의 현지인 기자(箕子)가 주나라 조정을 찾아가는 길에 과거 은나라 왕조의 옛터 — 은허(殷墟) 또는 조가(朝歌)라고도 칭함— 를 지날 때에 궁전의 건물이 무너지고 벼와 기장 등이 무성하게 자라는 것을 보고, 기자가 가슴 아프게 느낀 감회를 담아서 지은 「맥수」라는 시이다. 그 시에서 다음과 같이 말했다.

"보리 이삭은 무럭무럭 자라나고,
벼와 기장도 윤기가 흐르는구나.
교활한 저 철부지 주왕(紂王)아,
내 말을 듣지 않았음이 슬프도다."[51]

---

50 『詩經』「王風・黍離」. "彼黍離離, 彼稷之苗; 行邁靡靡, 中心搖搖! 知我者, 謂我心憂; 不知我者, 謂我何求. 悠悠蒼天, 此何人哉! 彼黍離離, 彼稷之穗; 行邁靡靡, 中心如醉! 知我者, 謂我心憂; 不知我者, 謂我何求. 悠悠蒼天, 此何人哉! 彼黍離離, 彼稷之實, 行邁靡靡, 中心如噎! 知我者, 謂我心憂; 不知我者, 謂我何求. 悠悠蒼天, 此何人哉!"

51 『史記』「宋微子世家」. "麥秀漸漸兮, 禾黍油油. 彼狡童兮, 不與我好兮."

이 시는 기자가 옛날 폭군인 은나라 말기 주왕에 대한 불만과 고향(故鄕)이 황폐한 폐허로 변한 것에 대한 탄식을 반영한 것이다.

위에서 서술한 두 가지 역사적 전고의 활용에 대해 보면, 표면적으로 매우 평안하고 안정되어 있지만, 실제로는 상수의 어수선하고 주저하는 모순된 심정을 반영하고 있다. 「서리」의 시 속에서 이른바 "마음속에서 울렁거리노라(마음속의 생각이 소란하여 안정되지 못한 것)."라고 한 것과 "마음속에서 취한 듯하노라(마음속이 마치 술에 취한 것과 같음)."라고 한 것과 "마음속에서 목이 가득 메인 듯하노라(내 마음속이 어떤 물건에 막혀 목이 메인 것처럼 투명하게 통하지 않는 것)." 등등의 표현은 모두 상수가 지닌 당시의 심정을 묘사한 것이다. 그는 비록 도성인 낙양에서 사마소와 의견을 주고받았고 또한 자기의 견해를 진술하였지만, 속마음은 평안하게 안정되지 못하였으며, 그가 기꺼이 원해서 사마씨의 정권과 합작한 것이 결코 아님을 반영하고 있다. 그러나 또한 정치적 압력의 핍박을 받았고, 비록 "마음속에서 취한 듯하노라."라는 감정을 지녔고 숨이 막혀 공기가 통하지 않는 듯했지만, 또한 혜강과 같은 용기 있는 삶을 살 수 없었다. 이 때문에 이와 같은 그의 말할 수 없는 고충은 대단히 모호한 방식으로 표현되어야 했으니, 「서리」 중에서 "이내 마음 아는 자는 나더러 마음에 근심한다 하거늘, 이내 마음 알지 못하는 자는 나더러 무엇을 구하느냐 한다."는 시의 구절로 자기의 고민과 방황을 넌지시 비유한 것이다.

「맥수」의 전고에 대한 인용은 더욱 모호하다. 기자는 「맥수」의 시 속에서 은나라 주왕을 "교활한 철부지[교활하고 간사한 사람]"라고 썼다. 상수의 시각으로 볼 때, 혜강과 여안의 생명을 빼앗은 사람이 설마 "교활한 철부지"가 아니란 말인가? 그러나 그는 자기의 시 속에서 어떤 울분의 감정도 토로하지 못하고 단지 어쩔 도리가 없는 아픈 감정만 늘어놓았을 뿐이다. 이런 감정과 표현이 바로 상수의 마음속에 있는 모순의 산물인 것이다.

색 인

원저자

수캉쉥許抗生_ 베이징대학 철학과 교수

베이징대학(北京大學) 철학과에서 중국 철학사를 전공했다. 이후 줄곧 베이징대 철학과에 몸담으며 연구와 후학 양성에 애쓰고 있다. 특히 현재 중국에서 노자 연구에 관한 한 최고의 권위를 인정받는 석학으로, 학술 논문 100여 편을 발표하였다. 『위진현학사』의 공저 이외에, 『中國佛教思想資料選編』을 출간하는 등 여러 연구 작업에 참가하였다. 주요 논저로는 『帛書老子註譯與研究』, 『先秦名家研究』, 『三國兩晉之玄·佛·道思想簡論』, 『魏晉南北朝哲學思想研究概論』, 「當代新道家之我見」, 「當代新道家的倫理價值觀」, 「構建當代新道家學說之初步設想」 등 다수가 있다.

리쫑화李中華_ 베이징대학 철학과 교수

1960년대 초 베이징대학 철학과에서 펑요우란(馮友蘭), 장따니엔(張岱年) 등의 철학 대가로부터 교육을 받았다. 이후 수많은 인재를 배출하여 제자들이 현재 중국철학계의 근간이 되고 있다. 베이징대학 중국철학 및 문화연구소장, 중국문화서원 부원장 등을 역임하였다. 그가 주도하여 편찬한 『中國哲學史』는 베이징대학뿐만 아니라 중국의 여러 대학 교과서로 쓰이고 있다. 주된 연구영역은 중국철학사, 도가와 도교, 불교 등이다. 주요 논저로 『道德經 應用智慧－老子的人生智慧』, 『道德經 智慧－道篇』, 『道德經 智慧－德篇』, 「葛洪《抱樸子外篇》儒學思想辨微」, 「郭象的"有無之辯"及其"造物者無主"思想淺析」, 「"天人合德"與"繼善成性"－對《周易》發展觀的生態學詮釋」, 「老子人學論綱」, 「論郭象與莊子人生哲學之異同」 등 다수가 있다.

첸 쩐 궈 陳戰國_ 베이징시사회과학원 철학연구소 연구원

중국 고대철학을 주요 연구 분야로 하면서, 유가와 도가의 정신을 현대적으로 재해석하는 주제에 연구 관심을 집중하였다. 베이징시사회과학원(北京市社會科學院)에서 연구에 종사하였다. 주요 논저로 『境界與生死』, 『心態·氣象·意義－馮友蘭先生人生境界論分析』, 『思議與覺解』, 「魏晉人的道德觀」, 「儒家精神及其現代進路」 등이 있다.

나웨이 那薇_ 베이징시사회과학원 철학연구소 연구원

쿤밍사범학원(昆明師範學院)을 졸업하고, 중국인민대학(中國人民大學) 철학과에서 중국철학사를 전공하였다. 1997년 독일 TU Braunschweig의 철학사회과학계열 철학박사학위를 취득하였다. 2001년 교류학자로 독일 프라이부르크(Freiburg) 대학에서 연구하였다. 중국의 철학 연구자로서 서양철학에 조예가 깊으며, 하이데거 연구에 집중하여 중국의 전통철학과 서양철학의 비교에도 연구 관심을 두고 있다. 특히 도가철학과 하이데거 철학의 비교연구 결과를 많이 발표하였다. 주요 논저로 『道家與海德格爾相互詮釋』, 「道家的道與海德格爾的開辟道路」, 「道家的“藏天下於天下”和海德格爾的“在世界之中”」, 「海德格爾與道家的生死觀之比較分析」, 「道家的人生若夢與海德格爾的迷誤」, 「道家的忘己之人與海德格爾人的本質」, 「道家與海德格爾對自然的詮釋」, 「道家的返樸歸眞和海德格爾的本眞存在」, 「海德格爾的恩惠之樹和莊子的吾有大樹」 등 다수가 있다.

역 자

김백희 金白熙

충북대학교 인문대학 철학과 졸업(학사).

한국학중앙연구원 한국학대학원 한국학과 철학 · 종교 전공(석사, 박사).

현재, 한국학중앙연구원 장서각 국학자료연구실 선임연구원.

_ 저역서

저서, 『노자의 사유방식』, 한국학술정보, 2006.

공저, 『고봉의 철학사상 연구』, 이회, 2011.

공저, 『지역문화와 디지털콘텐츠』, 북코리아, 2008.

역서, 『왕필의 철학』, 林麗眞 著, 청계, 1999.

역서, 『중국철학대강－중국철학문제사』, 張岱年 著, 까치글방, 1998.